Xpert.press

Die Reihe **Xpert.press** vermittelt Professionals in den Bereichen Softwareentwicklung, Internettechnologie und IT-Management aktuell und kompetent relevantes Fachwissen über Technologien und Produkte zur Entwicklung und Anwendung moderner Informationstechnologien.

Gerhard Rempp · Mark Akermann · Martin Löffler ·
Jens Lehmann

Model Driven SOA

Anwendungsorientierte Methodik und Vorgehen in der Praxis

Mit Illustrationen von Martin Starzmann

Gerhard Rempp
g.rempp@mdsoa.de

Martin Löffler
m.loeffler@mdsoa.de

Mark Akermann
m.akermann@mdsoa.de

Jens Lehmann
j.lehmann@mdsoa.de

ISSN 1439-5428
ISBN 978-3-642-14469-1 e-ISBN 978-3-642-14470-7
DOI 10.1007/978-3-642-14470-7
Springer Heidelberg Dordrecht London New York

Die Deutsche Nationalbibliothek verzeichnet diese Publikation in der Deutschen Nationalbibliografie; detaillierte bibliografische Daten sind im Internet über http://dnb.d-nb.de abrufbar.

Einbandentwurf: KünkelLopka GmbH, Heidelberg

Gedruckt auf säurefreiem Papier

Springer ist Teil der Fachverlagsgruppe Springer Science+Business Media (www.springer.com)

. . . für Yvonne und Julian

Vorwort

Liebe Leserin, lieber Leser,

> „Innovationen werden anfangs maßlos überschätzt, auf Dauer aber maßlos unterschätzt."
>
> Achim Berg, (*1964), Chef Microsoft Deutschland, Quelle: Kölner Stadt-Anzeiger
> Querverweise: Medienlandschaft

Lange ist es her, als MDA oder SOA in der Softwareentwicklung noch als Hype galt. Die euphorischen Vertreter der Softwareindustrie stellten uns damals MDA bzw. MDSD in zahllosen Vorträgen und Publikationen als die wahrscheinlich einzige Art dar, einen erfolgreichen Softwareentwicklungsprozess zu gestalten und zukunftsfähige Software zu erstellen. Also folgten wir gutgläubig den Protagonisten und versuchten uns technisch dem Ziel zu nähern. Meist holten wir uns jedoch eine blutige Nase, anstatt den vorhergesagten Erfolg zu erzielen.

Es formierten sich daraufhin die Antagonisten und argumentieren, dass MDA und SOA aufgrund des hohen Abstraktionsgrads und der Komplexität so nie funktionieren werde und plädieren dafür, die Anwendungsentwicklung so weit zu simplifizieren wie es nur geht. Als Credo gelten hier leichtgewichtige Frameworks und Praktiken wie z.B. „Convention over Configuration" die das komplexe Vorgehen eliminieren und zum gewünschten Erfolg führen sollen.

Indikatoren wie kurze Entwicklungszeiten scheinen den Antagonisten auf den ersten Blick ja auch recht zu geben. Die Realität zeigt uns heute jedoch eine Vermehrung von schlecht integrierten Insellösungen, die uns im Blick auf Wartungskosten vor viele Herausforderungen stellt.

Negativ fallen vor allem ad hoc SOA-Anwendungen auf, die nach dem CRUD-Muster ohne übergreifende Integrationsmethode produziert wurden. Man gewinnt teilweise den Eindruck, als ob sich alle Anforderungen und Services auf Basis der Create-, Read-, Update- und Delete-Operationen in einer Datenbank abbilden lassen. Plattformübergreifende Integrationskonzepte und prozessorientierte Automatisierungsszenarien werden bei diesem Ansatz entweder nachgelagert implementiert oder einer Integrationsabteilung überlassen. Diese müssen die lokal duplizierten Stammdaten und Benutzerverwaltungen dann per SOA-Mitteln replizieren, womit die Prozessorientierung ad absurdum geführt wird.

Wiederverwendung verlangt also eine übergreifende Strategie und das Wissen, wie von der Anforderung bis zur Implementierung zentrale Services, Komponenten und Daten gewinnbringend eingesetzt werden können. Dazu bedarf es einer vermittelnden Einheit - das zentrale Modell gepaart mit einem methodischen Vorgehen.

Wollen wir zudem der vom Business geforderten Agilität und dem Automatisierungsgrad heute und in naher Zukunft nachkommen, so muss bei dem Ansatz ein nahtloser Übergang von der Fachmodellierung bis in die Zielarchitektur möglich sein, und zwar in einem Roundtrip- statt in einem einmaligen Wasserfall-Ansatz.

Wir benötigen also eine Art serviceorientierte Softwarefabrik, die einen kohärenten Softwareentwicklungsansatz von der Fachanforderung über Anwendungsdesign und Entwicklung bis zur Wartung und Modernisierung liefert. Fragen, wie die bestehenden Notationen UML und BPMN2 vereint werden und sich Modelle auf das Wesentliche reduzieren lassen, müssen beantwortet sein, um modellgetrieben zu einer effizienten serviceorientierten Anwendungslandschaft zu gelangen.

Bei einem solchen Ansatz müssen wir die wichtigsten Innovationen in der Softwareentwicklung aufgreifen und uns dabei schon auf methodischer Ebene zu nutze machen. Synthetisierende Ideen wie MDA, domänenspezifische Sprachen (DSL), Software-Produktlinien, Architekturansätze wie Serviceorientierung und agile Frameworks, gepaart mit einer Methodik können dann erst zu einem durchgängigen Softwareentwicklungsansatz führen.

Alle, die an einem solchen durchgehendem Vorgehen interessiert sind und bisher die Aspekte SOA, BPMN, UML oder MDA nur als Einzelteile kennen gelernt haben, werden mit diesem Buch an die Hand genommen und von der Anforderungsanalyse bis zum lauffähigen Endsystem durch das entwickelte MDSOA Vorgehensmodell geführt.

Die Autoren haben es in erstaunlich einfacher Weise geschafft, ein praxistaugliches und zugleich durchgängiges Vorgehensmodell zu beschreiben, ohne sich in einem Labyrinth von Details zu verlieren. Genau diese veranschaulichende Beschreibung hat mir bei meinem letzten modellgetriebenen SOA Projekt gefehlt und mich daher viel Mühe gekostet, die notwendigen Modellkonventionen zu entwickeln und das gesamte Team auf Linie zu bringen. Hervorzuheben ist, dass bei dem niedergeschriebenen Ansatz genug Freiräume sind, seine individuellen Anforderungen und Architekturvarianten mit einzuweben und seine eigene MDSOA Version zu schaffen. Für mein nächstes Projekt wird das Buch auf jeden Fall Pflichtlektüre sein.

München, Deutschland, März 2011 Berthold Maier

Danksagung

Wir möchten uns ganz herzlich bei folgenden Personen bedanken, die uns direkt oder indirekt bei der Erstellung dieses Buches unterstützt haben.

Herrn Christian Kössel, die Diskussionen um die beste Umsetzung der EJB3-Generierung haben uns vorangebracht und so sind wertvolle Hinweise aus der Praxis eingeflossen.

Dr. Guido de Melo hat uns beim Einsatz des M2M-SDK unterstützt. Herzlichen Dank Guido, hast uns wirklich weitergebracht!

Herrn Christoph Bergner der uns bei der Kontaktaufnahme mit dem Verlag zur Hand ging und uns mit der Zusage seiner Unterstützung Türen geöffnet hat.

Der Geschäftsführung der MID GmbH, die uns mit der zur Verfügungsstellung von Infrastruktur, moralischer Unterstützung und Entscheidungen zur Umsetzung unserer Anforderungen im Produkt sehr geholfen hat und die immer an uns geglaubt hat.

Martina Stiglmaier und Jens Hamann, die uns insbesondere für das Kap. 10 Dokumentation wertvollen Input geliefert haben und für ihre sehr hilfreichen Tipps zum Thema.

Thomas Henninger für seinen Rat und seine Beiträge in den Kap. 2 und 5.

Maria Deeg, die tiefgehenden Diskussionen und die gemeinsame Erstellung von Schulungsunterlagen zum Thema „fachliche Servicemodellierung“ mit ihr haben für Kap. 5 wertvollen Input geliefert.

Allen Entwicklern der MID und hier ganz besonders Oliver Pera, Josef Nagl, Roland Patka und Ilias Keser für Ihre Unterstützung und ihr offenes Ohr sowie die Zeit, die sie in viele Details der Umsetzung investiert haben.

Ganz besonders Martin Starzmann, der unsere kleine Geschichte um den Meisterschüler Sean so wunderbar und kreativ illustriert hat.

Allen Freunden, die wir nicht im Einzelnen genannt haben, ohne die aber weder das Tool noch das Buch möglich gewesen wären. Euer Feedback und eure kritischen Anmerkungen haben uns zu Höchstleistungen angetrieben!

Unseren Familien und unseren Partnern, die es toleriert haben, dass wir so viel Zeit in ein Buch gesteckt haben und nicht die Geduld mit uns verloren haben, auch wenn wir doch hin und wieder sehr kurz angebunden waren.

Stuttgart, Deutschland, April 2011

Inhaltsverzeichnis

Kapitel 1
Einleitung

Abb. 1.1 Sean macht sich auf den Weg

Sean hatte sich von allen verabschiedet. Seine Mutter hatte ihn ein letztes Mal umarmt. Sein Vater, reserviert wie immer, hatte ihm die Hand gedrückt, ihm auf die Schulter geklopft und ihm verstohlen noch einen weiteren Schein zugesteckt. Seine Freunde hatten ihm Glück gewünscht und bei manchem blitze etwas Neid in den Augen.

Jetzt war er auf dem Weg. Am Morgen hatte er zügig die Nonabu-Sümpfe umgangen. Jetzt lag das Dorf schon einen Tagesmarsch hinter ihm und er befand sich in der Einöde des Vorgebirges. Sean erreichte die Ausläufer des Babschinar und blickte auf die majestätischen schneebedeckten Gipfel des Massivs. Sie waren seine erste Hürde, welche ihn von seinem endgültigen Ziel, ein Meister zu werden, noch trennten.

Nun, Babschinar musste von jedem bezwungen werden, der es zu einem Meister in den Sprachen der Ingenieure bringen wollte. Die Sprachmeister suchten immer

G. Rempp et al., *Model Driven SOA*, Xpert.press,
DOI 10.1007/978-3-642-14470-7_1, © Springer-Verlag Berlin Heidelberg 2011

fleißige Adepten, denen sie ihr Wissen und ihre Erfahrung weitergeben konnten. Im Gegenzug halfen die Adepten den Meistern in der unwirklichen und kargen Umgebung ihr tägliches Brot zu verdienen.

Sean atmete tief durch, nahm sein Bündel wieder auf und machte sich an den Aufstieg.

Das vorliegende Buch gibt Ihnen einen umfassenden Überblick über modellgetriebene Softwareentwicklung von SOA[1] Anwendungen. Dabei hatten die Autoren vor allem die Praxis im Blick. Aus diesem Grund wurden zwei Schwerpunkte gesetzt:

- Das praxisgerechte Vorgehen, gepaart mit einer entsprechenden Methodik.
- Die Anwendung der genannten Modellierungssprachen und -notationen, so wie der verwendeten Werkzeuge und Frameworks.

Woher kam die Motivation solch ein Buch zu schreiben?

Ein Buch für den Praktiker

Die Autoren sind Berater, die seit Jahren die verschiedensten Projekte mit unterschiedlichsten Zielsetzungen begleiten. Dabei versuchen sie vor Ort und mit dem Kunden die bestmögliche Lösung zu finden.

Die Projekte lenken den Blick meist auf eine Hauptaufgabe. So haben manche zum Beispiel das Ziel, ein Standardvorgehen für die einheitliche Erstellung von umfassenden Pflichtenheften zu definieren. Pflichtenhefte werden danach automatisiert aus den Modellen generiert. Dabei liegen Geschäftsprozesse und die objektorientierte Analyse im Fokus.

Andere Projekte beginnen direkt mit der System-Analyse. Das Ziel ist es vordergründig Sourcecode oder allgemeiner verschiedenste Artefakte zu generieren, welche auf einer gewählten Plattform ausführbar sind. Das können zum Beispiel EJB3 Quellcode, C#-Code oder WSDL Dateien sein. Durch die Hintertür wird dabei meist auch ein Vorgehen oder eine Methodik definiert, obwohl dies zunächst gar nicht das Ziel an sich war!

Nicht alle Projekte bringen eine eigene Methodik oder ein Vorgehen mit. Trotzdem wird irgend ein Vorgehen oder eine Methodik immer gelebt! Meist ist diese leider nur unzureichend dokumentiert. Modellgetriebene Softwareentwicklung hilft hier.

Innerhalb der MID ist im Laufe der Jahre die Modellierungsmethodik M^3 entstanden. Ziel war eine schlanke und praxisbezogene Methodik, die leicht für Kundenprojekte anpassbar ist und idealerweise werkzeuggestützt angewendet werden kann. Die Autoren haben die M^3 in verschiedenen Projekten angewendet,

[1] Service-oriented Architecture (deutsch: serviceorientierte Architektur, dienstorientierte Architektur).

angepasst und erweitert. Mit der M^3 in der Tasche und der Erfahrung ihrer Anwendung in verschiedensten Projekten wuchs das Bedürfnis eine ganzheitliche Sicht und die besten Ansätze zu dokumentieren. Das hat mit einzelnen HowTo-Dokumenten für Kunden und Kollegen begonnen. Dazu kamen weitere wissenschaftliche und studentische Arbeiten, wie Bachelor- oder Master-Arbeiten. Daraus wurde dann der Wunsch geboren, all das gesammelte Wissen in einem Buch aufzuarbeiten. Damit kann ein umfassender und durchgängiger Blick auf die gesammelten Erfahrungen der Autoren vermittelt werden. Ach ja, und wie oft hat man nicht schon gesagt „da sollte man eigentlich ein Buch drüber schreiben“. Nun, wir haben es jetzt getan und hoffen, dass Ihnen der Inhalt einen echten Nutzen für ihre tägliche Arbeit bringt. Wie ist dieses Buch zu lesen?

Das Buch ist in aufeinander aufbauende Kapitel eingeteilt. Das bedeutet, die „natürliche“ Art und Weise dieses Buch zu lesen ist, von vorne nach hinten.

Das heißt aber noch lange nicht, dass man auch so vorgehen muss. Jemand der schon Erfahrung gesammelt hat und eventuell schon modellgetrieben vorgegangen ist, der kann nach eigenem Ermessen das eine oder andere Kapitel überspringen. Damit der Leser sich hierzu ein Bild machen kann, gehen wir zunächst auf die einzelnen Kapitel ein.

Ein grundsätzlicher Punkt noch vorne weg. Dieses Buch ist ein Buch für Profis und wir setzen eine gewisse Erfahrung in der praktischen Umsetzung von IT-Projekten voraus. Das heißt nicht, dass es nicht auch für Anfänger und Neueinsteiger geeignet wäre. Wir möchten nur darauf hinweisen, dass wir einzelne Themen nicht von Null betrachten und auch nicht einzelne Details vertiefen, die für das Verständnis der Inhalte dieses Buches nicht notwendig sind. Dazu gibt es Lehr- und Einführungsbücher, auf die wir in den einzelnen Kapitel hinweisen und die auch in der Literaturliste aufgeführt werden.

Kapitel 2 Grundlagen

Kapitel 2 stellt ihnen alle Informationen zur Verfügung, die sie für das weitere Verständnis der nachfolgenden Kapitel benötigen. Dabei haben wir Wert darauf gelegt den Inhalt auf das Notwendige zu beschränken.

Dieses Kapitel gibt ihnen einen Überblick über die verwendeten Sprachen und Notationen. Es werden die Grundlagen zu UML 2, SoaML, SysML und BPMN 2.0 aufgezeigt. Dabei erfahren sie auch, warum wir welche Notation für was verwenden oder auch warum gerade nicht.

Außerdem erhalten sie eine Einführung in die Entwicklung von Modelltransformationen und Generatoren. Da wir hierzu oAW und Java verwenden, werden auch hier die Grundlagen gelegt, die für das weitere Verständnis vorausgesetzt werden müssen.

Ein kurzer Abriss über MDA (Modeldriven Architecture) der OMG und die Gegenüberstellung zu MDSD (Modeldriven Softwaredevelopment) hilft die eingesetzte Methodik besser zu verstehen, da sie auch Anleihen aus dem MDA Ansatz nimmt, aber sich nicht nur auf die UML beschränkt.

Zu guter Letzt werden auch die Plattform und die verwendeten Werkzeuge vorgestellt. Dies ist wichtig, weil mit der Wahl der Plattform implizite Randbedingungen geschaffen werden, die sich auf die Methodik im plattformnahen Bereich und natürlich auf die Generierung auswirkt. Auch ist zu entscheiden, was aus Modellen erzeugt wird und was besser mit den Werkzeugen der Plattform umgesetzt wird.

Nach Kap. 2 sind sie gut gerüstet, den Rest des Weges zusammen mit unserem Adepten Sean zu gehen, der sich aufgemacht hat, ein Meister zu werden!

Kapitel 3 Die Modellierungsmethodik

Die deutsche Wikipedia beschreibt sehr treffend, was in der Softwareentwicklung unter einer Methode zu verstehen ist:

> „Als Methode bezeichnet man in der Softwaretechnik ein einzelnes Verfahren zur Softwareentwicklung. Mehrere Methoden zusammen bilden den Softwareentwicklungsprozess. Eine Methode beschreibt dabei für einen bestimmten Anwendungsbereich eine Vorgehensweise.“[2]

Ganz in diesem Sinne beschreibt MDSOA[3] die Verwendung verschiedener Methoden und Notationen, die Verfeinerung der Modelle über automatisierte Modelltransformationen und die Generierung von Artefakten mit Generatoren. Unser Anwendungsbereich in diesem Buch ist die serviceorientierte Architektur.

Grundsätzlich ist MDSOA für beliebige Softwareentwicklungsprozesse anwendbar. Kapitel 3 beschreibt die Methodik und die verwendeten Methoden auf einer abstrakten Ebene. Die Methodik mit ihren einzelnen aufeinander aufbauenden Phasen tendiert grundsätzlich dazu relativ stabil zu bleiben. Hingegen ist die Ausgestaltung im Projekt und die konkret verwendete Notation relativ variabel.

MDSOA kann somit für SOA, aber auch für SAP, EJB3 und den Embedded Bereich eingesetzt werden. Dabei bleibt der grundsätzliche Charakter der einzelnen Phasen erhalten. Es dürfte aber klar sein, das die Analyse eines Parkleitsystems mit der SysML den Schwerpunkt auf anderen Inhalte legt, als die Entwicklung einer SOA Anwendung.

Kapitel 4 Das Beispiel – Überblick über alle Phasen

Für diejenigen unter den Lesern, die selbst schon Erfahrungen mit dem MDSD Ansatz gemacht haben und die sich rasch einen Überblick verschaffen wollen, empfehlen wir Kap. 4 „Das Beispiel – Überblick über alle Phasen“. Experten

[2] http://de.wikipedia.org/wiki/Methode_%28Softwaretechnik%29

[3] MDSOA baut auf die MIDModellierungsmethodik M^3 auf.

der modellgetriebenen Softwareentwicklung können sich hier informieren und die dargestellte Methodik mit ihren ganz persönlichen Ideen und Vorgehensweisen vergleichen.

Kapitel 4 geht auf die konkrete Ausgestaltung der MDSOA im Zuge der Entwicklung von SOA ein. Es wird für die jeweilige Phase beschrieben, welche Notationen verwendet werden, welche Inhalte damit dargestellt werden, welche Modelltransformationen durchgeführt werden und welche Ergebnisse am Ende jeweils vorliegen. Es nimmt aber noch nicht alle Details vorweg, die in den Kapiteln für die jeweiligen Phasen tiefer diskutiert werden.

Kapitel 4 sollte aus unserer Sicht auf jeden Fall gelesen werden, bevor man in den nachfolgenden Kapiteln in die tieferen Details der einzelnen Phasen eintaucht.

Kapitel 5 Initiation

Nach den notwendigen Grundlagen und der Übersicht geht es nun in Kap. 5 in die erste Phase der MDSOA.

Es wird gezeigt, wie aus einem initialen Wurf der fachlichen Aufnahme der Geschäftsprozesse in mehreren Iterationen ein detailreicher und ausformulierter Geschäftsprozess mit der BPMN 2.0 modelliert wird.

Dabei wird auch auf die einzelnen Entscheidungen eingegangen, die der Businessanalyst gefällt hat. Da die Initiation Phase die Grundlage aller folgenden Phasen bildet – SOA soll ja idealerweise Geschäftsprozesse optimal unterstützen – ist sie eine sehr wichtige Phase. Die Inhalte werden von den Fachexperten bestimmt und spiegeln das gelebte oder erwartete Verhalten aller Beteiligten an einem Geschäftsprozess wider.

Grundsätzlich dienen die modellierten Inhalte dazu, die Fachlichkeit zu verstehen und zu durchdringen. Um die späteren Anwender besser zu unterstützen muss verstanden werden, wie diese täglich ihre Arbeit erledigen.

Die Inhalte sind Voraussetzung für einen vernünftigen und zielgerichteten Serviceschnitt. Immer wieder Anlass zur Diskussion: die Granularität von Services. In der Initiation Phase werden die Services nach fachlichen Anforderungen geschnitten. Wie genau und warum, darauf geht diese Kapitel ebenfalls ein. Alles wird anhand des durchgängigen Beispiels transparent gemacht.

Kapitel 6 System Evaluation

Die Initiation Phase ist durch die Erfassung der fachlichen Anforderungen bestimmt. Sie bildet die Grundlage für das weitere Ausarbeiten der Inhalte in der Evaluation Phase.

In der Evaluation Phase wird ausgeführt, wie für die fachlichen Prozesse der Initiation Phase die technischen Prozesse definiert werden. Dabei wird auch entschieden, was aus dem fachlichen Prozess automatisiert auf einer Prozessengine ablaufen soll.

Inhalt ist zunächst der Abgleich der fachlichen Services gegen eventuell schon vorhandene Services. Kann die Funktionalität nicht vollständig abgedeckt werden, dann müssen vorhandene Services angepasst oder neue Services spezifiziert werden. Ein weiteres Thema ist, welcher Typ von Service verwendet werden soll und wie genau die Nachrichten formuliert werden.

Für die Daten werden entsprechende Fachklassen definiert, welche die Grundlage für die Persistierung und später für die Generierung von Entity-Beans sind.

Es wird gezeigt, wie der technische Prozess mit den vorhandenen und neuen Services aufgebaut wird und wie über Service-Kollaborationen der Grundstein für die Generierung von BPEL gelegt wird.

Auch hier machen Beispiele die Entscheidungen und Modellinhalte transparent.

Kapitel 7 Architecture Projection

Das Kapitel „Architecture Projection" geht auf die Architektur und das Design ein. Zunächst wird gezeigt, wie eine n-Tier-Architektur im Modell abgebildet werden kann und wie über Modelltransformationen Inhalte aus der Evaluation Phase auf Komponenten und Klassen in der Architecture Phase abgebildet werden.

Die erzeugten Komponenten werden weiter ausgestaltet, denn aus ihnen werden die zu implementierenden Services generiert. Ebenso die entsprechenden Klassen der Persistenzschicht.

Für das leichtere Verständnis werden außerdem Architekturdiagramme erstellt, die zeigen, wie die einzelnen Komponenten miteinander zusammenhängen.

Der Designaspekt zeichnet sich zum Beispiel durch die genauere Typisierung von Komponenten, Klassen und Attributen aus.

Es wird am Beispiel erklärt, welche Zielartefakte aus den Inhalten der Architecture Phase generiert werden.

Kapitel 8 Construction und Deployment

Das Kapitel „Construction und Deployment" führt aus, wie alle notwendigen Artefakte zum Bau einer SOA Anwendung aus den diversen Modellinhalten generiert, plattformspezifisch bis zur Lauffähigkeit ausformuliert und auf der Plattform integriert werden.

Hier zeigt sich, wie sich einzelne Entscheidungen des modellgetriebenen Vorgehens auswirken und wie generierte Inhalte mit manuell erstellten Inhalten zusammenspielen. Da jede Plattform auch ihre eigenen Werkzeuge mitbringt, gehen wir auch darauf ein.

Ergebnis ist die komplette SOA Anwendung, die über die Benutzeroberfläche den Workflow abbildet, Prozesse und Aktivitäten über Webservices nutzt und so ihre Leistung für den Anwender erbringt.

Anschauliche Beispiele helfen die Zusammenhänge zu verstehen und nachzuvollziehen.

Kapitel 9 Automatisierung

Kapitel 9 geht im Detail auf den Aspekt der Automatisierung innerhalb der modellgetriebenen Softwareentwicklung ein.

Wie genau und nach welchen Gesichtspunkten werden Modeltransformationen und Generatoren gebaut? Welche Entscheidungen wurden gefällt und warum? Welche Werkzeuge werden verwendet?

Nachdem in den vorhergehenden Kapiteln mehr die Nutzung der Automatisierung und deren Ergebnisse im Vordergrund stand, wird nun auf die Details der Herstellung von Automatisierungen eingegangen.

Die Vorteile des modellgetriebenen Vorgehens werden durch Automatisierung im Softwareentwicklungsprozess erst richtig greifbar. Automatisierung hat auch auf die betriebswirtschaftlichen Gesichtspunkte einen großen Einfluss.

Eine spannenden Frage ist hier auch, wie „Overengineering“ vermieden werden kann, wie finde ich den Mittelweg zwischen Notwendigkeit, Ansprüchen, Wünschen und ökonomischer Umsetzung. Denn ein modellgetriebenes Vorgehen ist dann erfolgreich, wenn es anwendbar ist. Damit ist Weniger oft Mehr!

Kapitel 10 Dokumentation

Hand aufs Herz: Wer schreibt gerne Dokumentationen? Jeder weiß, dass wichtige Aspekte und Inhalte im Softwareentwicklungsprozess auch dokumentiert werden müssen.

Einerseits geht es hier um Dinge wie die der Dokumentation von Architekturentscheidungen, da sich diese Entscheidungen auch auf die Inhalte in den Modellen bis hin zur konkreten Umsetzung von Generatoren auswirken.

Andererseits geht es auch um Dinge wie Einarbeitung von neuen Kollegen, Kommunikation zwischen unterschiedlichen Bereichen im Unternehmen, die Optimierung von Prozessen, den Austausch von Informationen mit Lieferanten, Lasten- und Pflichtenhefte und vieles andere mehr.

Auch beim Thema Dokumentation kann uns das modellgetriebene Vorgehen unterstützen. Getreu dem Motto „The Model is the Source“, werden konsequenterweise auch Dokumentationen in Word oder HTML aus den Modellen erzeugt. Kapitel 10 „Dokumentation“ zeigt wie.

Kapitel 11 Ausblick und Fazit

In den vorhergehenden Kapiteln haben sie kennengelernt, was sie für das modellgetriebene Vorgehen zur Erstellung von SOA Anwendungen benötigen. Dies wurde anschaulich an einem durchgängigen Beispiel aufgezeigt. Daneben liegen ihnen alle Quellen zum Download vor.

In Kap. 11 wollen wir noch einen Blick in die Zukunft wagen und außerdem zeigen, was noch alles möglich gewesen wäre, aber zum Beispiel aus zeitlichen Gründen nicht mehr in das Buch aufgenommen wurde.

Es soll dem Leser auch als Anregung dienen, eigene Ideen zu entwickeln und selbst Hand anzulegen. Wagen sie den Schritt in die modellgetriebene Welt!

Modellgetriebenes Vorgehen bietet viele Vorteile, die auch in Zukunft an Relevanz nicht verlieren werden.

Kapitel 12 Anhang und Sachverzeichnis

Im Anhang finden sie weitere Beispiele und Anleitungen für Details, die wir nicht in den jeweiligen Kapiteln unterbringen wollten, um diese nicht zu überfrachten. Das Sachverzeichnis hilft ihnen beim schnellen Nachschlagen von Begriffen.

Formalitäten

Folgende Inhalte werden in nichtproportionaler Schrift `Courier` dargestellt:

- Alle Klickpfade, z. B.:
  - `/mdsoa/fachliches Modell/Prozesse`
  - `/Einfügen/Element/Task`
- Namen von Modellelementen wie Klassennamen, Tasknamen, etc. z. B.:
  - `Kunde suchen`
  - `Kunde`
  - `getInvestmentApplication`
- Stereotypnamen, wie z. B.:
  - `«activityService»`
  - `«Package»`

Alle Produktnamen werden kursiv geschrieben, wie zum Beispiel:

- *SOPERA*
- *Innovator Object eXcellence*

Wichtige Inhalte, auf die wir nachdrücklich Hinweisen wollen, werden in einer grauen Box dargestellt:

Dies ist ein sehr wichtiger Hinweis!

Viel Spaß!

Wir hoffen, dass Ihnen die Lektüre Spaß macht und sie wertvolle Hinweise, Tipps und Anregungen für ihren beruflichen Alltag mitnehmen. Feedback ist uns natürlich jederzeit willkommen und kann an die Autoren per E-Mail an autoren@mdsoa.de oder auf der Webseite zum Buch unter http://www.mdsoa.de abgegeben werden! Wir freuen uns auf anregende Diskussionen!

Kapitel 2
Grundlagen

Abb. 2.1 Seans Reisekarte

---

unter Mitwirkung von Thomas Henninger

G. Rempp et al., *Model Driven SOA*, Xpert.press,
DOI 10.1007/978-3-642-14470-7_2, © Springer-Verlag Berlin Heidelberg 2011

Sean war während der Überquerung von Babschinar schon früh auf seinen ersten Meister getroffen. Dieser hatte ihm gezeigt, wie er Aufgaben mit einem sehr begrenzten Satz von Befehlen effizient aber auch sehr mühsam an Maschinen übertragen konnte. Diese Fähigkeit war sehr beliebt bei den Ingenieuren, die daraus größere und komplexere Maschinen bauten.

Nach kurzer Zeit machte er sich weiter auf den Weg, von dem Gedanken beseelt, dass es doch noch weitere Möglichkeiten geben müsste. Es musste doch einfacher und schneller gehen, Programme zu erstellen. Und tatsächlich traf er auf weitere Meister und so lernte er die verschiedensten Sprachen kennen: streng formale, strukturierte, die mit strengen Reihenfolgen und Baumstrukturen agierten. Sprachen mit mächtigem Befehlssatz und welche mit sehr kleinem. Sprachen, die in realen Objekten „dachten", Sprachen die auf Ereignisse reagierten und es gab sogar welche, die sich selbst erweitern konnten!

Sean lernte schnell und er hatte gute Lehrmeister. Er lernte auch, wie die verschiedenen Konzepte miteinander in Beziehung standen, wie sie miteinander verbunden werden konnten. Er stellte aber auch schnell fest, dass so mancher Meister in seiner Welt fest eingeschlossen war. Nicht mit jedem konnte er über die Vorzüge oder Nachteile einer Sprache sprechen. Auch hatte er es fast immer mit sehr begrenzten Aufgaben zu tun und das große Ganze hatten seine Meister oft nicht im Blick. Manchmal war das auch nicht erwünscht!

Aber Sean wollte mehr. Er wollte verstehen, wie alles miteinander zusammenhing. Er wollte sehen, was all die Menschen, die das Wissen seiner Meister verwendeten damit bauten und warum sie das taten!

Sein letzter Meister seufzte als Sean wieder einmal eine Diskussion mit ihm begann. „Weißt du Sean, du bist ein guter Schüler. Aber deine Neugierde und dein Streben nach Wissen geht weit über das hinaus, was ich dir beibringen kann! Ich lasse dich ungern ziehen, aber in Babschinar gibt es nicht das, nach dem du strebst. Zieh weiter mein Junge, möge das Glück mit dir sein und möge Tagos, der Weise Dich beschützen!"

Und so stattete ihn sein Meister großzügig mit allerhand Proviant aus und verabschiedete ihn mit einem Festessen. Sean machte sich auf den Weg, um am Fuße der Ostseite von Babschinar eine Furt durch den großen Grenzfluss Halys zu finden.

MDA & MDSD

MDA steht für Model Driven Architecture und ist ein Standard der OMG.[1] Die OMG ist ein unabhängiges Standardisierungsgremium. Standards wie CORBA, MOF, OCL, UML, SysML, XMI und nicht zuletzt die BPMN werden von der OMG verwaltet.

[1] Object Management Group http://www.omg.org/ (04.11.2010).

MDSD steht für Model Driven Software Development. Das lässt sich am ehesten mit „modellgetriebene Software Entwicklung“ übersetzen. Es gibt weitere synonyme Begriffe, wie zum Beispiel MDD für Model Driven Development oder MDE für Model Driven Engineering.[2]

Nun, was haben die beiden auf den ersten Blick sehr ähnlichen Begriffe miteinander zu tun? Sie teilen zunächst das Grundsätzliche: Software wird in plattformunabhängigen, formalen Modellen entwickelt und automatisiert generiert.

Die Unterschiede liegen im Detail.

Model Driven Architecture (MDA) der OMG

Die Model Driven Architecture [MDA] ist der Entwurf eines Standards der OMG für die modellbasierte Softwareentwicklung. Er umfasst alle Schritte der Softwareentwicklung von Analyse und Design über Implementierung und Test bis zur Integration und Wartung. Die MDA wurde mit dem Ziel entwickelt, die Plattformunabhängigkeit, Interoperabilität, und Wiederverwendbarkeit einer Vorgehensweise und der Zwischenprodukte des modellgetriebenen Entwicklungsansatzes zu gewährleisten.

Eine sehr kurze Geschichte der MDA

Im Jahr 2000 wurde innerhalb der OMG ein erstes Dokument mit dem Titel „Model Driven Architecture“ als Grundlage für die weitere Entwicklung zum Standard begutachtet. Vom sogenannten Drafting Team des OMG Architecture Board wurde die weitere formale Ausarbeitung 2001 im Dokument „Model Driven Architecture – A Technical Perspective“ als Whitepaper fixiert. Dieses Dokument wurde von den Mitgliedern als Basis-Architektur akzeptiert und von verschieden Task-Forces verwendet, um darauf aufbauend Standards für verschiedene Middleware Plattformen zu definieren. 2003 wurde „MDA Guide Version 1.0.1“ von der OMG veröffentlicht, welche als offizielle gültige Version gilt.

Ziele der MDA

Das Hauptziel der MDA ist die Trennung der geforderten Funktionalität eines zu entwickelnden Systems von der zur Implementierung dieses Systems herangezogenen Technik. Dies ermöglicht eine Abstrahierung der Systembeschreibung durch die Aufteilung in verschiedene Ebenen, die sich immer näher zur Plattform[3] hin

---

[2]Es gibt noch weitere Ansätze, wie zum Beispiel das Feature Driven Development [FDD] oder Domain Driven Design [DD1] [DD2].

[3]Der Begriff Plattform ist hier weit gefasst. Eine Plattform kann sich aus den verschiedensten Komponenten zusammensetzen, wie zum Beispiel Implementierungssprachen, Frameworks, Applikationsserver, Rule-Engines und vieles andere mehr.

entwickeln. Die Modelle auf höherer Abstraktionsebene sind stabiler, da sie unabhängig von der konkreten Plattform weiter verwendbar bleiben, auch wenn die Plattform gewechselt wird.

Durch Modelltransformationen wird von einer abstrakten fachlichen Ebene über mehrere Stufen und durch schrittweise Anreicherung von Informationen in den jeweils folgenden Ebenen letztendlich plattformspezifischer Quellcode erzeugt. Das bedeutet, dass beim Wechsel einer Plattform nur die Transformationen der jeweiligen Ebenen ausgetauscht werden müssen, ohne dass man gezwungen wäre, die für die darüber gelegenen Ebenen entwickelten Transformationen anzupassen.

Dadurch erhofft man sich eine kürzere Entwicklungszeit mit gleichzeitig signifikant höherer Softwarequalität als beim durchgängig manuellen Ansatz der Softwareentwicklung. Außerdem soll die Wiederverwendbarkeit erhöht werden.

Vorgehen und Ebenen der MDA

Als Grundlage für die Modellierung in der MDA dient die MOF[4] beziehungsweise die UML[5] [UML]. Die Herangehensweise während der Entwicklung durchläuft mehrere Phasen. Zunächst erfolgt eine formale Beschreibung des Systems. Dann folgt die Spezifikation der Details der Plattform. Schließlich wird die formale Beschreibung durch eine Transformation in die für die Plattform notwendige Spezifikation überführt. Eine Spezifikation kann beispielsweise ein anderes Modell oder Quellcode sein.

Die MDA untergliedert den Entwicklungsprozess in vier Ebenen. Jede der Ebenen verfeinert die vorausgehende und führt somit zu einer Konkretisierung des Softwaresystems. Die Spezifikationen der einzelnen Schichten werden ebenfalls durch Transformationen ineinander umgewandelt. Tabelle 2.1 gibt eine Übersicht über die vier Ebenen der MDA.

Tabelle 2.1 MDA Ebenen

Ebene	Gegenstandsbereich
Computation Independent Model (CIM)	Umgebung, in die das System eingebettet ist, Domäne, Geschäftsmodell
Plattform Independent Model (PIM)	Generelle Funktionsweise des Systems ohne Plattformdetails
Plattform Specific Model (PSM)	PIM erweitert um Plattformdetails
Implementation Specific Model (ISM)	Quelltext

[4]Meta Object Facility [MOF].

[5]Die ist zwar nicht zwingend vorgeschrieben, aber faktisch gibt es nur Beispiele, welche die UML benutzen. „Use of UML, although common, is not a requirement; MOF is the mandatory modeling foundation for MDA.“. Aber eben auch: „Models used with MDA can be expressed using the UML language“.

Obwohl im Standard vorgesehen, sind automatische Transformationen heute zwar grundsätzlich spezifiziert und mit QVT[6] existiert sogar ein eigener Standard der OMG. In der Breite durchgesetzt hat sich aber noch keiner der Ansätze. Und so wird meist vom Hersteller eines Modellierungswerkzeugs eine proprietäre Lösung für Modelltransformationen angeboten, beziehungsweise mitgeliefert. Durch Transformationen lassen sich die Strukturen der übergeordneten Ebene übertragen. Die ergänzenden Feinheiten der Plattform sind jedoch noch nicht vollständig automatisiert generierbar. Es sind daher manuelle Verfeinerungen notwendig.

Grundlage für die Transformationen ist das sogenannte Mapping. Das Mapping beschreibt die Abbildungsregeln, das heißt konkreter: welche Elemente des Quellmodells werden auf welche Elemente des Zielmodells abgebildet. Zum Beispiel könnte eine UML-Action, die einen Schritt in einem Geschäftsprozess repräsentiert in der nächsten Ebene auf einen Anwendungsfall abgebildet werden. Der Anwendungsfall wird dann weiter ausformuliert, zum Beispiel unter der Verwendung eines Aktivitätsdiagramms.

Die Transformationsregeln werden meistens auf Ebene der Metamodelle, zum Beispiel UML-Profile oder auch seltener auf MetaMeta-Ebene, zum Beispiel der MOF, beschrieben. Dabei kann noch zwischen uni- und bidirektionalen Transformationen unterschieden werden. Ein Forward-Engineering beschränkt sich dabei meist auf unidirektionale Transformationen, vom abstrakten Modell schrittweise zum plattformspezifischen Code. Round Trip-Engineering nutzt, zumindest auf der Designebene, bidirektionale Transformationen.

Gehen wir noch etwas genauer auf die verschiedenen Ebenen der MDA ein.

Computation Independent Model (CIM)

Das CIM enthält die Anforderungen an das zu implementierende System.[7] Oft wird es auch als „Domänen Modell“ oder „Business Modell“ bezeichnet. Es ist völlig unabhängig davon, wie das System implementiert wird und enthält keine implementierungsspezifischen Informationen.

Ziel ist es, die Umgebung des Systems und den Kontext der Nutzung zu beschreiben. Damit hilft es klarzustellen, was ein System tun soll. Darüber hinaus ist es auch eine Quelle für die Standardisierung von Begriffen und der Bildung von Glossaren, die dann auch system- und projektübergreifend genutzt werden können.

Die im CIM modellierten Anforderungen sollten außerdem eine navigierbare Beziehung (Trace) zu den durch Transformation entstandenen Inhalten der darunterliegenden Ebenen im plattformunabhängigen Modell (PIM) und plattformspezifischen Modell (PSM) enthalten.

[6] Query View Transformation [QVT].

[7] Ein System kann in diesem Sinne auch ein Subsystem sein oder sich aus solchen zusammensetzen.

Ein CIM kann aus mehreren Modellen bestehen.[8] Jedes der Modelle kann dabei eine ganz spezifische Sicht einnehmen. Zum Beispiel einerseits den Informationsfluss, die Geschäftsprozesse im Kontext des Systems und ergänzend dazu die organisatorische Sicht.

Plattform Independent Model (PIM)

Das plattformunabhängige Modell beschreibt das System, aber nicht die technischen Details der zur Implementierung herangezogenen Technik. Es enthält verschiedene Sichten auf das zu implementierende System, zum Beispiel auf die Datenstrukturen und deren Verwendung, Abläufe auf dem System und ergänzend Regeln und Berechnungen, die das System zu beachten oder auszuführen hat. Dabei werden Informationen des CIM durch eine Modelltransformation übernommen. Das PIM kann dabei anfänglich auch vollständig aus dem CIM erzeugt werden.

Die Sicht auf die Daten und die Darstellung der Daten kann dabei unterschiedlich zur Darstellung im CIM und zum nachfolgenden PSM sein. Aus den Informationen des PIM lassen sich über Modelltransformationen plattformspezifische Modelle erzeugen, die dann weiter angereichert werden. Auch hier gilt, dass die entstandenen Elemente mit ihren Vorgängern im Quellmodell verknüpft sein sollten.

Plattform Specific Model (PSM)

Das plattformspezifische Modell enthält die Beschreibung des Systems unter Einbeziehung der verwendeten Plattform. Die Sicht auf die Daten erlaubt meist die Überführung in eine Datenbank und der für konsistente Zugriffe notwendigen Persistenzschicht. Das PSM bildet dazu oft auch die Architektur des zu erzeugenden Systems ab und hält sich an deren Regeln. Das PSM ist damit nicht nur ein „Werkzeug“ für den Entwickler, sondern vor allem auch für den Architekten.

Je detaillierter die Modellierung im PSM ist, desto näher rückt das PSM an die Ausführbarkeit, beziehungsweise ist dann eine andere Sicht auf den Quellcode des implementierten Systems. Daraus folgt, dass der Grad der Detaillierung auch den Grad der Ausführbarkeit des aus dem Modell erzeugen Codes bestimmt. Dazu verwendet es die UML oder eine Kombination aus UML und OCL[9] und wird in einem MOF-basierenden Repository gespeichert. 100% Ausführbarkeit ist dabei aber nicht immer das Ziel!

Das Modell kann neben der reinen statischen und dynamischen Sicht auf das System auch weitergehende Informationen, wie zum Beispiel Deployment- und Konfigurationsinformationen enthalten.

---

[8] Es wird nicht immer streng zwischen den Begriffen „Modell“ und „Diagramm“ unterschieden. Für MDSOA gilt, das innerhalb einer Phase die Sichten mit unterschiedlichen Diagrammen dargestellt werden. Die Phase selbst wird als eigenständiges Modell begriffen.

[9] Object Constraint Language [OCL].

Implementation Specific Model (ISM)

Das implementierungsspezifische Modell ist der Code des Systems. Es ist auf der Plattform ausführbar. Das ISM kann, bei entsprechender Modellierung im PSM, bis 100% aus dem PSM erzeugt werden. Meist liegt der Anteil aber unter 100%.

Transformationen

Grundsätzlich geht die MDA davon aus, dass von Ebene zu Ebene mindestens eine Modelltransformation durchgeführt wird. Die Abbildungsregeln für die Transformation werden im Mapping festgelegt. Es werden also Inhalte eines Modells aus der vorhergehenden Ebene in die nächste Ebene übernommen und dabei transformiert. Die MDA erlaubt aber auch, dass zwischen den einzelnen Ebenen mehrere Mappings verwendet werden. So kann ausgehend vom PIM evolutionär über mehrere Mappings und Transformationen in unterschiedliche Modelle die Ebene PSM erreicht werden.

Es ist auch erlaubt, zusätzlich Informationen für die Transformation zu nutzen oder auch weitere Modelle hinzuzuziehen (Merge).

Damit eignet sich die MDA sehr gut für das agile, iterative Vorgehen, da die Modelle in jeder Iteration wiederverwendet werden können und den Zielen der jeweils aktuellen Iteration entsprechend angepasst und erweitert werden.

Vor der Ausführung einer Transformation wird ein Modell „markiert". Was ist darunter zu verstehen?

Markieren des Modells

Durch Markieren einzelner Elemente in Modell, werden sie in Bezug zu einem bestimmten Mapping gesetzt. Denkt man sich pro Mapping auch eine Transformation, kann ein Element mehrfach markiert werden. Damit entstehen aus dem so markierten Element im Zielmodell für jedes Mapping eines oder mehrere Elemente. Dies kann auch interaktiv während der Ausführung einer Transaktion vorgenommen werden. Das heißt, der Anwender wird gefragt, welche Regeln (Mapping) auf die gewählten Elemente angewendet werden sollen.

In der Praxis wird das Markieren aus Effizienzgründen oft in den Transformationen hinterlegt. Das bedeutet, dass für eine gewählte Menge von Elementen im Zielmodell innerhalb einer Transformation tatsächlich mehrere Transformationen durchlaufen werden. Aus einem Geschäftsobjekt werden zum Beispiel eine Klasse und gleichzeitig auch ein Glossareintrag erzeugt. Die Schritte werden zwar nacheinander durchgeführt, für den Anwender geschieht dies aber transparent. Aus seiner Sicht wird eine Transformation gestartet und ausgeführt.

Ablauf innerhalb der MDA

Abbildung 2.2 stellt den Ablauf exemplarisch dar. Das Quellmodell (Modell Ebene_0) ist eine Instanz seines Meta-Modells (Meta-Modell Ebene_0). Das Zielmodell (Modell Ebene_1) ist wiederum eine Instanz seine Meta-Modells (Meta-Modell Ebene_1).

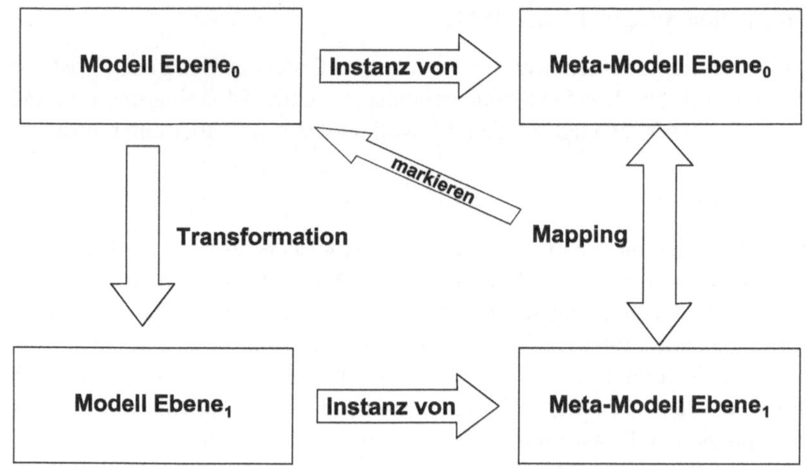

Abb. 2.2 Vorgehen in der MDA

Das Mapping wird auf Basis der Meta-Modelle definiert. Es beschreibt also, welche Typen aus Meta-Modell Ebene$_0$ auf welche Typen in Meta-Modell Ebene$_1$ abgebildet werden. Die Transformation wird auf Basis der im Mapping definierten Abbildungsregeln implementiert.

Die zu transformierenden Elemente im Modell Ebene$_0$ werden für die gewünschten Mappings markiert und danach wird die Transformation ausgeführt.

Modelbasierte Softwareentwicklung (MDSD)

Die Modellbasierte Softwareentwicklung (MDSE, engl. Model Driven Software Development, MDSD) hat die gleichen Ziele wie die MDA, ist aber grundsätzlich nicht auf MOF/UML eingeschränkt. Unter einem Modell ist auch bei der MDSD die abstrahierte Abbildung eines Bereichs der Wirklichkeit in graphischen Notationen oder formalen Sprachen zu verstehen. Und auch hier findet eine Trennung der Fachlichkeit von der technischen Umsetzung statt („Separation of Concerns“).

Der fachliche Gegenstandsbereich wird auch mit dem Begriff „Domäne“ bezeichnet. Es handelt sich dabei um ein begrenztes Interessen- und Wissensgebiet technischer oder fachlicher Natur. Dies können beispielsweise die spezifischen Datenobjekte (Geschäftsobjekte) und die fachlichen Abläufe einer Abteilung sein. Die Vorgehensweise bei der modellbasierten Entwicklung illustriert Abb. 2.3.

Die Vorgehensweise bei der modellbasierten Entwicklung startet damit, in einer formalisierten Beschreibung einer Domäne festzulegen, welche Elemente und Beziehungen in einem Modell vorkommen können. Diese Beschreibung bildet das Metamodell für die Modellierung. Es umfasst die abstrakte Syntax und die statische Semantik (Constraints) dessen, was in einem Modell darstellbar ist. Als „Constraints“ werden Bedingungen bezeichnet, welche die Validität eines Modells bestimmen. Das gilt so auch für die MDA, da diese, wie gesagt, eine spezielle Ausprägung des MDSD ist.

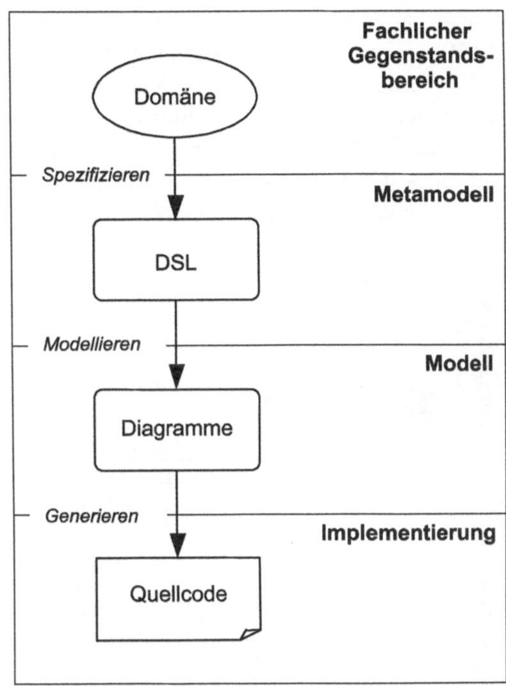

Abb. 2.3 Vorgehensweise Modellbasierte Softwareentwicklung

Das Metamodell definiert somit eine formale Sprache, die spezifisch für die Anforderungen des fachlichen Gegenstandsbereiches ausgelegt ist. Diese Art von Sprache wird folglich als domänenspezifische Sprache[10] bezeichnet [STA07]. In der Praxis kann dies zum Beispiel, wie in der MDA, durch Anpassung des UML-Metamodells erzielt werden. Es gibt für MDSD aber keinen definierten Standard, der Einsatz der UML ist aber nicht unüblich. Die Definition eines Metamodells ist bei Verwendung standardisierter Modellierungssprachen optional. Implizit liegt für die gewählte Modellierungssprache ein Metamodell schon vor.

Auf die Spezifikation des Metamodells folgt mit der Modellierung die Abbildung des fachlichen Gegenstandsbereiches und der fachlichen Anforderungen in einem Modell. Die fachlichen Modelle werden im Folgenden um die Details der Plattform erweitert. Man spricht auch von Verfeinerung. Aus dem angereicherten Modell wird im weiteren Verlauf lauffähige Software generiert. Als Generierung wird die automatisierte Erzeugung von Software oder Quellcode bezeichnet.

Das hört sich zunächst sehr ähnlich zur MDA an. Wo genau liegt nun der Unterschied? Nun, in der Wahl der Mittel ist die MDSD „freier" als MDA, die sich auf eine MOF basierende Sprachen beschränkt. Man kann auch sagen, dass die MDA eine spezielle Ausprägung von MDSD ist, aber nicht umgekehrt.

Um eine DSL zu entwickeln, lässt die MDSD alle Mittel zu. Damit kann zum Beispiel in der Versicherungswelt in einem Modell der „`KFZ-Versicherungsvertrag`" mit einem eigenen Symbol dargestellt werden. Auch

[10] Domain Specific Language, DSL.

können im Metamodell direkt entsprechende Eigenschaften festgelegt werden. Ein „`KFZ-Schadensfall`" kann ebenfalls sein eigenes „Aussehen" haben.

Es werden also für die Domäne der „`KFZ-Versicherung`" spezifische Elemente, deren erlaubten Beziehungen, sowie deren Symbolik definiert. Ein Fachexperte der Domäne „`KFZ-Versicherung`" tut sich in der Regel leichter damit, in und mit seiner Begriffswelt Modelle zu erstellen. Abbildung 2.4 zeigt ein einfaches Beispiel einer graphischen DSL für die genannte Domäne.

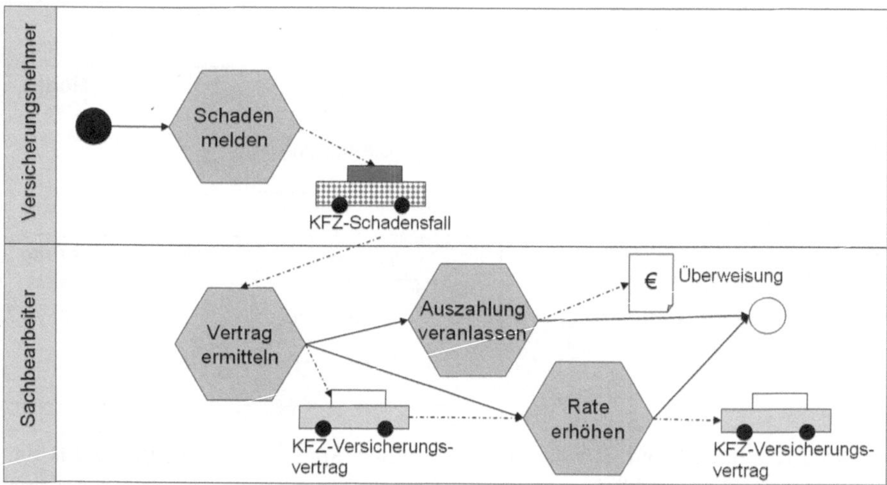

Abb. 2.4 Beispiel einer grafischen DSL für die Domäne KFZ-Versicherung

Wenn Metamodelle nicht auf Standards wie MOF oder der Erweiterung von UML-Profilen aufbauen,[11] ist die Kehrseite allerdings, dass sie schwerer Wiederverwendbar sind. Das muss aber nicht unbedingt als Nachteil zum tragen kommen, solange man sich in der Domäne und innerhalb des Unternehmens, in dem die DSL eingesetzt wird, befindet. Möchte man sich mit Partnern oder über die Grenze der Domäne austauschen, stößt man ohne standardisiertes Metamodell schnell an Grenzen. Ein Austausch der Metamodelle über Toolgrenzen hinweg kann sich dann durchaus als schwierig und aufwendig herausstellen.

Aus diesem Grund gibt es oft eine Mischung aus standardisierten Notationen, wie zum Beispiel der UML und BPMN, und anderen Sprachen oder Darstellungsarten. Feature-Modelle, Baumstrukturen, XML-Dialekte, Entscheidungstabellen oder die direkte Nutzung einer Programmiersprache wie Ruby oder Java zur Entwicklung einer DSL können in der MDSD genutzt und gemischt werden. Bei der MDSD steht

[11] EMF ist ein weiterer Quasi-Standard der weit verbreitet ist und auf dessen Basis sich auch graphische Editoren zur Modellierung der mit EMF beschriebene DSL erstellen lassen. Ausführliche Informationen enthält neben [EMF] auch [EMF2].

die Erreichung des Ziels durch effiziente Modellierungen mit einer DSL,[12] Wiederverwendbarkeit und hohe Codequalität im Vordergrund und vor der Verwendung von Standards.

Die MDSD lässt so für die Entwicklung von Produktlinien, die 100% lauffähigen Code erzeugen und die für Produktvarianten genutzt werden sollen, die notwendigen Freiheiten bei der Wahl der Notationen. Es muss eben nicht ausschließlich die UML verwendet werden. Das liegt nicht darin begründet, dass sich mit der graphischen Notation der UML das Ziel nicht erreichen ließe, sondern vielmehr daran, dass für bestimmte Beschreibungen alternative Notationen, wie zum Beispiel Featuremodelle, effizienter sind. Abbildung 2.5 zeigt ein einfaches Featuremodell.

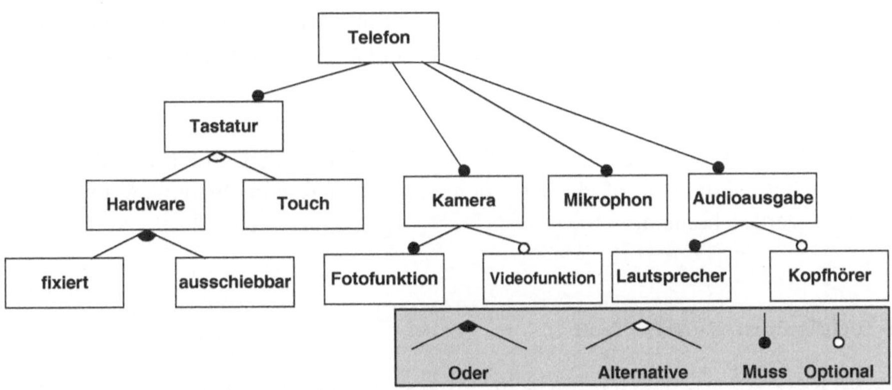

Abb. 2.5 Einfaches Feature-Modell für ein mobiles Telefon

Produktstrassen lassen sich also oft besser mit einer Mischung verschiedener Standards, Notationen, Tools und Metamodellen bauen. So manches lässt sich über XML oder in einer Programmiersprache schneller beschreiben als in einer graphischen Notation. Man darf dabei aber nicht die Komplexität der Gesamtheit aller eingesetzten Tools und Sprachen außer Acht lassen. Es ist immer sinnvoll sich selbst eine gewisse Sparsamkeit aufzuerlegen, was deren Verwendung angeht. Brüche in einer Toolkette bedeuten auch immer Aufwand an den Schnittstellen und eventuell notwendige Transformationen.

Klar dürfte auch sein, dass eine graphische Notation von einem Fachexperten meist einfacher anzuwenden ist. DSLs, die zum Beispiel direkt in XML oder einer Programmiersprache hinterlegt sind, werden eher von Ingenieuren oder Softwareexperten verwendet werden, als zum Beispiel von einem Sachbearbeiter in der Schadensfallbearbeitung einer Versicherung.

[12]Modellierung bedeutet dabei nicht zwingend die Verwendung einer graphischen Notation. In der MDSD kann eben auch textuell modelliert werden, zum Beispiel mit XML und entsprechend zugehörigen validierbaren Schemata. Auch in der MDA ist Quellcode die textuelle Repräsentation eines Modells.

Damit sind wir bei der Frage, was sich nun besser eignet. Dazu können wir leider auch nur die typische Beraterantwort geben: Es kommt darauf an.

- Wer soll die DSL einsetzten?
- Was ist das Ziel der Modellierung, der DSL, zum Beispiel Dokumentation oder Generierung?
- Was ist im Unternehmen bekannt und etabliert, was hat gut funktioniert, was ist akzeptiert?
- Gibt es die Notwendigkeit, Modelle mit Partnern, Lieferanten, Herstellern, etc. auszutauschen?
- Möchte ich mir sicher sein, dass ich am Markt viele Ressourcen mit entsprechendem Know-how bekomme, wenn mein Lieferant nicht mehr verfügbar ist?
- Gibt es in meiner Domäne eventuell schon etablierte Standards, die ich nutzen kann?

Letzten Endes muss jeder für sich selbst die Möglichkeiten prüfen und abwägen, mit welchen Mitteln die Ziele unter den gegebenen Randbedingungen am besten erreicht werden können.

Modellierungssprachen

In MDSOA werden hauptsächlich die BPMN 2.0 und die UML2 eingesetzt. Unabhängig davon möchten wir ihnen im Folgenden eine kurze Einführung in die verschiedenen Notationen geben, ohne dabei allzu sehr in die Tiefe zu gehen. Die Abhandlung geht so weit, dass die Verwendung der Notationen in den nachfolgenden Kapiteln verständlich ist. Für die Leser, die ihr Wissen um die einzelnen Notationen weiter vertiefen möchten, haben wir an geeigneter Stelle auf entsprechende Literatur verwiesen.

UML und Dialekte

Neben der Standard-UML gibt es noch weitere Dialekte,[13] die auf die UML Aufbauen. Stellvertretend hierfür beschreiben wir die SoaML[14] etwas genauer. Zu nennen wären aber noch weitere, wie die SysML[15] oder auch das CWM.[16]

[13]Wir haben uns erlaubt hier den Begriff Dialekt zu verwenden. Im Grunde handelt es sich um MOF-basierende Sprachen oder um UML-Profile, die den Sprachumfang erweitern.

[14]Service Oriented Architecture Modeling Language.

[15]OMG System Modeling Language.

[16]Common Warehause Metamodel.

UML

Die Unified Modeling Language ist eine formale graphische Notation zur Modellierung, Spezifikation, Dokumentation und Visualisierung von Strukturen und Abläufen. Sie ist technikunabhängig und liegt derzeit in Version 2.3 vor [OMG]. Mit der UML lässt sich eine vollständige Beschreibung von Systemen aller Art bewerkstelligen. Die UML verfügt zur Modellierung von Systemen über mehrere Diagrammarten. Man unterscheidet dabei zwischen statischen Diagrammen und dynamischen Diagrammen. Erstere beschreiben die Struktur, letztere das Verhalten des zu modellierenden Systems. Einen Überblick über die Diagramme im Einzelnen gibt Tabelle 2.2.

Tabelle 2.2 UML-Diagrammarten

Statische Diagramme	Dynamische Diagramme
Klassendiagramm	Anwendungsfalldiagramm
Objektdiagramm	Zustandsdiagramm
Paketdiagramm	Aktivitätsdiagramm
Kompositionsstrukturdiagramm	Sequenzdiagramm
Komponentendiagramm	Kommunikationsdiagramm
Verteilungsdiagramm	Timingdiagramm
	Interaktionsübersichtdiagramm

Zur Anpassung der UML an den fachlichen Gegenstandsbereich steht seit UML 2.0 der Profilmechanismus zur Verfügung. Ein Profil stellt eine Erweiterung der UML auf Metamodellebene dar. Die Erweiterung erfolgt dabei mittels den sogenannten Stereotypen. Ein Stereotyp ist eine Metamodellklasse, die beschreibt, auf welche Art eine andere Metamodellklasse erweitert werden darf.

In der MDSOA werden hauptsächlich Klassen- und Komponentendiagramme verwendet. Wir haben dabei die Möglichkeit der Erstellung eigener Profile genutzt. So wurden zum Beispiel für EJBs eigene Stereotypen erstellt und mit weiteren Eigenschaften für das objektrelationale Mapping versehen. Für die Dokumentation werden auch das Kompositionsstrukturdiagramm (Servicearchitektur) und Sequenzdiagramm (Darstellung der architekturkonformen Aufrufreihenfolge) verwendet.

Für die Darstellung einer Serviceorientierten Architektur mit der UML sind derzeit Bestrebungen zur Spezifizierung von standardisierten UML-Profilen im Gange. Die OMG unterstützt den Ansatz der SOA Modeling Language (SoaML) [SOAML], welcher sich derzeit noch in Erarbeitung befindet.[17]

SoaML

Seit 2005 sind die Bemühungen der OMG, mit dem „UML Profile and Metamodel for Services“ (UPMS) ein standardisiertes Metamodell für die Entwicklung

[17] Aktueller Stand ist die 1.0 Beta 2 vom Dezember 2009.

von Diensten zu etablieren, im Gange [UMPS]. Mit diesem Profil können künftige Generationen von MDA-Werkzeugen auf einen vereinheitlichten Rahmen zur Service-Modellierung zurückgreifen. Als Spezifikation für ein Metamodell, welches der UPMS entspricht, wurde im April 2009 die SOA Modeling Language (SoaML) von der OMG veröffentlicht. Es handelt sich dabei noch um eine vorläufige Version, da die Spezifizierung noch nicht abgeschlossen ist.

Ziel der SoaML ist die Unterstützung von Design und Modellierung von Services und ihrer Anforderungen. Zudem ermöglicht die Sprache die Spezifikation des Zusammenspiels von mehreren Services, die eine Serviceorientierte Architektur bilden. Da SOA als ein Architekturparadigma verstanden wird, kann SoaML in der Architektur-Schicht der MDA verwendet werden, um die Beziehungen der Dienste einer SOA zu beschreiben. Die Spezifikation technischer Details der Implementierung ist ausdrücklich kein Ziel der Sprache, weil diese auf einer anderen Ebene der MDA behandelt werden. Es soll darüber hinaus, ganz im Sinne der MDA, möglich sein, Artefakte daraus zu generieren.

Um eine Serviceorientierte Architektur aus den Unternehmensanforderungen zu entwickeln, ist zunächst zu klären, welche Anforderungen durch die IT unterstützt werden sollen. Die SoaML bietet mit den sogenannten *Capabilities* eine Möglichkeit, anhand der Requirements Dienste zu identifizieren. Durch die Capabilities können die Fähigkeiten eines Services in abstrakter Weise beschrieben werden, bevor der Service existiert oder bekannt ist. Die Darstellung der Capabilities ähnelt der Darstellung von Anforderungen in der SysML.

Mit der SoaML können Serviceorientierte Architekturen sowohl mit einem Schnittstellen-orientierten, wie auch mit einem Servicekontrakt-orientierten Ansatz modelliert werden. Zu deren Unterstützung enthält die Sprache mehrere Elemente, wie z. B. ServiceInterface oder ServiceContract. Da die beiden Ansätze eine SOA nur aus unterschiedlichen Blickwinkeln betrachten, kommt es bei den Elementen teilweise zu Überlappungen, die sich auch in Redundanzen im Modell äußern, wenn man beide Ansätze gleichzeitig anwendet.

Interface-basierter Ansatz

Beim Interface-basierten Ansatz geht es darum, die SOA aus Sicht der Teilnehmer zu modellieren. Die Definition der Interaktion der Teilnehmer erfolgt anhand der Beschreibung der Schnittstellen und deren Operationen. Diese Art der Beschreibung der Dienste kann für die Bereitstellung der Funktionalitäten existierender Systeme genutzt werden. Bei einer unidirektionalen Schnittstelle, in welcher nur eine Seite einen Dienst in Anspruch nimmt und es keine geregelten Abläufe zwischen den Teilnehmern gibt, genügt dazu ein UML-Interface. In diesem Fall gibt es auch keine Rückfragen (Callback) von Seiten des Dienstanbieters. Diese einfache Art der Serviceinteraktion gleicht dem aus der Objektorientierten-Programmierung oder aus Remote-Procedure-Calls (RPC) bekanntem Schema.

Es besteht aber auch die Möglichkeit, dass beide Seiten für die Nutzung eines Services die Dienste des anderen in Anspruch nehmen. Solche mehrseitigen Interaktionen laufen meist auch mit einer nach einem Protokoll festgelegten Reihenfolge der Operationen ab. Zur Darstellung einer solchen bidirektionalen Interaktion existiert in der SoaML das Konzept des *ServiceInterface*. Mit diesem kann aber auch eine unidirektionale Kommunikation spezifiziert werden. Es beinhaltet sowohl die von einem Dienst angebotenen als auch die von ihm genutzten Schnittstellen. Die Spezifikation der Schnittstellen selbst ist nicht Teil der Serviceschnittstelle, da diese eine Dienstschnittstelle auf einem abstrakteren Niveau beschreibt. Die Spezifikation wird stattdessen mit UML-Schnittstellen beschrieben. Das Verhalten zwischen den Teilnehmern der Serviceschnittstelle kann anhand von Serviceprotokollen genauer beschrieben werden. Es handelt sich dabei um Aktivitätsdiagramme, welche die Ablaufreihenfolge von Operationsaufrufen definieren. Diese spezifizieren folglich die Choreographie der Serviceschnittstelle. Die nähere Beschreibung der Dienstchoreographie ist für die Beschreibung der SOA-Anwendung nicht unbedingt notwendig, wenn alle Operationen der Dienste ohne Einhaltung einer bestimmten Reihenfolge durchgeführt werden können.

Servicekontrakt-basierter Ansatz

Der Servicekontrakt-basierte Ansatz der Servicemodellierung beschreibt die Interaktion der Dienste aus der Sicht einer Zusammenarbeit. Der Fokus liegt also nicht auf dem einzelnen Dienst, sondern vielmehr in den Rollen der Teilnehmer in der Kooperation und der abstrakten Funktionalität die einen geschäftlichen Mehrwert erbringt. Der kontraktbasierte Ansatz eignet sich daher für Szenarien, in denen eine Serviceorientierte Architektur neu entworfen wird oder wenn komplexere Zusammenhänge dargestellt werden müssen. Zur Beschreibung der Zusammenarbeit mehrerer Schnittstellen existiert in der SoaML der Stereotyp *ServiceContract*, welcher mit einer UML-Kollaboration benutzt wird. Ein Servicevertrag wird zwischen den Teilnehmern geschlossen und definiert die Bedingungen, die von den Teilnehmern zur Dienstnutzung und Bereitstellung eingehalten werden müssen. Die Bedingungen werden anhand der von beiden Seiten verwendeten Serviceschnittstellen und durch die Darstellung der Choreographie mit Aktivitätsdiagrammen beschrieben. Zudem wird für jede Seite anhand der Serviceschnittstelle eine Rolle angegeben, welche diese in der Zusammenarbeit verkörpert.

Service Architektur

Zur Beschreibung des Zusammenhangs aller Dienste einer SOA gibt es darüberhinaus den Stereotyp *ServiceArchitecture*, der mit einem Kollaborationsdiagramm verwendet wird. Die Servicearchitektur stellt den Gesamtkontext dar und veranschaulicht das Zusammenspiel mehrerer Teilnehmer. Die Zusammenarbeit wird durch Serviceverträge zwischen den Teilnehmern dargestellt. Die Art in welcher ein Teilnehmer mit einem anderen Teilnehmer zusammenarbeitet, wird durch Angabe seiner Rolle angegeben. Ergänzend kann die Orchestrierung der Dienste durch ein Aktivitätsdiagramm beschrieben werden. Abbildung 2.6 illustriert beispielhaft die Servicearchitektur des Investitionsantragsprozesses. Dabei stellen die Rechtecke die Teilnehmer dar. Verbunden werden sie mit den ovalen Service-Kontrakten.

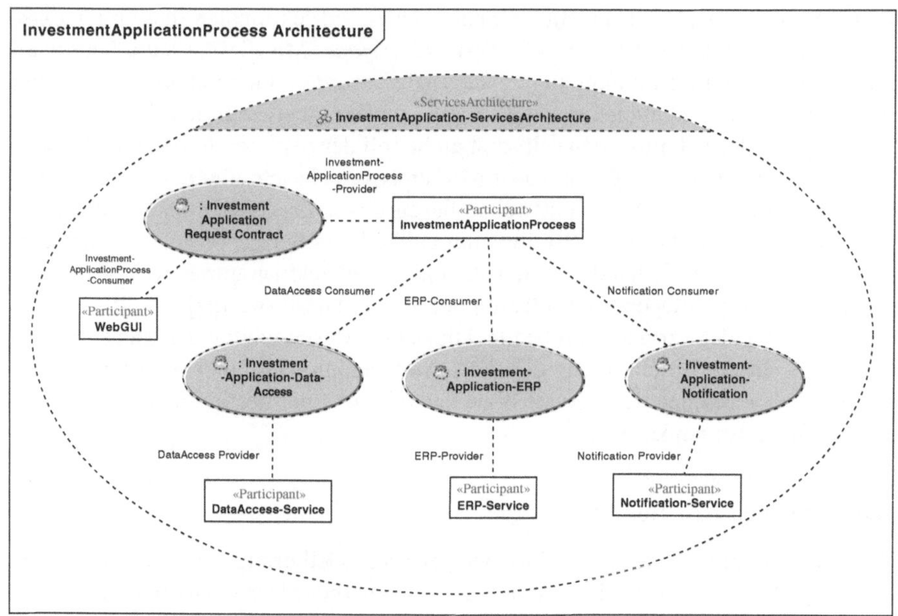

Abb. 2.6 Service-Architektur des Investitionsprozesses

Serviceteilnehmer können außerdem mit einem Komponentendiagramm näher beschrieben werden, welches die vom Teilnehmer benutzten und bereitgestellten Interfaces enthält. Ein Teilnehmer kann in einer SOA als zusammengesetzter Service auch aus mehreren anderen Diensten bestehen. Um diesem Umstand Rechnung zu tragen, besteht die Möglichkeit die Zusammensetzung eines Dienstes in einer ParticipantArchitecture mittels eines Kompositionsdiagramms zu modellieren. Diese entspricht im Wesentlichen einer ServiceArchitecture die den Teilnehmer darstellt. Zusätzlich kann aber dem Teilnehmer noch ein Interface zugeordnet werden. Einen guten Einstieg in die praktische Anwendung der SoaML gibt [SOAA].

Fazit

Abschließend kann festgestellt werden, dass die SoaML alle Möglichkeiten bereitstellt, die Architektur einer SOA darzustellen. Da die Sprache sich allerdings noch im Prozess der Standardisierung befindet, ist sie noch nicht sehr weit verbreitet. Dementsprechend gibt es nur wenige Tools, die die Modellierung mit der SoaML ermöglichen. Der in diesem Buch verwendete *Innovator* gehört zu den wenigen Ausnahmen. Da auch im Allgemeinen noch keine Praxiserfahrung mit der Modellierungssprache vorliegt, wird die SOA in diesem Buch noch nicht mit der SoaML beschrieben.

BPMN 2.0

Business Process Model and Notation (BPMN)[18] ist der Standard für die grafische Beschreibung von Geschäftsprozessen, der sich auch in Deutschland immer weiter durchsetzt. Neben der Repräsentation von reinen Prozessabläufen spezifiziert die BPMN auch Details, um technische Abläufe zu modellieren und eignet sich daher am besten von allen Geschäftsprozessnotationen, sowohl fachliche als auch technische Prozesse in einer „Sprache" zu modellieren.

Die Notation wurde maßgeblich von Stephen A. White (IBM) entwickelt und 2004 zunächst durch die Business Process Management Initiative (BPMI) veröffentlicht. Im Jahr 2005 wurde die Weiterentwicklung von der Object Management Group (OMG) übernommen. Seit 2006 ist die BPMN ein offizieller OMG-Standard, wie die bereits erwähnte UML für die Softwareentwicklung.

Seit Januar 2011 ist die Notation in der Version 2.0 offiziell durch die OMG freigegeben und veröffentlicht.

Eine Kurzeinführung für BPMN-Neulinge

Um BPMN-Diagramme zu lesen, bedarf es keines großen Aufwands. Jeder der sich bereits mit Prozessmodellierung beschäftigt hat, ist sogar einen Schritt voraus und kann sich die erforderlichen Elemente anhand einer Legende aneignen, aber wie erwähnt nur zum Lesen!

Das Rad wird mit der BPMN nicht neu erfunden, sondern nur verbessert, daher gibt es als Grundstock die Basiselemente, die immer zur Modellierung eines Prozesses erforderlich sind.

Ein Prozess muss immer irgendwie Starten und Enden, dazwischen müssen einzelne Prozessschritte abgearbeitet werden. Um den Prozessverlauf darzustellen und die einzelnen Prozessschritte zu einem Ablauf zusammenzufügen, braucht man eine Art Verbinder. Da es auch Ausnahmen oder Negativfälle in einem Prozess gibt, sind Elemente für Verzweigungen des Prozessverlaufs erforderlich, sowie Elemente für eine spätere Zusammenführung. Meist werden nicht alle Prozessschritte von einer Person, Abteilung, System, etc. durchgeführt, daher muss es eine Darstellungsform geben, um verschiedene Verantwortliche bzw. Rollen abzubilden. Auch Daten oder Produkte spielen eine wichtige Rolle in Prozessen, so gibt es in ihnen und natürlich auch in der BPMN ein Notationselement um sie darzustellen.

Die folgende Kurzlegende in Abb. 2.7 gibt einen Überblick über diese Basiselemente, die anschließend genauer beschrieben werden.

[18] Ein Übersichtsposter erhalten sie zum Download auch unter [MID1].

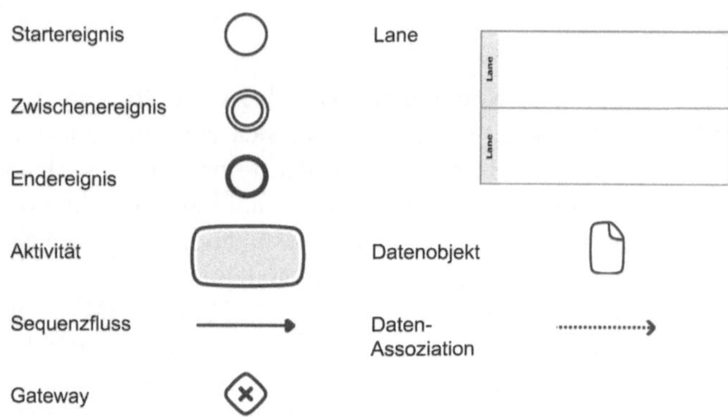

Abb. 2.7 BPMN-Basiselemente

- Ein Startereignis (engl. Start Event) instanziiert den Prozess, löst ihn sozusagen aus. Es gibt unterschiedliche Arten von Startereignissen, auf die wir bei Bedarf noch eingehen. Es wird mit einem einfachen Kreis dargestellt.
- Das Endereignis beendet den jeweiligen Prozessfluss. Auch hier gibt es unterschiedliche Arten. Die Darstellungsform ist ebenfalls ein Kreis, diesmal mit einem dicken Rahmen.
- Zwischenereignisse: Neben Ereignissen, die zu Beginn und zum Ende eintreten, kommt es immer wieder vor, dass Ereignisse den Prozessablauf beeinflussen. Diese Ereignisse werden über Zwischenereignisse abgebildet und mit einem doppelt umrandeten Kreis gezeichnet.
- Mit einer Aktivität werden Prozessschritte dargestellt. Die BPMN unterteilt die Aktivität grob in autonome Schritte in einem Prozess, den Tasks und den Teilprozessen, die zur Verfeinerung dienen und wieder einen ganzen Prozess enthalten können. Sie werden als Rechteck mit abgerundeten Ecken dargestellt.
- Der Sequenzfluss beschreibt den Übergang von einem Prozessknoten zum nächsten. Er ist ein durchgezogener Pfeil mit einer ausgefüllten Pfeilspitze.
- An einem Gateway verzweigt der Sequenzfluss oder wird zusammengeführt. Das dargestellte Gateway repräsentiert eine datenbasierte exklusive Verzweigung (XOR). Auch hierfür werden die Variationen der möglichen Verzweigungen weiter unten dargestellt.
- Lanes (Bahnen) gehören zur sogenannten Schwimmbahn-Darstellung. Mit ihnen werden u.a. Rollen oder Prozessbeteiligte repräsentiert, in deren Verantwortung die in der Bahn enthaltenen Aktivitäten ausgeführt werden. Sie trennen den Prozess, vergleichbar mit den einzelnen Begrenzungen im Schwimmbecken, die verschiedene Schwimmer während eines Wettkampfes auf ihren Bahnen halten sollen.
- Datenobjekte repräsentieren benötigte Ein- oder Ausgaben für Aktivitäten oder ganze Prozesse.
- Datenassoziationen verbinden Datenobjekte mit Aktivitäten oder Ereignissen.

Die OMG bietet mit der Spezifikation unter [BPMN] die ausführlichste Quelle zur BPMN. Aber auch [ALL09] eignet sich sehr gut als Einführung in die BPMN.

BPMN-Wissen zum Buch

Der folgende Abschnitt beschreibt die im unseren Buchbeispielen vorkommenden BPMN-Notationselemente im Detail.

Blanko-Ereignisse

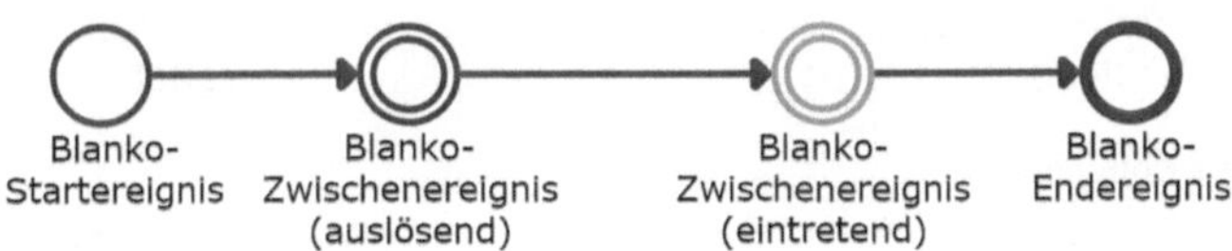

Abb. 2.8 Blanko-Ereignisse

Bereits in der Kurzeinführung wurden Start-, Zwischen und Endereignisse beschrieben, die auch in Abbildung 2.8 dargestellt sind. Dabei handelte es sich um die einfachste Form von Ereignissen, um die Blanko-Ereignisse (engl. Plain-Event). Es sind untypisierte Ereignisse, die zum Einsatz kommen, wenn (noch) kein explizietes Ereignis definiert ist und keines der in diesem Abschnitt weiter unten beschriebenen Ereignistypen verwendet werden sollte, um den Prozessablauf treffender oder deutlicher zu beschreiben. Abbildung 2.8 zeigt die auftretenden Blanko-Ereignisse.

Neben der Unterteilung der Ereignisse in Start, Zwischen und Ende unterscheidet die Spezifikation die Ereignisse nach Eintretend (engl. Catching, in der Abbildung hellgrau) und Auslösend (engl. Throwing, in der Abbildung schwarz). Start-Ereignisse können immer nur eintretend und Ende-Ereignisse immer nur auslösend sein. Für Zwischenereignisse kann es beide Formen geben.

Für das untypisierte Blanko-Zwischenereignis gibt es nur die eintretende Form.

Nachrichten-Ereignisse

Der Empfang und der Versand von Nachrichten können in der BPMN mit Hilfe von Nachrichten-Ereignissen (engl. Message-Events) modelliert werden. Diese zeigt Abbildung 2.9.

Bei den Nachrichten-Zwischenereignissen gibt es beide Formen. Alle Elemente, die für auslösende Ereignisse stehen, sind im Gegensatz zu eintretenden Ereignissen immer ausgefüllt. Deshalb haben sowohl das auslösende Zwischenereignis „Rückfrage gestellt“, als auch das sendende Endereignis „Bestätigung verschickt“ ein ausgefülltes Briefsymbol.

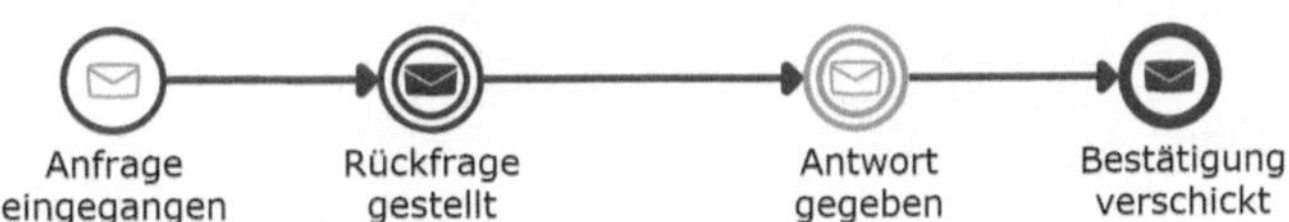

Abb. 2.9 Nachrichten-Ereignisse

Zeit-Ereignisse

Zeitereignisse gibt es nur als Start- und als (eintretendes) Zwischenereignis. Mit ihnen kann man semantisch einen Zeitpunkt oder eine Zeitspanne ausdrücken. Abbildung 2.10 illustriert die Verwendung der Zeitereignisse.

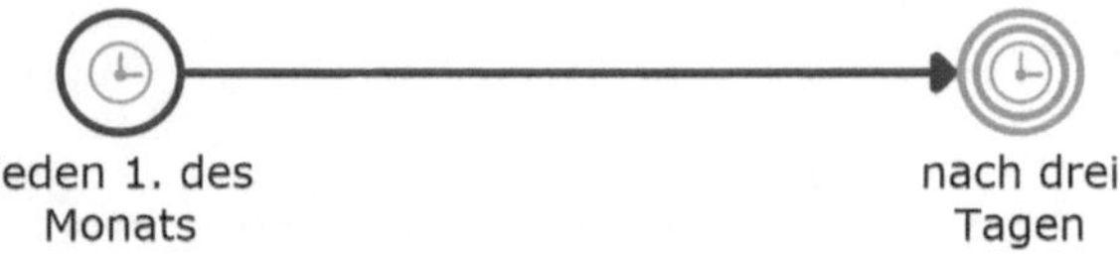

Abb. 2.10 Zeit-Ereignisse

Hier als Startereignis vom Typ Zeit modelliert, wird periodisch zu einem definierten Zeitpunkt („jeden 1. des Monats") der Prozess gestartet.

Als zweites Zwischenereignis ist eine Zeitspanne definiert, wodurch der Prozess (ähnlich einer Eieruhr) erst „nach drei Tagen" fortgesetzt wird. Die modellierte Zeitspanne ist immer eine vom Akteur bestimmte Verzögerung und kann hier nicht durch äußere Umstände beeinflusst werden.

Signal-Ereignisse

Eine weitere Möglichkeit, Ereignisse mit der BPMN zu modellieren, geht über Signale. Die folgende Abbildung 2.11 zeigt die Signalereignisse der BPMN. Signale aus einem Prozess zu senden, also das auslösende Zwischen- und Endereignis einzusetzen, ist vergleichbar mit einer Radiosendung die ausgestrahlt wird.

Signale zu empfangen entspricht prinzipiell dem Empfang einer Sendung des Radioprogramms mit einem Empfänger. Dies wird mit dem Start- und dem eintretenden Zwischenereignis modelliert.

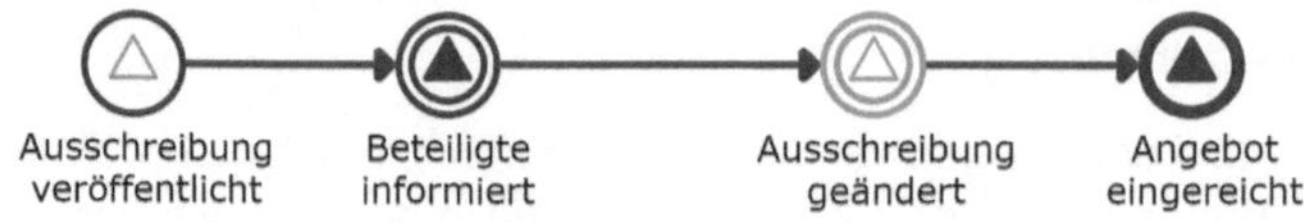

Abb. 2.11 Signal-Ereignisse

Dadurch wird eine 1:N-Beziehung möglich. Ein Sender kann also einen oder mehrere Empfänger haben, die in demselben oder in einem ganz anderen Prozess liegen können.

Weitere Beispiele wären zum Beispiel Zeitungsannoncen, Meilensteine in einem Projekt oder eine Ampel.

Link-Ereignisse

Sie kommen nur paarweise vor und sind die äquivalente Darstellung eines Sequenzflusses.

Um eine Verbindung nach der Aufteilung des Sequenzflusses herstellen zu können, müssen sowohl an der Quelle, als auch am Ziel dieselbe Ereignisdefinition

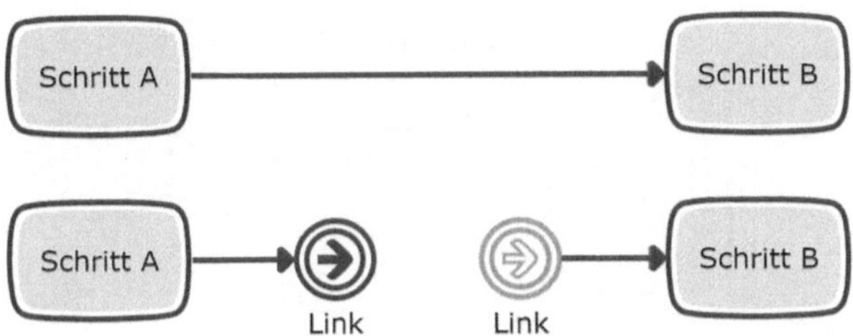

Abb. 2.12 Link-Ereignisse

verwendet werden. Sie haben daher eine identische Bezeichnung. Beim Linkereignis gibt es auch nur diese beiden Zwischenereignisformen. Prozessstart und -ende können damit nicht modelliert werden. Die Link-Ereignisse dürfen auch nur innerhalb desselben Prozesses verwendet werden. Ein Einsatz über Prozess-Grenzen hinweg ist nicht erlaubt.

Sie werden häufig als Rücksprünge verwendet, um in komplexen Diagrammen die Übersichtlichkeit zu wahren. Je umfangreicher das Diagramm wird, desto sinnvoller ist der Einsatz der Links, um zum Beispiel Sequenzflüsse nicht über das ganze Diagramm zurück an den Anfang modellieren zu müssen.

Link-Ereignisse sind ebenso ein praktisches Hilfsmittel für umfangreiche Prozessmodellierungen, die sogenannten „Prozesstapeten", da sie zur Verbindung von seitenübergreifenden Diagrammen eingesetzt werden können.

Wichtig ist dabei zu beachten, dass jede Quelle nur ein Ziel haben kann. Ein Ziel darf aber von mehreren verschiedenen Quellen aus angesprungen werden. Abb. 2.12 illustriert die Verwendung von Link-Ereignissen.

Aktivitäten und deren Ausprägungen

In der BPMN untergliedern sich die Aktivitäten in Tasks (den atomaren Schritten in einem Prozess) oder in einer Sammlung von mehreren Schritten, die entweder einen Teil- oder einen Unterprozess darstellen. In Abbildung 2.13 sehen wir die einzelnen Ausprägungen der Aktivität.

Eingebettete Unterprozesse dienen hauptsächlich der Zusammenfassung von Details und einer übersichtlichen Gestaltung von komplexen Prozessen. Ein eingebetteter Unterprozess besitzt immer nur einen Oberprozess. Von diesem Oberprozess ist er abhängig, und ohne ihn ist er meistens auch nicht sinnvoll. Er wird daher auch nur mit ihm im Zusammenhang verwendet und kann ausschließlich durch ihn gestartet werden.

Aus diesem Grund können eingebettete Unterprozesse ausschließlich mit einem Blanko-Startereignis beginnen, da weitere externe Umstände ihn nicht auslösen können. Auch die Verwendung von Pools und Lanes ist ausgeschlossen. Sequenzflüsse dürfen die Grenzen des eingebetteten Unterprozesses nicht überschreiten, nur bei Nachrichtenflüssen ist dies erlaubt.

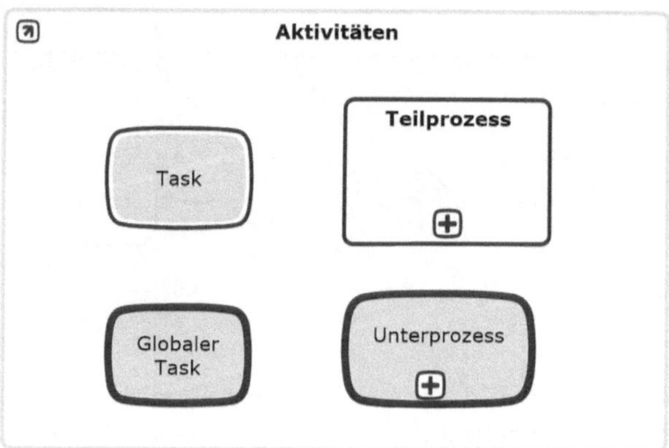

Abb. 2.13 Aktivitäten

Wiederverwendbare Unterprozesse

Sie sind im Gegensatz zu eingebetteten Unterprozessen für mehrere Prozesse verfügbar. Auch bei den wiederverwendbaren Unterprozessen gilt, dass sie ein Blanko-Startereignis haben müssen, aber zudem können sie auch durch externe Ereignisse, wie Nachrichten- und Zeitereignisse, ausgelöst werden. Auch die Modellierung mit mehreren Pools und Lanes ist bei ihnen erlaubt.

Durch ihre Wiederverwendbarkeit haben sie eine große Bedeutung bei der Automatisierung. Da sie aber autonom sind und einen eigenen „Daten-Scope" besitzen ist es gegebenenfalls erforderlich, ein Mapping der Daten zu definieren, da diese Daten eine andere Bezeichnung als im aufrufenden Oberprozess tragen können.

Task

Die BPMN unterscheidet verschiedene Task-Typen, die wir in Abb. 2.14 aufgeführt haben.

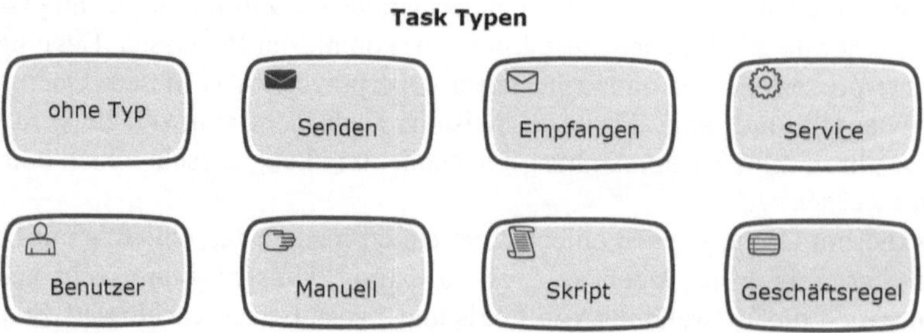

Abb. 2.14 Die Task-Typen der BPMN 2.0

- Ohne Typ: Default bei der Modellierung. Beschreibt einen Schritt in einem Prozessablauf ohne spezifische Aussage über den Typ des Tasks.
- Sende-Task: Sendet eine Nachricht an einen externen Teilnehmer. Entspricht einem Nachrichten-sendenden Ereignis.
- Empfangs-Task: Wartet auf eine Nachricht eines externen Teilnehmers. Entspricht einem Nachrichten-empfangenden Ereignis.
- Service-Tasks: Ein automatisierter Schritt. Zum Beispiel der Aufruf einer (Web-) Service-Operation oder eine Anwendungsfunktion.
- Benutzer-Task: Dieser Task erwartet einen Input von einem Benutzer.[19] Teilautomatisiert in einem entsprechenden Workflow, zum Beispiel durch Eingabe von Daten in einer System-Maske.
- Manueller Task: Durchführen einer rein manuellen Tätigkeit ohne IT-Unterstützung. Zum Beispiel die Ablage einer Akte.
- Skript-Task: Ein auf einem Server ausgeführter automatisierter Task. Repräsentiert zum Beispiel eine Geschäftslogik, die auf einer Prozessengine ausgeführt werden kann. Ebensogut aber auch die typischen Automatisierungsskripts die zum Beispiel mittels eines asynchronen Aufrufs über eine Queue angestoßen werden. Dabei erfolgt keine menschliche Interaktion.
- Geschäftsregel-Task: Er repräsentiert den Aufruf einer oder mehrerer Geschäftsregeln um eine Entscheidung herbei zu führen oder ein Ergebnis zu ermitteln. Dies kann zum Beispiel der Aufruf einer auf einer Rule-Engine bereitgestellten ausführbaren Geschäftsregel sein, die über eine Service-Schnittstelle aufgerufen werden kann.

Gateways

Gateways[20] - für die auch wir keine adäquate Übersetzung aus dem Englischen gefunden haben - können als Verzweigungen und Zusammenführungen des Prozessablaufs bezeichnet werden. Beides in einem Element! In diesem Abschnitt werden wir die einzelnen Arten der Gateways und ihre Verwendung wieder anhand eines Beispiels veranschaulichen.

Datenbasiertes exklusives Gateway (XOR)

Datenbasiert bedeutet hierbei, dass die Entscheidung, welcher Weg beziehungsweise welche ausgehende Kante bei einer Verzweigung gewählt wird, von Daten abhängig ist, die zu diesem Zeitpunkt verfügbar sein müssen. Abb. 2.15 zeigt dessen Verwendung.

---

[19] Stichwort: „Human Interaction“ (menschliche Interaktion)

[20] Vielleicht: „Entscheidungsknoten“, „Zusammenführung“

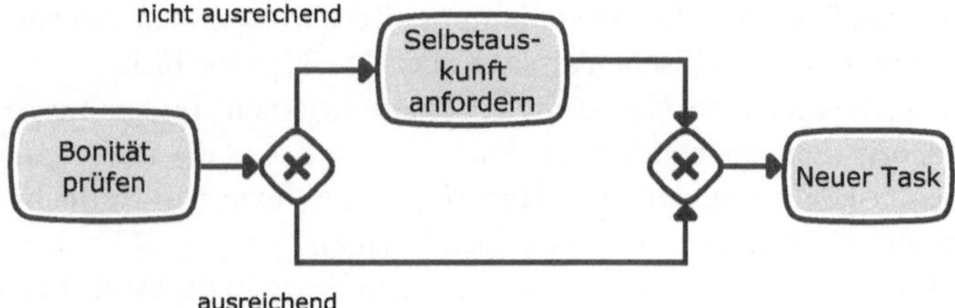

Abb. 2.15 Verwendung eines datenbasierten exklusiven Gateways

Das „Exklusiv" in der Bezeichnung bedeutet, dass nur eine der ausgehenden Kanten aktiviert werden kann, also „entweder-oder", auch „XOR" genannt. Entweder die Bonitätsprüfung war „positiv" (ausreichend) oder sie war „negativ" (nicht ausreichend) und es muss eine Selbstauskunft angefordert werden.

Ereignisbasiertes exklusives Gateway

Auch im Ereignisbasierten exklusiven Gateway (Abb. 2.16) wird nur eine ausgehende Kante aktiviert (XOR). Hier aber nicht nach „Datenlage", sondern danach, welches Ereignis zuerst eintritt.

Abb. 2.16 Verwendung eines Ereignisbasierten exklusiven Gateways

Paralleles Gateway (AND)

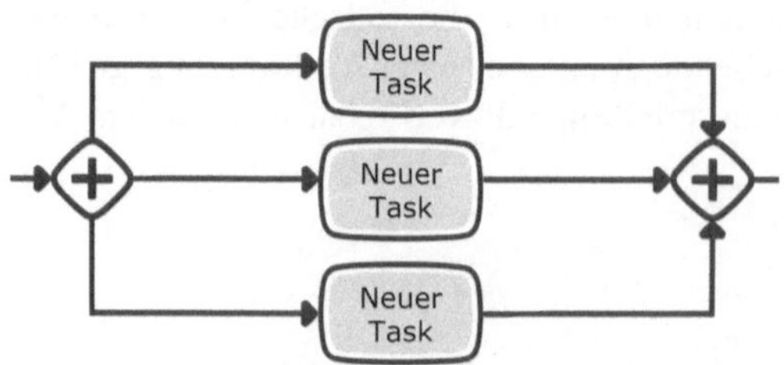

Abb. 2.17 Einsatz des parallelen Gateways

Ein paralleles Gateway (Abb. 2.17) ermöglicht die simultane Ausführung der folgenden Aktivitäten. Das Gateway wird also als „und“ eingesetzt und ist aus der technischen Welt auch als „AND“ bekannt. Alle ausgehenden Kanten nach dem parallelen Gateway müssen durchlaufen werden. Ein ankommendes Token[21] wird an dieser Stelle dupliziert und über alle ausgehenden Pfade an die folgenden Aktivitäten weitergeleitet.

Wird das Gateway für eine Zusammenführung verwendet, wird auf alle eingehenden Pfade gewartet, bevor der Sequenzfluss fortgesetzt wird. Pro Kante muss also ein Token eingehen. Diese werden miteinander verschmolzen und als ein Token an die nachfolgende Aktivität weitergegeben.

Kollaborationen

Kollaborationen sind aus unserer Sicht eine der wirklich herausragenden Möglichkeiten der Modellierung mit der BPMN. Mit ihr lassen sich die Schnittstellen zwischen einem oder mehreren Beteiligten und deren Prozesse sehr elegant und kompakt abbilden.

Abbildung 2.18 zeigt eine Kollaboration mit zwei Beteiligten. Dabei sind die Prozesse nicht eingeblendet („Blackbox-Darstellung“). Es wird aber trotzdem deutlich, das die Beteiligten über die Nachrichten „Frage“ und „Antwort“ miteinander kommunizieren. Üblicherweise würde im Prozess an den entsprechenden Stellen

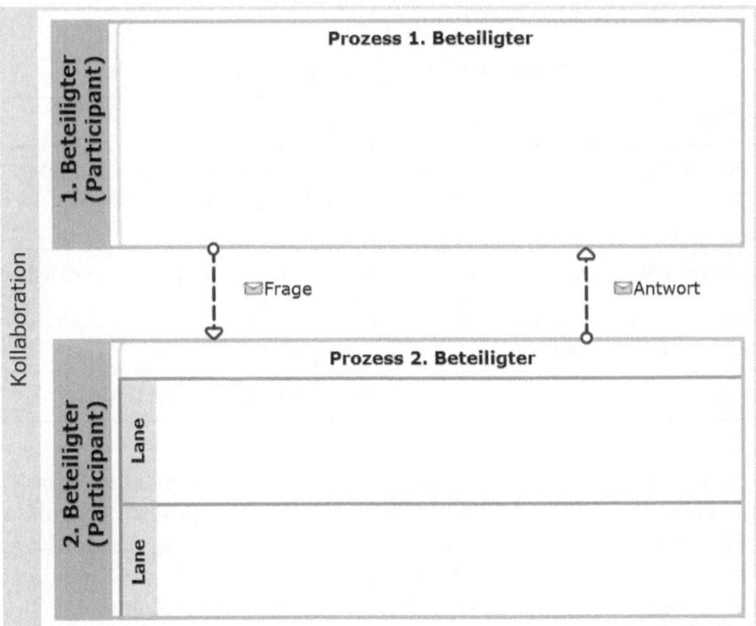

Abb. 2.18 Kollaboration mit zwei Beteiligten und Austausch von Nachrichten

[21] Ein Token kann man sich wie einen Marker oder einen Chip vorstellen, der zu Beginn mit dem Start des Prozesses erzeugt wird und entlang des Sequenzflusses durch den Prozess „wandert“.

ein empfangendes und sendendes Nachrichten-Ereignis stehen oder analog dazu ein Sende- und Empfangs-Task.

Eine Kollaboration stellt also das Zusammenspiel einer oder mehrerer Prozesse dar, die nicht zentral gesteuert werden, sondern die sich über Nachrichten „synchronisieren".[22]

Die Beteiligten können dabei verschiedene Unternehmen oder Partner sein, aber auch unterschiedliche, eigenständige Prozesse verschiedener Abteilungen eines Unternehmens beinhalten.

MDSOA nutzt Kollaborationen zum Beispiel auch, um die Service-Choreographie in sogenannten „Service-Kollaborationen" zu modellieren. Aus diesen Service-Kollaborationen werden dann entsprechende BPEL-Artefakte generiert.

Modellierungswerkzeuge

MID Innovator

Der *Innovator* ist eine integrierte Modellierungsplattform für die modellgestützte Entwicklung, die von der *MID GmbH* aus Nürnberg entwickelt wird. Der *Innovator* liegt derzeit in Version 11.3 vor und besteht aus mehreren Editionen. Die einzelnen Produkte ergänzen sich und decken den gesamten Softwarentwicklungsprozess von der Anforderungs-Analyse bis zum fertigen Softwaremodell ab. Tabelle 2.3 gibt eine Übersicht über die Editionen des *Innovator*.

Tabelle 2.3 MID Innovator Editionen

Innovator Edition	Aufgabenbereich
Innovator for Business Analysts	Geschäftsprozessmodellierung auf Basis der BPMN 2.0, Use-Cases, Komponenten- und Klassenmodelle der UML 2 und mehr
Innovator Object eXcellence	Softwareentwicklung nach objektorientierten Methoden der UML 2, SoaML und SysML
Innovator for Database Architects	Datenmodellierung mit IMM/ERM/SERM
Innovator Function	Unterstützt strukturierte Analyse und Design

Die Plattform ermöglicht dadurch eine durchgängige Entwicklung von Anwendungen beginnend bei der Anforderungsanalyse über die Geschäftsprozessmodellierung bis hin zur Datenmodellierung, sowie der Modellierung der Softwarearchitekturen. Das führt dazu, dass sowohl der Fachbereich als auch die IT mit demselben Werkzeug arbeiten können. Dies bietet Vorteile sowohl in der Kommunikation zwischen den Abteilungen, als auch im Entwicklungsprozess selbst. Eine Konsistenz der verschiedenen Entwicklungsphasen und in den Modellen ist gegeben.

[22] Was auch als „Choreographie" bezeichnet wird.

Mit der Erweiterung *Word PlugIn for Innovator* bietet *Innovator* eine Möglichkeit zur textuellen Aufnahme von Anforderungen an. Durch eine Integration in MS Word können Anforderungen in der gewohnten MS Office Umgebung formuliert und komfortabel mit *Innovator* abgeglichen werden.

Die breite Kombination der Einsatzmöglichkeiten und die Tatsache, dass all dies unter dem Dach desselben Tools möglich ist, stellt ein wesentliches Merkmal dar, welches *Innovator* von anderen Werkzeugen für die modellbasierte Entwicklung unterscheidet. Zudem lassen sich die Modellelemente verschiedener Modelle durch Abhängigkeiten verbinden, so dass zum Beispiel Zusammenhänge zwischen der fachlichen Modellierung und des technischen Designs der Anwendung dokumentiert sind. Dadurch ist nachvollziehbar, auf welche Anforderung ein spezifisches Feature zurückgeht (Traceability). Diese Verknüpfung ist mit allen Modellelementen der Geschäftsprozess- und Software-Analyse-Modelle möglich, wodurch der *Innovator* auch die Durchführung von Impact-Analysen auf allen Modellierungsebenen gestattet. Da die MID GmbH Kunden auch bei der Durchführung von Projekten unterstützt und für die modellgetriebene Entwicklung eine eigene Vorgehensweise beziehungsweise Methodik entwickelt hat (MID Modellierungsmethodik M^3), ist die Plattform auf diese Methodik optimal abgestimmt.

Der weiten Palette an Einsatzmöglichkeiten entsprechend, unterstützt *Innovator* auch ein breit aufgestelltes Portfolio an Standards. Die Anforderungsanalyse kann beispielsweise mit der SysML oder anhand textueller Requirements erfolgen. Die Organisationsstrukturen eines Unternehmens lassen sich mit Organigrammen modellieren. Mit Maskenfluss-Diagrammen kann der Ablauf von Eingabemasken spezifiziert werden. Zur Modellierung von Geschäftsprozessen kann die BPMN 2.0 genutzt werden. Die Lücken der BPMN 2 können durch eine Kombination mit der UML 2 geschlossen werden, wobei beide Modellierungssprachen integriert nutzbar sind. Dies betrifft insbesondere die Verwendung von Anwendungsfall- und Klassen-Diagrammen im *Innovator for Business Analysts*.

Zur Modellierung der Datensicht existieren mehrere Möglichkeiten. Der *Innovator* ermöglicht die weitverbreitete Entwicklung mit Entity-Relationship-Modellen (ERM) und erlaubt dabei die Verwendung der Chen-, SERM-, James-Martin-, DSA- oder UML-Notationen zur relationalen Datenmodellierung. Ferner können die Datenstrukturen durch die Anbindung externer DBMS abgeglichen werden.

Für das Design und die Entwicklung der Applikation unterstützt der *Innovator* die Standards UML 2 und über die M^3 auch die MDA der OMG. Einzelne Modelle sind mittels XMI-Import und- Export auch mit anderen Modellierungswerkzeugen austauschbar.

Innovator verfügt aber auch über Fähigkeiten des Reverse-Engineerings, wodurch bereits vorhandener Quellcode eingelesen und in ein Modell importiert werden kann.

Auch im SOA-Umfeld ist der *Innovator for Business Analysts* mit der BPMN 2 einsetzbar. Außerdem wird mit der SoaML ein weiterer Standard der OMG zur Modellierung von serviceorientierten Architekturen unterstützt. Zudem gibt es Erweiterungen, die den Import und Export von BPEL, WSDL und XSD ermöglichen.

Von den SOA-Fähigkeiten des *Innovators* werden wir im weiteren Verlauf des Buches Gebrauch machen.

Die jeweiligen *Innovator*-Editionen sind eng integriert. Durch weitgehend automatisierte Modelltransformationen erlaubt die Modellierungsplattform einen konvergenten Entwicklungsprozess. Dieser stellt sicher, dass die Modelle der Geschäftsprozesse, Datenbankstrukturen und des objektorientierten Designs in sich konsistent sind. Zur Prüfung dieser Konsistenz im Rahmen der Qualitätssicherung, ist ein Tool zur automatisierten Modellverifikation enthalten. Mit diesem lässt sich auch prüfen, ob bei der Entwicklung die Modellierungsvorschriften eingehalten wurden. Es lässt sich damit kontrollieren, ob die Vorgaben sowohl semantisch, als auch syntaktisch eingehalten wurden.

Speziell für Modelltransformationen bietet der *Innovator* ein Tool an, das die Erstellung des Mappings zwischen Modellen vereinfacht (M2M-SDK). Modelltransformationen können aber auch noch auf andere Weisen erstellt werden. Der *Innovator* ist in dieser Hinsicht sehr flexibel. Da die Modellinhalte im besten Fall später zur Erzeugung von Artefakten führen sollen, wie zum Beispiel von Source-Code, ist im *Innovator* eine enge Anbindung an das *openArchitectureWare* Framework (oAW) gegeben. Damit können die Artefakte flexibel anhand anpassbarer Vorlagen erzeugt werden.

Die Code-Generierung kann aber auch über die API des *Innovators* erfolgen und setzt den Einsatz von oAW nicht zwingend voraus. Dies ist ein weiteres Beispiel dafür, dass der *Innovator* individuell an die Bedürfnisse des Anwenders anpassbar und verwendbar ist.

Innovator bietet daneben die Möglichkeit, aus den Modellinhalten automatisiert eine Dokumentation in verschiedenen Ausgabeformaten zu erstellen. Näheres dazu behandelt Kap. 10. Ein weiteres, mit der Dokumentation zusammenhängendes Feature ist die Möglichkeit, Dokumente und Bilder im Modell zu integrieren. Dadurch kann die Dokumentation oder Spezifikation von Modellelementen dort abgelegt werden, wo sie benötigt werden. Dies erleichtert es später auch anderen Personen, die Modellinhalte zu verstehen.

Der *Innovator* ermöglicht eine dezentrale Entwicklung, da er Repository-basiert ist. Das Repository wird dabei von einem zentralen Modell-Server zur Verfügung gestellt, auf den die Modellierungsclients zugreifen. So können mehrere Personen gleichzeitig an verschiedenen Teilen des Modells arbeiten ohne sich in die Quere zu kommen. Bei anderen Tools hat man stattdessen Probleme mit der Integration verschiedener, dateibasierter Versionsstände, wenn mehrere Entwickler auf ein gemeinsames Modell zugreifen. Dadurch sind oft aufwändige Konsolidierungsphasen notwendig. Durch das Repository wird eben dies verhindert, so dass sich der *MID Innovator* ideal für große, verteilte Entwicklungsteams eignet.

Die Plattform stellt ferner eine Architektur zur Verfügung, die durch Konfigurierung und Erweiterungsmöglichkeiten mit Skriptsprachen an die Projektbedürfnisse anpassbar ist. Es besteht beispielsweise die Möglichkeit zur Spracherweiterung mit UML2-Profilen, was den Einsatz von domänenspezifischen Sprachen ermöglicht. Durch Veränderung des Profils sind die Modellelemente vollständig an die Modellierungsanforderungen der Anwender anpassbar. Dies ist insbesondere im Zusammenhang mit der Model Driven Architecture (MDA) der OMG von Bedeutung, für die sich der *Innovator* sehr gut eignet.

Über die Konfiguration von *Innovator* kann genau gesteuert werden, welche Berechtigungen jeder Modellierer hat. Dadurch lassen sich auch für verschiedene Rollen unterschiedliche Rechteumfänge realisieren. Profile lassen sich dabei auch exportieren und als Vorlage für Modelle verwenden beziehungsweise nachladen.

Darüber hinaus bietet der *Innovator* Programmierschnittstellen für Java und .NET an, die einen tiefen Zugriff auf die Plattform ermöglichen. Dadurch kann der Entwicklungsprozess auf die individuellen Anforderungen eines Projekts angepasst werden.

Für den *Innovator* gibt es zudem noch Anbindungen an die populären Entwicklungsumgebungen Eclipse und Visual Studio, mit denen ein Zugriff auf das Modell und auf generierte Source Code Dateien möglich ist.

Es besteht die Möglichkeit den *Innovator* durch Plug-Ins zu erweitern, die sich direkt in die Oberfläche einklinken. Sogenannte Engineering-Aktionen können zusätzlich erstellt werden. Sie eignen sich für die Automatisierung, sind aber meist nicht visuell in der Oberfläche sichtbar. Mit beiden lässt sich ein breites Spektrum an Ergänzung der Funktionalität der Plattform erzielen. Es gibt bereits vorgefertigte Plug-Ins für die SOA-Entwicklung, Text-to-Model Transformationen und für die SAP-Entwicklung. Das SAP-Plug-In gestattet den Import von Prozessen aus dem SAP Solution Manager in ein BPMN 2.0 Prozessmodell. Des Weiteren gibt es speziell für SAP ein eigenes Profil für M^3, wodurch eine auf die SAP-Begrifflichkeiten ausgelegte DSL zur Modellierung bereit steht.

Insgesamt kann gesagt werden, dass der *Innovator* sehr flexibel eingesetzt werden kann und sehr mächtig ist, was allerdings auch eine gewisse Einarbeitung in das Tool und dessen Möglichkeiten voraussetzt.

AndroMDA

AndroMDA ist ein auf der Model Driven Architecture (MDA) basierendes Generator-Framework. Es entstand bereits 2002 in dem Vorläufer-Projekt UML2EJB und ist als Open-Source frei erhältlich [ANDRO]. Bei AndroMDA handelt es sich um ein ausgereiftes Rahmenwerk, das auch bereits in größeren Projekten eingesetzt wurde. Mit ihm lassen sich aus UML-Modellen unter anderem ganze Java-Projekte mit Klassen und weiteren Deployment-Artefakten erzeugen. Damit kann zum Beispiel eine Java Enterprise Anwendung mit grafischem User-Interface (GUI), Geschäftslogik und Datenhaltung modellgetrieben entwickelt werden. Das Framework unterstützt von Haus aus die Generierung von Anwendungen für drei Plattformen: Java Enterprise Edition, Spring und .NET. Da die Generierung aber flexibel angepasst werden kann, beschränken sich die Möglichkeiten nicht darauf. Die Entwicklung mit AndroMDA wird allerdings im Java-Umfeld am lohnenswertesten sein, da hierfür bereits viele Erweiterungen verfügbar sind. Laut den Angaben auf der Projektseite berichten Anwender - abhängig vom Anwendungsteil - von Generierungsraten zwischen 30 und 100% (zum Beispiel bei der Persistenzschicht).

Bei der Entwicklung setzt AndroMDA auf ein Top-Down-Vorgehen. AndroMDA benutzt Apache Maven und ist damit eng integriert. Das Framework ist aber auch ohne Maven benutzbar. Die Verwendung von Maven vereinfacht die Entwicklung jedoch sehr und ist daher ratsam. Als erster Schritt wird im Allgemeinen mit Maven ein neues Projekt angelegt, welches bereits aus der notwendigen Grundstruktur und den Projekt-Dateien besteht. Die Konfiguration des Projektes kann dann den individuellen Bedürfnissen angepasst werden.

Als nächstes erfolgt die Modellierung der Anwendung mit einem separaten UML-Werkzeug, wie zum Beispiel MagicDraw oder Poseidon (beide werden ausdrücklich von AndroMDA unterstützt). In Verbindung mit AndroMDA kann prinzipiell jedes Tool eingesetzt werden. Das Modellierungswerkzeug muss dafür XMI-Dateien mit einem UML 1.4 Metamodell erzeugen können. Zudem muss es UML Tagged Values und UML Constraints unterstützen.

Die Modellierung der Anwendung geschieht mittels Klassen- und Aktivitätsdiagrammen. Mit den Klassendiagrammen können die Datenhaltungsschicht und die Geschäftslogik dargestellt werden. Anhand von Aktivitätsdiagrammen werden die Maskenflüsse (Pageflows) der GUI entwickelt. Bei der Modellierung sind allerdings noch einige Einschränkungen zu beachten. Der Entwickler muss sich auf bestimmte Stereotypen und eine für AndroMDA verständliche Struktur beschränken. Es können auch keine plattformabhängigen Datentypen, wie zum Beispiel `java.lang.Integer` verwendet werden. Dies würde dem Prinzip der MDA zuwiderlaufen, da die UML-Diagramme die Anwendung auf der Ebene des PIM (Platform Independent Model) modellieren. Ein speziell an AndroMDA angepasstes UML-Profil, das die Modellierung vereinfacht, ist bereits Teil der von Maven erzeugten XMI-Datei.

Im nächsten Schritt erfolgt der Import der UML-Modelle und die Generierung der Artefakte.

An dieser Stelle wird das PIM in ein PSM transformiert, von welchem der eigentliche Quellcode erzeugt wird. Der Code-Generator von AndroMDA verfolgt einen generischen Ansatz bei der Generierung. Die Details der Code-Erzeugung werden dabei in Modulen gekapselt, den sogenannten Cartridges. Die Cartridges bestehen ihrerseits aus Vorlagen für das zu erzeugende Artefakt (Templates) und weiteren Helferklassen (Metafacades), welche die Arbeit der Templates vereinfachen.

Die eigentliche Generierung von Artefakten übernehmen die Templates, indem sie auf das Modell zugreifen und mit den Modell-Informationen die Ausgabedateien erstellen. Für die Definition der Templates werden Velocity Skripts der gleichnamigen Template-Engine von Apache genutzt, die von AndroMDA zur Generierung eingesetzt wird. In manchen Fällen stoßen die einfachen Skripts der Templates allerdings an ihre Grenzen. Die Traversierung des Modells oder die Überprüfung des Modells auf bestimmte Bedingungen sind beispielsweise mit den Skripten nicht einfach Hand zu haben. Um solchen Situationen zu begegnen wurden die Metafacades eingeführt. Die Metafacades sind in Java programmiert und kapseln ihre

Funktionalität mit dem Facade-Entwurfsmuster (daher auch der Name). Sie stellen für die Templates eine API bereit, mit der auf das Modell und weitere, von der Metafacade berechnete Werte, zugegriffen werden kann. Sie dienen auch als Abstraktionsschicht, die die Templates von den Details des Metamodells abschirmt. Dadurch sind die Templates einfacher zu erstellen und übersichtlicher, da Details der Generierung in den Metafacades ausgelagert werden.

Die Generator-Engine lädt zunächst die UML-Modelle in den Speicher. Dazu benutzt AndroMDA das Netbeans MDR Metadata-Repository, eine Implementierung der MOF der OMG, um das UML-Model in einem Objekt-Baum darzustellen. Der Baum des Modells wird dann auf der Suche nach Klassen durchlaufen, welche mit den AndroMDA-spezifischen Stereotypen gekennzeichnet sind. Wird eine solche Klasse identifiziert, so wird für jeden erkannten Stereotyp die entsprechende Cartridge aufgerufen. In der Cartridge erzeugen dann die Templates unter Zuhilfenahme der Metafacades den Quelltext. Anzumerken ist, dass aus einer Klasse des Modells, je nach Anzahl der Stereotypen, durchaus mehrere Artefakte erzeugt werden können.

Für AndroMDA existiert bereits eine große Anzahl an implementierten Cartridges für unterschiedliche Artefakte. Dies ist ein Grund für die Attraktivität des Projekts, da viele Standardfälle im Java EE Bereich damit bereits abgedeckt sind und man sich um die Entwicklung projektspezifischer Details kümmern kann. Folgende Cartridges sind derzeit verfügbar:

- *BPM4Struts* – generiert Struts Webseiten aus Aktivitätsdiagrammen
- *EJB* – dient zur Generierung einer auf Container Managed EntityBeans basierenden Persistenzschicht und SessionBeans mit der Business Logik
- *Hibernate* – erzeugt eine mit Hibernate realisierte Datenhaltungsschicht, die ebenfalls optional mit aus SessionBeans bestehender Geschäftslogik erweitert werden kann
- *Java* – generiert POJO's aus Klassendiagrammen
- *jBPM* – erzeugt Prozessdefinitionen und -handler für JBoss jBPM
- *JSF* – generiert JSF Seiten aus Aktivitätsdiagrammen
- *Meta* – wird zur Erzeugung eigener oder der Anpassung bestehender Metafacades verwendet, die mit einem UML-Diagramm entworfen werden können
- *Spring* – generiert die Geschäftslogik und Persistenzschicht auf Basis der Spring Plattform
- *WebService* – erzeugt WSDL und WSDD (Axis Web Service Descriptor) für mit Apache Axis implementierte Webservices
- *XmlSchema* – generiert XML Schemata aus Klassendiagrammen

Der erzeugte Quelltext kann am Ende vom Entwickler von Hand weiter verfeinert, kompiliert, in Betrieb genommen und getestet werden. Mit AndroMDA sind iterative und inkrementelle Vorgehen grundsätzlich möglich. Zu beachten ist dabei allerdings, dass AndroMDA kein Reverse-Engineering beherrscht und daher nicht Roundtrip-fähig ist. Veränderungen müssen daher zuerst im Modell vollzogen werden, welches dann neu generiert wird. Quelltext, der bereits von

Hand angereichert wurde, kann bei der Neugenerierung zum Teil erhalten bleiben. Von den abstrakten Modell-Klassen abgeleitete Subklassen werden nicht verändert und behalten ihre Funktionalität. In anderen Fällen, wie beispielsweise Deployment-Descriptoren, werden Änderungen aber nur teilweise übernommen.

AndroMDA ist ein ausgereiftes Framework für eine an der MDA orientierte Entwicklung. Es ermöglicht all jenen einen schnellen und unkomplizierten Einstieg, die einen Einblick in die Möglichkeiten der modellbasierten Entwicklung bekommen möchten. Da bereits viele Cartridges für häufig benötigte Funktionalität bestehen, können damit schnell Ergebnisse erzielt werden. Mit AndroMDA ist derzeit von Seiten der Open-Source Projekte der einfachste Zugang zur MDA möglich. Allerdings beschränkt sich die Entwicklung auf zwei Diagrammtypen und die Implementierung der Plattformspezifika erfolgt in Form von Cartridges und nicht in Modellen. Zudem können bestehende Anwendungen nur umständlich eingebunden werden, da die Entwicklung top-down erfolgt. Es eignet sich deswegen vor allem für neue Projekte von kleinem und mittlerem Projektumfang. AndroMDA ist aber aufgrund der Anpassbarkeit nicht darauf beschränkt. Bei einem größerem Umfang des Projektes bietet sich jedoch der Einsatz einer mächtigeren Plattform an, wie z. B. den Möglichkeiten des Eclipse Modeling Frameworks oder des MID *Innovators*. Dafür entfällt bei AndroMDA die Einarbeitung in die Komplexität eines solchen Frameworks. Weil sich die Cartridges von AndroMDA weitestgehend auf klassische Anwendungen im Java-Enterprise Umfeld konzentrieren, ist es zurzeit nur eingeschränkt in einer Serviceorientierten Anwendungslandschaft einsetzbar.

Eclipse

Die Eclipse Foundation unterstützt eine große Anzahl von Projekten Rund um das Thema Modellbasierte Softwareentwicklung. Ein erster Blick zeigt zunächst eine verwirrende Vielzahl an Frameworks: EMF, GMF, GEMS, GEF, Xtext. Dieser Abschnitt gibt einen Überblick über die wichtigsten Möglichkeiten zur modelbasierten Entwicklung mit Eclipse.

Aufgrund der vielen aufkommenden Ansätze wurden die gesamten Aktivitäten der Eclipse Foundation bezüglich der Modellierung in einem Projekt zusammengefasst. Das Eclipse Modeling Project verfolgt seitdem eine vereinheitlichte Strategie [EMP].

Den Kern der Modellierungsplattform bildet das *Eclipse Modeling Framework (EMF)* [EMF]. Dieses bildet die Basis für eine Vielzahl anderer Eclipse-Projekte. Die Eclipse Implementierung der XML Schema Definition (XSD) und das Web Tools Project (WTP) sind Beispiele hierfür. EMF entstand ursprünglich als Implementation der MOF der Object Management Group. Im Rahmen der Entwicklung des EMF wurden auch weitere für MDA notwendigen Modellierungsstandards der OMG, wie z. B. QVT, OCL oder XMI umgesetzt. Allerdings halten sich die Implementierungen zum Teil nicht allzu strikt an die Vorgaben der OMG.

Das Eclipse Modeling Framework besteht aus mehreren Bestandteilen. Die als Ecore bezeichnete Sprache ist das Meta-Meta-Modell des EMF und dient der

Beschreibung von Modellen. Es geht auf die MOF Implementierung zurück, welche jedoch im Verlauf der Entwicklung stark vereinfacht wurde und im Wesentlichen der EMOF entspricht. Die mit Ecore beschriebenen Modelle können mit einem in EMF enthaltenen Generator erzeugt werden. Dazu werden die sogenannten Java Emitter Templates (JET) verwendet, die in einer an JSP (Java Server Pages) angelehnten Sprache definiert werden. Mit JET werden Vorlagen für Java-Dateien angelegt, die bei der Generierung mit den Inhalten des Models gefüllt werden. Dabei beschränkt sich die Generierung mit JET nicht auf Java-Dateien. Es können prinzipiell alle Arten von Textdateien damit erzeugt werden, wie z. B. XML, HTML oder Properties-Dateien.

Zur Durchführung von Modelltransformationen gibt es mehrere Möglichkeiten. Einfachere Transformationen können ebenfalls mit den Java Emitter Templates definiert und durchgeführt werden. Für weitergehende Modelltransformationen wird die Atlas Transformation Language (ATL) verwendet.

Das Eclipse Modeling Framework enthält zudem weitere Funktionalitäten, um Veränderungen an Objekten im Modell zu beobachten und darauf zu reagieren, Objekte auszulesen und in Form von XMI zu serialisieren. Dies wird zum Beispiel von Editoren benutzt. Zudem erlaubt es die Bearbeitung und Veränderung eines Modells. Darüberhinaus gibt es eine Reihe von Subprojekten des Eclipse Modeling Frameworks für das Abfragen des Models (Model Query) und das Model-Management (Model Transaction). Die Integrität der ECore-Modelle kann mit einem Validierungsframework des EMF überprüft werden.

Um mit EMF eine Anwendung zu entwickeln ist es zunächst notwendig das zugehörige Model zu spezifizieren. Hierfür gibt es drei vom Eclipse Modeling Framework unterstützte Wege: XMI-Dokumente, annotierte Java Interfaces oder ein XML Schema. Die Modell-Spezifikation wird importiert und kann z. B. mit einem Editor noch verfeinert werden. Aus dem Modell können dann Java-Klassen generiert werden. Zusätzlich gibt es noch von Drittherstellern weitere Generatoren für andere Artefakte, die nicht Teil des EMF sind. Die mit dem EMF erzeugten Java-Klassen können vom Entwickler erweitert und verändert werden. Hält er sich dabei an gewisse Konventionen, so werden diese Änderungen auch bei der erneuten Erzeugung nach einer Modelländerung übernommen.

Das Eclipse Modeling Framework bietet insgesamt eine fundierte Basis für die modellbasierte Entwicklung. Es enthält allerdings keinerlei graphische Toolunterstützung. Um ein Modell in einem UML-Diagramm zu spezifizieren, wird beispielsweise ein zusätzlicher Editor verwendet und das Ergebnis per XMI exportiert. Hierfür bieten sich von kommerzieller Seite z. B. Omondo EclipseUML oder der IBM Rational Software Modeler an. Es können aber auch Open-Source-Modellierungstools, wie das auf EMF und Eclipse aufbauende TOPCASED oder das noch in Entwicklung befindliche Eclipse-Projekt UML2Tools verwendet werden. Wichtig ist nur, dass das UML-Tool den XMI-Export unterstützt.

Das *Graphical Modeling Framework (GMF)* ist ein weiterer Bestandteil des Eclipse Modeling Projekts. Mit GMF ist es möglich grafische Editoren aus auf EMF aufbauenden Modellen zu generieren. Dazu werden die Anwendungsdomäne, die Diagramm-Elemente, die Werkzeuge zur Manipulation des Diagramms und das Mapping zwischen den drei genannten Modellen modelliert. Aus den Modellen wird dann ein in Eclipse einsetzbarer Diagramm-Editor generiert, der bereits über Basis-Funktionalitäten und Komponenten verfügt. Die spezifischen Details der Tools können dann vom Implementierenden umgesetzt werden.

Xtext und *Xpand* runden die Möglichkeiten zur modelbasierten Softwareentwicklung von Eclipse in Richtung domänenspezifischer Sprachen (DSL) ab. Bei Xpand handelt es sich um eine Template-Sprache die z. B. für die Generierung benutzt werden kann. Xtext ist ein Framework für die Entwicklung von DSL. Beide sind in dem Open-Source Projekt „openArchitectureWare" (oAW) entstanden, welches Teil vom Eclipse Modeling Project wurde. Näheres zu Xpand und Xtext findet sich im nächsten Abschnitt zu oAW.

Insgesamt erkennt man, dass es rund um Eclipse eine Vielzahl an Modellierungstools und Frameworks gibt. Die oben aufgeführten Beispiele sind dabei nur eine Auswahl der wichtigsten Projekte. Der Versuch, aus den einzelnen Bestandteilen eine Basis für die Entwicklung zu erstellen, gleicht einem Puzzlespiel. Dies erschwert den Einstieg in die Modellierung, sofern noch keine Grundkenntnisse vorhanden sind. Es bietet aber all denen Vorteile, die ihre Entwicklung an individuelle Bedürfnisse anpassen möchten. Leider ist die graphische Modellierung derzeit noch ein Schwachpunkt bei Eclipse. Es existieren zwar viele kommerzielle Angebote für einzelne Sprachen, wie z. B. UML, aber nur wenige integrierte Lösungen, wie sie zum Beispiel der *Innovator* darstellt. Die verfügbaren Open-Source Tools sind von unterschiedlicher Qualität. Für die Erstellung und Bearbeitung textueller Modelle, wie sie im Rahmen von domainspezifischen Sprachen (DSL) verwendet werden eignet sich Eclipse jedoch hervorragend. Trotz mancher Schwächen bieten die in Eclipse verfügbaren Technologien eine solide Grundlage für die modellbasierte Entwicklung, die bereits heute alle wesentlichen Aspekte abdeckt.

openArchitectureWare

Nachdem wir bereits einen Blick auf Werkzeuge gerichtet haben, mit denen Modelle erstellt und Code generiert werden kann, gehen wir in diesem Abschnitt genauer auf die Möglichkeiten zur Modell-zu-Text Transformation ein. Im *Innovator* wird hierfür unter anderem *openArchitectureWare (oAW)* genutzt. Da oAW inzwischen Teil des *Eclipse Modeling Projekts* ist, kann die folgende Einführung auch für Projekte auf Grundlage der Eclipse-basierenden Modellierungs-Technologien verwendet werden. Betrachten wir zunächst was unter openArchitectureWare zu verstehen ist.

Überblick über openArchitectureWare

Bei openArchitectureWare[23] handelt es sich um ein Framework für die modellbasierte Entwicklung, dass aus einem Open Source Projekt entstanden ist. Das Rahmenwerk ist mit der Eclipse Public License veröffentlicht und frei erhältlich.

---

[23] http://www.openarchitectureware.org/

Im Jahr 2009 wurden die Kernkomponenten von oAW Teil des Eclipse Modeling Project. Seitdem findet die Entwicklung des Frameworks unter dem Dach der Eclipse Foundation statt. Naheliegender Weise glänzt openArchitectureWare daher durch eine sehr gute Integration in Eclipse, so dass für verschiedene Entwicklungsschritte bereits leistungsfähige Plug-Ins vorhanden sind.

Im Kern besteht oAW aus einer Familie von Sprachen, die für alle Aspekte der modellbasierten Entwicklung gebraucht werden sowie der Modeling Workflow Engine.

Die Modellierungssprachen dienen der Überprüfung und Transformation des Modells, sowie der Erzeugung von Artefakten aus dem Modell. Bei der Sprache *Check* handelt es sich um eine Validierungssprache, mit der, ähnlich zur OCL der OMG, Modelle auf bestimmte Spezifikationen und Einschränkungen geprüft werden können [Check].

Mit der Sprache *Xpand*[24] enthält openArchitectureWare eine Template-Sprache, welche die Spezifikation von Generierungsvorlagen erlaubt [XPAND]. Damit lässt sich also definieren, wie Quelltext-Artefakte erzeugt werden sollen. Xpand beschränkt sich allerdings nicht auf die reine Code-Generierung, sondern kann auch zur Modelltransformation eingesetzt werden. In diesem Buch werden zum Beispiel in Kap. 9 „Automatisierung“ oAW Templates mit Xpand definiert, aus denen dann Quelltext generiert wird.

Mit der Sprache *Xtend* kann das Framework um zusätzliche Logik erweitert werden, die in anderen Sprachen, wie zum Beispiel Check oder Xpand, implementiert ist [XTEND]. Beispielsweise können damit Operationen erstellt werden, die auf dem Modell ausgeführt werden, ebenso wie ganze Bibliotheken von Erweiterungen. Die Erweiterungen basieren entweder auf oAW Ausdrücken oder können in Java implementiert sein.

Mit der Modeling Workflow Engine können die einzelnen Aktivitäten während der Generierung oder Transformation von Modellen orchestriert werden. Die Aktivitäten werden dabei als Komponenten bezeichnet und können zum Beispiel Modelltransformationen, Modellvalidationen oder Code-Generatoren sein. Für viele Einsatzzwecke, wie zum Beispiel dem Auslesen von Modellelementen oder der Generierung von Source Code, bestehen bereits bei oAW mitgelieferte Workflow-Komponenten. Bei der Auswahl der Komponenten ist man aber nicht auf die von openArchitectureWare vorgegebenen Workflow-Komponenten beschränkt. Vielmehr können eigene Komponenten entwickelt und eingebunden werden. Der Ablauf der Generierung wird in einer XML-Datei beschrieben, welche die Modeling Workflow Engine steuert.

Um mit oAW aus einem Modell Source-Code zu erzeugen, sind im einfachsten Fall drei Schritte notwendig:

1. Einen Workflow erstellen, indem die Abläufe in einer XML-Datei beschrieben werden.

[24] http://wiki.eclipse.org/Xpand

2. Die Xpand Templates erstellen, die das Gerüst der zu generierenden Source-Dateien darstellen.
3. Die Generierung ausführen.

Ein herausragendes Feature von oAW ist die breite Unterstützung von Modellen. Mit OpenArchitectureWare können beinahe alle mit UML-Werkzeugen erstellten Modelle geparst werden. Darüberhinaus unterstützt oAW alle EMF Modelle. Es können sogar mit Microsoft Visio erstellte Modelle oder textbasierte Modelle verwendet werden.

Aus den Modellen kann Source-Code einer beliebigen Sprache erzeugt werden. Mit Xtext verfügt das Framework sogar über die Möglichkeit eigene domänenspezifische Sprachen (DSL) und die dazugehörigen sprachspezifischen Werkzeuge zu erstellen.

OpenArchitectureWare und Xpand sind eng in den *Innovator* eingebunden. Es existiert hierfür ein spezieller Adapter, der über die Java-API des *Innovators* einen Zugriff auf Innovator-Modelle erlaubt. Da das Generator-Metamodell eng mit dem *Innovator* gekoppelt ist, kann die Generierung sehr performant ausgeführt werden. Somit kann man auch mit dem *Innovator* die volle Bandbreite der Möglichkeiten von oAW nutzen.

Zusammenfassend ermöglicht openArchitectureWare ein breites Spektrum an Aktivitäten der modellbasierten Softwareentwicklung:

- Das Einlesen und die Initialisierung von Modellen
- Modellevaluation und die Verifikation des Modells auf Verletzungen von Constraints
- Modell-zu-Modell-Transformationen (M2M-Transformationen)
- Modell-zu-Code-Transformationen (Generierung)
- Text-zu-Model-Transformationen
- Die Definition von DSLs und die Generierung entsprechender Werkzeuge

Webservice-Technologien

WSDL

Die Web Service Description Language (WSDL) ist eine abstrakte Sprache zur Beschreibung von Dienstschnittstellen und Dienstanbietern [WSDL], die vom World Wide Web-Konsortium (W3C) verwaltet wird. Sie basiert auf XML und ist unabhängig von einer bestimmten Technologie verwendbar. Derzeit findet die Version 1.1 verbreitet Anwendung, auf welche im Folgenden Bezug genommen wird. Die derzeit aktuelle Version 2.0 verwendet eine abweichende Terminologie. Die WSDL beschreibt einen Webservice in zwei Teilen. Die Aufteilung erfolgte im Hinblick auf eine Wiederverwendung der beiden Teile. Somit kann ein Service beispielsweise mit derselben Schnittstelle von mehreren Endpunkten realisiert werden ohne dass diese jedesmal erneut definiert werden müsste. Den Aufbau einer WSDL-Datei illustriert Abb. 2.19.

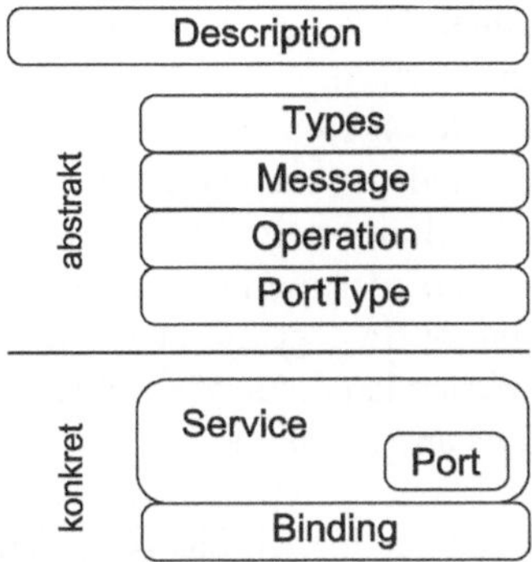

Abb 2.19 WSDL-Komponenten

Im abstrakten Teil beschreibt die WSDL die Funktionalität des Dienstes. Hierzu werden zunächst die verwendeten Datentypen (*Types*) definiert. Dies geschieht meist in Form von XML Schemata. Darüberhinaus ist es über den Erweiterungsmechanismus von WSDL möglich, auch andere Formate zur Beschreibung zu verwenden. Diese sind aber ungebräuchlich, so dass gegenwärtig in Webservice-Beschreibungen nur XSD vorkommt. Zudem können externe Definitionen über das Element *Import* eingebunden werden. Mit dem *Description*-Element kann der Service in Textform beschrieben werden.

Die Daten, die zwischen Dienstnutzer und Dienstanbieter ausgetauscht werden, können in Form von XML-Nachrichten (*Message*) festgelegt werden. Sie bestehen aus mehreren Teilen (*Parts*), welche die Parameter darstellen. Die Parts sind durch einen der Datentypen typisiert. Die Bedeutung der Parts steht auch mit der Bindung im Zusammenhang. Es ergeben sich beispielsweise bei Verwendung des SOAP Document-Style RPC an dieser Stelle Einschränkungen.

Bis zu zwei Nachrichten werden zu einer *Operation* zusammengefasst. Eine Operation entspricht in der Terminologie der Objektorientierten Programmierung der Signatur einer Methode. Jede Nachricht kann dabei entweder als eingehende (Input) oder als ausgehende Nachricht (Output) definiert werden. Damit ergeben sich vier von WSDL 1.1 unterstützte Kombinationen von Nachrichten für eine Operation, die ab Version 2.0 auch als Message Exchange Patterns bezeichnet werden:

- *One-way:* Der Dienst empfängt eine eingehende Nachricht
- *Request-response:* Der Dienst empfängt eine eingehende Nachricht und versendet eine ausgehende Nachricht als Antwort
- *Solicit-response:* Der Dienst sendet zuerst eine ausgehende Nachricht und empfängt dann eine eingehende Nachricht
- *Notification:* Der Dienst sendet eine ausgehende Nachricht

Allerdings gibt es für die letzten zwei Patterns in WSDL 1.1 kein Standard Binding. Um diese zu nutzen, ist eine eigenentwickelte Erweiterung notwendig. Zusätzlich zu den Operationen können des Weiteren noch Fehlernachrichten (*Faults*) definiert werden. Da diese nicht bei jeder Operation zwingend benötigt werden, ist ihre Verwendung optional. Die Operationen und Faults eines Dienstes werden schließlich in einem sogenannten *Port-Type* zu einer Schnittstelle zusammengefasst. In Java entspricht dies einem Interface.

Der konkrete Teil dient der Beschreibung der Lokalisation und der Art und Weise in der ein Dienst angeboten und genutzt wird. Mit dem *Service*-Element findet eine logische Gruppierung aller Ports statt, die ein Dienst anbietet. Ein *Port* ist ein Bestandteil des Service-Elements, der die Details der Adressierung eines Service-Endpunkts (Endpoint) beschreibt. Er legt mit einer Netzwerkadresse den Ort fest, an dem ein Dienst erreicht werden kann. Es ist durchaus möglich, denselben Dienst von mehreren Endpunkten aus anzubieten und in demselben WSDL-Dokument zu beschreiben.

Im *Binding*-Element werden schließlich das Nachrichtenformat und die Protokolldetails für Operationen einer Schnittstelle (Port-Type) definiert, die zum Nachrichtenaustausch verwendet werden. Es legt also fest, auf welche Art die Daten kodiert und transportiert werden. WSDL 1.1 unterstützt dabei mit SOAP 1.1, HTTP und MIME drei Arten der Bindung. Die gebräuchlichste Form für Webservices ist dabei SOAP (Simple Object Access Protocol) [SOAP]. Für REST-Webservices eignet sich das HTTP-Binding, wobei in Version 1.1 nur die HTTP-Methoden GET und POST unterstützt werden.

Änderungen in WSDL 2.0

In der Nachfolgeversion von WSDL 1.1 wurden einige Verbesserungen der Verständlichkeit und Wiederverwendbarkeit durchgeführt. Unter anderem wurde ein neues Komponenten-Modell eingeführt, dass alle Elemente der WSDL beinhaltet. Für das Port-Type Element der Version 1.1 wurde die treffendere Bezeichnung Interface eingeführt und der Port wird als Endpoint bezeichnet. Zudem wurde mit der Entfernung der Messages und Parts die Beschreibung der Operation vereinfacht. Die Definition der Nachrichten erfolgt in WSDL 2.0 in Form eines Types, wobei die Parts nicht mehr existieren.

Bei der Beschreibung der Serviceschnittstellen ergaben sich einige Änderungen. Zum Beispiel wird nun die Vererbung von Interfaces unterstützt. Die Kommunikationsmuster werden in Version 2.0 als Message Exchange Pattern bezeichnet und von vier auf acht erweitert. Neu ist außerdem, dass ein Service nur ein einziges Interface umsetzen darf. In WSDL 1.1 besteht diese Einschränkung nicht.

Hinsichtlich des Bindings wurden einige Verbesserungen eingeführt. So wurde beispielsweise die Beschreibung des SOAP-Bindings vereinfacht. Zudem wird SOAP 1.2 unterstützt. Eine bessere Unterstützung für REST ist ebenfalls Teil von WSDL 2.0. Es werden nun alle HTTP-Methoden unterstützt.

WS-BPEL

Die Web Services Business Process Execution Language 2.0 (kurz: WS-BPEL oder BPEL) ist eine Prozessdefinitionssprache der OASIS (Organization for the Advancement of Structured Information Standards). Sie kann zur Komposition von Webservices in Prozesse verwendet werden [BPEL]. Dies ist insbesondere im Rahmen des Geschäftsprozess-Managements (BPM) von Bedeutung.

Prinzipiell lassen sich mit BPEL durch die fachliche Seite eines Unternehmens Geschäftsprozesse aus Diensten modellieren, welches einen zentralen Gedanken einer SOA darstellt. Solche zusammengesetzte Dienste bezeichnet man auch als Composite-Services. Die modellierten Prozessdefinitionen können dann in einer BPEL-Laufzeitumgebung (Workflow-Engine) zur Steuerung von Diensten eingesetzt werden. Mit BPEL wird so eine Trennung der Ablauflogik und -steuerung erzielt, wobei die Logik in den Diensten gekapselt wird.

Im Rahmen der Steuerung einer Komposition von Webservices wird zwischen der sogenannten „Orchestrierung“ und der „Choreografie“ unterschieden. Bei der Orchestrierung steuert eine Instanz eines dedizierten, zentralen Dienstes den Ablauf aller Aktivitäten *eines* Prozesses. Im Gegensatz dazu bezeichnet der Begriff der „Choreografie“ das Zusammenspiel *mehrerer* Prozesse, welche sich sequentiell aufrufen. Man kann Choreographie auch als das Zusammenspiel mehrerer Geschäftsprozesse betrachten, während Orchestrierung die Abläufe eines Prozesses festlegt. Mit WS-BPEL ist sowohl eine Orchestrierung, wie auch eine Choreographie möglich.

Im Folgenden soll ein kurzer Überblick über eine Teilmenge von WS-BPEL gegeben werden, der für das Verständnis des Beispiels des Buches notwendig ist.

Im Gegensatz zu BPMN ist BPEL keine graphische Modellierungssprache. Es gibt hierfür auch keine standardisierte Notation. Die Prozessdefinition erfolgt in BPEL vielmehr anhand von Dokumenten. Diese beschreiben die Abläufe in einer an imperative Programmiersprachen angelehnten Sprache. Zur Bearbeitung eines BPEL-Dokuments stellen die gängigen Editoren zwei Sichten zur Verfügung: Eine graphische Modellierungsansicht und eine detaillierte textuelle Ansicht, welche die Bearbeitung des BPEL Quellcodes erlaubt. Die graphische Notation eines beispielhaften BPEL-Prozesses in Eclipse zeigt Abb. 2.20.

Das Wurzelelement eines BPEL-Dokuments ist der Process-Tag, der als äußerster Container der Prozessdefinition dient. Er enthält die Definition der Imports, Partnerverbindungen, Variablen und der Prozesslogik. Als Attribute müssen mindestens der Name und der Target-Namespace angegeben werden. Neben den erwähnten Elementen können noch weitere fortgeschrittene Tags enthalten sein, wie z. B. für Faulthandler und Message-Exchanges. Jeder Prozess muss darüberhinaus mindestens eine Aktivität enthalten (z. B. Sequence). Die folgende Grafik 2.21 veranschaulicht die vereinfachte Struktur eines BPEL-Dokuments.

Mittels des *Import*-Elements können externe XML-Schema oder WSDL Definitionen referenziert und importiert werden. Die importierten Definitionen stehen dem gesamten Prozess zur Verfügung. Externe Dienste können so anhand von WSDL-Beschreibungen eingebunden werden. Die ausführbaren BPEL-Prozesse stellen ebenfalls Dienste dar, die über Webservices ansprechbar sind. Ihre externe Schnittstelle wird gleichfalls in WSDL beschrieben.

Nach dem Konzept von WS-BPEL stellt die Interaktion von Prozessen und anderen Diensten eine Zusammenarbeit von Geschäftspartnern dar. Externe Services und BPEL-Prozesse werden daher als Partner bezeichnet, deren Kommunikation in spezifischen Rollen durchgeführt wird. Dabei stehen die Dienste, die den

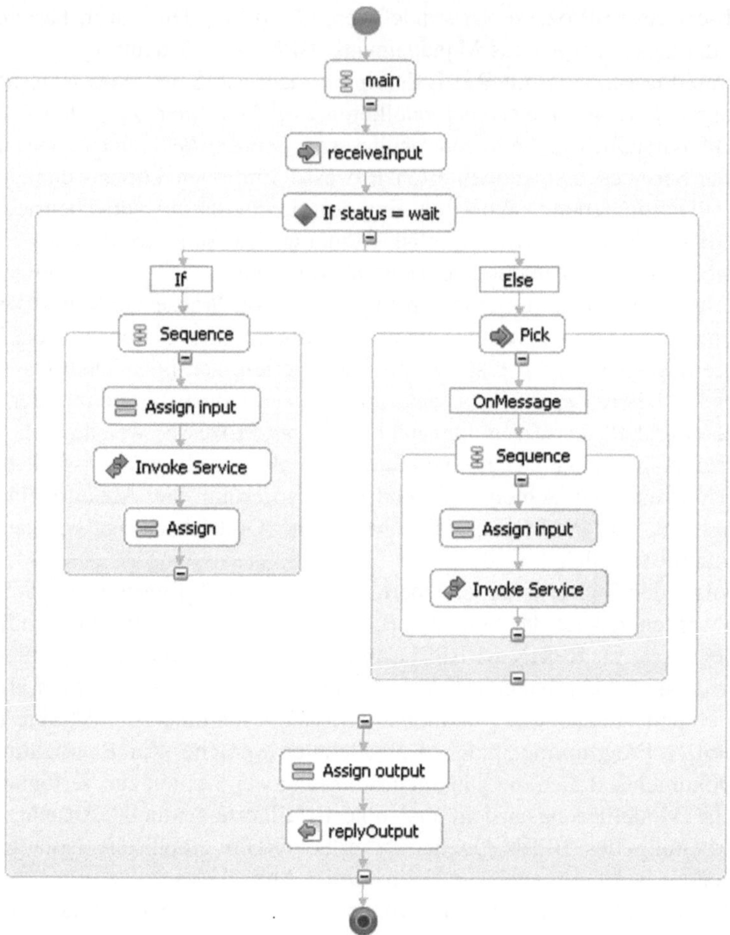

Abb. 2.20 Visualisierung eines einfachen BPEL-Ablaufs in Eclipse

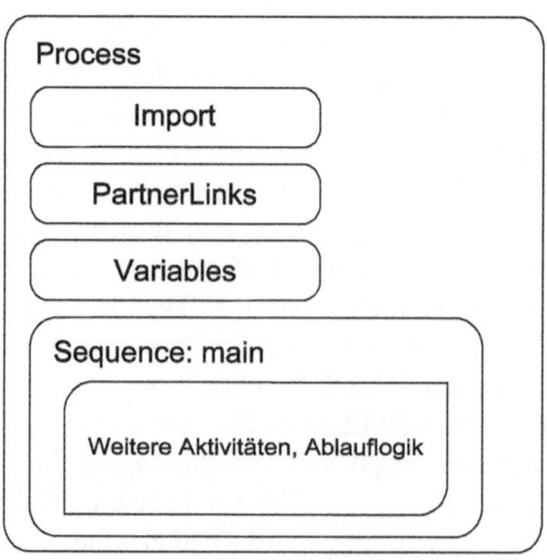

Abb. 2.21 Vereinfachte Struktur eines BPEL-Dokuments

Geschäftsprozess nutzende und der Prozess ebenfalls in einer partnerschaftlichen Verbindung. Eine Rolle ist eine innerhalb der Verbindung angebotene oder genutzte Schnittstelle. Die Eigenschaften einer Partnerbeziehung werden in Partnerlinks und Partnerlink-Types beschrieben.

Ein *Partnerlink-Type* legt fest, welche Rolle durch die Schnittstelle einer Partnerverbindung abgebildet wird. Zu jeder Rolle wird hierzu ein WSDL-PortType angegeben, der die Rolle repräsentiert. Es findet an dieser Stelle also die Definition eines Servicevertrages statt. Der BPEL-Prozess findet hierdurch die zu verwendenden Schnittstellen. Der Partnerlink-Type ist nicht Teil eines BPEL-Dokuments. Vielmehr stellt er eine Erweiterung von WSDL dar, die entweder in einem WSDL-Dokument oder einer externen Datei untergebracht werden kann.

Ein *Partnerlink* ist ein Element von BPEL, welches angibt, wer die Partner einer Interaktion sind, welche Rolle durch den Prozess und welche durch seine Partner verwirklicht wird. Hierzu wird spezifiziert, welcher PartnerLink-Typ für die Verbindung gilt. Zudem muss mindestens die Rolle, die der Prozess übernimmt (myRole) oder die Rolle des Gegenübers (partnerRole) angegeben werden. Abbildung 2.22 veranschaulicht die Zusammenhänge.

Zum Speichern und Verarbeiten von Daten, sowie zur Repräsentation des Zustands eines Prozesses stehen in WS-BPEL Variablen zur Verfügung. Die Variablen werden in dem *Variable*-Tag deklariert. Der BPEL Standard knüpft eng an WSDL an und benutzt ebenfalls XSD zur Definition der Datentypen. Variablen können mit XML-Schema-Typen (Simple oder Complex-Types), XML-Schema-Elementen oder WSDL-Message-Typen typisiert sein. Die Zuweisung von Werten erfolgt mit der Assign-Aktivität (siehe unten). Zur Abfrage von Variablenwerten wird XPath 1.0 verwendet [XPATH]. Die Gültigkeit ist bei Variablen grundsätzlich global, sofern sie nicht innerhalb eines *Scope*-Elements definiert werden. Darüber hinaus kann der Scope-Tag den Gültigkeitsbereich von anderen, in ihm eingeschlossenen Elementen definieren.

Zur Strukturierung von Prozessen dienen in BPEL Aktivitäten. Man unterscheidet dabei zwischen Basisaktivitäten und strukturierten Aktivitäten. Die Basisaktivitäten stellen elementare Einheiten eines Prozesses dar:

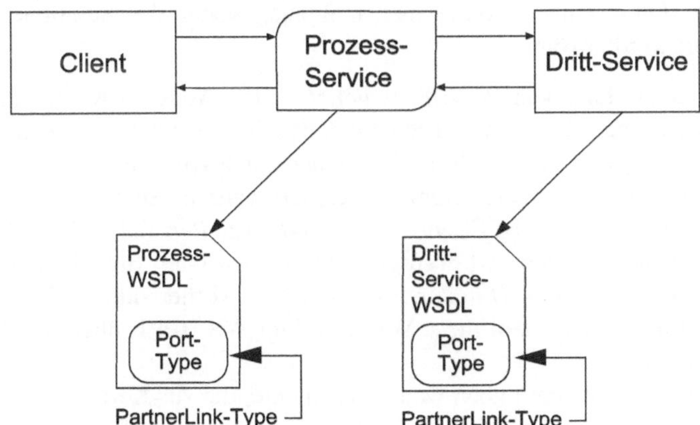

Abb. 2.22 Beziehungen der Partnerlinks eines BPEL-Dokuments

- *Invoke:* Ermöglicht den Aufruf eines Dienstes durch den BPEL-Prozess
- *Receive und Reply:* Receive dient dem Nachrichtenempfang durch den Prozess, Reply wird zum Versand einer Antwortnachricht verwendet
- *Assign:* Realisiert die Zuweisung von Werten und die Aktualisierung von Variablen
- *Throw und Rethrow:* Sind Teil der Ereignisbehandlung. Throw erzeugt einen Fault (vgl. Exceptions, Ausnahmefall des Geschäftsprozesses), Rethrow wird zur Weitergabe eines Faults verwendet, der durch einen Fault-Handler (Fehlerbehandlung) gefangen wurde
- *Wait:* Pausiert den Prozess für einen angegebenen Zeitraum oder bis zu einem speziellen Zeitpunkt
- *Empty:* Entspricht einer „No-Operation", es wird also nichts ausgeführt
- *Exit:* Beendet eine Prozess-Instanz unverzüglich
- *Extension-Activity:* Kann zur Erweiterung von BPEL um eine neue Aktivität verwendet werden

Die Aufgabe der strukturierten Aktivitäten ist die Flusssteuerung anderer Aktivitäten. Sie ermöglichen somit die Darstellung von Prozessstrukturen. Dabei steht wiederum XPath 1.0 zur Auswertung von Ausdrücken zur Verfügung. Folgende strukturierte Aktivitäten stehen in BPEL zur Verfügung:

- *Sequence und Flow:* Zur Definition von Abläufen werden die Aktivitäten „sequence" und „flow" benutzt. Dabei definiert Sequence seriell verarbeitete und Flow parallel ablaufende Aktivitäten
- *If:* Wählt eine Aktivität zur nachfolgenden Ausführung aus (z. B. eine Sequenz)
- *While:* Führt eine Aktivität solange aus, wie eine spezifizierte Bedingung wahr ist
- *Repeat-Until:* Führt eine Aktivität solange aus, bis eine spezifizierte Bedingung wahr wird
- *Pick:* Wartet auf das Eintreffen einer von mehreren Nachrichten oder das Auftreten eines Timeouts und unterbricht den Prozess solange. Die „pick" Aktivität ermöglicht nicht-deterministische Verzweigungen aufgrund von externen Nachrichten
- *For-each:* Führt eine Aktivität n+1 mal aus, wobei die Iterationen parallel ausgeführt werden können

Zum Sprachumfang von WS-BPEL gehören des Weiteren Möglichkeiten zur Ereignisbehandlung, die mit dem Element *Event-Handler* definiert werden. Dabei kann mit *On-Message* auf das Eintreffen einer Nachricht und mit *On-Alarm* auf das Auftreten eines zeitlichen Ereignisses reagiert werden. Analog zu einem Catch-Block in Java können in BPEL mit dem *Fault-Handler*-Tag zudem Abschnitte zur Fehlerbehandlung definiert werden. Ein interessantes Sprachfeature ist ein sogenannter *Compensation-Handler*, mit dem sich vorher durchgeführte Aktivitäten zurückrollen lassen. Auf diese Weise verfügt WS-BPEL über eine Form von Transaktionalität.

Darüberhinaus existieren noch weitere Elemente, die zur Korrelation von Nachrichten genutzt werden können, wie es z. B. bei einer Session notwendig ist. Somit kann unter anderem sichergestellt werden, dass die richtige Instanz eines Prozesses adressiert wird. Dafür können sogenannte *Properties* definiert werden, die bestimmten Feldern der Nutzdaten einer Nachricht entsprechen (z. B: SessionID). In einem *Correlation-Set* werden anschließend diejenigen Properties gruppiert, die eine Konversation identifizieren. Mittels des *Correlation*-Elements wird festgelegt welche Korrelation für die betreffende Nachricht gilt. Das Correlation-Tag kann in Verbindung mit den Kommunikationsaktivitäten Receive, Reply, On-Message (als Teil von Pick) und Invoke verwendet werden. Die Workflow-Engine findet anhand der Daten einer Korrelation dann die dazugehörige Prozess-Instanz.

Die SOA Plattform

Nachdem wir in den vorangehenden Abschnitten die Sprachen und Werkzeuge betrachtet haben, die für die Entwicklung einer SOA genutzt werden können, gehen wir in diesem Abschnitt auf die Plattform ein, die als Basis für die Beispielanwendung dient.

Als SOA Plattform versteht man die Tools und Infrastruktur, die für den Betrieb einer Serviceorientierten Architektur notwendig sind. Die Plattform dient zur Integration der einzelnen Dienste zu einem Ganzen. Zumeist besteht eine SOA Plattform aus einem Enterprise Service Bus (ESB), einer Service Registry und einer Komponente zur Prozesssteuerung und Service-Orchestrierung. Zudem bilden Tools für Entwicklung und Inbetriebnahme (Deployment) der Dienste einen Teil einer Plattform. Verschiedene Hersteller stellen darüberhinaus weitere Werkzeuge zur Verwaltung und Überwachung der Services, sowie der Integration von Produkten Dritter zur Verfügung.

Die im Weiteren beschriebene SOA Plattform ist die Zielplattform für die Generierung von Artefakten im Rahmen der modellbasierten Entwicklung der Beispielanwendung des Buches. Sie bildet auch die Grundlage für die Demonstrations-Anwendung, die auf der Website des Buches heruntergeladen werden kann. Dabei reflektiert die Plattform die Heterogenität, die durch den Einsatz unterschiedlicher Technologien und der Produkte verschiedener Hersteller heute in vielen Unternehmen eine Tatsache ist. Dem SOA-Ansatz folgend, zeigt das Beispiel, wie eine SOA zur Integration verschiedener Service-Anbieter und Technologien führen kann.

Für die Realisierung einer Serviceorientierten Architektur stehen mittlerweile viele Möglichkeiten zur Verfügung. Neben den Plattformen kommerzieller Anbietern, wie z. B. SAP, IBM oder Oracle, gibt es heute auch SOA Plattformen vergleichbarer Funktionalität aus dem Open-Source-Bereich. Hier sind beispielweise Mule-ESB, OpenESB, SOPERA oder die JBoss Enterprise SOA Plattform zu nennen. Angesichts der verwirrenden Vielfalt stellt sich die Frage welche Plattform nun in Frage kommt. Da das Beispiel des Buchs dem Leser auf unserer Website zum Download zur Verfügung stehen sollte, kamen nur Open-Source Lösungen in Betracht.

Die Plattform des Buches besteht daher aus drei Bestandteilen. Die eigentliche SOA-Plattform bildet die Advanced Service Factory von *SOPERA*, die für die neu zu entwickelnden, internen Services genutzt wird. Externe Dienste und Altsysteme werden in einem JBoss Application Server simuliert. Die Prozessautomatisierung und –orchestrierung mit BPEL übernimmt ein Apache ODE Server, der im JBoss betrieben wird. Zur Einbindung von Human Tasks wird ein Webinterface genutzt, welches ebenfalls im JBoss AS gehostet wird.

SOPERA

Bei SOPERA handelt es sich um die seit 1999 entwickelte SOA-Plattform der Deutschen Post AG [SOPERA]. Die Firma wurde im November 2010 von Talend übernommen. SOPERA ist seit 2007 in einer „Community Edition" als Open Source veröffentlicht. Daneben existiert eine kommerzielle „Enterprise Edition", welche darüberhinaus proprietäre Erweiterungen und Support-Dienstleistungen bietet.

Die Plattform von SOPERA wurde nach dem Best-Of-Breed-Ansatz entwickelt und setzt konsequent auf die Benutzung von Standards. Aufgrund der langjährigen Benutzung im Unternehmen ist das Rahmenwerk sehr ausgereift. Die Plattform wird als Advanced Service Factory (ASF) bezeichnet und ist derzeit in Version 3.3 erhältlich. Sie besteht aus vier Teilen: Einem Enterprise Service Bus (Service Backbone, SBB), den technischen Serviceteilnehmern (Technical Service Participants, TSP), einer Entwicklungsumgebung (ASF Toolsuite) und einer Programmierschnittstelle (Participant-API, PAPI). Abbildung 2.23 gibt einen Überblick über die Plattform.

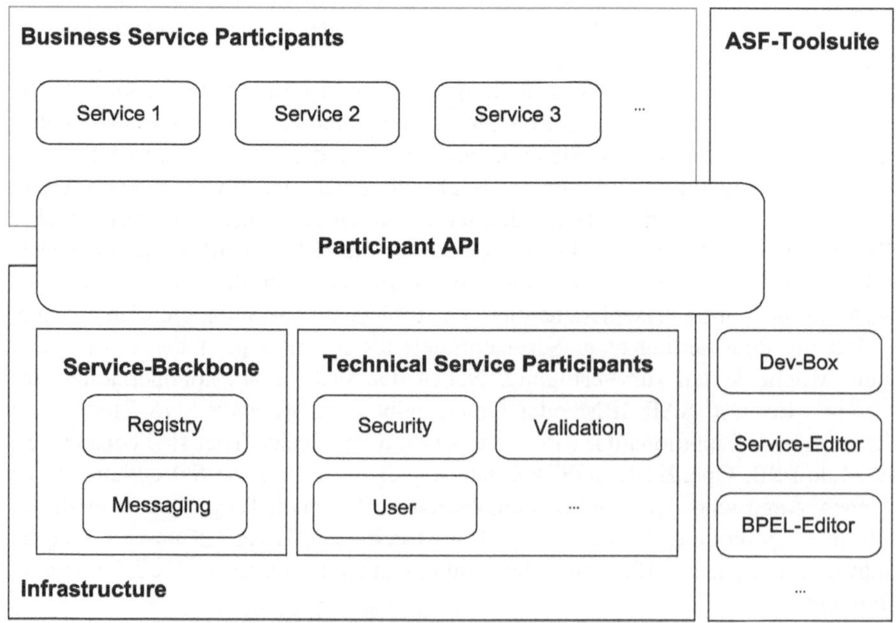

Abb. 2.23 Übersicht über die SOPERA-Plattform

Der Service-Backbone liefert in Form eines verteilten Enterprise Service Bus die zentrale Integrationsinfrastruktur von SOPERA. Er gliedert sich in zwei Bestandteile, die jeweils in Apache-Tomcat[25] Webcontainern betrieben werden: Ein Service-Repository (Registry) und einer Message-Queueing Kompontente (Messaging). Mit Version 3.3.1 kam die Möglichkeit hinzu, alle TSP in einem Tomcat zu betreiben. Zusätzlich können weitere technische Dienste, in Form von sogenannten Plug-Ins, die Basisdienste erweitern. Seit Version 3.3 werden die kommerziellen Erweiterungen auch als Optionpacks bezeichnet. Zu nennen wären beispielsweise ein Prozess Management mit BPEL und BPMN (SOPERA BPM, basierend auf Intalio|BPM) oder ein Systemmanagement Plug-In (SOPERA HQ, basierend auf SpringSource Hyperic HQ).

In der Service-Registry wird die Syntax der Serviceschnittstelle in Verbindung mit Meta-Informationen über den Dienst verwaltet. Dies können zum Beispiel Daten zur Sicherheitskonfiguration, Bindung, Versionierung oder der Service Level Agreements (SLA, Policies) sein. Die Dienste werden anhand logischer Adressen angesprochen, deren konkrete Bindung dynamisch zur Laufzeit durch die Registry aufgelöst wird.

Bei der Messaging-Komponente handelt es sich um eine Nachrichtenorientierte Middleware (MOM), die durch einen Java Messaging Dienst (JMS) zur Verfügung gestellt wird. Es handelt sich dabei prinzipiell um einen Message Broker, der Transport, Vermittlung und Transformation der SOAP-Nachrichten übernimmt. Insbesondere wird der asynchrone und persistente Nachrichtenaustausch unterstützt. Die Kommunikationsmöglichkeiten von SOPERA-Diensten sind daher vielfältiger als bei herkömmlichen Webservices.

Die Technical Service Participants stellen klar definierte Integrationsfunktionen für die Infrastrukturkomponenten zur Verfügung. Dies können beispielsweise Sicherheitsdienste, Benutzerverwaltung oder Nachrichtenvalidierung sein. Die Teilnehmer-Dienste, welche die Geschäftslogik kapseln, werden als Business Service Participants (BSP) bezeichnet. Der Betrieb der TSP und die BSP erfolgt in der Regel jeweils in eigenen Webcontainern. Die Skalierbarkeit der Plattform ist daher gegeben.

Die ASF Toolsuite besteht aus Werkzeugen für die Entwicklung und Administration von SOPERA-Diensten, die in die Entwicklungsumgebung Eclipse integriert sind [ECLIPSE]. Sie deckt den gesamten Lebenszyklus eines Dienstes vom Entwurf über die Implementierung und den Betrieb ab. Zudem erlaubt die Toolsuite den Import und Export von WSDL-Dateien. Zur Erzeugung der notwendigen Zugriffslogik für Dienstnutzer und -anbieter enthält die Toolsuite einen Code-Generator.

Die Participant-API kapselt die Anbindung der Dienst-Logik an den SBB und stellt Funktionalitäten für Service Consumer und Provider zu Verfügung. Die PAPI-Bibliothek existiert für Java und Microsoft .NET. Es wird dabei zwischen einer typisierten und einer untypisierten PAPI unterschieden. Die typisierte PAPI erlaubt den vereinfachten Umgang mit JAXB Objekten (Java-API for XML Binding)

[25] http://tomcat.apache.org

[JAXB]. Im Gegensatz dazu bietet die untypisierte PAPI tiefergehende Kontrolle über Anbindung an den SBB und über die serialisierten XML-Dokumente.

Eine Besonderheit der SOPERA-Plattform besteht in der Art der Beschreibung der Dienste. Diese entspricht im Wesentlichen einer um SOPERA-spezifische Elemente ergänzten Erweiterung der WSDL. Es findet jedoch eine getrennte Speicherung des abstrakten und des konkreten Teils der Beschreibung statt. Dies geschieht vor dem Hintergrund, dass ein Dienst von mehreren Service-Providern angeboten werden kann. Die abstrakte Beschreibung wird in Service-Description-Dateien (SDX), die konkreten Details werden in Service-Provider-Description-Dateien (SPDX) gespeichert.

Für die Beispielanwendung wurde SOPERA aus mehreren Gründen gewählt. Zum einen handelt es sich dabei um eine in der Praxis erprobte Enterprise Plattform, die neben der Deutschen Post AG und DHL bei größeren Unternehmen und Behörden im Einsatz ist. Zum anderen ermöglicht die Toolsuite eine rasche Entwicklung einer Webservice-basierten SOA, die über alle wesentliche Eigenschaften verfügt. Ein besonderer Punkt ist die Möglichkeit, WSDL zu importieren und daraus Service-Rümpfe generieren zu können. Dieses führt den im Buch gezeigten modellbasierten Ansatz konsequent weiter und zeigt, wie weit es heute schon mit geeigneten Plattformen möglich ist, vom Modell zu einer lauffähigen SOA zu kommen.

Darüberhinaus ist SOPERA als Open-Source frei verfügbar, wodurch der Leser das Entwickeln der Beispielanwendung selbst nachvollziehen kann, ohne sich in Unkosten zu stürzen. SOPERA ist für Open-Source außergewöhnlich gut dokumentiert. Auch dies erleichtert den Einstieg in eine SOA Plattform. Zuletzt sei noch gesagt, dass die Autoren in einem Vorläufer-Projekt bereits gute Erfahrungen mit SOPERA als SOA Plattform gemacht haben.

Apache ODE und JBoss Riftsaw

Bei Apache ODE (Orchestration Director Engine) handelt es sich um die Implementation einer BPEL-Engine der Apache Foundation [ODE]. Ursprünglich wurde diese unter dem Namen PXE durch die Firma FiveSight PXE entwickelt und 2005 als Open-Source veröffentlicht. Noch im selben Jahr wurde FiveSight von der Firma Intalio übernommen. Die BPEL-Engine PXE bildete mit Codezugaben von Sybase die Basis eines Projects, das 2006 unter dem Namen „Orchestration Director Engine“ bei der Apache Foundation beantragt wurde. Im Jahr 2007 erfolgte der offizielle Projektstart und kurz darauf die erste Veröffentlichung von Apache ODE. Heute findet ein großer Teil der Entwicklung durch Intalio und Entwickler von Apache ServiceMix statt.

Hauptsächliche Verwendung findet Apache ODE in BPEL Servern, in denen sie zur Orchestrierung von Diensten eingesetzt wird. Es lassen sich mit BPEL sogenannte „Composite Services“, also aus verschiedenen Diensten zusammengesetzte Dienste bilden, die beispielsweise zur Prozessautomatisierung und zum Business Process Management (BPM) genutzt werden können.

Apache ODE zeichnet sich durch eine performante Implementation aus und setzt die Standards WS-BPEL 1.1 und 2.0 bis auf wenige Ausnahmen um. Die Engine unterstützt die Kommunikation mit Webservices auf Basis von SOAP und REST und eignet sich daher für ein breites Spektrum der Entwicklung einer auf Webservices aufgebauten SOA.

Die Engine an sich kann aber auch als Komponente in SOA Plattformen oder Produkte integriert werden. Tatsächlich ist Apache ODE bereits Teil einiger Open-Source und kommerzieller Lösungen, wie z. B. Intalio BPM und JBoss Riftsaw [JBRIFTSAW]. Letzteres ist eine speziell auf den JBoss Application Server angepasste Version von Apache ODE, die sich aber auch unabhängig von der JBoss SOA-Plattform verwenden lässt. Im Einzelnen erweitert Riftsaw die BPEL-Engine um Fähigkeiten um mit dem JBoss ESB zusammenzuspielen und über den JBoss Webservice-Stack zu kommunizieren. Zudem beherrscht Riftsaw ein UDDI-Lookup und wird mit einer eigenen Management-Konsole ausgeliefert. Das alles wird als Gesamtpaket gebündelt ausgeliefert, das sich im JBoss AS installieren lässt.

Sowohl Apache ODE als auch das darauf aufbauende JBoss Riftsaw sind als Open-Source frei verfügbar, wodurch man sich, z. B. durch Nachvollziehen des Beispiels im Buch, selbst ein Bild davon machen kann. Apache ODE gilt als die derzeit beste Open-Source BPEL-Engine. Die Installation gestaltet sich durch das auf Apache-Ant basierende Skript sehr einfach und Riftsaw ist mit wenigen Schritten in unter 10 Minuten einsatzbereit. Für die Entwicklung, Verfeinerung und das Deployment von BPEL-Abläufen existieren bereits gute Tools für die Eclipse IDE, wie beispielweise die JBoss-Tools [JBTOOLS]. Zudem lassen sich BPEL-konforme Dateien aller Hersteller damit ohne Modifikation verwenden, sofern diese den Standards entsprechen und tatsächlich ablauffähigen Code darstellen.

Literatur

[ALL09] Allweyer T (2009) BPMN 2.0 – Business Process Model and Notation. Books on Demand GmbH, Norderstedt

[DD2] Evans EJ (2003) Domain driven design: Tackling Complexity in the Heart of Software. Addison-Wesley Longmann, Boston, MA

[EMF2] Steinberg D, Budinsky F, Paternostro M, Merks E (2008) EMF: Eclipse Modeling Framework, 2nd edn. Addison-Wesley Longman, Boston, MA

[HEU07] Heutschi R (2007) Serviceorientierte Architektur – Architekturprinzipien und Umsetzung in die Praxis. Springer, Berlin

[KRA07] Krafzig D, Banke K, Slama D (2007) Enterprise SOA –Wege und Best Practices für Serviceorientierte Architekturen. Mitp-Verlag, Heidelberg

[SOAWS] Melzer I, et al (2010) „Service-orientierte Architekturen mit Web Services – Konzepte, Standards, Praxis". Elsevier Spektrum Akademischer Verlag, Heidelberg

[STA07] Stahl T, Völter M, Efftinge S, Haase S (2007) Modellgetriebene Softwareentwicklung – Techniken, Engineering, Management. Dpunkt Verlag, Heidelberg

[ZEP06] Zeppenfeld K, Wolters R (2006) Generative Software-Entwicklung mit der MDA. Elsevier Spektrum Akademischer Verlag, Heidelberg

Links

[ANDRO] AndroMDA
http://www.andromda.org (29.03.2011)

[BPEL] BPEL 2.0
http://docs.oasis-open.org/wsbpel/2.0/OS/wsbpel-v2.0-OS.html (29.03.2011)

[BPMN] Business Process Model and Notation
http://www.omg.org/spec/BPMN/ (04.04.2011)

[CHECK] oAW Check
http://www.openarchitectureware.org/pub/documentation/4.1/r30_checkReference.pdf (29.03.2011)

[DD1] Domain Driven Design
http://www.domaindrivendesign.org/ (19.02.2011)

[ECLIPSE] Eclipse
http://www.eclipse.org/ (29.03.2011)

[EMF] Eclipse Modeling Framework
http://www.eclipse.org/modeling/emf/ (26.02.2011)

[EMP] Eclipse Modeling Project
http://www.eclipse.org/modeling/ (29.03.2011)

[FDD] Feature Driven Development
http://www.nebulon.com/articles/fdd/latestfdd.html (19.02.2011)

[JAXB] Java API for XML Binding (JAXB)
http://jcp.org/aboutJava/communityprocess/mrel/jsr222/index.html (29.03.2011)

[JBRIFTSAW] JBoss Riftsaw
http://www.jboss.org/riftsaw (29.03.2011)

[JBTOOLS] JBoss Tools
http://jboss.org/tools (29.03.2011)

[MDA] Model Driven Architecture
http://www.omg.org/mda/ (02.02.2011)

[MID1] Notationsübersicht BPMN 2.0
http://www.mid.de/fileadmin/mid/PDF/BPMN-Poster.pdf (04.04.2011)

[MOF] Meta Object Facilities
http://www.omg.org/mof/ (13.02.2011)

[OCL] Object Constraint Language
http://www.omg.org/spec/OCL/2.2/ (13.02.2011)

[ODE] Apache ODE
http://ode.apache.org/ (29.03.2011)

[OMG] Object Management Group
http://www.omg.org/ (17.07.2011)

[QVT] Query View Transformation
http://www.omg.org/cgi-bin/doc?ad/2002-4-10 (02.02.2011)

[SOAA] Modeling with SoaML
http://www.ibm.com/developerworks/rational/library/09/modelingwithsoaml-1/index.html (16.01.2011)

[SOAML] SoaML Version 1.0 – Beta 1
http://www.omg.org/spec/SoaML/1.0/Beta1/ (29.03.2011)

[SOAP] SOAP
http://www.w3.org/TR/2000/NOTE-SOAP-20000508/ (29.03.2011)

[SOPERA] SOPERA
http://www.sopera.de (29.03.2011)

[UML] Unified Modeling Language (UML)
http://www.uml.org/ (29.03.2011)

[UMPS] UML Profile and Metamodel for Services (UPMS)
http://www.omg.org/docs/soa/06-09-09.pdf (29.03.2011)

[WSDL] WSDL 1.1
http://www.w3.org/TR/2001/NOTE-wsdl-20010315 (29.03.2011)

[XPAND] oAW Xpand
http://www.openarchitectureware.org/pub/documentation/4.1/r20_xPandReference.pdf (29.03.2011)

[XPATH] Xpath 1.0
http://www.w3.org/TR/1999/REC-xpath-19991116 (29.03.2011)

[XTEND] oAW Xtend
http://www.openarchitectureware.org/pub/documentation/4.1/r25_extendReference.pdf (29.03.2011)

Kapitel 3
Die Modellierungsmethodik

Abb. 3.1 Sean blickt von Babschinar weit in die Ebene

Sean war tief in Gedanken versunken und trieb durch die Erinnerung der letzten Monate. Viel hatten ihm seine Meister beigebracht und die Bruchstücke einzelner Episoden kamen wieder an die Oberfläche.

Fast hätte er darüber vergessen, wo er war. Der Abstieg auf der Ostseite von Babschinar war beschwerlich und Sean hatte, versunken in Gedanken, einfach einen Fuß vor den anderen gesetzt und nicht mehr auf seine Umgebung geachtet.

Er befand sich etwa auf halber Strecke im dichten Bergwald. „Du verlierst den Blick für das Große und Ganze", hörte Sean die Stimme seines letzten Meisters deutlich und schreckte auf. Als er den Kopf hob, hatte der Wald sich zurückgezogen und gab den Blick frei. Sean sah weit über das Tal des mächtigen Grenzflusses Halys. Im Osten leuchtete rot die Hochebene Nyekundu und am Ende des Horizonts konnte man den Beginn des Wilden Landes erahnen. Im Nordosten funkelten die goldenen Dächer von Hypertron.

Sean war überwältigt von der Klarheit und Schönheit der Landschaft. Sie nahm ihm den Atem. Alles schien perfekt und genau am richtigen Fleck zu sein.

Und gerade hier und jetzt stieg in ihm die Erinnerung an einen für ihn rätselhaften Spruch eines Meister auf: „Merk dir eines, Sean: Wer nichts weiß, der

G. Rempp et al., *Model Driven SOA*, Xpert.press,
DOI 10.1007/978-3-642-14470-7_3, © Springer-Verlag Berlin Heidelberg 2011

versteckt sich in einem Wald aus Erkenntnis. Der Weise weiß zu kürzen und nennt das Wesentliche!".

Und wie er so über die Landschaft blickte begann Sean zu verstehen.

Model Driven SOA (MDSOA)

Model Driven SOA ist eine Variante der MID Modellierungsmethodik M^3. Sie unterstützt den modellgetriebenen Entwurf und die Entwicklung von SOA Anwendungen. Abb. 3.2 zeigt den grundsätzlichen Ablauf.

Die MDSOA-Methodik kann für unterschiedlichste Einsatzzwecke verwendet werden, wie zum Beispiel:

- Neuentwicklungen
- Migrationsprojekte
- Fusion von Anwendungen
- Lasten-/Pflichtenhefte
- Prozessbeschreibung (Auditfähigkeit herstellen)
- Wartung und Pflege
- und andere

Unserer Erfahrung nach hat sich gezeigt, dass schwergewichtige Methodiken und Vorgehen selten im vollem Umfang verwendet werden. Kaum jemand hat heute die notwendige Zeit oder das Budget etwas nur aus reinem Selbstzweck oder der formalen Korrektheit wegen zu tun.[1] Grundsätzlich wurde deshalb darauf geachtet, die Methodik so schlank wie möglich zu halten. Es wurden nur die Elemente aufgenommen, die einen echten Mehrwert im Modell darstellen, da sie entweder wiederverwendet werden können oder durch Modelltransformationen der nächsten Phase als Input dienen. Die Anzahl der Diagramme, die ausschließlich der reinen Dokumentation[2] dienen, wurden ebenfalls so gering wie möglich gehalten.

Der Gesamtprozess wird dabei üblicherweise in mehreren Iterationen durchlaufen. Eine Iteration kann zum Beispiel ein spezifisches Aufgabenpaket eines Projektes oder die Bündelung von geplanten Änderungen innerhalb der Weiterentwicklung, ein Sprint (nach Scrum) oder eine sonstige, aus Projektsicht sinnvolle Paketdefinition sein. Dabei werden für jede Iteration alle Phasen durchlaufen. Somit steht nach jeder Iteration eine lauffähige Anwendung zur Verfügung.

Wie viele Iterationen durchlaufen werden und welche Dauer jeweils dafür angesetzt wird, hängt ganz allein vom dem im jeweiligen Projekt vorgesehenen Vorgehen ab. Damit ist auch ein weiterer Grundgedanke von MDSOA indirekt ausgesprochen:

[1]Das Agile Modeling [AM] verfolgt in etwa die gleichen Ziele, um dem Agilen Manifest [AF] entgegen zu kommen.

[2]Dabei wollen wir aber nicht ausser acht lassen, dass eine Dokumentation wichtig und notwendig ist, um nachhaltig Software in hoher Qualität zu Verfügung zu stellen. In Kap. 10 beschäftigen wir uns mit dem Thema Dokumentation.

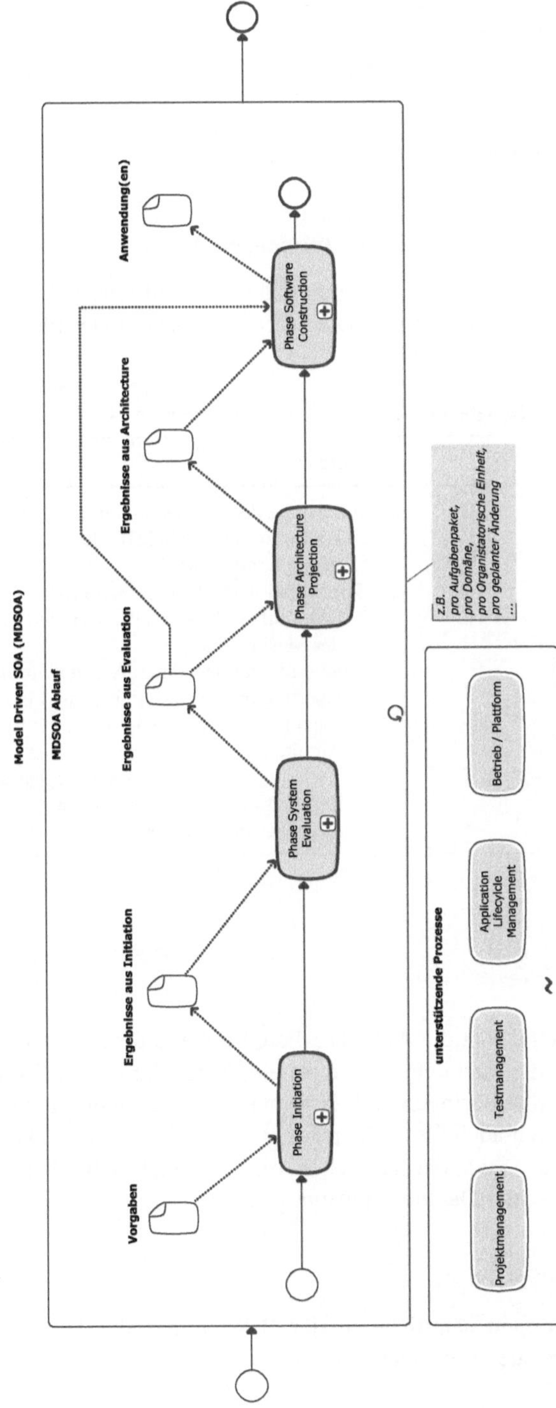

Abb. 3.2 BPMN-Diagramm „Model Driven SOA“

die Methodik passt sich dem jeweiligen Projekt oder dem gewählten Vorgehen an, kann aber auch 1:1 übernommen werden.

Es gibt noch weitere unterstützende Prozesse, die in der Methodik nicht im Detail betrachtet werden, wie zum Beispiel

- das Projektmanagement
- das Testmanagement
- ALM (Application Lifecycle Management)
- der Betrieb (Tools, Datenbanken, Plattformen, etc.)

Diese Aufgaben werden allerdings durch das modellbasierte Vorgehen unterstützt und mit Informationen versorgt. Die Methodik wird in vier Phasen eingeteilt (Tabelle 3.1):

Tabelle 3.1 Kurzübersicht der vier Phasen

Phase	Aufgabe
Initiation	Aufnahme der Fachlichkeit und deren Anforderungen, sowie die Identifikation von fachlichen Services
System evaluation	Spezifikation der technischen Prozesse, der technischen Services, des Fachdatenmodells und der Maskenflüsse
Architecture projection	Abbildung der gewählten Architektur und die Übertragung der in Initiation und Evaluation spezifizierten Inhalte auf konkrete Elemente der Architektur
Software construction	Generierung von Artefakten und Integration aller Ergebnisse zu einer lauffähigen Anwendung auf einer spezifischen Plattform

MDSOA Ablauf

Phase Initiation

Die Initiation Phase (INI) hat die Aufgabe, die Grundlage für die Systemerstellung zu legen. Ziel ist es, die Fachlichkeit, für deren Unterstützung ein System entwickelt werden soll, zu durchdringen und zu verstehen. Dazu gehören neben textuell erfassten Anforderungen auch Geschäftsprozesse und deren Daten. Die Daten sind auf dieser Ebene aus der Sicht der fachlichen Verwendung beschrieben und müssen noch keinem Klassen- oder Datenbankdesign genügen.

Mögliche Notationen/Sprachen

Zur Beschreibung können sämtliche in der BPMN und der UML[3] definierten Diagramme und Elemente verwendet werden.

[3] Und deren Derivate, wie zum Beispiel SoaML und SysML.

Datenfluss

- Dateneingabe: Vorgaben
- Datenausgabe: Ergebnisse aus Initiation

Phase System Evaluation

Die System Evaluation Phase (Evaluation, EVA) legt den Grundstein für das zu erstellende Softwaresystem, indem vor allem die Funktionalität dargestellt und strukturiert wird. Sie ist vergleichbar mit der klassischen objektorientierten Analyse. Die technischen Abläufe und Services werden dabei aus den Anforderungen und den modellierten Geschäftsprozessen abgeleitet, beziehungsweise müssen diesen genügen. Ebenso werden statische Strukturinformationen modelliert, wie zum Beispiel ein Fachklassen- oder logisches Datenmodell.

Mögliche Notationen/Sprachen

Zur Beschreibung können sämtliche in der BPMN und der UML definierten Diagramme und Elemente verwendet werden.

Datenfluss

- Dateneingabe: Ergebnisse aus Initiation
- Datenausgabe: Ergebnisse aus Evaluation

Phase Architecture Projection

Der Sinn der Architecture Projection Phase (Architecture, ARC) ist es, die Ergebnisse der Evaluation Phase in eine Systemarchitektur einzubetten. Hierbei ist die Softwarearchitektur zu definieren, also die Struktur und das interne Verhalten des Systems. Prägend sind in dieser Phase Komponenten und Schnittstellen. Hier entsteht gegebenenfalls ein konzeptionelles Datenmodell, welches mit den entsprechenden Elementen dieser Phase verknüpft ist.

Mit dem Thema Softwarearchitektur. beschäftigt sich [iSAQB] intensiv.

Datenfluss

- Dateneingabe: Ergebnisse aus Evaluation
- Datenausgabe: Ergebnisse aus Architecture

Phase Software Construction

Die Phase Software Construction (Construction, CON) leitet aus der Definition der Architektur und der darin eingebetteten Fachlichkeit ein implementierbares System ab. Dabei gilt es vor allem die speziellen Konstrukte der verwendeten Plattform vollständig zu definieren. Dazu kann auch das Design einer Datenbank gehören (physisches Modell). Am Ende steht die Generierung von Sourcecode, Datenbanken und weiteren Artefakten.

Datenfluss

- Dateneingabe:
  - Ergebnisse aus Architecture
  - Ergebnisse aus Evaluation
- Datenausgabe: Anwendung(en)

Unterstützende Prozesse und Tätigkeiten

Projektmanagement

Das Projektmanagement hat die Aufgabe, ein Projekt mit Blick auf die Ziele und Randbedingungen zu planen, zu steuern und zu kontrollieren. Im Idealfall erreicht ein Projekt durch ein effektives und effizientes Projektmanagement alle Ziele innerhalb der gesetzten Randbedingungen.

Einen guten Einstieg erhält man über die Seiten des Project Management Institute [PMI] oder die Seiten der GPM Deutsche Gesellschaft für Projektmanagement e.V. [GPM]. Einen umfassenden und erschöpfenden Überblick über alle Felder des Projektmanagements gibt [MADA].

Testmanagement

Das Testmanagement stellt sicher, dass alle notwendigen Tests für einen definierten Abdeckungsgrad spezifiziert und durchgeführt werden. Dabei werden unterschiedliche Testarten beziehungsweise -typen unterschieden, die während und nach dem Abschluss einer Systemerstellung (Iteration, Runs, etc.) durchgeführt werden. Die notwendigen Test werden aus den Vorgaben aller Phasen ermittelt, insbesondere der Initiation und Evaluation Phase.

Typische Testverfahren sind:

- Komponententest
- Integrationstest
- Lasttest
- Systemtest
- Abnahmetest

Gute Anlaufstellen zum Thema Test sind das German Testing Board [GTB] und das International Software Testing Qualification Board [TQB].

Application Lifecylcle Management

Das Application Lifecycle Management ist eine übergreifende Aufgabe und bezieht sich auf den kompletten Lebenszyklus einer Anwendung oder eines Systems. Inhaltlich sind darin unter anderem enthalten:

- Releasemanagement
- Konfigurationsmanagement
- Versionsmanagement
- Changemanagement
- Variantenmanagement

Betrieb/Plattform

Der Betrieb ist für den reibungslosen Ablauf aller Anwendungen im Unternehmen verantwortlich. Hierzu betreibt er eventuell auch mehrere Plattformen, wie zum Beispiel ERP-Systeme, SOA- oder EAI Plattformen, Rule-Engines, Application Server, Ticket Systeme und viele andere mehr.

Über Service Level Agreements (SLA) werden die Leistungen des Betriebs vertraglich festgelegt. Die IT Infrastructure Library [ITIL] fasst einige Best Practices zusammen, die unter anderem auch für den Betrieb relevant sind.

Phase Initiation

Fachlichkeit aufnehmen

Ziele und Randbedingungen aufnehmen

Die Ziele, die das jeweilige Vorhaben erreichen soll, werden aufgenommen. Randbedingungen, die Einfluss auf das Projekt haben, werden ebenfalls erfasst. Typische Ziele wären zum Beispiel: „Der Durchsatz der Anträge soll gegenüber dem jetzigen System um 20% erhöht werden.“, „Die Kosten des Gesamtprozesses sollen gegenüber heute um 15% reduziert werden“. Randbedingungen wäre typischerweise zum Beispiel: „Die Projektkosten dürfen 100 TSD € nicht überschreiten“, „GoLive-Termin für das System ist der 01.01.2013“.

Mögliche Notationen/Sprachen

Ziele und Randbedingungen können ähnlich wie Anforderungen im Modell erfasst werden. Bei der Verwendung der SysML wäre dies zum Beispiel durch die Ableitung eines eigenen Stereotyps machbar. Damit wären auch Ziele und Randbedingungen im Modell verfügbar.

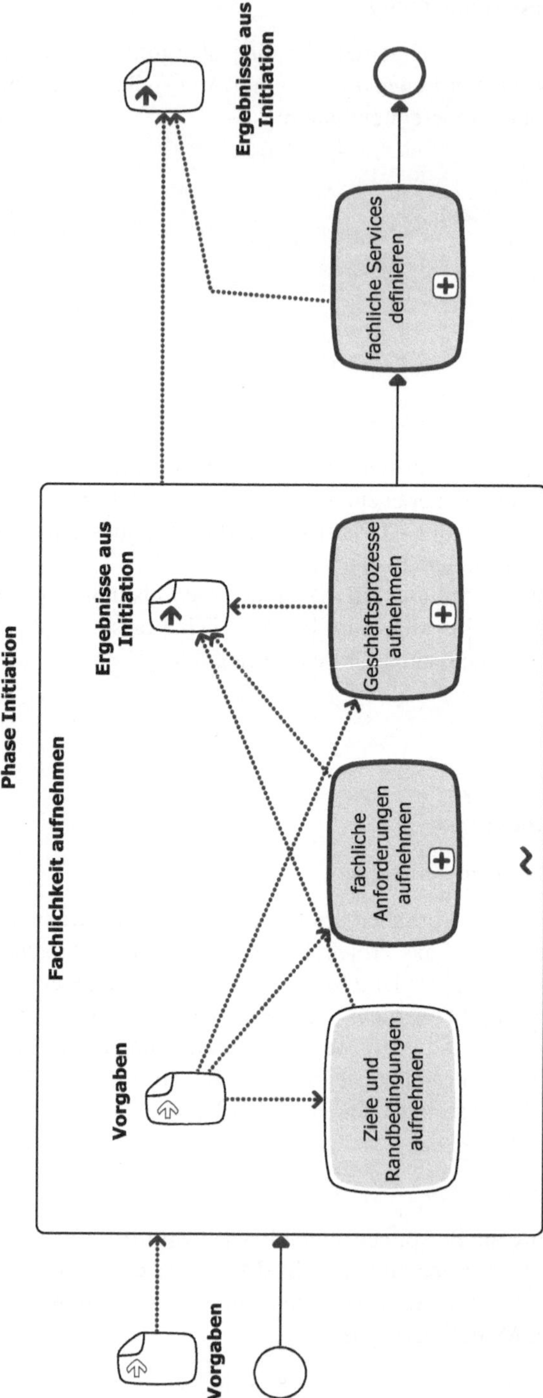

Abb. 3.3 BPMN-Diagramm „Phase Initiation“

Oft werden Ziele und Randbedingungen in diversen Konzeptpapieren aufgenommen. Und auch hier kommen häufig Textverarbeitung oder Tabellenkalkulation zum Zuge.

Aus Zielen und Randbedingungen werden im Regelfall Anforderungen abgeleitet.

Fachliche Anforderungen aufnehmen

Ziel dieser Aktivität ist es, die Anforderungen zu erfassen und deren Realisierung sicher zu stellen. Zusätzlich zum Requirement Engineering dient diese Aktivität der Nachverfolgung, Strukturierung und der Sicherstellung der konsistenten Pflege über mehrere Iterationen hinweg. Einen sehr guten Einstieg in das Thema Requirements Engineering bieten [HO] und [RUP].

Mögliche Notationen/Sprachen

Die bekanntesten Anwendungen für die Erfassung von Anforderungen dürften die vielverwendeten Office-Produkte wie Tabellenkalkulation oder Textverarbeitung sein.

Daneben existiert eine Vielzahl von Anforderungsmanagement-Systemen am Markt.

Die besondere Schwierigkeit liegt bei der Verfolgbarkeit von Änderungen und bei der Abschätzung des Aufwands bei der Änderung einer Anforderung für alle nachfolgenden Prozesse.

Eine Integration der Anforderungen ins Modell und die Verknüpfung von Anforderungen mit Elementen im Modell ist Voraussetzung für eine durchgängige modellgetriebene Entwicklung. Außerdem können die oben genannten Herausforderungen unserer Meinung nach erst durch diese Durchgängigkeit gemeistert werden.

Office-Produkte allein können das nicht leisten und auch viele Systeme zum Management von Anforderungen haben hier ihre Schwächen.

Die Systems Modelling Language (SysML) bietet eigene Elemente für die Aufnahme von Anforderungen, die auch im *Innovator for Business Analyst* verwendet werden und die nach einer Verknüpfung von Anforderungen mit anderen Elementen im Modell als sogenannte `Callouts` in Diagrammen angezeigt werden können.

Geschäftsprozesse aufnehmen

Im Rahmen eines Projekts, beziehungsweise während des kompletten Softwarelebenszykluses, werden die für das Vorhaben relevanten Prozesse aufgenommen. Dabei können vorhandene Prozesse aus BPM-Initiativen wieder- oder weiterverwendet werden. Die Geschäftsprozessmodellierung legt den Fokus auf die Fachlichkeit. Technische Einzelheiten oder Vorgaben werden noch nicht erfasst. Typische Ansprechpartner sind Fachexperten, welche alleine oder zusammen mit einem Business Analysten die Prozesse modellieren. Ein pragmatisches Vorgehen erlaubt, die Aufnahme von ersten Ideen oder Vorschlägen für eine technische Umsetzung.

Fachliche Services definieren

Fachliche Services (auch Business Services) werden meist nach Domänen geschnitten und spezifizieren die erwarteten fachlichen Leistungen eines Services. Ein fachlicher Service ist Grundlage für die technische Spezifikation eines implementierungsfähigen Services, erreicht aber noch nicht dessen Detailierungsgrad. Insbesondere werden Fachbegriffe und fachliche Beschreibungen verwendet und keine technische Terminologie.

Mögliche Notationen/Sprachen

Fachliche Services lassen sich in der UML als Interfaces mit Operationen und Parametern (entsprechen Nachrichten) abbilden. Ebenso wie die Verwendung eines Services in Aktivitätsdiagrammen über eine Call-Operation-Aktion darstellbar ist. Auch Sequenzdiagramme können zur Visualisierung verwendet werden. Außerdem steht es jedem frei, Services auch als Klasse oder Komponente mit Schnittstellen zu modellieren. Die Service oriented architecture Modeling Language (SoaML) nutzt zum Beispiel Komponenten und Kollaborationen um Services zu definieren.

Die BPMN kennt einen eigenen Typ „Serviceinterface“ mit Operationen und Nachrichten sowie Fehlern. Die Servicenutzung lässt sich ähnlich wie in der UML über den Aufruf einer Operation in einem Servicetask darstellen. Über Kollaborationen kann auch der Nachrichtenaustausch, beziehungsweise die Service-Orchestrierung entsprechend modelliert werden.

Fachliche Anforderungen aufnehmen

Anforderungen spezifizieren

Funktionale Anforderungen aufnehmen

Funktionale Anforderungen werden erfasst. Die Nach- und Rückverfolgung wird sichergestellt. Dies gilt insbesondere für alle Materialien, welche vor und während der Modellierung gesammelt werden. Funktionale Anforderungen legen fest, was das System leisten soll, zum Beispiel: „Das System muss das Budget um die Summe einer genehmigten Investition kürzen.“

Beteiligte Rollen/Ressourcen

- Fachexperte

Datenfluss

- Datenausgabe: Anforderungsspezifikation

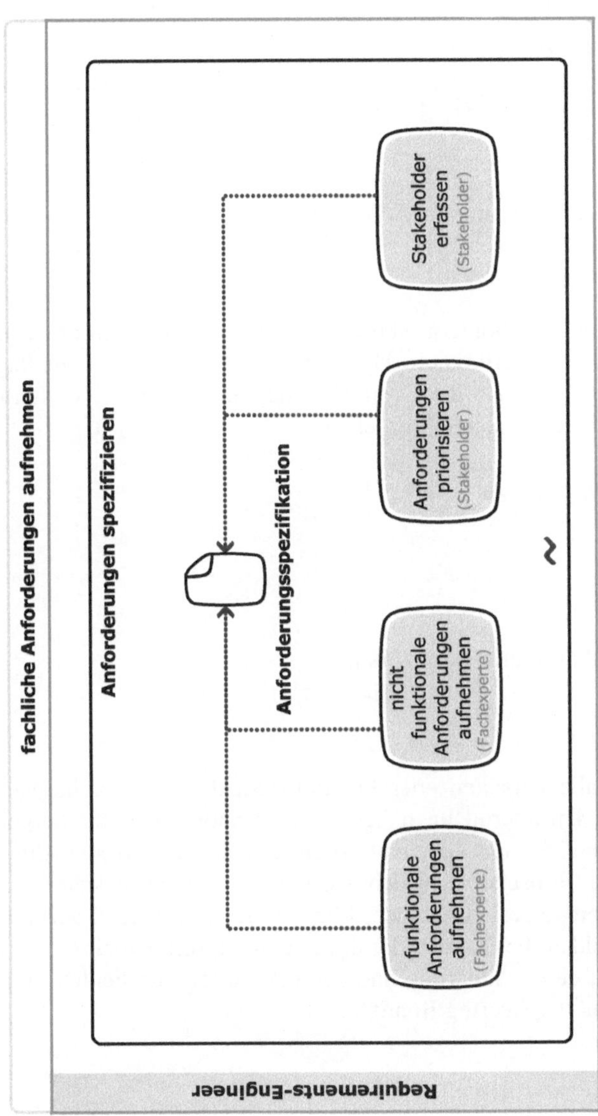

Abb. 3.4 BPMN-Diagramm „fachliche Anforderungen aufnehmen“

Nicht funktionale Anforderungen aufnehmen

Es werden die Eigenschaften des Systems aufgenommen. Typische nicht funktionale Anforderungen sind zum Beispiel das zeitliche Verhalten: „Das System muss innerhalb einer halben Sekunde eine Antwort liefern."

Beteiligte Rollen/Ressourcen

- Fachexperte

Datenfluss

- Datenausgabe: Anforderungsspezifikation

Anforderungen priorisieren

Zusammen mit den Stakeholdern werden die aufgenommen Anforderungen nach der Umsetzungsrelevanz priorisiert. Diese Priorisierung ist die Grundlage für ein Releasemanagement. Ebenso die Grundlage für die Planung einer Iteration oder eines Runs, je nach verwendetem Vorgehen.

Beteiligte Rollen/Ressourcen

- Stakeholder

Datenfluss

- Datenausgabe: Anforderungsspezifikation

Stakeholder erfassen

Stakeholder sind alle Personen oder Institutionen, die ein berechtigtes Interesse an aufgenommen Anforderungen haben oder verantwortlich für aufgenommene Anforderungen sind. Sollten sich Anforderungen ändern, so sind die Stakeholder zu informieren. Je nachdem, welches Gewicht einzelne Stakeholder innerhalb des Entwicklungsprozesses einnehmen, können sie Änderungen akzeptieren oder ablehnen. Meist bilden die Stakeholder ein Gremium, das gemeinsam über einzelne Anforderungen, deren Änderung und deren Priorität entscheidet (zum Beispiel „Lenkungsausschuss", „Steering Board", ...).

Beteiligte Rollen/Ressourcen

- Stakeholder

Datenfluss

- Datenausgabe: Anforderungsspezifikation

Verantwortliche Rolle/Ressource

- Requirements-Engineer

Geschäftsprozesse aufnehmen

Fachliche Prozesse und Organisationsstruktur aufnehmen

Organisationsstruktur aufnehmen

Die Organisationsstruktur beschreibt den hierarchischen Aufbau der Organisation im Unternehmen. Je nach Projekt werden das gesamte Unternehmen oder nur relevante Teilausschnitte dargestellt. Eine Aufteilung erfolgt meist nach Unternehmen, Bereichen, Abteilungen, Stellen und so weiter.

Einer organisatorischen Einheit können Rollen zugeordnet werden. Eine Rolle wird durch einen Namen, die zugeordneten Aufgaben, die wahrgenommenen Kompetenzen und deren Pflichten beschrieben.[4]

Für die Modellierung werden im Prozess Rollen verwendet. Dies minimiert den Pflegeaufwand, da im Gegensatz zur organisatorischen Struktur und den Namen der Organisationseinheiten die Rollen meist weniger Änderungen unterworfen sind. Über die Zuordnung der Rollen an organisatorische Einheiten lässt sich so nachvollziehen, welche Einheit oder Einheiten für die Erledigung von spezifischen Aufgaben verantwortlich sind. Die Zuordnung von Personen zu Einheiten, wie zum Beispiel einer Stelle, erfolgt im Regelfall 1:1. Das heißt, eine Einheit wird meist von einer Person verantwortet. Im Gegensatz dazu können einer Einheit oder einer Person mehrere Rollen zugeordnet werden.

Mögliche Notationen/Sprachen

Organisationsstrukturen werden meist als hierarchische Baumstruktur visualisiert. Damit lassen sich Organisationen gut in XML beschreiben.

UML Klassenmodelle mit entsprechenden Assoziationen ermöglichen ebenfalls die Darstellung von Organisationsstrukturen und Rollen. Über eine geeignete Profilierung ist die Abbildung der im Unternehmen verwendeten Begrifflichkeiten und hierarchischen Beziehung abbildbar.

Oft werden proprietäre Darstellungen verwendet, da sie es ermöglichen, mehr Feinheiten abzubilden.

Beteiligte Rollen/Ressourcen

- Fachexperte

[4] Oder kurz AKP für Aufgaben, Kompetenzen, Pflichten.

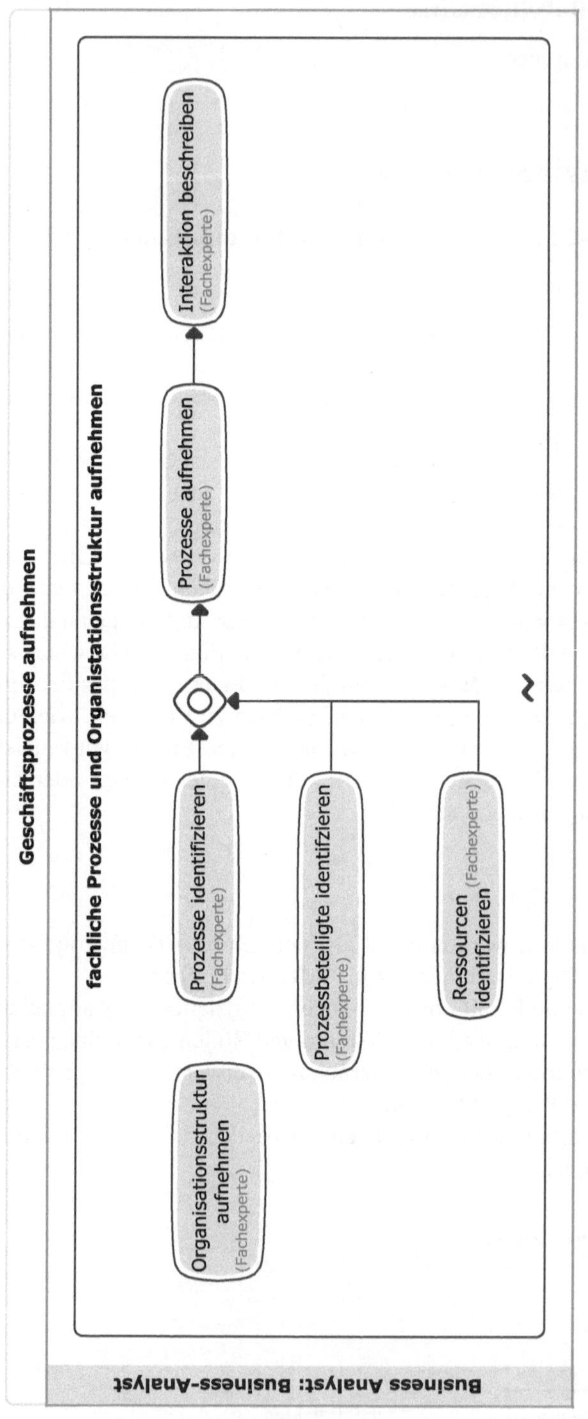

Abb. 3.5 BPMN-Diagramm „Geschäftsprozesse aufnehmen“

Prozesse identifizieren

Die für das konkrete Projekt relevanten Prozesse werden identifiziert. Es gibt dabei verschiedene Vorgehensweisen. Zum Beispiel:

- Eine Prozesslandkarte als höchste Abstraktionsstufe enthält die Kernprozesse.
- Für jeden Kernprozess werden Haupt- und Teilprozesse identifiziert.
- Teilprozesse werden auf höchster Granularitätsstufe mit einzelnen atomaren Aktivitäten beschrieben.

Kernprozesse können dabei zum Beispiel in Kundenprozesse, oft auch End-to-End-Prozesse genannt, Unterstützungs- und Führungsprozesse unterschieden werden. End-to-End-Prozesse betrachten einen Prozess von der Kundenanfrage bis zur Beantwortung dieser Anfrage, zum Beispiel von der Bestellung bis zur Auslieferung an den Kunden.

- Beispiele für Kernprozesse sind
  - Produktentstehung (Produktion)
  - Vertrieb
  - Marketing
- Hauptprozesse davon wären zum Beispiel
  - Angebotsbearbeitung
  - Auftragsabwicklung
  - Produktplanung

Unterstützungsprozesse werden zur Erbringung der Leistung an einen Kunden im Kundenprozess herangezogen.

- Beispiele für Unterstützungsprozesse wären
  - Rechnungswesen
  - Information und Kommunikation
  - Qualitätsmanagment

Führungsprozesse beschreiben die Durchführung verschiedenster Managementaufgaben.

- Beispiele für Führungsprozesse wären
  - Strategie
  - Controlling
  - Finanzen

Wir erheben mit dieser Aufzählung nicht den Anspruch auf Vollständigkeit. Auch in der Fachliteratur werden unterschiedliche Begriffe aus dem Geschäftsprozessmanagement teils als Synonyme verwendet oder tauchen sogar als Homonyme auf.

Als Standardwerk für das Thema Geschäftsprozessmanagement gilt [GPMP] und wenn sie das Thema vertiefen möchten, dann sei ihnen dieses Buch wärmstens empfohlen.

Mögliche Notationen/Sprachen

Die Erfassung der Kern- und Hauptprozesse in einer Geschäftsprozesslandkarte kann in der BPMN zum Beispiel über Adhoc-Prozesse erfolgen.

In der UML können Aktivitäten und Call-Behavior Aktionen genutzt werden.

Beide Darstellungen haben den Vorteil, dass über alle vier Ebenen – Kern-, Haupt-, Teilprozess und Aktivität – die Prozesse miteinander verknüpft sind und Stück für Stück befüllt werden können.

Es gibt daneben auch proprietäre Darstellungsmöglichkeiten, die von verschieden Herstellen angeboten werden.

Beteiligte Rollen/Ressourcen

- Fachexperte

Prozessbeteiligte identifizieren

An jedem Prozess sind verschiedenste Rollen beteiligt. Jeder Prozess hat auch einen Verantwortlichen.

Viele beteiligte Rollen werden bei der Aufnahme der Prozesse automatisch identifiziert. Nicht ganz trivial ist dabei das Erkennen von Synonymen. Ziel ist die eindeutige Benennung einer Rolle samt ihrer zugewiesenen AKP-Beschreibung. Oft tauchen Rollennamen auf, denen bei näherer Betrachtung eine identische AKP-Beschreibung zugeordnet werden kann. Dann ist zu entscheiden, ob man Synonyme entsprechend dokumentiert oder vereinheitlicht.

Die verantwortliche Rolle wird dem Prozess zugewiesen. Beteiligte Rollen den einzelnen Schritten im Prozess, an denen sie beteiligt sind.

Mögliche Notationen/Sprachen

Rollen können in der UML zum Beispiel als Klassen oder Komponenten modelliert werden und über Beziehungen an Aktionen, Aktivitäten oder üblicherweise Partitionen gebunden werden. Dies kann aber auch über entsprechende Stereotypeigenschaften erfolgen.

In der BPMN erfolgt die Zuweisung meist an eine Lane (Verantwortlicher) und den Aktivitäten (Task).

Beteiligte Rollen/Ressourcen

- Fachexperte

Ressourcen identifizieren

Mit Ressourcen sind in MDSOA primär Personen, beziehungsweise Rollen, und Systeme gemeint, die im Prozess verwendet werden.

Produktions- oder Betriebsmittel tauchen kaum auf, auch wenn sie verwendet werden könnten.

Eine Ressource, zum Beispiel ein System, kann sich ebenfalls für einen technischen Prozess verantwortlich sein. Denken sie zum Beispiel an ein Webportal, über das Bestellungen und Warenkörbe abgewickelt werden.

Mögliche Notationen/Sprachen

Rollen können in der UML zum Beispiel als Klassen oder Komponenten modelliert werden und über Beziehungen an Aktionen, Aktivitäten oder üblicherweise Partitionen gebunden werden. Dies könnte aber auch über entsprechende Stereotypeigenschaften erfolgen.

In der BPMN erfolgt die Zuweisung entweder über eine Lane oder als sogenannte Aktivitätsressource direkt an den entsprechenden Prozessschritten.

Beteiligte Rollen/Ressourcen

- Fachexperte

Prozesse aufnehmen

Nachdem die Prozesse samt ihrer Verantwortlichen, Beteiligten und verwendeten Ressourcen identifiziert wurden, werden sie im Modell aufgenommen.

Am Ende entsteht dabei eine Kette von Kern-, Haupt-, Teilprozessen und Aktivitäten. Teilprozesse und Aktivitäten mit einzelnen Schritten bilden die höchste Stufe der Granularität ab. Aus ihnen lassen sich Arbeitsanweisungen generieren oder ableiten.

Für die modellgetriebene Entwicklung von SOA-Anwendungen muss diese Granularität erreicht werden. Die Anwendungen bilden eben genau die einzelnen logisch nacheinander ablaufenden Schritte, die zur Erbringung einer Leistung notwendig sind, ab.

Dabei wird evolutionär inkrementell vorgegangen. Am Ende sind die Einzelaktivitäten so dargestellt, dass erkannt werden kann, ob ein Schritt zum Beispiel über eine Regel oder einen Service abgebildet werden kann.

Diese so modellierten Prozesse bilden die Grundlage für deren technische Unterstützung und Automatisierung.

Mögliche Notationen/Sprachen

Prozesse können mit unterschiedlichen Notationen aufgenommen werden. Die bekanntesten dürften UML-Aktivitätsdiagramme, auch in Verbindung mit Anwendungsfall-Diagrammen, sein.

Die BPMN wurde für die Aufnahme von Geschäftsprozessen konzipiert und eignet sich deshalb sehr gut.

UML und BPMN sind von der OMG standardisierte Notationen und herstellerunabhängig.

EPK sind ein weiterer, proprietärer Ansatz zur Erfassung von Geschäftsprozessen.

Daneben gibt es wahrscheinlich in etlichen Unternehmen eine Vielzahl von frei definierten Notationen, die nur dort verwendet werden.

Beteiligte Rollen/Ressourcen

- Fachexperte

Interaktion beschreiben

Die verschiedenen Prozesse innerhalb eines Unternehmens stehen miteinander in Verbindung. Ein End-to-End Prozess bindet zum Beispiel mehrere unterschiedliche Unterstützungsprozesse ein. Die Interaktion zwischen diesen Prozessen wird über definierte Schnittstellen abgewickelt. Dabei werden Nachrichten ausgetauscht und die Prozesse reagieren auf verschiedene Ereignisse. Waren- und Datenflüsse sind ebenfalls ein Thema.

Neben der Prozessinterkommunikation steht die Interaktion des Anwenders mit der Anwendung und den Prozessen, respektive den Systemprozessen, Maskenflüssen und Workflows im Mittelpunkt. Auch diese Interaktion kann über Ereignisse und Nachrichtenflüsse beschrieben werden.

Die Kommunikation kann asynchron oder synchron erfolgen. Die Abbildung der fachlichen Schnittstellen, Ereignisse und Nachrichten bilden die Grundlage für die Definition von technischen Services und technischen Prozessen im Sinne von ausführbaren und implementierbaren Schnittstellen und Prozessen.

Mögliche Notationen/Sprachen

Die UML bietet mit Anwendungsfällen, Anwendungsfalldiagrammen, Aktivitäten, Interfaces, Kollaborationen, Ereignissen, Signalen und Sequenzen mehrere sich ergänzende Möglichkeiten, um Interaktionen in unterschiedlichen Sichtweisen abzubilden.

Die BPMN bietet mit Kollaborationen, Ereignissen, Signalen, Prozessdiagrammen, Schnittstellen und Nachrichten ebenfalls mehr als ausreichende Möglichkeiten um Interaktionen zu beschreiben.

Beteiligte Rollen/Ressourcen

- Fachexperte

Verantwortliche Rollen/Ressourcen

- Business Analyst

Fachliche Services definieren

Fachliche Service Domänen identifizieren

Eine Domäne beschreibt einen in sich abgeschlossenen und abgegrenzten Problembereich. Ziel ist es, Domänen so zu definieren, dass sie keine funktionalen Überschneidungen mit anderen Domänen haben.

Typische fachliche Domänen könnten zum Beispiel sein:

- Kundenmanagement
- Vertrieb
- Druckaufbereitung
- Vertragsmanagement
- Lieferantenmanagement
- Controlling

Um Services zu definieren, die den SOA Paradigmen

- Wiederverwendung
- Lose Kopplung
- Kapselung
- Komponentenorientierung
- Standardisierung

genügen, ist der erste Schritt die fachlichen Domänen zu identifizieren. Innerhalb einer Domäne sind wiederum fachliche Services definiert.

Für jeden neuen Service soll und kann geprüft werden, welcher Domäne er zugeordnet werden kann und ob nicht schon ein geeigneter Service existiert.

Mögliche Notationen/Sprachen

Domänen können in der UML als Pakete oder Komponenten dargestellt werden. In der BPMN können Domänen als Pakete definiert werden.

Beteiligte Rollen/Ressourcen

- Fachexperte

Fachliche Services identifizieren

Fachliche Services kapseln eine bestimmte erwartete Dienstleistung innerhalb einer Domäne. Das bedeutet, dass ein Service jeweils genau einer Domäne zugeordnet ist. Ein fachlicher Service bietet damit eine erwartete Funktionalität an, die sich im Idealfall in unterschiedlichen Geschäftsprozessen als Baustein wiederverwenden lässt.

Ein Service stellt dazu aufrufbare Operationen an einer öffentlichen Schnittstelle zur Verfügung. Ein Service kann mehrere Schnittstellen anbieten.

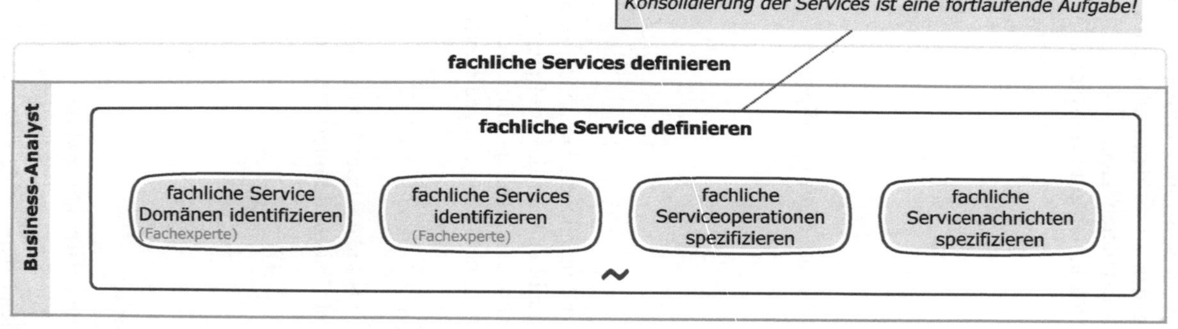

Abb. 3.6 BPMN-Diagramm „fachliche Services definieren"

Dabei wird zusätzlich nach Servicetypen unterschieden (Tabelle 3.2):

Tabelle 3.2 Die verschiedenen Servicetypen

Servicetyp	Beschreibung
Prozessservice	Ein Service, der einen Prozess oder Teilprozess kapselt. Er kann asynchron oder synchron verwendet werden. Er ist tendenziell langlebig
Aktivitätsservice	Ein Aktivitätsservice kapselt im Gegensatz zum Prozessservice eine ganz bestimmte abgegrenzte fachliche Funktionalität. Seine Verwendung ist meist synchron. Er ist tendenziell kurzlebig
Regelservice	Ein Regelservice kapselt eine oder mehrere Geschäftsregeln. Er wird synchron verwendet. Er ist kurzlebig und nicht statusbehaftet. Unabhängig vom Zeitpunkt seines Aufrufs liefert er, im Gegensatz zum Prozess- und Aktivitätsservice, für denselben Input wiederholbar den exakt selben Output
Datenservice	Der Datenservice kapselt die Hoheit über eine Gruppe oder einen Bereich von Daten. Er garantiert deren Konsistenz. Er wird eher synchron verwendet und verwaltet Geschäftsobjekte

Um Hierarchisierung, lose Kopplung, Wiederverwendung und die weiteren SOA-Vorgaben leichter zu erreichen, gelten unter den Servicetypen noch folgende Aufrufregeln:

- Ein Prozessservice nutzt Aktivitäts-, Regel- und weitere Prozessservices und darf nur solche aufrufen.
- Ein Aktivitätsservice ist sozusagen das Arbeitstier unter den Services. Dieser Typ nutzt weitere Prozessservices, Aktivitätsservices, Regelservices und Datenservices.
- Ein Regelservice wird nur aufgerufen. Eventuell definiert ein Regelservice private Hilfsservices, die er nutzt, die aber nach außen nicht sichtbar sind.
- Ein Datenservice wird nur aufgerufen. Eventuell definiert ein Datenservice private Hilfsservices, die er nutzt, die aber nach außen nicht sichtbar sind.

Für eine spätere technische Umsetzung gilt diese Unterteilung ebenfalls. Architektur und Designentscheidung können aber pragmatische Ausnahmen in der Aufrufhierarchie zulassen, beziehungsweise neu definieren.[5]

Mögliche Notationen/Sprachen

In der UML kann ein Service als Klasse oder Komponente mit Schnittstellen definiert werden. In einfachen Fällen reicht auch die Schnittstelle allein.

[5] Pragmatische Ausnahme wäre zum Beispiel, wenn ein Aktivitätsservice mit reiner Delegationsaufgabe hinzugefügt würde, ohne einen weiteren Mehrwert zu erbringen, nur um die Aufrufhierarchie einzuhalten.

Die SoaML definiert Serviceschnittstellen, Serviceverträge und Services. Sie verwendet dazu Kollaborationen, Interfaces und die entsprechenden Diagramme.

Die BPMN bietet Serviceschnittstellen als eigenständige Elemente an.

Beteiligte Rollen/Ressourcen

- Fachexperte

Fachliche Serviceoperationen spezifizieren

Fachliche Serviceoperationen können aus den Geschäftsprozessen ermittelt werden. Einzelne Aktivitäten werden daraufhin betrachtet, ob sie zum Beispiel automatisiert von einem Service zur Verfügung gestellt werden sollen.

Ist dies der Fall, so wird im Prozessverlauf an dieser Stelle ein Service aufgerufen, was nichts anderes bedeutet, als dass eine Operation eines Services an einer seiner Schnittstellen aufgerufen wird. Die Aktivität repräsentiert dabei den Operationsaufruf. Einer Aktivität wird dabei eine Serviceoperation zugewiesen.

Existiert die Operation noch nicht, dann wird sie neu erstellt und einem Service zugewiesen. Sollte sich kein passender Service finden lassen, dann ist offensichtlich ein neuer Service mit seiner ersten Operation gefunden worden. Dieser neue Service wird wiederum einer Domäne zugewiesen.

Weitere Kandidaten sind alle Aktivitäten, die ein Geschäftsobjekt erzeugen, lesen, verändern oder löschen[6] (Datenservices).

Mögliche Notationen/Sprachen

In der UML und BPMN werden Operationen direkt einer Schnittstelle zugewiesen. In der UML kann die Zuweisung auch an Klassen oder Komponenten erfolgen.

Der Aufruf der Operation wird in der UML über eine Call-Operation-Action mit zugewiesener Operation modelliert. In der BPMN wird einem Service-Task die entsprechende Operation zugewiesen.

Fachliche Servicenachrichten spezifizieren

Nachrichten beinhalten die Nutzlast, also Daten die zwischen Services beziehungsweise dem Konsumenten und dem Service transportiert werden. Eine Nachricht beinhaltet strukturierte Daten.

So würde sich zum Beispiel eine Bestellung aus einer Kundennummer, Kundenadresse und einer Liste von Artikelpositionen mit Mengenangaben und Preisen zusammensetzen. Eventuell enthält sie außerdem noch eine Rechnungs- und Lieferanschrift.

[6] Auch als CRUD für Create, Read, Update, Delete bekannt.

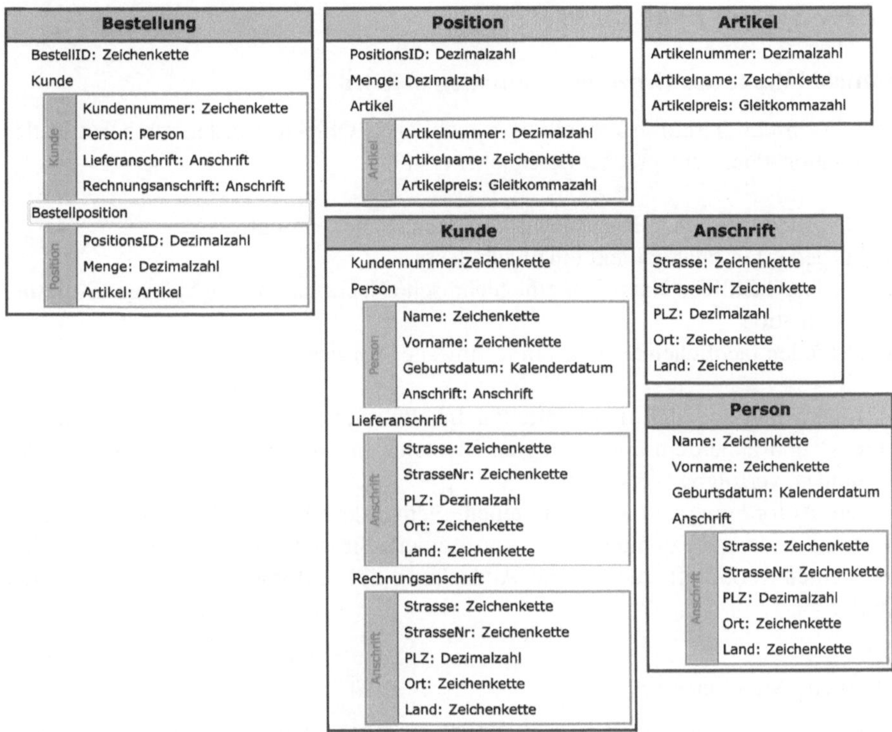

Abb. 3.7 Beispiel für eine Strukturdefinition: eine Bestellung

Eine Nachricht setzt sich dabei auch meist aus einzelnen Attributen der Geschäftsobjekte zusammen.

Für jeden Serviceaufruf existiert eine entsprechende Nachricht.

Mögliche Notationen/Sprachen

Die UML bietet zur Beschreibung strukturierter Daten Klassen und Komponenten. Komponenten können beliebig geschachtelt werden. Aus diesen Elementen kann dann zum Beispiel XML erzeugt werden.

SoaML definiert ein Message-Type Element, mit dem Nachrichten beschrieben werden.

Die BPMN stellt mit der Begriffsdefinition (Item-Definition) ein Element zur Verfügung, an das Strukturinformationen gebunden werden können. Häufig werden hierzu XML-Schema oder Klassendiagramme der UML zur Strukturierung und Definition der Daten verwendet.

Strukturen können auch als hierarchische Bäume beschrieben werden.

Verantwortliche Rollen/Ressourcen

- Business Analyst

Phase System Evaluation

Initiale Inhalte aus Ergebnisse Initiation ableiten

Für die in der Initiation modellierten fachlichen Objekte werden zunächst in der Evaluation-Phase entsprechende Objekte erstellt.

- Für jeden fachlichen Prozess wird ein technischer erzeugt.
- Für jedes Geschäftsobjekt eine Fachklasse.
- Für jede fachliche Nachricht eine technische Nachricht mit zugehöriger Strukturinformation.
- Für jeden fachlichen Service ein technischer Service.

Im Idealfall werden diese initialen Inhalte automatisch mit einem Werkzeug erzeugt und außerdem alle erzeugten Elemente mit ihrer Quelle navigierbar oder zumindest verfolgbar verknüpft.

Die Anforderungen bleiben bestehen, werden gegebenenfalls weiter ausformuliert und ergänzt, beziehungsweise konsolidiert. Sie werden im Folgenden mit den Elementen verknüpft, die für die Abdeckung der Anforderungen verantwortlich sind.

Mögliche Notationen/Sprachen

Es können grundsätzlich alle aus der UML und BPMN bekannten Elemente genutzt werden.

Hervorzuheben für die UML wären Klassen, Komponenten, Anwendungsfälle, Aktivitäten, Schnittstellen und die zugehörigen Diagramme.

Aus der BPMN sind insbesondere Prozessdiagramme, Begriffsdefinitionen mit Strukturinformationen, Kollaborationen, Service-Schnittstellen und Nachrichten verwendbar.

Technische Abläufe aufnehmen

Anwendungsfälle spezifizieren

Nicht alle gewünschte Funktionalität kann aus den fachlichen Prozessen hergeleitet werden. Oft sind reine Auskunftsfunktionen nicht in einem Prozess gefordert, aber doch für die tägliche Arbeit notwendig. Beispielsweise Funktionen wie „Das System muss dem Anwender alle von ihm erstellten Anträge in chronologischer Reihenfolge anzeigen.“

Es handelt sich hier um eine sauber beschriebene Anforderung. Damit sind mindestens zwei Möglichkeiten zu nennen, wie Anwendungsfälle hergeleitet werden können:

- aus den Anforderungen
- aus den Prozessen

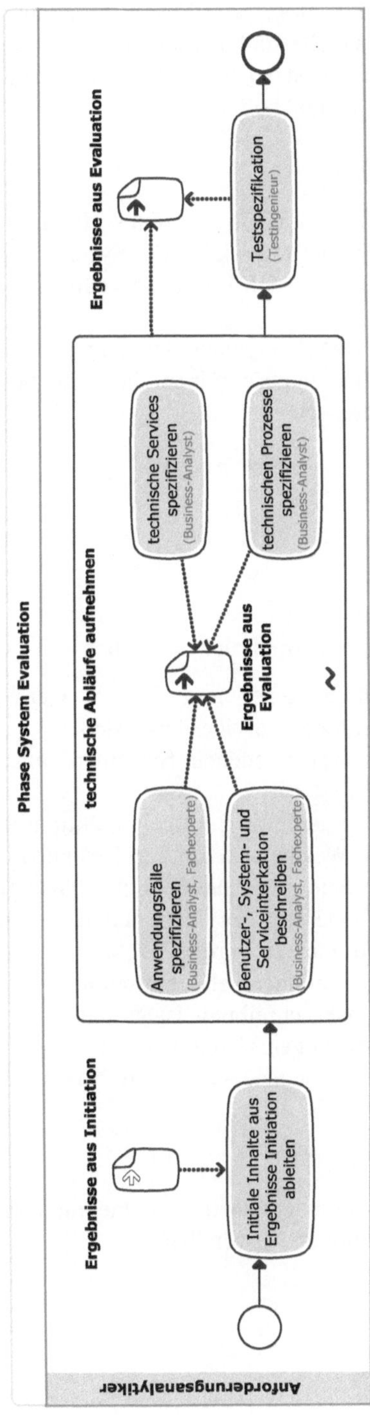

Abb. 3.8 BPMN-Diagramm „Phase System Evaluation“

Eventuell bestehen bei Migrations- und Fusionsprojekten schon Anwendungsfälle, die ebenfalls eine gute Quelle sind und übernommen werden können.

Anwendungsfälle können meist auch einer Domäne zugeordnet werden und helfen dadurch auch beim „Finden“ von Services.

Mögliche Notationen/Sprachen

In der UML sind Anwendungsfälle ein wichtiges Hilfsmittel bei der Beschreibung des Systemkontextes und der Interaktion des Systems mit seiner Umwelt. Die dynamischen Aspekte werden in der UML mit Aktivitäts- und Sequenzdiagrammen beschrieben.

Die Kollaborationen der BPMN eigenen sich sehr gut dazu, die dynamischen Aspekte von Anwendungsfällen zu beschreiben- das heißt die Interaktion zwischen allen am Anwendungsfall Beteiligten.

Beteiligte Rollen/Ressourcen

- Business-Analyst
- Fachexperte

Benutzer-, System- und Serviceinteraktion beschreiben

Die Interaktionen zwischen Benutzer und System werden über Workflows/ Maskenflüsse und den aufgerufenen Services beschrieben.

Die Interaktion zwischen verschiedenen Systemen, intern wie extern, wird ebenfalls beschreiben.

In beiden Fällen wird meist auch die Serviceinteraktion beschrieben, also welcher Service aufgerufen wird. Welche anderen Services nutzt ein Service, um seine Dienstleistung zu erbringen? Dabei ist es unerheblich, ob nun eigene lokale Services oder fremde, eventuell von externen Providern auf externen Systemen angebotene Services, verwendet und genutzt werden. Welche Nachrichten werden dabei ausgetauscht und welche Fehler können dabei auftreten?

Ziel der Serviceinteraktionsbeschreibung ist es, aus den beschriebenen Interaktionen ablauffähige Prozesse zu generieren.

In die Interaktion können vorhandene technische Prozesse eingebunden werden.

Mögliche Notationen/Sprachen

Für die UML sind Aktivitäts- und Sequenzdiagramme nutzbar.

Für BPMN sind Kollaborationen verwendbar.

Beteiligte Rollen/Ressourcen

- Business-Analyst
- Fachexperte

Technische Services spezifizieren

Technische Services und deren Operationen werden einerseits aus den fachlichen Services und Anforderungen abgeleitet. Andererseits ergeben sich weitere Services aus der Spezifikation der technischen Prozesse.

Es ist durchaus üblich, dass zu den initial abgeleiteten Services weitere Services hinzukommen, da die vorhandenen und abgeleiteten

- nicht vollständig alle Anforderungen abdecken,
- nicht die geforderte Funktionalität mitbringen,
- gegen die Aufrufhierarchie verstoßen,
- sich überlappen.

Die technischen Services müssen ebenfalls den SOA Paradigmen

- Wiederverwendung
- Lose Kopplung
- Kapselung
- Komponentenorientierung
- Standardisierung

genügen und natürlich auch den Regeln der Aufrufhierarchie folgen.

Wie schon erwähnt, sind hier aus begründeten Architektur- und Designentscheidungen pragmatische Ausnahmen erlaubt. Diese sollten aber auch dokumentiert werden. Typischerweise werden Ausnahmen meist zum Beispiel für die Verarbeitung von Massendaten definiert. Auch können lesende Zugriffe auf große Daten asynchron (non-blocking) behandelt werden, auch wenn fachlich ein synchroner Zugriff definiert wurde.

> Wichtig ist eigentlich einzig und allein, dass mit Hilfe der technischen Services die von der Fachlichkeit geforderten Dienstleistungen erfüllt werden können. Im Einzelfall werden aus technischer Sicht notwendige Änderungen mit dem Business-Analysten geklärt.

Mögliche Notationen/Sprachen

Die UML bietet zur Beschreibung von Services Klassen, Komponenten und Schnittstellen.
Die SoaML nutzt ebenfalls Schnittstellen und Komponenten.
Die BPMN bietet die Serviceschnittstelle zur Beschreibung an.

Beteiligte Rollen/Ressourcen

Business-Analyst

Technische Prozesse spezifizieren

Ein technischer Prozess beschreibt, wie der fachliche Ablauf auf einem System realisiert und automatisiert wird. Dabei verwendet er einerseits schon vorhandene Services. Stellt sich heraus, dass eine fachliche Anforderung mit der Funktionalität der vorhandenen Services und deren Operationen nicht realisierbar ist, dann werden neue Services oder Operationen spezifiziert. Es kann außerdem auch vorkommen, dass ein durchgehender fachlicher Prozess in technische Teilprozesse aufgespalten wird oder aus technischen Gründen die Reihenfolge der nacheinander ablaufenden Schritte optimiert wird. Die Bezeichnung der einzelnen Schritte ist ebenfalls nicht mehr zwingend fachlich, sondern verwendet die technische Terminologie. Der Zusammenhang zwischen einem fachlichen Prozess und seiner technischen Umsetzung muss nachvollziehbar sein, damit bei Änderungen geprüft werden kann, welche Prozesse und Services betroffen sind.

Mögliche Notationen/Sprachen

Aus der UML sind Aktivitäts- und Sequenzdiagramme verwendbar.
In der BPMN werden die definierten Prozessdiagramme verwendet.

Beteiligte Rollen/Ressourcen

- Business-Analyst

Testspezifikation

Um sicherzustellen, dass alle Anforderungen in der späteren Implementierung möglichst fehlerfrei umgesetzt wurden, bedarf es entsprechender Tests.

An dieser Stelle im Vorgehen werden Systemtests beschrieben, welche auf Grundlage der Anforderungen, Anwendungsfälle und der beschriebenen fachlichen und technischen Prozesse erstellt werden. Weitere Testarten wären (keine vollständige Aufzählung, Tabelle 3.3):

Tabelle 3.3 Verschiedene Testtypen

Testtyp	Beschreibung
Integrationstest	stellt sicher, dass alle Bestandteile des Anwendungssystems korrekt miteinander zusammenarbeiten
Unit-test	stellt sicher, dass die einzelnen Komponenten des Anwendungssystems korrekte Ergebnisse liefern und sich wie erwartet verhalten. Wird meist vom Entwickler selbst durchgeführt
Abnahmetest	: wird vom Kunden selbst durchgeführt. Stellt sicher, dass die vom Kunden erwartete Leistung geliefert wurde
Lasttest	stellt sicher, dass ein Anwendungssystem auch unter hoher Belastung noch die geforderte Funktionalität liefern kann, zum Beispiel bei einer Vielzahl von parallelen Zugriffen
Sicherheitstest	testet gegen potenzielle und bekannte Sicherheitslücken

Im besten Fall wird die (System-)Testspezifikation ebenfalls über Modelle beschrieben, deren Inhalte zur Generierung verschiedenster Testfälle herangezogen werden. In diesem Fall spricht man dann vom „Modellbasierten Testen“ oder MBT.

Dagegen spricht man vom „Modellorientierten Testen“ (MOT), wenn zwar Modelle genutzt werden, aber die Möglichkeiten der Automatisierung mit Generatoren nicht oder kaum genutzt werden.

Mit [Baker] und [MBT1] erhalten sie einen guten Einstieg in das MBT. Daneben bietet auch das Internet eine Fülle an Informationen. Ein Beispiel für den Einsatz der BPMN für das MBT beschreibt [PRE].

Mögliche Notationen/Sprachen

Die UML stellt mit Anwendungsfällen und Aktivitäten, Sequenzdiagrammen oder Zustandsdiagrammen sehr gute Mittel für MBT oder MOT zur Verfügung.

Es gibt von der OMG sogar ein eigenes UML-Profil für das modellbasierte Testen: Das UML Testing Profile, kurz UTP. Nähere Informationen hierzu erhalten sie bei [FUTP] und in [Baker].

In BPMN können Prozessdiaramme und Kollaborationen herangezogen werden.

Beteiligte Rollen/Ressourcen

- Testingenieur

Verantwortlicher Rolle/Ressource

- Anforderungsanalytiker

Phase Architecture Projection

Initiale Inhalte aus dem Ergebnis der Evaluation ableiten

Für die in der Evaluation modellierten technischen Objekte werden zunächst in der Phase Architecture entsprechende Objekte erstellt.

Für jeden zu implementierenden technischen Service, jede Fachklasse und jede Maske wird eine Komponente mit entsprechender Schnittstelle erstellt.

Im Idealfall werden diese initialen Inhalte automatisch mit einem Werkzeug erzeugt und außerdem alle erzeugten Elemente mit ihrer Quelle navigierbar oder zumindest verfolgbar verknüpft.

Architektur definieren

Servicearchitektur erstellen

Die Architektur wird grundsätzlich als eine Schichtenarchitektur beschrieben (n-Tier). Die spezifizierten Services werden als Komponenten den jeweiligen Schichten zugeordnet. Es bestehen initial drei Schichten:

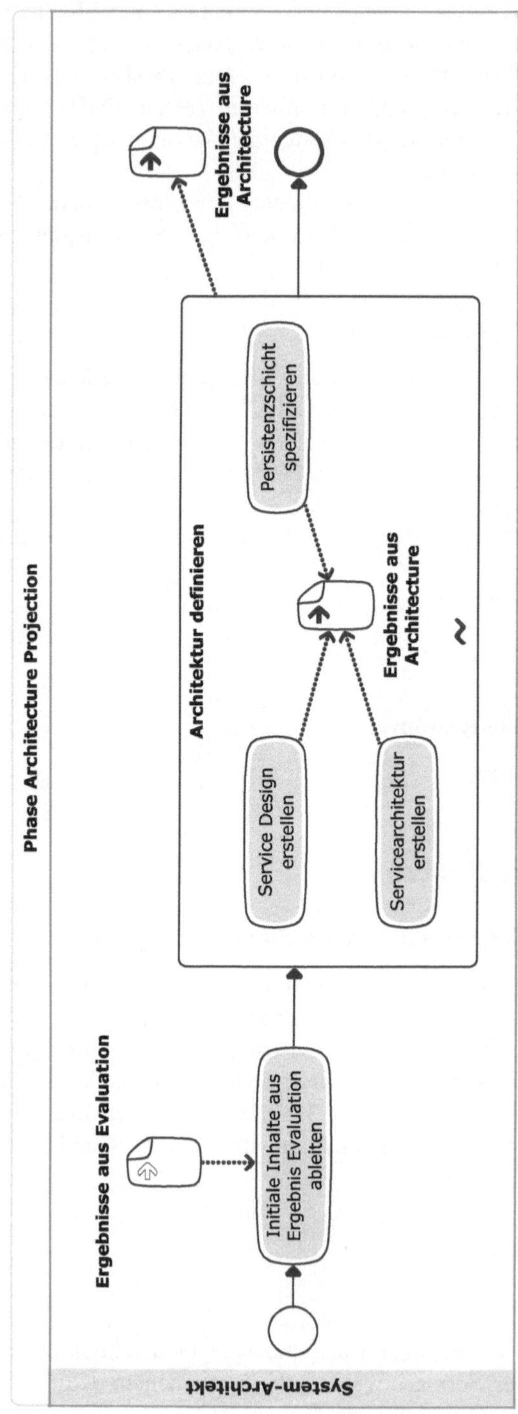

Abb. 3.9 BPMN-Diagramm „Phase Architecture Projection“

- Presentation, bildet die Benutzerschnittstelle ab.
- Services, bildet die Geschäftslogik ab.
- Data, bildet die Persistenzschicht ab; hier werden auch die Datenservices modelliert.

Innerhalb der Service-Schicht sind weitere Ebenen denkbar:

- Rule, für die Regelservices
- Activity, für die Aktivitätsservices
- Process, für die Prozessservices

In der Architektur werden außerdem die Nutz- und Realisierungsbeziehung abgebildet, welche die Services beziehungsweise ihre Schnittstellen eingehen. Des Weiteren wird der Zusammenbau von komplexen Services aus einfachen Services visualisiert. Dabei werden auch Services sichtbar, die in der Evaluation-Phase nicht direkt in den dort beschriebenen Serviceinteraktionen aufgerufen werden.

Ziel ist neben der Generierung von plattformspezifischem Code auch die Dokumentation der Architektur.

Mögliche Notationen/Sprachen

In der UML werden die Architekturschichten zum Beispiel über Pakete abgebildet. Die Nutzungs- und Realisierungsbeziehungen über entsprechende use- und realize-Assoziationen, die in Komponentendiagrammen dargestellt werden.

Das Komponentenstrukturdiagramm (Composite Structure Diagram) zeigt den Gesamtzusammenhang zwischen den Schichten und den Aufbau von Services aus Services.

Aufrufreihenfolgen können über Kollaborationen und zugehörige Sequenzdiagramme dokumentiert werden.

Service Design erstellen

Jeder Service wird als Komponente mit ihren öffentlichen Schnittstellen modelliert. Dabei wurden die initial vorhanden Operationen aus Evaluation übernommen. Sind aus Designsicht für die Implementierung weitere, auch private, Operationen notwendig, dann werden diese hinzugefügt.

Dabei werden wiederum Prozess-, Daten-, Regel- und Aktivitätsservices unterschieden.

Ziel ist die Generierung von Implementierungscode für einen spezifischen Service auf einer spezifischen Plattform.

Mögliche Notationen/Sprachen

Services können in der UML als Komponenten mit Schnittstellen dargestellt werden. Die Serviceimplementierung kann über generische Beziehung zu Komponenten und Klassen modelliert werden.

Persistenzschicht spezifizieren

Die Persistenzschicht wird aus den anfänglich erstellten Komponenten, welche aus den Fachklassen der Evaluation-Phase erzeugt wurden, gebildet.

In der Architecture Phase werden die Komponenten um weitere Attribute und Operationen ergänzt und eventuell ein Mapping auf vorhandene Datenbanken vorbereitet.

Ziel ist eine Generierung der Schicht für eine spezifische Plattform.

Mögliche Notationen/Sprachen

Es können UML-Komponenten mit entsprechenden Schnittstellen verwendet werden. Die Komponenten erhalten eventuell weiter Stereotypeigenschaften um ein objektrelationales Mapping (ORM) zur erleichtern.

Verantwortliche Rolle/Ressource

- System-Architekt

Phase Software Construction

Implementierung und Integration

Artefakte generieren

Aus den Modellinhalten der verschiedenen Phasen werden Implementierungsartefakte generiert.

Für eine SOA Anwendung werden aus der Phase Evaluation die Strukturinformationen, Serviceschnittstellenbeschreibungen und ablauffähige Prozessbeschreibungen generiert.

Aus der Phase Architecture entstehen Implementierungsartefakte, welche die Persistenzschicht und die Serviceschnittstellen aus Evaluation implementieren. Außerdem werden Artefakte erzeugt, die die Geschäftslogik und -regeln realisieren. Auch die Generierung von Oberflächen und -logik ist denkbar.

Mögliche Notationen/Sprachen

Da es grundsätzlich eine Vielzahl von Möglichkeiten gibt, dem SOA Ansatz auf technischer Ebene gerecht zu werden, bitten wir um Verständnis dafür, dass wir hier keine vollständige Aufzählung geben können.

Für eine webservicebasierte Plattform mit einer BPEL-Engine werden aus der Evaluation WSDL-, XSD -und BPEL-Artefakte generiert. Dieser Ansatz wurde für dieses Buch gewählt und ist ausführlich beschrieben.

Für REST-Ansätze oder eine Plattform für ablauffähiges BPMN sind Code- und BPMN-XML Artefakte das Ziel einer Generierung.

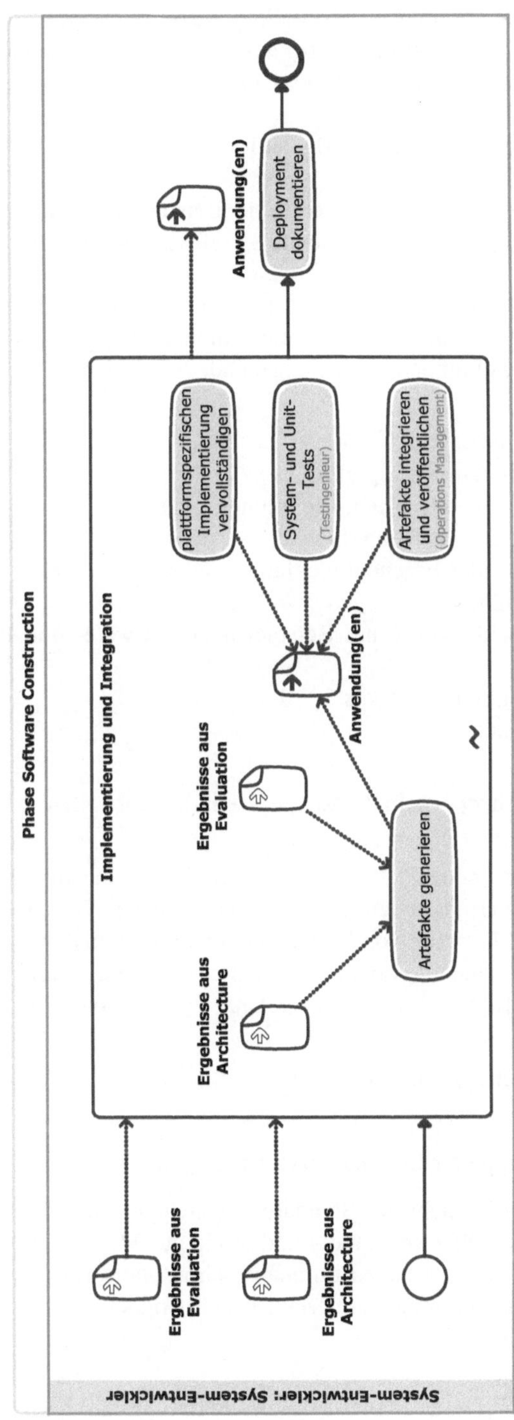

Abb. 3.10 BPMN-Diagramm „Phase Construction“

Die Serviceimplementierung ist ebenfalls plattformabhängig. Für unser Buch und SOPERA gilt, das die Plattform selbst aus WSDL entsprechenden JAVA-Code generiert. Aus den Modellen wird EJB 3.0 Code erstellt. Die Datenbanken werden mit JPA umgesetzt.

Außerdem sind Ansätze mit MOM-Plattformen[7] denkbar. EJB 3.0 Message Driven Beans können hier helfen.

Für eine webbasierte Oberfläche steht zum Beispiel JSF zur Verfügung. Aus den Maskenflüssen könnten entsprechende Artefakte und Konfigurationsdateien entstehen.

Grundsätzlich sind alle möglichen Sprachen und eine Vielzahl von Plattformen denk- und nutzbar. Letztendlich sind hier die Randbedingungen aus verschiedenen vorhergehenden Entscheidungen ausschlaggebend, zum Beispiel:

- gewählte Plattform(en)
- vorhandene Systeme (zum Beispiel ERP)
- Schnittstellen nach außen (Partner, Lieferanten, ...)
- internes Implementierungs-Know-how
- Vergabe nach außen oder Eigenentwicklung
- Systembebauungspläne
- strategische Entscheidungen (zum Beispiel über Software- und Plattformlieferanten)
- Mächtigkeit der eingesetzten Tools
- und vieles Andere mehr

Dabei kann man sich zwei grundsätzliche Szenarien vorstellen:

- Der radikale Schnitt: neue Plattformen und Tools, die die Integration mit vorhandenen Systemen ermöglichen. Dazu muss auch neues Wissen und Erfahrung aufgebaut werden. Migration von Vorhandenem eingeschlossen.
- Aufbau auf Vorhandenem: vorhandenes Know-how wird weiter genutzt und entwickelt. Vorhandene Plattformen ausgebaut, wo möglich.

Und natürlich die Mischung aus beiden Vorgehen.

Plattformspezifische Implementierung vervollständigen

Eine generelle, möglichst nahe an Standards ausgelegte Generierung ist in den meisten Fällen nicht zu 100% vollständig und direkt ausführbar.

Die erzeugten Artefakte enthalten durchaus schon plattformspezifischen Code, aber noch keine vollständig implementierte Geschäftslogik.

---

[7] MOM = Message Oriented Middleware (nachrichtenorientierte Middleware).

Daneben ist zu entscheiden, wie ökonomisch sinnvoll in das Modell und Generatoren investiert wird und was sinnvollerweise mit den von der Plattform mitgelieferten Werkzeugen erledigt wird.

Im konkreten Beispiel erzeugt SOPERA aus WSDL plattformspezifische Code-Artefakte. Diese könnten zwar auch aus einem Modell erzeugt werden, was aber einen Aufwand bedeutet, der nicht notwendig ist, da die Plattform schon entsprechendes liefert!

Modellbasierte Softwareentwicklung sollte, wo immer möglich, vorhandenes nutzen und so einen ökonomisch zweckmäßigen Weg gehen. Schließlich soll MDSD effizient und kostensparend umgesetzt werden.

Mögliche Notationen/Sprachen

Es sind grundsätzlich alle Sprachen nutzbar. Die Plattform und weitere Randbedingungen wie unter „Artefakte generieren" beschrieben, schränken gegebenenfalls die Auswahl ein.

System- und Unit-Tests

Unit-Tests (Komponenten- und Regression-Tests) werden laufend während der Entwicklung durchgeführt. Durchaus nicht ungewöhnlich ist ein testbasiertes Vorgehen. Dabei werden zunächst die Tests für die zu entwickelnden Komponenten erstellt. Erst im zweiten Schritt werden dann die eigentlichen Komponenten entwickelt und gegen die Unit-Tests laufend getestet.

Damit wird auch bei Änderungen im Code sichergestellt, dass alle Einheiten wie gewünscht funktionieren. Refactoring spielt dabei eine große Rolle.

Unit-Tests lassen sich automatisieren und Verfahren, wie die kontinuierliche Integration (Continuous Integration, CI), setzen eine Automatisierung der Unit-Tests geradezu voraus. Mit CI wird die fortlaufende Neubildung von Komponenten und deren Test während der Entwicklung massiv unterstützt.

Der Systemtest stellt sicher, dass alle Anforderungen möglichst fehlerfrei umgesetzt wurden. Meist wird dazu das Verhalten eines oder mehrerer Anwender simuliert.

Aus Sicht des Anwendungssystems ist der Systemtest ein sogenannter Blackbox-Test, da er an den Schnittstellen des Systems aufsetzt. So gesehen wären die Unit-Tests Whitebox-Tests, weil sie die inneren und die überwiegend nach außen nicht sichtbaren Schnittstellen der Komponenten testen. Aus Entwicklersicht ist ein Unit-Test natürlich ein Black-Box-Test. In wieweit Unit-Tests auch als White-Box-Text implementiert werden, wird in der Community kontrovers diskutiert.

Beteiligte Rollen/Ressourcen

- Testingenieur

Artefakte integrieren und veröffentlichen

Alle Artefakte wurden plattformspezifisch vervollständigt und liegen nun ausführbar vor.

Um eine Anwendung zu erhalten, müssen diese Teile integriert und veröffentlicht (deployed) werden.

Integrieren bedeutet, dass die Artefakte auf den verschiedenen verwendeten Plattformen so zur Verfügung gestellt werden, dass sie miteinander interagieren können. Typischerweise werden also Teile zum Beispiel auf einem Applikationsserver, auf einer BPEL-Ablaufumgebung (BPEL-Engine), auf einer Regel-Ablaufumgebung (Rule-Engine), einem Datenbankserver und anderen deployed. Service-Registries und –Repositories sind weitere Systeme die ins Spiel kommen.

Für alle Teilsysteme müssen eventuell Konfigurationsarbeiten durchgeführt werden, damit die einzelnen Teile sich gegenseitig finden und nutzen können.

Beteiligte Rollen/Ressourcen

- Operations-Management

Deployment dokumentieren

Damit im Änderungs- und Wartungsfall noch nachvollzogen werden kann, wo eigentlich welcher Service oder Teil der Anwendung deployed wurde, sollte dies entsprechend dokumentiert werden.

Eine Möglichkeit ist die Modellierung der Verteilung der verschiedenen Artefakte auf die diversen Subsysteme und Plattformen.

Im serviceorientierten Umfeld bieten die meisten Plattformen Registries- und/oder Repositories an, über die eine Dokumentation erstellt werden kann.

Beide Möglichkeiten sollten eine Suche zum schnellen Auffinden von Services zur Verfügung stellen.

Mögliche Notationen/Sprachen

Die UML bietet mit dem Paket- und Verteilungsdiagramm (Deployment Diagram) sehr gute Möglichkeiten für die Dokumentation.

Verantwortliche Rolle/Ressource

- System-Entwickler

Rollen

Im Methodikmodell tauchen verschiedene Rollen auf, die entweder hauptverantwortlich (einer Lane zugeordnet) oder mitwirkend (einem Task zugeordnet) an der Erfüllung einer Leistung teilhaben. Im Folgenden werden diese Rollen und ihre Aufgaben kurz beschrieben.

Die Aufzählung ist sicher nicht vollständig, nennt aber die „Hauptrollen“ im Softwareentwicklungsprozess.

Requirements-Engineer

Die Aufgaben eines Requirements-Engineer (Anforderungs-Ingenieur) umfassen die Ermittlung, Beschreibung und Analyse von Anforderungen. Er bereitet zudem deren Abnahme vor. Damit legt er die Basis für das Anforderungsmanagement.

Ziel des Requirements-Engineering ist es, ein gemeinsames Verständnis zwischen Auftragnehmer und Auftraggeber über ein zu entwickelndes System herzustellen.

Dazu beherrscht er verschiedenste Methoden, um seine Tätigkeit erfolgreich durchführen zu können:

- Befragungstechniken
- Beobachtungstechniken
- Feedbacktechniken
- Workshops (Moderation)
- Card Sorting
- Modellbildung
- und andere

Fachexperte

Der Fachexperte ist Kenner einer Domäne. Er ist Mitglied der Fachabteilung und Lieferant für funktionale und nicht-funktionale Anforderungen.

Als Spezialist kann er Fragen des Business-Analysten und Anforderungsanalytikers kompetent beantworten. Oft ist er auch Sprecher eines oder mehrerer Stakeholder beziehungsweise nimmt auch selbst diese Rolle ein.

Business-Analyst

Der Business-Analyst ist Mittler zwischen den Welten der IT und der Fachabteilung. Ähnlich wie der Anforderungs-Ingenieur beherrscht auch er Kommunikations- und Befragungsmethoden um die Fachlichkeit zu durchdringen.

Er ist Experte für Modellierungssprachen, wie zum Beispiel die BPMN oder die UML, in denen er die fachlichen Prozesse und Anforderungen beschreibt.

Im Idealfall ist er ein projekterfahrener Berater der sowohl Projektleitungs-, Entwicklungs- und Architekturerfahrung hat und so die Sprache der Fachabteilung und der IT beherrscht.

Stakeholder

Ein Stakeholder hat ein berechtigtes Interesse am Verlauf und Erfolg eines Projektes oder Prozesses. Meist hat er die Möglichkeit direkten oder indirekten Einfluss auf den Projektverlauf zu nehmen. Er entscheidet mit über die Priorität von Anforderungen und den Umfang von Iterationen oder Releases. Er benennt Anforderung und ist Ansprechpartner des Requirement-Engineers und Business-Analysten.

Anforderungsanalytiker

Der Anforderungsanalytiker analysiert die gegebene Anforderung. Er ist dafür Verantwortlich, dass aus den Anforderungen (Lastenheft) eine Systemspezifikation (Pflichtenheft) entsteht. Dabei bedient er sich unter anderem der Modellierung, zum Beispiel von Anwendungsfällen und deren Verhalten. Die Aufgaben werden in [AAVM] detaillierter beschreiben.

System-Architekt

Der System-Architekt entwirft auf Basis des Pflichtenheftes die Systemarchitektur. Dabei legt er unter anderem fest, aus welchen Komponenten mit welchen Schnittstellen ein System aufgebaut ist. Außerdem beachtet er auch die Nicht-Funktionalen-Anforderungen, wie zum Beispiel Antwortverhalten, Wartbarkeit und Erweiterbarkeit. Es ist beteiligt an der Auswahl der eingesetzten Technologien, also von Frameworks und Plattformen. Er beschreibt meist mehrere Sichten:

- Bausteine: aus welchen Komponenten ist das System zusammengebaut
- Kontext: welche Schnittstellen zur Außenwelt existieren
- Laufzeit: wie ist das dynamische Verhalten der eingesetzten Komponenten zur Laufzeit
- Verteilung: wo werden die Komponenten installiert, auf welcher Hardware

Ein Architekt hat meist auch Controlling- und Projektmanagement-Aufgaben, zum Beispiel:

- Auswahl oder Vorschlag der Mitglieder des Entwicklungsteams
- Code-Reviews, die sicherstellen, dass die Architekturvorgaben eingehalten werden
- Dokumentation der Architekturentscheidungen und deren Begründung
- Erstellen von Reports für die Projektleitung
- Ansprechpartner und Motivator für das Entwicklungsteam

Der System-Architekt beherrscht Modellierungssprachen, wie die UML oder BPMN, und kann diese effektiv und effizient einsetzen. Idealerweise kennt oder beherrscht er die eingesetzten Technologien (Frameworks und Sprachen). Damit ist eine gute Kommunikation mit den Entwicklern sichergestellt.

Dem Interessierten geben [GER] und [BASA] einen guten Einstieg in das Thema.

System-Entwickler

Der System-Entwickler erstellt aus den generierten Artefakten, dem Pflichtenheft, den Architekturvorgaben und –entwurf ein ablauffähiges System.

Er beherrscht dazu eine oder mehrere Modellierungssprachen und eine oder mehrere Implementierungssprachen und ist erfahren im Umgang mit einer oder mehreren Plattformen und Frameworks.

- Er kennt außerdem im Idealfall Design-Patterns und Anti-Patterns.
- Er hat Erfahrung in einem oder mehreren Vorgehensmodellen.
- Er kennt die Grundsätze der testgetriebenen Entwicklung.

Entwickler, die mitdenken und konstruktiv mit dem Architekten zusammenarbeiten sind ein wertvolles Gut, welches nicht hoch genug bewertet werden kann. Gepaart mit einem aufgeschlossenen und partnerschaftlich agierenden Architekten können daraus unschlagbare und fruchtbare Teams entstehen, die auch jede noch so komplexe Aufgabe meistern.

Testingenieur

Der Testingenieur leitet aus dem Lasten- und Pflichtenheft und gegebenenfalls aus den vorliegenden Modellen Tests ab, die sicherstellen, dass ein implementiertes System allen Anforderungen genügt.

Idealerweise modelliert er die Testfälle und verknüpft dabei Anforderungen und Elemente aus den vorliegenden Modellen. Damit ist nachvollziehbar, welche Tests welche Anforderungen abdecken. So kann auch bei Änderungen im Modell oder einer einzelnen Anforderung nachvollzogen werden, welche Tests in der Folge neu zu betrachten und gegebenenfalls anzupassen sind.

Beim modellbasierten Testen dienen die Modelle als Vorlage für die Tester. Beim modellgetrieben Test werden aus den Testmodellen Testfälle, zum Beispiel für eine gewählte Testplattform generiert. Dabei können Randbedingungen wie Test- und Pfadabdeckung oder auch die Kosten der Tests beachtet werden.

Software Asset Management

Das Software Asset Management ist eine in ITIL definierte Funktion innerhalb der Service Operation.

Primär ist das Software Asset Management verantwortlich für die notwendigen Prozesse, mit denen der Lebenszyklus von Software verwaltet und gesteuert werden kann. Dies beinhaltet auch die dafür vorgesehene Infrastruktur.

Dabei geht es neben der Verwaltung von Lizenzen auch um die Übersicht über die im Unternehmen eingesetzte Software sowie deren Versionsstände.

Hierbei werden auch die Verflechtungen von Software und Lizenzen, Wartungsverträgen, Hersteller, etc. aufgenommen und transparent gemacht.

Operations Management

Das Operations Management ist eine in ITIL im Bereich Service Operation definierte Funktion.

Das Operations Management ist verantwortlich für den reibungslosen tagtäglichen Betrieb, der Steuerung und Wartung der im Unternehmen eingesetzten IT-Infrastruktur und damit auch der Software.

Es nimmt dabei auch Monitoring- und Reporting-Aufgaben wahr.

Glossar

Im folgenden werden die Produkte der unterschiedlichen Phasen näher beschrieben.

Vorgaben

Vorgaben sind alle Informationen, die in irgendeiner Weise als Input für die Phase Initiation dienen und aus denen sich zum Beispiel auch Anforderungen, Ziele oder Randbedingungen extrahieren lassen. Typische Dokumente wären Fachkonzepte, vorhandene Anwendungen, Hilfeseiten oder Dokumentationen.

Ergebnisse aus Initiation

Am Ende der Phase Initiation ist die Fachlichkeit aufgenommen und modelliert:

- Alle relevanten Geschäftsprozesse
- Alle relevanten Geschäftsobjekte
- Die fachlichen Services und die verwendeten Nachrichten
- Die textuelle Spezifikation ist vollständig
- Die Zusammenarbeit mehrerer Beteiligter im zeitlichen Prozessverlauf und die Schnittstellen zwischen Prozessen sind aufgenommen

Dabei werden die in der gewählten Notation sinnvollen Diagramme und Notationselemente verwendet, wie zum Beispiel Aktivitäts- oder Prozessdiagramme, Sequenz- oder Kollaborationsdiagramme, Klassendiagramme. Idealerweise sind sich ergänzende oder auf einander aufbauende Elemente im entstandenen Modell miteinander verknüpft. So kann im Änderungsfall nachverfolgt werden, welche Elemente betroffen sind. Dies kann auch zur Abschätzung des Aufwands für Änderungen genutzt werden.

Die Ergebnisse gehen inhaltlich in das Lasten- und Pflichtenheft mit ein.

Ergebnisse aus Evaluation

Das Ergebnis der Phase Evaluation ist die technische Spezifikation der Anwendung, also des Systems.

- Die technischen Prozesse (im Sinne der Implementierung der fachlichen Prozesse).
- Die technischen Services, als Ableitung der fachlichen Services. Der Detailierungsgrad ermöglicht eine Implementierung.
- Meist ein Fachklassenmodell als Ableitung und/oder Erweiterung der Geschäftsobjekte. Es dient als Vorgabe für die Spezifikation von persistenten Objekten.
- Die Nachrichtenstrukturen, welche die Nachrichten zwischen Services und Beteiligten mit ihren Attributen beschreiben.
- Die Serviceorchestrierung der technischen Services über entsprechende technische Prozesse.
- Die Maskenflüsse und Entwürfe der Benutzeroberfläche.

Es wird eine technische Sicht eingenommen. Was tut die Anwendung? Die Ergebnisse sind Inhalt eines Pflichtenheftes und somit Input für die Implementierung. Idealerweise werden Inhalte aus einem Modell generiert.

Die Modellierung erfolgt mit den Mitteln der gewählten Notationssprache. Dabei können die Notationen auch gemischt werden. Typische Diagramme sind Klassen-, Komponenten-, Struktur-, Aktivitäts-, Prozess- und Anwendungsfalldiagramme.

Idealerweise sind sich ergänzende oder aufeinander aufbauende Elemente im entstandenen Modell miteinander verknüpft, insbesondere auch mit Elementen aus der Phase Initiation, die Input für die Phase Evaluation sind.

Ergebnisse aus Architecture

Das Ergebnis der Phase Architecture ist die Umsetzung der Vorgaben aus den Phasen Initiation und Evaluation auf eine spezifische Architektur. Innerhalb der Architektur werden konkrete Designobjekte erstellt. Es wird also die Struktur und das innere Verhalten definiert. Ziel ist eine für die Implementierung oder Generierung der Anwendung ausreichend detaillierte Beschreibung aller notwendigen Objekte. Typische Inhalte sind:

- Abbildung der Softwarebausteine, zum Beispiel über Komponenten.
- Servicedesign, zum Beispiel über Komponenten mit Schnittstellen und implementierenden Klassen.
- Ein logisches oder konzeptionelles Datenmodell, zum Beispiel über Klassenmodelle.
- Die Abbildung der Architektur und der aufeinander aufbauenden Elemente, zum Beispiel über Ordner oder Pakete bei einer n-Tier-Architektur.
- Die Abbildung der Architekturregeln, zum Beispiel von erlaubten Aufrufreihenfolgen.

Idealerweise sind sich ergänzende oder aufeinander aufbauende Elemente im entstandenen Modell miteinander verknüpft, insbesondere auch mit Elementen aus den Phasen Evaluation und Initation, die Input für die Phase Architecture sind.

Anwendung(en)

Die Anwendung oder die Anwendungen sind das Ziel und das Ergebnis des modellgetriebenen Vorgehens. Jede Anwendung wird ganz oder teilweise aus dem Modell oder den Modellen generiert. Die entstandenen Artefakte werden auf einer spezifischen Plattform integriert und in verschiedenen Sprachen implementiert.

Anforderungsspezifikation

Die Anforderungsspezifikation, auch Lastenheft, Anforderungskatalog oder Kundenspezifikation genannt, enthält alle Anforderungen an ein System. Außerdem auch Aussagen zu der erwarteten Leistung und Lieferung eines Auftragnehmers. Ein Lastenheft ist Bestandteil einer Ausschreibung. Gegen das Lastenheft kann nach Lieferung die erwartete Leistung des Systems geprüft werden.

Literatur

[Baker] Baker P, Dai ZR, Grabowski J, Haugen O, Schieferdecker I, Williams C (2008) Model-driven testing – using the UML testing profile. Springer, Berlin. ISBN 3-642-09159-8

[BASA] Posch T, Birken K, Gerdom M (2007) Basiswissen Software Architektur. Dpunkt, Heidelberg

[GER] Starke G (2009) Effektive Software Architekturen. Hanser, München. ISBN 3446412158

[GPMP] Schmelzer HJ, Sesselmann W (2004) Geschäftsprozessmanagement in der Praxis. Hanser, München

[HO] Hood C, Wiebel R (2005) Optimieren von Requirements Management & Engineering. Springer, Berlin

[MADA] Madaus B (2009) Handbuch Projektmanagement. Schäffer Poeschel, Stuttgart

[MBT1] Roßner T, Brandes C, Götz H, Winter M (2010) Basiswissen Modellbasierter Test. dpunkt Verlag, Heidelberg

[PRE] Otto F, Prester F (2010) mzT@BPMN: modellbasiertes Testen für die Enterprise-IT http://www.sigs-datacom.de/fileadmin/user_upload/zeitschriften/os/2010/Testing/otto_prester_OS_TESTING_2010.pdf (19.12.2010)

[RUP] Rupp C (2009) Requirements-Engineering und –Management. Hanser, München

Links

[AAVM] Anforderungsanalytiker http://download.4soft.de/v-modell-xt-bund/releases/1.0/html/c5e3104b5354f15.html (07.12.2010)

[AM] Agile Modeling
http://www.agilemodeling.com/ (21.02.2011)

[AF] Manifesto for Agile Software Development
http://agilemanifesto.org/ (21.02.2011)

[FUTP] UML Testing Profile
http://www.fokus.fraunhofer.de/de/motion/ueber_motion/arbeitsthemen/standardisierung/utp/index.html (05.12.2010)

[GPM] Deutsche Gesellschaft für Projektmanagement e.V.
http://www.gpm-ipma.de/ (14.12.2010)

[GTB] German Testing Board
http://www.german-testing-board.info/de/index.shtm (14.11.2010)

[iSAQB] International Software Architecture Qualification Board
http://www.isaqb.org/ (16.01.2011)

[ITIL] IT Infrastructure Library
http://www.itil.org/en/vomkennen/itil/index.php (19.12.2010)

[PMI] Project Management Institute
http://www.pmi-berlin.org/ (14.11.2010)

[TQB] International Software Testing Qualification Board
http://www.istqb.org/display/ISTQB/Home (14.11.2010)[0]

Kapitel 4
Das Beispiel – Überblick über alle Phasen

Vom Geschäftsprozess zur SOA – Von der Vision zur Wirklichkeit

Abb. 4.1 Hypertron – glitzernde Metropole, nur hier gibt's das Allerneueste!

Sean hatte die Furt des Halys durchquert und blickte sich in der weiten Ebene um. An der vor ihm liegenden Weggabelung gaben zwei Schilder die Richtung an: links ging es zur DER Stadt überhaupt: „Hypertron", kaum einen halben Tagesmarsch entfernt. Rechts nach „Upanishat", der sagenumwobenen Stadt der Weisen im

G. Rempp et al., *Model Driven SOA*, Xpert.press,
DOI 10.1007/978-3-642-14470-7_4, © Springer-Verlag Berlin Heidelberg 2011

entfernten Hochland Nyekundu. Nun ja, eigentlich wollte er ja das Beste und Aktuellste lernen und wie jedes Kind weiß, gibt es das Neueste und Spannendste immer zuerst in Hypertron!

Seans Entscheidung war gefallen. Es ging nach Hypertron, der derzeit hippsten Stadt im Land. Überall erzählte man sich, dass die besten Gelehrten und Werkzeuge dort zu finden seien.

Schon am Stadttor wurde Sean von den Marktschreiern geradezu überfallen. Die Händler zupften und zerrten an ihm und Sean hatte alle Mühe sich in dem Trubel ein günstiges Lager für die Nacht zu suchen.

Am nächsten Morgen verschaffte sich Sean auf dem Marktplatz einen Überblick. Alle Hersteller priesen hier ihre neuesten Produkte und Ideen an, um sie an den Mann zu bringen. Sean tauchte ein in die funkelnde Welt von Hypertron.

So verging die Zeit und über die Wochen und Monate hatte Sean sich die verschiedensten Werkzeuge und Vorgehen angeeignet.

Er hatte zum Beispiel bei einem Hersteller gelernt, dass es darauf ankam, die Abläufe eines Betriebs oder einer Werkstatt genau zu beschreiben. „Alles andere kommt dann von alleine! Diese Zeichnungen kann jeder verstehen und wenn sich jeder daran hält, dann gewinnen alle!“. Mit der Zeichensprache der Abläufe konnte er alle Vorgänge genau beschreiben und optimieren und zusammen mit den Kunden erzeugte er mächtige und beeindruckende Dokumentenberge. Enttäuscht stellte er mit der Zeit fest, dass komischerweise kaum eines der unvorstellbar guten Konzepte umgesetzt wurde! Die Ingenieure in den Betrieben hielten sich oft nicht an die Vorgabe! Die Arbeiter arbeiteten wie gewohnt weiter! Die Abläufe blieben oft Luftschlösser. „Da hätten die mal uns gefragt!“, murrte da so mancher Ingenieur und Arbeiter.

Oder er war bei einem der besten Architekten der Stadt. Der baute wunderschöne Gebäude. Später stellte sich heraus, dass er teilweise zu groß oder zu klein geplant hatte. Dann gab es Anbauten oder zu schmale Durchgänge. Das machte die Produktion unnötig teuer, ebenso wie die Gebäude! „Denen hätten die Zeichnungen der Abläufe viel genutzt“, dachte Sean. Aber die Zeichnungen der Abläufe waren in einer Sprache des einen Herstellers verfasst, die den Architekten unbekannt war. Noch dazu hätten die Architekten die dazugehörigen Werkzeuge kaufen müssen. Die Architekten und Lagerverwalter hatten ihre eigenen Sprachen und alles dies ließ sich nicht miteinander in Zusammenhang setzen. Es war zum Haare raufen!

Beeindruckt hatten ihn auch die Genies unter den Maschinenbauern. Sie bauten die wunderschönsten Maschinen und waren immer auf der Suche nach der optimalen Maschine. Mit ihren Werkzeugen konnte das Design und der innere Aufbau einer jeden Maschine optimal beschrieben werden. Teilweise konnten die Maschinen auch direkt aus den Anweisungen der Zeichnungen gebaut werden! Dazu musste man nur die Sprache der Werkzeuge beherrschen. Nur, nicht jeder Ingenieur kannte von jedem Werkzeug die Sprache und die Arbeiter mussten immer wieder aufs Neue hinzulernen. Außerdem eigneten sich manche der Werkzeuge nur für eine ganz spezielle Art von Maschinen und konnten daher mit anderen Werkzeugen, die Ähnliches leisteten, nicht kombiniert werden!

„Jeder macht seine Sache für sich perfekt, aber das Ergebnis ist trotzdem oft miserabel!“, dachte Sean. Er war verzweifelt. Es musste doch noch einen anderen Weg geben. Einen Weg der integriert, statt teilt.

Gedankenverloren schlenderte er durch die lärmenden Gassen der Stadt und blickte erst auf, als er bemerkte, wie leise es plötzlich um ihn herum geworden war. Hier war er noch nie gewesen. Auf dem schlichten Schild am Eingang des kleinen und alten Gebäudes vor ihm stand nur „Meister Whon Wokew“. Neugierig trat er ein.

In einem kleinen Saal war eine Gruppe von Adepten, wie er, zusammengekommen. Der Saal war geradezu schlicht. Kein Bild und kein Slogan war an die Wände gemalt. Vorne saß Whon und wartete geduldig, bis Ruhe einkehrte.

„Ich habe kein Werkzeug, das Euch komplizierte Dinge ganz einfach darstellen lässt, denn ein Werkzeug löst noch keine Probleme.“ Gemurmel im Saal, das war man nicht gewohnt. Wenn er kein Werkzeug hatte, wie wollte er dann helfen? „Ich habe auch nicht die eine neue Sprache, mit der ihr alles aufnehmen und darstellen könnt.“ Was sollte das? Gut die Hälfte der Anwesenden verließ den Raum. Der alte Mann verschwendete ihre Zeit!

Sean blieb sitzen, er war neugierig geworden. „Aber -“, und Whon hob den Zeigefinger und wartete bis sich alle beruhigt hatten, „aber ich kann Euch zeigen, wie die Dinge zusammenlaufen, wie alle zusammen auf ein Ziel hinwirken! Alles hängt mit allem zusammen.“ Sean horchte auf, das war es, was er sich auch selbst schon gedacht hatte! Aber wie sollte das erreicht werden?

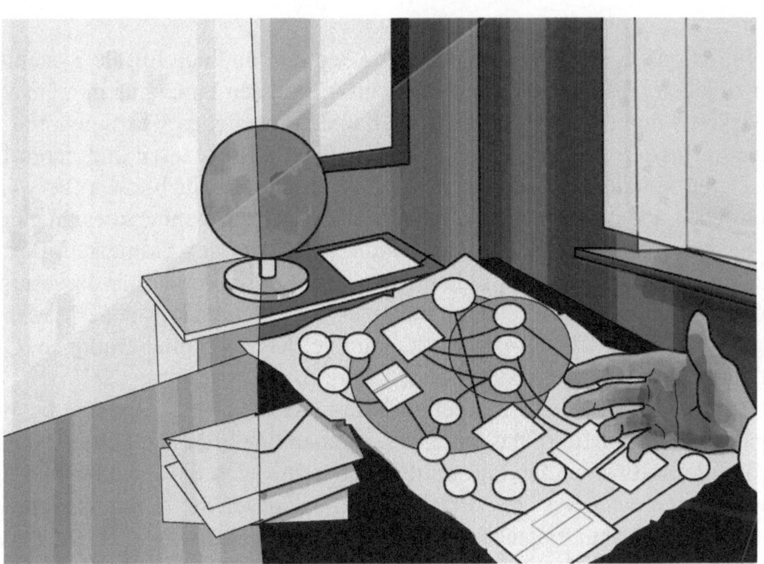

Abb. 4.2 Die Karte des Meisters

Whon Wokew blickte in die Runde, stand auf und entrollte „Die Karte des Meisters“. Sean war verblüfft! Nie waren die Zusammenhänge so deutlich und klar dargestellt worden! Und so kam es, das Sean mit Wokew ins Hochland nach Upanishat zu den Hütern der Weisheit zog.

Rückblende – M^3 in Kurzfassung

Betrachten wir kurz zusammengefasst die Phasen und deren Inhalt, wie in Abb. 4.3 dargestellt:

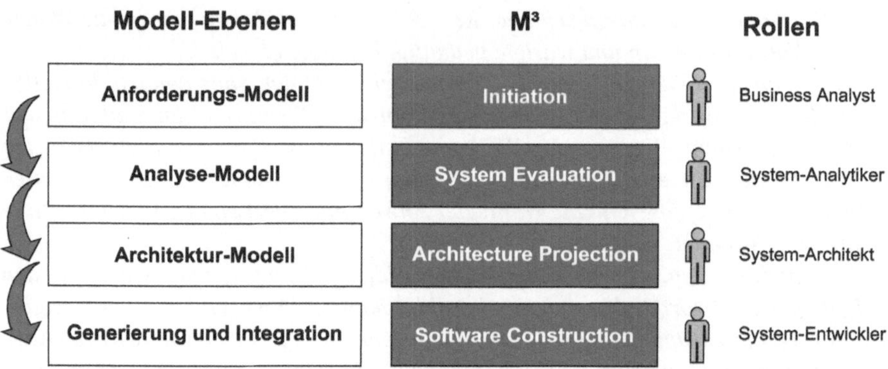

Abb. 4.3 Übersicht über die Phasen der M^3

- Die Initiation Phase (INI) hat die Aufgabe, die Grundlage für die Systemerstellung zu legen. Ziel ist es, die Fachlichkeit, für dessen Unterstützung ein System entwickelt werden soll, zu durchdringen und zu verstehen. Dazu gehören neben textuell erfassten Anforderungen auch die Geschäftsprozesse und deren Daten. Die Daten sind auf dieser Ebene aus der Sicht der fachlichen Verwendung beschrieben und müssen noch keinem Klassen- oder Datenbankdesign genügen.
- Die System Evaluation Phase (Evaluation, EVA) legt den Grundstein für das zu erstellende Softwaresystem, indem vor allem die Funktionalität dargestellt und strukturiert wird. Vergleichbar mit der „klassischen" Objektorientierten-Analyse. Eingesetzt werden BPMN-Prozessdiagramme, BPMN-Kollaborationen, Objektstrukturen, Klassen und Maskenflüsse (Workflow).
- Der Sinn der Architecture Projection Phase (Architecture, ARC) ist es, die Ergebnisse der Evaluation Phase in eine Systemarchitektur einzubetten. Hierbei ist sowohl die Softwarearchitektur zu definieren, als auch die Struktur und das interne Verhalten des Systems. Prägend sind an dieser Stelle Komponenten und Schnittstellen. Dabei entsteht gegebenenfalls ein konzeptionelles Datenmodell, welches mit den entsprechenden Elementen dieser Phase verknüpft ist.
- Die Phase Software Construction und Deployment (Construction, CON) leitet aus der Definition der Architektur und der darin eingebetteten Fachlichkeit ein implementierbares System ab. Dabei gilt es vor allem, die speziellen Konstrukte der verwendeten Plattform vollständig zu definieren. Dazu kann auch das

Design einer Datenbank gehören (physikalisches Modell). Am Ende steht die Generierung von Sourcecode, Datenbank und weiteren Artefakten,[1] sowie die Integration aller Produkte zu einem lauffähigen System auf der Plattform.

Wichtig ist, dass jede einzelne Phase eine Erweiterung und Verfeinerung ihrer Vorgängerphase darstellt. Dabei werden relevante Inhalte des Vorgängers initial und automatisiert übernommen. Damit ist klar: Eine Änderung in einer darüberliegenden Phase hat Auswirkungen auf den Nachfolger. Was auf den ersten Blick wie ein „Wasserfall-Vorgehensmodell" aussieht, täuscht. Die Methodik kann zum Beispiel auch für ein agiles Vorgehen verwendet werden. Oder verschiedene Teams halten sich parallel in eigenen „Instanzen" der Modelle auf. Weitere Informationen über die M^3 sind online bei [M3] zu finden.

Motivation – Was soll mit dem Beispiel vermittelt werden?

Was war die Motivation für das gewählte Beispiel, beziehungsweise welche Randbedingungen sollten eingehalten werden?

- Das Beispiel soll für einen breiten Leserkreis verständlich sein.
- Nicht zu einfach, aber auch nicht zu komplex sein.
- Das Beispiel soll sich sehr nahe an der Realität bewegen. Vereinfachungen sind zu vermeiden. Es soll sich der Komplexität realer Projekte stellen.
- Es soll ein praxistaugliches Beispiel sein; die Ergebnisse sollen für den Leser nutzbar sein.
- Kein „Grüne Wiese"-Beispiel; in der Realität existieren heterogene Systemlandschaften, die gemeistert werden müssen; vorhandenes muss eingebunden werden.

Damit sind die wesentlichen Randbedingungen auch schon genannt. Ein gutes Beispiel zu finden war dadurch nicht einfacher geworden. Es hat sich herauskristallisiert, dass der Prozess eines Investitionsantrags dazu sehr gut geeignet ist, wenn er ganzheitlich, von der Antragsstellung bis zur Benachrichtigung über die erfolgreiche Bestellung, betrachtet wird.

Das scheint nur auf den ersten Blick trivial, aber wie so oft wenn man genauer hinschaut, ist die Sache viel komplexer als erwartet:

- Es existieren externe Schnittstellen zu Systemen außerhalb der eigenen Organisation, zum Beispiel externe Webservices eines E-Procurement Dienstleisters.
- Ein internes ERP-System bietet vorhandene Funktionalität, die gekapselt und genutzt werden soll.

[1] Ein Artefakt ist ein Produkt, das als Zwischen- oder Endergebnis in der Softwareentwicklung entsteht.

- Es existieren interne Services auf einer anderen Plattform, die verwendet werden sollen.
- Es wird zusätzlich eine eigenständige, neue SOA-Plattform aufgebaut und eingesetzt.
- Services sollen implementiert werden, bei BPEL und WSDL ist noch lange nicht Schluss.
- Jede Plattform hat so ihre „Macken“, damit ist man um zu gehen.
- Wie genau werden alle Teile auf der Plattform integriert? Was wird aus den Modellen generiert, was auf der jeweiligen Plattform?
- Je nach eingesetztem Client: Was erledigt dessen technologische Gegebenheiten besser (kostengünstiger/ökonomischer) als ein (potenziell teurer) Serviceaufruf?
- Was ist denn ein Service, beziehungsweise wie werden Services geschnitten?
- Wie sehen die Bausteine/Schichten der Architektur aus?

Ein weiteres wichtiges Ziel ist die Nachvollziehbarkeit des Beispiels. Das heißt, dass nicht nur die Ergebnisse pro Phase präsentiert werden, sondern auch, wie man schrittweise diese Ergebnisse erzielt hat. Wie diese hergeleitet wurden und welche Gedanken und Entscheidungen zu den Ergebnissen geführt haben.

Die Phasen, das Vorgehen, eingesetzte Tools und Diagramme

Wie sieht die Umsetzung in den einzelnen Phasen aus? Bevor nun in den nachfolgenden Kapiteln jede Phase einzeln intensiv und genau betrachtet wird, geben die folgenden Abschnitte einen Überblick über das Vorgehen und die konkreten Inhalte.

Leser, die schon eigene Erfahrungen mit modellgetriebenen Vorgehen gesammelt haben, können damit schon Vergleiche zu eigenen Erfahrungen herstellen.

Leser, die damit noch geringe praktische Erfahrungen gemacht haben, können sich einen Überblick verschaffen und erfahren, was in den folgenden Kapiteln auf sie zukommt.

Phase Initiation (INI)

Ziel dieser Phase ist ein vollständiges Verständnis der Fachlichkeit und der Anforderungen zu erlangen. Die Inhalte sind noch nicht von einer Plattform oder einem spezifischen System abhängig, sondern einzig und allein der Fachlichkeit verantwortlich.

Das Ergebnis dieser Phase muss aber nichtsdestotrotz dem Anspruch genügen, Inhalte zur Übergabe an die IT so darzustellen, dass die IT daraus eine Systemanalyse ableiten kann. Oder anders gesagt: zu einfach oder nichtssagend darf das Modell nicht werden.

Außerdem müssen sich Fachbereich und IT auf eine gemeinsame Sprache, sprich eine Notation, einigen. Es muss klar, eindeutig und nachvollziehbar sein, welche

Sachverhalte mit welchen Mitteln dargestellt werden und wie sie voneinander abhängig sind.

Dazu kommen noch Design- und Inhaltsvorgaben. So muss jedes Element mit einer kurzen textuellen Spezifikation hinterlegt sein. Weitere Vorgaben sind zum Beispiel, dass Prozesse von links nach rechts modelliert werden und ein Prozessdiagramm immer nur maximal 9+2 Schritte enthalten sollte. Nicht mehr als 11, besser aber nur 9 Schritte. Pragmatische Ausnahmen sind erlaubt.

Die Initiation Phase wurde für das Beispiel zur besseren Nachvollziehbarkeit in zwei aufeinander aufbauende Abschnitte aufgeteilt. Zunächst wird gezeigt, wie die ersten Ergebnisse aussehen, nachdem der Fachexperte in einer frühen Phase im Projekt Diagramme erstellt hat. Diese Diagramme genügen oft der Fachlichkeit und sind auch leicht zu verstehen. Meist sind sie aber leider nicht detailliert genug, um daraus weitergehende Schlüsse zu ziehen, dass heißt eine vernünftige Systemanalyse (Phase Evaluation) vorzunehmen.

Deshalb wird im zweiten Teil dem Fachexperten ein Business Analyst zur Seite gestellt. Der janusköpfige Business Analyst fungiert als Mittler zwischen Fachbereich und IT. Er steht mit je einem Bein in den Lagern der IT- und Fachabteilung und ist die Brücke über den Fluss der „natürlichen“ Sprachbarriere.

Damit ist klar, dass die Anforderungen an den Business Analysten recht hoch sind. Er soll die Fachlichkeit verstehen, aber sich ebenfalls mit der IT auskennen. Gute Business Analysten bringen Erfahrung aus beiden Bereichen mit. Sie sind eher Generallisten, Kommunikatoren und Moderatoren. Praktische Erfahrungen aus der Softwareentwicklung, dem Projektmanagement und der Softwarearchitektur sind dabei natürlicherweise ausgesprochen hilfreich.

Noch ein weiterer Punkt ist herauszustellen: SOA zwingt geradezu die oft getrennten Bereiche „Fachbereich“ und „IT-Mannschaft“ an einen Tisch. Da SOA als Ziel vor allem die optimale Unterstützung der fachlichen Prozesse hat, müssen Wege gefunden werden, das Verständnis auf beiden Seiten zu verbessern. Das heißt aber auch, dass der Fachbereich seine Fähigkeiten um Methoden und Techniken erweitern muss, damit er seine Anforderungen klar, eindeutig und verständlich formulieren kann.

Die IT ihrerseits muss akzeptieren, dass ihre Aufgabe die Unterstützung des Business ist. Auch wenn es vielleicht weh tut, Optimierung um jeden Preis ist damit zum Beispiel nicht mehr gewünscht. Alles was gemacht wird, steht immer auf dem Prüfstand der Notwendigkeit. Für entsprechende Vorhaben müssen die Anforderungen vorhanden sein. Das heißt kurz gefasst: Keine Änderung der erwarteten fachlichen Funktionalität ohne entsprechende fachliche Vorgabe oder Notwendigkeit!

Die angesprochenen Themen gehören zum Komplex *„SOA Governance“*, der für sich selbst betrachtet Bücher füllen kann (und es schon tut!). In diesem Buch wird zwar immer wieder Bezug darauf genommen, aber es wird kein Schwerpunkt sein. Weitere Informationen zu SOA Governance erhalten sie bei [SOAG][SOAG2].

Betrachten wir ganz kurz das Vorgehen und die eingesetzten Notationselemente, die aus BPMN und UML in der MDSOA Verwendung finden.

Vorgehen in der Phase Initiation

Die Aufgaben in der Initiation-Phase lassen sich wie folgt strukturieren:

1. Initiale fachliche Aufnahme
   - Aufnahme und Typisierung der Anforderungen (textuell) im Modell.
   - Skizzierung der Prozesse und der Datenobjekte.
   - Hinterlegung der textuellen Spezifikation.
   - Verknüpfung von Anforderungen mit Elementen im Modell.
2. Ausformulierung
   - Evolutionäre Ausarbeitung und Detaillierung der Prozesse; voller Ausbau mit den Möglichkeiten der BPMN.
   - Anlegen der Begriffsdefinition (Item Definition) für die Datenobjekte; Bereinigung/Konsolidierung der Datenobjekte.
   - Typisierung der einzelnen Tasks; Bereinigung/Konsolidierung der Tasks und Teilprozesse.
   - Spezifikation von Fachservices, deren Schnittstellen und Operationen; Verwendung der Operationen im Prozess integrieren.

Übersicht über die verwendeten Diagramme und Tools in dieser Phase

Bevor überhaupt Inhalte erfasst werden können, muss man sich natürlich am *Innovator for Business Analysts* anmelden. Dabei kann der Benutzer in verschiedenen Rollen ins Modell einsteigen. Die Rolle legt zum Beispiel fest:

- Welche Diagramme sichtbar sind, welche angelegt oder verändert werden dürfen.
- Welche Pakete im Modell sichtbar sind, welche angelegt oder verändert werden dürfen.

Dies alles dient dazu, auch bei einer Vielzahl von Modellierern, eine einheitliche Struktur des Modells sicherzustellen. Jede Rolle sieht nur das, was sie sehen soll und kann nur das tun, wozu sie im Modell berechtigt ist.

Mehr zum Rollen- und Benutzerkonzept kann unter [BK] in Erfahrung gebracht werden.

Für den Business Analysten wurde eine entsprechende Rolle angelegt, welche bei der Anmeldung ausgewählt wird. Bei der Anmeldung wird ebenfalls angegeben, welches Modell geöffnet werden soll (Abb. 4.4):

bi-direktional synchronisiert werden. Damit kann eine anfängliche Erfassung von Anforderungen von einem Fachexperten mit einem gewohnten Werkzeug erfolgen. Der Requirement Engineer kann ebenfalls mit dem gleichen Mittel oder direkt im Modell die Anforderungen schärfen und diese mit weiteren Elementen verknüpfen.[2]

Die Anforderungen können verschiedenen Elementen, z. B. einem Prozess oder einem Task, zugeordnet werden. Die Zuordnung wird über Callouts im Diagramm sichtbar. Abbildung 4.7 zeigt ein Diagramm mit zugeordneten Anforderungen, die als Callout dargestellt werden.

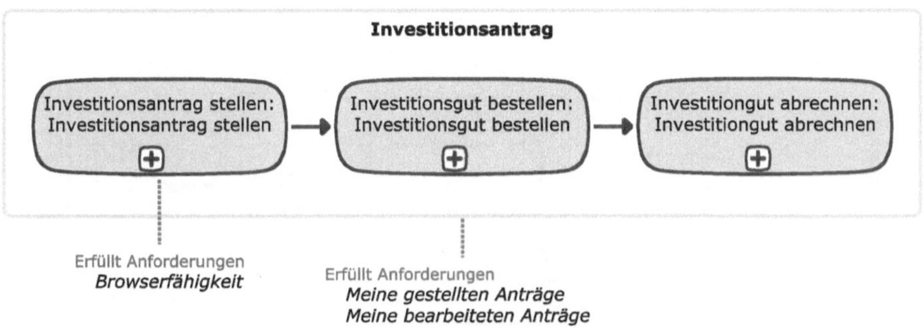

Abb. 4.7 Typisches Diagramm einer frühen Phase

Hinter jeder Aktion wird die textuelle Spezifikation hinterlegt. Generell gilt, dass für jedes Element im Modell ein entsprechender Text existieren muss. Abbildung 4.8 zeigt den für den Task `Investitionsantrag ausfüllen` hinterlegten Spezifikationstext. Die Diagramme und die hinterlegten Texte werden bei der automatischen Erzeugung einer HTML- oder Word-Dokumentation übernommen. Welche Inhalte aus dem Modell wo genau in den erzeugten Dokumenten auftauchen sollen, kann konfiguriert werden.

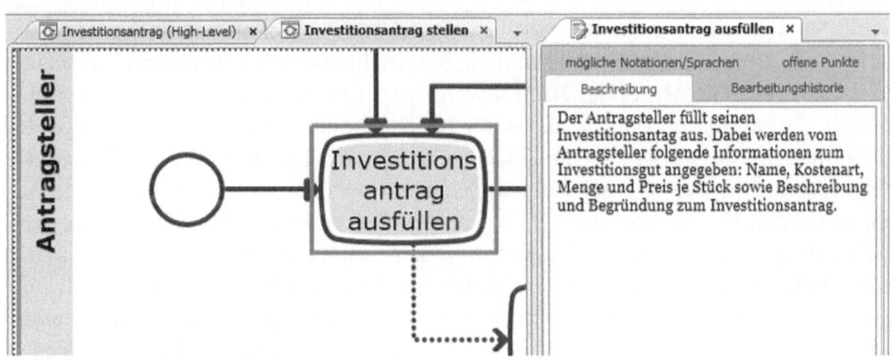

Abb. 4.8 Spezifikationstext

[2]Wer das Thema Requirements-Engineering vertiefen möchte, findet hierzu einer Vielzahl von Büchern. [RE] ist ein guter Einstieg.

Die genannten und dargestellten Inhalte werden so oder ähnlich in einer ersten Phase von Fachexperten erstellt. Der Blick ist stark auf die Fachlichkeit und oft auf die täglich erlebten und gelebten Prozesse gerichtet. Die Inhalte sind in der dargestellten Form noch nicht ausreichend für eine weitere Analyse und zur Definition von fachlichen Services. Ein erfahrener Modellierer oder Business Analyst reichert die Prozesse mit weiteren Informationen an. Abbildung 4.9 zeigt eine vom Business Analysten modellierte Kollaboration zwischen zwei Prozessen.

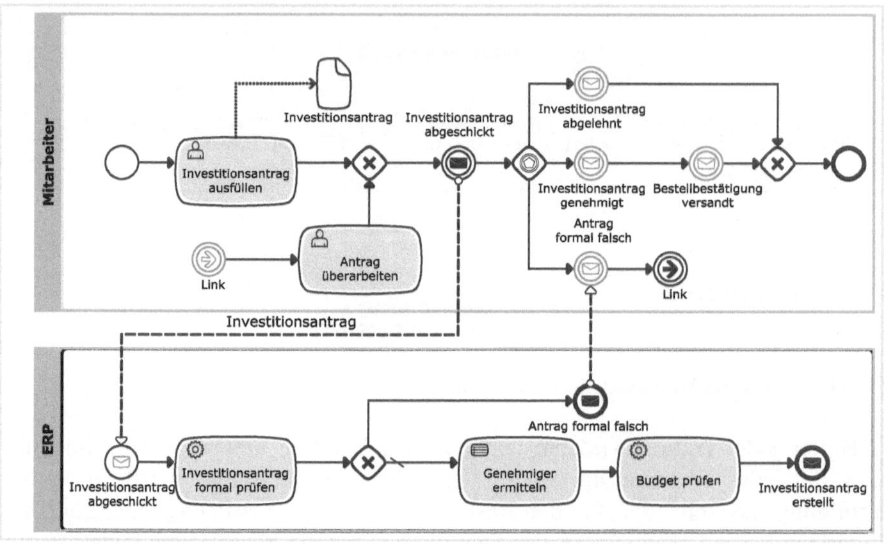

Abb. 4.9 Kollaboration

Auf die Details dieses Diagramms wird im Kap. 5 noch näher eingegangen. Es wird aber schon hier deutlich, was mit Anreicherung gemeint ist! Es werden zum Beispiel Tasktypen unterschieden und die Nachrichten und Nachrichtenflüsse weiter ausspezifiziert. Die Mittel der BPMN werden vollständig genutzt. Dabei empfiehlt es sich, zu Beginn mit einem Subset der Möglichkeiten zu beginnen. Damit haben die Teilnehmer in Workshops die Chance, dass ihr Wissen über die Anwendung der Notationen schrittweise wächst. Neue Elemente werden eingeführt, wenn sie benötigt werden beziehungsweise Sinn machen. Das macht es für die meisten auch einfacher, sich die Zusammenhänge zu merken und stellt eine Wiederverwendung in ähnlichem Kontext sicher. Entscheidungen, welche Elemente wie in welchem Kontext verwendet werden, sollten in einer Modellierungsrichtlinie dokumentiert werden. Dieses Dokument ist dann verbindlich für alle Projekte. Damit wird eine einheitliche Modellierung, bei der die Modelle auch über Organisationsgrenzen hinweg verständlich und korrekt interpretierbar sind, gestärkt.

In der BPMN können für jedes Datenobjekt, Nachrichten und Ereignisse Begriffsdefinitionen (Item Definition, Abb. 4.10) hinterlegt werden. Diese Definition

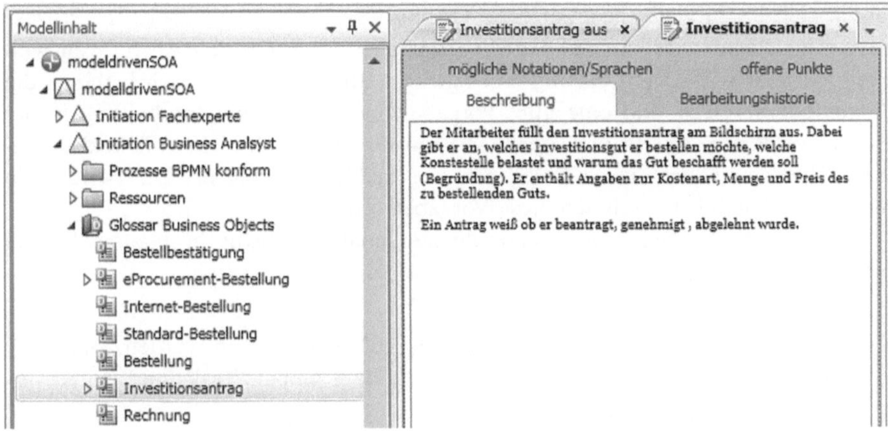

Abb. 4.10 Begriffsdefinition (Item Definition)

beinhaltet eine Beschreibung und Strukturdefinition. Die Beschreibung entspricht der fachlichen Spezifikation. Wie die Strukturbeschreibung aussieht, ist in der BPMN Spezifikation nicht näher beschrieben. Für die Phase Initiation ist dies vorerst für das Beispiel nicht relevant, da hier die textuellen Beschreibungen zunächst ausreichend sind. In den nachfolgenden Phasen werden als Strukturbeschreibung sogenannte Objektstrukturen hinterlegt.

Wichtig zu nennen ist, dass die Definition tatsächlich wiederverwendbar ist und die Datenobjekte erst durch die Zuweisung der Definition eindeutig identifizierbar sind. Eine weitere Aufgabe im zweiten Teil der Initiation Phase ist also das Anlegen und Zuweisen der Begriffsdefinitionen.

Für die Datenobjekte werden auch deren Zustände erfasst. Zustände beschreiben die Veränderung der Objekte im Prozessverlauf. Es wird aber noch nicht definiert, welche Attribute genau mit welchen Inhalten im Zusammenhang einen Zustand definieren. Dies folgt erst in späteren Phasen.

Neben den Definitionen werden Geschäftsressourcen wie Rollen, Organisationseinheiten, Standort oder IT-Ressourcen angelegt. Die verschiedenen Ressourcen werden dann den Schwimmbahnen (Lanes), Teilnehmern (Participants) und Aktivitäten (Tasks) zugewiesen. Damit werden Verantwortlichkeiten und Zuständigkeiten festgelegt.

Mit den Kollaborationen wird die Zusammenarbeit einzelner Prozesse verdeutlicht und die Schnittstellen zwischen diesen Prozessen werden sichtbar gemacht. Dies ist insbesondere für die Automatisierung von Prozessen und im Zusammenhang mit dem Aufbau einer SOA ein essentieller Schritt!

Zuletzt werden in der Initiation Phase die fachlichen Services identifiziert. Auch hierzu mehr Details in Kap. 5. Die Identifizierung erfolgt zum Beispiel domänengetrieben. Ein Service sammelt die Aufgaben eines bestimmten fachlichen Zusammenhangs und stellt seine Funktionalität über Schnittstellen mit entsprechenden Operationen zur Verfügung. Genau diese Schnittstellen und Operationen lassen sich im Modell einstellen. Die Operationen werden den Tasks im Prozess zugeordnet. Damit ist klar definiert, welcher Prozess durch den Aufruf von welchen Services wie seine Leistung erbringt. Der Blick ist immer noch fachlich, die definierten Services sind eine gute Vorgabe für die weitere Ausarbeitung in der Evaluation Phase. Aus technischer Sicht sind sie zwar noch nicht vollständig definiert, aber es ist klar, was vom System aus fachlicher Sicht erwartet wird. Alle nachfolgenden Schritte müssen diese Vorgaben erfüllen!

Am Ende der Phase Initiation sind folgende Inhalte für die nachfolgenden Phasen erarbeitet:

- Geschäftsprozesse, mit den Mitteln der BPMN beschrieben wurden, sind vollständig und fachlich korrekt erfasst; dies schließt globale Tasks und wiederverwendbare Unterprozesse mit ein.
- Datenobjekte und deren Erzeugung, Verwendung und Änderung im Prozessfluss, samt zugewiesener Begriffsdefinitionen und Zustände.
- Nachrichten und deren Verwendung in Serviceoperationen und Ereignissen.
- Fachliche Serviceschnittstellen samt ihrer fachlichen Services.
- Alle Elemente sind mit Begriffsdefinitionen und textueller Spezifikation hinterlegt.
- Kollaborationen, die die Zusammenarbeit mehrerer Beteiligter im zeitlichen Prozessverlauf und die Schnittstellen zwischen Prozessen aufzeigen.

Phase System Evaluation (EVA)

Die Phase System Evaluation entspricht im Großen und Ganzen der „klassischen" Analyse-Phase im Softwareentwicklungsprozess. Als Besonderheit ist zu nennen, dass im vorgestellten Beispiel eine Mischung aus BPMN und UML verwendet wird.

Anfänglich können Inhalte zur weiteren Bearbeitung und Verfeinerung aus der Phase Initiation teilautomatisiert übernommen werden. Die Sicht ist in der Phase aber eine andere: Die fachlichen Anforderungen werden nun aus Systemsicht betrachtet. Was bedeuten die fachlichen Vorgaben für eine informationstechnische Umsetzung eines SOA- basierten Systems?[3]

Und da das Beispiel sich an der Praxis orientieren soll, wird betrachtet, wie vorhandene Services integriert werden können. Das bedeutet zum Beispiel, dass entsprechende WSDL-Dateien importiert werden um die vorhandenen Schnittstellen zu nutzen.

---

[3]Der Begriff System im engeren Sinne eines Softwaresystems ist hier etwas problematisch. SOA an sich kennt kein System im klassischen Sinne, also eine monolithisch gebaute Anwendung. Der Begriff wird hier im Sinne einer SOA- basierten Umsetzung verwendet, also die Abbildung von Prozessen durch Nutzung voneinander unabhängiger Services in einer zeitlichen Abfolge.

Vorgehen in der Phase System Evaluation

Das Vorgehen lässt sich wie folgt strukturieren:

- Übernahme von Informationen aus der Phase Initiation
- Anlegen von Strukturinformationen (Fachklassen) und Verknüpfung dieser Elemente mit den Begriffsdefinitionen der Initiation Phase
- Definition der technischen Services (Serviceinterfaces) unter Berücksichtigung vorhandener Services und weiteren Randbedingungen
- Definition der Nachrichten und Fehler mit angehängten Strukturinformationen (Klassen, Komponenten); Grundlage für die Generierung von WSDL Artefakten
- Definition der technischen Prozesse auf Grundlage der fachlichen Vorgaben, Verwendung und weiterer Verfeinerung der technischen Services
- Modellierung von Kollaborationen unter Verwendung der vorhandenen technischen Serviceinterfaces; Grundlage für die Erzeugung von BPEL Artefakten
- Modellierung des Pageflows; Abfolge der Masken, deren Inhalten und der darauf auslösbaren Ereignisse

Mit „technischem Service" ist hier nicht ein technisch orientierter Service gemeint, wie zum Beispiel eine Druckaufbereitung von Dokumenten. Gemeint ist ein, aus den fachlichen Prozessen und fachlichen Services abgeleiteter, notwendiger Service, der entweder schon vorhanden und implementiert oder noch zu implementieren ist.

Die Inhalte im Modell müssen außerdem so detailliert sein, dass sich daraus auch tatsächlich verwendbare WSDL und BPEL Artefakte generieren lassen. Es ist klar, dass auch hier wieder eine Menge an Kommunikationsaufwand anfallen kann. Die Zusammenarbeit des Systemanalytikers mit dem Business Analysten ist in dieser Phase äußerst fruchtbar, da der Business Analyst zunächst bei allen Fragen als Ansprechpartner fungiert und eine geordnete Kommunikation mit dem Fachbereich sicherstellt.

Trotzdem kann es natürlich vorkommen, dass es aus IT-Sicht problematische Anforderungen gibt. Dies führt zu Rückmeldungen an den Fachbereich. Diese Herausforderungen können eventuell nur in einem gemeinsamen Workshop bearbeitet und gelöst werden. Das ist aber völlig normal. Alle Beteiligten sollten Änderungen von Anfang an als Teil ihres Projektes akzeptieren. Oft ist die Beste Lösung nicht die zuerst gefundene und manchmal lassen sich Anforderungen aus technischer oder ökonomischer Sicht eben nicht vollständig umsetzen. Dann muss gemeinsam an Alternativen gearbeitet werden.

Grundsätzlich stärkt solch ein Vorgehen des gemeinsamen Lösens von Herausforderungen das Verständnis aller Beteiligten für einander und die jeweiligen Aufgaben. Das ist eine hilfreiche Sache und verhindert unproduktives „Fingerpointing" schon in einer sehr frühen Phase.

Wenn das Modell der Evaluation Phase ausreichend befüllt wurde, dann kann aus den Inhalten der Phasen Initiation und Evaluation in der Regel ein vollständiges Pflichtenheft für die Vergabe an Dritte erzeugt werden. Dazu mehr im Kap. 10.

Übersicht über die verwendeten Diagramme und Tools in dieser Phase

Der Systemanalytiker übernimmt zunächst automatisiert Informationen aus der Initiation Phase. Das bedeutet konkret, dass die Serviceschnittstellen zur weiteren Bearbeitung übernommen werden, inklusive der Operationen und Nachrichten. Für jeden Prozess wird zunächst ein leeres Prozessdiagramm angelegt. Die Elemente sind miteinander verknüpft. So kann jederzeit nachvollzogen werden, was aus einer fachlichen Anforderung in der Analyse wurde.

Für die Geschäftsobjekte werden entsprechende Fachklassenmodelle, wie in Abb. 4.11 dargestellt, angelegt. Sie hinterlegen die Strukturinformation für die einzelnen Geschäftsobjekte. Dabei werden die Geschäftsobjekte auf der Ebene Evaluation konsolidiert.

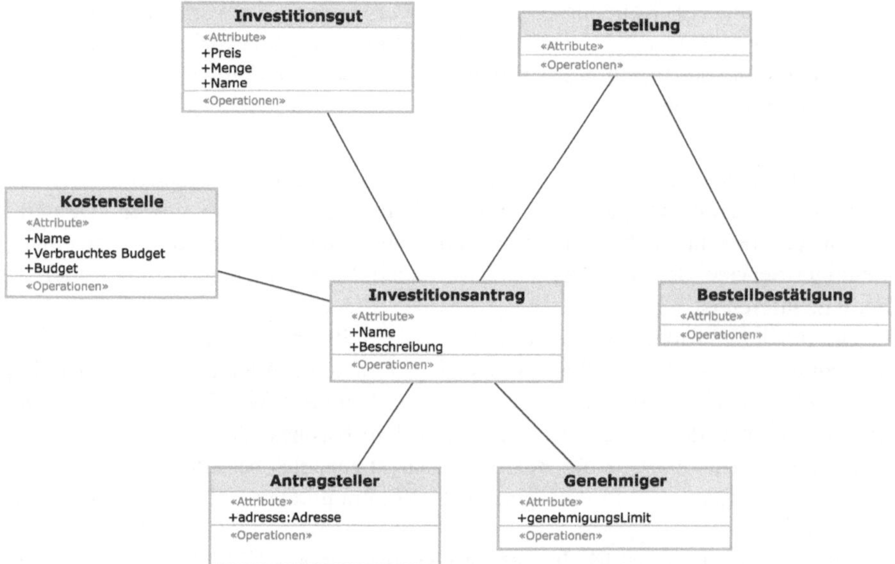

Abb. 4.11 Auszug aus einem Klassenmodell

Das bedeutet, dass aus einzelnen Geschäftsobjekten mehrere Klassen werden können. Dies kann zum Beispiel über eine Mehrfachvererbung dargestellt werden. Der umgekehrte Fall, dass mehrere Objekte in einer Klasse verschmelzen, ist ebenfalls denkbar. Die Klassen werden mit Attributen und Operationen angereichert.

Die initial übernommenen Services mit ihren Beschreibungen werden detailliert betrachtet. Die geforderte Funktionalität wird mit vorhandenen Services abgeglichen und die Informationen der vorhandenen Services importiert.

Nicht vorhandene Funktionalität beziehungsweise Services werden vollständig spezifiziert, also Serviceschnittstelle mit Operationen, Nachrichten und Fehlern.

Zu den Nachrichten und Fehlern werden Strukturinformationen modelliert und über eine Begriffsdefinition miteinander verknüpft. Abbildung 4.12 zeigt beispielhaft die Strukturinformation diverser Nachrichten. Sie werden als Objektstrukturen modelliert.

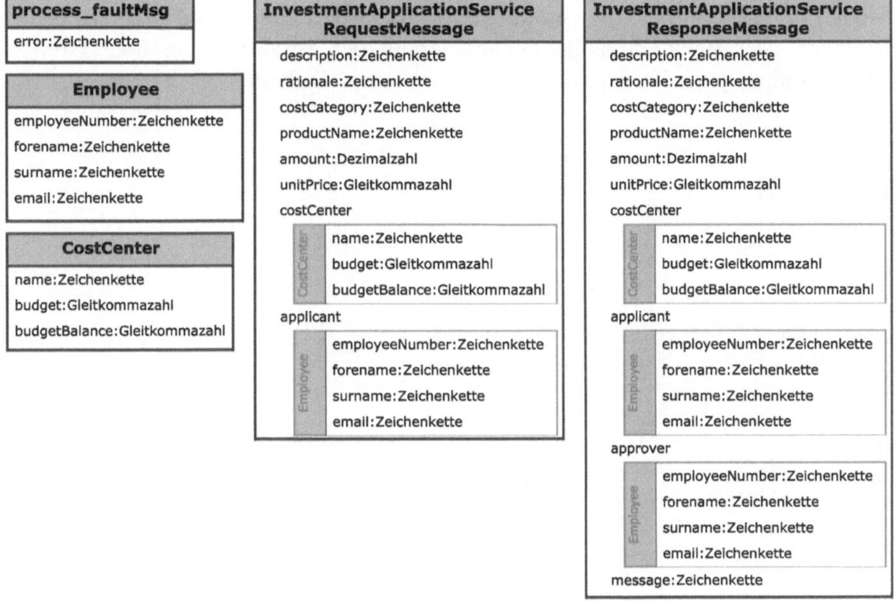

Abb. 4.12 Auszug Strukturdiagramm: Strukturinformation der Nachrichten

Diese Strukturinformationen bilden die Grundlage für die spätere Generierung der XSD-Artefakte.

Die technischen Prozesse werden auf Grundlage der fachlichen Prozesse modelliert. Die technischen Prozesse bilden ab, wie die tatsächliche Aufrufreihenfolge der Services zur Laufzeit aussieht. Dabei werden den in den Prozessdiagrammen verwendeten Tasks und Ereignissen die Operationen und Nachrichten aus den technischen Services zugewiesen. Abbildung 4.13 zeigt ein Beispiel für einen technischen Prozess, der mit den Mitteln der BPMN 2.0 modelliert wurde.

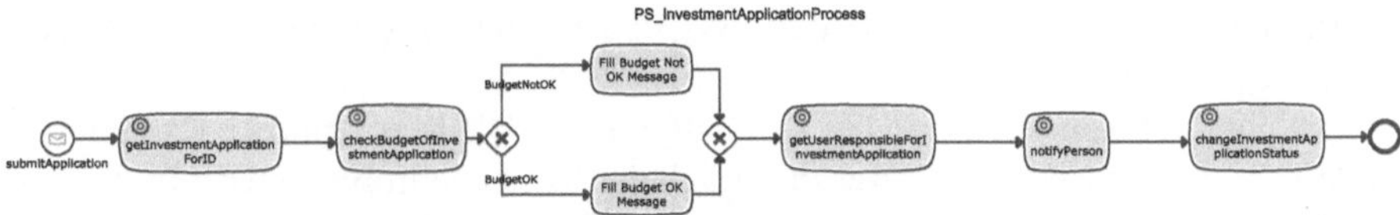

Abb. 4.13 Beispiel: Ausschnitt aus einem technischen Prozess

Wie genau ein technischer Prozess hergeleitet wird, wie die einzelnen Services geschnitten werden und welche Änderungen eventuell im Ablauf gemacht werden, wird ausführlich im Kap. 6 beschrieben und diskutiert.

Wichtig ist, dass die technischen Prozesse in ihrer Leistung den fachlichen Anforderungen genügen müssen. Im Zweifel ist immer Rücksprache mit dem Business

Analysten und/oder dem Fachexperten zu halten. Eigene Interpretationen führen nicht immer zum gewünschten Ergebnis.

Sind alle für eine Iteration notwendigen Services und technischen Abläufe im Modell definiert, gilt es, die Grundlage für die Generierung von BPEL-Artefakten zu legen. Das heißt, dass die Orchestrierung der Serviceaufrufe über BPMN-Kollaborationen modelliert wird. Dies wird beispielhaft in Abb. 4.14 dargestellt.

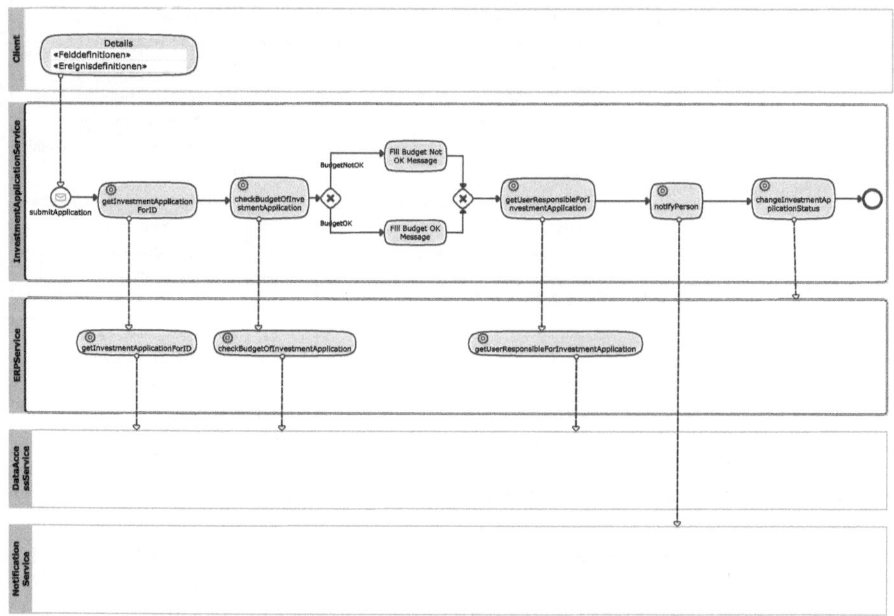

Abb. 4.14 Kollaboration mit Serviceaufrufen

In einer Kollaboration werden alle Beteiligten eines Prozesses und der Nachrichtenaustausch zwischen diesen Beteiligten dargestellt. Hinter jedem Beteiligten wird die Serviceschnittstelle hinterlegt, welche er repräsentiert. Die Nachrichtenflüsse und Serviceaufrufe werden modelliert. Am Ende sind alle notwendigen Informationen hinterlegt, um mit dem SOA-Assistenten die entsprechenden Artefakte generieren zu können.

Last but not Least werden in der Evaluation Phase die Maskenflüsse (Pageflows) modelliert. Ein Maskenfluss zeigt die mögliche Maskenabfolge einer Applikation an. Diese Maskenabfolge ergibt sich aus den auf einer Maske auslösbaren Ereignissen und der darauf folgenden Reaktion, den Sprung in eine andere Maske. Dabei kann es durchaus sein, dass die Realisierung nicht für jede Seite im Maskenfluss eine eigene Maske implementiert. Später, im Design der Masken, könnten zum Beispiel Tab-Views oder andere Techniken verwendet werden.

Daneben werden pro Maske auch deren Inhalte spezifiziert. Also alle Felder benannt und typisiert. Das Ziel ist also nicht ein komplettes Screendesign abzuliefern, sondern neben dem Maskenfluss auch die

- Anzahl der Masken
- dargestellten Inhalte
- ausgelösten Ereignisse

möglichst vollständig aufzunehmen. Die Maskenflüsse sind, wie alles andere in der Evaluation Phase, Vorgabe für ein nachfolgendes Design und die Implementierung. Es ist dabei völlig unerheblich, ob die Implementierung für einen Thin- client (Webbrowser), einem mobilen Gerät oder als Fat- oder Richclient erfolgt. Im Beispiel erfolgt die Umsetzung für die Nutzung im Browser auf Basis von Java Server Faces (JSF). Abbildung 4.15 zeigt ein typisches Maskenflussdiagramm.

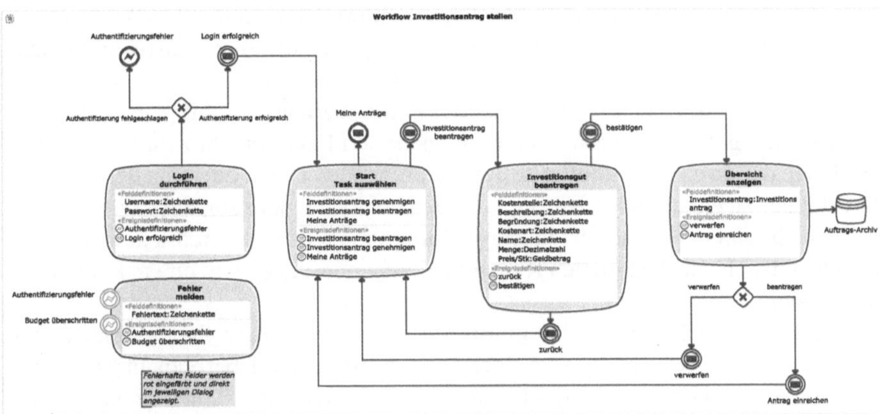

Abb. 4.15 Maskenfluss mit Attributen und Ereignissen

Am Ende der Phase Evaluation sind folgende Inhalte für die nachfolgenden Phasen erarbeitet:

- Die fachlichen Geschäftsprozesse werden in technischen Prozessen abgebildet und mit den Mitteln der BPMN vollständig erfasst.
- Für Datenobjekte liegen entsprechend konsolidierte Fachklassen vor. Die Fachklassen und Datenobjekte sind über die Begriffsdefinition miteinander verknüpft.
- Die technischen Services mit ihren Operationen, Nachrichten und Fehlern sind definiert.
- Die Verwendung der Services im Prozess ist über die Zuweisung der Operationen an den jeweiligen Tasks hinterlegt.
- Alle Elemente sind mit textuellen Spezifikationen hinterlegt.
- Für die Nachrichten wurden entsprechende Strukturinformationen hinterlegt.
- Kollaborationen wurden erstellt, die die Serviceorchestrierung als Grundlage für die BPEL Generierung aufzeigen.
- An den Beteiligten der Kollaborationen wurden die Services hinterlegt, welche sie repräsentieren.

All diese Inhalte können nun für die Generierung eines Pflichtenheftes verwendet werden, falls eine Implementierung der Services an Dritte ausgelagert werden soll.

Wird die Entwicklung im eigenen Haus weitergetrieben, dann werden nachfolgend die Services in der Phase Architecture Projection näher betrachtet.

Phase Architecture Projection (ARC)

Die Fachlichkeit, die Anforderungen und fachlichen Services sowie die abgeleiteten technischen Prozesse und Services sind nun spezifiziert. Was fehlt denn nun noch?

In der Evaluation wurden die Grundlagen für die Generierung von BPEL- und WSDL Artefakten gelegt. BPEL und WSDL zusammen beschreiben zwar Serviceschnittstellen und ihre Nutzung, aber damit existieren die Services selbst noch nicht! Irgendetwas muss die Dienstleistung auch implementieren. Das können zum Beispiel POJOs[4] oder EJBs,[5] aber auch in C# oder in einer sonstigen Sprache implementierte Artefakte sein.

Außerdem muss man sich über die grundsätzliche Architektur Gedanken machen. Eine gute Architektur hängt von mehreren Faktoren ab, zum Beispiel von der Menge der an einer Schnittstelle auszutauschenden Daten oder von der Echtzeitfähigkeit der zu erstellenden Anwendung. Jedem dürfte klar sein, dass zum Beispiel die Suche in einem Filmarchiv andere Anforderungen an eine Architektur stellt, als die Echtzeitsuche nach aktuellen Kinovorstellungen in, sagen wir, einem kompletten Bundesland.

Es gibt aber auch gute Architekturmuster, die Verwendung finden können. Mit [EffArc] und [BasArc] erhalten sie einen guten Einstieg und Überblick in das Thema Software-Architektur. Im Beispiel wird eine 3-Schichten-Architektur verwendet, die sich ohne weiteres auf mehrere Schichten (n-Tier) erweitern lässt.

Die Aufgabe der Phase Architecture Projection Phase ist es, die Inhalte und die Art der Architektur wiederzuspiegeln. Die 3-Schichten-Architektur wird durch entsprechende Komponenten und Pakete wiedergegeben. Die verschiedenen Servicetypen (Prozess-, Aktivität-, Daten- und Regelservice)[6] werden durch Komponenten mit Schnittstellen modelliert. Der Client, der teilweise schon durch die Maskenflüsse beschrieben wurde, wird ebenfalls durch Komponenten repräsentiert. Über Sequenzdiagramme lassen sich zudem die Aufrufe der Services aus dem Client heraus darstellen.

Im Beispiel werden die Komponenten später durch POJOs und EJBs implementiert. Die Inhalte der Architekturphase sind deshalb Grundlage für die Generierung von genau diesen Artefakten.

[4] Plain Old Java Object.

[5] Enterprise Java Bean.

[6] Die genaue Abgrenzung der verschiedenen Servicetypen werden in Kap. 5 beschreiben. Wir verwenden die in [JMSOA] erstmals veröffentlichte Einteilung.

Vorgehen in der Phase Architecture

Das Vorgehen lässt sich wie folgt strukturieren:

- Übernahme von Informationen aus der Phase Evaluation.
- Anlegen von Komponenten in der jeweiligen Schicht; Verknüpfung dieser Elemente mit den Modellinhalten der Phase Evaluation.
- Definition der Komponenten-Schnittstellen (Serviceinterfaces) unter Berücksichtigung der spezifizierten technischen Services; Grundlage für die Generierung von EJBs und POJOs.
- Modellierung von Kollaborationen und gegebenenfalls Sequenzdiagrammen, die das Zusammenspiel von Client und Services verdeutlichen.

Aus den Inhalten der Phase Architecture Projection (Architecture) werden Artefakte generiert, die auf der jeweiligen SOA Plattform importiert und weiter verwendet werden können. Das bedeutet, dass in der Phase Architecture eine weitere Anreicherung und Detaillierung von Informationen erfolgt. Die Inhalte sind wiederum mit Elementen aus der vorhergehenden Phase verknüpft. Damit ist die Kette der Nachvollziehbarkeit von der Anforderung bis zur Komponente, die einen Service repräsentiert, gegeben. Das ist sehr wichtig. Man kann nicht oft genug darauf hinweisen, dass nach der Implementierung und dem erfolgreichen Rollout die Wartung und Pflege ansteht. Dafür ist es unerlässlich diese Zusammenhänge einfach nachvollziehbar dokumentiert zu haben. Nur so kann für gewünschte Änderungen eine verlässliche Impact-Analyse durchgeführt werden. Das bedeutet aber auch, dass Änderungen in den Modellen entsprechend gepflegt werden. Oder, um es anders zu formulieren: Beim modellgetriebenen Vorgehen ist ein Modell wie Sourcecode zu sehen. Das Modell ist damit die Grundlage für alle Entwicklungsschritte im Softwarezyklus.

Übersicht über die verwendeten Diagramme und Tools in dieser Phase

Grundsätzlich ist die Struktur der Architektur im Modell über entsprechende UML Stereotypen abgebildet und kann direkt verwendet werden. Das bedeutet für die drei Schichten, dass sie als eigene Pakete, wie in Abb. 4.16 dargestellt, abgebildet werden.

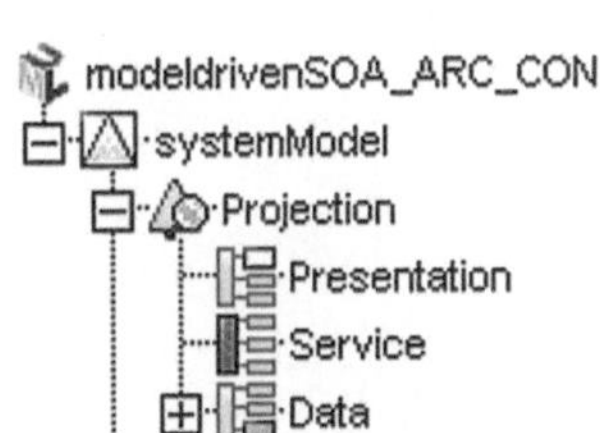

Abb. 4.16 Auszug: Die Schichten als Pakete

In der Presentation Schicht werden die Komponenten der Benutzeroberfläche als Stellvertreter für den Client modelliert. Hierbei werden die Masken aus den Maskenflüssen als Komponenten mit den darauf auszulösenden Ereignissen modelliert.

In der Service Schicht wird die Businesslogik abgebildet. Die technischen Services aus der Evaluation Phase werden als Komponenten mit entsprechenden Schnittstellen dargestellt. Das heißt konkret, es werden Prozess-, Aktivitäts- und Regelservices in dieser Schicht abgebildet. Die Komponenten der Service Schicht sind die Grundlage für entsprechende Session Beans (stateless oder statefull, remote oder local) und POJOs.

In der Data Schicht werden die Datenservices ebenfalls als Komponenten mit entsprechenden Schnittstellen modelliert. Ein Datenservice ist dabei nicht zwingend nur für eine Tabelle in einer Datenbank zuständig, sondern eventuell für eine ganze Reihe von Tabellen. Ein Datenservice trägt also die Verantwortung für die Daten seines Bereichs, seiner Domäne. Die Daten sollten deshalb auch nur über diesen Service angesprochen werden.

Ebenfalls unter Data werden die Fachklassen der Phase Evaluation als EntityBeans abgebildet. Die DataServices nutzen dann, sozusagen „private" die EntityBeans zum Zugriff auf die Daten.

Aus der Phase Evaluation werden also für die technischen Services und Masken automatisiert Komponenten erzeugt. Die Aufgabe des Architekten ist es, diese anfänglich erzeugten Elemente in die Architekturschichten einzusortieren, zu konsolidieren und weiter anzureichern.

In Komponentendiagrammen werden die Abhängigkeiten zwischen den Komponenten über die Benutzung oder Bereitstellung von Schnittstellen visualisiert. Dabei kann die Aufrufreihenfolge über die Schichten gut nachvollzogen werden. Beispielhaft ist dies in Abb. 4.17 dargestellt. Einen direkten Aufruf einer Datenkomponente aus der Präsentationsschicht verbietet die Architektur, die Präsentationsschicht nutzt stattdessen die Serviceschicht um sich die benötigten Daten zu besorgen. Die Serviceschicht nutzt die Datenschicht oder weitere Komponenten aus der Serviceschicht, um ihrerseits die für sie relevanten Daten zu ermitteln, gegebenenfalls zu verdichten und an den Aufrufer zurückzugeben.

Die einzelnen Schnittstellen werden ausformuliert und die Operationen mit ihren Parametern definiert. Dabei sind die Nachrichtenkomponenten aus der vorhergehenden Evaluation Phase eine wertvolle Vorgabe. Abbildung 4.18 zeigt ein typisches Komponentendiagramm mit einer Schnittstelle.

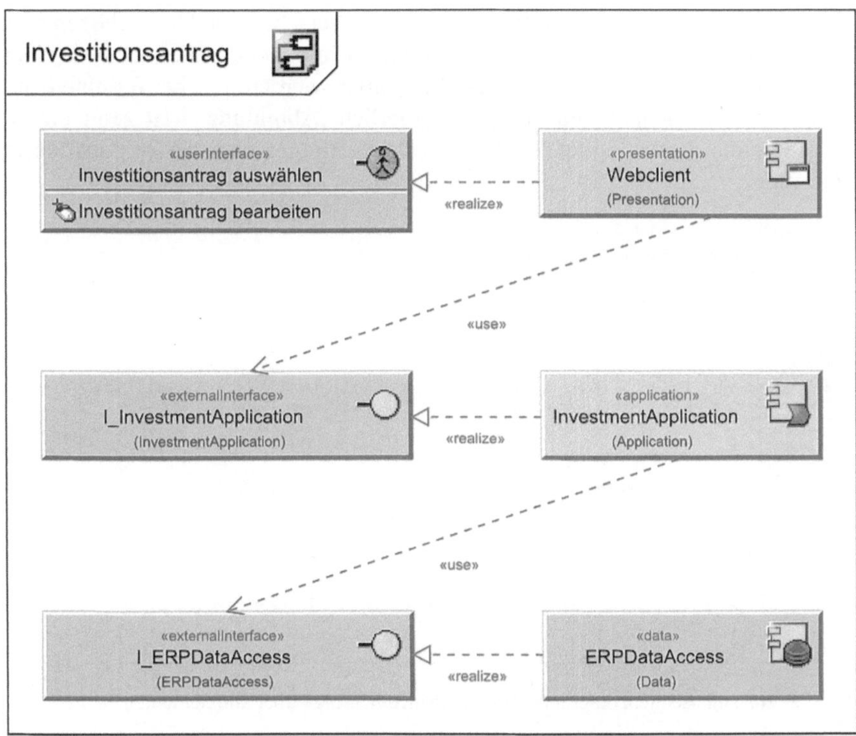

Abb. 4.17 Typische Darstellung einer Nutzungsreihenfolge über Schnittstellen

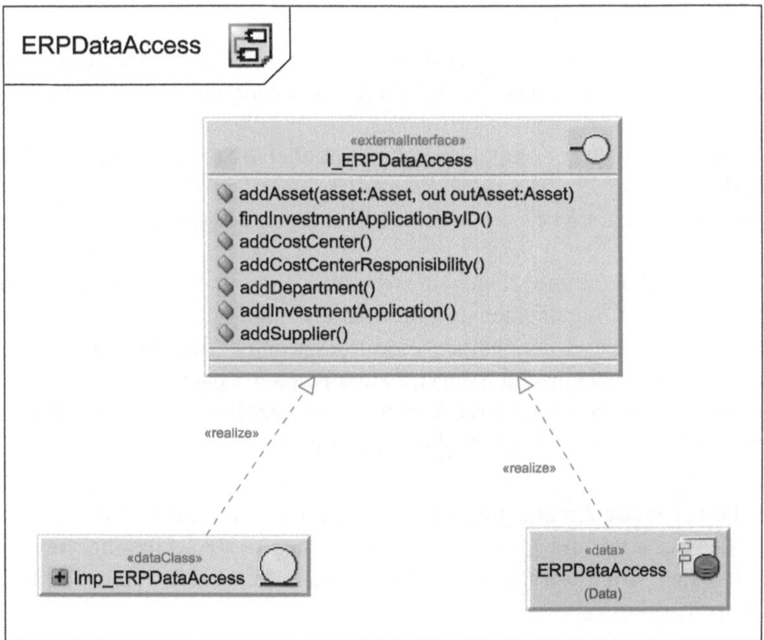

Abb. 4.18 Schnittstellendefinition (Auszug)

Die weiteren Datenklassen werden modelliert. Verschiedene Datenklassen realisieren zusammen mit ihren Schnittstellen eine Komponente. Dies kann in einem Komponentenstrukturdiagramm noch dokumentiert werden, ist aber für eine Generierung der Klassen nicht unbedingt erforderlich. Abbildung 4.19 zeigt ein Sequenzdiagramm. Es ermöglicht es die Aufrufreihenfolgen über die Zeit ausführlich darzustellen.

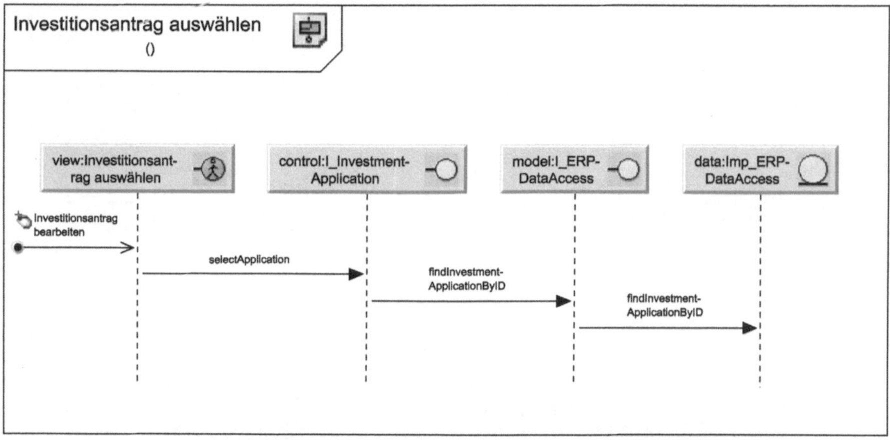

Abb. 4.19 Auszug: Sequenzdiagramm einer Aufrufreihenfolge über alle Schichten

Am Ende der Phase Architecture Projection sind folgende Inhalte für die nachfolgende Phase erarbeitet:

- Für jede/n spezifizierten Service/Maske existiert eine Komponente mit entsprechender Schnittstelle; Grundlage für die Generierung entsprechender EJBs oder POJOs.
- Die Realisierung der Komponenten ist optional über entsprechende Klassen abgebildet.
- Die Komponenten sind in der jeweils zuständigen Schicht der Architektur eingeordnet.
- Komponentendiagramme zeigen die Realisierungs- und Nutzungszusammenhänge zwischen Komponenten und Schnittstellen auf.
- Optional existieren Kompositionsstrukturdiagramme, welche die Zusammenhänge zwischen den einzelnen Services und Klassen visualisieren.
- Optional werden über Kollaborationen und Sequenzdiagramme die Aufrufreihenfolgen über die Schichten der Architektur dargestellt

Die Inhalte der Phase Architecture Projection beschreiben nun vollständig die Einordnung der Services und Masken in die Schichten der Architektur, sowie deren zu realisierenden Komponenten und Schnittstellen. Die Details dieser Phase finden sich in Kap. 7.

Was bleibt noch zu tun? In der nachfolgenden System Construction Phase werden die notwendigen Artefakte generiert, die für den Bau einer SOA- Anwendung benötigt werden. All diese Bausteine müssen miteinander auf der gewählten Plattform integriert werden, damit man eine funktionierende Anwendung erhält. Betrachten wir also genauer, was in der Construction Phase zu tun ist.

Phase System Construction (CON)

In der System Construction Phase werden abschließend Artefakte generiert. Im Modell werden außerdem noch Deployment-Informationen hinterlegt, zum Beispiel darüber, wo welcher Service zur Laufzeit erreichbar ist. Dabei kann auch gezeigt werden, dass derselbe Service mehrfach auf unterschiedlichen Maschinen verteilt wurde, wenn dies zur Erfüllung von nichtfunktionalen Anforderungen, wie zum Beispiel Erreichbarkeit und Reaktionsverhalten, erforderlich ist. Diese Information ist oft auch in einem Servicerepository verfügbar und das Modell könnte diese Information auch aus solch einem Repository importieren und übersichtlich aufbereiten.[7]

Daneben tritt nun viel mehr die Plattform in den Vordergrund. Jede bringt ihre eigenen Werkzeuge mit, die das Deployment und die Erzeugung von ablauffähigen Services plattformspezifisch unterstützt. Die meisten Plattformen unterstützen dabei den Import von standardbasierten Artefakten wie WSDL-, BPEL-, XSD-, Java-Dateien, etc. Dabei sind die Funktionsweisen der Werkzeuge und ihre Features so vielfältig wie die Ideen der jeweiligen Hersteller. Seien es nun Open-Source oder kommerzielle Plattformen.

Für das Beispiel wird die in Kap. 2 kurz beschriebene Plattform SOPERA verwendet. SOPERA bringt seinerseits Werkzeuge und Generatoren mit. Damit lassen sich die aus dem Modell erzeugen Artefakte importieren. Die Werkzeuge unterstützen die Integration der Artefakte und deren weitere Anreicherung bis zur Implementierung einer lauffähigen SOA Anwendung.

Vorgehen in der Phase System Construction

Das Vorgehen lässt sich wie folgt strukturieren:

- Generierung von XSD Artefakten.
- Generierung von EJB und POJO Artefakten.
- Generierung der BPEL Artefakte.
- Generierung der WSDL Artefakte.
- Import der vorhandenen WSDL, BPEL, XSD, EJB und POJO Artefakte in die Plattform.
- Erzeugung der plattformspezifischen Artefakte.

[7] Vorausgesetzt das jeweilige Servicerepository stellt eine entsprechende offene Schnittstelle zur Verfügung, über die die Daten erreicht werden können.

- Erweitern der generierten Artefakte um die Geschäftslogik.
- Integration auf der Plattform.
- Optional das Design und die Erzeugung der Datenbank(en) oder auch die Anpassung vorhandener Datenbank(en).
- Registrierung der Services.
- Deployment der Services.

Übersicht über die verwendeten Diagramme und Tools in dieser Phase

Eine SOA, die auf Basis von Webservices[8] gebaut wird, tauscht die Nachrichten meist dokumentenorientiert aus. Das hat den Vorteil, dass der Austausch von Informationen plattformunabhängig über Systemgrenzen verschiedener Hersteller möglich ist, was ja eben ein Ziel von SOA ist! Auf einer spezifischen Plattform können die Nachrichten natürlich auch in anderer Art und Weise ausgetauscht werden, zum Beispiel durch direktes Streaming von Objekten. Das spart das Marshalling und Unmarshalling, ist dann aber natürlich an die jeweilige Plattform gebunden.

Die Dokumente sind entsprechende XSD-Datenstrukturen. Auf Grundlage der im Modell hinterlegten XSD-Strukturen werden die entsprechenden XSD-Artefakte aus dem Modell heraus generiert. Abbildung 4.20 zeigt den Generators, der als PlugIn für *Innovator for Business Analysts* erstellt wurde.

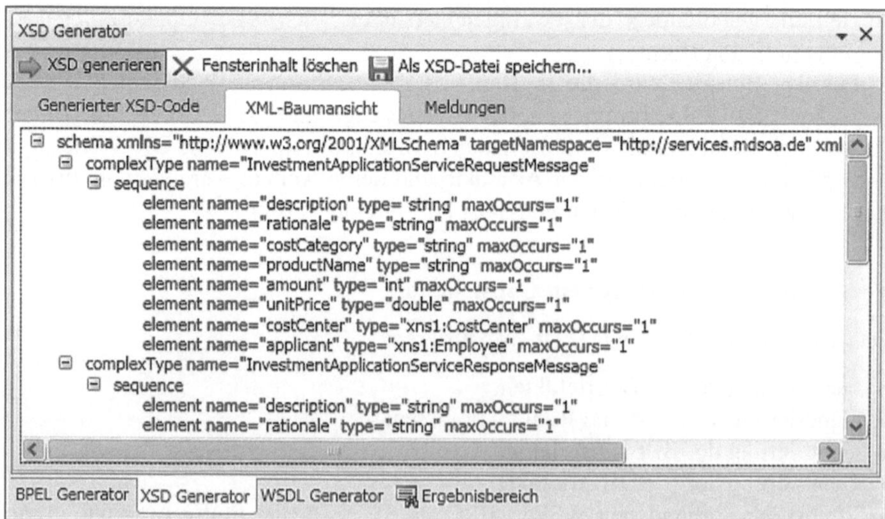

Abb. 4.20 Generierung der XSD-Artefakte

[8]Eine SOA muss nicht zwingend auf Basis von Webservices und den WS-Standards gebaut werden. Das funktioniert natürlich auch mit Ansätzen wie REST oder nachrichtenorientierten asynchronen Verfahren (MOM), die im Beispiel aber nicht ausführlich behandelt werden.

Aus den Schnittstellen der Komponenten in der Architekturphase werden entsprechende EJBs generiert. Mit Hilfe des Stereotyps einer Komponente und weiterer Stereotypeigenschaften entscheidet der Generator ob eine Entity- oder Sessionbean erzeugt wird. Außerdem können über den Generator auch einfache POJOs erzeugt werden.

Nun stehen also folgende Artefakte für die weitere Bearbeitung und Integration auf einer Plattform zur Verfügung:

- WSDL-Dateien, die aus Inhalten der Phase Evaluation erzeugt wurden.
- BPEL-Dateien, die aus Inhalten der Phase Evaluation erzeugt wurden.
- XSD-Dateien, die aus Inhalten der Phase Evaluation erzeugt wurden.
- EJBs und POJOs, die aus Inhalten der Phase Architecture erzeugt wurden.

Für SOPERA gilt, dass die WSDL Dateien importiert werden und plattformspezifischer JAVA-Code erzeugt wird. Dieser Code wird um den Aufruf der entsprechenden generierten EJBs und POJOs erweitert. Abbildung 4.21 fasst den Import einer WSDL-Datei und das Ergebnis des Imports in einer Grafik zusammen.

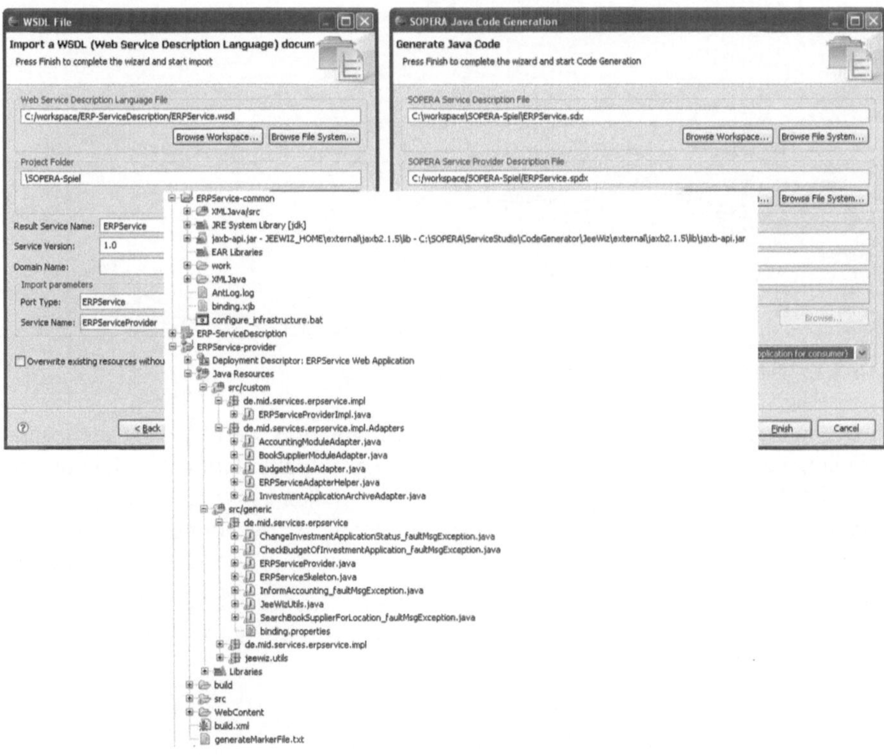

Abb. 4.21 Import WSDL und Erzeugung plattformspezifischen Codes

Die erzeugten EJBs und POJOs werden mit der notwendigen Geschäftslogik angereichert. Die Arbeit wird dem Implementierer erleichtert, da er

1. das Modell zur Verfügung hat und
2. alle Spezifikationstexte als Kommentare mit in den Sourcecode generiert werden

Die Ausformulierung erfolgt meist in der plattformspezifischen Entwicklungsumgebung. Bei SOPERA wird dabei Eclipse verwendet. Abbildung 4.22 zeigt einen Screenshot der mitgelieferten Entwicklungsumgebung.

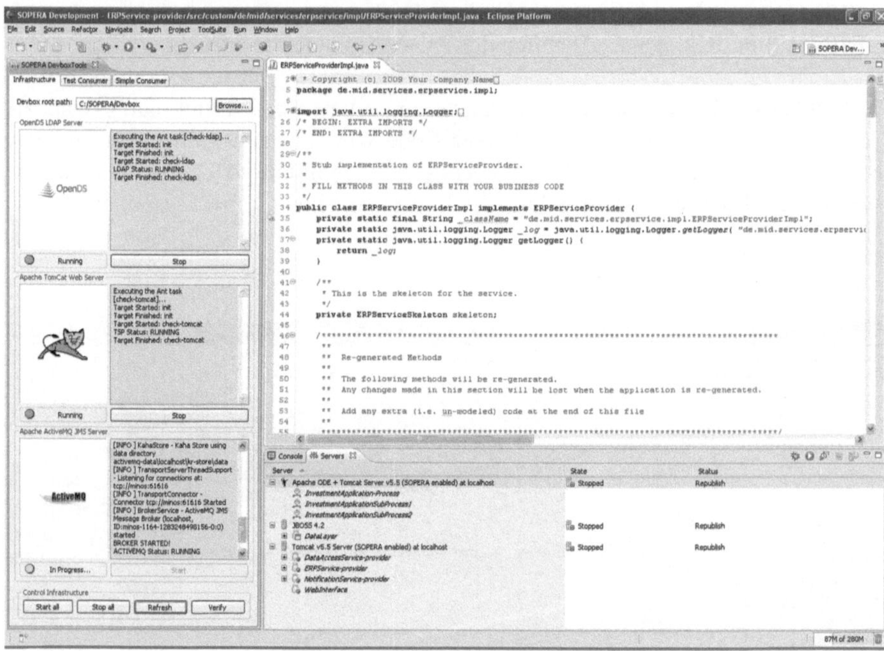

Abb. 4.22 Die Entwicklungsumgebung von SOPERA

Die Services werden registriert. In der Konfiguration werden die Datenbankverbindungen und bei Verwendung von JPA das objektrelationale Mapping in einer XML-Datei hinterlegt. Abbildung 4.23 zeigt den Auszug einer typischen Konfiguration des objektrelationalen Mappings bei der Verwendung von Hibernate.

*persistence.xml

```
<?xml version="1.0" encoding="UTF-8"?>
<persistence version="1.0" xmlns="http://java.sun.com/xml/ns/persistence" xmlns:xsi="http://www.w3.org/2001/XMLSchema-in
    <persistence-unit name="ERP-Data">
    <provider>org.hibernate.ejb.HibernatePersistence</provider>
        <jta-data-source>java:/InvestmentApplicationDS</jta-data-source>
        <properties>
            <property name="hibernate.hbm2ddl.auto" value="create"/>
            <property name="hibernate.dialect" value="org.hibernate.dialect.MySQLDialect"/>
            </properties>
    </persistence-unit>
</persistence>
```

Abb. 4.23 Die Konfiguration des objektrelationalen Mappings

Jetzt sind die Services tatsächlich verfügbar und können aufgerufen werden. Die Prozesse sind ausführbereit und können ebenfalls angestoßen werden. Was bleibt noch zu tun?

Nun, irgendetwas muss die Services schließlich aufrufen. Ein Client muss also noch her mit dem der Anwender letztendlich interagieren kann und die jeweiligen Prozesse anspricht. Im Beispiel wird ein typischer Thinclient mit JSF entwickelt.

Die Maskenflüsse und die Präsentationskomponenten, sowie die eventuell vorhandenen Sequenzdiagramme, helfen dem Entwickler. Meist existieren auch entsprechende Benutzeroberflächenentwürfe, die ebenfalls herangezogen werden.

Es empfiehlt sich außerdem den grundsätzlichen Aufbau und die Steuerungsmechanismen einer Benutzeroberfläche in einem Konzeptpapier festzuhalten. Es beinhaltet Informationen über die Anordnung von Menüs oder was im Standardfall beim Umschalten von Multitabscreens passieren soll - wie zum Beispiel automatisches Speichern. Weitere Inhalte sind auch Vorgaben zur Standard-Bildschirmauflösung, des Standard-Browsers, des verwendeten Logos und der Farbpalette.

Die entsprechenden JSF-Konfigurationsdateien und Masken werden implementiert und die Backing-Beans rufen die entsprechenden Services auf.

Es wird auch entschieden, welche Prüfungen eventuell direkt mit Bordmitteln des Clients erledigt werden. Zum Beispiel bietet sich die Standardprüfung auf leere Mussfelder hier an, da sie sich mit JSF sehr einfach umsetzen lässt. Komplexere Prüfungen werden als eigene Services oder in POJOs realisiert, je nachdem ob sie

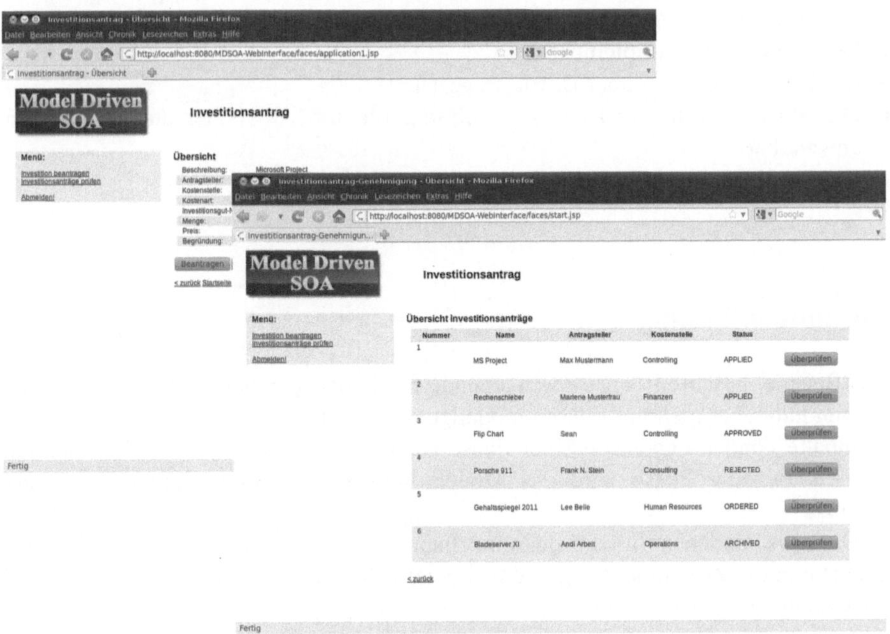

Abb. 4.24 Die fertige Anwendung

tatsächlich mehrfach verwendbar sind, oder ob sie nur im Kontext einer spezifischen Maske oder eines spezifischen Services Sinn machen.

Diese Entscheidung kann Auswirkungen auf die Architecture Phase haben und gegebenenfalls muss diese dort nachgezogen und neu generiert werden.

Nach dem Deployment der JSF-Anwendung steht unsere SOA Anwendung, Auszugsweise in Abb. 4.24 dargestellt, vollständig zur Verfügung und kann genutzt werden.

Besonderheit Datenbank – OOER-Mapping und EJB3 Annotations

Auf eine Besonderheit soll noch näher eingegangen werden. Um EJB3 Entitybeans zu erzeugen, die direkt auf die entsprechende Datenbank zugreifen können, ist es möglich die Angaben für Annotations an entsprechenden Stereotypeigenschaften der Daten-Komponenten zu hinterlegen. Dies geschieht in der Regel manuell.

Bei der Generierung des Sourcecodes der Beans werden diese Inhalte von Stereotypeigenschaften im Modell zu EJB 3.0 Annotations und können später etwa durch Hibernate Lazy Loading auf Datenbanktabellen abgebildet werden.

Am Ende der Phase System Construction sind folgende Inhalte erarbeitet:

- Die Services sind implementiert und registriert (EJBs, POJOs, plattformspezifische Klassen).
- Der JSF Client ist implementiert.
- Die Services werden über BPEL orchestriert.
- Die SOA Anwendung ist somit lauffähig für alle Anwender auf dem Server anwendbar.
- Die Deployment-Informationen sind im Modell hinterlegt.

Zusammenfassung

Das Beispiel beschreibt eine durchgehende Methodik, die es ermöglicht eine SOA Anwendung über mehrere Phasen modellgetrieben zu entwickeln.

Inhalte können dabei von einer Phase zur nächsten automatisiert übernommen werden. In jeder Phase wird das Modell um weitere Details angereichert und ergänzt.

Die verschiedenen Inhalte der einzelnen Phasen sind dabei miteinander verknüpft und die Zusammenhänge können nachvollzogen werden. Diese Traces sind im Modell navigierbar hinterlegt.

Auf der Plattform werden zum Schluss die einzelnen Artefakte, die aus dem Modell erzeugt wurden, ausformuliert und integriert.

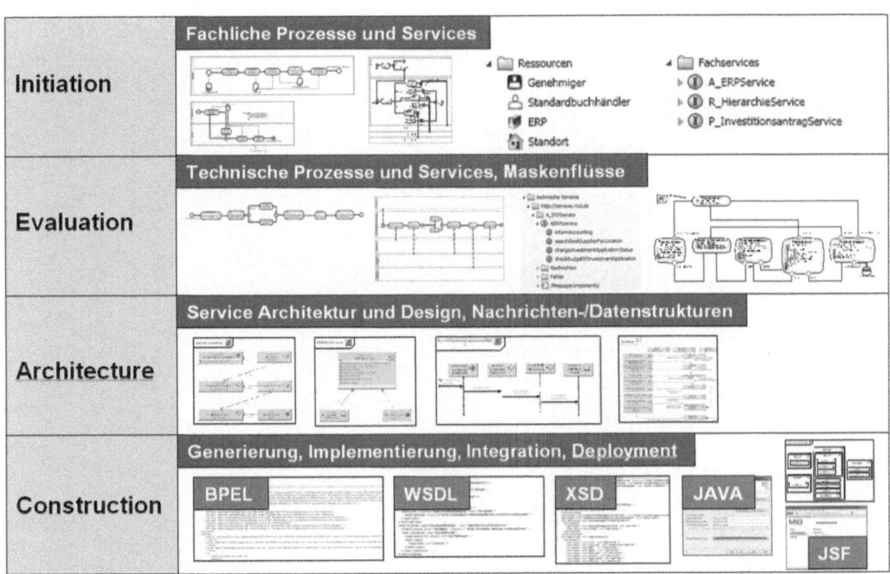

Abb. 4.25 Überblick über die Phasen und Inhalte

Die nachfolgenden Kapitel gehen auf die jeweilige Phase im Detail ein. Dabei werden auch die notwendigen Modelltransformationen und Generatoren ausführlich beschrieben.

Abschließend zeigt die Grafik 4.25 eine Übersicht der Inhalte der einzelnen Phasen.

Literatur

[BasArc] Posch T, Birken K, Gerdom M (2004) Basiswissen Softwarearchitektur.Dpunkt. Verlag, Heidelberg

[BK] MID GmbH (2010) Administrationshandbuch Kapitel 9 Benutzer verwalten, MID GmbH, Nürnberg

[EffArc] Starke G (2005) Effektive Software-Architekturen. Hanser Fachbuch, München

[JMSOA] Artikelserie Maier B, Normann H, Trops B et al (2008, 2009) SOA aus dem wahren Leben. JavaMagazin 11/2008 ff

[M3] MID GmbH, MID Modellierungsmethodik M^3 (2010) http://www.mid.de/consulting/methodik.html

[RE] Hood C, Wiebel R (2005). Optimieren von Requirements Management & Engineering mit dem HOOD Capability Modell. Springer, Berlin

[SOAG] Seemann J (2010) Geschäftsprozesse und SOA Governance. Business Technology Magazin 01.2010 http://www.mid.de/fileadmin/mid/PDF/Solution_Artikel/Artikel_Geschaeftsprozesse_und_SOA_Governance.pdf

[SOAG2] Rüter A, Schröder J et al (2010) IT-Governance in der Praxis. Springer, Berlin

Kapitel 5
Initiation

unter Mitwirkung von Thomas Henninger

Abb. 5.1 Sean lernt, sich auf das Wesentliche zu beschränken

Schon nach kurzer Zeit – die Sean mit intensivem Lernen verbracht hatte – bekam er von seinem Meister seine erste eigene Aufgabe übertragen. Wokew erklärte ihm, dass es eine sehr wichtige Aufgabe für die Erstellung einer guten Lösung sei: Er solle mit Burba Hobbs sprechen. Er war Auftraggeber für eine recht komplexe Anwendung. Sean sollte nun herausfinden, was diesem wirklich wichtig ist. „Aber vergiss nicht: Burba versteht nur wenig vom der inneren Struktur und den Sprachen, also von all den Dingen die du bisher gelernt hast!". Mit diesen Worten schickte Wokew Sean hinaus.

Stolz und in dem festen Glauben, alles, was dem Benutzer wichtig ist, in seiner Sprache festgehalten zu haben, kehrte Sean zu seinem Meister zurück. Sean erzählte Whon Whokew von den vielen Informationen, die er vom Hobbs erhalten hatte und zeigte ihm das Ergebnis seiner Arbeit. Wokew betrachtete die ersten Zeichnungen seines Schülers und sah ihn mit einem ernstem Blick an: „Erkenne was Du hast

G. Rempp et al., *Model Driven SOA*, Xpert.press,
DOI 10.1007/978-3-642-14470-7_5, © Springer-Verlag Berlin Heidelberg 2011

und nimm nur, was Du brauchst!". Sean war sehr enttäuscht, da er dachte, die Beschreibung von Prozessen zu beherrschen. Wokew ermahnte ihn, das Gelernte mehr zu bedenken und sagte: „Nicht nur einer muss das Modell verstehen und sich darin wiederfinden – alle Beteiligten müssen damit bei der Erreichung ihrer Ziele unterstützt werden. Was für den einen klar und wichtig ist, kann für den anderen wertlos sein". Mit neuem Mut ging Sean wieder zum Burba Hobbs, um seine Arbeit weiter zu verfeinern und zu verbessern.

Sean war nicht so schnell am Ziel wie er geglaubt hatte. Jedes Mal, wenn er aufgenommen hatte, was Hr. Hobbs erwartete, sagte Wokew: „Ich versteht Dich nicht, spricht deutlicher!" Und je mehr er schrieb und je größer seine Modelle wurden, desto weniger schien Wokew zu verstehen! Wütend ob der scheinbaren Ignoranz von Wokew stellt er Ihn zur Rede: „Du willst mich nicht verstehen! Sagen all die Dokumente nicht, was ich erwarte? Was ist falsch daran?". Wokew lächelte und sprach: „Wer nichts weiß, versteckt sich in einem Wald aus Erkenntnis. Der Weise weiß zu kürzen!". Sean war verblüfft! War Wokev etwa einst auch Schüler in Babschinar gewesen? „Folge mir!" Und Sean lernte das Wichtige vom Unwichtigen zu trennen. Er lernte seine Wünsche klar, kurz und einfach zu formulieren. Er lernte, dass Quantität nicht mit Qualität gleichzusetzen ist. Er lernte, das Wesentliche herauszuarbeiten. Und es war nicht einfach, sich kurz zu fassen. Aber nach Tagen der Übung hörte er endlich den ersehnten Satz aus Wokews Mund: „Ich habe Dich verstanden!".

Ziele und Vorgehen in der Phase Initiation

Die Phase Initiation ist die erste Phase im Gesamtablauf. Sie hat das Ziel, die Grundlage für die spätere Systementwicklung zu legen. Im Fokus stehen dabei die Prozesse des Unternehmens, die später vom zu entwickelnden System unterstützt werden sollen, herauszuarbeiten. Technische Aspekte sind allenfalls am Rand von Bedeutung. Das Hauptaugenmerk bei allen Tätigkeiten liegt in dieser Phase daher auch auf den Geschäftsprozessen, Daten und weiteren Anforderungen. Diese Informationen werden analysiert, strukturiert und im Modell dokumentiert. Wichtig ist dabei, zwischen den Dingen, die für die optimale IT-Unterstützung der Organisation wichtig sind und den Dingen, die für die Systementwicklung unwichtig sind zu unterscheiden.[1] Die Vorgehensweise lässt sich dabei grob in folgende Schritte unterteilen:

- Erste Beschreibung und Modellierung der Prozesse durch den Fachbereich/Fachexperten
- Überarbeitung durch den Business Analysten zur BPMN-konformen Modellierung

[1] Man stellt sich dabei die Frage: „Muss ich, beziehungsweise der Entwickler, das tatsächlich wissen beziehungsweise verstehen, um ein gutes System zu entwickeln?"

- Ableitung der fachlichen Services
- Integration der Prozesse in ein Gesamtprozessmodell

Prozessbeschreibung des Fachbereichs

Die Erfassung der relevanten Geschäftsprozesse ist meist ein iterativer Prozess. Wir beschreiben den Weg der Aufnahme von den ersten Prozessskizzen, die zum Beispiel selbstständig vom Fachexperten ohne Unterstützung eines Business Analysten aufgenommen werden, bis zur vollständigen Ausarbeitung in ein BPMN-konformes Prozessmodell.

Erste Erfassung der Prozesse

Im ersten Schritt der Erfassung der Geschäftsprozesse, die für das zu entwickelnde System relevant sind, geht es darum, ein grobes Bild beziehungsweise eine Grundlage innerhalb der Phase Initiation zu erhalten. Zu Beginn ist es also nicht das Ziel, möglichst alle relevanten Informationen in der korrekten Konstellation und Granularität zu erhalten. Die am Ende der Phase dokumentierten Prozesse sind vielmehr das Ergebnis, das iterativ über viele Einzelschritte erarbeitet und immer weiter verfeinert wird.

Bei der ersten Dokumentation der Prozesse gibt es verschiedene mögliche Vorgehensweisen. Dabei gilt, dass eine erste Erfassung und Darstellung der Prozesse bereits im Modell gemacht werden kann. Alternativ kann diese aber auch unabhängig von einer Modellierung durchgeführt werden und später – wenn sich ein erstes Bild des Prozesses ergeben hat – in das Modell überführt werden. Grundsätzlich kann bei der Vorgehensweise dabei unterschieden werden, ob der Fachbereich alleine arbeitet oder ob bereits der Business Analyst mitwirkt. Folgende Varianten sind dabei denkbar:

- Workshop
  Der Business Analyst führt den Workshop gemeinsam mit mehreren Fachbereichsmitarbeitern durch. Sinnvoll ist diese Variante, wenn eine Gruppe von Fachbereichsmitarbeitern gleichzeitig an der Erarbeitung eines einzigen initialen Standes beteiligt sein soll. Der Vorteil ist, dass der Business Analyst bereits sehr früh koordinierend und strukturierend wirken kann. Er kann die Prozesse direkt im Workshop oder im Anschluss daran in das Modell einarbeiten, ohne viel Rücksprache mit dem Fachbereich zu benötigen. Der Nachteil ist, dass der Workshop aufgrund von Diskussionen zwischen den Teilnehmern oder unterschiedlichen Prozessvorstellungen in den Köpfen der Teilnehmer weniger effizient ist, als eine erste Prozessdokumentation der Teilnehmer unabhängig voneinander.

- Modellieren lassen
  Jeder Mitarbeiter des Fachbereichs „modelliert" den Prozess individuell für sich selbst. Auf die genaue Beachtung der Notations- und Methodikregeln wird dabei verzichtet. Die Modellierung kann im Modellierungswerkzeug oder auch außerhalb (zum Beispiel mit Visio) vorgenommen werden. Diese Variante ist sinnvoll wenn ein erster Stand schnell erhoben werden soll und dabei die Meinung mehrerer (vieler) Mitarbeiter abgebildet werden soll. Der Vorteil dabei ist, dass in kurzer Zeit die individuelle Meinung beliebig vieler Fachbereichsmitarbeiter abgeholt werden kann. Daneben wird dabei auch gut sichtbar, an welchen Stellen sich die Arbeitsweise der einzelnen Mitarbeiter voneinander unterscheidet. Der Nachteil ist, dass alle modellierenden Fachbereichsmitarbeiter eine grundsätzliche Einweisung in die Notation und Methodik sowie gegebenenfalls in die verwendete Software benötigen. Weithin müssen die unterschiedlichen Ergebnisse durch den Business Analysten konsolidiert und im Modell sauber modelliert werden.
- Textuelle Erfassung (strukturiert/unstrukturiert)
  Ähnlich wie bei der Modellierung durch den Fachbereich arbeiten die Fachbereichsmitarbeiter bei der textuellen Erfassung getrennt voneinander. Statt die Prozesse allerdings sofort grafisch darzustellen, beschränkt sich die Arbeit des Fachbereichs darauf, die Prozesse textuell zu erfassen. Dies kann entweder in strukturierter Form geschehen (zum Beispiel in einer vorgegebenen Excel-Tabelle[2]) oder unstrukturiert in Form eines Freitextes. Der Vorteil ist auch hier, dass die Prozesserfassung parallel und zügig erfolgen kann. Eine Einweisung in eine Notation, Methodik und Software entfällt. Nachteilig ist, dass aufgrund der textuellen Erfassung unlogische und lückenhafte Abläufe nicht sofort auffallen und dass wiederum eine Konsolidierung durch den Business Analysten notwendig ist. Durch eine, wie oben genannte strukturierte Vorlage, wird dieser Nachteil zumindest abgemildert, da der Fachbereich hier schon ein Stück weit dazu gebracht wird, in Prozessschritten zu denken.

Wir haben uns bei unserem Beispiel für die unstrukturierte textuelle Erfassung des Prozesses entschieden, da sie der normalen (und durchaus auch gewünschten) Arbeitsweise des Fachbereichs am Nächsten kommt. Der Text, der im nächsten Abschnitt beginnt und sich über die folgenden Seiten erstreckt, zeigt das Ergebnis, das dabei beim Fachbereich entstanden ist. Dabei handelt es sich aber nicht um die erste Fassung des Textes, sondern um eine mehrfach überarbeitete und fachbereichsintern diskutierte und abgestimmte Version. Im Text sind neben der reinen Prozessbeschreibung auch funktionale Anforderungen und Rahmenbedingungen enthalten, die für die spätere Systementwicklung von Bedeutung sind. Der Fachbereich hat auch Oberflächen entsprechend seiner Vorstellung erstellt und im Dokument dargestellt. Daneben sind weitere Ideen für zukünftige Entwicklungsmöglichkeiten festgehalten. In der Beschreibung sind SOLL- und IST-Prozess vermischt, wobei der Schwerpunkt der Beschreibung auf der Darstellung des IST-Prozesses liegt. Diese

[2]Ein Beispiel für eine solche Excel-Tabelle ist im Anhang unter „Excel-Vorlage zur Prozesserfassung" enthalten.

Beschreibung ist die Grundlage für alle weiteren Arbeitsschritte im Rahmen der Modellierung und der Systementwicklung.

Prozess „Investitionsantrag mit automatischer Bestellung“

Ein Mitarbeiter in unserem Unternehmen kann zu jeder Zeit einen Investitionsantrag für ein zu beschaffendes Gut einreichen. Grundsätzlich ist die Höhe des Betrags nicht beschränkt. Es kann pro Antrag ein Gut angegeben werden. Der Investitionsantrag soll im Browser laufen und über das Intranet aufgerufen werden können.

Angegeben werden eine Beschreibung des Gutes, sowie eine Begründung. Weiterhin muss der Name, die Kostenart, die Menge und der Preis je Stück angegeben werden. Damit nur formal richtig ausgefüllte Anträge zur Genehmigung weitergereicht werden können, soll das System prüfen ob alle notwendigen Felder ausgefüllt sind. Abbildung 5.2 zeigt die entsprechende Darstellung der Beantragung im Intranet.

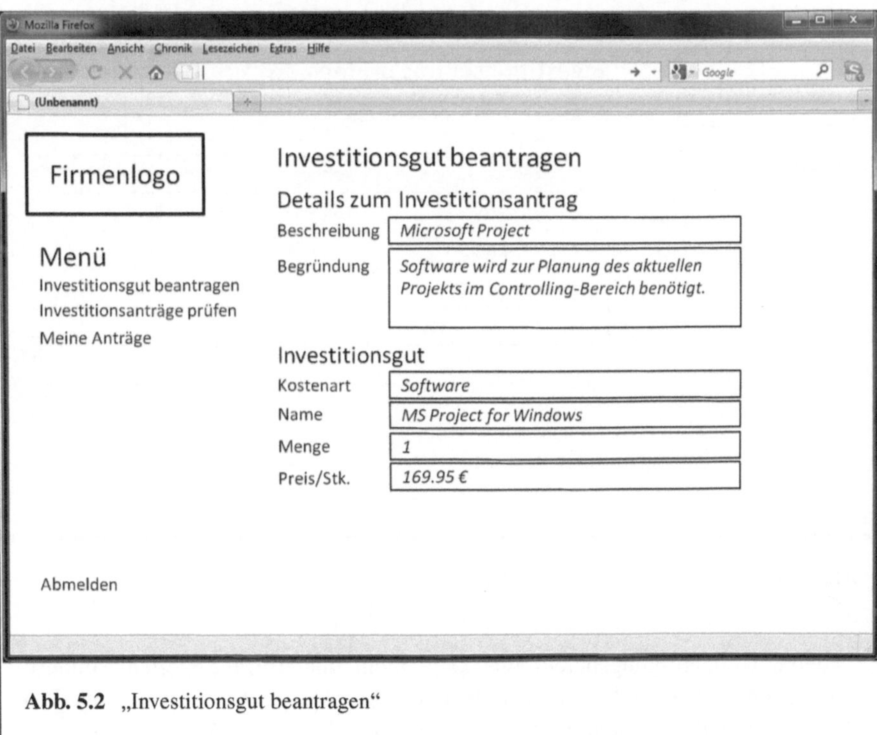

Abb. 5.2 „Investitionsgut beantragen“

Jeder Antrag muss genehmigt werden. Dabei muss zunächst anhand der Höhe des Antrags geprüft werden, wer genehmigungsberechtigt ist. Derzeit gilt: Bis 1000 € Investitionssumme entscheidet der direkte Vorgesetzte des Antragstellers, über >1000 € Investitionssumme entscheidet der übernächste Vorgesetzte (Chef des Vorgesetzten). Investitionsanträge werden im ERP System verwaltet. Für gültige Anträge wird eine E-Mail generiert und der Genehmigende automatisch über den Eingang eines neuen Antrags informiert.

Jeder Mitarbeiter ist einer Abteilung zugeordnet und jede Abteilung hat ein Jahresbudget für Investitionen sowie die entsprechende Kostenstelle. Der Genehmigende wird immer über Abteilung oder Bereich des beantragenden Mitarbeiters ermittelt. Bei jedem neuen Investitionsantrag wird geprüft, ob das Investitionsvolumen durch das vorhandene Restbudget abgedeckt ist. Ist dies nicht der Fall, dann wird die Budgetüberschreitung im Antrag vermerkt. Eine automatische Ablehnung von Anträgen, die das Budget überschreiten ist nicht vorgesehen. Die Abb. 5.3 und 5.4 zeigen die Intranet-Seiten des Genehmigenden.

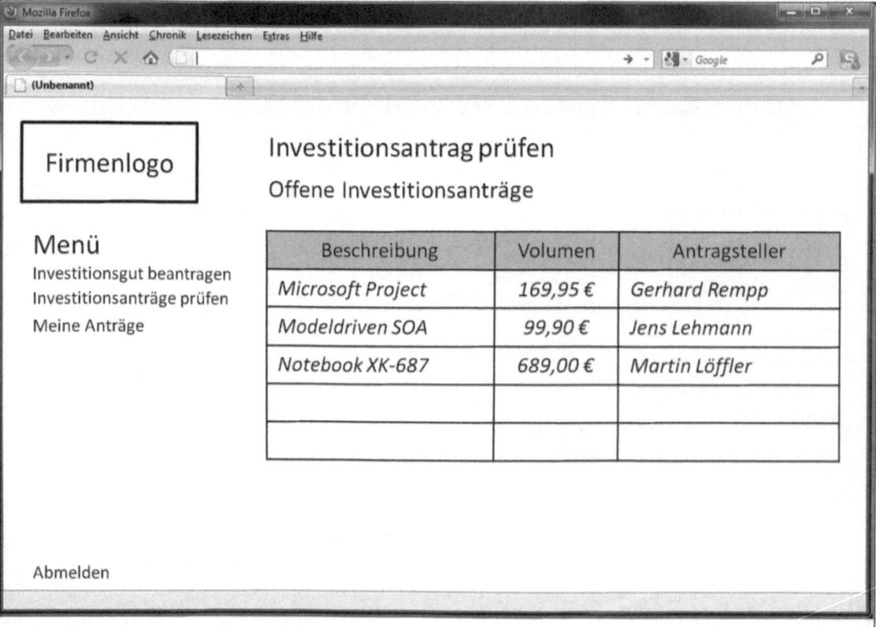

Abb. 5.3 „Investitionsantrag prüfen – Überblick"

Jeder Genehmigungsberechtigte kann nicht nur Anträge stellen, sondern sieht auch alle aktuell zu genehmigenden Anträge in der Anwendung. Pro Antrag kann der Genehmigende entscheiden, ob er den Antrag genehmigt

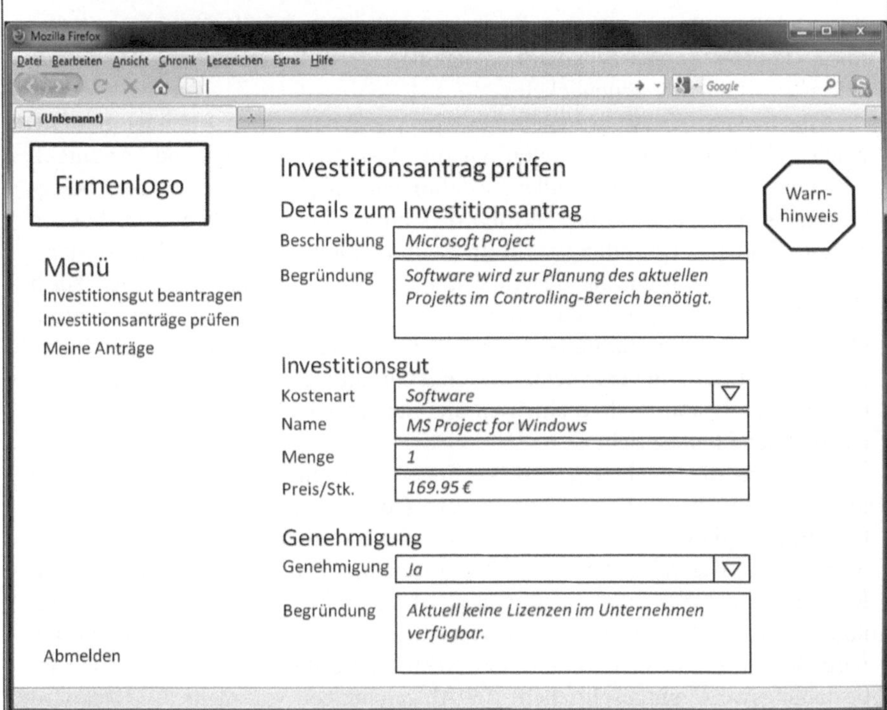

Abb. 5.4 „Investitionsantrag prüfen – Einzelantrag"

oder nicht. Dabei liegt es in seinem Ermessen, ob er Anträge, welche das Budget überschreiten genehmigt oder nicht. Eine Begründung für die Genehmigung muss immer angegeben werden.

Nach Genehmigung eines Antrags wird der Antragsteller darüber informiert. Die Investitionssumme wird sofort dem entsprechenden Budget belastet. Sollte im Verlauf eine Bestellung nicht möglich sein, wird der Investitionsbetrag wieder dem entsprechenden Budget gutgeschrieben. Genehmigte Anträge werden archiviert. Wird der Antrag durch den Genehmigenden nicht bewilligt, wird der Antragsteller über die Ablehnung informiert.

Jeder Genehmigende kann jederzeit alle von ihm abgelehnten oder genehmigten Anträge sehen.

Jeder Antragsteller kann in der Applikation jederzeit den Stand seines Antrags verfolgen, ebenso seine Anträge aus der Vergangenheit sichten.

Nach der Genehmigung eines Investitionsantrags wird der Einkauf informiert und der Lieferant ermittelt. Dabei wird nach Gut unterschieden. Für Bücher wird zunächst der Standardlieferant für den Standort des Mitarbeiters ermittelt (Lokale Buchhändler gewähren uns Rabatte und liefern eventuell sogar noch am Tag der Bestellung). Gibt es einen Standardlieferanten, wird dort eine Bestellung ausgelöst und der Antragsteller über die Bestellung informiert. Gibt es keinen Standardbuchhändler, wird die Bestellung über einen Internetbuchhändler abgewickelt.

Alle anderen Güter werden über einen e-Procurement-Anbieter bestellt. Nach Ermittlung des Lieferanten wir die Bestellung erzeugt und verschickt. Abhängig davon, ob der Händler Bestellungen auf elektronischem oder beleghaftem Weg entgegen nimmt, erfolgt dies momentan auf dem entsprechenden Weg (beleghafte Bestellung sollte in Zukunft möglichst vermieden werden). Anschließend wird auf die Bestellbestätigung des Lieferanten gewartet. Nach deren Eintreffen wird sie erfasst und der Antragsteller/Besteller benachrichtigt. Geht keine Bestellbestätigung ein, wird ein alternativer Lieferant ermittelt und eine neue Bestellung verschickt. Ist kein Alternativlieferant vorhanden, so wird der Investitionsantrag abgeschlossen und der Besteller/Antragsteller ebenfalls entsprechend benachrichtigt.

Nachdem die Rechnung und das Investitionsgut eingetroffen sind, wird die Rechnung geprüft. Ist diese korrekt (sowohl formal als auch vom Betrag her), wird der Investitionsantrag abgeschlossen und der Rechnungsbetrag überwiesen. Bei allen Fehlern auf der Rechnung außer bei abweichenden Rechnungsbeträgen wird die Rechnung direkt reklamiert. Weicht der Rechnungsbetrag um weniger als 10% vom genehmigten Investitionsvolumen ab, wird die Differenz vom Budget der Kostenstelle des Antragstellers belastet beziehungsweise gutgeschrieben. Bei Abweichungen von mehr als 10% wird die weitere Vorgehensweise mit dem Genehmigenden des Investitionsantrags besprochen. Abhängig von dessen Entscheidung wird die Rechnung reklamiert, oder die Differenz zur Rechnung vom Budget belastet. Nach einer Korrektur des Budgets wird der Investitionsantrag immer abgeschlossen und der Rechnungsbetrag überwiesen.

Zusätzliche Entwicklungsmöglichkeiten

Vor Auslösen einer Bestellung werden alle genehmigten Anträge geprüft und Sammelbestellungen bei einzelnen Lieferanten durchgeführt (zum Beispiel im wöchentlichen Turnus). Dies kann zum Erreichen von Rabattschranken führen, was sich positiv auf die Ausgaben auswirkt. Dabei könnten als dringlich markierte Anträge schneller bestellt werden, unabhängig des wöchentlichen Turnus.

Außerdem könnten Bestellung auf eventuelle Rabattaktionen von Lieferanten abgeglichen werden.

Automatische Bestellung bei Erreichen eines Bestellbestandes wird ebenfalls noch nicht berücksichtigt.

Rückläufer, geänderte Preise beim Angebot, Stornos, etc. werden derzeit noch nicht berücksichtigt.

Erstellung des Prozessmodells des Fachbereichs

Nachdem die textuelle Beschreibung durch den Fachbereich freigegeben wurde, wird diese im nächsten Schritt von einem (prozessaffinen) Mitarbeiter des Fachbereichs in das Modell der Phase Initiation überführt. Um für den Leser die Entwicklung der Modellinhalte transparenter zum machen, haben wir die Modellinhalte des Fachbereichs klar von denen des Business Analysten getrennt.[3] Sie wurden als entsprechenden Teilmodelle „Initiation Fachexperte" und „Initiation Business Analyst" angelegt (siehe Abb. 5.5). Bei der Modellierung wurden die weiteren Entwicklungsmöglichkeiten nicht berücksichtigt. Sie stellen zusätzliche Funktionalitäten dar, die bei der ersten Entwicklung außen vor bleiben.

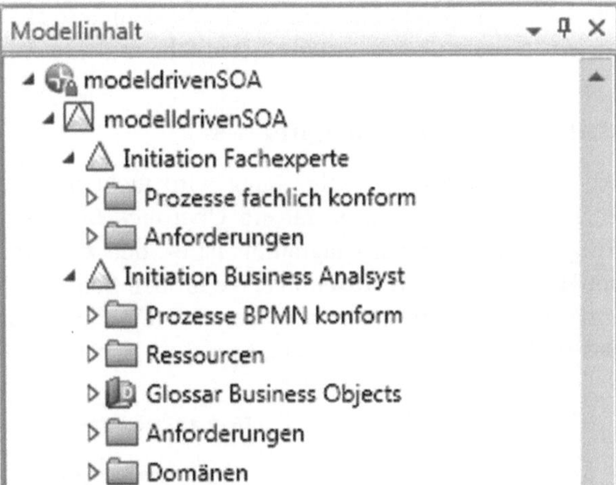

Abb. 5.5 Modellabschnitte Fachbereich und Business Analyst

Das Teilmodell des Fachexperten dient ausschließlich dazu, die initiale Modellierung des Fachbereichs aufzunehmen. Dieses erste Modell ist dann der Informationsstand, der an den Business Analysten übergeben wird. Dieser entwickelt daraus im nächsten Schritt dann das BPMN-konforme und SOA-taugliche Modell.

Da der Fachbereich mit seiner Modellierung lediglich die Grundlage für das spätere Prozessmodell liefert und in der Regel auch kein Modellierungs- beziehungsweise BPMN-Profi ist, arbeitet der Fachbereichsmitarbeiter mit einem reduzierten Umfang an Arbeitsmitteln. Dies schlägt sich an unterschiedlichen Stellen innerhalb des Modells nieder: Der Fachbereich arbeitet, zumindest zu Beginn, mit einem deutlich reduzierten Umfang an Modellierungsmöglichkeiten (Aktivitäten werden nicht typisiert, Daten/-flüsse optional modelliert, Lanes nicht mit Ressourcen und Ereignisse nicht mit Ereignisdefinitionen verknüpft). Dadurch wird im Beispiel auch die Paketstruktur in seinem Modell deutlich kompakter, als die

[3]In den uns bekannten Projekten, entwickeln sich diese ersten Prozesse weiter und werden weiter ausgearbeitet und angepasst. Es gibt dann also nur ein „Initiation"-Teilmodell. Die verschiedenen Modellstände werden versioniert, so dass auch später die Entwicklung noch nachvollzogen werden kann.

des Business Analysten. Der Fachbereich hat ein Paket für seine Prozessdiagramme und ein weiteres Paket für die sonstigen Anforderungen (siehe Abb. 5.5). Details zu den Modellierungsmöglichkeiten des Fachbereichs werden im Folgenden bei den einzelnen Prozessdiagrammen besprochen.

Hauptgrund für die Reduzierung der Modellierungsmöglichkeiten ist es, die Fachexperten möglichst rasch in die Lage zu versetzten, die Fachlichkeit in das Modell aufzunehmen. Man darf nicht vergessen, dass die meisten Fachexperten meist nur einen Teil ihrer kostbaren Arbeitszeit der Prozessmodellierung widmen können. Es ist also wichtig, dass sich auch schnell Erfolgserlebnisse einstellen. Die Arbeit für den Fachbereich wird dadurch einfacher, somit leichter erlernbar und schneller umsetzbar. Das Wissen um die Möglichkeiten der BPMN kann so schrittweise nach Bedarf erweitert werden. Der Business Analyst unterstützt später die Fachexperten dabei, das Modell in dem für die Systementwicklung notwendigen Umfang zu verfeinern oder übernimmt diese Aufgabe in deren Auftrag.

Modellierung des Gesamtprozesses

Die textuelle Prozessbeschreibung wird nicht in ein einzelnes Diagramm umgesetzt. Stattdessen wird zuerst ein Überblick über den Gesamtprozess modelliert. Aufgabe dieses ersten Diagramms ist es, den zuvor beschriebenen Gesamtprozess mit Hilfe von Teilprozessen in seine groben Schritte zu zerlegen. Jeder dieser Teilprozesse wird dann später mit einem Verfeinerungsdiagramm im Detail dargestellt. Das fertige Diagramm ist in der Abb. 5.6[4] zu sehen.

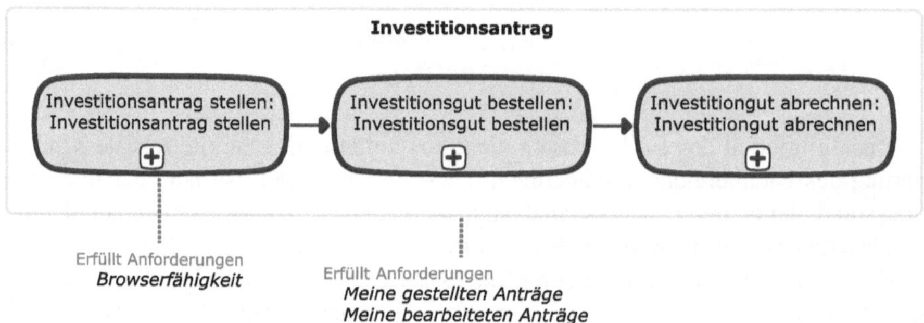

Abb. 5.6 Gesamtprozess „Investitionsantrag"

Da das Diagramm lediglich einen Überblick bieten soll, finden sich darin nur sehr wenige Informationen aus der textuellen Prozessbeschreibung. Diese sind dann später in den Verfeinerungsdiagrammen zu finden. Der Prozessüberblick ist somit die erste Erweiterung, beziehungsweise Ergänzung, gegenüber der textuellen Prozessbeschreibung.

[4]Die Namensdopplung kommt dadurch zu Stande, dass neben dem Namen der Aktivität (vor dem Doppelpunkt) auch der Name des aufgerufenen Prozesses angezeigt wird. Diese Darstellung kann bei Bedarf auch geändert werden.

Um den Überblickcharakter des Diagramms zu unterstreichen wurde der Umfang der verwendeten Modellierungselemente im Vergleich zu dem, was der Fachbereich nutzen könnte, eingeschränkt. Das Diagramm besteht lediglich aus Aktivitäten und Sequenzflüssen. Lanes werden erst in den Verfeinerungen verwendet, da die Zuordnung von Teilprozessen zu einer (sinnvollen) Lane schwierig sein kann, wenn die Verfeinerung mehrere Landes beinhaltet (Beispiel: Die Verfeinerung des Teilprozesses „Investitionsantrag stellen"). Außerdem würde dies bedeuten, dass innerhalb des Modells Informationen redundant enthalten sind (was grundsätzlich vermieden werden sollte). Auf Datenobjekte wurde ebenfalls verzichtet. Dies kann in der Praxis sinnvoll sein, da es bei der Aggregation von „einfachen" Aktivitäten zu Teilprozessen dazu kommen kann, dass unter Umständen sehr viele unterschiedliche Datenobjekte im Prozessüberblick enthalten sind. Es wäre allenfalls denkbar, die aus Prozesssicht zentralen Datenobjekte (im Beispiel der Investitionsantrag und die Bestellung) zu modellieren. Daneben wird ausschließlich der normale[5] Ablauf des Prozesses dargestellt. Varianten, die zu negativen Ergebnissen oder zu Schleifen innerhalb des Prozesses führen, sind nicht in der Übersicht, sondern in den Verfeinerungen der Teilprozesse zu finden.

Neben der eigentlichen Übersicht sind im Diagramm noch Anforderungen dargestellt (in Abb. 5.6 unten in Form von CallOuts). Die Anforderung liegen als eigenständige Elemente im Paket „Anforderungen" und sind mit einem Spezifikationstext näher beschrieben. Die Verknüpfung wird per Drag-and-Drop aus dem Modellbaum auf das gewünschte Element im Diagramm (hier der Prozess „Investitionsantrag" beziehungsweise Teilprozess „Investitionsantrag stellen") vorgenommen.[6] Bei der Anforderung „`Browserfähigkeit`" ist schon die erste Abweichung (im Sinne einer Verfeinerung) des Modells im Vergleich mit der textuellen Prozessbeschreibung zu erkennen: Während im Text noch die Rede davon war, dass der Investitionsantrag (Gesamtprozess) im Browser laufen soll, ist hier nun ersichtlich, dass ausschließlich der erste Teilprozess zukünftig im Browser läuft.

Auf diese Art können beliebige funktionale oder nichtfunktionale Anforderungen, die der Prozessmodellierung nicht direkt entnommen werden können, im Modell als eigenständige Elemente hinterlegt werden. Die Verknüpfung per Drag-and-Drop ist prinzipiell mit alle Modellelementen möglich, kann aber durch die Modellkonfiguration auch auf bestimmte Elementtypen eingeschränkt werden. Eine Anforderung kann dabei mit einem oder auch mehreren (unterschiedlichen) Modellelementen verknüpft werden. Die CallOuts selbst werden automatisch angezeigt, können dann aber auch ausgeblendet werden. Die beiden Anforderungen wurden der textuellen Prozessbeschreibung entnommen.

Die drei Teilprozesse des Prozessüberblicks sind mit kurzen Spezifikationstexten beschrieben (Aufruf nach Selektion des Teilprozesses mit `F3`). Dies ist nur bedingt empfehlenswert. Zwar kann es in einem ersten Schritt vorteilhaft sein, die Teilprozesse kurz zu beschreiben, um zu zeigen, womit der Teilprozess beginnt

[5] Von uns gerne „Happy-Path" genannt. Also der Pfad, den man erwartet, wenn alles gut geht.

[6] Dabei wird im Hintergrund automatisch ein Trace des Stereotyps «`satisfy`» angelegt.

und endet und zu skizzieren, was dazwischen passiert. Da der Teilprozess später aber als Verfeinerungsdiagramm ausmodelliert wird, führt der Spezifikationstext dann zu redundanten Informationen im Modell. Diese redundanten Informationen erhöhen zu einen den Pflegeaufwand im Modell, da bei einer Änderung des Teilprozesses sowohl das Verfeinerungsdiagramm als auch der Spezifikationstext angepasst werden müssen. Daneben besteht die Gefahr der Inkonsistenz des Modells dadurch, dass der Spezifikationstext etwas anderes aussagt als das Verfeinerungsdiagramm. Aus diesem Grund ist ein Spezifikationstext nur dann sinnvoll, wenn der Teilprozess noch nicht weiter verfeinert ist. Danach ist er nicht mehr notwendig. Soll der Spezifikationstext am Teilprozess nach der Erstellung des Verfeinerungsdiagramms bestehen bleibt, so muss eine Regel definiert werden, die besagt, dass bei Inkonsistenzen das Verfeinerungsdiagramm zählt und der abweichende Spezifikationstext als falsch betrachtet wird.

Modellierung der Teilprozesse

Die Vorgehensweise des Fachbereichs bei der Modellierung der Verfeinerungsdiagramme der drei Teilprozesse ist klar vorgegeben. Zum einen erleichtert dies die Arbeit des (in der Regel modellierungsunerfahrenen) Fachbereichsmitarbeiters, da er eine Schritt-für-Schritt-Anleitung hat. Zum anderen stellt es sicher, dass alle Informationen, die der Business Analyst später benötigt, vorhanden sind. Die übliche Vorgabe für die Vorgehensweise ist wie folgt:

1. Startereignis modellieren und benennen (Statt der reinen Benennung von Ereignissen, kann der Fachbereich auch schon mit Ereignisdefinitionen arbeiten. Dies erleichtert die weitere Bearbeitung durch den Business Analysten vor allem bei umfangreichen Prozessmodellen mit vielen Diagrammen).
2. Normalablauf des Teilprozesses inklusive Zwischenereignissen modellieren. Die Aktivitäten bleiben dabei aus Vereinfachungsgründen untypisiert. Diese kann später vom Business Analysten durchgeführt werden.
3. Endereignis modellieren und benennen
4. Aktivitäten des Normalablaufs textuell beschreiben
5. Lanes der Prozessbeteiligten einfügen und die Aktivitäten des Normalablaufs diesen zuordnen. Dabei werden hauptsächlich Lanes für die Rollen modelliert, die Mitarbeiter repräsentieren. Für IT-Systeme können Lanes modelliert werden. Diese sind aber optional. Ansonsten wird diese Unterscheidung später vom Business Analysten vorgenommen.
6. Ablaufvarianten (Fehlerfälle, alternative Abläufe) inklusive Zwischenereignissen und weiteren Endereignissen modellieren
7. Aktivitäten der Ablaufvarianten textuell beschreiben
8. Geschäftsobjekte im Normalablauf und in Ablaufvarianten ergänzen
9. Prüfen ob einzelne Aktivitäten weiter verfeinert werden müssen und diese dann in Teilprozesse umwandeln

Bei der Erstellung von Prozessmodellen entstehen bei der Arbeit immer neue Erkenntnisse über den Prozess (zum Beispiel bisher vergessene Details oder

Abläufe, die anders sind als bisher gedacht). Aus diesem Grund sollte man sich nicht „sklavisch“ an die Vorgabe halten und diese „blind“ abmodellieren. Stattdessen sollte man den Prozess während der Modellierung erneut durchdenken und Unklarheiten beziehungsweise Widersprüche hinterfragen.[7] Aus diesem Grund sind im Beispiel hier im Buch fachliche Unterschiede zwischen der textuellen Beschreibung, dem Fachbereichsmodell und dem Prozessmodell des Business Analysten vorhanden.[8] Dies ist Teil der iterativen, beziehungsweise evolutionären Weiterentwicklung des Prozessmodells. Wichtig dabei ist, dass dies allen Beteiligten klar ist und jedem Beteiligten bewusst ist, welche Prozessdokumentation welche Verbindlichkeit hat (für unser Beispiel gilt: Textdokument < Modellinhalt).

Teilprozess „Investitionsantrag stellen“

Dieses Verfeinerungsdiagramm (Abb. 5.7) ist das erste, das vom Fachbereich mit der beschriebenen Vorgehensweise erstellt wurde. Im Vergleich mit der textuellen Prozessbeschreibung ist die Reihenfolge der Arbeitsschritte im Diagramm strukturierter dargestellt und somit für den (fachfremden) Leser klarer nachvollziehbar. Ergänzt wurde an einigen Stellen im Diagramm, wo der Investitionsantrag aus einer Aktivität aus- beziehungsweise eingeht. Daneben ist auch modelliert, was der Antragsteller in Folge einer Ablehnung des Antrags durch den Genehmigenden machen kann: Er kann den Prozess von vorne starten.

Auffällig ist, dass der Fachbereich den Teilprozess an zwei Stellen im Diagramm eher untypisch modelliert hat:

- Aktivität „formale Prüfung durchführen“
  In einer normalen Arbeitsbeschreibung wäre er wohl eher nicht als Arbeitsschritt aufgeführt worden, auch wenn er in der Praxis durchgeführt wird. Sofern er noch nicht automatisiert ist, wird der Fachbereich diese Funktion normalerweise als Bestandteil von „Investitionsantrag ausfüllen“ beim Antragsteller oder von „Antrag fachlich prüfen“ beim Genehmigenden sehen (eventuell sogar bei beiden – unnötigerweise). Ist er bereits automatisiert worden, so ist die Wahrscheinlichkeit hoch, dass er gar nicht genannt wird. Normalerweise werden rein systeminterne Aktivitäten vom Fachbereich nämlich nicht ohne weiteres erkannt (abhängig von ihrer Bedeutung für den Prozess). Die Tatsache, dass „formale Prüfung durchführen“ trotzdem sowohl im Text als auch im Modell beschrieben wurde, zeigt, dass diese Funktion für den Fachbereich wichtig ist.
- Aktivität „Genehmiger ermitteln“
  Auch die Ermittlung des Genehmigenden ist für den Fachbereich nicht zwangsläufig eine eigene Aktivität. Bei einem nicht automatisierten Prozess geschieht

[7] Nach unserer Erfahrung ergibt sich das automatisch in der Diskussion. Diese Diskussionen, um Prozesse oder Begriffe zu schärfen, werden im Übrigen immer als sehr wertvoll wahrgenommen!

[8] Ab einer gewissen Reife des Modells, ist das Modell die Grundlage aller weiteren Arbeitsschritte. Es werden dann aus dem Modell Dokumente generiert und die Spezifikationstexte im Modell gepflegt.

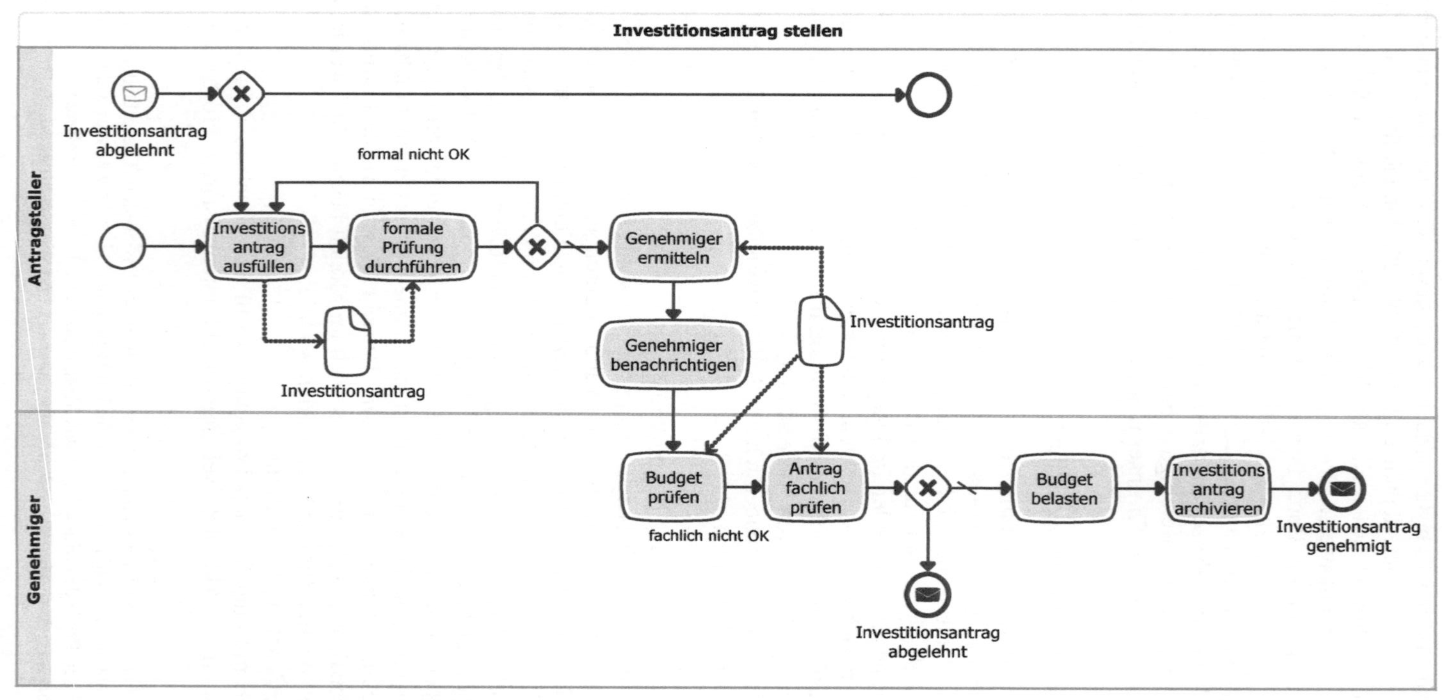

Abb. 5.7 Teilprozess „Investitionsantrag stellen"

dies implizit als Bestandteil von „Genehmiger benachrichtigen" (nämlich dann, wenn der Mitarbeiter den Investitionsantrag seinem Chef vorlegt – den er üblicherweise kennt). Somit ist dies keine bewusste Handlung und wird bei der Beschreibung des Prozesses gerne vergessen. Erst durch die IT-Unterstützung des Prozesses muss dieser Arbeitsschritt explizit genannt werden.

Zwei Fehler, die bei der Modellierung durch Fachbereiche häufiger zu sehen sind, wurden hier vermieden: Zum einen werden bei der Benennung von Aktivitäten gerne die Verben „unterschlagen", so dass die Aktivität „Budget prüfen" auch „Prüfung des Budgets" heißen könnte.[9] Zum anderen werden bei der Beschreibung von Geschäftsprozessen gerne Aktivitäten modelliert, die für den eigentlichen Geschäftsprozess nicht relevant sind, sondern nur aus Systemsicht notwendig sind (zum Beispiel „Im Intranet einloggen" als erste Aktivität bei der Antragstellung). Der erste Fehler ist in der Praxis normalerweise nicht tragisch, da diese Unsauberkeit bei der Qualitätssicherung behoben wird. Der zweite Fehler ist für die Praxis kritischer. Dies liegt daran, dass beim Fachbereich die Abgrenzung zwischen organisatorisch notwendigen Schritten und anwendungsspezifisch notwendigen Schritten häufig nicht klar ist beziehungsweise nicht wahrgenommen wird. Diese Vermischung führt dazu, dass systembedingte Aktivitäten, die im neuen System eventuell nicht notwendig sind, im Modell des neuen Systems modelliert werden. Im schlimmsten Fall ist die Folge davon, dass technisch nicht (mehr) notwendige Aktivitäten verpflichtender Bestandteil für das Entwicklungsprojekt werden. Andernfalls kommt es häufig zu (sehr langwierigen) Diskussionen, wenn die beiden Ebenen im Modell wieder entflochten werden sollen und dem Fachbereich dabei der Unterschied zwischen organisatorisch notwendigen Schritten und anwendungsspezifisch notwendigen Schritten nicht klar ist. Daneben wird dadurch zu einem zu frühen Zeitpunkt im Projekt über IT-Aspekte gesprochen und nachgedacht, was zu einem (in dieser Phase) unnötigen Aufwand führt.

Teilprozess „Investitionsgut bestellen"

Im Vergleich der textuellen Beschreibung mit dem Verfeinerungsdiagramm des Teilprozesses „Investitionsgut bestellen", das in Abb. 5.8 zu sehen ist, fällt vor allem ein Punkt auf: Während im Text nicht klar erläutert ist, ob die Unterscheidung der Bestellung nach Art des Investitionsgutes (Buch vs. sonstige Güter) oder die Unterscheidung nach dem Bestellweg (elektronisch vs. papierbehaftet) für den Prozess maßgeblich ist, wird dies im Diagramm klar ersichtlich. Da nur einer der beiden Varianten sinnvoll im Verfeinerungsdiagramm dargestellt werden kann, musste sich der Fachbereich (beziehungsweise der Modellierer des Fachbereichs) diesbezüglich entscheiden. Die Frage dabei war, welche Variante die Arbeitsschritte des momentan gelebten Prozesses besser darstellt. Die Entscheidung des Fachbereichs ist auf die Unterscheidung nach dem Bestellweg gefallen. Innerhalb dieser Variante

[9] Die sinnvolle Benennung einer Aktivität setzt sich immer aus Substantiv und Verb zusammen.

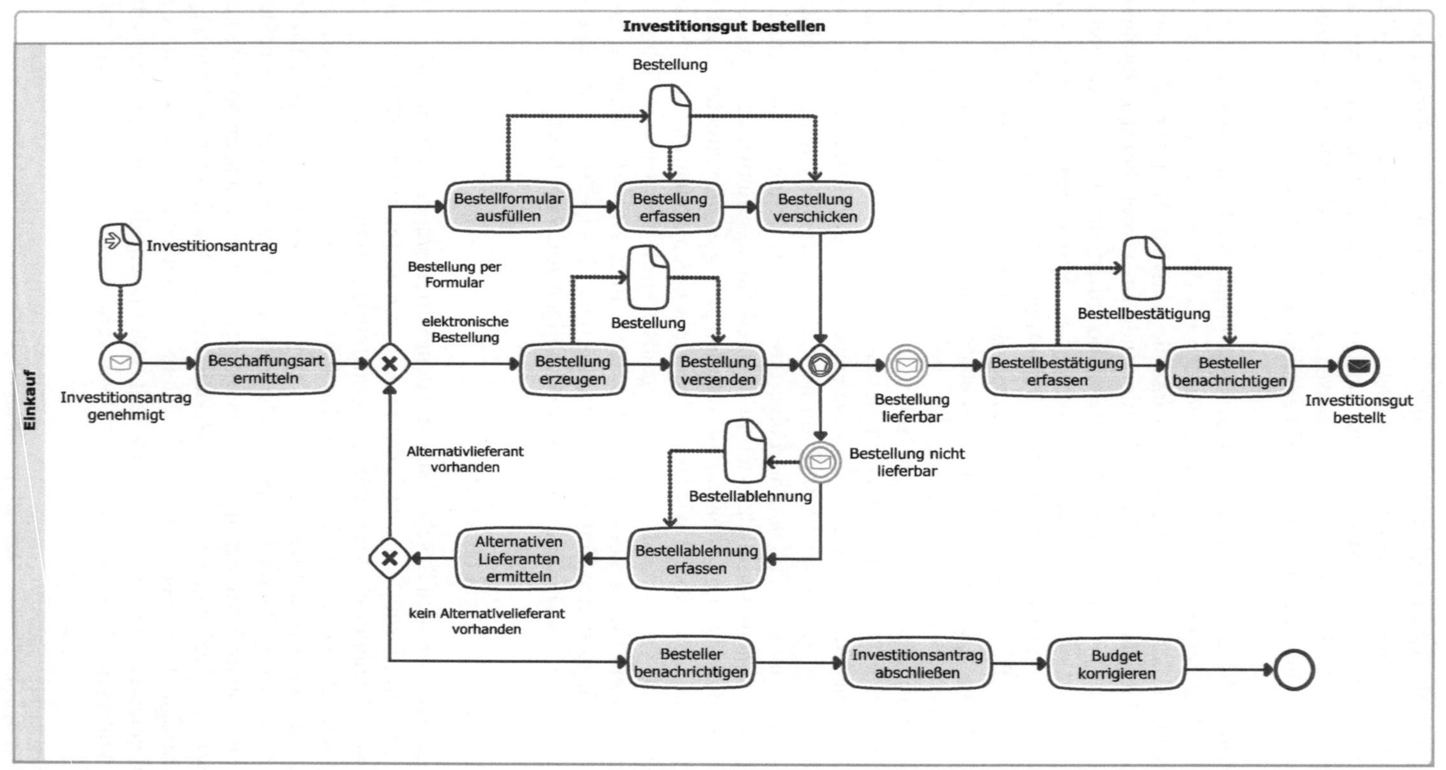

Abb. 5.8 Teilprozess „Investitionsgut bestellen“

wird die Art des Investitionsgutes in Form unterschiedlicher Daten abgefangen. Die zweite Variante wird im Spezifikationstext der Aktivität „Beschaffungsart ermitteln" dokumentiert.

Auch in diesem Diagramm hat es der Fachbereichsmodellierer geschafft, häufig vorkommende Modellierungsfehler zu vermeiden: Ab und zu kommt es vor, dass das Anhalten des Prozesses und Abwarten auf eine eintreffende Nachricht (zum Beispiel „Bestellung lieferbar") als Aktivität modelliert wird. Auch wenn dieses bewusste, aktive Abwarten aus Sicht des Mitarbeiters sicherlich angenehm ist, spiegelt es doch nicht die Realität wieder. Statt dem Warten des Mitarbeiters an seinem Schreibtisch auf die Bestellbestätigung oder –ablehnung wird er sich einer anderen Arbeit zuwenden. Bis zum Eintreffen dieser Nachricht ist der Prozessablauf angehalten. Um dies in der Modellierung zu verdeutlichen ist es empfehlenswert, dies – wie im Diagramm dargestellt – in Form einer eintreffenden Nachricht zu modellieren, statt mit einer Aktivität. Ein anderer Punkt, der öfters zu sehen ist, ist die Verknüpfung zweier Aktivitäten mit „und". Im Diagramm könnte beispielsweise die Aktivität „Bestellung erzeugen und versenden" dargestellt sein. Bei Aktivitäten, die Informationen derselben Sache (hier „Bestellung") bearbeiten, ist die Wahrscheinlichkeit für solch eine Modellierung größer. Generell gilt, dass zwei Aktivitäten niemals mit „und" verbundene Verben beinhalten dürfen. Dies weist immer darauf hin, dass zwei Arbeitsschritte als ein Einzelner dargestellt wurden.

Teilprozess „Investitionsgut abrechnen"

Das letzte Verfeinerungsdiagramm zeigt in Abb. 5.9 den Ablauf des Teilprozesses „Investitionsgut abrechnen". Die Prozessbeschreibung im Diagramm deckt sich bis auf einen Punkt mit der textuellen Prozessbeschreibung. Bei der Modellierung des Prozesses wurde nach dem Arbeitsschritt „Rechnung reklamieren" ein zweites Ereignis eingefügt. Nach der Reklamation wird nicht mehr nur auf den Rechnungseingang gewartet. Alternativ kann die Rechnung nochmals angefordert werden, wenn der Lieferant nicht innerhalb einer Frist auf die erste Aufforderung reagiert hat. Die Nachfrage wird so lange durchgeführt, bis die neue Rechnung eingetroffen ist.

Was im Diagramm nicht angegeben wurde, ist die Aussage, wie oft eine erneute Anforderung maximal durchgeführt wird und was geschehen soll, wenn diese Grenze erreicht ist. Diese Information wäre an dieser Stelle wichtig, da der Prozess ansonsten im ungünstigsten Fall in einer Endlosschleife gefangen ist. Solch eine Endlosschleife ist auch ein schönes Beispiel für einen Fehler, der bei der Modellierung durch den Fachbereich vorkommen kann. Zeitgesteuerte Alternativen werden bei der Darstellung entweder komplett außen vor gelassen, oder aber sie werden nicht ausführlich spezifiziert. Neben der zeitgesteuerten Alternative ist eine weitere Ablaufvariante wichtig, wenn der Prozess auf Nachrichten wartet: Eine Abbruchbedingung, die besagt, wann das Warten ergebnislos beendet wird (in der Regel ein Zeitfenster oder eine Anzahl von Schleifendurchläufen). Dabei sollte auch immer definiert werden, wie der Prozess in diesem Fall weiter verläuft. Wichtig ist, dass solche Abbruchbedingungen im Fachbereichsmodell ausschließlich unter dem fachlichen Aspekt betrachtet werden

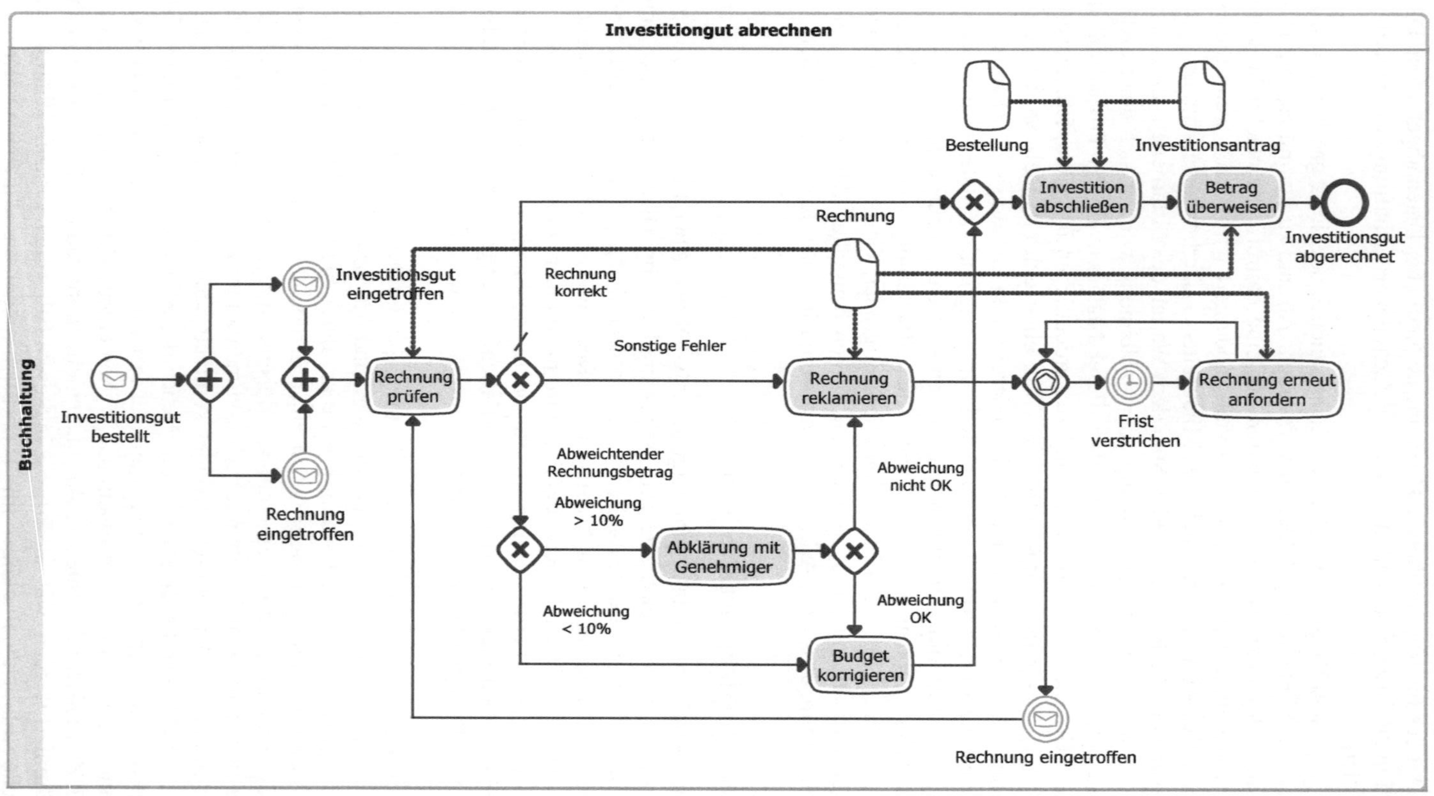

Abb. 5.9 Teilprozess „Investitionsgut abrechnen“

sollen (wie hier im Beispiel, dass der Lieferant keine neue Rechnung liefert). Nachrichten, die nur unter technischen Aspekten relevant sind, bleiben im Fachbereichsmodell außen vor.

Ein weiterer interessanter Punkt im Diagramm (und auch der textuellen Prozessbeschreibung) ist die Exklusiv-Verzweigung nach der Aktivität „Rechnung prüfen". Hier werden eine Vielzahl von möglichen fachlichen Gründen in drei Varianten dargestellt: Einem Fall, der zum direkten Abschluss des Gesamtprozesses führt (Normalfall), einem explizit benannten Negativfall („Abweichender Rechnungsbetrag") und einem Negativfall, der alle weiteren Fehler abfängt. Die Modellierung eines solchen „Else-Zweigs" bietet die Möglichkeit, verschiedene fachliche Gründe, die im Prozess dieselbe Aktivität auslösen zusammenzufassen und das Diagramm kompakt zu gestalten. Wenn ein solcher „Else-Zweig" verwendet wird, muss allerdings darauf geachtet werden, dass alle anderen Varianten modelliert sind und die Bedingungen korrekt benannt sind. Andernfalls kann es dazu kommen, dass der „Else-Zweig" Prozessvarianten abfängt, für die er nicht gedacht ist.

Entwicklung der Prozess-Skizzen

Nachdem die Fachexperten, mit oder ohne Unterstützung eines erfahrenen Modellierers oder Business-Analysten, die fachlichen Prozesse aufgenommen haben, erfolgt die BPMN-konforme Ausarbeitung der Prozesse. Im ersten Schritt der Aufnahme haben wir bewusst auf eine konkrete Ausarbeitung verzichtet, um den Vorteil einer schnellen Aufnahme ohne allzu großen Schulungsaufwand nutzen zu können.

Wichtig war vielmehr, dass die Fachexperten ihr Wissen um die Prozesse entsprechend ihrem Verständnis aufnehmen konnten. Dabei wurde darauf geachtet, das sich die Fachexperten in den Prozessen wiedererkennen und die Fachlichkeit nachvollzogen werden kann, auch wenn noch nicht alle Details der BPMN beachtet wurden. Die modellierten Prozesse müssen also die Fachlichkeit verständlich machen und ausreichend für eine weitere Ausarbeitung sein.

Spätestens in dieser Phase wird nun der Business-Analyst hinzugezogen, um die modellierten Prozesse so auszuformulieren, dass sie für eine nachfolgende Analyse in Richtung einer IT-technischen Umsetzung genügen. Das Gute daran: es wird weiter mit der BPMN gearbeitet und es erfolgt kein Bruch durch die Verwendung einer weiteren Notation.

Natürlich soll bei dieser nun folgenden schrittweisen Ausarbeitung der Fachexperte mit eingebunden werden. Dadurch lässt sich das Know-how einer guten BPMN Nutzung übertragen. Die dabei geführten Diskussionen helfen außerdem dabei, die Prozesse weiter zu schärfen und verhelfen allen Beteiligten zu weiteren wertvollen Erkenntnissen, die in der zukünftigen Modellierung angewendet werden können.

Anmerken möchten wir noch, dass für die weitere Analyse natürlich auch alle vorhandenen Dokumente, wie zum Beispiel die textuelle Prozessbeschreibung, mit einbezogen werden.

Zunächst beginnen wir mit einer Analyse der vorhandenen Prozessskizzen.

Analyse der fachlichen Prozess-Skizzen

Schauen wir uns hierzu die Prozesse „`Investitionsantrag stellen`“ und „`Investitionsgut bestellen`“ genauer an. Unsere Aufmerksamkeit lenken wir dabei zunächst auf offensichtlich diskussionswürdige Anwendungen der BPMN.

Defizite in der Modellierung

Abbildung 5.10 zeigt den Ausschnitt des Happy-Path des Prozesses „`Investitionsantrag stellen`“. Betrachten wir den modellierten Prozess Schritt-für-Schritt.

- Nachrichtenereignis „`Investitionsantrag abgelehnt`“
  - Das Versenden einer Nachricht im Prozess ist nicht zulässig. Innerhalb eines Prozesses werden keine Nachrichtenereignisse ausgelöst, dies geschieht ausschließlich in einer Kollaboration zwischen mehreren Beteiligten (Prozessen). „`Investitionsantrag abgelehnt`“ wäre besser als Link-Ereignis zu modellieren, wenn man sich den langen Sequenzfluss sparen möchte.
- Gateway ohne Bedingungen
  - Das dem Nachrichtenereignis nachfolgende Gateway könnte auch mit einem Link-Ereignis verwendet werden, allerdings fehlen die Bedingungen. Diese sollten dann auf jeden Fall auch angegeben werden. In unserem Fall macht das Gateway aber keinen Sinn, wenn ein Investitionsantrag abgelehnt wurde, dann kann er nicht mehr geändert werden. Stattdessen muss ein neuer Antrag gestellt werden.
  - Sollte das Link-Ereignis verwendet worden sein, dann müssen die Bedingungen aber schon am Gateway nach „`Antrag fachlich prüfen`“ stehen, da es sich ja eigentlich um einen durchgehenden Sequenzfluss handelt. Aber auch an dieser Stelle wurden keine Bedingungen angegeben.
  - Letztendlich müsste am Gateway zum Beispiel die Bedingungen „`fachlich nicht in Ordnung`“ und „`fachlich in Ordnung`“ oder ähnliches stehen. Der Zweig „`fachlich nicht in Ordnung`“ würde dann direkt auf ein Ende-Ereignis fließen.
- Verwendung von „Default“
  - Wir verstehen die Verwendung der Default-Bedingung nicht als Nutzung eines einfachen Else-Zweigs. Der Default-Pfad an einem Gateway soll so verwendet werden, das er alle nicht erwarteten Bedingungen abfängt. Hier wäre statt

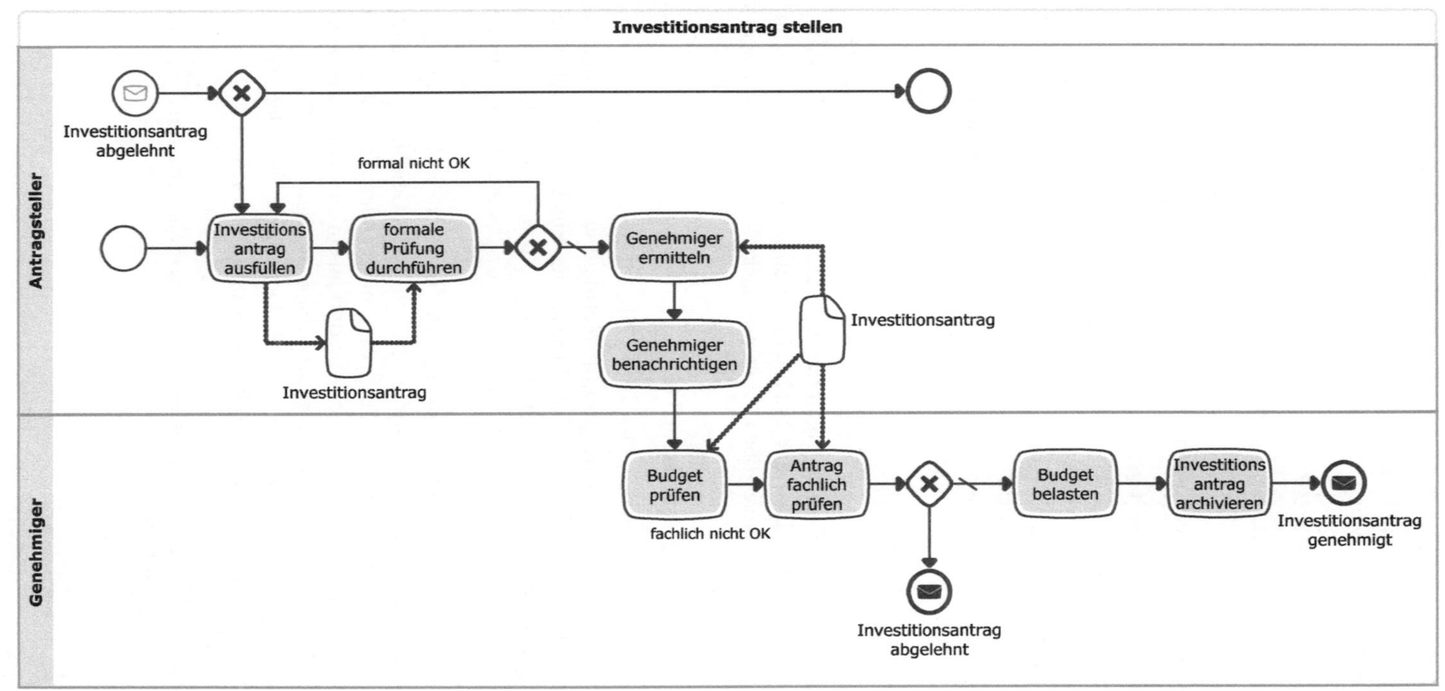

Abb. 5.10 Happy-Path des Prozesses

des Default nach „`Antrag fachlich prüfen`“ besser die Bedingung benannt, wie zum Beispiel “`fachlich in Ordnung`”. Diese Empfehlung greift vor allem dann, wenn mehr als zwei ausgehende Sequenzflüsse anliegen.

- Manuelle oder Benutzer-Tasks
  - “`Investitionsantrag ausfüllen`” ist ein manueller oder Benutzer-Task
- Automatisierte Tasks in Systemen
  - Die Tasks „`formale Prüfung durchführen`“ und “`Genehmiger ermitteln`“ werden durch das ERP-System durchgeführt und gehören in eine eigene Lane oder werden in einem eigenen Prozess modelliert. Sie sind als Service-Task zu modellieren.
  - Ebenso sind „`Budget prüfen`“, „`Budget belasten`“ und „`Investitionsantrag archivieren`“ automatisierte Tasks in einer eigenen Lane oder einem eigenen Prozess.
- „`Genehmiger benachrichten`“ ist kein Task
  - “`Genehmiger benachrichten`” ist als Task modelliert. Dies wird häufig so modelliert, ist aber eigentlich so nicht notwendig. Der Prozess des Genehmigenden wird über ein Nachrichtenereignis mit der Einreichung des Antrags automatisch angestoßen. Statt des Tasks wird also ein Nachrichtenereignis modelliert.
- Zustand und Fluss der Geschäftsobjekte
  - Die Zustände beziehungsweise der Zustandswechsel des “`Investitionsantrag`” ist nicht dargestellt. Normalerweise würde man erwarten, dass die Bearbeitung oder Erzeugung eines Geschäftsobjekts in einem Schritt eines Prozesses auch dessen Zustand ändert. Der Zustand nach „`Investitionsantrag ausfüllen`“ wäre dann zum Beispiel „`erzeugt`“.
  - Der Fluss des „`Investitionsantrag`“ ist nicht vollständig oder sogar falsch wiedergegeben. Der Antrag müsste zum Beispiel aus dem Task „`formale Prüfung durchführen`“ mit geändertem Zustand, zum Beispiel „`geprüft`“, hervorgehen und von dort aus in den Task „`Genehmiger ermitteln`“ fließen. Von dort aus dann in den nachfolgenden Task „`Genehmiger benachrichtigen`“. Der Fluss und der Zustand der Geschäftsobjekte ist also in jedem Fall kritisch zu betrachten.

Unterziehen wir den Prozess “`Investitionsgut bestellen`“ in Abb. 5.11 ebenfalls einer kritischen Betrachtung.

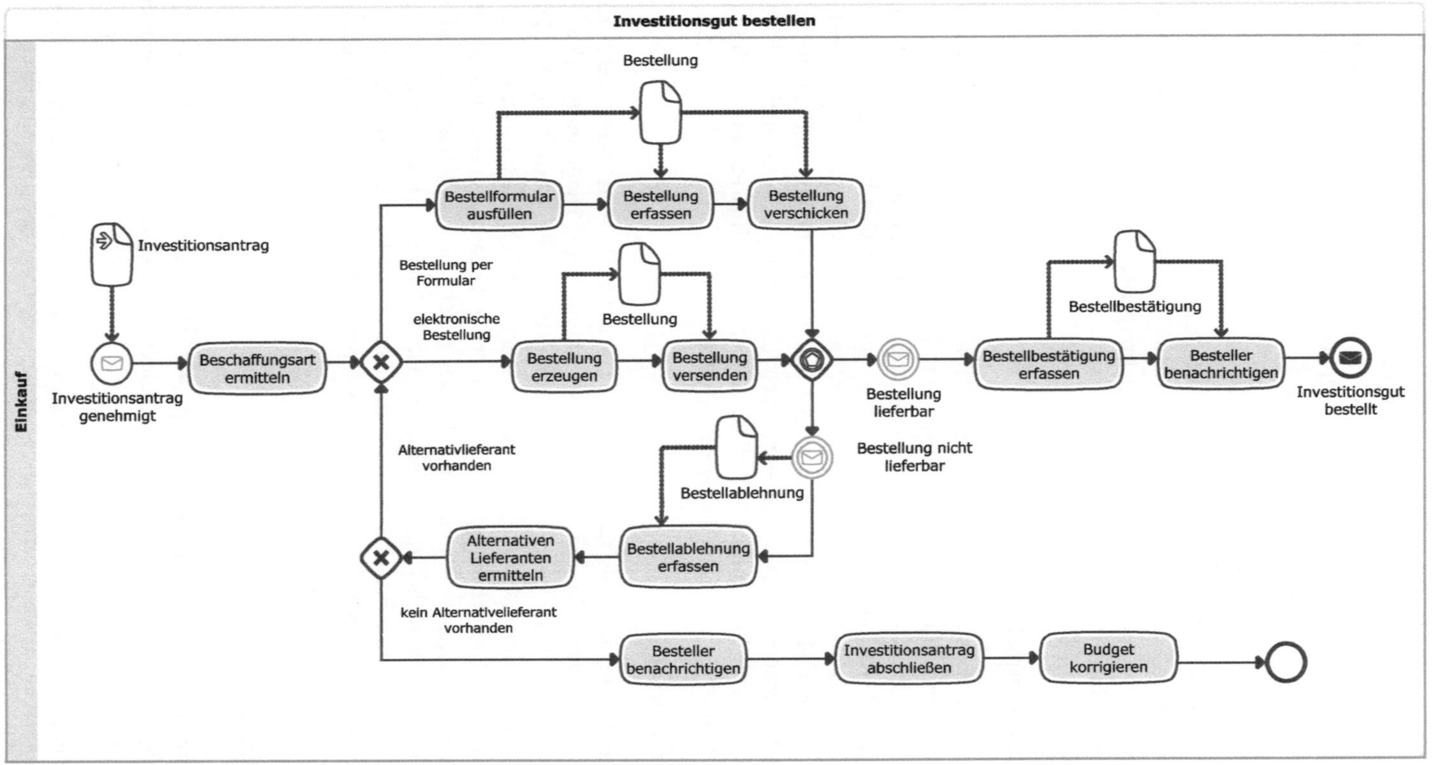

Abb. 5.11 Prozess „Investitionsgut bestellen“

- Datenassoziation an Start-Ereignis
  - Der „`Investitionsantrag`“ wird zwar an den Prozess übergeben, aber damit fließt er nicht in das Startereignis hinein, sondern aus diesem heraus und in den nächsten Task „`Beschaffungsart ermitteln`“ hinein!
- Einsatz globaler Tasks oder Ereignis
  - Die Tasks „`Bestellung verschicken`“ und „`Bestellung versenden`“ können zu einem globalen Task zusammengefasst werden. Noch besser kann, ebenso wie bei „Genehmiger benachrichtigen“, hier ebenfalls ein Nachrichtenereignis, zum Beispiel „`Bestellung versandt`“, verwendet werden.
- Pfad „Bestellformular“ nicht notwendig
  - Da klar ist, dass unser Prozess in Zukunft automatisiert erfolgen soll, handelt es sich beim Pfad „`Bestellung per Formular`“ am ersten Gateway wohl um den IST-Prozess. Im zukünftigen automatisierten SOLL-Prozess wird die Bestellung automatisch erzeugt und ausgeführt.[10] Allenfalls würde ein eventuell manuell ausgefülltes Investitionsantragsformular auf jeden Fall auch in einer Maske am System erfasst und damit ebenfalls automatisiert behandelt werden. In soweit ist diese Betrachtung des rein manuellen Pfades nicht relevant. Im Übrigen soll diese rein manuelle Bearbeitung in Zukunft weder auftreten und noch angeboten werden.
- „Flussumkehrung“
  - Der Fluss am Ereignis „`Bestellung nicht lieferbar`“ kehrt sich plötzlich gegen die eigentliche Leserichtung des Diagramms. Das ist grundsätzlich kein guter Stil und verschlechtert die Lesbarkeit des Diagramms. Auf den ersten schnellen Blick scheint „`Alternativlieferant vorhanden`“ eine Bedingung nach dem ersten Gateway zu sein, was zu Verwirrung beim Leser führen kann. Besser ist es, diese Alternative ebenfalls von links nach rechts zu modellieren und lieber ein Link-Ereignis einzusetzen. Man sollte grundsätzlich darauf achten, den Lesern eines Diagramms die schnelle Interpretation so einfach wie möglich zu machen. Dazu gehören auch solche „Kleinigkeiten“.

Modellierungsstil

Prozesse können vertikal oder horizontal modelliert werden. Es empfiehlt sich, die Richtung der Modellierung zu Beginn festzulegen und dann auch durchzuhalten.

---

[10]Die 80:20 Regel hilft auch hier. Die erwarteten Ausnahmen, in denen eine Bestellung oder ein Antrag nicht direkt im System erfasst oder erzeugt wurden liegen weit unter 20% aller Fälle. Somit ist eine Modellierung dieser Ausnahme zunächst nicht relevant.

Jeder Modellierer sollte sich dann an die festgelegt Ausrichtung halten. Insgesamt wird so die Lesbarkeit der Diagramme erhöht.

Außerdem können dazu in einer Modellierungsrichtlinie die Position von eingehenden und ausgehenden Geschäftsobjekten oder die Anzahl der Tasks pro Diagramm festgelegt werden. Pragmatische und begründete Ausnahmen sind wie immer erlaubt.

Gesamtablauf über Kollaboration

Der Gesamtprozess stellt sich aus fachlicher Sicht nicht durch einen einzigen Prozess in verschiedenen Lanes dar, sondern viel mehr durch eine Kollaboration aus verschiedenen Beteiligten. Abbildung 5.12 zeigt diese Kollaboration in einer sogenannten Blackbox-Darstellung.

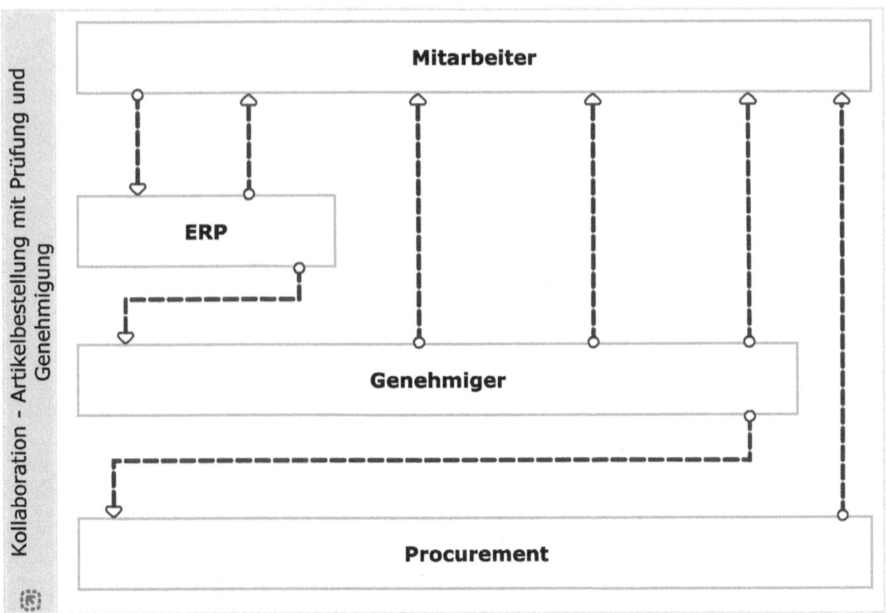

Abb. 5.12 Kollaboration über den Gesamtprozess

Ausgehend von Mitarbeiter ist das ERP-System für die Teile der Automatisierung eingesetzt. Der Prozess des Genehmigers wird vom ERP-System getriggert und am Ende, mit weiterer Einbeziehung des Antragstellers (Mitarbeiter), wird schließlich die Bestellung über das Procurement abgewickelt.

Der Beteiligte „`Mitarbeiter`" führt den Prozess „`Artikel bestellen`" aus, den wir Abb. 5.13 darstellen.[11]

Das Beispiel zeigt den Einsatz von Ereignissen. „`Investitionsantrag eingereicht`" triggert in der Kollaboration den Prozess des Genehmigenden.

[11] Zur besseren Übersicht wurden die Geschäftsobjekte ausgeblendet.

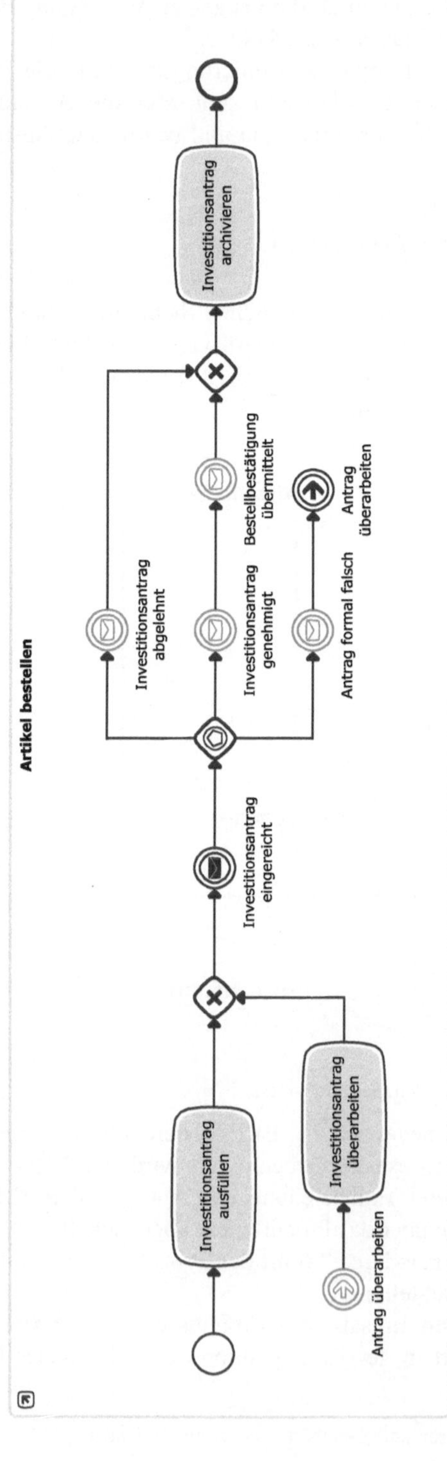

Abb. 5.13 Prozess des Mitarbeiter „Artikel bestellen“

Das nachfolgende ereignisbasierte Gateway reagiert auf die Entscheidung des Genehmigenden oder die automatisierte formale Prüfung. Wurde der Investitionsantrag genehmigt, dann wird ebenfalls automatisch die Bestellung des Investitionsgutes angestoßen. Der Prozess läuft mit dem Eintreffen der erfolgreichen Bestellung in die Archivierung des Investitionsantrags und kommt zum Ende.

Der Gesamtprozess ist somit über Tasks und Ereignisse im Prozess des Mitarbeiters tatsächlich schon abgebildet.

Abbildung 5.14 zeigt den Gesamtprozess. Dabei wurden nun auch alle Tasks entsprechend typisiert und alle Nachrichtenflüsse, -ereignisse und Signal-Ereignisse entsprechend modelliert.

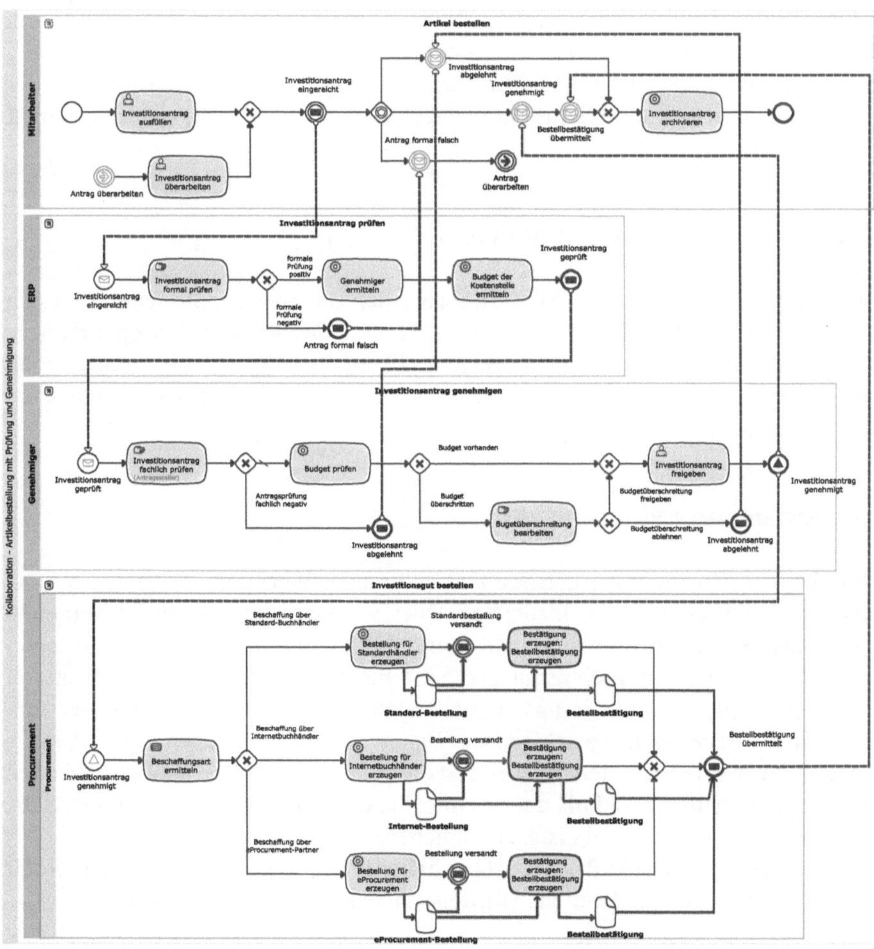

Abb. 5.14 Gesamtprozess

Deutlich wird hier, dass der Prozess „`Artikel bestellen`" sozusagen die Gesamtsteuerung übernimmt.

Fazit zur Entwicklung der Prozessskizzen

Bei der Bewertung und Analyse der ersten Prozessskizzen und der weiteren Ausformulierung sind alle vorhandenen Informationen mit einzubeziehen, also auch die gegebenenfalls rein textuelle vorliegende Beschreibung des Prozesses. Im Normalfall wird die weitere Ausarbeitung immer zusammen mit den Fachexperten, beziehungsweise in enger Abstimmung mit ihnen vorgenommen.

Ob der oben dargestellte Prozess zum Beispiel genau so wie dargestellt über eine Kollaboration oder in anderer Art modelliert wird, ergibt sich oft auch in der Diskussion mit den Fachexperten. Die Modellierung des Gesamtprozesses über ein Diagramm mit mehreren Lanes wäre ebenfalls denkbar gewesen. Die Trennung der Verantwortlichkeiten hat uns aber hier mehr zugesagt. Bei der Analyse in der Phase Evaluation und der Definition des technischen Prozesses gehen wir darauf nochmals ein.

Ableitung der fachlichen Services

Eines der Hauptmerkmale der SOA sind natürlich die Services, welche im besten Fall wiederverwendbar sind. Leider lässt sich das SOA Paradigma wenig darüber aus, wie die Services zu finden sind. Die Identifikation von Services ist „Handarbeit" und wir geben dem Leser im Folgenden ein Vorgehen an die Hand, welches die Definition von Services vereinfacht.

Kategorisierung von Services

Schon bei der Modellierung der Services sollte man Wert darauf legen, die SOA Paradigmen zu beachten und einzuhalten. Doch wie kann dies umgesetzt werden?

Die Service-Schlagworte Hierarchisierung, Entkopplung, Kapselung sind schon aus der Objektorientierung bekannt und auch für die sogenannte Schneidung von Services relevant. Damit wir uns mit der Definition von Services leichter tun, teilen wir die Services in verschiedenen Typen[12] ein. Die dazugehörigen Aufrufregeln der Servicetypen untereinander und die Beachtung der Verantwortlichkeiten über die Daten helfen ebenfalls dabei, einen Serviceschnitt entsprechend des SOA Paradigmas fast schon automatisch zu erreichen.

Wenn man sich den Aufbau von Geschäftsprozessen genauer anschaut, erhält man auch dadurch schon deutliche Hinweise zu den einzelnen Servicetypen:

---

[12] Die Einteilung der Servicetypen ist aus der Artikelserie [JMSOA] übernommen.

- Prozesse werden aus Teilprozessen und Aktivitäten (Aktionen, Schritten) aufgebaut
- Um den Wartungsaufwand für die Prozessmodellierung zu minimieren und die Prozesse robuster gegen Änderungen zu machen, werden Geschäftsregeln definiert und ausgelagert. Die Änderung einer Regel zieht damit nicht automatisch die Änderung des Prozessflusses nach sich.
- Es gibt einzelne Aktivitäten, die sich hauptsächlich mit dem Erzeugen, Ändern und Speichern von Daten beschäftigen. Oft geht es dabei nicht nur um einzelne Entitäten sondern um mehrere Entitäten die miteinander in Beziehung stehen.

Servicetypen

Aus dem oben genannten Aufbau von Prozessen lassen sich folgende, in Tabelle 5.1 dargestellten, Servicetypen[13] ableiten:

Tabelle 5.1 Die verschiedenen Servicetypen

Prozessservice (ProcessService)	Ein Prozessservice kennzeichnet sich durch seine potenzielle Langlebigkeit. Er hat eher asynchronen Charakter und ist oft statusbehaftet. Ein Prozessservice deckt, wie der Name schon sagt ganze Prozesse oder Teilprozesse ab. Prozessservices haben steuernde Funktion
Aktivitätsservice (ActivityService)	Ein Aktivitätsservice kapselt einen bestimmten kleineren Teil einer Funktionalität. Er wird meist synchron verwendet und er ist eher nicht statusbehaftet, allenfalls in kurzen Zeiträumen während er selbst eine Verarbeitung durchführt. Er verhält sich ähnlich einer Facade, versteckt also eine gewisse Komplexität vor dem Klienten, der ihn nutzt
Geschäftsregelservice (RuleService)	Ein Regelservice kapselt eine oder mehrere Geschäftsregeln und damit eine Entscheidungs- oder Auswertungslogik. Er ist seiner Natur nach nicht statusbehaftet und wird synchron verwendet
Datenservice (DataService)	Ein Datenservice ist für die Konsistenz und korrekte Persistierung einer Menge von Daten, die mit einander in Beziehung stehen können, verantwortlich. Er stellt hierzu die typischen Operationen zum Erzeugen, Lesen, Aktualisieren und Löschen[a] zur Verfügung

[a] Auch CRUD für Create, Read, Update, Delete

[13] Nach unserer Erfahrung kristallisieren sich in jedem SOA Projekt über die Zeit automatisch ähnliche Servicekategorien heraus, auch wenn nicht von Beginn an mit unterschiedlichen Servicetypen gearbeitet wird.

Die Aufrufregeln stellen sich, wie in Abb. 5.15 dargestellt, folgendermaßen dar:

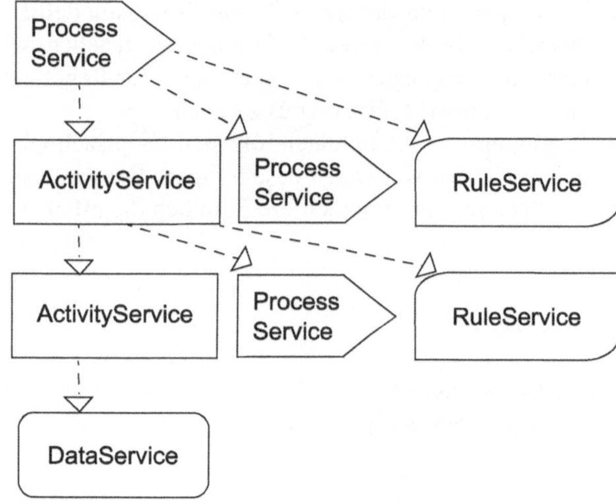

Abb. 5.15 Service Aufrufregeln

- Prozessservice
  - Verwendet weitere Prozess-, Aktivitäts und Regelservices. Er nutzt keinen Datenservice direkt.[14]
- Aktivitätsservice
  - Verwendet alle anderen Servicetypen, also Prozess-, Aktivitäts-, Regel- und Datenservice. Der Aktivitätsservice ist damit ein zentraler Baustein der Serviceorchstrierung. Aus ihm werden Prozesse- und Teilprozesse „gebaut".
- Regelservice
  - Regelservices werden aufgerufen, nutzen aber selbst keine weiteren Services.
- Datenservice
  - Datenservices werden ebenfalls nur aufgerufen und nutzen selbst keine weiteren Services.

Grundsätzlich ist ein Service über mindestens eine öffentliche Schnittstelle verwendbar. Dabei werden keine Realisierungsdetails nach außen gegeben (Kapselung). Jede Schnittstelle stellt mindestens eine öffentlich aufrufbare Operation zur Verfügung. Die Operation selbst akzeptiert eine aufrufende Nachricht (Request-Message) und liefert eine Antwortnachricht (Response-Message) und beliebig viele Fehler (Fault) zurück.

---

[14] Den einen oder anderem wird das an eine typische 3-Schichten-Architektur erinnern.

Die Nutzung eines Services ist also nichts weiteres, als der Aufruf einer Operation einer öffentlichen Schnittstelle eines Services.

Jedem Service steht es dabei frei, weitere Hilfsservices zu nutzen, die selbst keine öffentliche Schnittstelle zur Verfügung stellen, sondern nur von entsprechenden Services selbst genutzt werden können. Solche Services werden auch „private Services" genannt und kapseln weiter Implementierungsdetails.[15]

Vorgehen bei der Ableitung von Serivces

Grundsätzlich können zwei Arten unterschieden werden:

- Top-Down-Vorgehen
  - Analyse des Informationsobjektmodells
  - Geschäftsprozess-Analyse
  - Domänen-Analyse
  - Geschäftsziel-Analyse
- Bottom-Up-Vorgehen
  - bestehende Services
  - bestehende Geschäftsapplikationen
  - bestehende Modelle

Top-Down

Bei Top-Down-Vorgehen werden die Services über die Analyse der Domänen, der Geschäftsobjekte[16] und der Geschäftsprozesse unter Einbeziehung der Geschäftsziele erarbeitet.

Bei den Geschäftsobjekten wird deren Verwendung im Prozess analysiert und die Zustandsänderungen der Geschäftsobjekte betrachtet. Weiter ist zu beachten, ob es sich um Daten handelt, die einer bestimmten Domäne zuzuordnen sind oder ob es sich um Stammdaten handelt, die eher eine Querschnittsfunktion einnehmen, also über mehrere Domänen hinweg verwendet werden.

Prozesse und Teilprozesse werden zu Prozessservices und auch sie werden auf die Zuordnung zu einer Domäne hin überprüft, also die Frage gestellt, welchen Aufgabenbereich Prozesse abdecken.

Einzelne Aktivitäten oder auch Teilprozess werden wiederum zu Aktivitätsservices zusammengefasst.

[15] In Anlehnung an die privaten Methoden einer Klasse oder die Verwendung von Hilfsklassen.

[16] Auch Informationsobjekte genannt.

Die Domänen werden entweder vorher schon analysiert oder während der Analyse der Prozesse und Geschäftsobjekte „gefunden“. Einer Domäne, wie zum Beispiel „Kundenmanagement“, können dann einzelne Services eindeutig zugeordnet werden. Eine Domäne deckt genau einen Aufgabenbereich ab, der sich nicht mit anderen Domänen überschneidet.

Wurden in einem zielorientierten Vorgehen ausgehend von einer schriftlich formulierten Vision Ziele abgeleitet, dann werden die Services auch dahingehend überprüft, ob sie diese Ziele tatsächlich unterstützen. Service, welche die definierten Ziele nicht unterstützen, werden nicht benötigt beziehungsweise sind zumindest zu hinterfragen.

Sind schon Services aus der Analyse entstanden oder schon vorhanden, dann ist natürlich für jeden neuen Service oder Operation zu prüfen, ob die Funktionalität einem schon vorhandenen zuordenbar ist. Daraus kann sich auch ergeben, dass ein Service neu bedacht wird und daraus eventuell zwei neue Services entstehen. Aber auch das Gegenteil kann eintreffen, nämlich das Zusammenführen von Services. Oder anders gesagt, der Serviceschnitt unterliegt einer ständigen Konsolidierung und Neubewertung.

In die Bewertung wird auch das Wissen über vorhandene Applikationen oder zum Beispiel auch bestehende Modelle herangezogen. Anwendungsfall- und Aktivitätsdiagramme aus der „klassischen“ objektorientierten Analyse, die bei der Analyse eines Systems entstanden sind, sind oft auch eine gute Quelle für Services und Serviceoperationen. Das betrifft vor allem Migrationsprojekte, bei denen vorhandene monolithische Applikationen in eine SOA überführt werden sollen.

Analyse der Geschäftsobjekte

Grundsätzliche Kandidaten für einen Service oder Serviceoperationen ergeben sich aus der Analyse der Geschäftsobjekte, beziehungsweise deren Verwendung im Prozess. Aktivitäten die sich mit dem

- Lesen, Erstellen und Löschen eines Geschäftsobjektes
- Ändern der Eigenschaften eines Geschäftsobjektes
- Lesen, Erstellen und Löschen von Beziehungen zwischen Geschäftsobjekten
- Verfolgen von Beziehungen zwischen Geschäftsobjekten
- Zustandswechsel des Geschäftsobjektes

beschäftigen, sind potenzielle Kandidaten für einen Datenservice oder eben einer Operation eines Datenservices.

Die Vorteile sind in der Regel überlappungsfreie Services, die die lose Kopplung über Beziehungen abbilden. Die Wiederverwendungsrate ist meist recht hoch, vor allem bei Querschnittsthemen (Stammdaten).

Die alleinige Konzentration auf die Geschäftsobjekte führt allerdings noch nicht zum Ziel, da damit die geforderte Prozessorientierung nicht im Mittelpunkt steht und vernachlässigt wird.

Aus diesem Grund werden natürlich auch die Prozess einer Analyse unterzogen.

Identifikation von Services über die Geschäftsprozessanalyse

Prozesse und Services haben grundsätzliche Eigenschaften, die sich auf einer abstrakten Ebene äquivalent verhalten.

Wie ein Prozess sich gegenüber dem Kunden als Blackbox darstellt, so verhält sich auch ein Service gegenüber seinem Nutzer als Blackbox. Was genau in einem Prozess abläuft, um dem Kunden die gewünschte Dienstleitung zu erbringen, ist für den Kunden genauso unsichtbar wie die Implementierungsdetails eines Services für dessen Klienten.

Beide, Prozesse und Services erwarten einen definierten Input und von beiden wird am Ende der Verarbeitung ein definiertes Ergebnis erwartet. Für Services stehen hier die Request- und Responsenachrichten.

Prozesse und Services lassen sich hierarchisieren. Prozesse verwenden Teilprozesse und diese wiederum weitere Teilprozesse, bis man auf Aktivitätsebene angekommen ist. Services nutzen weitere Services um ihre geforderte Leistung zu erfüllen. Grobgranulare Services setzen sich aus kleineren Services, beziehungsweise deren Nutzung, zusammen.

Tabelle 5.2 stellt die Servicekandidaten übersichtlich zusammen.

Tabelle 5.2 Servicekandidaten

Element im Geschäftsprozess	Prozess-Service	Aktivitäts-Service	Geschäfts-regel-Service	Daten-Service
Mehrfach verwendete Prozessschritte	X	X		
Transaktionen	X	X		
Unterprozesse	X	X		
Geschäftsregeln		X	X	X
Geschäftsobjekte		X		X

Die Vorteile bei der Definition von Services über die Prozessanalyse sind die hohe Prozessorientierung.

Allerdings müssen die gefundenen Services ständig auf zu enge Kopplung und Überlappung geprüft werden.

Domänen-Analyse

Wie oben schon genannt, ist die Analyse der Domänen ein weiteres Hilfsmittel. Domänen dienen der Abgrenzung logischer Funktionen und der dazugehörigen Daten. Eine Domäne deckt somit einen bestimmten Aufgabenbereich ab. Die einer Domäne zugeordneten Services decken ihrerseits ebenfalls in ihrer Gesamtheit, ohne Überlappung, den Aufgabenbereich der Domäne vollständig ab.

Daraus ergibt sich, mehr oder weniger automatisch, ein hierarchisches Servicemodell, in dem die Domäne die höchste Ebene der logischen Architektur darstellt. Services sind darin funktionale Gruppen und die Operationen definieren die entsprechenden geforderten Fähigkeiten zur Prozessabwicklung.

Abbildung 5.16 zeigt den Zusammenhang zwischen Domänen und deren Services. Domäne D2 nutzt dabei Services der Domäne D3, was letztendlich der Aufruf des Services D3.S1 bedeutet. Dieser wiederum nutzt, und das ist für den Aufrufer nach außen nicht sichtbar, den in seiner Domäne vorhandenen Service D3.S2.

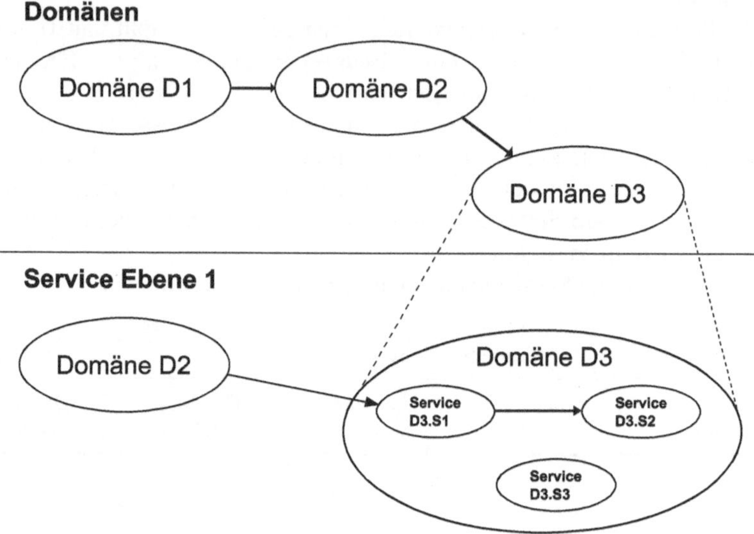

Abb. 5.16 Domänen nutzen die Services andere Domänen

Bottom-Up

Das Bottom-Up-Vorgehen eignet sich vor allem bei der Überführung bestehender Applikationslandschaften in eine SOA.

Es werden also für die vorhanden Datenbanken deren Entitäten betrachtet, sowie die Funktionalität der einzelnen Systeme analysiert.

Hierbei helfen natürlich vorhande Analysemodelle, Hilfedokumente, Handbücher, die Datenbank, Menüs- und Dialoge, und, ganz wichtig natürlich, die Erfahrung der Endanwender und Fachexperten.

Liegen keine Modelle oder aktuelle Dokumente vor, was bei gewachsenen Applikationslandschaften immer wieder einmal vorkommt, dann durchmischen sich Top-Down und Bottom-Up. Es wird sozusagen ein Top-Down-Modell angelegt, während die Bottom-Up-Analyse durchgeführt wird.

Durch ein Reverse-Engineering können einzelne Ebenen eines Modells heute automatisch hergeleitet werden. Dieser „Bottom-Up"-Teil eines Modell trifft sich dann mit den Teilen des neu Erstellten „Top-Down"-Teils. Über entsprechende Beziehungen können dann beide Teile miteinander verknüpft werden.

Datenservices können heute auch automatisiert aus vorhandenen Tabellen oder Zugriffklassen generiert werden, zum Beispiel aus EntityBeans. Wir möchten dazu nur anmerken, dass dieses Mittel allein mit großer Wahrscheinlichkeit nicht zu einer sauberen SOA, und damit zum eigentlichen Ziel, führt. Ohne eine Analyse der Prozesse ergibt sich keine prozessorientierte SOA, sondern „nur" eine technische. Das heißt, es werden zwar auf technischer Ebene die Mittel verwendet, die zum Bau einer SOA herangezogen werden können, aber es wird eben kein Service nach prozessorientierten Gesichtspunkten erstellt.

Aus diesem Grund werden in der Praxis meist beide Methoden gemischt. Dies ergibt sich meist schon aus den heutigen heterogenen Systemlandschaften, die einen ausschließlichen Top-Down-Ansatz auf der bekannten „grünen Wiese" nicht gestatten.

Best Practice zur Service-Identifikation

Zunächst lässt sich ein Entscheidungsbaum aufspannen, der in Abb. 5.17 dargestellt ist.

Nach diesem Schema kann für jeden Servicekandidaten verfahren werden. In der Analyse der Prozesse kann so jede einzelne Aktivität bewertet werden.

Hilfreich ist es auch, bei der Benennung von Services mit entsprechenden Prä- oder Postfixes zu Arbeiten. Damit ist auf einen Blick die Kategorie eines Services zu erkennen. Diese könnten Beispielsweise so aussehen:

- PS_: Prozess-Service (ProcessService)
- A_: Aktivitäts-Service (ActivityService)
- D_: Daten-Service (DataService)
- R_: Geschäftsregel-Service (RuleService)

Für jeden neuen Service oder jede neue Operation werden die Aufrufregeln geprüft. Dabei ist zu beachten, dass Aktivitäts-Services häufig als „Vermittler" benötigt werden, zum Beispiel, um Daten zu beschaffen, die dann als Input für einen Geschäftsregel-Service dienen.

Mehrere Prozessschritte können ebenfalls zu einem Aktivitätsservice zusammengefasst werden. Dabei kann unterschieden werden, ob eine Operation des Services alle Schritte implementiert oder ob dies über den Aufruf weiterer Services erledigt wird.

Wie kann dies nun in einem Modell umgesetzt werden?

Umsetzung in der Modellierung

Geht man von einer Domänen und Prozessorientierten Analyse aus, dann ergeben sich folgende Strukturen und Elemente (Tabelle 5.3):

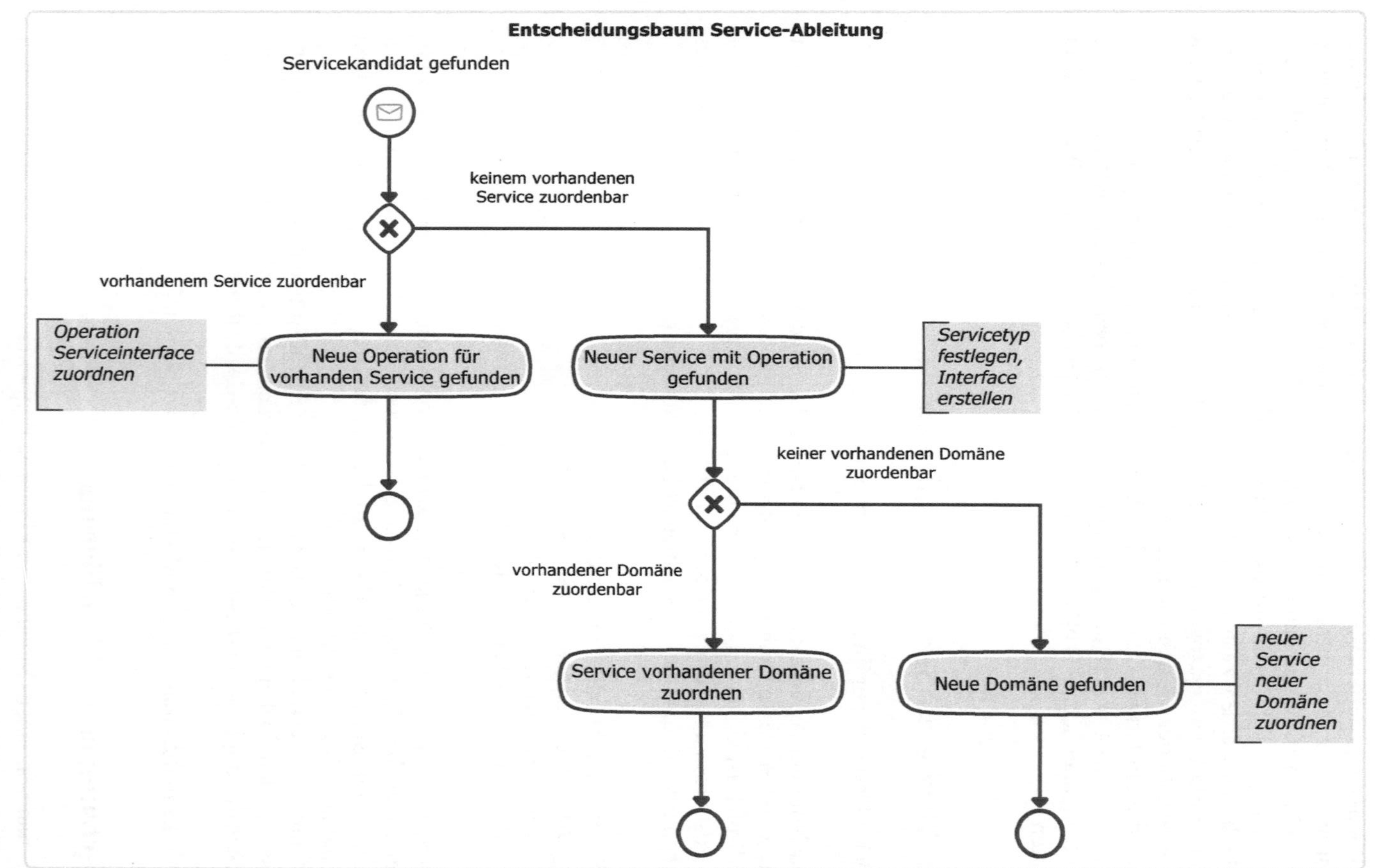

Abb. 5.17 Entscheidungsbaum Service-Ableitung

Tabelle 5.3 Elemente im Modell der Phase Initiation

Element	Beschreibung
Domänenpakt	Es enthält die einzelnen Services seiner Domäne
Service (interface)	Zur Vereinfachung wird in der Phase Initiation pro Service ein BPMN-Service-Interface angelegt
Serviceoperation	An jedem Interface können beliebig viele Operationen hinterlegt werden
Nachrichten und Fehler (optional)	An jeder Operation können Nachrichten und Fehler modelliert werden. Zur Vereinfachung in der Phase Initiation ist dies optional

Im Beispielmodell wurden zunächst zwei Domänen mit ihren Services und Operationen identifiziert. Abbildung 5.18 zeigt einen Snapshot des Modells.

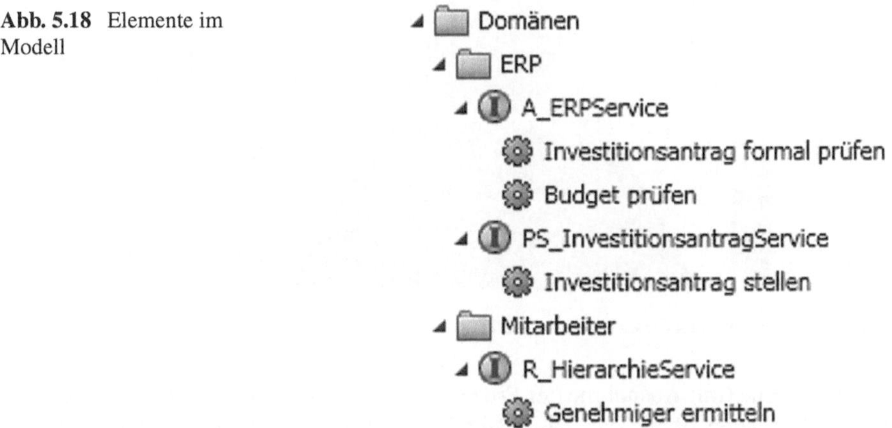

Abb. 5.18 Elemente im Modell

Einordnung in ein Gesamtprozessmodell

Bisher haben wir den Investitionsantragsprozess unabhängig von der späteren Art und Weise der Verwendung solitär betrachtet und modelliert. Neben der Verwendung zur Softwareentwicklung (die im Fokus des Buches steht) kann unser Modellierungsergebnis auch vom Geschäftsprozessmanagement des Unternehmens verwendet werden. Natürlich hat ein (klassischer) Prozessmanager andere Aufgaben und Ziele als ein Mitarbeiter des IT-Bereichs, wenn er mit Prozessen, beziehungsweise Prozessmodellen arbeitet. Die daraus resultierenden Anforderungen an das Modell (zum Beispiel eine Prozesslandschaft des Unternehmens, Kennzahlen, interne und externe Kunden) und deren mögliche Umsetzung wollen wir in diesem Abschnitt näher betrachten. Schwerpunkt wird dabei die Integration der Prozessmodellierung des Business Analysten in das Gesamtprozessmodell des Unternehmens sein.

Die Mehrfachverwendung unserer Prozessmodellierung hat neben der direkten Zeit- und Kostenersparnis den Vorteil, dass sowohl das Prozessmanagement als auch der IT-Bereich des Unternehmens dieselben Informationen in einer einheitlichen Modellierungssprache als Basis für ihre jeweilige Arbeit haben. Diese gemeinsame Basis ermöglicht es auch, die „Reibungsverluste" bei der Zusammenarbeit zwischen den Bereichen zu minimieren.

Konzeptionelle Grundlage für unser Gesamtprozessmodell sind vier unterschiedliche Ebenen: Die Prozesslandkarte, die Hauptprozesse, die Teilprozesse und die Arbeitsschritte wie in Abb. 5.19 gezeigt. Die detaillierter Darstellung und Beschreibung der Ebenen ist Gegenstand dieses Teilkapitels.

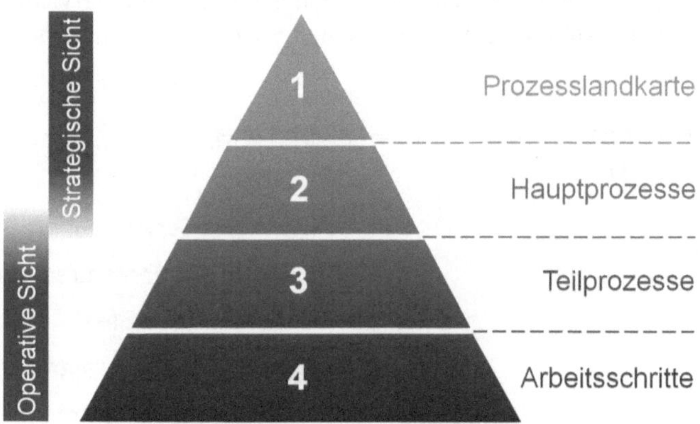

Abb. 5.19 Schema des Gesamtprozessmodells

Jede Ebene (mit Ausnahme der Prozesslandkarte) stellt eine verfeinerte Sicht der darüberliegenden Ebene dar. Die ersten beiden Ebenen stellen die Unternehmensprozesse aus strategischer Perspektive dar. Ab der dritten Ebene geht die Sicht in die operative Perspektive über. Da die BPMN bisher keine Möglichkeiten für die Darstellung der strategischen Ebene mitbringt, sind die Ebenen nicht immer vollständig konform mit der BPMN. Ein Methodiker wird an dieser Stelle natürlich Bedenken haben und drauf hinweisen, dass wir bei der Modellierung vom Standard abweichen. Wir haben diesen Punkt ebenfalls bedacht und zwischen dem „starren" Befolgen der Methodik und dem möglichen Praxisnutzen bei der Organisation und Abbildung von umfangreichen Prozessmodellen abgewogen. Letztendlich war uns eine Modellierung wichtiger, die den Anforderungen unserer Kunden (hier insbesonders der Fachbereiche und des Managements) gerecht wird.[17] Auf der vierten

[17]Bietet die BPMN zu diesen Punkten zukünftig neue Möglichkeiten an, so sollten diese – bei entsprechender Eignung – verwendet werden.

Ebene in unserem GP-Modell müssen wir allerdings immer darauf achten, dass wir konform zur BPMN sind. Diese Ebene ist nämlich die Grundlage der Arbeit der IT. Abweichungen können zu schwerwiegenden Problemen führen (beispielsweise zur Fehlinterpretation des Modells oder Schwierigkeiten bei der Ausführung der Prozesse in einer eigentlich dafür geeigneten Umgebung). Es empfiehlt sich auch immer, eine Richtlinie mit den Modellierungsregeln der einzelnen Ebenen zu erstellen und zu pflegen. Dies ist für jeden Modellbenutzer aus mehreren Punkten sinnvoll:

- Die Sonderregeln der ersten Ebenen sind dokumentiert
- Einschränkungen bei der Verwendung von Modellierungselementen auf der vierten Ebene ist festgehalten (wenn die BPMN bewusst nicht mit all ihren Möglichkeiten genutzt werden soll)
- Modellierungsmuster und –beispiele sind dokumentiert

Details zu den einzelnen Sonderregeln werden in den entsprechenden Abschnitten der einzelnen Ebenen genannt (beispielsweise unterschiedliche Semantiken des Sequenzflusses in den oberen beiden und unteren beiden Teilen des Prozessmodells). Die Inhalte unseres unternehmensweiten Prozessmodells sind in einem separaten Teilmodell mit dem Namen „Gesamtprozessmodell“ enthalten. Die Prozessdiagramme, die vom Business Analysten modelliert wurden stellen die Inhalte der vierten Ebene dar.

Die Prozesslandkarte

Die Prozesslandkarte dient uns als Überblick über alle Geschäftsprozesse, die im Unternehmen bereits (vollständig) dokumentiert sind. Von hier aus können wir alle Prozessbeschreibungen bis in die kleinste Detailebene erreichen. Allerdings zeigt sie die einzelnen Prozesse, die ablaufen, nicht direkt. Die Prozesslandkarte bündelt die einzelnen Prozesse und ordnet sie den Themenfeldern zu. Nach welchem Aspekt diese Themenfelder gebildet werden, ist eine individuelle Entscheidung, die vor der Erstellung der Prozesslandkarte getroffen werden muss. In der Regel orientiert man sich bei Kernprozessen am Produktlebenszyklus (zum Beispiel „Entwicklungsprozess“ oder „Vertriebsprozess“) und bei Management- beziehungsweise Unterstützungsprozessen an der generellen Leistung, die dabei erbracht wird (zum Beispiel „Einkaufsprozess“ oder „Strategieprozess“).[18] Auch wenn die Bezeichnungen an Funktionsbereiche des Unternehmens erinnern bedeutet dies nicht, dass in einem Geschäftsprozess nur dieser eine Bereich aktiv ist. Vielmehr können alle Unternehmensteile bei der Durchführung eines Prozesses mitwirken. Innerhalb eines Geschäftsprozesses können eine bis beliebig viele Leistungen für einen (internen oder externen) Kunden erbracht werden. Die Darstellung dieses Leistungsportfolios eines Geschäftsprozesses erfolgt dann auf Ebene 2 des Gesamtprozessmodells.

[18] Erläuterungen zu Kern-, Unterstützungs- und Managementprozess sowie weitere mögliche Systematiken zur Gliederung von Geschäftsprozessen sind in [GPMP] zu finden.

Bei der Modellierung der Prozesslandkarte verwenden wir ein normales Prozessdiagramm, in dem ausschließlich Ad-Hoc-Teilprozesse und Unterprozesse modelliert werden. Ad-Hoc-Teilprozesse dienen der Unterteilung der Geschäftsprozesse in die drei Gruppen „Kernprozesse", „Managementprozesse" und „Unterstützungsprozesse" verwendet. Innerhalb einer Gruppe stellen wir die konkreten Geschäftsprozesse dann mit Unterprozessen dar, die weiter verfeinert sind. Die Prozesslandkarte unseres Beispielunternehmens ist in Abb. 5.20 zu sehen. Alle weiteren Aspekte der normalen Prozessmodellierung (zum Beispiel Datenobjekte/-flüsse und Lanes) bleiben außen vor. Sequenzflüsse werden ebenfalls nicht modelliert. Da die Prozesslandkarte eine sehr abstrakte Sicht auf die Unternehmensprozesse darstellt, ist eine sinnvolle Modellierung des Sequenzflusses nicht möglich und würde gegen das Prinzip des Sequenzflusses der BPMN verstoßen.

Die Prozesslandkarte ist bewusst allgemeingültig gehalten, da unser Beispielunternehmen branchenneutral ist. In der Praxis wird diese immer an das jeweilige Unternehmen und dessen Anforderungen und Prioritäten angepasst. So kann bereits

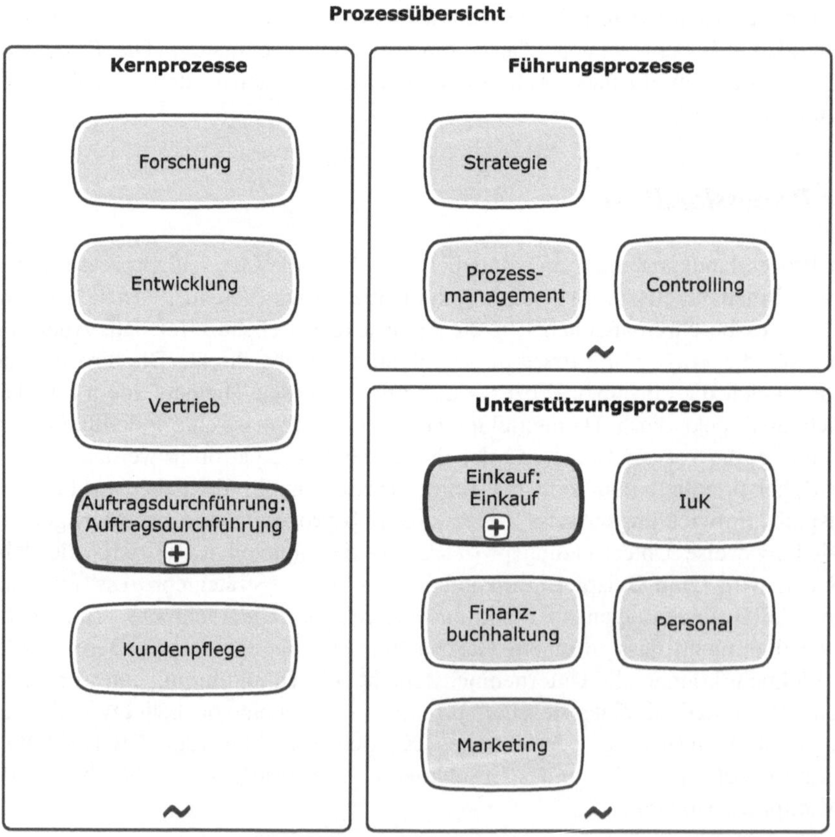

Abb. 5.20 Prozesslandkarte unseres Beispielunternehmens

die Unterteilung der Prozesslandkarte mittels Ad-Hoc-Prozessen anders erfolgen: Statt drei Gruppen nur zwei: Primäre und sekundäre Geschäftsprozesse. Die Trennung von Management- und Unterstützungsprozessen fällt dabei weg (Details hierzu ebenfalls in [GPMP]). Auch die Definition von Geschäftsprozessen kann anders vorgenommen werden: Die beiden Geschäftsprozesse „Finanzbuchhaltung" und „Controlling" können unter „Rechnungswesen" dargestellt sein. Ein weiterer Einflussfaktor kann auch die Branche sein, in der das Unternehmen tätig ist: Im Handel werden die Kernprozesse „Entwicklung" und „Forschung" nicht existieren. Dafür wird es vermutlich einen Kernprozess geben, der die Pflege des Produktkatalogs abdeckt.

Unsere erste Aufgabe bei der Integration der Prozessmodellierung des Business Analysten ist es, den übergeordneten Geschäftsprozess der Prozesslandkarte ausfindig zu machen, in dem er abläuft. Hauptfrage dabei ist, was die eigentliche Leistung ist, die der (interne oder externe) Kunde fordert und um welchen Prozesstyp es sich dabei handelt. Da es sich beim Investitionsantrag um eine Leistung handelt, die ausschließlich unternehmensintern angeboten wird und es kein Führungsprozess ist, gehört er zu den Unterstützungsprozessen. Hier passt er am besten in das Themenfeld „Einkauf", da dies die Leistung ist, die für den internen Kunden im Vordergrund steht. Die Antragstellung und –genehmigung ist die Voraussetzung dafür, die Zahlungsabwicklung die Folge.

Die Hauptprozesse

Die Hauptprozesse stellen die erste Verfeinerungsebene in unserem Geschäftsprozessmodell dar und werden im Hauptprozessdiagramm modelliert. Dieses ist einem Geschäftsprozess der Prozesslandkarte zugeordnet. Ein Hauptprozess beinhaltet alle Teilprozesse und Arbeitsschritte, um eine Leistung zu erzeugen, die von einem (internen oder externen) Kunden gefordert wird. Der Hauptprozess beginnt beim Kunden und endet dort auch wieder. Das Hauptprozessdiagramm zeigt somit das Leistungsportfolio eines Geschäftsprozesses. Die Anzahl der Leistungen, die in einem Geschäftsprozess abgerufen werden können, hängt stark vom Unternehmen und dem betrachteten Geschäftsprozess ab. Es können wenige oder nur ein Hauptprozess sein, oder aber eine ganze Reihe von Hauptprozessen. Die Anzahl der Hauptprozesse eines Geschäftsprozesses sagt auch nicht zwingend etwas über die Bedeutung des Geschäftsprozesses für das Unternehmen aus. So ist es gut vorstellbar, dass der Kernprozess „Auftragsdurchführung" genau einen Hauptprozess hat – wenn nämlich alle Aufträge auf dieselbe Art und Weise durchgeführt werden (zum Beispiel bei Unternehmen, die ein Produkt oder eine Dienstleistung anbieten). Es kann aber auch sein, dass dieser Kernprozess mehrere Hauptprozesse besitzt – wenn es unterschiedliche Aufträge gibt, die auf unterschiedliche Arten abwickelt werden (zum Beispiel bei Unternehmen, die mehrere, unterschiedliche Produkte und/oder Dienstleistungen anbieten). Gleiches gilt natürlich auch für Management- und Unterstützungsprozesse. Wie wir die einzelnen internen und externen Kunden mit ihren entsprechenden Hauptprozessen im Modell verknüpfen, sehen wir im Abschnitt „Kunden der Hauptprozesse". Abbildung 5.21 zeigt das Hauptprozessdiagramm des Unterstützungsprozesses „Einkauf". Bisher sind zwei Hauptprozesse identifiziert: „Investitionsantrag" ist bereits weiter detailliert, „Firmenfahrzeug" ist bisher noch nicht weiter verfeinert worden.

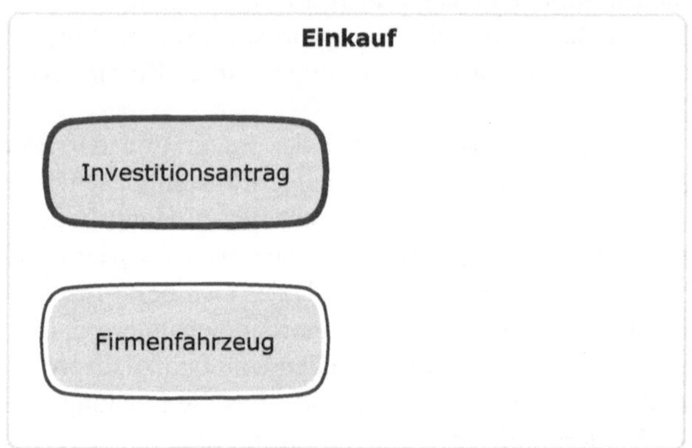

Abb. 5.21 Hauptprozesse des Einkaufs

Auch bei der Modellierung der zweiten Ebene verwenden wir ein normales Prozessdiagramm. Bei der Darstellung der Hauptprozesse im Diagramm stehen uns zwei unterschiedliche Varianten zur Verfügung. Beiden gemeinsam ist, dass keine Lanes, Nachrichten sowie weitere Ressourcen modelliert werden. Optional können immer Datenobjekte und Datenflüsse verwendet werden. Diese dürfen dann aber ausschließlich zur Darstellung der Informationen und Objekte verwendet werden, die an der Schnittstelle zum (internen oder externen) Kunden in Erscheinung treten. Sie stellen also dar, was wir initial von unserem Auftraggeber bekommen und welche Leistung beziehungsweise welches Ergebnis er nach Abschluss des Hauptprozesses von uns zurück bekommt. Auf diese Art und Weise kann schon auf abstrakter Ebene dargestellt werden, was (in welcher Qualität) mit dem Kunden ausgetauscht wird.

In der ersten Darstellungsvariante (siehe Abb. 5.21) werden ausschließlich Unterprozesse verwendet, um die einzelnen Leistungen des Geschäftsprozesses darzustellen. Jeder Unterprozess repräsentiert dabei eine Leistung, die unabhängig von den anderen Leistungen desselben Geschäftsprozesses erbracht wird. Sequenzflüsse werden nicht modelliert, da die einzelnen Leistungen nicht miteinander in Verbindung stehen. Die Unterprozesse werden später in der dritten Ebene detaillierter dargestellt. Diese Darstellungsform ist nicht BPMN-konform, da eine „lose Ansammlung" von Unterprozessen ohne Sequenzfluss eigentlich keinen Sinn ergibt. Grund hierfür ist das Ziel der BPMN, Prozesse möglichst ausführbar zu modellieren, um den Übergang in die IT zu vereinfachen. Dies ist mit diesem Diagramm nicht möglich und auch gar nicht beabsichtigt. Ein weiterer Punkt ist auch, dass BPMN besagt, dass in einem Prozessdiagramm ohne Startereignis alle die Aktivitäten des Prozesses gestartet werden, die keinen eingehenden Sequenzfluss besitzen, wenn der Prozess ausgeführt wird. Aus unserer Sicht ist aber die „lose Ansammlung" einzelner Leistungen, die vom Kunden abgerufen werden können das, was in diesem Diagramm dargestellt werden soll. Daneben wird der Unterstützungsprozess „Einkauf" als solcher nicht ausgeführt. Um die Darstellung notationskonformer zu machen, könnten die einzelnen Unterprozesse in einem Ad-Hoc-Unterprozess liegen, was an dieser Stelle aus fachlicher Sicht aber keinen erkennbaren Mehrwert bringt. Schwachstelle bei der Modellierung mit Ad-Hoc-Unterprozessen ist zudem, dass die darin enthaltenen Aktivitäten alle der Erreichung eines Zieles beziehungsweise der Erbringung einer (Teil-) Leistung dienen. Genau dies ist hier aber nicht der Fall, weil wir ja ein Portfolio mit unterschiedlichen Leistungen darstellen wollen.

Die zweite Darstellungsvariante stellt eine erweiterte Version des Hauptprozessdiagramms dar. Hierbei wird der Hauptprozess selbst bereits auf der zweiten Ebene aufgegliedert, indem die einzelnen (wesentlichen) Bestandteile als Unterprozesse modelliert und dann mit Sequenzflüssen verbunden werden. Der Sequenzfluss weicht bei der Verwendung auf zweiter Ebene von der BPMN-Semantik ab. In der BPMN wird mit dem Sequenzfluss eine klare zeitlich-logische Reihenfolge der Aktivitäten definiert. Eine Folgeaktivität kann immer erst dann beginnen, wenn ihre Vorgängeraktivität beendet ist [ALL09]. Die Verwendung von Sequenzflüssen im Hauptprozessdiagramm zeigt lediglich die logische Reihenfolge der einzelnen Teile des Hauptprozesses. Eine klare zeitliche Reihenfolge bleibt außer Acht, da es Aufgrund des Umfangs der einzelnen Hauptprozessteile immer wieder vorkommt, dass sich deren Durchführung in der Realität überschneidet. Start- und Endereignisse werden dabei nicht modelliert. Sinnvoll ist diese Variante bei (sehr) umfangreichen Hauptprozessen, bei denen die wesentlichen Prozessbestandteile schon auf der zweiten Ebene dargestellt werden sollen. Dies ist in der Regel eher bei Kernprozessen der Fall. Bei Unterstützungs- und Managementprozessen reicht normalerweise die erste Darstellungsvariante aus, da die eigentliche Zerlegung eines Hauptprozesses in seine Teilprozesse und Arbeitsschritte in der dritten und vierten Ebene des Geschäftsprozessmodells stattfindet. In Abb. 5.22 ist ein Hauptprozessdiagramm für den Geschäftsprozess „`Auftragsdurchführung`" mit einem aufgegliederten Hauptprozess am Beispiel der Automobilbranche zu sehen. Darin sind auch die in den Hauptprozess ein- beziehungsweise ausgehenden Informationen und Objekte modelliert. Die Informationen und Objekte, die zwischen den Hauptprozessbestandteilen weitergegeben werden bleiben außen vor.

Ist in einem Hauptprozessdiagramm nur ein Hauptprozess vorhanden, der aufgegliedert werden soll, so reicht die Darstellung wie in Abb. 5.22 aus. Gibt es allerdings mehrere Hauptprozesse in einem Diagramm und dabei ist mindestens einer aufgegliedert, so muss jeder aufgegliederte Hauptprozess in einem eigenen Teilprozess modelliert werden (siehe Abb. 5.23). Der Teilprozess stellt den eigentlichen Hauptprozess dar und repräsentiert die für den Kunden verfügbare Leistung. Dementsprechend ist der Teilprozess dann auch benannt. Hier ermöglicht dies die Darstellung der unterschiedlichen Auftragsdurchführungsprozesse für mehrere Produkte oder Sparten in einem Unternehmen. Durch die Verwendung von

Abb. 5.22 Aufgegliederter Hauptprozess des Kernprozesses „Auftragsdurchführung"

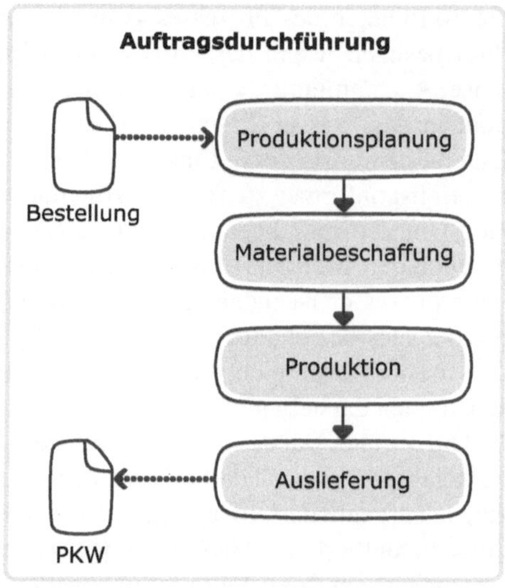

Teilprozessen ist bei einer Darstellung mehrerer aufgegliederter Hauptprozesse beziehungsweise bei einer Mischung der beiden Darstellungsvarianten immer eine einfache Unterscheidung der einzelnen Hauptprozesse möglich. Eine gemischte Darstellung der Hauptprozesse wie in Abb. 5.23 wird in der Praxis allerdings nur selten anzutreffen sein.

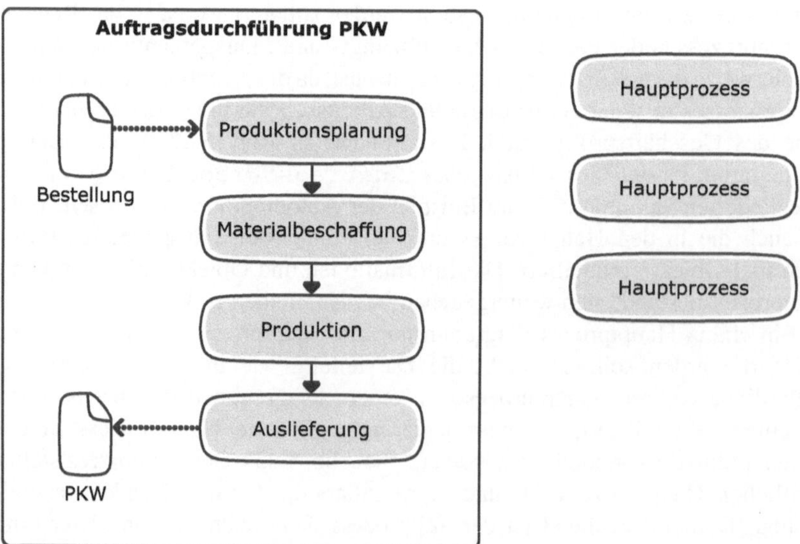

Abb. 5.23 Aufgegliederte und kompakte Hauptprozesse des Kernprozesses „Auftragsdurchführung"

Auch in dieser Darstellungsvariante haben wir denselben Konflikt mit der BPMN wie bereits in der ersten Darstellungsvariante erläutert: Die Orientierung der BPMN an der Ausführbarkeit von Modellinhalten.

Die Teilprozesse

Die Teilprozesse sind die verfeinerte Darstellung eines Hauptprozesses (beziehungsweise eines Teil des Hauptprozesses, wenn dieser auf der zweiten Ebene bereits aufgegliedert wurde). Diese Ebene bietet uns einen Überblick über den Ablauf des gesamten Hauptprozesses und stellt gleichzeitig alle Prozessbeteiligten dar. Sie ist das Bindeglied zwischen der strategischen Sicht in Form der Hauptprozesse und der detaillierten operativen Sicht in Form der Arbeitsschritte. Die Teilprozessebene strukturiert die Arbeitsschritte zu fachlich sinnvollen Teilprozessen und setzt diese miteinander in Verbindung um letztlich den gesamten Hauptprozess darzustellen.

In der Praxis besteht die dritte Ebene nicht zwingend aus einem Diagramm. Abhängig von der Komplexität der Hauptprozesse können auf dieser Ebene des Geschäftsprozessmodells mehrere Verfeinerungsebenen existieren. Das erste Diagramm auf Teilprozessebene wird dabei immer mit einem Kollaborationsdiagramm dargestellt. Zur Modellierung von dessen Verfeinerungen verwenden wir immer Prozessdiagramme. Das Kollaborationsdiagramm zeigt immer nur den Normalfall. Die weiteren Verfeinerungsebenen können auch alternative Abläufe und Fehlerfälle beinhalten. Dies hängt davon ab, ob eine Alternative bzw. eine Fehlerfall für die vierte Ebene zu umfangreich ist. Datenobjekte sind in der dritten Ebene optional. Wenn sie verwendet werden, dann sollte sich der Einsatz auf die Darstellung der zentralen Datenobjekte (hier beispielsweise „Investitionsantrag“) beschränken. Alle weiteren Datenobjekte, die der Prozess benötigt, werden ebenfalls in der vierten Ebene modelliert.

Das Kollaborationsdiagramm bietet uns eine gute Möglichkeit, einen Komplettüberblick über den Hauptprozess zu bekommen. Dazu wird für jeden Teilnehmer ein eigener Participant[19] angelegt, in dem dann dessen Aktivitäten modelliert werden. Jede Aktivität ist dabei eine Menge von Teilprozessen oder Arbeitsschritten, die durchgeführt werden müssen, um das vom Kunden gewünschte Ziel zu erreichen. In unserem Beispiel (siehe Abb. 5.24) haben wir für jeden Mitarbeiter, der im Prozess aktiv wird, die entsprechende Rolle sowie die involvierten IT-Systeme als Pools dargestellt. Weiterhin können auch in den Prozess eingebundene Kunden und Lieferanten als Participants dargestellt werden, um nicht nur die interne Kommunikation sondern auch den Austausch von Nachrichten mit Externen zu dokumentieren. Prinzipiell reicht es bei Externen aus, geschlossene Pools zu modellieren, um die Schnittstelle darzustellen. Wichtig bei der Modellierung der Pools ist, dass sie mit

[19] Participant kann ein einzelner Mitarbeiter bzw. dessen Rolle oder aber eine Organisationseinheit (z. B. Abteilung) sein. Dies ist abhängig vom Abstraktionsgrad der Modellierung.

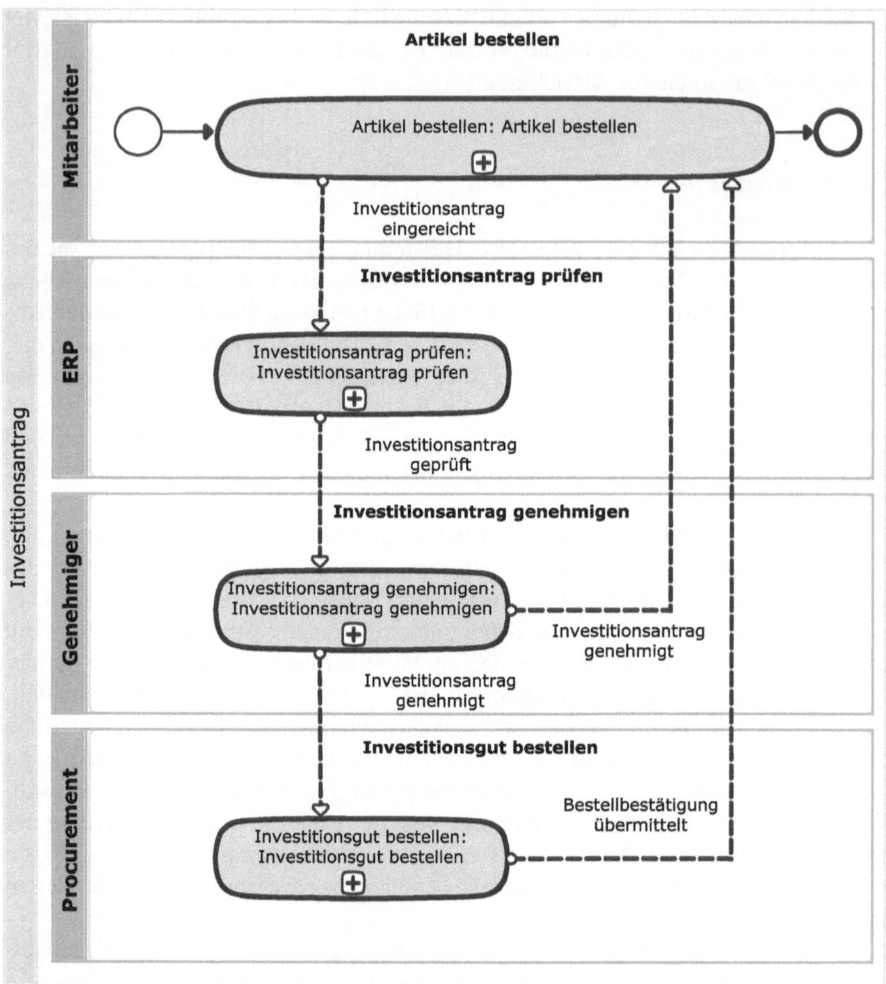

Abb 5.24 Teilprozessdiagramm zum Investitionsantrag

den Pools der Verfeinerungsdiagramme übereinstimmen. Start- und Endereignisse modellieren wir nicht in jedem Pool, sondern nur am tatsächlichen Start- und Endpunkt des Hauptprozesses. Die im Kollaborationsdiagramm dargestellten Nachrichten sind aus der vierten Ebene übernommen und werden an Nachrichtenflüsse angehängt. In der vierten Ebene sind sie in Form von Ereignissen dargestellt. Dabei werden aber nur die Ereignisse berücksichtigt, die den Normalablauf des Hauptprozesses beschreiben. In unserem Beispiel haben wir für jeden Prozess des Business Analysten (also der Prozessdarstellung der vierten Ebene) einen eigenen Unterprozess im Kollaborationsdiagramm angelegt. In einem Pool ist somit nur ein Unterprozess vorhanden. Gibt es mehrere Unterprozesse in einem Pool, die hintereinander ausgeführt werden (also nicht durch einen Nachrichtenaustausch mit anderen Pools unterbrochen werden), so werden normale Sequenzflüsse verwendet. Mit diesem Kollaborationsdiagramm haben wir somit eine „zugeklappte" Sicht auf die Kollaboration, die der Business Analyst zuvor erstellt hat (siehe Abb. 5.12).

Bei Bedarf können die Unterprozesse der Kollaboration durch weitere Teilprozessdiagramme verfeinert werden. Dies kann beispielsweise der Fall sein, wenn es sich um einen komplexen oder umfangreichen Hauptprozess handelt. Auf diese Art kann eine „Tapetenbildung" in den Diagrammen der dritten und vierten Ebene verhindert werden. Zur Verfeinerung werden immer Prozessdiagramme verwendet. Durch die Aufteilung des Prozesses auf die unterschiedlichen Pools sollte bei Verfeinerungen der Unterprozesse darauf geachtet werden, dass die Lanes im Verfeinerungsdiagramm zum Pool des Kollaborationsdiagramms passen. Der Fokus liegt bei der Verfeinerung darauf, den im darüber liegenden Diagramm vorhandenen Unterprozess weiter zu zerlegen. Das Ziel ist, eine Granularität zu erreichen, um überschaubare Prozessdiagramme der vierten Ebene modellieren zu können.

Die Arbeitsschritte

Die vierte und unterste Ebene unseres Geschäftsprozessmodells zeigt die einzelnen Arbeitsschritte des Hauptprozesses und deren mögliche Ablaufvarianten. Hier können wir zusätzlich zum Normalfall auch immer Varianten und Fehlerfälle sehen. Die Summe aller Arbeitsschritte des Hauptprozesses ist über die einzelnen Teilprozesse der dritten Ebene verteilt. Neben der detaillierten Darstellung der kompletten Ablauflogik eines Teilprozesses werden nun auch die dafür notwendigen Datenobjekte modelliert. Lanes können auf dieser Ebene verwendet werden, um die Ausführenden im Prozess darzustellen. Dies ist jedoch nur notwendig, wenn der Participant in der darüber liegenden dritten Ebene nicht exakt genug ist.[20] In unserem Beispiel sind in den Participants der Kollaboration schon die entsprechenden Rollen dargestellt. Wir können daher auf Lanes verzichten. Insgesamt stehen bei der Modellierung auf der vierten Ebene alle Möglichkeiten der BPMN zur Verfügung.

Modellieren müssen wir an dieser Stelle keine neuen Diagramme. Stattdessen können wir die Prozessdiagramme, die der Business Analyst bereits zuvor erstellt hat unverändert übernehmen. Insgesamt können wir somit vier Prozessdiagramme wiederverwenden. Eines davon ist unter Abb. 5.25 zu sehen.

Als weitere Sicht auf die Arbeitsschritte bietet sich uns die Kollaboration des Business Analysten an, wie in Abb. 5.26 dargestellt. Hier sind dann alle Arbeitsschritte des Hauptprozesses in einem Diagramm dargestellt. Aufgrund der fehlenden Gliederung, beziehungsweise Abstraktion durch Teilprozesse, wird dieses Diagramm jedoch schnell unübersichtlich. Daher ist es nur als ergänzende Darstellung sinnvoll. Abhängig vom Umfang, beziehungsweise der Komplexität des Hauptprozesses, sollte man von der Verwendung der detaillierten Kollaboration gegebenenfalls ganz absehen.

---

[20]Dies ist dann der Fall, wenn die Lanes im übergeordneten Diagramm keine Rollen einzelner Mitarbeiter repräsentieren, sondern Teams, Abteilungen oder Bereiche. In diesem Fall existieren in der Regel dann mehrere Lanes für die unterschiedlichen Rollen der einzelnen Mitarbeiter.

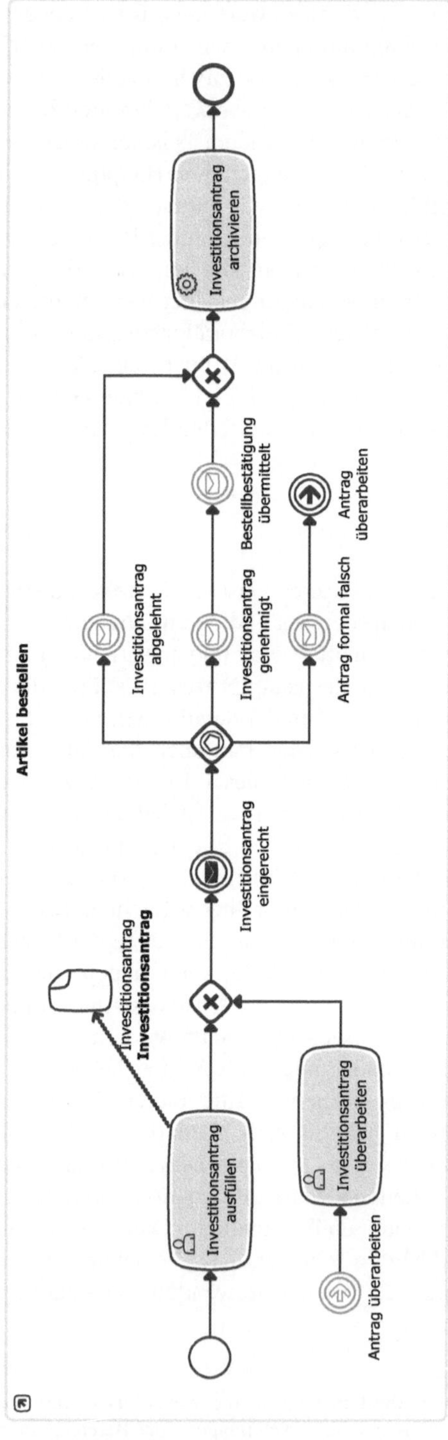

Abb. 5.25 Arbeitsschritte des Teilprozesses „Artikel bestellen“

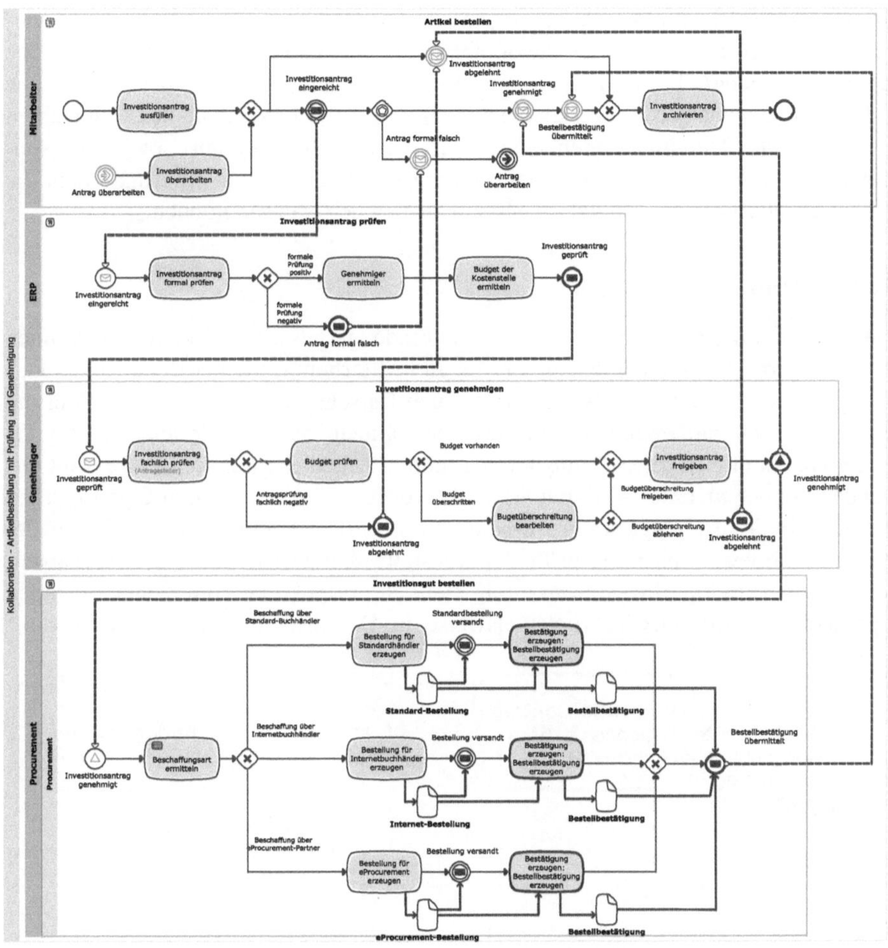

Abb. 5.26 Kollaboration mit allen Arbeitsschritten des Hauptprozesses

Modellergänzungen

Neben der reinen Prozessmodellierung können wir im Gesamtprozessmodell noch weitere Informationen ablegen, die für unterschiedliche Bereiche im Unternehmen interessant sein können. Einige Möglichkeiten sind hier im Folgenden kurz vorgestellt.

Zusätzliche Prozessinformationen

Neben den direkten prozessbezogenen Informationen (also der eigentlichen Fachlichkeit) können wir noch weitere prozessbezogende Daten im Modell ablegen.

Diese sind häufig für das Prozessmanagement relevant, können aber auch anderer Natur sein. Letztlich ist es davon abhängig, wer unter welchem Aspekt solche prozessbezogenen Informationen im Modell ablegen will. Beispiele für solche Informationen aus dem Prozessmanagement sind die unterschiedlichen Kennzahlen (zum Beispiel Durchlaufzeiten, Durchlaufkosten, Erfolgsquoten) sowie die Nennung von Prozesseignern. In beiden Fällen handelt es sich um Informationen, die als Eigenschaft einer Aktivität im Modell gespeichert werden können.

Weitere Prozessmitwirkende

Neben den im Prozessmodell als Ausführende dargestellten Beteiligten können noch weitere Mitwirkende existieren. Es gibt Mitarbeiter, die bei Bedarf unterstützend an einer Aktivität mitwirken, oder auch Entscheider, die bei der Ausführung einer Aktivität eingebunden sind. Daneben nutzen Mitarbeiter auch häufig IT-Systeme, um ihre Arbeitsschritte durchzuführen. Alle diese weiteren Prozessmitwirkenden können an einer Aktivität vermerkt werden. Dies wird in den Eigenschaften einer Aktivität festgelegt. Im Prozessdiagramm wird es dann wie in Abb. 5.27 in der Aktivität „Investitionsantrag prüfen" dargestellt. Aussage ist, dass der Antragsteller bei der Aktivität „Investitionsantrag fachlich prüfen", die vom Genehmigenden durchgeführt wird, mitwirkt (beispielsweise um Detailfragen zu beantworten).

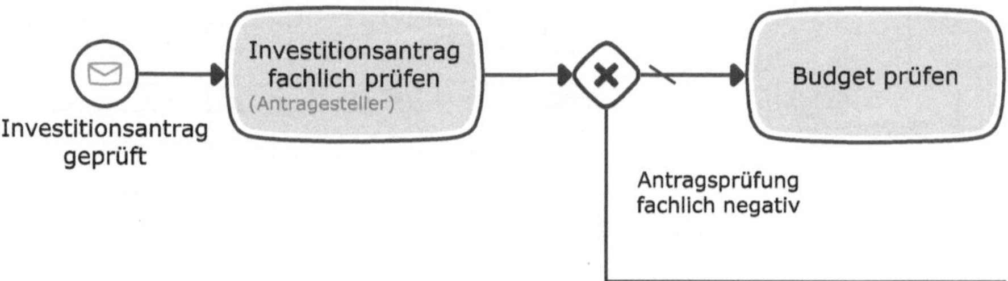

Abb. 5.27 Mitwirkender „Antragsteller" im Prozess „Investitionsantrag genehmigen"

Kunden der Hauptprozesse

Auf der dritten Ebene können wir den Kunden als eigenen Participant darstellen und in den Prozessablauf einbinden. Diese Modellierung kann durch eine Ergänzung auf der zweiten Ebene weiter konkretisiert werden. Vorteil hiervon ist, dass die für einen Hauptprozess relevanten Kunden bereits auf der zweiten Ebene des Prozessmodells sichtbar werden. Daneben können wir auf zweiter Ebene beliebig viele unterschiedliche Kunden darstellen und diese auf der dritten Ebene als einen einzigen Participant modellieren. Dieser Punkt ist aber nur möglich, wenn die Systematik des Nachrichtenaustausches mit einem Kunden über alle unterschiedlichen Kunden hinweg gleich ist. Ist dies nicht der Fall, so sollte überprüft werden, ob es sich tatsächlich um einen Prozess handelt, oder ob nicht abhängig vom Kunden unterschiedliche Prozesse existieren.

Die Modellierung der Kunden-Hauptprozess-Beziehung findet im Whiteboard-Diagramm statt. In diesem wird sowohl das Hauptprozessdiagramm als auch ein Anwendungsfalldiagramm dargestellt. In letzterem wird für jeden möglichen Kunden ein Akteur modelliert.[21] Anschließend werden Traces vom Hauptprozess zu dessen Kunden modelliert. Das fertige Ergebnis ist in Abb. 5.28 zu sehen. Da eine Führungskraft auch ein Mitarbeiter des Unternehmens ist, benötigt er keinen eigenen Trace zum Hauptprozess „Investitionsantrag".

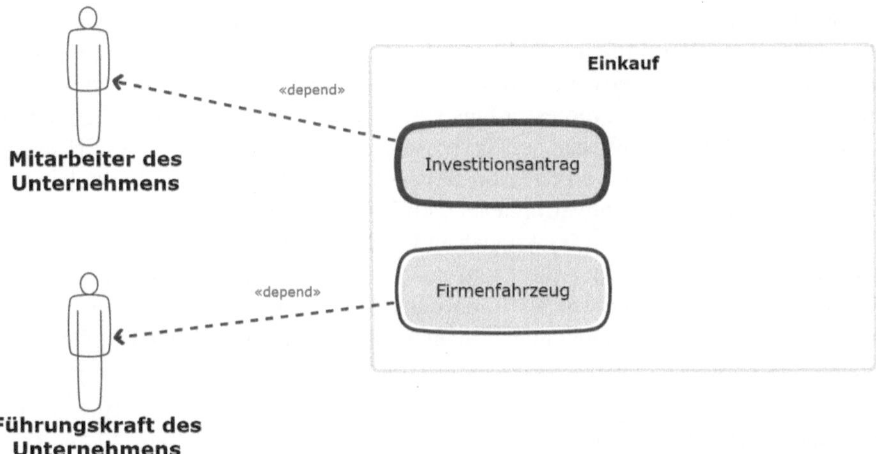

Abb. 5.28 Kunden des Unterstützungsprozesses „Einkauf"

Anknüpfung an das Personalwesen

Im Teilkapitel „Die Teilprozesse" haben wir bereits gesehen, wie man Lanes in Prozess- und Kollaborationsdiagrammen mit den Rollen der entsprechenden Ressourcen verknüpft. In einem weiteren Schritt können die Rollen mit den Organisationseinheiten verbunden werden, die diese Rollen inne haben. Daneben können wir auch die Rollen der weiteren Prozessmitwirkenden den jeweiligen Organisationseinheiten zuordnen. Mit diesem Schritt verknüpfen wir die Aufbau- mit der Ablauforganisation. Somit ist nur definiert, welche Rolle in einem Prozess aktiv wird bzw. beteiligt ist, sondern auch, welche Organisationseinheiten diese Rolle wahrnehmen. Verwertet werden kann diese Information beispielweise dann, wenn für die Stellen im Unternehmen eine Übersicht über all ihre Rollen erstellt werden soll. Nützlich ist dies, wenn für jede Stelle die entsprechenden Aufgaben, Kompetenzen und Verantwortungen definiert bzw. überarbeitet werden sollen.

[21] Anwendungsfälle werden dabei nicht modelliert.

Arbeiten mit Spezifikationstexten

Bisher haben wir die Spezifikationstexte, die an den einzelnen Modellelementen zur Verfügung stehen, dazu verwendet, die Elemente zu definieren, beziehungsweise kurz zu erläutern. Neben dieser Information können wir aber noch weitere, für die Arbeit relevante oder wichtige Informationen direkt am Element ablegen. Während die Eigenschaften eines Elements die Möglichkeit bieten, kurze Informationen (zum Beispiel Kennzahlen) zu hinterlegen, bieten die Spezifikationstexte die Möglichkeit, längere Texte zu schreiben und auch zu strukturieren. Übersichtlich gegliedert werden die einzelnen Teile des Spezifikationstextes durch die einzelnen Rubriken (beispielsweise „Beschreibung"). Diese Rubriken können auch individuell angepasst, beziehungsweise erweitert werden. Auf diese Art und Weise können wir beispielsweise eine Rubrik „Verbesserungspotenziale" an Aktivitäten erstellen. Diese kann dann dazu benutzt werden, um Verbesserungsvorschläge, die bei der Erfassung der Ist-Prozesse genannt werden (zum Beispiel im Workshop) direkt zu dokumentieren. Sie gehen dann nicht verloren, sind im Diagramm aber auch nicht ersichtlich. Auf gleiche Art und Weise ist es auch möglich, offene Punkte zu den einzelnen Modellelementen zu dokumentiert und nach zu verfolgen. Die unterschiedlichen Rubriken können auch gezielt als Report aus dem Modell heraus erzeugt werden (beispielsweise ein Word-Dokument mit allen Verbesserungsvorschlägen im Modell beziehungsweise einem Modellteil).

Informationen publizieren

Die im Modell enthaltenen Informationen können auf unterschiedliche Weise für die möglichen Leser publiziert werden. Zum einen kann das Prozessmodell – komplett oder in Auszügen – als Report exportiert werden. Dieser Export kann dann beispielsweise per Intranet den Mitarbeitern als Nachschlagewerk zur Verfügung gestellt werden. Wenn die Lanes der Prozessdiagramme konsequent mit den Rollen der Mitarbeiter verknüpft sind, ist es auch möglich, ein rollenbasiertes Handbuch zu generieren. Hierbei sind dann nicht die Prozesse und die Ebenen das wesentliche Gliederungsmerkmal des Reports. Stattdessen ist für jede Rolle dargestellt, in welchen Prozessen sie involviert ist und was ihre Aufgaben dabei sind. Diese Darstellungsform hat den Vorteil, dass ein Mitarbeiter sich nicht durch die Prozesshierarchien „wühlen" muss, um „seine" Prozesse zu finden. Stattdessen sind für jede Rolle die relevanten Prozesse direkt aufgelistet. Noch einen Schritt weiter kann man gehen, wenn im Modell die Rollen auf die entsprechenden Stellen des Unternehmens zugeordnet sind. In diesem Fall lassen sich komplette Aufgabenbeschreibungen (zum Beispiel für Stellenbeschreibungen) aus dem Modell erzeugen. Vorteil dieser Variante ist, dass in der Aufgabenbeschreibung die Rollen und deren Verantwortung nicht nur aufgelistet sind, sondern die dazugehörigen Prozessbeschreibungen auch direkt vorhanden sind. Details zur automatischen Generierung einer Dokumentation sind in Kap. 10 beschrieben.

Zusammenfassung

In der Phase Initiation wird die relevante Fachlichkeit über mehrere Schritte hinweg herausgearbeitet. Am Anfang steht dabei die initale Beschreibung der Prozesse durch den Fachbereich, die wir in unserem Beispiel ohne Modellierung in textueller Form vorgenommen haben. In der Folge wurden die Prozesse im Modell erfasst und über mehrere Stufen immer weiterentwickelt. In jeder Stufe werden die Informationen exakter. Notwendige neue Informationen werden eingearbeitet, vorhandene Informationen geändert und überflüssige Informationen entfernt. Am Ende steht ein BPMN-konformes und SOA-taugliches Modell, das die Grundlage für die Phase Evaluation darstellt. Einige der Modellelemente dieser Phase können direkt mit Modellelementen der Phase Evaluation in Verbindung gesetzt werden. Beispielsweise kann eine Begriffsdefinition der Phase Initiation direkt einer Fachklasse der Phase Evaluation zugeordnet werden. Ebenso ist es möglich, die Schnittstelle eines Fachservices mit der Schnittstelle seines Pendants zu verknüpfen. Über solche Zuordnungen sind Informationen phasenübergreifend verbunden, was eine Nachverfolgbarkeit ermöglicht und die Abschätzung der Auswirkungen von Änderungen erleichtert.

Daneben haben wir gesehen, wie wir die nach und nach im Modell erarbeitete Dokumentation der Fachlichkeit in ein unternehmensweites Prozessmodell integrieren und welche ergänzenden Informationen in einem solchen Modell noch abgelegt beziehungsweise dargestellt werden können.

Literatur

[GPMP] Schmelzer HJ, Sesselmann W (2004) Geschäftsprozessmanagement in der Praxis. Hanser, München

[ALL09] Allweyer T (2009) BPMN 2.0 – Business process model and notations. Books on Demand GmbH, Norderstedt

[JMSOA] Maier B, Normann H, Trops B et al (2008, 2009) SOA aus dem wahren Leben. JavaMagazin 11/2008 ff

Kapitel 6
System Evaluation

Abb. 6.1 Sean und Whon in dessen Arbeitszimmer in Upanishat

Sean hatte es zur Zufriedenheit von Whon endlich geschafft die Anforderungen der Auftraggeber aufzunehmen. Er hatte das Wesentliche herausgearbeitet und die Auftraggeber waren zufrieden mit seinen Ausführungen. Bis dahin hatte er einige Zeit mit Diskussionen verbracht. Teilweise war es recht mühsam gewesen alle Meinungen unter einen Hut zu bringen und ein großer Teil der Zeit war auf die Schärfung der Begriffe verwendet worden.

Viel wurde aufgenommen, verworfen, diskutiert, geändert und der Papierkorb in seiner Klause in Upanishat war übergequollen. Es war nicht einfach, es allen recht

G. Rempp et al., *Model Driven SOA*, Xpert.press,
DOI 10.1007/978-3-642-14470-7_6,

zu machen und Kompromisse waren hart erkämpft worden. Um so mehr war Sean stolz auf das Geleistete!

In den Gärten von Upanishat diskutierte er in der Folge mit weiteren Adepten, wie nun konkret das weitere Vorgehen aussehen sollte. Wie konnte den Software-Ingenieuren klar gemacht werden, was nun entstehen sollte? Die Karte des Meisters gab zwar inhaltlich vor, was erwartet wurde, ließ aber für die konkrete Ausprägung mehrere Möglichkeiten offen.

„Wähle, was für die Aufgabe am sinnvollsten ist. Halte Dich weiterhin daran, die Spreu vom Weizen zu trennen! Beachte dabei aber auch, was Du schon hast und was du wiederverwenden kannst.“, riet ihm Whon Wokew. Gemeinsam hatten sie sich im Arbeitszimmer von Whon darüber unterhalten, wie die Anforderungen so ausformuliert werden konnten, das der Übergang zur Entwicklung möglichst einfach und effizient vonstatten ging.

„Du kennst nun so viele Sprachen zur Formulierung der Inhalte. Wähle und diskutiere deine Wahl mit den Ingenieuren. Wählst Du falsch, dann werden sie dich nicht verstehen. Setzt du durch, was nur du für richtig hältst, dann kann es sein, das sie im Herzen nicht mit dir sind und so liefern sie dann nicht unbedingt das erwartete Ergebnis.“, gab Whon zu bedenken.

Sean machte sich an die Arbeit und beachtete die Ratschläge. Er besprach sich mit den Ingenieuren, und teilweise führte das zu Rücksprachen mit den Auftraggebern. Am Ende jedoch hatte er den Weg gefunden, mit dem alle einverstanden waren.

Sean präsentierte und besprach seine Ergebnisse regelmäßig mit Whon, nahm Kritik und Ratschläge entgegen und gemeinsam übernahmen sie die Essenz der Ausarbeitung mit in die Karte des Meisters. „Damit haben wir das exemplarische Vorgehen für weitere Projekte dokumentiert. Du selbst und alle anderen werden daraus großen Vorteil ziehen! Dokumentiere Beispiele, die du unserer Karte beilegst. Das hilft allen, schon im jetzigen Projekt und auch in späteren.“ Whon lächelte ihm zu.

Sean hatte wertvolle und wichtige Arbeit geleistet und das Wissen in Upanishat, der Stadt der Weisen, erweitert.

Ziele und Vorgehen in der Phase Evaluation

Nach dem die Phase Initiation von der Aufnahme der Fachlichkeit und den Anforderungen bestimmt war, geht es in der Phase Evaluation darum, den fachlichen Input zu analysieren und eine mehr technische Sichtweise einzunehmen.

Dabei wird immer noch eine grundsätzlich plattformunabhängige Sicht eingenommen, aber die Randbedingungen und Anforderungen einer SOA mit einbezogen. Die Ergebnisse dieser Phase sollen die Grundlage für die Architektur und das Systemdesign legen und auch zur Generierung erster Artefakte herangezogen werden. Evaluation enthält viel von dem, was mancher aus der „klassischen“ objektorientierten Analyse kennt.

Das Vorgehen lässt sich wie folgt strukturieren:

- Übernahme von Informationen aus der Phase Initiation
- Anlegen von Strukturinformationen (Fachklassen) und Verknüpfung dieser Elemente mit den Begriffsdefinitionen der Initiation Phase
- Definition der technischen Services (Serviceinterfaces) unter Berücksichtigung vorhandener Services und weiteren Randbedingungen
- Definition der Nachrichten und Fehler mit angehängten Strukturinformationen; Grundlage für die Generierung von WSDL Artefakten
- Definition der technischen Prozesse auf Grundlage der fachlichen Vorgaben unter Verwendung und weiterer Verfeinerung der technischen Services
- Modellierung von Service-Kollaboration unter Verwendung der vorhanden technischen Serviceinterfaces; Grundlage für die Erzeugung von BPEL Artefakten
- Modellierung des Maskenflusses (Workflows); Abfolge der Masken, deren Inhalte und der darauf auslösbaren Ereignisse

Der Übergang von Initiation nach Evaluation

Ziel aller unserer Anstrengungen ist das Liefern einer Anwendung unter Beachtung der Regeln, die uns das SOA-Paradigma vorgibt. Eines davon ist mit Sicherheit die Verwendung und Wiederverwendung von Services in Prozessen.

In der Phase Initiation haben wir Services aus fachlicher Sicht definiert, die sogenannten Fachservices. Dabei haben wir ganz bewusst darauf verzichtet schon auf technische Feinheiten einzugehen. Ziel war das Verstehen der Fachlichkeit, die Aufnahme der fachlichen Anforderungen.

In der Phase Evaluation nehmen wir jetzt einen anderen, weiteren Standpunkt ein. Der Anforderungsanalytiker und der Business-Analyst übernehmen eine tragende Rolle in dieser Phase.

Ziel ist die Analyse der Fachlichkeit und die Spezifikation dessen, was ein System, eine Anwendung, eine Ansammlung von Services tut, um die fachlichen Anforderungen, nämlich die aus der Fachlichkeit geforderten Dienstleistungen, zu erbringen.

Ein erster Schritt dazu ist es, für jeden in der Phase Initiation modellierten Fachservice einen technischen Service in der Phase Evaluation zu erstellen. Jeder so erzeugte technische Service sollte danach mit seinem fachlichen Pedant verknüpft werden, so das die Traceabilty im Modell hergestellt wird. Nach Möglichkeit sollte dies automatisiert innerhalb einer Modelltransformation vorgenommen werden. Dabei zeigt der aus der Transformation entstandene Service in der Phase Evaluation auf seinen Vorgänger aus der Phase Initiation.

Abbildung 6.2 zeigt die Traces von Hirarchie-, ERP- und Investitionsantrag-Service.

In diesem ersten Schritt liegt nun zunächst eine 1:1 Abbildung der fachlichen auf die technischen Services vor. In der weiteren Analyse werden diese identischen Abbilder eventuell umbenannt, erweitert und ergänzt, durch den Import vorhandener

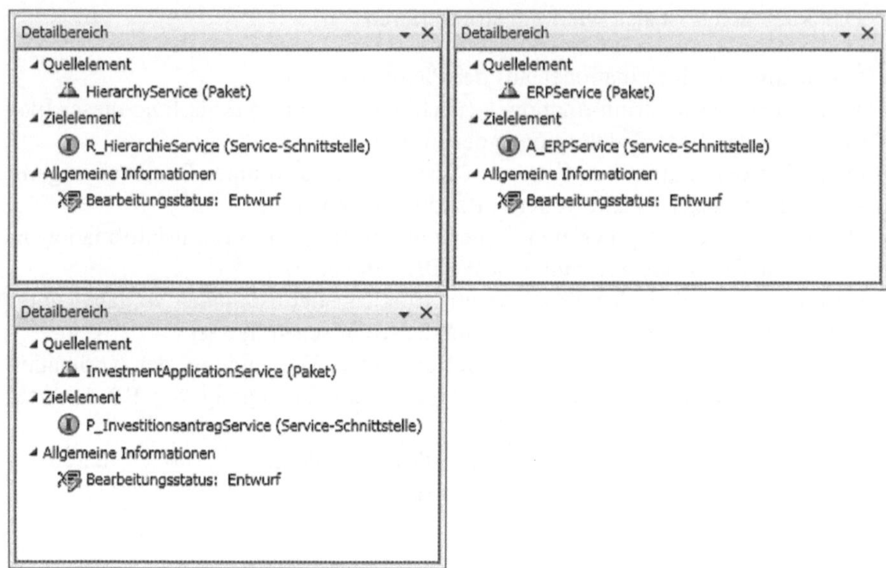

Abb. 6.2 Traces zwischen technischem Service und Fachserviceinterface

Services überschrieben, zusammengefasst oder aufgetrennt. Doch dazu weiter unten im Kapitel mehr.

Die Geschäftsobjekte und ihre Strukturinformationen im fachlichen Modell werden ebenfalls einer Analyse unterzogen. Für jedes Geschäftsobjekt in der Phase Initiation wird in der Phase Evaluation eine Klasse angelegt. Damit sind die Geschäftsobjekte Input und Grundlage für die Modellierung eines logischen Datenmodells, welches wir Fachklassenmodell nennen. Abbildung 6.3 zeigt die Traces zwischen Fachklassen der Phase Evaluation und Objektstrukturen der Phase Initiation, sowie die Beziehung zwischen Objektstrukturen und jeweiligem Geschäftsobjekt im Geschäftsprozess in der Phase Initiation.

Dieses logische Datenmodell beachtet alle Regeln der Klassenmodellierung. Es arbeitet mit Beziehungen und Vererbungen. Allerdings enthält es keine „technischen" Attribute, wie Primär- oder Fremdschlüssel. Dies wird bei Bedarf in einem konzeptionellen Datenmodell, einem Entity-Relationship-Modell[1] abgebildet. Auch wenn wir in unserer Methodik davon keinen Gebrauch machen, weil die Persistenzschicht und die Datenbank mit Hilfe von EJBs[2] und der JPA[3] erstellt werden, erfahren sie hierzu in der Folge mehr in einem kleinen Exkurs zum Thema. Schauen wir uns im Folgenden an, wie die durch eine Modelltransformation erzeugten Inhalte weiter ausformuliert werden.

[1] Weitergehende Informationen gibt es in [ERM].

[2] Enterprise JavaBeans; verwendet wird Version 3, ausführlich in [EJB] dargestellt.

[3] Java Persistence API, unter [JPA] gibt es weitergehende Infos.

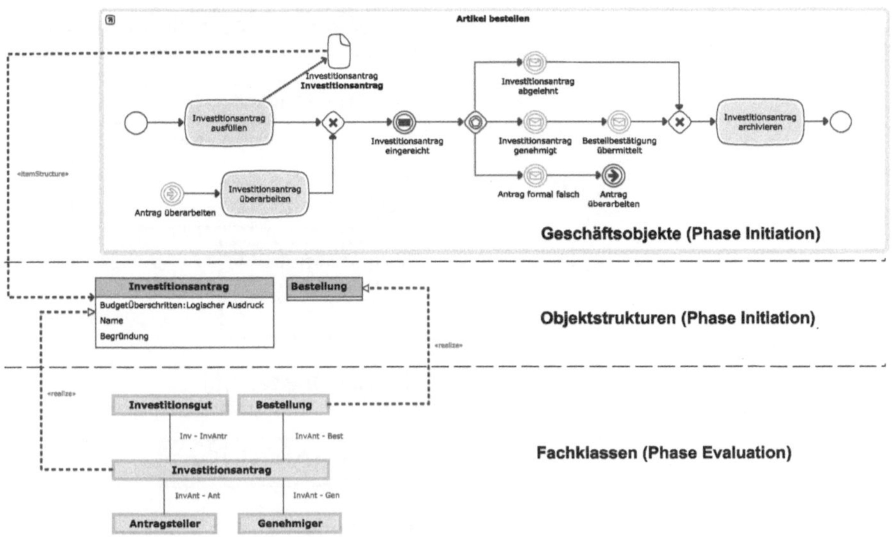

Abb. 6.3 Traces der Fachklassen

Fachklassen als logisches Datenmodell

Die im Idealfall durch eine Modelltransformation automatisch erzeugten Fachklassen werden nach und nach ausmodelliert und mit Attributen angereichert.

Wenn man diese Fachklassen als vereinheitliche Sicht auf die verwendeten Daten sieht und auch in weiteren Projekten konsequent modellgetrieben vorgeht, dann hat man ab dem ersten Projekt einen echten Mehrwert erzielt. Die modellierten Fachklassen können infolge dessen schon im nächsten Projekt wiederverwendet werden.[4] Eventuell werden sie dabei wiederum erweitert und geändert und neue Klassen werden dem Modell hinzugefügt. Die Vorteile der Traceability lassen sich dabei sofort voll nutzen. Durch die Verknüpfung der Klassen mit den Geschäftsobjekten im Geschäftsprozessmodell und den EJBs der Persitenzschicht ist bei Änderungen klar nachvollziehbar, wo überall Auswirkungen zum tragen kommen. Eine Impact-Analyse wird dadurch sehr erleichtert, wenn nicht erst ermöglicht.

Abbildung 6.4 zeigt die in der Phase Initiation für unseren Beispielprozess modellierten Objektstrukturen (Definitions), die den jeweiligen Geschäftsobjekten zugeordnet wurden.

Neben der reinen Strukturinformation, die aus fachlicher Sicht ausreichend sein mag, interessieren uns für die weitere Analyse vor allem auch die hinterlegten Spezifikationstexte für jede Objektstruktur. In dieser Beschreibung sind weitere Informationen enthalten, die für die Entwicklung des Fachklassenmodells wichtig sind.

[4] Dies ist der erste Schritt zu einem unternehmensweiten kanonischen Datenmodell!

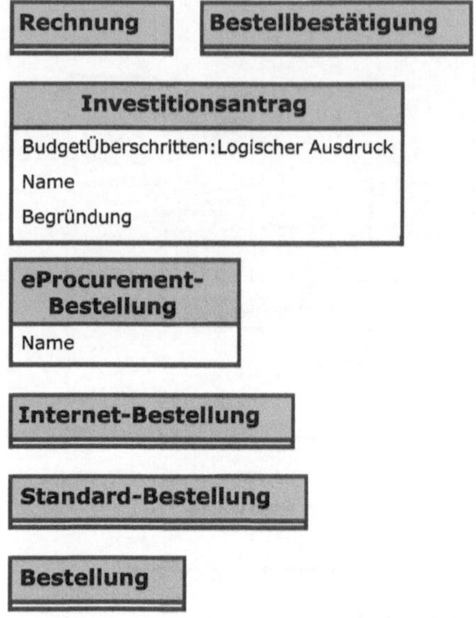

Abb. 6.4 Objektstrukturen aus der Phase Initiation

Außerdem müssen wir die Verwendung der Objekte in den Prozessen betrachten. Auch hier stecken Informationen für die weitere Ausformulierung der Fachklassen. Des weiteren sagen uns die Maskenentwürfe der Fachexperten noch mehr über die einzelnen Geschäftsobjekte, sowie die im Modell hinterlegten Anforderungen, die natürlich ebenfalls in die Betrachtung mit einbezogen werden.

Nehmen wir dies am Beispiel des Investitionsantrags etwas genauer unter die Lupe.

Der Investitionsantrag

Auf den ersten Blick gibt der „`Investitionsantrag`“ nicht viel an Informationen preis. Die Anzahl der Attribute ist mit drei recht gering, dabei ist nur eines typisiert.

Investitionsantrag
BudgetÜberschritten:Logischer Ausdruck
Name
Begründung

Abb. 6.5 Der Investitionsantrag (Objektstruktur)

Schauen wir, was die Spezifikation für den Investitionsantrag an weiteren Informationen bringt:

Der Mitarbeiter füllt den Investitionsantrag am Bildschirm aus. Dabei gibt er an, welches Investitionsgut er bestellen möchte, welche Kostenstelle belastet und warum das Gut beschafft werden soll (Begründung). Er enthält Angaben zur Kostenart, Menge und Preis des zu bestellenden Guts.
Ein Antrag „weiß" ob er beantragt, genehmigt oder abgelehnt wurde.

Der Text gibt uns doch schon einiges Mehr an Informationen preis! Der klassische Ansatz wäre nun zunächst die Nomen zu markieren[5] und zu Überlegen, was davon zusätzliche Klassen oder Attribute des Investitionsantrags sein könnten.

Der **Mitarbeiter** füllt den **Investitionsantrag** am **Bildschirm** aus. Dabei gibt er an, welches **Investitionsgut** er bestellen möchte, welche **Kostenstelle** belastet und warum das **Gut** beschafft werden soll (**Begründung**). Er enthält Angaben zur **Kostenart**, **Menge** und **Preis** des zu bestellenden **Guts**.
Ein Antrag „weiß" ob er beantragt, genehmigt oder abgelehnt wurde.

Die Tabelle 6.1 zeigt, wie im ersten Schritt der Analyse entschieden wurde:

Tabelle 6.1 Erste Ergebnisse der Analyse

Nomen	Klasse (vorgeschlagener Name)	Attribut von/Beziehung zu Investitionsantrag
Mitarbeiter	Mitarbeiter	x
Investitionsantrag	Investitionsantrag	
Kostenstelle	Kostenstelle	x
Gut (Guts)	Investitionsgut	x
Begründung	Begruendung	x
Kostenart	Kostenart	x
Menge		x
Preis		x

Damit haben wir schon einige Vorschläge für mögliche Klassen erarbeitetet. Der Text beschreibt aber auch Eigenschaften des Investitionsantrags, die wir nun ebenfalls markieren und die Tabelle entsprechend erweitern.

[5] Wir möchten dem Leser damit auf keinen Fall vorschreiben, dies im wörtlichen Sinne zu tun. Natürlich kann das Markieren „im Kopf" vorgenommen und das Ergebnis direkt in einem Klassendiagramm festgehalten werden!

Der Mitarbeiter füllt den Investitionsantrag am Bildschirm aus. Dabei gibt er an, welches Investitionsgut er **bestellen** möchte, welche Kostenstelle belastet und warum das Gut **beschafft** werden soll (Begründung). Er enthält Angaben zur Kostenart, Menge und Preis des zu bestellenden Guts.
Ein Antrag „weiß" ob er **beantragt**, **genehmigt** oder **abgelehnt** wurde.

Das Worts „bestellen" ist im Text zwar kein Eigenschaftswort, aber im Gesamtzusammenhang betrachtet, könnten die markierten Wörter Zustände oder Eigenschaften eines Investitionsantrages beschreiben. Fügen wir sie in unsere Tabelle ein:

Tabelle 6.2 Klassen, mögliche Attribute und Eigenschaften

Nomen	Klasse (vorgeschlagener Name)	Attribut von/Beziehung zu Investitionsantrag
Mitarbeiter	Mitarbeiter	x
Investitionsantrag	Investitionsantrag	
Kostenstelle	Kostenstelle	x
Gut (Guts)	Investitionsgut	x
Begründung	Begruendung	x
Kostenart	Kostenart	x
Menge		x
Preis		x
Eigenschaften des Investitionsantrags		
bestellt		
beschafft		
beantragt		
genehmigt		
abgelehnt		

Im nächsten Schritt betrachten wir, wo im Geschäftsprozess der Investitionsantrag verwendet wird. Da die Objektstrukturen mit den Geschäftsobjekten im Prozess verknüpft sind, zeigt uns die Detailansicht im *Innovator* alle Verwendungen direkt an. Neben der Verwendung im Prozess und als Input in einen Unterprozesse sehen wir auch, das „`Investitionsantrag`" einer Nachricht zugeordnet wurde. Es gibt also voraussichtlich Schnittstellen, über die ein „`Investitionsantrag`" übertragen wird.

Ausgehend von der Detailansicht lassen wir uns die entsprechenden Diagramme auflisten und analysieren die Verwendung des Investitionsantrags im Prozess.

Betrachten wir stellvertretend für weitere Diagramme „`Investitionsantrag stellen`".

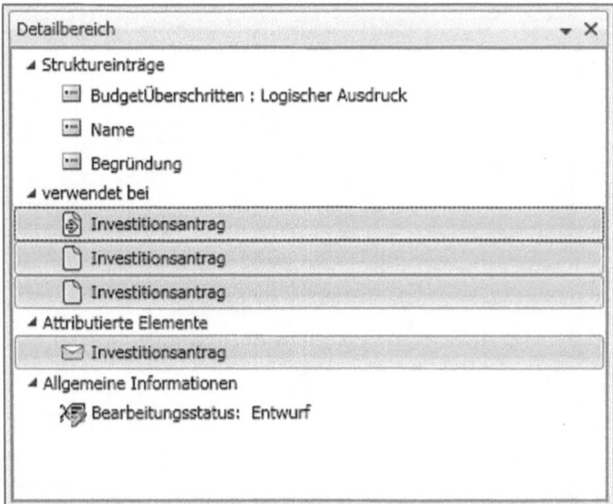

Abb. 6.6 Verwendung des „`Investitionsantrags`“

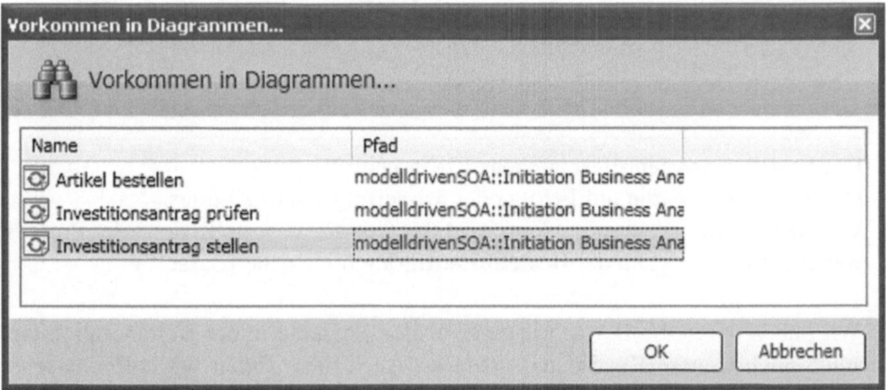

Abb. 6.7 Diagramme, in denen „`Investitionsantrag`“ verwendet wird

Das Diagramm enthält eine Kollaboration mit den Beteiligten „`Mitarbeiter`“ und „`ERP`“, offensichtlich ein IT-System, und beschreibt das Zusammenspiel beider Beteiligter.[6]

Gehen wir die beiden Prozesse und ihre Schnittstelle kurz durch:

- Der Mitarbeiter füllt den Antrag manuell aus. Der Antrag liegt danach vor.
- Der Antrag wird als Nachricht an das ERP-System gesendet (ein Serviceaufruf?)
- Der Antrag wird automatisiert formal geprüft. Schlägt die formale Prüfung fehl, dann muss der Mitarbeiter den Antrag korrigieren
- Geht alles gut, dann wird der **Genehmigende** ermittelt (eine neue Klasse!?).

[6]Auch wurden die einzelnen Tasks schon typisiert. Eine wichtige Voraussetzung für die spätere Ausarbeitung des technischen Prozesses!

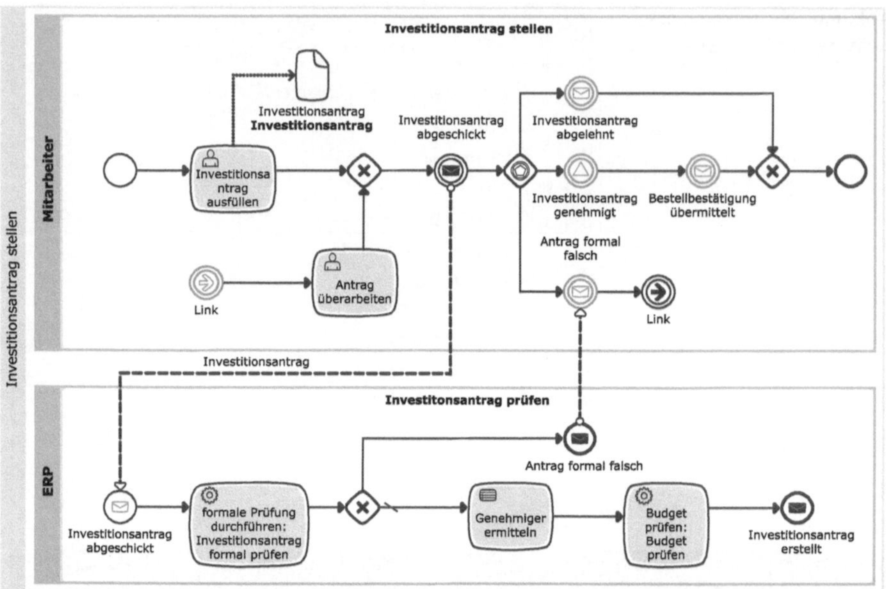

Abb. 6.8 Die Kollaboration „`Investitionsantrag stellen`“

- Das **Budget** wird geprüft (eine neue Eigenschaft!?)
- Der Mitarbeiter wartet auf Erfolg oder Misserfolg seines Antrags.
- Wird der Antrag genehmigt, dann wird das Gut direkt bestellt, denn der Prozess wartet auf den Eingang der **Bestellbestätigung** (eine neue Klasse!?)

Wir haben durch die Betrachtung der beiden Prozesse in der Kollaboration tatsächlich noch weitere Kandidaten entdeckt. Auch diese fügen wir sofort unserer Tabelle bei:

Wie gesagt, sind die Entwürfe der Masken eine weitere Quelle für mögliche Klassen und Attribute. Sie sollten auf jeden Fall in die Analyse mit einbezogen werden. Abbildung 6.9 zeigt den Maskenentwurf für den Antrag.

Neben den von uns schon gefundenen Attributen und Klassen enthält der Maskenentwurf noch ein zusätzliches Feld: Beschreibung. Wir nehmen auch dieses in unsere Tabelle auf.

Daneben fällt auf, das die im Text der Spezifikation genannte Kostenstelle auf der Maske gar nicht erscheint! Was nun? Entweder handelt es sich um ein Versehen desjenigen, welcher die Maske entworfen hat oder es soll tatsächlich keine Kostenstelle angegeben werden, sondern diese soll auf andere Art und Weise ermittelt werden.

Hier wird eine Aufgabe des Business-Analysten deutlich: die Kommunikation mit dem Fachexperten. Er ist nun gefordert, diesen Widerspruch aufzuklären.

Tabelle 6.3 Gefundene Kandidaten nach der Analyse

Nomen	Klasse (vorgeschlagener Name)	Attribut von/Beziehung zu Investitionsantrag
Mitarbeiter	Mitarbeiter	x
Investitionsantrag	Investitionsantrag	
Kostenstelle	Kostenstelle	x
Gut (Guts)	Investitionsgut	x
Begründung	Begruendung	x
Kostenart	Kostenart	x
Menge		x
Preis		x
Genehmigender	Genehmigender	x
Budget		x
Bestellbestätigung	Bestellbestaetigung	x
Eigenschaften des Investitionsantrags		
bestellt		
beschafft		
beantragt		
Genehmigt		
Abgelehnt		

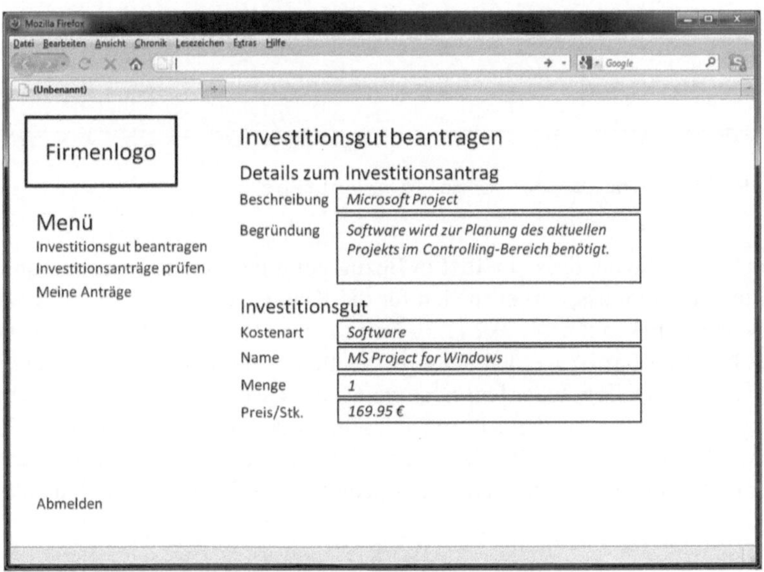

Abb. 6.9 Maskenentwurf für die Erstellung des Investitionsantrags

In unserem Fall klärt sich, das die Kostenstelle auf dem Maskenentwurf schlicht vergessen wurde. Das ist nachzuholen und außerdem später im Maskenfluss zu berücksichtigen.

Zum Schluss werden nun noch die Anforderungen einer Analyse unterzogen. Schauen wir uns hierzu die Anforderung „`Meine gestellten Anträge`“ genauer an.

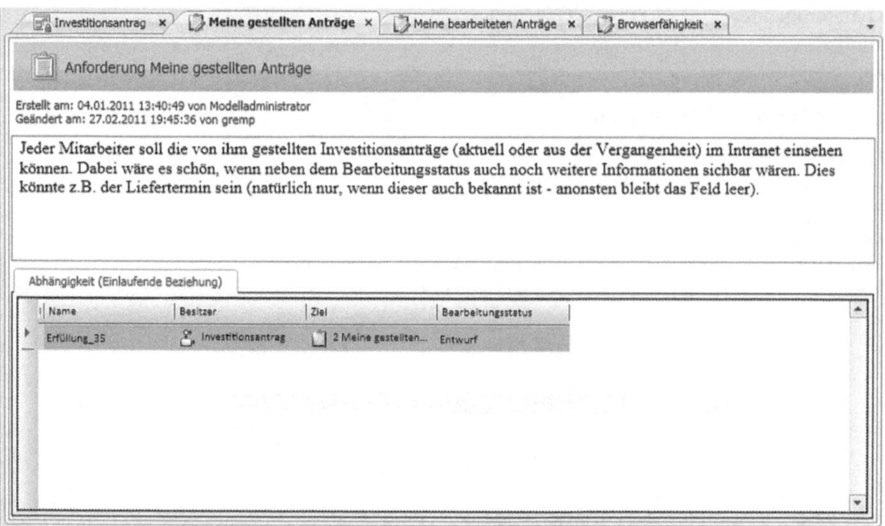

Abb. 6.10 Anforderung „`Meine gestellten Anträge`“

Unabhängig davon, dass am Text in Bezug auf eine saubere Formulierung noch gearbeitet werden muss,[7] ergeben sich für die Klasse „`Investitionsantrag`“ keine weiteren Erkenntnisse. Der „`Liefertermin`“ könnte aber ein Attribut der Klasse „`Bestellung`“ werden. Unsere Tabelle ist damit zunächst vollständig.

Was uns der Dialog außerdem noch zeigt, ist, dass die Anforderung dem Prozess „`Investitionsantrag`“ zugewiesen wurde. Derzeit erfüllt dieser Prozess diese Anforderung noch nicht. Es ist also darüber nachzudenken, ob es sich hier nicht um einen eigenen, gesondert zu betrachtenden Anwendungsfall handelt.

[7] Der gezeigte Text ist ein typisches Beispiel für eine Anforderung in „Rohform“. Das Wörtchen „soll“ ist gefährlich. Es wird gerne als „Nice to have“ interpretiert. Die Anforderung würde also für eine erste Iteration eventuell nicht berücksichtig. „Jeder Mitarbeiter muss die von ihm gestellten [. . .]“ wäre die treffendere Formulierung. Die „weiteren Informationen“ müssen aufgezählt werden.

Tabelle 6.4 Vollständige Tabelle nach Analyse des „`Investitionsantrag`“

Nomen	Klasse (vorgeschlagener Name)	Attribut von/Beziehung zu Investitionsantrag
Mitarbeiter	Mitarbeiter	x
Investitionsantrag	Investitionsantrag	
Kostenstelle	Kostenstelle	x
Gut (Guts)	Investitionsgut	x
Begründung	Begruendung	x
Kostenart	Kostenart	x
Menge		x
Preis		x
Genehmigender	Genehmigender	x
Budget		x
Beschreibung		x
Bestellbestätigung	Bestellbestaetigung	x
Eigenschaften des Investitionsantrags		
bestellt		
Beschafft		
beantragt		
genehmigt		
abgelehnt		

Alle gefundenen Kandidaten werden als Klassen modelliert und mit entsprechenden Beziehungen versehen. Dabei wird auch abstrahiert, also Vererbung verwendet. Die verschiedenen gefundenen Eigenschaften werden eventuell als Status in einem Zustandsdiagramm (Statechart) modelliert oder werden zu Attributen der Klassen. Und die eine oder andere Enumeration wird dabei sicher auch entdeckt.

Wenn so mit jeder Objektstruktur vorgegangen wird, ergibt sich für jeden Durchgang eine Schärfung unseres Fachklassenmodells. Zustände können außerdem an Objektstrukturen hinterlegt werden, wie in Abb. 6.11 dargestellt.

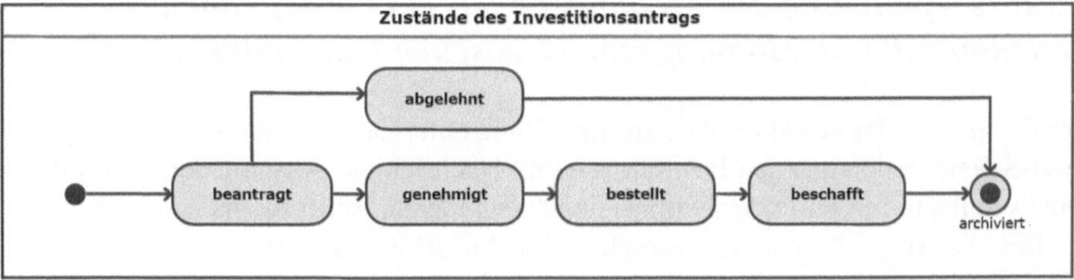

Abb. 6.11 Zustände des Investitionsantrags

Schauen wir uns das Ergebnis der Klassenmodellierung am Ende der Analyse an.

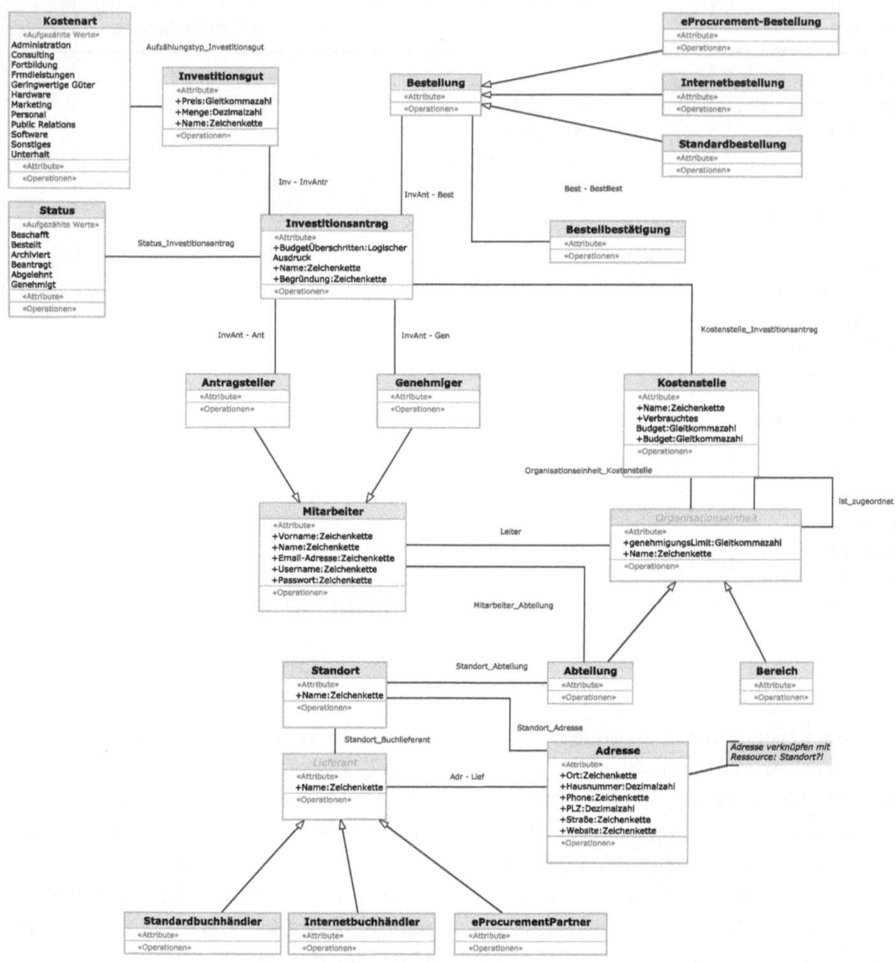

Abb. 6.12 Das Fachklassenmodell nach der Analyse

Exkurs: Abbildung der Fachklassen auf ein konzeptionelles Datenmodell und Mapping zum physischen Datenbankmodell

Im Beispiel ist der gewählte Weg zur Erstellung einer Datenbank die Erzeugung von EJB-Schnittstellen aus den Fachklassen und Nachrichten. Anschließend wird dann die Datenbank mit Hilfe der JPA aus den entstandenen EntityBeans generiert.

Ein weiteres alternatives Vorgehen ist die Ableitung eines konzeptionellen Datenmodells aus dem Fachklassenmodell und dessen Überführung in ein physisches Datenbankschema.

In unserem kleinen Exkurs möchten wir auch dies kurz darstellen. Betrachten wir dazu das nähere Umfeld um den Investitionsantrag und ein hierzu erstelltes mögliches Entity-Relationship-Modell (ERM), beziehungsweise das hierzu erstellte Diagramm an.[8]

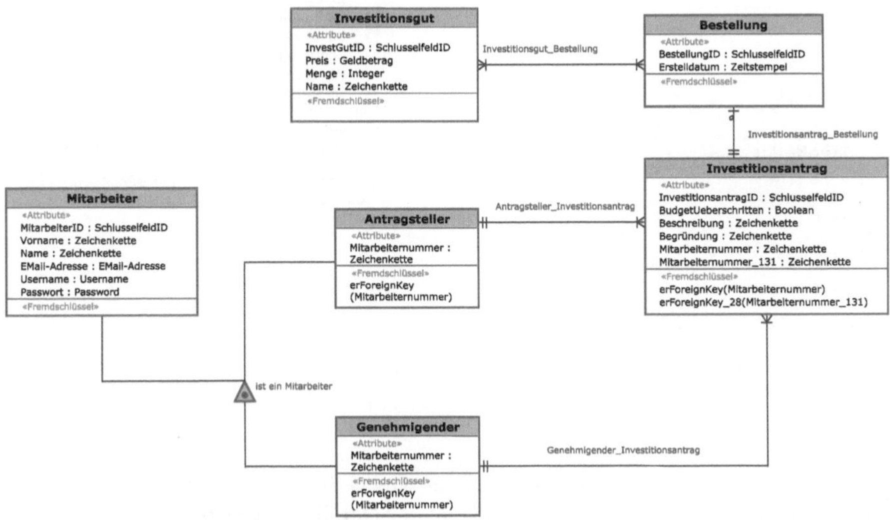

Abb. 6.13 Ausschnitt aus dem ERM

„Antragsteller" und „Genehmigender" sind analog zum Klassenmodell Spezialisierungen von „Mitarbeiter". Ein „Investitionsantrag" hat genau einen „Antragsteller" und einen „Genehmigender". Für einen „Investitionsantrag" existiert null oder eine „Bestellung". Und eine „Bestellung" kann mehrere „Investitionsgut" enthalten, als auch ein „Investitionsgut" in mehreren „Bestellung" vorkommen kann.

Die Schlüsselfelder sind als Sequenzen definiert und die Fremdschlüssel werden automatisch beim Setzen der Beziehung eingefügt.

Über ein Mapping erzeugen wir aus dem konzeptionellen Modell ein physisches Datenmodell, in diesem Fall für eine Oracle-Datenbank. Dies kann natürlich auch für weitere Hersteller geschehen und es werden dabei die Besonderheiten der jeweiligen Plattform beachtet.

Die Vererbungsbeziehung wird für das physikalische Modell[9] aufgelöst. So ergibt sich für „Mitarbeiter", „Genehmigender" und „Investitionsantrag" folgendes Bild.

---

[8] Die verwendete Notation ist die Martin-Notation nach James Martin, Bachmann und Odell.

[9] Die verwendete Notation ist die IDEF1X-Notation aus der Gruppe der IDEF Sprachen.

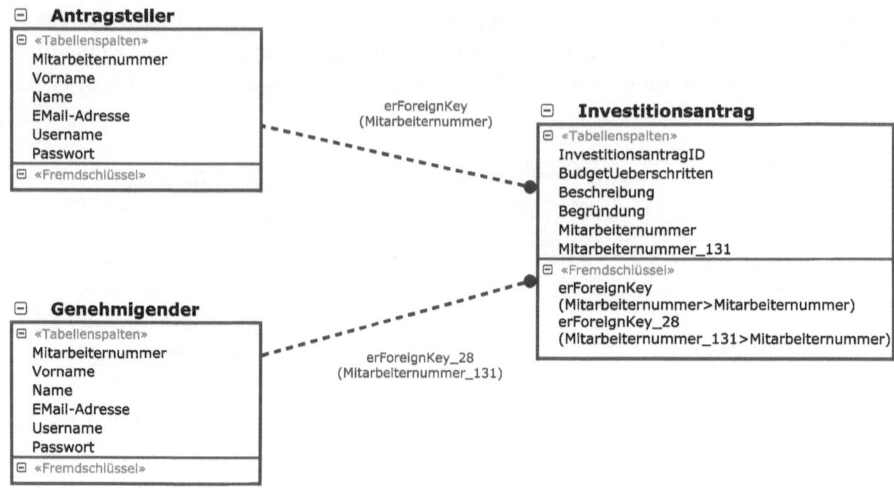

Abb. 6.14 Auszug aus dem physikalischen Datenbankmodell

Dabei bleibt aber die automatisch erstellte Trace-Beziehung zwischen den Quell- und Zielelementen erhalten, wie die Ansicht der Details in Abb. 6.15 zeigt. Die blau eingefärbten Elemente beziehen sich auf das physische Datenbankmodell. Die grün eingefärbten Elemente beziehen sich auf das konzeptionelle ERM, aus denen die physischen Attribute und Tabellen entstanden sind.

Die Abbildung vom konzeptionellen auf das physische Modell muss nicht 1:1 erfolgen. Es ist durchaus üblich, dass das konzeptionelle Modell auf unterschiedliche Datenbankplattformen abgebildet werden muss. Stichwort: „gewachsene Systemlandschaft“.

Am Ende erfolgt die Generierung der DDL-Skripte aus dem physikalischen Datenbankmodell heraus. Ergänzend sei noch erwähnt, dass dies auch in die umgekehrte Richtung funktioniert:

- Import des physischen Datenbankmodells aus der Datenbank
- Mapping vom physischen ins konzeptionelle Datenmodell
- Normalisierung im konzeptionellen Modell
- Verknüpfung der Elemente des konzeptionellen Modells mit Elementen (Klassen, Objektstrukturen) in der Phase Evaluation oder auch der Phase Initiation

Damit ist unser kurzer Ausflug in die Welt der Datenmodellierung abgeschlossen und wir wenden uns der weiteren Analyse zu.

Unser Anwender interagiert mit unseren Prozessen und Services. Auf welchen Masken/Dialogen er dies tut und in welcher Reihenfolge, dies kann mit Maskenflüssen modelliert werden.

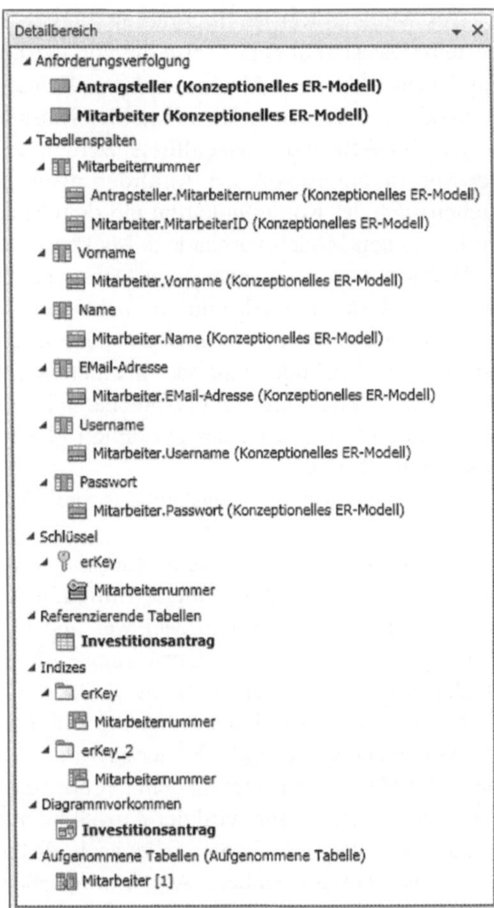

Abb. 6.15 Details zum Antragsteller

Maskenflüsse (Workflows)

Mit der Modellierung der Maskenflüsse werden mehrere Ziele verfolgt:

- Abbildung der Inhalte einer Maske
- Abbildung der möglichen Ereignisse, die von einer Maske ausgelöst werden
- Grundlage, um die Verbindung zwischen Maske und aufgerufenem Service darzustellen
- Grundlage für das Screendesign

Ausgehend von den Maskenentwürfen der Fachexperten, die meist als Grafik in einem Office-Werkzeug oder als Handskizze vorliegen, werden so genannte Maskendefinitionen erstellt.

Diese Maskendefinitionen enthalten die Felder der Maske und geben Aufschluss über den Typ der enthaltenen Felder. Zum Beispiel, ob es sich um Textfelder, Listboxen oder ähnliches handelt.

Des Weiteren werden die Ereignisse, die von einer Maske ausgelöst werden dargestellt. Das sind üblicherweise die von verschiedenen Buttons ausgelösten Events. Ein Event hat unter anderem auch zur Folge, dass eine weitere Maske aufgerufen wird oder ein Update auf den aktuellen Maskeninhalt erfolgt.

Die Masken und Maskenflüsse werden aus der Analyse der Maskenentwürfe, der Spezifikationstexte, der Anforderungen und des Prozessflusses abgeleitet. Sie dienen auch der Kommunikation mit dem Endanwender und helfen dabei eventuell im fachlichen Modell vorhandene Lücken zu schließen.

Wichtig zu nennen wäre noch, dass eine Maskendefinition eine abstrakte Sicht auf eine Maske darstellt und so unabhängig von der Implementierung verwendet werden kann und soll. Damit ist es unerheblich, ob der Fluss später leichtgewichtig im Browser abgebildet wird oder in einem Rich- oder Fat-Client abläuft. Es ist sogar durchaus denkbar, dass ein entsprechender Generator aus einem Maskenfluss automatisch den Sourcecode der gewählten Plattform erzeugt, der dann wieder weiter ausformuliert wird.

Betrachten wir den Maskenfluss des Antragstellers auf der nächsten Seite genauer.

Es fällt zunächst auf, dass im Fluss auch das Thema Login betrachtet wird. Im fachlichen Modell aus der Phase Initiation werden diese Informationen ganz bewusst noch nicht hinterlegt. Ziel war und ist das Verständnis für den fachlichen Prozess und nicht dessen Umsetzung auf einem System. Doch betrachten wir zunächst den kompletten Workflow des Antragstellers, wie in Abb. 6.16 gezeigt.

Zu Beginn muss sich der Anwender am System anmelden. Bei fehlerhaftem Login wird ein entsprechender Fehler geworfen.[10] Wenn Fehler auftreten, dann werden sie in der Maske angezeigt, in dem der oder die Fehler aufgetreten sind. Verläuft der Login erfolgreich, dann wird der Anwender auf die Startseite weitergeleitet.

Auf der Startseite kann er, je nach Rolle, vorhandene Anträge genehmigen oder neue Anträge stellen. Als Antragsteller, in dessen Workflow wir uns befinden, können nur die Ereignisse „`Investitionsantrag beantragen`“ und „`Meine Anträge`“ ausgelöst werden.

Bei der Wahl „`Investitionsantrag beantragen`“ kann auf der folgenden Maske der Investitionsantrag ausgefüllt werden (Abb. 6.16). Die Felder entsprechen den Feldern im Maskenentwurf, sowie den zusätzlich in der Analyse des Investitionsantrags ermittelten Feldern. Werfen wir einen etwas ausführlichern Blick auf die in Abb. 6.17 dargestellte Maske „`Investitionsgut beantragen`“. Sie enthält folgende Typen von Feldern:

- Auswahlliste/Dropdown: Kostenstelle, Kostenart
- Textfeld: Beschreibung, Name, Menge, Preis/Stk.
- Memofeld/Langtext: Begründung

Auf der Maske können die Ereignisse „`zurück`“ und „`bestätigen`“ ausgelöst werden. Mit „`zurück`“ landet der Anwender wieder auf der Startmaske.

[10] Die Anzeige der Fehler ist im Diagramm generisch über eine „Fehlermaske“ abgebildet. Diese wird aber tatsächlich nicht implementiert.

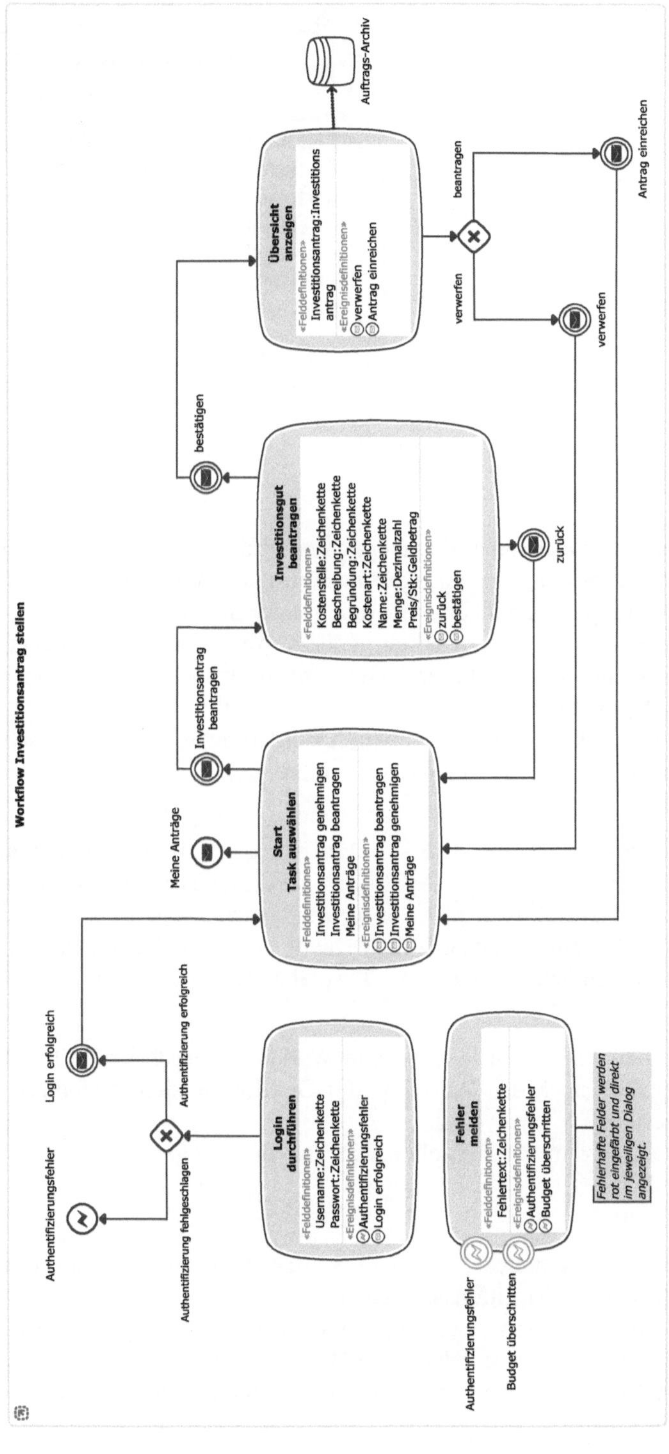

Abb. 6.16 Maskenfluss des Antragstellers

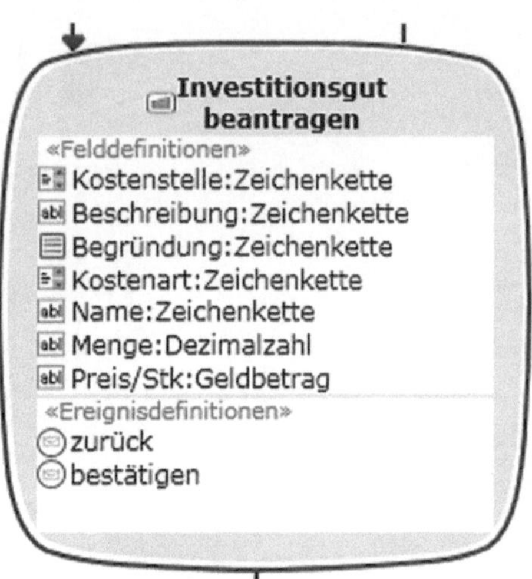

Abb. 6.17 Maske „Investitionsgut beantragen"

Bestätigt der Anwender seine Eingaben, dann wird ihm auf der folgenden Seite zur endgültigen Bestätigung der eingegebene Antrag nochmals präsentiert. Mit der Wahl von „verwerfen" landet er wiederum auf der Startseite.

Mit „Antrag einreichen" bestätigt der Anwender die eingegebenen Daten und reicht den Antrag ein. An dieser Stelle wird unser Investitionsantragsprozess später tatsächlich angetriggert.

Der Workflow deckt die aufgenommen Anforderungen ab. Bei kritischer Betrachtung könnte man folgenden Punkt noch einbringen:

- Statt nur mit „zurück" auf „Übersicht anzeigen" wechseln zu können, sollte es auch die Möglichkeit „ändern" geben. Dieses Ereignis führt dann zurück auf die Maske „Investitionsgut beantragen", wobei die schon erfassten Daten erhalten bleiben sollen. Damit muss der Anwender nicht noch mal von vorne beginnen, wenn er zum Beispiel nur die Menge anpassen möchte.

In der gleichen Art und Weise werden alle Workflows beschrieben. Im Beispiel haben wir zusätzlich noch den Workflow des Genehmigenden modelliert, wie in Abb. 6.18 dargestellt.

Der Unterschied zum Antragsteller wird an den letzten zwei Masken des Workflows deutlich:

- „Übersicht Investitionsantrag auswählen" zeigt alle zur Genehmigung anstehenden Investitionsanträge an.
- „Genehmigung Investitionsantrag prüfen" zeigt die Details des zuvor gewählten Antrags und erlaubt die Genehmigung oder die Ablehnung des Antrags. Der Genehmigende wird über eine eventuell vorliegende Budgetüberschreitung informiert.

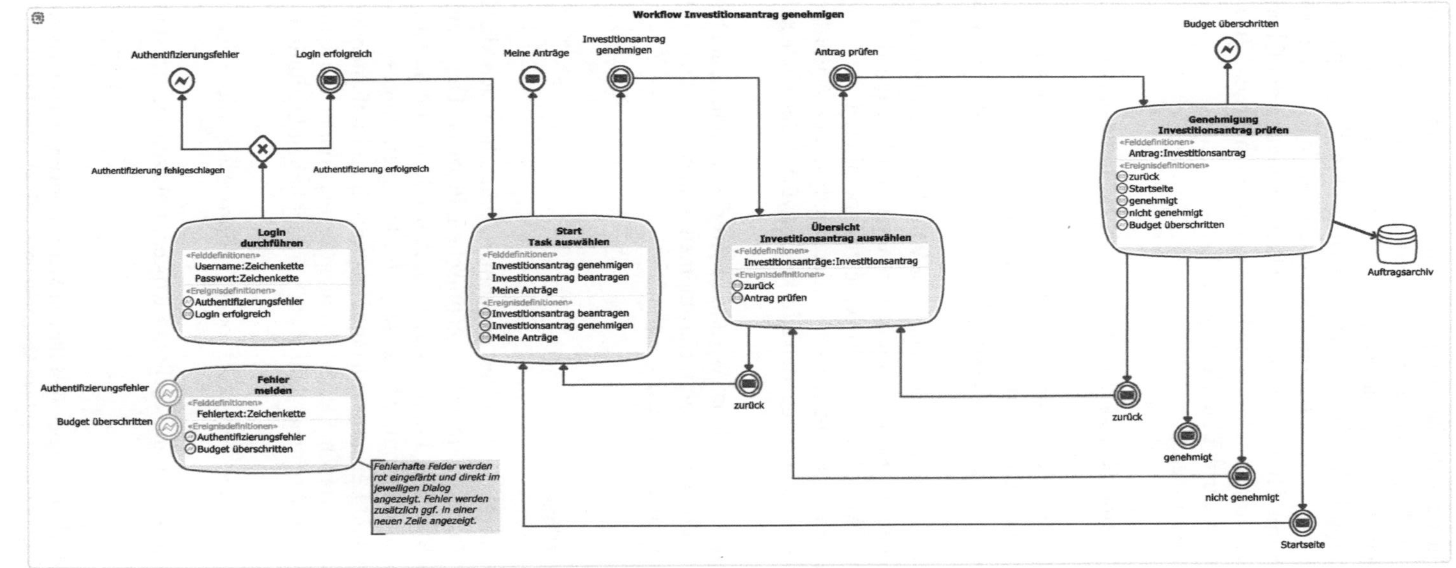

Abb. 6.18 Maskenfluss des Genehmigenden

Zusätzlich zu den in den Masken dargestellten Feldern und Ereignissen erlaubt *Innovator for Business Analysts* außerdem die Hinterlegung von weiteren Spezifikationstexten an der jeweiligen Maske, sowie die Verknüpfung mit einer beliebigen Datei oder eines Hyperlinks. Damit lassen sich eventuell vorhandene Maskenentwürfe oder ein Screendesign für das Zielsystem an den Masken anfügen. Ein GUI-Konzept-Papier, mit Hinweisen zur generellen Bedienung der Oberfläche, dem Layout und der Umsetzung der Corporate Identity könnte in diesem Zusammenhang am Paket „`Maskenflüsse`" hinterlegt werden.

Fassen wir kurz zusammen:

- Maskenflüsse sind eine abstrakte Sicht auf die zu implementierenden Masken und Dialoge.
- Maskenflüsse enthalten alle notwendigen Informationen für die Implementierung und das Design[11] der Masken auf dem Zielsystem.
- Die Ereignisse, die auf einer Maske ausgelöst werden können, sind ebenfalls beschrieben
- Ein Maskenfluss beschreibt in der Regel den Workflow einer bestimmten Rolle
- Maskenflüsse können in Kollaborationen genutzt werden, um das Zusammenspiel verschiedener Workflows und Prozesse zu modellieren.
- Masken und Maskenflüsse entstehen aus der Analyse der Anforderungen, der fachlichen Prozesse und vorliegenden Maskenentwürfen der Fachexperten.

Nachdem wir nun zwei wesentliche Aspekte unserer Anwendung analysiert haben, wenden wir uns im Folgenden den Kernthemen innerhalb einer SOA zu: den technischen Prozessen und Services.

Technisches Prozesse

Bevor wir uns den einzelnen Services annehmen, betrachten wir die Umsetzung unseres fachlichen Prozesses in einen technischen Prozess. Die fachlichen Prozesse definieren aus Sicht der Phase Evaluation Anforderungen an eine technische Umsetzung. Es geht also darum, wie diese Anforderungen umgesetzt werden und letztendlich die erwartete Leistung von einem technisch zu implementierenden Prozess erbracht wird. Aus verschiedenen Gründen erfolgt daher die Umsetzung des technischen Prozesses nicht zwangsläufig 1:1 zur fachlichen Definition:

- Es gibt schon technische Prozesse oder Teilprozesse, die wiederverwendet werden können.
- Es findet eine Optimierung mit Sicht auf Kosten, Laufzeiten, etc. statt

[11] Ein nettes kleines und sehr nützliches Tool für den Maskenentwurf ist auch *Pencil*, welches als Plugin im Mozilla Firefox verwendet werden kann und unter [PEN] zum Download bereitsteht.

- Der fachliche Prozess ist nicht ausreichend formuliert, um direkt daraus eine technische Umsetzung abzuleiten. Es werden also mehr oder weniger Tasks benötigt, als fachlich vorgegeben.
- Es erfolgt eine Umstellung der fachlichen Begriffe auf eher technische Termini, z. B. englischsprachige Tasknamen.

Einer der wichtigsten Punkte ist hierbei, dass auch bei der Ableitung der technischen Prozesse eine Verfolgbarkeit zu den fachlichen Prozessen gegeben ist (Traceabitlity). Damit kann bei Änderung der fachlichen Prozesse geprüft werden, welche technischen Prozesse und die darin verwendeten Services betroffen sind.

Es ist außerdem so, dass die technischen Services mit ihren Schnittstellen ebenfalls eine Auswirkung auf die technischen Prozesse haben. Vor allem schon vorhandene Services wollen und sollen wiederverwendet werden. Technische Services und die technischen Prozesse beeinflussen sich also gegenseitig. Wir versuchen trotzdem zunächst eine isolierte Betrachtung. Schauen wir uns den fachlichen Gesamtprozess auf Abb. 6.19 an.

Bei einer ersten Betrachtung lassen sich grundsätzlich zwei technische Teilprozesse identifizieren:

- Investitionsantrag: Stellen des Investitionsantrags und dessen Prüfung, also Genehmigung oder Ablehnung. In der Kollaboration durch die ersten drei Beteiligten „`Mitarbeiter`“, „`ERP`“ und „`Genehmiger`“ repräsentiert.
- Bestellen: Nach erfolgreicher Genehmigung des Antrags erfolgt die Auswahl des Lieferanten, die Erzeugung der Bestellung und deren Ausführung. In der Kollaboration ist dies durch den Teilnehmer „`Procurement`“ repräsentiert.

Im nächsten Schritt wird untersucht, welche Aktivitäten (Tasks) im Prozess tatsächlich rein manuell durchgeführt werden. Dabei werden folgende Arbeitsschritte identifiziert:

- „`Investitionsantrag ausfüllen`“ und „`Investitionsantrag überarbeiten`“: Beide Schritte werden vom System unterstützt und sind im Maskenfluss repräsentiert, aber das Ausfüllen der Maskenfelder ist eine rein manuelle Tätigkeit, die nicht automatisiert ist.[12]
- „`Investitionsantrag fachlich prüfen`“: Der Genehmigende prüft aus fachlicher Sicht, ob der Investitionsantrag überhaupt sinnvoll ist. Der Antrag eines Entspannungssessels, um ein überspitztes Beispiel zu wählen, macht aus Sicht des Mitarbeiters vielleicht durchaus Sinn, ist aber fachlich keine absolute Notwendigkeit.
- „`Budgetüberschreitung bearbeiten`“: Der Prozess lässt grundsätzlich eine Genehmigung trotz Budgetüberschreitung zu. Liegt eine Überschreitung vor, liegt es in der Abwägung des Genehmigenden, ob er den Antrag genehmigt oder nicht. An dieser Stelle wendet er sich im Zweifel vor einer Ablehnung an den Antragsteller. Der Prozess gibt hier ansonsten keine nähere Auskunft über das Vorgehen des Genehmigenden.

[12]Die Felder „Kostenart„ und „Kostenstelle„ werden zwar befüllt, die Auswahl nimmt der Anwender aber manuell auf der Maske vor.

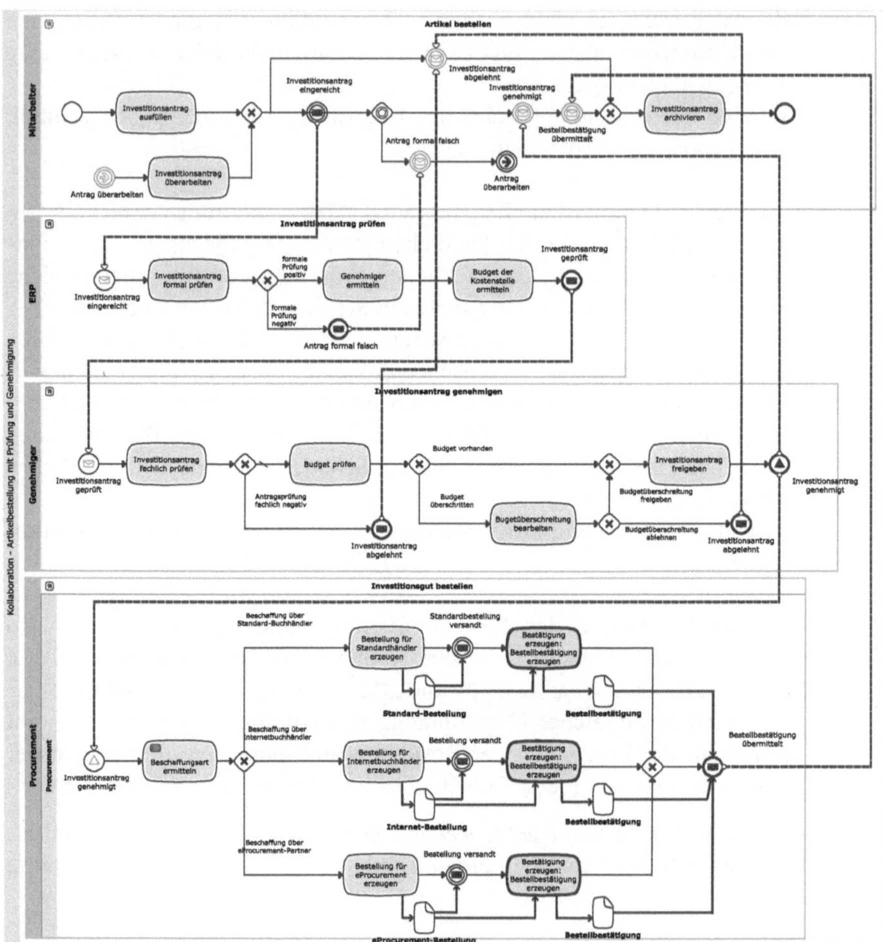

Abb. 6.19 Gesamtprozess von Antrag bis zur Bestellung

Aus dieser Sicht ergibt sich für den automatisierten technischen Prozess im Zusammenspiel mit dem Workflow des Antragstellers und Genehmigenden grob zunächst folgender Ablauf:

1. Einstiegspunkt im Workflow des Antragstellers ist „`Antrag einreichen`". Hier erfolgt eine formale Prüfung, die falsch ausgefüllte Felder rot einfärben soll. Wurde alles korrekt ausgefüllt, dann wird der eigentliche Prozess gestartet. Dabei wird in der Diskussion mit dem System-Architekten festgestellt, dass die formale Prüfung günstig direkt mit der API der Oberfläche abgebildet werden kann und dazu voraussichtlich kein eigener Service notwendig sein wird.
2. Einstiegspunkt im Workflow des Genehmigenden: Zunächst werden alle relevanten Anträge aufgelistet. Der Genehmigende prüft einen Antrag und gibt ihn frei oder lehnt ihn ab.
3. Einstiegspunkt ist die Ausführung der Bestellung nach Genehmigung des Antrags.

Nach dieser recht groben Einteilung, geht es nun mehr ins Detail und in die Definition der zwei von uns erkannten technischen Prozesse.

Der Prozess für den Investitionsantrag erstreckt sich dabei von der Stellung des Antrags (Einreichung), der Genehmigung oder Ablehnung des Antrags, der Ausführung der Bestellung (welcher selbst wieder ein eigenständiger Teilprozess ist).

Geben wir den beiden Prozessen zunächst einen Namen:

- „`InvestmentApplicationProcess`" für den oben kurz skizzierten Ablauf.
- „`ProcurementForApprovedIA`" für die Durchführung der Bestellung eines genehmigten Antrags.

Die im Prozess „`InvestmentApplicationProcess`" durchgeführten Schritte zeigt Tabelle 6.5.

Tabelle 6.5 Ablauf des Investitionsantragsprozesses

Schritt	Beschreibung
Start „Eingang Investitionsantrag"	Der Prozess wird mit der Einreichung des Investitionsantrags aus dem Workflow des Antragstellers gestartet
Neuen Antrag erzeugen	Mit den übergebenen Daten wird ein neuer Investitionsantrag im Status „beantragt" erzeugt und archiviert
Budget ermitteln	Die Budgetermittlung für die Kostenstelle wird durchgeführt
E-Mail an Genehmigenden erzeugen und versenden	Der Genehmigende erhält eine E-Mail über einen neu eingegangenen Investitionsantrag
Fall 1: der Antrag wurde genehmigt	
Status „genehmigt" setzen	Der Status des Antrags wird auf „genehmigt" gesetzt
Antragsteller und Rechnungsbearbeitung informieren	Der Antragsteller erhält eine E-Mail zur Information über seinen genehmigten Antrag. Die Rechnungsbearbeitung wird im Vorfeld informiert, damit später ein einfacher Abgleich gegen die Bestellung durchgeführt werden kann
Bestellung anstoßen	Der Bestellprozess wird gestartet
Bestellung erfolgt	Der Bestellprozess wurde abgeschlossen
Antrag archivieren	Der Status des Antrags wird auf „archiviert" gesetzt und entsprechend gespeichert
Fall 2: der Antrag wurde abgelehnt	
Status „abgelehnt" setzen	Der Status des Antrags wird auf „abgelehnt" gesetzt
Antragsteller informieren	Der Antragsteller erhält eine E-Mail zur Information über die Ablehnung seines Antrags
Prozessende für Fall 1 und Fall 2	

Aus dieser Betrachtung ergibt sich der in Abb. 6.20 dargestellte Prozess. Der Übersicht halber haben wir den Prozessablauf untereinander gestellt und durch einen Link verbunden. An dieser Stelle wechseln wir auch in die für die spätere Implementierung verwendete englischsprachige Kamelhöcker-Schreibweise.

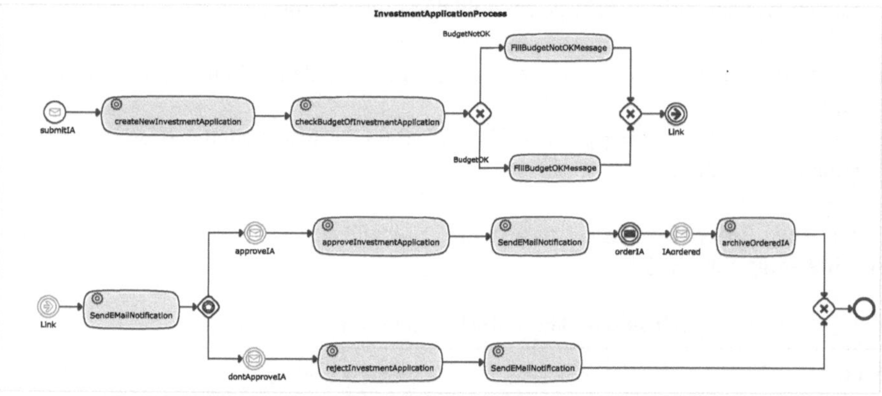

Abb. 6.20 Der Investitionsantragsprozess „`InvestmentApplicationProcess`“

An den Zwischenereignissen „`approveID`“ und „`dontApproveIA`“ klinkt sich der Workflow des Genehmigenden ein. Das heißt, der Investitionsantragsprozess wartet an dieser Stelle auf die Entscheidung des Genehmigenden. Ebenso wird am Zwischenereignis „`IAOrdered`“ auf die erfolgreiche Absetzung der Bestellung gewartet.

Der Bestellprozess stellt sich wesentlich einfacher dar. Auch hier zunächst textuell in Tabelle 6.6 aufgenommen.

Tabelle 6.6 Der Bestellprozess

Schritt	Beschreibung
Start „Investitionsantrag bestellen“	Die Genehmigung eines Investitionsantrags löst den Bestellprozess aus
Lieferant ermitteln	Der Lieferant wird nach bestimmten Regeln, wie fachlich beschrieben, ermittelt
Bestellung durchführen	Die Bestellung wird für den ausgewählten Lieferanten erzeugt und ausgeführt
Antragsteller informieren	Der Antragsteller wird über die Ausführung der Bestellung informiert
Prozessende	

Daraus ergibt sich das in Abb. 6.21 dargestellte BPMN Diagramm.

Damit die Verbindung zu den fachlichen Prozesse in der Phase Initiation nicht verloren geht, sollte auch hier die Traceability hergestellt werden. Abbildung 6.22 und 6.23 visualisieren dies in sogenannten Whiteboard-Diagrammen.

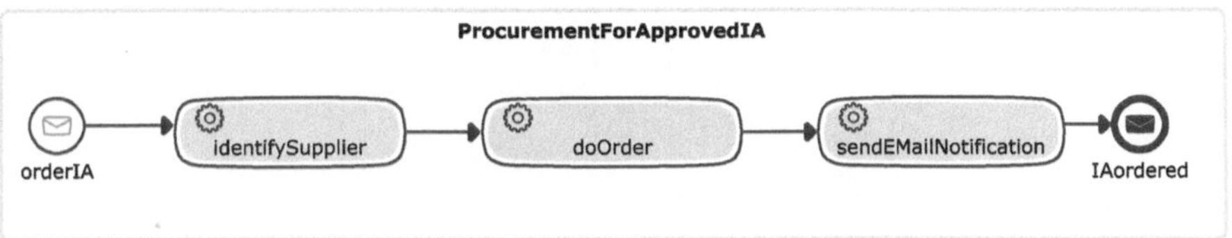

Abb. 6.21 Der Bestellprozess „`ProcurementForApprovedIA`“

Damit wären die technischen Prozesse definiert. In der weiteren Analyse wird nun anhand der in den Prozessen definierten Tasks die dazugehörigen technischen Services mit ihren Schnittstellen und Operationen hergeleitet.

Technische Services

Durch das Mapping auf die in der Phase Initiation erstellten fachlichen Prozesse wurden, sozusagen beim Eintritt in die Phase Evaluation, automatisch technische Services erzeugt. Bevor wir in die detaillierte Analyse und die Erstellung der technischen Services gehen, machen wir uns zunächst noch mal die Anforderungen an einen Service klar:

- Ein Service ist eine in sich funktional abgeschlossene Einheit.
- Ein Service stellt seine Leistung über eine oder mehrere Schnittstellen zur Verfügung.
- Die Leistung eines Services ist überschneidungsfrei mit Leistungen anderer Services.
- Services lassen sich einer fachlichen Domäne zuordnen.
- Ein Service kann von den verschiedensten Konsumenten genutzt werden. Er liefert und erwartet dazu einen vollständigen Satz an Informationen.[13]
- Ein Service stellt einen betriebswirtschaftlichen, sinnvollen und höherwertigen Nutzen bereit.
- Prozesse nutzen Services, um ihre Dienstleistung zu erbringen. Prozesse können selbst Services sein.

In der MDSOA Methodik verwenden wir zusätzlich noch unterschiedliche Servicetypen,[14] wie auch schon in Kap. 5 aufgeführt:

- ProcessService: Ein ProcessService repräsentiert einen Prozess oder Teilprozess. Er nutzt weitere ProcessServices, ActivtyServices und RuleServices um seine Dienstleistung zu erbringen und stellt eine öffentliche Schnittstelle zur Verfügung.

---

[13]Die Nutzung eines Services ist der Aufruf einer vom Service in einer Schnittstelle bereitgestellten Operation.

[14]Nach einer Artikelserie von Berthold Maier et al. in [JMSOA].

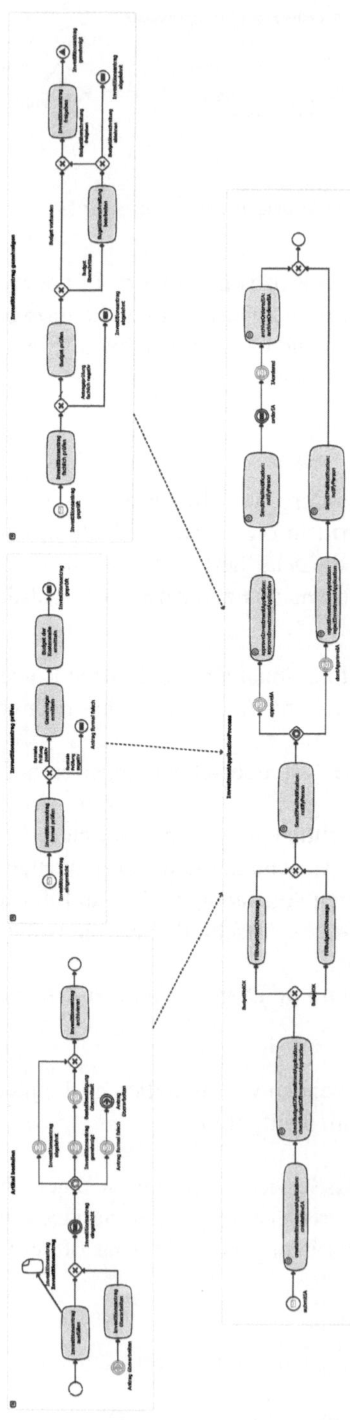

Abb. 6.22 Traceability zwischen fachlichem und technischem Investitionsantragsprozess

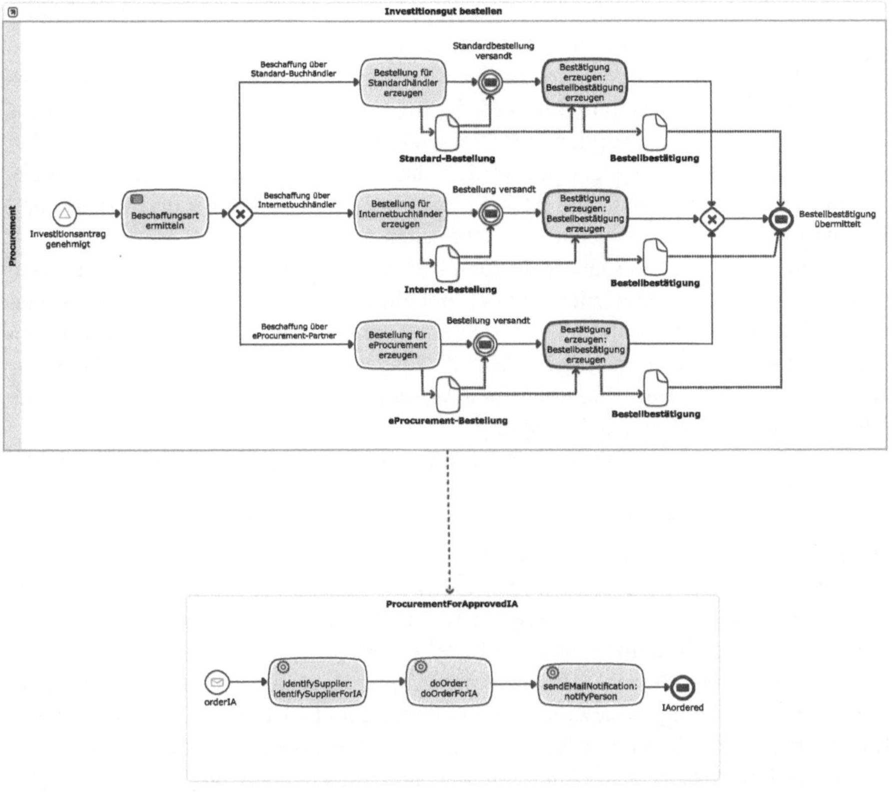

Abb. 6.23 Tracability zwischen fachlichem und technischem Bestellprozess

- ActitvityService: Ein ActitvityService wird durch seine eher synchrone Verwendung charakterisiert. Er stellt einen höherwertigen Dienst durch die Nutzung von ProcessServices, DataServices, RuleServices und weiteren ActivityServices zur Verfügung. Er kann damit den Charakter eines Controllers oder einer Facade annehmen. Er besitzt einen gewissen Grad an „Intelligenz", da er um die korrekte Aufrufreihenfolge der von im genutzten Services „weiß". Er ist ein zentraler Baustein der Serviceorchestrierung.
- DataService: Ein DataService ist für die Konsistenz einer bestimmten, von einander abhängigen, Datenmenge verantwortlich. Seine Datenverantwortung erstreckt sich meist über eine oder mehrere Entitäten (Tabellen). Er kann von einem ProcessService oder ActitvityService genutzt werden. Er kann nicht direkt von einem RuleService genutzt werden.
- RuleService: Ein RuleService bildet eine oder mehrere Geschäftsregeln ab. Das Ergebnis des Aufrufs eines RuleServices ist bei gleichem Input immer identisch. Er kann von einem ProcessService oder ActitvityService genutzt werden. Er kann nicht direkt von einem DataService genutzt werden.

Einer der wichtigsten Aspekte ist der oben genannte Punkt, dass ein Service immer einen vollständige Satz von Informationen an den Aufrufer zurückliefern muss und ebenso als Input alle Informationen benötigt, um seine Aufgabe zu erfüllen. Das gilt vor allem für die ActivityServices. Es muss davon ausgegangen werden, dass die Konsumenten eines Services in unterschiedlichen Kontexten existieren. Dabei muss ebenfalls davon ausgegangen werden, dass ein Konsument selbst keinen direkten Zugriff auf einzelne Data- oder RuleServices hat, sondern nur Process- und ActivityServices „sieht" beziehungsweise sehen soll.

Warum ist das so? Ein kleines Beispiel soll verdeutlichen, was damit gemeint ist. Nehmen wir an, unser Unternehmen betreibt ein Portal, in dem einzelne Dienstleistungen oder Produkte bestellt werden können. Ein Nutzer dieses Portals soll zum Beispiel über eine Weboberfläche Zugriff auf das Warenangebot haben. Dazu erstellt er im Verlauf einer Session einen Warenkorb. Dieser Warenkorb stellt eine Schnittstelle nach außen zur Verfügung.

Mit einem weiteren Service zur Verwaltung des Angebots können Produkte, Preise und Rabattregeln verwaltet werden.

Eine Bestellung wird für einen Warenkorb abgewickelt. Der Bestellprozess stellt ebenfalls eine Schnittstelle zur Verfügung, um eine Bestellung zu verwalten.

Großkunden greifen aber nicht ausschließlich über die Weboberfläche zu, sondern wir erlauben einen direkten Zugriff auf unsere Services, um zum Beispiel einen Warenkorb zu erstellen und eine Bestellung auszulösen.

Damit muss der Warenkorb bei einer Abfrage auf die enthaltenen Produkte immer den vollständigen Satz an Daten liefern, egal ob er nun vom Portal, welches das Unternehmen selbst unter Kontrolle hat, oder von außen aufgerufen wird.

Während innerhalb des Unternehmens theoretisch auch ein direkter Zugriff auf die genutzten DataServices möglich wäre, ist das für externe Zugriffe nicht erwünscht oder wäre geradezu fatal.

Intern würde es zum Beispiel ausreichen, eine Liste von Artikelnummern und Mengen zu liefern, da über den DataService zur Verwaltung der Artikel mit der Artikelnummer die vollständigen Daten abgerufen werden können. Der DataService stellt aber üblicherweise auch die Operationen zum Erzeugen, Ändern und Löschen eines Artikels zur Verfügung. Über diesen Service lässt sich auch der Preis eines Artikels ändern.

Wenn also der Warenkorb nur eine Liste von Artikelnummern liefern würde, dann müssten wir unseren externen Partnern fast zwangsläufig auch Zugriff auf den entsprechenden DataService zur Verfügung stellen. Damit könnte ein externer Partner Artikel ändern, zum Beispiel deren Preis. Das wäre nun absolut nicht im Sinne des Erfinders!

Dies ließe sich zwar auch über eine weitere Schnittstelle am DataService bewerkstelligen, die nur die Artikeldaten nach außen sichtbar macht, nicht aber die üblichen CRUD Operationen. Das führt aber zu redundanten Operationen oder im Extremfall zu Schnittstellen mit nur einer Operation. Besser ist es deshalb, einen für Warenkorb und Bestellung zuständigen Acitivity- und ProcessService zur Verfügung zu stellen, der für beide Fälle überschneidungsfrei wiederverwendet werden kann! Um Wiederverwendung von Services geht es schließlich bei SOA.

Der ActivityService zur Verwaltung des Warenkorbs erlaubt die Auflistung aller im Warenkorb enthaltenen Artikel samt deren Artikelnummern, Preisen, Bezeichnungen, eventuell hinterlegten Rabattmengen. Er stellt Operationen zum Hinzufügen und Löschen von Artikeln, zum Ändern der bestellten Menge und ähnliches zur Verfügung.

Der ProcessService BestellService wickelt eine Bestellung ab. Erzeugt also zum Beispiel eine Bestellbestätigung für den Kunden und nutzt weitere ActivityServices. Abbildung 6.24 verdeutlicht die Zusammenhänge.

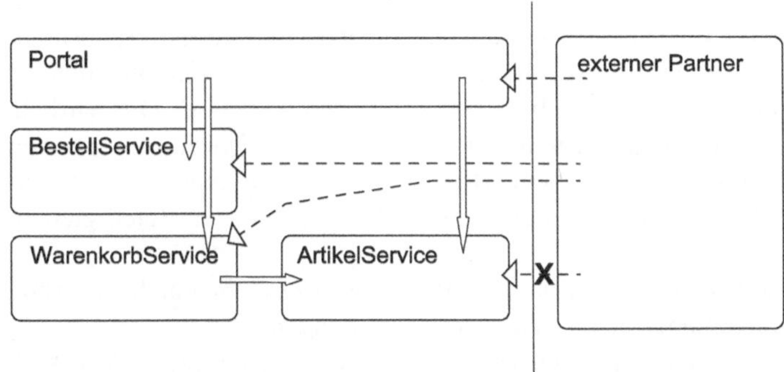

Abb. 6.24 Zugriff auf die Services, intern und extern

Welchen weiteren Vorteil hat die Unterteilung in verschiedene Servicetypen?

Der wichtigste Grund ist die Erreichung einer sinnvollen Granularität der Services. Die Typisierung und die weiter oben geschilderten Überlegungen zur Vollständigkeit der gelieferten Informationen verhindern recht erfolgreich „eine-Operation-ist-ein-Service" Konstrukte, in dessen Folge eine Vielzahl von „kleinen" Services entstehen. Deren Überschneidungsgrad ist dabei sehr hoch, da meist ein ganzes Bündel von Services einer fachlichen Domäne zugeordnet werden kann. Damit ein Prozess seine Leistungen erbringen kann, muss er dabei in Konsequenz ebenfalls eine große Menge von Services nacheinander in der richtigen Reihenfolge verwenden. Eine serviceimmanente höherwertige Dienstleistung entsteht so eher zufällig.

Ebenso hilft sie dabei, „Pseudo-Facade-Services"[15] zu vermeiden. Damit ist die Konstruktion von großen, mit einer Vielzahl von Operationen oder Interfaces ausgestatteten Services gemeint. Diese können dann zwar für fast alles verwendet werden, es ist aber keine klar abgegrenzte Leistung erkennbar, noch können diese Service eindeutig einer fachlichen Domäne zugeordnet werden. Die Schnittstellen solch eines „Pseudo-Facade-Service" sind oft schon in sich nicht

[15] Auch liebevoll „eierlegender-Wollmilchsau-Service" genannt.

überschneidungsfrei und enthalten eine Vielzahl von redundanten Operationen.[16] Lose Kopplung wird so nicht unterstützt.

Ein dritter Fall wird damit ebenfalls erfolgreich bekämpft. Wir nennen sie „ein WebService-Interface-macht-noch-keine-SOA". Diese Art von „Services" tritt oft in einer Übergangsphase bei der Umstellung auf eine serviceorientierte Welt im Unternehmen auf. Es werden für jede schon vorhandene Schnittstelle einfach noch zusätzlich ein WebService zur Verfügung gestellt oder direkt generiert. Damit bleibt zunächst alles beim Alten und eine echte Umstellung auf SOA erfolgt damit nicht. Vor allem nicht automatisch. Hier wird die Änderung auf eine neue Technologie mit dem Erfüllen des SOA Paradigmas gleich gesetzt. Symptomatisch für dieses Vorgehen ist es zum Beispiel, wenn für jede EntityBean grundsätzlich immer auch ein WebService zur Verfügung gestellt wird. Meist erfolgte auch keine ernsthafte Betrachtung oder Analyse der fachlichen Prozesse. Oft wird dabei auch nicht über die Vereinheitlichung der fachlichen Begriffswelt oder über ein kanonisches Datenmodell nachgedacht. Die Umstellung von „applikationsorientiert" auf „serviceorientiert" wurde dabei auch in den Köpfen der Beteiligten noch nicht vollzogen.[17]

Was bedeutet das nun für unseren Beispielprozess? Welche Services und welche Schnittstellen ergeben sich aus diesen Überlegungen?

Zunächst einmal betrachten wir noch mal den technischen Prozess. Aus dieser Betrachtung ergeben sich dann Schritt für Schritt die einzelnen Services. Außerdem werden schon vorhandene oder von Dritten zur Verfügung gestellte Services in die Betrachtung mit eingeschlossen.

Beispielhaft gezeigt wird das anhand des „`ERPService`", der zunächst automatisch aus dem fachlichen ServiceInterface beim Mapping erzeugt wurde. Ein internes ERP-System stellt eine WSDL-Datei zur Verfügung. Die WSDL-Datei wird nun in das Modell importiert und es wird geprüft, inwieweit dessen Verwendung zur Erfüllung der fachlichen Anforderungen herangezogen werden kann. Abbildung 6.25 zeigt den Service-Reader in Aktion.

Weitere Services die importiert werden, sind die von unserem eProcurement-Partner und verschiedenen Buchhändlern zur Verfügung gestellten Services, die wir nutzen wollen, um unsere Bestellung durchführen zu können.

Tatsächlich ist es so, dass wir für alle von diesem Service angebotenen Operationen Verwendung haben:

- „`checkBudgetOfInvestmentApplication`" ermittelt das aktuelle Budget einer Kostenstelle und prüft dessen mögliche Überschreitung für genau einen Investitionsantrag

---

[16] Das ist nicht von vorne herein verboten. Wenn dies aber zu Regel wird, sollte man seine Services noch mal genau betrachten.

[17] Die automatische Erzeugung von WebServices aus vorhandenem Code ist natürlich nützlich und soll auch verwendet werden. Ohne weitere Analyse für sich alleine ist das aber nicht automatisch zielführend.

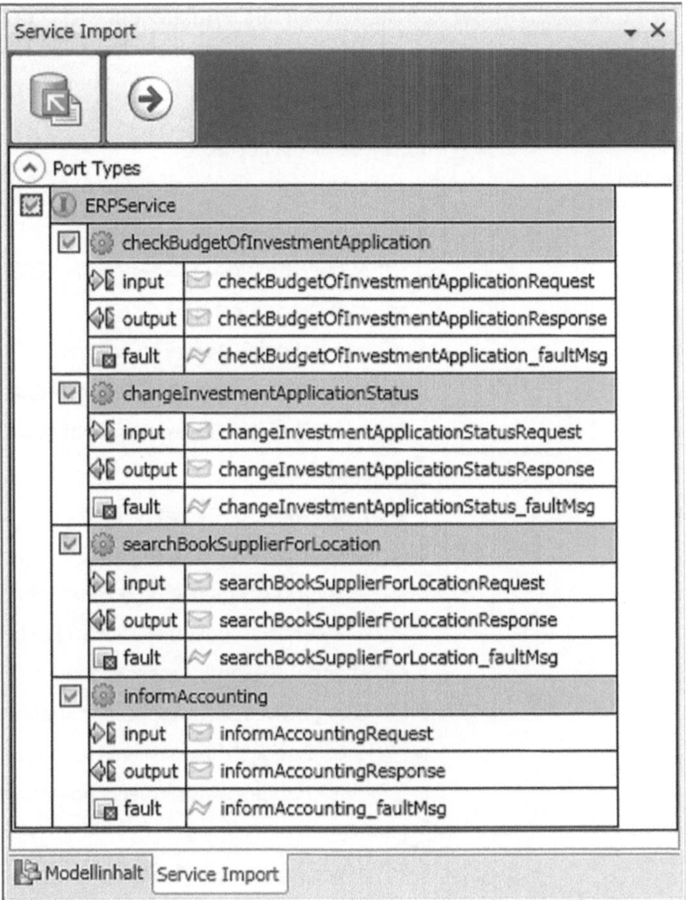

Abb. 6.25 Der Service Reader

- „`changeInvestmentApplicationStatus`" ändert den Status eines Investitionsantrags
- „`searchBookSupplierForLocation`" ermittelt einen Buchhändler für eine Niederlassung
- „`informAccounting`" informiert die Buchhaltung

Serviceinterfaces werden in Servicepaketen gebündelt und unter einem eigenständigen Paket, welches den Namensraum repräsentiert, abgelegt und modelliert. Nach dem Import steht uns der Service im Modell zur Verfügung, wie Abb. 6.26 zeigt. Einzig der Typ des Interfaces wurde auf „ActitvityInterface" entsprechend des Servicetyps geändert. Im Modell wird dies durch die Anzeige eines eigenen Symbols deutlich. Für einen ActivityService stellen wir als Präfix[18] ein „`A_`“ dem Namen voran. Wir verknüpfen anschließend den Service mit dem Fachservice in der Phase Initiation und stellen damit die Traceability sicher.

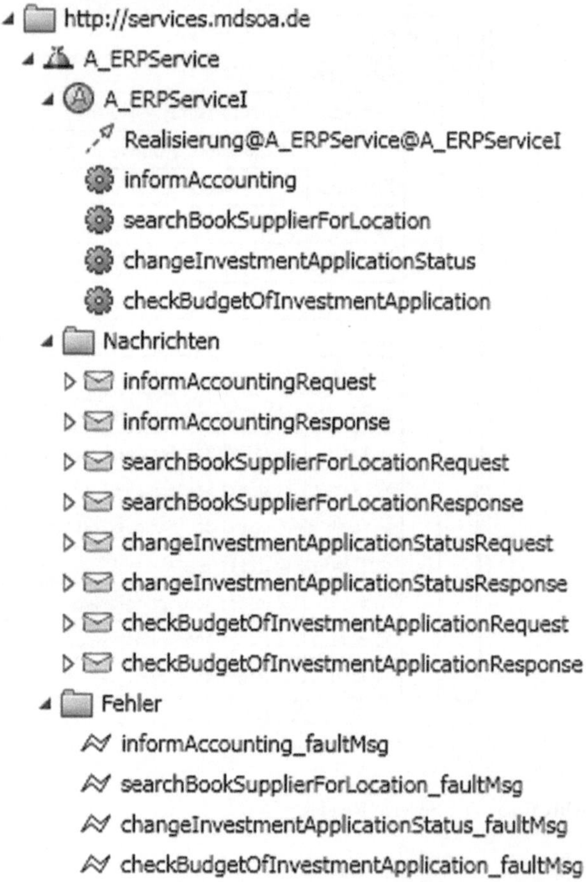

Abb. 6.26 Die Repräsentation des ERPService im Modellbaum

- http://services.mdsoa.de
  - A_ERPService
    - A_ERPServiceI
      - Realisierung@A_ERPService@A_ERPServiceI
      - informAccounting
      - searchBookSupplierForLocation
      - changeInvestmentApplicationStatus
      - checkBudgetOfInvestmentApplication
    - Nachrichten
      - informAccountingRequest
      - informAccountingResponse
      - searchBookSupplierForLocationRequest
      - searchBookSupplierForLocationResponse
      - changeInvestmentApplicationStatusRequest
      - changeInvestmentApplicationStatusResponse
      - checkBudgetOfInvestmentApplicationRequest
      - checkBudgetOfInvestmentApplicationResponse
    - Fehler
      - informAccounting_faultMsg
      - searchBookSupplierForLocation_faultMsg
      - changeInvestmentApplicationStatus_faultMsg
      - checkBudgetOfInvestmentApplication_faultMsg

Gehen wir die definierten technischen Prozesse Schritt für Schritt durch. Unsere technischen Prozesse „`InvestmentApplicationService`“ und „`ProcurementForApprovedIA`“ stellen jeder für sich selbst einen ProcessService dar. Damit sind schon zwei weitere Services gefunden

Um den jeweiligen ProcessService ansprechen zu können, wird zumindest eine Operation benötigt, die den jeweiligen Prozess startet. Daraus ergeben sich folgende Operationen:

[18] Entsprechend für RuleService ein „`R_`“, für DataService ein „`D_`“ und für eine ProcessService ein „`PS_`“.

- ProcessService: „PS_InvestmentApplicationService“
  - Operation: „submitInvestmentApplication“
- ProcessService: „PS_ProcurementForApprovedIA“
  - Operation: „submitApprovedIA“

Wie sehen die Nachrichten dieser Operationen aus? Nachrichten werden im Modell als «message» modelliert, Fehler als «error». Im Modell werden Nachrichten und Fehler in Paketen unter dem jeweiligen Service abgelegt. Abbildung 6.27 zeigt die dem ProcessService zugewiesenen Nachrichten und Fehler, sowie das, später bei der Beschreibung der Servicekollaborationen noch näher erklärte, aufrufende Ereignis.

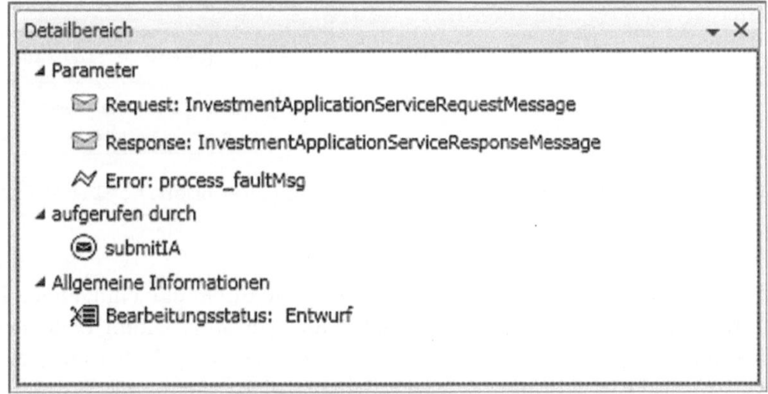

Abb. 6.27 Nachrichten und Fehler der Serviceoperation „submitInvestmentApplication“

Für die genaue Beschreibung der Nachrichten, also deren interner Aufbau, werden genauso wie für die Geschäftsobjekte die Objektstrukturen verwendet. Da aus den Nachrichten und Fehlern später entsprechende XSD-Artefakte generiert werden können, werden diese unter einem eigenen Pakettyp «xmlSchema» modelliert und abgelegt. In Abb. 6.28 sind die Strukturdefinitionen in einem «structureDiagram» zusammengefasst.

An diesem Auszug aus dem Modell wird auch noch mal deutlich, was mit vollständiger Information gemeint ist. Die Nachricht, die als Request mitgegeben wird („InvestmentApplicationServiceRequestMessage“) enthält neben den Daten des Antrags auch einen vollständigen Satz von Daten für die Kostenstelle („costCenter“) und den Antragsteller („applicant“).

Die Response-Nachricht „InvestmentApplicationServiceResponse Message“ enthält die selben Informationen und zusätzlich noch den Genehmigenden „approver“ und eine „message“, in der zum Beispiel der String „Budget überschritten!“ mitgegeben werden kann.

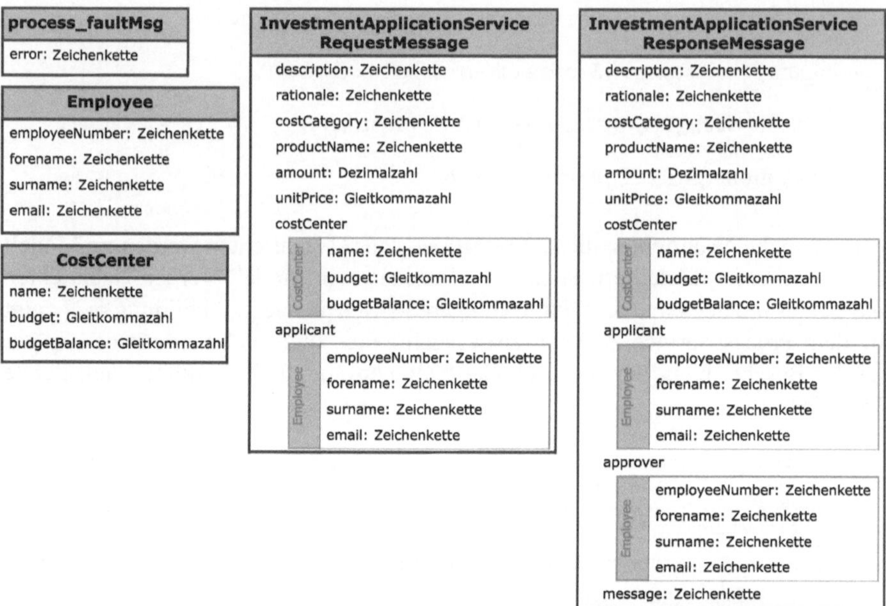

Abb. 6.28 Nachrichten und Fehler der Operation „`submitInvestmentApplication`“

Damit ist ein Konsument des Services in der Lage direkt alle enthaltenen Daten auf dem Bildschirm anzuzeigen oder, bei automatischer Verarbeitung ohne menschliche Interaktion, in einem entsprechenden Log zu speichern. Dabei muss er nicht noch weitere Services aufrufen, um zum Beispiel den Namen des Antragstellers oder den Namen der Kostenstelle zu ermitteln.

Neben den verschiedenen Attribute einer Nachricht enthalten die Eigenschaften noch weitere Informationen, zum Beispiel darüber, ob es sich bei der Struktur um einen komplexen Typ im Sinne XSD handelt. Abbildung 6.29 zeigt die Eigenschaften am Beispiel der „`InvestmentApplication ServiceRequestMessage`“. Hier wurde „Complex Type“ als XSD Strukturtyp gesetzt.

Schauen wir uns nun Schritt für Schritt den „`InvestmentApplication Process`“ an.

Erster Task nach dem Einreichen eines Investitionsantrags ist „createNewInvestmentApplication“. Dieser Schritt erzeugt für den eingegangenen Request einen neuen Antrag, der persistiert wird. Dabei ermittelt er auch den der Kostenstelle zugewiesenen Genehmigenden.

Da ein ProcessService nach den definierten Regeln an dieser Stelle entweder einen Activity-, Rule- oder ProcessService nutzen kann, ist nun zu entscheiden, was konkret geschehen soll.

Ein ActivityService kann mehrere fachliche Schritte kapseln, ist dabei aber noch kein Prozess, mehr als eine Facade zu verstehen. Da wir zusätzlich das

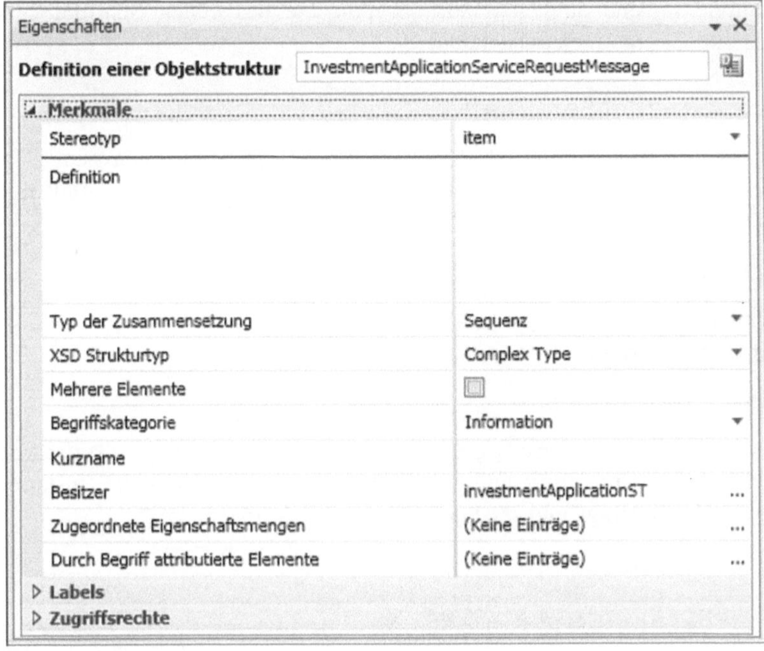

Abb. 6.29 Eigenschaften der Objektstruktur einer Nachricht

Ergebnis in einem direkten Response erwarten, deutet alles tatsächlich auf einen ActivityService. Doch welcher Domäne ließe sich der Service zuordnen? Da die schon definierten nicht wirklich passen (ERP, Hierarchy, InvestmentApplication) erzeugen wir einen neuen Service, der so heißen soll, wie die Domäne, welche er repräsentiert, nämlich „Beschaffung“ oder eben auf Englisch „Procurement“.

Unser neuer Service heißt nach unseren Regeln „`A_ProcurementService`“ und seine erste Operation benennen wir „`createNewIA`“.

Welche weiteren Services könnte „`A_ProcurementService`“ zur Erfüllung seiner Dienstleistung nutzen? Wir benötigen einen DataService, um auf den Investitionsantrag zugreifen zu können. Außerdem soll in Folge der Status des Antrags geändert werden. Danach soll er wieder gespeichert werden. Das Setzen des Status mit anschließendem Speichern fassen wir in einem Archivierungsservice „`A_ArchiveService`“ zusammen. Unseren DataService halten wir zunächst etwas abstrakter und nennen ihn „`D_DataAccessService`“. Unser DataService stellt uns auch die Suche nach dem entsprechenden Genehmigenden zur Verfügung.

Die Operation „`createNewIA`“ nutzt zunächst die neu definierte Operation „`getSuperiorForEmployee`“ des „`R_HierarchyService`“. Danach folgt der Aufruf „`createInvestmentApplication`“ als Operation des „`A_ProcurementService`“. Dieser nutzt den „`A_ArchiveService`“ um den Status auf „`submitted`“ zu setzten und den Antrag danach zu speichern.

Zusammenfassend sind also aus der Analyse des ersten Schrittes folgende Services und Operationen entstanden:

- `A_ProcurementService`
  - `createNewIA`: nutzt „`A_ArchiveService`" um einen neuen Investitionsantrag zu erzeugen und dessen Status zu setzen und ermittelt mit dem „`D_DataAccessService`" den Genehmigenden
- `D_DataAccessService`
  - `createNewInvestmentApplication`
  - `updateInvestmentApplication`
- `A_ArchiveService`
  - `createInvestmentApplication`: Nutzt den `D_DataAccess Service` zur Erzeugung einer neuen persistenten Instanz des Investitionsantrags und setzt den Status auf „`submitted`".
- `R_HierarchyService`
  - `getSuperiorForEmployee`

Der nächste Schritt „`checkBudgetOfInvestmentApplication`" nutzt unseren importieren „`A_ERPService`" der genau diese Operation schon zur Verfügung stellt.

Der Task „`SendEMailNotification`" wird zur Benachrichtigung des Antragstellers und des Genehmigenden verwendet. Es ist davon auszugehen, dass die Möglichkeit Nachrichten in Prozessen auf beliebigen Kanälen zu versenden noch öfters Verwendung finden wird. Aus diesem Grund erstellen wir hierzu einen eigenen Service „`A_NotificationService`", der zunächst den geforderten E-Mail-Versand zur Verfügung stellt. In der Zukunft könnten darüber aber auch SMS oder Twitter Nachrichten versendet werden. Dieser Service wird sicher mit einer großen Rate von Wiederverwendung gesegnet sein.

Die weiteren Schritte „`approveInvestmentApplication`" und „`rejectInvestmentApplication`" stellen wir als Operationen in dem schon neu erstellen „A_ArchiveService" zur Verfügung. Ebenso die eigentliche Archivierung des Antrags im Schritt „`archiveOrderedIA`".

Damit wurden folgende Service definiert:

- `A_ArchiveService`
- `D_DataAccessService`
- `A_ERPService`
- `PS_InvestmentApplicationService`
- `A_NotificationService`
- `A_ProcurementService`
- `R_HierarchyService`

In der weiteren Betrachtung unseres Bestellprozesses „PS_ProcurementFor ApprovedIA“ werden folgende weitere Operationen im „A_Procurement Service“ erstellt:

- identifySupplier: ermittelt den Lieferanten für das beantragte Gut
- doOrderForIA: führt die Bestellung durch.

Die Services erhalten im Laufe der Analyse noch weitere Operationen, wie zum Beispiel „getInvestmentApplicationsForResponsibleUserID“ im „A_ProcurementServcie“, um alle Anträge eines Benutzers zu ermitteln. Das grundlegende Vorgehen bei der Ermittlung von Services über die Analyse der Prozesse ist aber unabhängig davon zu sehen und wir gehen in diesem Kapitel nicht weiter auf dieses Operationen ein.

Betrachten wir im Folgenden, wie die Serviceorchestrierung über die Verwendung einer BPMN-Kollaboration (Servicekollaboration) modelliert wird.

Servicekollaboration – Prozessautomatisierung

Mit der Modellierung der Servicekollaboration ist der letzte Schritt in der Kette vor der Generierung einzelner Artefakte und dem Ausführen des Mappings nach der Phase Architecture erreicht. In Servicekollaboration repräsentieren die Teilnehmer jeweils einen Service beziehungsweise ein Serviceinterface. Innerhalb der Teilnehmer werden die einzelnen Process- und ActivityServices als Prozessablauf und einzelne Operationen der Rule- und DataServices als Tasks abgebildet.

Das bedeutet ganz konkret:

- Einem Participant einer Servicekollaboration wird ein Serviceinterface zugeordnet.
- Einem Task wird eine Operation eines Serviceinterfaces zugeordnet.
- Der Aufruf einer Operation wird über ein Ereignis oder einen Nachrichtenfluss modelliert.

Die Zuordnung der Operationen lässt sich an dem Prozess „InvestmentApplicationProzess“ anschaulich beschreiben. Abbildung 6.30 zeigt den „InvestmentApplicationProcess“ mit den zugeordneten Serviceoperationen. In der zweiten Zeile jedes Tasks wird der Name der zugewiesenen Operation angezeigt.

Konkreter zeigt Abb. 6.31 die Zuweisung am Schritt „SendEMailNotification“. Dem Service-Task wird die Operation „notifyPerson“ aus dem Serviceinterface „A_NotificationServiceI“ des „A_NotificationService“ zugeordnet. Die Zuordnung erfolgt über den Eigenschaftendialog des Tasks.

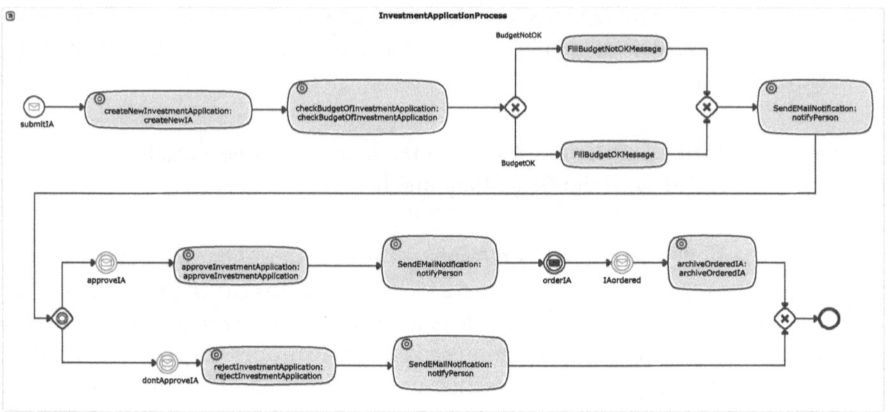

Abb. 6.30 Der „`InvestmentApplicationProcess`" mit zugeordneten Serviceoperationen

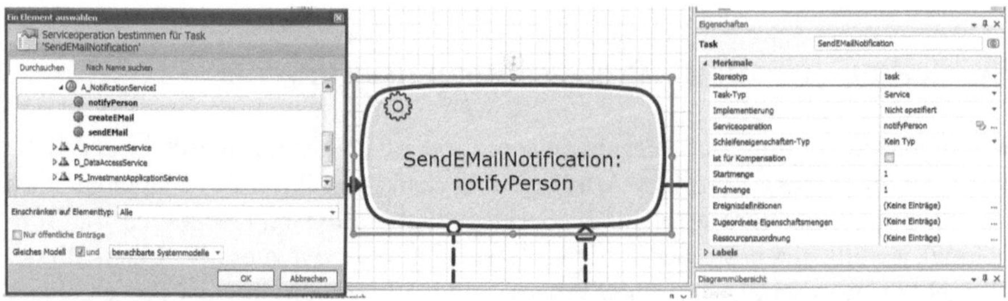

Abb. 6.31 Zuweisen einer Operation an einen Service-Task

Ebenso wird auch jeder Ereignisdefinition eine Operation zugewiesen. Für den Einstieg in unseren Investitionsantragsprozess wird der Ereignisdefinition „`submitIA`" die Operation „`submitInvestmentApplication`" des „`PS_InvestmentApplicationService`" zugewiesen, wie in Abb. 6.32 dargestellt.

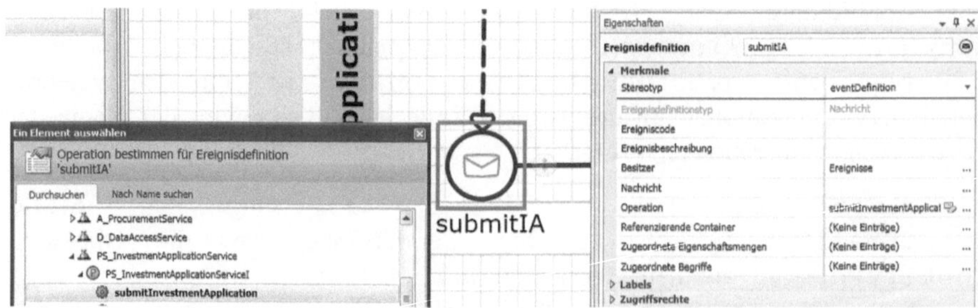

Abb. 6.32 Zuweisen einer Operation an eine Ereignisdefinition

So wird nacheinander jedem Task eine entsprechende Service-Operation zugewiesen. Abschließend erfolgt nun die Modellierung der Servicekollaboration, welche die Interaktion zwischen Workflow und Prozessen, sowie zwischen Prozessen und Aktivitäts-, Daten- und Regelservice beschreibt. Ziel der Servicekollaboration ist die Generierung von BPEL.

Unsere ersten Teilnehmer in der Kollaboration sind:

- Der Workflow des Antragstellers
- Der Workflow des Genehmigenden
- Der Investitionsantragprozess
- Der Bestellprozess

Der Workflow des Antragstellers ruft den Investitionsantragprozess auf. Dieser wartet nach dem Versenden der Benachrichtigung auf die Entscheidung des Genehmigenden. Bei positivem Entscheid wird dann der Bestellprozess getriggert. Abbildung 6.33 zeigt diesen ersten Schritt. Um eine bessere Übersicht zu erhalten, haben wir hier die Möglichkeit genutzt, Sichten (Views) innerhalb der Modellierung mit *Innovator for Business Analysts* zu bilden. Der Workflow des Genehmigenden und der Bestellprozess sind als Blackbox dargestellt. Im Workflow des Antragstellers wurden alle nicht wirklich relevanten Elemente aus dem Diagramm entfernt. Da der Inhalt eines Views Referenzen auf die „Vater"-Diagramme enthält, wird dadurch der Master nicht geändert.

In der Kollaboration wird nun klar ersichtlich, an welcher Stelle des Workflows unser Investitionsprozess gestartet wird. Nach der Entscheidung „`beantragen`" in der Maske „`Übersicht`" wird mit dem Ereignis „`Antrag einreichen`" die Nachricht „`InvestmentApplicationRequestMessage`" an den Investitionsantragsprozess mit dem Aufruf der Operation „`submitInvestmentApplication`" am Startereignis „`submitIA`" übergeben und der Prozess gestartet.[19]

Der Prozess läuft dann durch und wartet an den Ereignissen „`approveIA`" und „`dontApproveIA`" darauf, welches von beiden zuerst eintrifft. Hier kommt nun der zweite Workflow ins Spiel. Abbildung 6.34 zeigt diesen Ausschnitt der Kollaboration.

Die Genehmigung sorgt dafür, dass der Status des Investitionsantrages mit „`approveInvestmentApplication`" auf „genehmigt" gesetzt wird. Danach wird der Antragsteller mit „`SendEMailNotification`" benachrichtigt und die Bestellung am Startereignis „`orderIA`" gestartet. Dabei wird natürlich wieder eine entsprechende Nachricht versandt, die hier im View ausgeblendet wurde.

Damit ist der erste Teil der Serviceorchestrierung abgeschlossen und aus den dargestellten Participants lässt sich jetzt jeweils ein eigenes BPEL-Artefakt erzeugen. Die Ergebnisse dieser Generierung sind auch direkt auf der ausführenden Plattform verwendbar. Da wir aber auch die Activity-, Rule- und DataServices darstellen

[19] Technisch wird eine Instanz des Prozesses erzeugt, doch das ist Thema der Plattform.

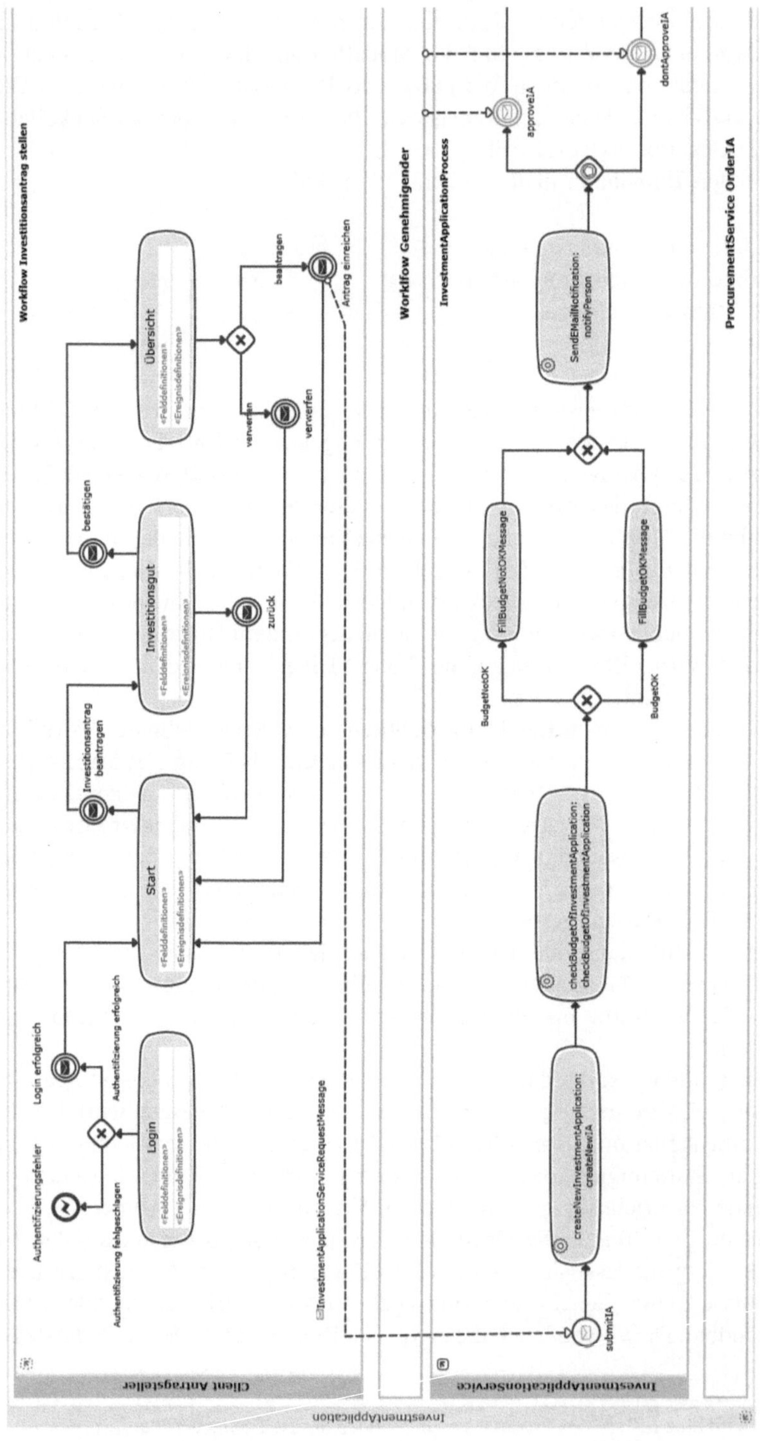

Abb. 6.33 Servicekollaboration mit den vier Hauptteilnehmern

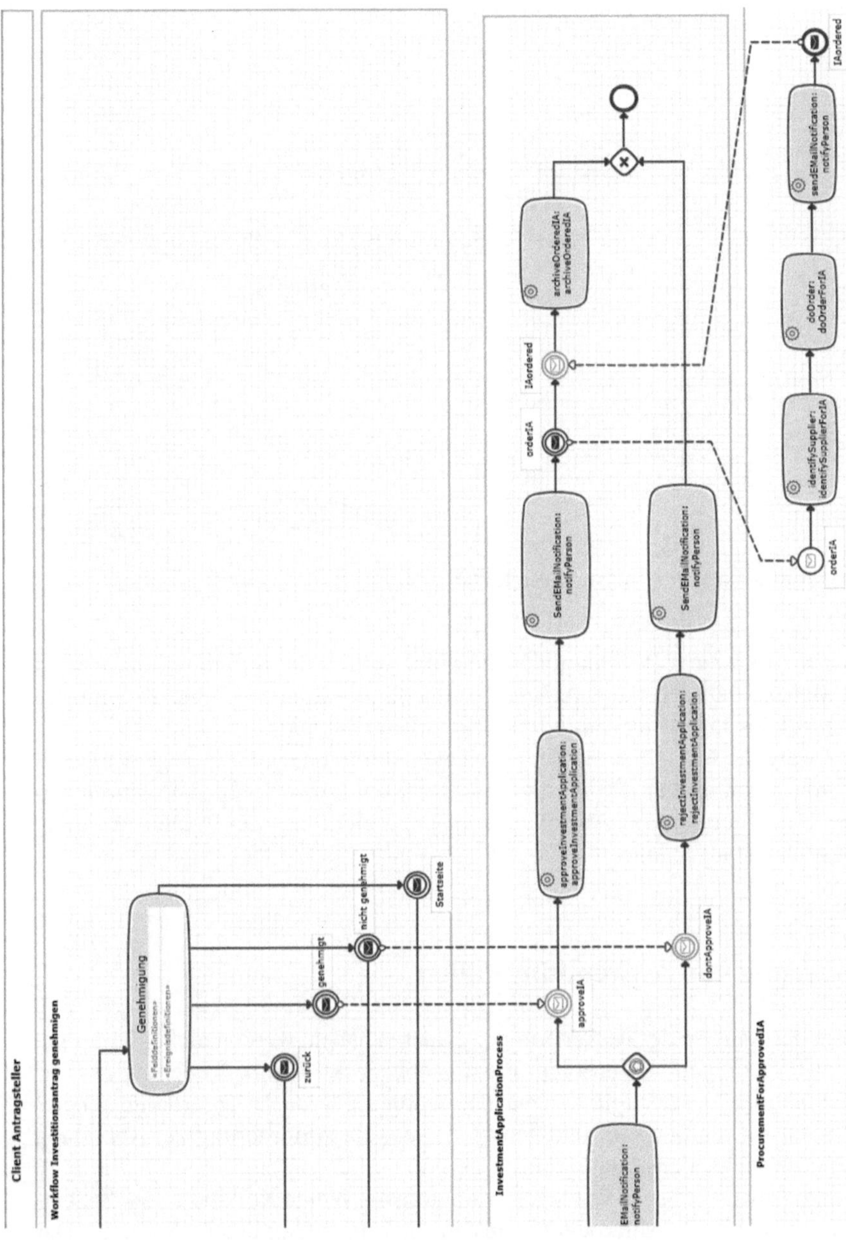

Abb. 6.34 Workflow des Genehmigenden im Zusammenspiel

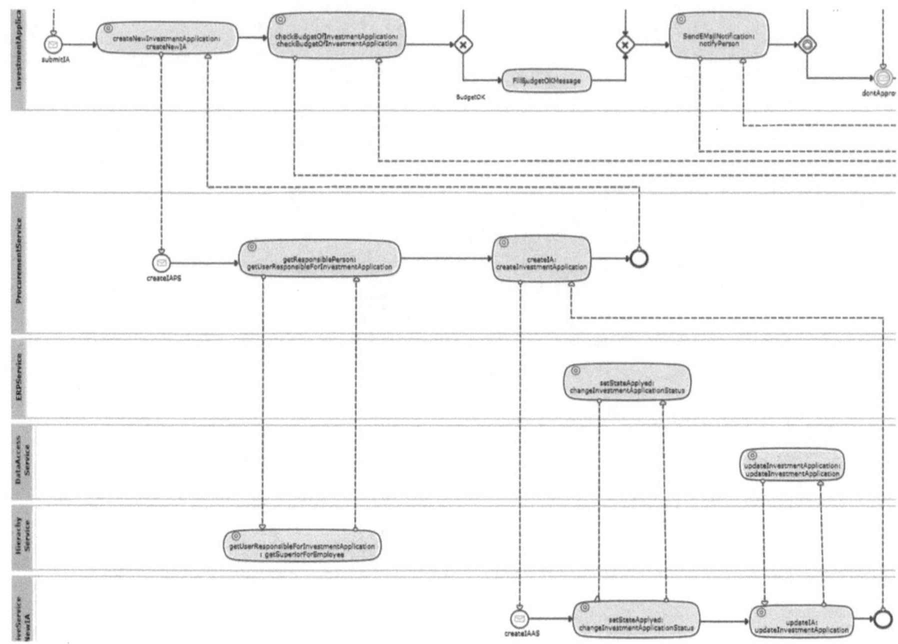

Abb. 6.35 Ausschnitt aus der vollständigen Kollaboration

wollen, kann noch mehr Information in die Modellierung der Kollaboration gesteckt werden. Beispielhaft zeigt dies Abb. 6.35, welche die weiteren Teilnehmer für den ersten Schritt des Investitionsantragsprozess vollständig zeigt.

Damit wäre die Modellierung der Servicekollaboration als Grundlage der Generierung von ausführbaren Prozessen abgeschlossen. Abschließend ergänzen wir noch die Modellierung von Anwendungsfällen, welche aus der Analyse der Anforderungen entstanden sind.

Modellierung von Anwendungsfällen

Wie wir in der Analyse der Anforderungen erfahren haben, werden nicht alle der gestellten Anforderungen von unserem Prozess abgedeckt. Die Anforderung „Meine gestellten Anträge“ ist noch nicht behandelt worden. Für diese Anforderung erstellen wir einen Anwendungsfall und weisen diesem die Anforderung zu. Abbildung 6.36 zeigt das entstandene Diagramm.

Aus dem Anwendungsfall erzeugen wir automatisch eine Kollaboration. Sie enthält als Teilnehmer den „Mitarbeiter“ und den „InvestmentApplicationService“. Das weitere Vorgehen ist dasselbe, wie bei der Modellierung der Servicekollaboration und der Analyse der technischen Prozesse und Services:

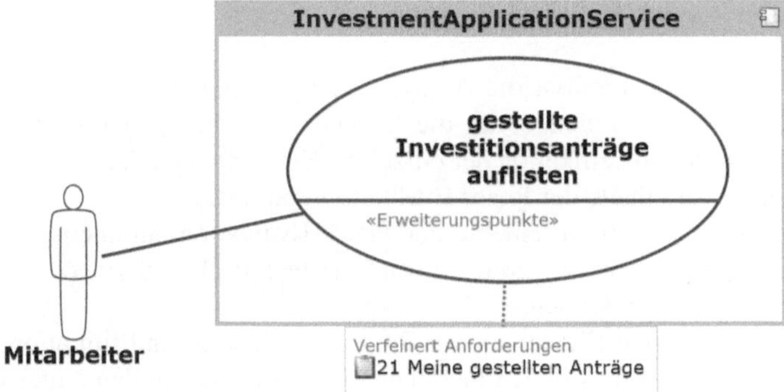

Abb. 6.36 Anwendungsfall „gestellte Investitionsantäge auflisten“

- Modellierung des Workflows des Mitarbeiters (Maskenfluss)
- Modellierung des technischen Prozesses für den Anwendungsfall
- Analyse, ob weitere technische Services oder Operationen notwendig sind
- Modellierung der Nachrichten und Fehler samt Objektstrukturen
- Zuweisen der Serviceinterfaces an die relevanten Participants der Kollaboration
- Zuweisen der Operationen an die Tasks und Ereignisse

Abbildung 6.37 zeigt das Ergebnis unserer Bemühungen.

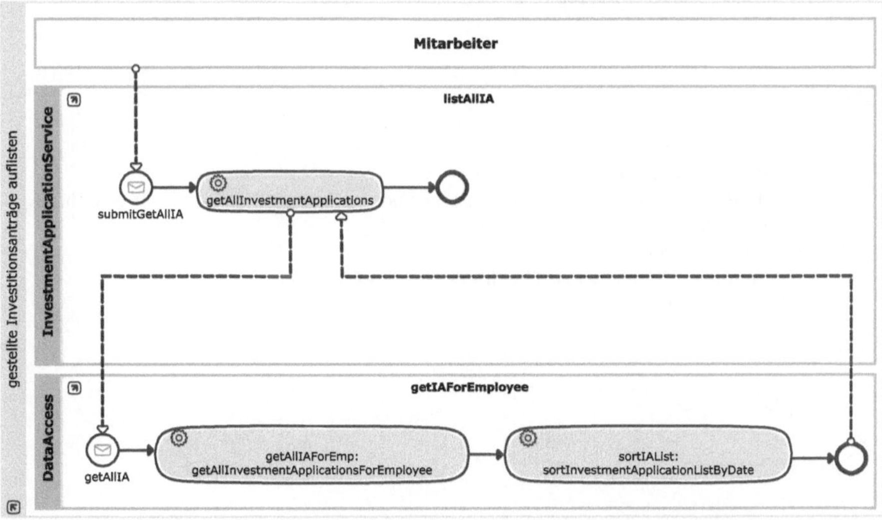

Abb. 6.37 View der Servicekollaboration für den Anwendungsfall „`gestellte Investitionsanträge auflisten`“

Zusammenfassung

Die Phase Evaluation umfasst die Analyse aller in der Phase Initiation erstellten Inhalte. Schrittweise werden durch die genaue Betrachtung der fachlichen Prozesse, der textuellen Spezifikation der einzelnen Elemente und der textuell erfassten Anforderungen die Inhalte der Phase Evaluation erarbeitet.

Teilweise können dabei Elemente der Phase Evaluation automatisch durch ein Mapping erzeugt werden, wie zum Beispiel die technischen Services, die aus den Fachservices abgeleitet werden.

Traces zwischen den Elementen der Phasen Evaluation und Initiation erlauben uns bei Änderungen, sei es in den fachlichen Prozesse oder in den Anforderungen, genau zu verfolgen, welche technischen Prozesse und Services von den Änderungen betroffen sind. Wenn ein konzeptionelles Datenmodell erstellt wurde, dann kann sich das bis zu den einzelnen Attributen der Entitäten erstrecken.

Die modellierten technischen Services, Prozesse und die Servicekollaborationen mit den Nachrichten und deren Strukturen sind nun Grundlage für die weitere Bearbeitung der Serviceimplementierung in der Phase Architecture und der Generierung von WSDL, XSD und BPEL Artefakten in der Phase Construction.

Literatur

[ERM] Staud J (2005) Datenmodellierung und Datenbankentwurf. Ein Vergleich aktueller Methoden. Springer, Berlin

[EJB] Backschat M, Rücker B (2007) Enterprise JavaBeans 3.0 Grundlagen – Konzepte – Praxis. Spektrum Akademischer Verlag, Heidelberg

[JMSOA] Maier B, Normann H, Trops B et al (2008, 2009) SOA aus dem wahren Leben. JavaMagazin 11/2008 ff

Links

[JPA] Java Persistent API
http://www.oracle.com/technetwork/java/javaee/tech/persistence-jsp-140049.html (21.02.2011)

[PEN] Maskenentwurf
http://pencil.evolus.vn/en-US/Home.aspx (12.03.2011)

Kapitel 7
Architecture Projection

Abb. 7.1 Streit zwischen den Stämmen

Sean und Wokew waren unterwegs nach Tilaf, einer Stadt nordöstlich von Upanishat, die mit hohen steinernen Mauern umgeben war. Tilaf und das Land darum wurden von zwei Stämmen besiedelt, die nicht dieselbe Sprache hatten, was immer wieder zu Missverständnissen und Streit führte. In den vorangehenden Etappen

G. Rempp et al., *Model Driven SOA*, Xpert.press,
DOI 10.1007/978-3-642-14470-7_7, © Springer-Verlag Berlin Heidelberg 2011

hatte Sean gelernt, sich mit den Menschen in ihrer Sprache zu unterhalten, um ihre Bedürfnisse besser zu verstehen. Ihm wurde auf den Reisen klar, wie wichtig dies war. Die Menschen begegneten ihm dadurch offener und er wurde ein Stück weit als einer von ihnen angesehen.

Sean und Wokew waren vom Ältestenrat von Tilaf beauftragt worden, zwischen den Stämmen der Rakentaja und Planeri zu vermitteln. Den Ältesten war klar, dass das Volk von Tilaf nur gemeinsam seine Ziele erreichen konnte. Doch manchmal war es nicht so einfach zwischen den zupackenden Rakentaja, die schnell ans Werk gehen wollten und den Planeri, die doch zunächst alles durchdachten, zu vermitteln. Den Einen ging manches zu langsam und sie fanden die endlosen Dokumente der Planeri teils unverständlich und langatmig.

„Sean, " sprach der Meister, „die Alten haben erkannt, dass die Rakentaja das Fachwissen der Planeri benötigen und ebenso brauchen die Planeri die reiche Erfahrung der Rakentaja, um erfolgreich zu sein. Aber sie schaffen es oft nicht zu übersetzen, den Graben zu überbrücken. Wir sollen Ihnen helfen, die Lücken zu schließen."

„Das heißt, wir müssen Ihnen dabei helfen eine Lösung für den Übergang von Inhalten der Planeri zu den Inhalten der Rakentaja zu finden?", frage Sean.

„Genau das ist unsere Aufgabe! Und das Schärfen der Inhalte hast Du ja schon gelernt." Sean zuckte kurz zusammen, als er sich an die teilweise schmerzhaften Lehrstunden erinnerte. „Dies wird dir nun außerordentlich von Nutzen sein!". Sean lächelte. Wokew hatte wie immer recht.

„Jetzt wirst Du lernen, wie Du Wichtiges überträgst und in der Fortführung eines Projektes weiter nutzt. Was wir als Lösung erarbeiten, werden die Tilaf immer wieder anwenden können. Damit wird in Zukunft hoffentlich weniger Anlass zum Streiten sein!"

Sean und Wokew sahen in der Ferne schon die hohen grauen Zinnen von Tilaf aufragen und marschierten weiter auf ihr Ziel zu.

Ziel/Überblick

In der Phase Evaluation wurden die fachlichen Abläufe um weitere technische Aspekte angereichert. Dies wurde von einem Business-Analysten (der Mittler zwischen den beiden Welten), welcher über fachliches, sowie auch technisches Hintergrundwissen verfügt, durchgeführt. Nun folgt der Übergang in eine technisch noch spezifischere Phase des Softwareentstehungsprozesses – in die Architekturphase.

Inhalte dieser sind:

- Mapping von Evaluation nach Projection
- Ausarbeiten der technischen Architektur der Datenschicht
  - Anlegen von Assoziationen
  - Anlegen von Generalisierungen und Abhängigkeitsbeziehungen
  - Transformation der Attributtypen
  - Verfeinern und Anreichern von Datentypen und Enums

- Ausarbeiten der technischen Architektur der Serviceschicht
  - Anlegen von realize- und use-Beziehungen zwischen Komponenten und Schnittstellen
  - Verfeinerung der Services
- Design der technischen Architektur der SOPERA-Dienste
- Design der technischen Architektur des Webinterfaces

Der Übergang von Evaluation nach Projection

In der Phase Architecture gestaltet der Softwarearchitekt maßgeblich den Aufbau und das Design der Anwendung. In einem ersten Schritt transformiert dieser die vorhandenen Ergebnisse aus der Phase Evaluation in die Phase Projection. Dies sollte im Hinblick auf Nachverfolgbarkeit und Wartung automatisiert nach einem festgelegten Schema ablaufen. Auch im Hinblick auf umfangreiche Modelle sollte dies automatisiert werden. Dies wird daher durch eine Modelltransformation bewerkstelligt.

Die übernommenen Modellelemente werden in der Phase Architecture konsolidiert. Klassen werden in Form von Erweiterungen durch Attribute, Operationen und den Beziehungen der Klassen untereinander spezialisiert. Weiter werden Informationen an den Klassen und Beziehungen hinterlegt, die für die Generierung von Entity-Beans im Hinblick auf eine spätere Persistierung benötigt werden. Es empfiehlt sich in dieser Phase Klassendiagramme zu erstellen. Klassendiagramme geben einen Überblick über die Zusammenhänge der Designklassen und sind für die spätere Entwicklung ein optimales Hilfsmittel zur Veranschaulichung.

Die technischen Services werden weiter ausspezifiziert. Operationen und Parameter werden abgebildet. An den Services wird gezeigt, wie Eigenschaften hinterlegt werden, die die Ergebnisse einer Codegenerierung maßgeblich beeinflussen. Es werden Informationen im Modell an den Services angereichert, welche später für die Generierung von Stateless Session-Beans oder aber für POJOs benötigt werden.

Für eine weitere Verwendung von Masken werden diese ebenfalls aus dem *Innovator for Business Analysts* nach *Innovator Object eXcellence* übertragen. In unserem Beispiel werden diese Modellelemente jedoch nicht weiter verfeinert und verwendet.

An Innovator Object eXcellence anmelden

Um die technische Architektur der Anwendung zu entwickeln wechseln wir vom *Innovator for Business Analysts* nach *Innovator Object eXcellence*.

Starten sie den `Modellbrowser` über `Start/Programme/Innovator/Modellbrowser`. Melden sie sich dann an dem UML-Modell `modeldrivenSOA_ARC_CON` an, wie in Abbildung 7.2 zu sehen ist.

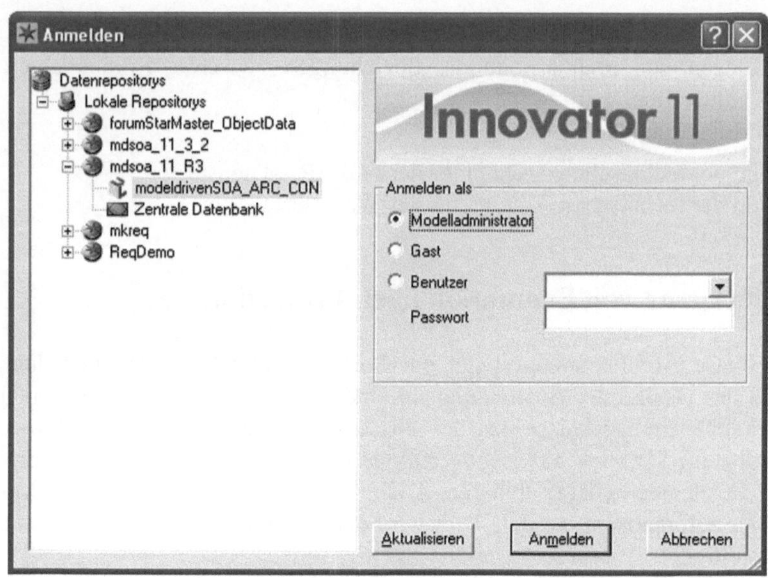

Abb. 7.2 Anmeldemaske *Innovator Object eXcellence*

Mapping Evaluation – Projection

Haben wir uns an dem Modell erfolgreich angemeldet, so können wir nun die Modelltransformation starten.

Zur automatisierten Übernahme von Modellinformationen aus der Phase Evaluation starten sie über `Engineering/Aktion ausführen/Mapping BA – ObEx` die entsprechende Aktion in der oberen Menüleiste, die in der folgenden Abbildung 7.3 dargestellt ist.

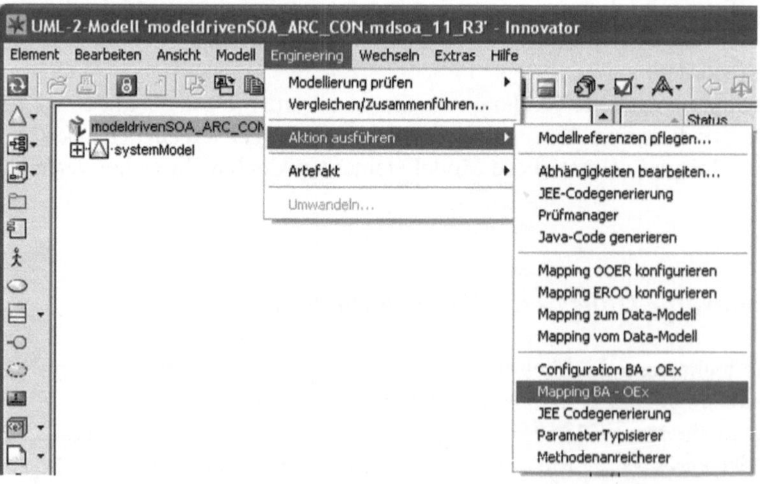

Abb. 7.3 Mapping durchführen

Das Mapping bildet nun die relevanten Informationen in ein Schichtenmodell der Phase Architecture Projection ab. Diese stehen dort zur weiteren Verfeinerung zur Verfügung.

Wenn sie das Mapping anpassen wollen, so können sie über die Aktion `Engineering/Aktion ausführen/Konfiguration BA – ObEx` die Konfigurationsoberfläche starten. In die Konfiguration des Mappings wird in Kap. 9 Automatisierung tiefer eingegangen. Abbildung 7.4 zeigt den Aufruf der Konfiguration des Mappings.

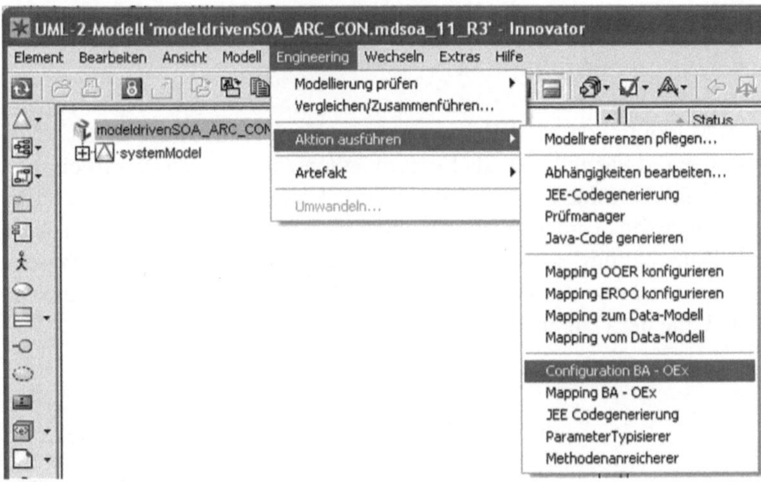

Abb. 7.4 Konfiguration Modelltransformation

Schichtenarchitektur

Schichtenarchitekturen eignen sich dazu, die Komplexität der Abhängigkeiten innerhalb des Systems zu verringern. Dies verhindert eine enge Kopplung bei gleichzeitiger hoher Kohäsion.

In unserem Beispiel haben wir uns für eine Drei-Schichten-Architektur entschieden, da diese in der modernen Softwareentwicklung ein Mindestmaß an architektonischer Strukturierung gewährleistet.

Das Front-End (der Presentation-Layer) soll später durch ein Webinterface realisiert werden. Der Antragsteller tritt an dieser Stelle mit dem System in Kontakt und tätigt hier seine Eingaben.

In der Serviceschicht (der Service-Layer) existieren die Services, die für die Verarbeitung der Daten (Business Logik) verantwortlich sind. Hier werden Schnittstellen, deren Methoden, sowie ihre Ein- und Ausgabeparameter spezifiziert um etwa mit der Datenhaltungsschicht zu interagieren.

Die Datenhaltungsschicht (das Backend) enthält das Datenmodell, welches den Zusammenhang zwischen den Designklassen beschreibt und damit ausdrückt, wie die Daten in einem Datenbanksystem gespeichert werden. In Abbildung 7.5 werden die drei Schichten gezeigt, wie sie im *Innovator* angelegt wurden.

Abb. 7.5 Schichten im Innovator

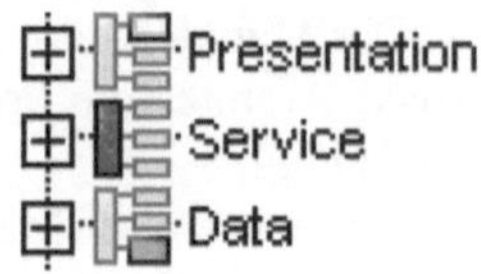

Auf die einzelnen Modellelemente, die gemappt wurden, wird im Folgenden tiefer eingegangen.

Datenhaltungs-Schicht

Nach dem Mapping von Modellelementen der Evaluation-Phase in das Projection-Modell stehen die Fachklassen als Designklassen zur weiteren Ausarbeitung bereit. Die Designklassen bilden die Grundlage des Datenmodells der Anwendung. Die gemappten Klassen werden in der Architecture Projection Phase zum Ausgangspunkt der Datenhaltungsschicht. In der anschließenden Construction Phase werden aus ihnen Bestandteile der Datenhaltung generiert. Abbildung 7.6 veranschaulicht die Bestandteile der Datenhaltung.

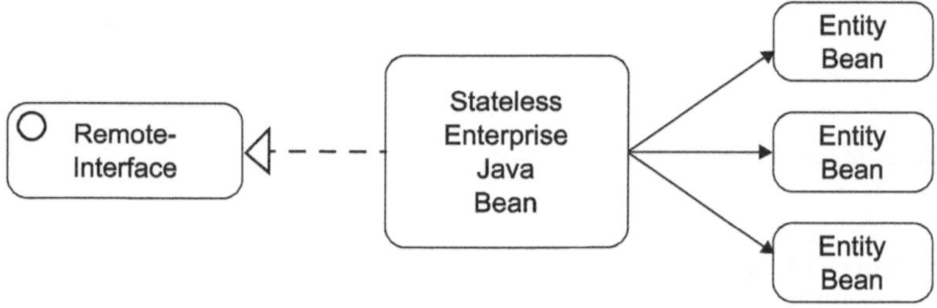

Abb. 7.6 Bestandteile des Daten-Layers

Für die Speicherung der Anwendungsdaten ist eine relationale Datenbank vorgesehen. Sie bildet den ersten Bestandteil der Datenhaltungsschicht. Der zweite Teil besteht in der Objekt-relationalen Abbildung, die in der Beispielanwendung mit Hilfe der Java Persistence API (JPA) realisiert wird. Jede Klasse des Design-Modells entspricht dabei einem Entity der JPA. Durch das Entity wird durch das ORM-Framework jedem Objekt der späteren Anwendung eine Tabelle in der Datenbank zugeordnet. Die Entities werden aus den Klassen im Modell generiert.

Den dritten Bestandteil der Datenhaltung bildet ein Session-Bean, dass die in der Datenbank gespeicherten Entities für andere Anwendungen verfügbar macht. Das Session-Bean muss nicht während der Implementierung von Hand geschrieben werden. Vielmehr werden die Vorzüge des modellbasierten Designs ausgenutzt: Das Session-Bean wird automatisch aus dem Klassenmodell generiert.

Für den Zugriff auf die Datenbank bietet das Session-Bean zwei Wege an. Zum einen wird über ein Remote-Interface der Zugang zur Datenbank per Remote-Method-Invocation (RMI) ermöglicht. Im Beispielszenario wird davon ausgegangen, dass bereits einige Altsysteme vorhanden sind, die diese Funktionalität voraussetzen. Das Remote-Interface wird später ebenfalls aus dem Klassenmodell erzeugt. Zum anderen sollen die Datenbankinhalte auch in der neuen SOA-Welt verfügbar sein. Dafür wird die Datenhaltungsschicht über einen Webservice angeboten.

Die aus der Evaluation gemappten Fachklassen enthalten noch keinerlei Details über die Umsetzung. Sie sind aus fachlicher Sicht beschrieben und in dieser Form noch nicht reif für die Übertragung auf eine Plattform. Damit die anschließende Generierung durchgeführt werden kann, müssen zunächst die Beziehungen der Klassen untereinander, und anschließend technische Details für die spätere Umsetzung, festgelegt werden. Es wird bestimmt, wie die Entity-Klassen und das Session-Bean generiert werden sollen. Abb. 7.7 zeigt die durch das Mapping erzeugten Entity-Klassen.

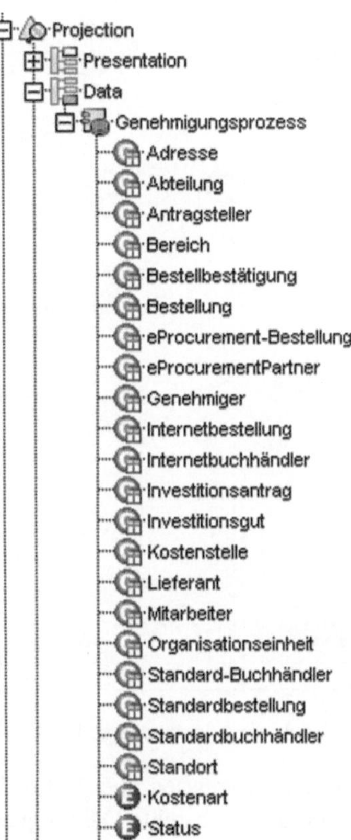

Abb. 7.7 Die gemappten Entity-Klassen

Zuerst wird ein neues Klassendiagramm angelegt, in welchem das Datenmodell der Anwendung graphisch modelliert wird. Die bereits vorhandenen Entity-Klassen können dabei importiert werden. Es empfiehlt sich dabei zunächst dieselbe Anordnung wie im Fachklassenmodell beizubehalten, da die Zuordnung dann leichter fällt. In Abb. 7.8 sind die Entities bereits importiert und ähnlich angeordnet wie im Fachklassenmodell der Evaluation-Phase. Dabei fällt auf, dass die Klassen rund um das Thema Bestellung fehlen. Dieser Aspekt erscheint aus fachlicher Sicht als Teil der Daten des Prozesses. In der technischen Umsetzung werden die Bestelldaten jedoch nicht vom firmeninternen Datenmodell bestimmt. Vielmehr sind Vorgaben von externen Partnern, wie zum Beispiel dem E-Procurement-Anbieter einzuhalten. Dementsprechend müsste das Datenmodell beim Anbieter-Wechsel verändert werden. Daher wurde vom Architekten der Entschluss gefasst, die Einzelheiten der Bestellungsdaten nicht im Datenmodell widerzuspiegeln.

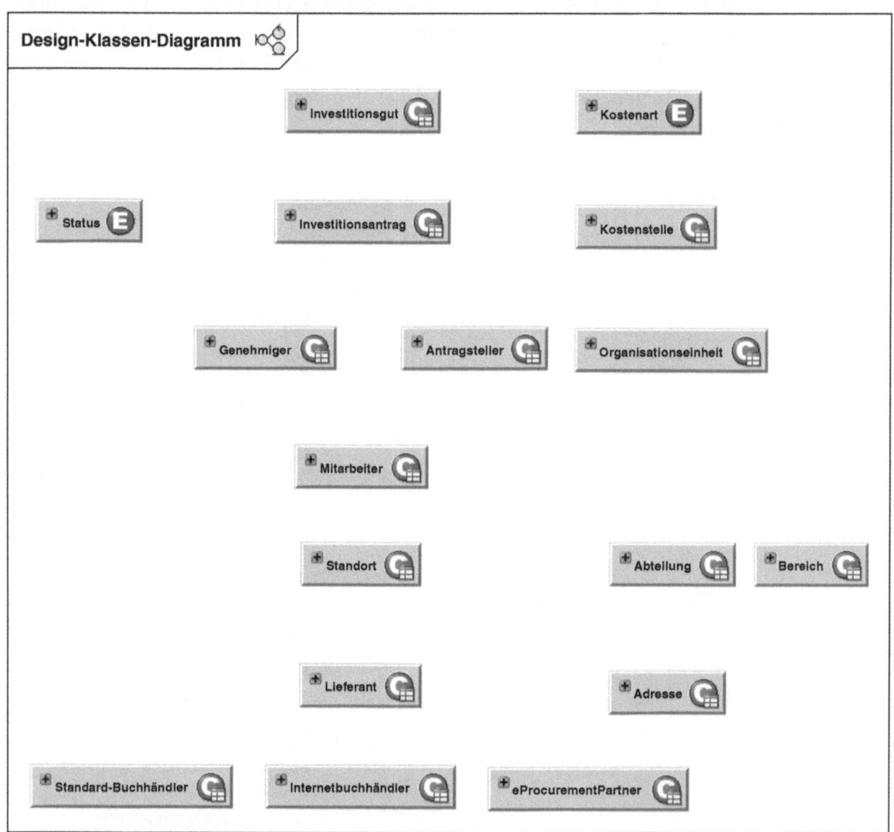

Abb. 7.8 Anordnung der erzeugten Entities im Klassenmodell

Als nächstes müssen die Entity-Klassen um technische Attribute erweitert werden und deren korrekte Datentypen gesetzt werden. Bei den importierten Klassen sind bereits Attribute vorhanden, deren Datentypen bereits gesetzt sind. Es fällt auf, dass die fachlichen Datentypen auch im Architecture-Projection Modell auftauchen. So wird beispielsweise ein String als „Zeichenkette" typisiert um eine Durchgängigkeit mit der Evaluation-Phase zu gewährleisten. Auf diese Weise ist es an dieser Stelle auch noch nicht notwendig sich auf eine spezifische Plattform oder Sprache festzulegen. Die Datentypen können natürlich von Hand verändert werden. Bei größeren Modellen führt dies jedoch zu viel Aufwand. Daher wird für das Beispiel für die Umbenennung der Datentypen vor der Generierung ein speziell entwickelter Typisierer eingesetzt. Diese in Java entwickelte Erweiterung des *Innovators* greift über dessen API auf das Modell zu. Der Typisierer erkennt den Typ und erzeugt dann dementsprechend den plattformspezifischen Datentyp und setzt diesen im Modell. In unserem Beispiel wird dann aus einer Zeichenkette ein Java-String. Die Details der Entwicklung von Erweiterungen und Generatoren werden in Kap. 9 (Automatisierung) näher behandelt.

Die Ergänzungen, die in diesem Schritt an den Klassen notwendig sind, halten sich in Grenzen. Die wesentlichen Änderungen beziehen sich auf User-Account-Daten und die Website des Lieferanten, um die das Mitarbeiter-Entity ergänzt wird. Das Resultat der Ausarbeitung der Attribute zeigt Abb. 7.9.

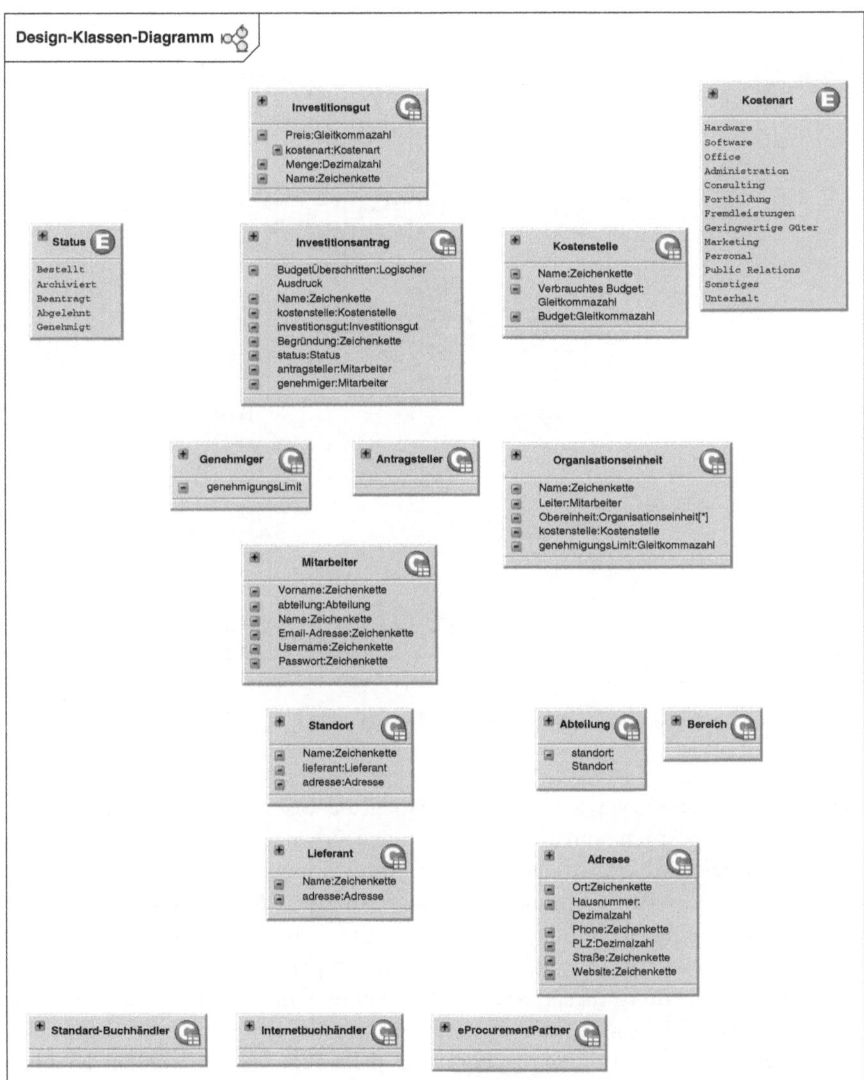

Abb. 7.9 Die ausgearbeiteten Attribute der Entity-Klassen

Nachdem nun die Attribute festgelegt wurden, werden im nächsten Schritt die Generalisierungsbeziehungen modelliert. Diese entsprechen im Wesentlichen den Vorgaben aus der Evaluation-Phase, so dass an dieser Stelle keine größeren Änderungen durchzuführen sind. Das Design-Klassenmodell mit den ergänzten Generalisierungen stellt Abb. 7.10 dar.

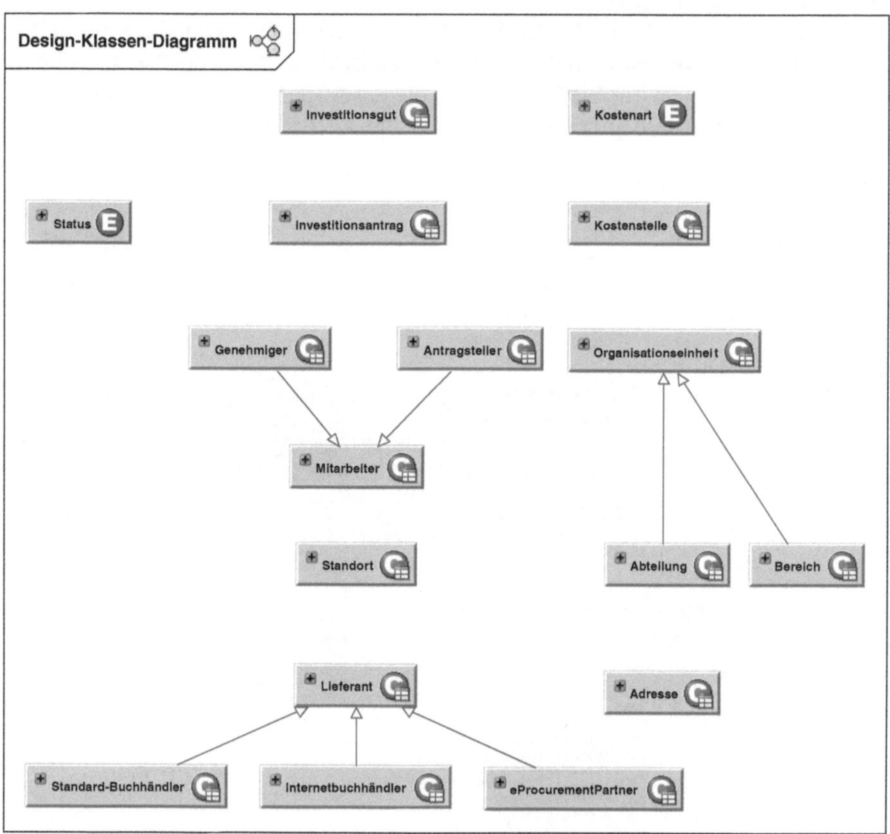

Abb. 7.10 Das um Generalisierungen erweiterte Klassenmodell

Dem jetzt entstandenen Modell fehlen noch die Beziehungen der Klassen zueinander. Daher werden nun die Assoziationen ergänzt und die Multiplizitäten festgelegt. Dabei wird die Beschriftung der Assoziationskanten kurz gehalten und die Leserichtung der Beschriftung spezifiziert. An dieser Stelle wurde für das Beispiel des Buches eine Vereinfachung vorgenommen. Der Investitionsantrag enthält nur ein einziges Investitionsgut, da dieses die Implementierung vereinfacht. In einer realen Anwendung dieser Art werden mehrere Investitionsgüter unterstützt werden müssen. Wichtig für die spätere Generierung ist an dieser Stelle, dass der Besitzer der Assoziation angegeben wird. Dies legt fest, in welcher Richtung die Assoziation navigierbar ist. Die Besitzerklasse wird dann mit dem entsprechenden Attribut erzeugt. Dazu wird im *Innovator* der Eigenschaften-Dialog der Assoziation geöffnet und unter Assoziationsrolle das Merkmal „`Assoziation ist Besitzer`“ des Teilnehmers gesetzt. Bei einigen Assoziationen ist der vom Modellierungstool standardmäßig vergebene Name nicht eindeutig oder sie stimmen mit dem gewünschten Attributname nach der Generierung nicht überein. Diese Namen müssen entsprechend angepasst werden. Beispielweise wurde im Modell der Name der Assoziation zwischen Organisationseinheit und Mitarbeiter in „`Leiter`“ umbenannt um dessen Rolle zu reflektieren. Abbildung 7.11 zeigt den Dialog mit der selektierten Eigenschaft. Das Ergebnis der bisherigen Modellierung zeigt Abb. 7.12.

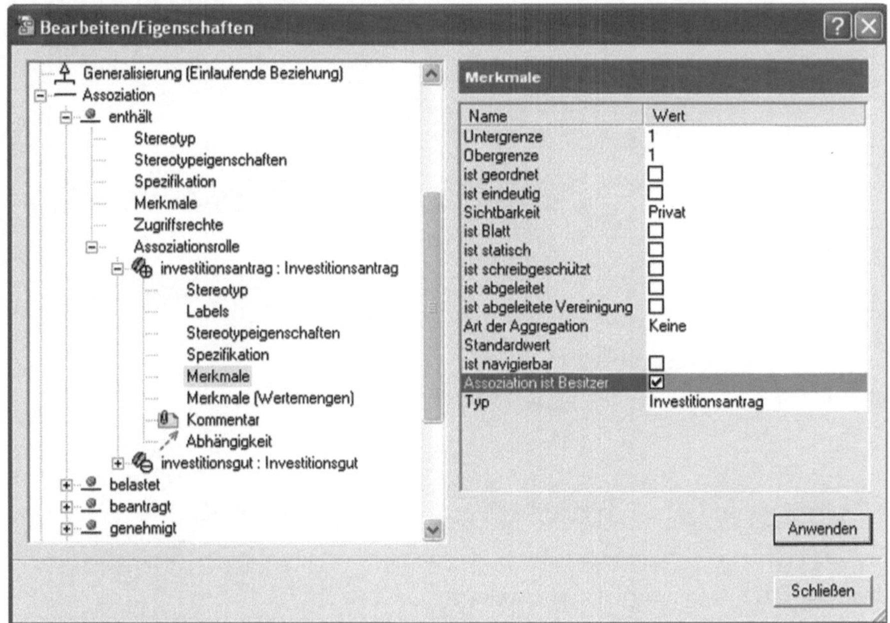

Abb. 7.11 Setzen der Assoziations-Rolle

Bei näherer Betrachtung des Klassendiagramms fällt nun auf, dass einige fachliche Entitäten technisch überflüssig sind. So sind `Genehmigender` und `Antragsteller` zwar beide `Mitarbeiter`. Die zwei Klassen nehmen jedoch innerhalb des Investitionsantrages nur eine Rolle ein. Erkennbar wird dies auch daran, dass beide Klassen keine eigenen Attribute besitzen, die sie von der Klasse `Mitarbeiter` unterscheiden. Es macht daher technisch keinen Sinn die beiden Klassen anzulegen. Sie werden daher aus dem Modell gelöscht und im `Investitionsantrag` gegen zwei Assoziationen mit `Mitarbeiter` ersetzt.

Die Klassen `Standard-Buchhändler`, `Internet-Buchhändler` und `eProcurement-Partner` sind spezialisierte Lieferanten. Auch diese Klassen

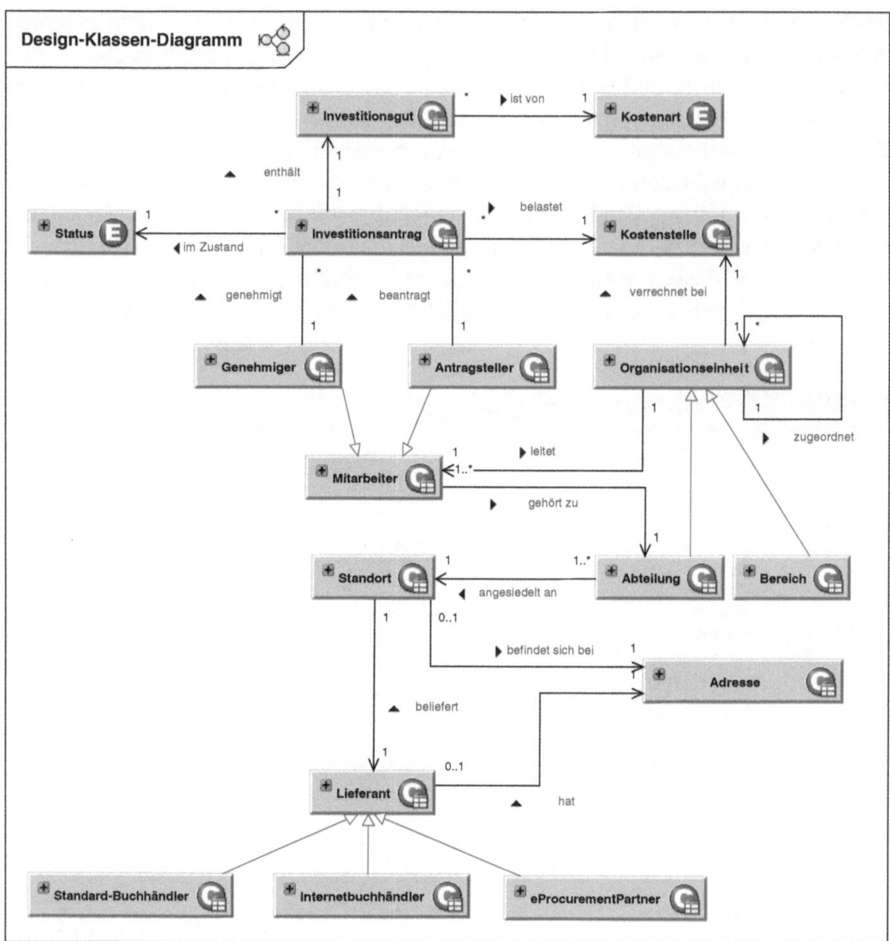

Abb. 7.12 Das Klassenmodell mit Assoziationen

sind ohne weitere Attribute und daher technisch nicht zu unterscheiden. Sie werden ebenfalls aus dem Modell gelöscht. Weitere Änderungen fallen an dieser Stelle nicht an, da alle anderen Klassen nur Assoziationen mit der Klasse `Lieferant` haben. Auffällig ist auch, dass weder `Abteilung` noch `Bereich` weitere Attribute im Vergleich zu ihrer Oberklasse `Organisationseinheit` haben. In diesem Fall kann die Generalisierung allerdings nicht entfallen, da eine `Abteilung` noch Assoziationen zu `Mitarbeiter` und `Standort` hat. Abbildung 7.13 stellt das Klassenmodell nach der Durchführung der Änderungen dar.

Einen angenehmen Nebeneffekt hat die gerade durchgeführte Entfernung der Spezialisierungen: Sie vereinfacht das Objekt-relationale Mapping (ORM). Bei der Speicherung generalisierter Klassenstrukturen müssen beim ORM meistens Kompromisse hinsichtlich der Speicherung der Klassen in Tabellen eingegangen

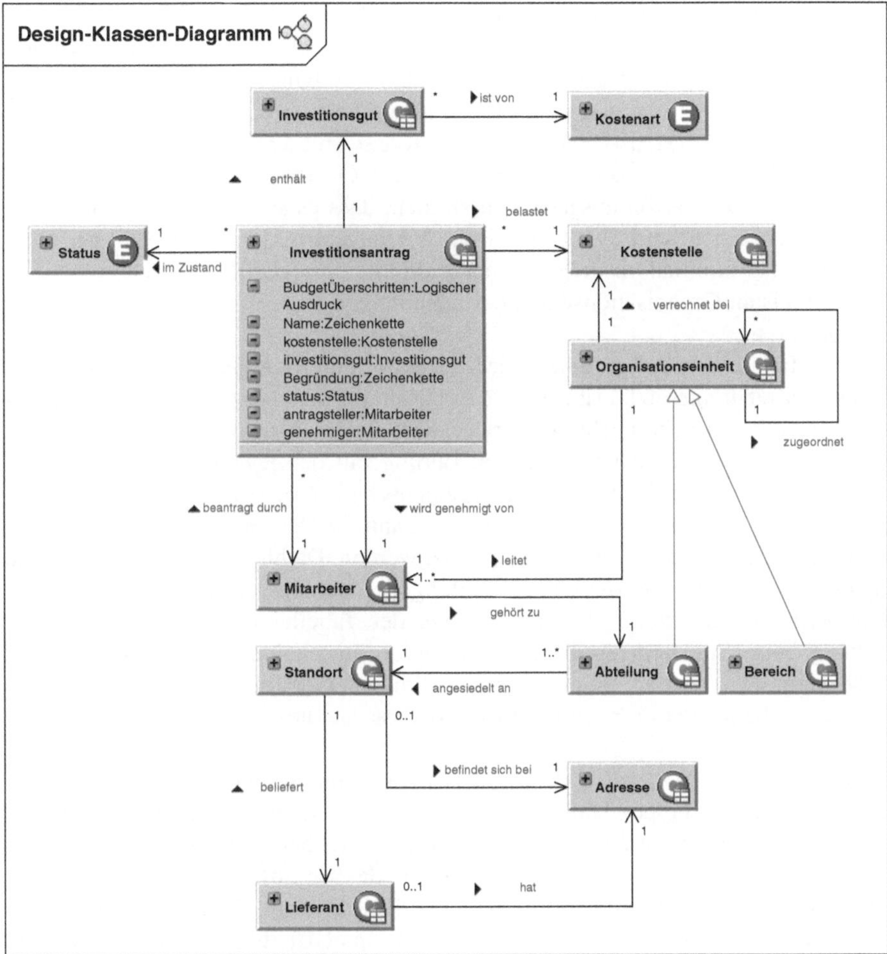

Abb. 7.13 Das vereinfachte Klassenmodell

werden. Um diese muss man sich in den zwei Vererbungsbeziehungen nun nicht mehr kümmern. Für die Generalisierung der `Organisationseinheit` ist dies allerdings noch notwendig.

Daher wird im nächsten Schritt die Vererbungsstrategie für die abstrakte Superklasse festgelegt. Bei Verwendung der Java Persistence API (JPA) wird dies mit der sogenannten Inheritance-Strategy geregelt. Sie bestimmt, ob die Daten der Subklassen in der Tabelle der Superklasse (Single-Table) oder in einer eigenen Tabelle gespeichert werden (Table per Class; Joined). Dabei speichert die Inheritance-Strategy „Table per Class" alle Daten der Subklasse jeweils in einer Tabelle. Joined speichert die gemeinsamen Daten in der Tabelle der Superklasse und nur die spezifischen Erweiterungen in einer Tabelle der Subklasse.

Im Beispiel des Buchs ist eine `Organisationseinheit` eine abstrakte Oberklasse, die konkret durch `Abteilung` oder `Bereich` repräsentiert wird. Als Inheritance-Strategy wird für die Vererbungsbeziehung „Single Table“ gewählt, da `Bereich` und `Abteilung` keine weiteren Attribute als die `Organisationseinheit` besitzen. Die Klasse `Mitarbeiter` besitzt nur eine Assoziation zu `Standort`, wodurch sich der Overhead an Daten in Grenzen hält. Zudem kann davon ausgegangen werden, dass es sehr wenige Bereiche und Abteilungen geben wird. Die theoretische Verlängerung der Abfragezeit der Queries wird also minimal, ausfallen wenn beide in einer Tabelle gespeichert werden. Da die meisten Organisationseinheiten Abteilungen sein werden, ist das ein guter Kompromiss.

Im Modell wird die Inheritance-Strategy durch Angabe von Stereotyp-Eigenschaften umgesetzt. Dabei wurde das Profil um JPA-spezifische Eigenschaften für Stereotype erweitert. Der Generator liest diese an der Klasse aus und versieht den Entity-Quelltext bei der Generierung mit den jeweiligen Annotationen. In den Klassen wird dazu die Stereotypeigenschaft `Inheritance.strategy` auf `SINGLE_TABLE` gesetzt. Zusätzlich kann in der Superklasse die Eigenschaft `Discriminator.Column` gesetzt werden. Dadurch wird der Tabelle eine Spalte hinzugefügt, die zur Unterscheidung der Subklassen dient. Der Rest der Stereotyp-Eigenschaften, wie zum Beispiel der Tabellenname, wird zur Vereinfachung beim Standardwert belassen. Dadurch entscheidet das Framework, wie diese umgesetzt werden. In einem realen Projekt wird dies meist durch vorhandene Datenbankstrukturen vorgegeben, so dass an dieser Stelle mehr Aufwand notwendig ist.

Ein weiterer JPA-Aspekt, der in diesem Stadium schon entschieden werden kann, ist der Fetchtype. Diese Annotation legt fest, ob referenzierte Attribute sofort (`eager`) oder verzögert (`lazy`) aus der Datenbank geladen werden sollen. In der Regel wird dies auf `lazy` belassen, da das sofortige Laden des referenzierten Objektes einiges an zusätzlicher Last erzeugt. In bestimmten Fällen macht diese Strategie aber Sinn. Im Buch-Beispiel ist dies bei der Assoziation zwischen `Investitionsantrag` und `Investitionsgut` der Fall, da der `Investitionsantrag` stets ein `Investitionsgut` besitzt und dieses beinah immer in Verbindung mit dem `Investitionsantrag` geladen wird. Im Modell wird der Fetchtype ebenfalls durch eine Stereotypeigenschaft festgelegt. In Abb. 7.14 wird gezeigt wie die Stereotypeigenschaften im *Innovator* gesetzt werden.

Damit der Java Persistence Provider die verschiedenen Instanzen der Klassen auseinander halten kann, benötigen die Klassen noch eine fortlaufende Nummer (ID). Dieser Schlüssel kann auf mehrere Arten umgesetzt werden, die einfachste Form ist aber ein Attribut der Klasse mit der Annotation `@ID`. Wird die Annotation `@GeneratedValue` angefügt, so wird der Wert der ID automatisch erzeugt. Damit das Attribut mit den Annotations später in der Java-Klasse erscheint, kann man wiederum mehrere Wege gehen. Zum einen kann das Attribut, wie bei der Inheritance-Strategy, als Stereotypeigenschaft der Klasse festgelegt werden. Es wird dann bei der Generierung erzeugt. Zum anderen kann man das Attribut anlegen

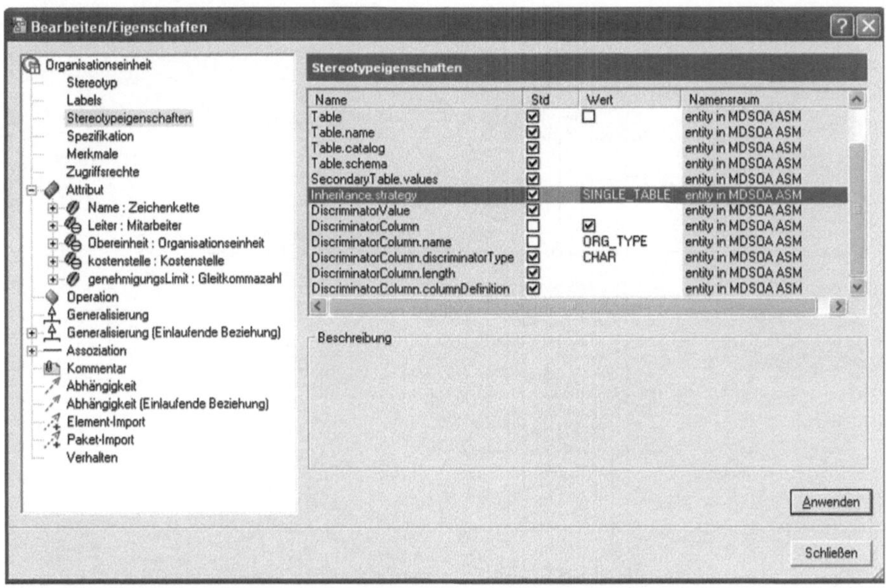

Abb. 7.14 Setzen der Stereotypeigenschaften

und dessen Stereotypeigenschaften anpassen. In diesem Fall werden die Annotations automatisch hinzugefügt. Welche Variante gewählt wird, muss im Einzelfall entschieden werden.

Nun sind alle technischen Aspekte für die Generierung erledigt. Es bleibt noch ein optionaler Aspekt übrig. Die Benennung der Enumerationen, Klassen und Attribute ist im gegenwärtigen Modell noch auf deutsch. In der Regel werden diese bei der Implementierung aber englisch bezeichnet. Daher sollten diese für die technische Umsetzung umbenannt werden. Die Verbindung zum Fachklassenmodell bleibt durch Traces erhalten, so dass die Modellelemente zu späteren Zeitpunkten noch zuzuordnen sind. Alternativ kann die Umbenennung auch durch Stereotyp-Eigenschaften erfolgen. Beispielsweise könnte der Name der Klasse im Einzelfall auch aus der Eigenschaft Tablename entnommen werden, wenn es keinerlei Vererbungsbeziehungen gibt oder für jede Klasse eine eigene Tabelle verwendet wird. Analog könnte aus dem Spaltennamen der Name eines Attributs ermittelt werden. Es können natürlich auch neue Stereotyp-Eigenschaften im Profil für diesen Zweck hinterlegt werden. Für das Beispiel wurden die Klassen der Einfachheit halber jedoch umbenannt. Die Namen des Packages stellt der Generator aus den Namen der übergeordneten Pakete und Komponenten zusammen. Im Beispiel sind diese wie im Fachklassenmodell groß geschrieben, was nicht der allgemeingültigen Konvention entspricht. Daher werden diese auch für die Generierung umbenannt. Das Ergebnis des Designs ist in Abb. 7.15 dargestellt.

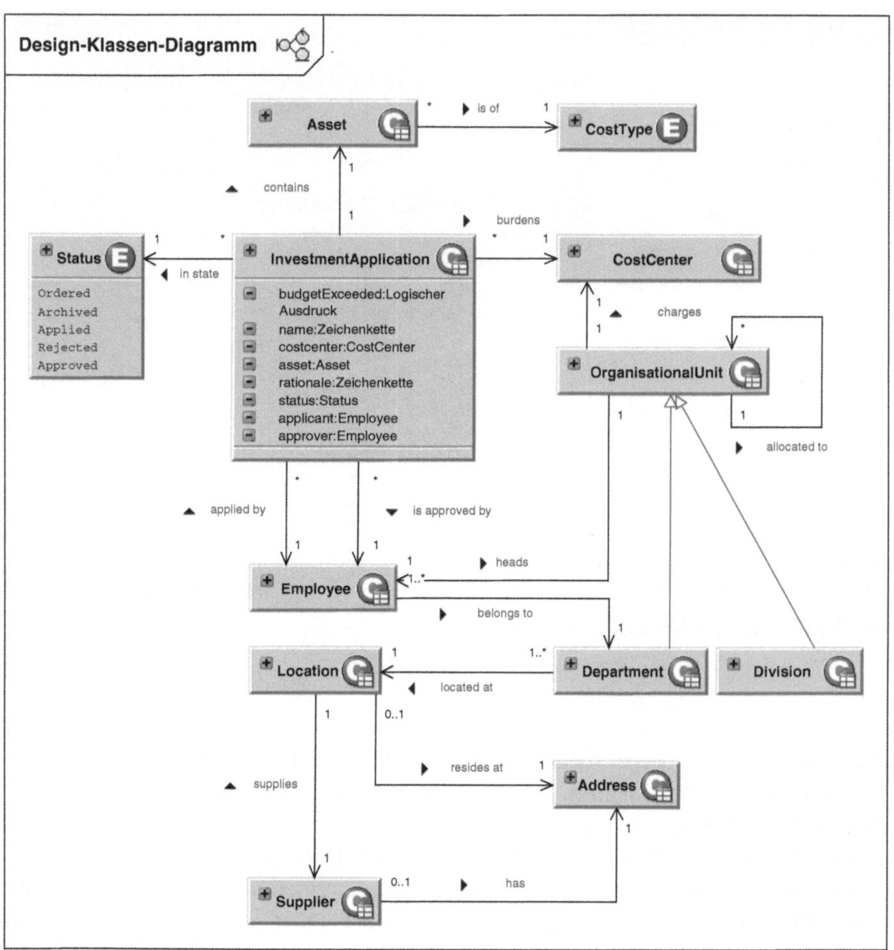

Abb. 7.15 Finale Version des Klassenmodells

Service-Schicht

Durch das Mapping der Fachservices aus der Phase Evaluation wurden in der Phase Projection Komponenten vom Typ «`application`» angelegt. Diese Komponenten bieten öffentliche Schnittstellen an, die von anderen Systemkomponenten genutzt werden können. Ihre Schnittstellen definieren Operationen mit ihren Nachrichten die durch den Serviceaufruf ausgetauscht werden. Diese Nachrichten wurden pro Komponente in einem Nachrichtenpaket abgebildet. Ebenso die Fehlernachrichten.

Abbildung 7.16 gibt einen Überblick über die vom Mapping initial angelegten Modellelemente.

Abb. 7.16 Gemappte Elemente Servicelayer

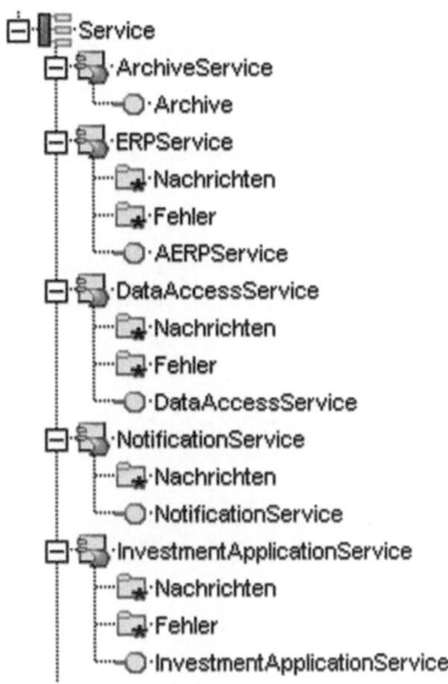

Um das Zusammenspiel zwischen den verschiedenen Komponenten und ihren Schnittstellen in der Architektur zu visualisieren empfiehlt es sich, ein Komponentendiagramm zu erstellen. In dieses Diagramm werden zunächst die vorhandenen Komponenten der Drei-Schichten-Architektur importiert. In unserem Beispiel wollen wir das Zusammenspiel der beiden Workflows, den Servicekomponenten, sowie den Zugriff auf die Daten visualisieren. Dazu importieren wir die Komponenten in das Diagramm der Präsentationschicht „`Workflow Investitionsantrag stellen`", „`Workflow Investitionsantrag genehmigen`", die Datenkomponente „`Genehmigungsprozess`" sowie die beiden Applikationskomponenten der Serviceschicht „`DataAccessService`" und „`InvestmentapplicationService`".

Um das Zusammenspiel darzustellen, importieren wir zusätzlich die Schnittstellen „`DataAccessService`" und „`InvestmentApplicationService`". Nun können wir durch das Anlegen von Realize-Beziehungen darstellen, welche Servicekomponenten die beiden zuletzt importierten Schnittstellen realisieren. Durch das Anlegen von Use-Beziehungen wird gezeigt, welche Schnittstellen die Komponenten nutzen. In unserem Fall nutzen die Komponenten der beiden Workflows die Schnittstelle des `InvestmentApplicationService`. Der `InvestmentApplicationService` nutzt wiederum den `DataAccessService`. Abbildung 7.17 illustriert das Ergebnis des Imports und der Modellierung.

Nun stellt sich die Frage, wie auf die Datenschicht zugegriffen werden soll. Dazu erzeugen wir im Modellelementbaum unterhalb der Datenkomponente eine neue Schnittstelle vom Typ «`publicInterface`».

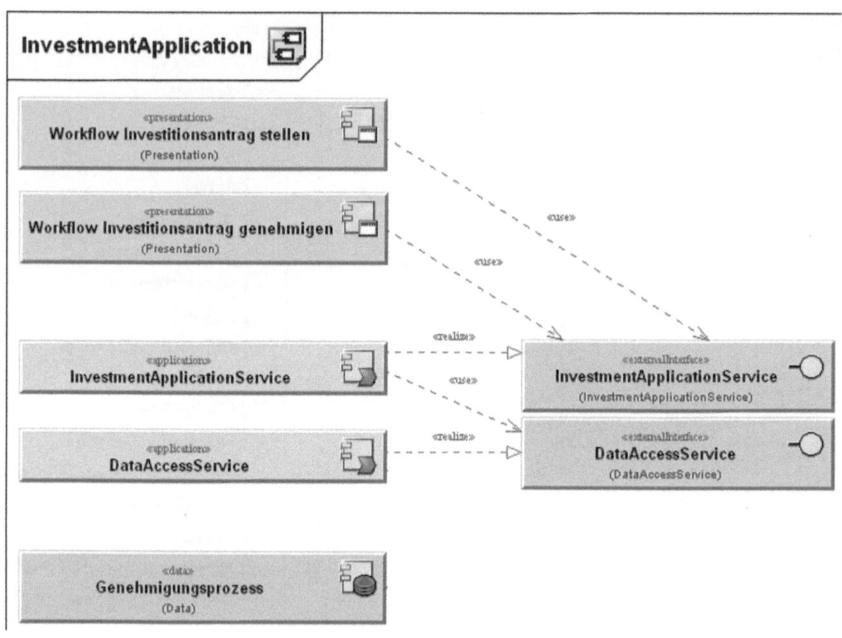

Abb. 7.17 Importierte Elemente im Komponentendiagramm

Abb. 7.18 Erstellte Schnittstelle des Datenlayers

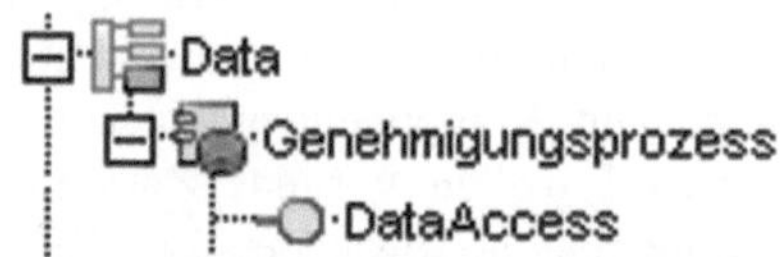

Die Bereitstellung kann im Diagramm ebenfalls durch eine Realize-Beziehung dargestellt werden. Unser zuvor importierter `DataAccessService` der Serviceschicht nutzt diese Schnittstelle.

Abbildung 7.19 zeigt das Zusammenspiel der Komponenten.

Die neu angelegte und im Diagramm dargestellte Schnittstelle „`DataAccess`“ (Abb. 7.18) stellt den Zugriff auf den Data-Layer dar. Diese Schnittstelle stellt Operationen für das Erstellen, Lesen, Aktualisieren und Löschen (CRUD) der Entities zur Verfügung. Da wir daraus später eine SessionBean sowie ein Remoteinterface generieren wollen, reichern wir nun an dieser Stelle die Schnittstelle automatisiert mit Methoden an. Pro zu verwaltender Entity wird der Schnittstelle jeweils eine Create-, Read-, Update- und Delete-Operation mit ihren Parametern beziehungsweise ihrer Rückgabewerte angelegt.

Dies geschieht durch das Ausführen der Engineeringaktion „`Methodenanreicherer`“. Die Erstellung der Anreicherung ist in Kapitel 9 „Automatisierung“ näher beschrieben. Selektieren sie für die Ausführung der Engineeringaktion die erstellte Schnittstelle im Modellelementbaum und starten sie die Aktion „`Methodenanreicherer`“, wie in Abb. 7.20 dargestellt. Durch die Automatisierung der Anreicherung der Schnittstelle kann in diesem Fall sehr viel

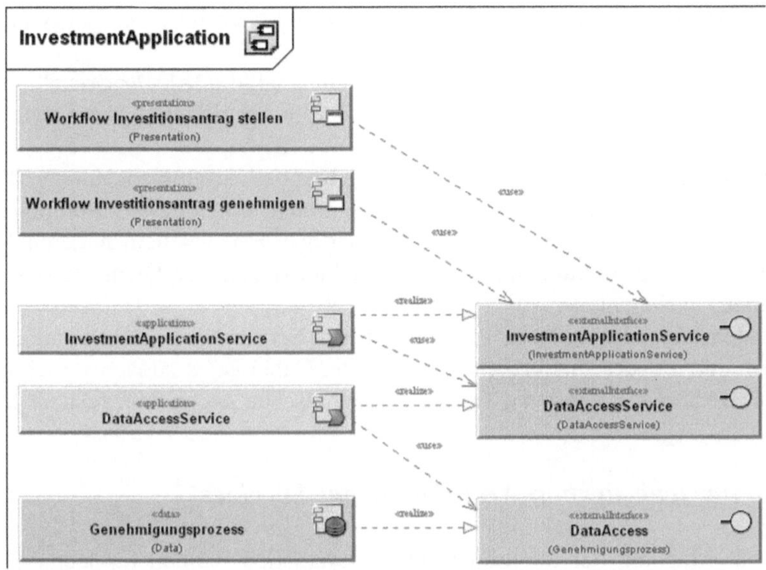

Abb. 7.19 Komponentendiagramm der Investmentapplication

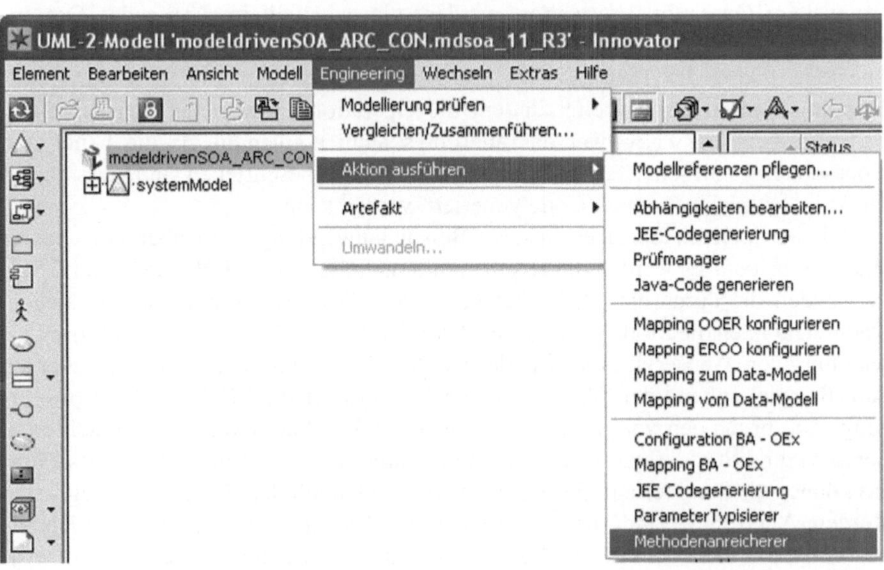

Abb. 7.20 Methodenanreicherer

Zeit gespart werden. Ansonsten müssten die Operationen für jedes Entity manuell definiert werden.

Durch die Engineeringaktion wurde die Schnittstelle „`DataAccess`“ nun um Methoden für jedes Entity erweitert. Damit ist die Spezifikation der Schnittstelle abgeschlossen.

Somit sind nun alle Interfaces der Services und das Zusammenspiel der Dienste oder Prozesse beschrieben. Durch die Beschreibung mittels eines Komponenten-Diagramms ist sofort ersichtlich, welcher Service von welchem anderen Dienst abhängt. Damit ist dokumentiert, welche Schnittstellen der Dienst umsetzt und verwendet.

Nachdem die Zusammenhänge zwischen den Services festgelegt wurden, fehlt noch der Entwurf des Innenlebens der Dienste. Dabei ist es zunächst wichtig, die Struktur der Services durch das Design der technischen Architektur festzulegen.

Design der technischen Architektur der Services

Durch das Mapping der Inhalte der Phase Evaluation wurden für jeden Service automatisiert Komponenten und deren öffentliche Schnittstellen samt Nachrichten und Fehlernachrichten im Modell der Phase Projection angelegt. Aus diesen Informationen könnten nun theoretisch schon Services generiert werden, wenn dafür ein Generator entwickelt wurde. In diesem Fall können die Services noch um weitere Operationen erweitert werden, die eventuell im Laufe des Designs notwendig werden. Diesen Ansatz verfolgen wir bei einem der Services. Im Speziellen wird der `DataAccessService`, nach dem Erstellen durch das Mapping, weiter ausgearbeitet, indem die Operationen bearbeitet werden. Beim `DataAccessService` war das allerdings nicht notwendig, da die benötigten Operationen zu diesem Zeitpunkt bereits so detailliert beschrieben sind, dass daraus direkt in der nächsten Phase Code generiert werden kann.

Bei den anderen Services unserer Beispielanwendung wird aber ein anderer Weg beschritten: Es werden die Exportfunktionalitäten für WSDL, XSD und BPEL verwendet, die durch ein SOA-Plug-In für den *Innovator* zur Verfügung stehen. Dadurch können die Modellinhalte der Phase Evaluation direkt als Input für die Entwicklung von Webservices verwendet werden. In der Phase Construction werden zum Beispiel anhand der WSDL-Dateien Services für die SOPERA-Plattform erzeugt. Das bringt den Vorteil mit sich, dass die in der Phase Evaluation modellierten Services direkt umgesetzt werden können. Durch die Importmöglichkeit des Plug-Ins können die Services auf dieser Ebene auch gleich mit dem Ist-Stand abgeglichen werden. Allerdings bringt dieses Vorgehen den Nachteil mit sich, dass die Details des Services bereits zu einem frühen Zeitpunkt ausgearbeitet werden müssen. Anpassungen, wie sie im Verlauf des Designs und der Implementierung notwendig sind, können dabei aber selbstverständlich noch durchgeführt werden, indem die exportierte Webservice-Beschreibung mit einem WSDL-Editor bearbeitet wird. Nur ist dann darauf zu achten, dass die Änderungen wieder mit dem Modell der Phase Evaluation synchronisiert werden.

Da die Schnittstellen der Services zu diesem Zeitpunkt bereits zu einem Großteil feststehen, widmet sich das Design vor allem der Ausarbeitung des Innenlebens der Dienste. Die Services übernehmen zentrale fachliche Funktionen, deren Umsetzung nun zu entwerfen ist. Die Funktionalität der Dienste wird durch Komponenten- und Klassendiagramme näher ausgearbeitet. Dabei wird jede Komponentenschnittstelle von einer Fassaden-Klasse umgesetzt (Facade-Design-Pattern). Diese delegiert, wenn nötig, Aufgaben an andere Klassen oder nutzt deren Dienste. An dieser Stelle hat der Entwickler natürlich freie Hand bei der Gestaltung der Strukturen des Dienstes. Das Service-Design unterscheidet sich also kaum vom Entwurf anderer Komponenten. Dabei muss allerdings darauf geachtet werden, dass im SOA-Umfeld die Aufrufe der Dienstleistungen anderer Komponenten durch Services realisiert werden und ein Service möglichst immer isoliert nutzbar sein sollte. Das bedeutet, dass der Service möglichst alle notwendigen Daten für den Client mitliefern sollte. Ansonsten gelten die gleichen Prinzipien für den Entwurf von guter Software. Beispielsweise sollte bei der Ausgestaltung komplexer Dienste auf Entwurfsmuster zurückgegriffen und auf Wiederverwendbarkeit und Wartbarkeit geachtet werden. Das ist aber Thema des Software-Engineerings und soll hier nicht weiter behandelt werden.

Stattdessen betrachten wir den Entwurf der Dienste der Beispielanwendung. Diese werden, wie bereits erwähnt, später auf Basis des SOPERA-Frameworks entwickelt. Damit die Services einheitlich gestaltet werden, sind die Dienste nach einem gemeinsamen Prinzip aufgebaut, welches in Abb. 7.21 illustriert wird.

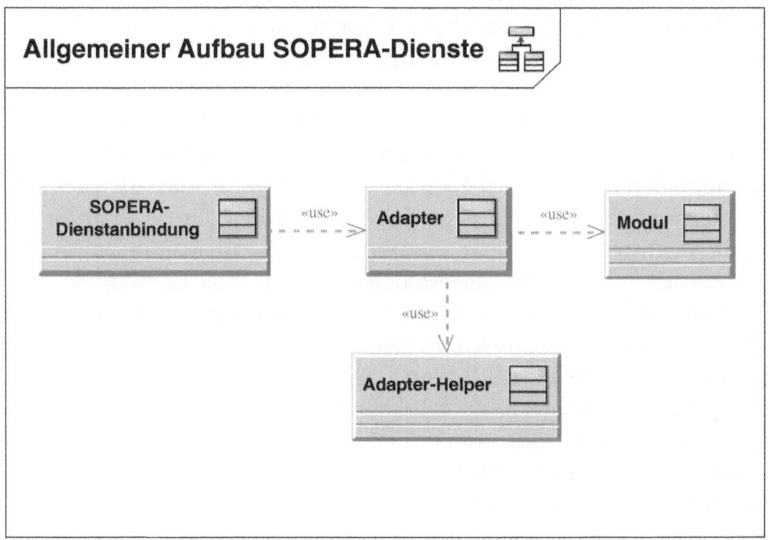

Abb. 7.21 Geplanter Grundaufbau der Services

Das Gestaltungsprinzip ergibt sich zum einen aus den Besonderheiten der Generierung. Zum anderen reflektiert das Design aber auch Ziele hinsichtlich der Modularisierung der Dienste.

Nach außen ist jeder Dienst über die Service-Schnittstelle verfügbar. Diese wurde bereits in der Phase Evaluation ausgearbeitet und durch das Mapping erstellt. Aus dem Interface wird später mit dem in der SOPERA-Entwicklungsumgebung mitgelieferten Generator aus WSDL eine Service-Implementierung generiert. Diese Implementierung enthält eine Stub-Klasse, die die Schnittstelle des Services umsetzt und die Anbindung an den SOPERA Service Backbone realisiert. Die Details der Serviceanbindung an die SOA-Plattform werden so vor dem Entwickler verborgen. Zudem stellt die Stub-Klasse die oben bereits erwähnte Fassadenklasse dar.

Die Stub-Klasse enthält selbst keine Logik, da diese bei einer Neugenerierung sonst eventuell überschrieben würde. Zwar gibt es auch je Stub-Klasse einen geschützten Bereich, dieser sollte aber keine umfangreiche Logik enthalten. Bei kleineren Diensten wäre dies zwar akzeptabel, aber schon bei Services mittlerer Komplexität wird man früher oder später auf Hilfsklassen ausweichen, die die Funktionalität des Dienstes umsetzen.

Stattdessen wird die Geschäftslogik des Dienstes in nachgelagerten Modulen untergebracht und ist dadurch von der SOPERA-Anbindung getrennt. Bei einem Service, der unterschiedliche Funktionen bündelt, wie zum Beispiel der ERP-Dienst, können das auch mehrere Module sein. Jedes Modul wird jeweils in einem eigenen Eclipse-Projekt entwickelt.

Der Vorteil dieser Lösung besteht darin, dass die Geschäftslogik durch die Verlagerung in die Module unabhängig von der Dienstimplementierung ist. Dies bringt den Vorzug mit sich, dass die Anwendungslogik bei erneuter Generierung der SOPERA-Dienste nicht erneut geschrieben werden muss. Die Generierung überschreibt andernfalls die jeweiligen Klassen, wodurch spezielle Anpassungen eventuell verloren gehen. Ganz im Sinne der Wiederverwendbarkeit und Wartbarkeit sind die fachlich ähnlichen Funktionalitäten an einem Ort untergebracht und weisen daher eine hohe Kohäsion auf. Gleichzeitig sind die Module und die Serviceanbindung lose gekoppelt. Ein weiterer Vorteil ergibt sich daraus auch beim Wechsel auf andere Plattformen. Es ist durchaus denkbar, dass sich im Laufe der Zeit die Plattform ändert, auf der ein Service betrieben wird. Durch die Verlagerung ist ein Wechsel auf eine neue Plattform einfach möglich, indem die Services entweder aus den Schnittstellen des Modells auf Projection-Ebene oder anhand der WSDL für die neue Plattform neu generiert werden. Da die Logik des Dienstes getrennt vorhanden ist, ist dessen Einbindung meist trivial. Es ist sogar denkbar, die Module in nicht-SOA Anwendungen zu verwenden, wie zum Beispiel in Java-Enterprise-Anwendungen. Zudem können die Module dadurch von mehreren Entwicklern parallel entwickelt werden. Dies ist vor allem bei Services ein Vorteil, die aus mehreren Modulen bestehen.

Jedes Modul wird durch ein Interface repräsentiert und die Funktionalität des Moduls ist nur über diese Schnittstelle nutzbar. Dementsprechend erfolgt die Einbindung der Module durch Import und Verwendung der Schnittstelle. Der weitere Aufbau der Module ist nicht geregelt. Es wird aber im Allgemeinen wieder eine Facade-Klasse verwendet, die das Interface implementiert. Diese benutzt eventuell noch weitere Klassen.

Die Service-Implementierung importiert und verwendet zwar ein Modul, kann dieses aber nicht ohne Formatumwandlungen nutzen. Der Hintergrund dessen ist, dass innerhalb der SOA-Plattform eventuell mit XML-serialisierten Objekten gearbeitet wird. So liefert der von SOPERA generierte Service JAXB-Objekte als Parameter des Webserviceaufrufs. Innerhalb der Module werden allerdings fachlichorientierte Java-Klassen verwendet, die nicht mit den JAXB-Objekten kompatibel sind. Denkbar ist aber auch, dass der Dienst den reinen XML-Quelltext empfängt, der noch ausgewertet werden muss. Zudem könnte es sein, dass nur Teile des vom Webservice empfangenen Objekts für die fachliche Bearbeitung notwendig sind. Daher müssen die Objekte von dem Format der Plattform in das Format der vom Modul verwendeten fachlichen Objekte transformiert werden.

Die Verbindung zwischen der SOPERA-Anbindung und den Modulen wird daher durch spezifische Adapter-Klassen hergestellt, die jeweils für ein Modul im Projekt des Services angelegt werden. Das Adapterkonzept entspricht dem gleichnamigen Entwurfsmuster [GAM02]. Die Adapterklassen übernehmen die Umwandlung und Anpassung von Objekt-Typen und Methoden zwischen der SOA-Welt und den fachlichen Java-Klassen des Moduls.

Bei manchen Diensten kann es vorkommen, dass oft dieselben JAXB-Objekte von mehreren Modul-Adaptern in die gleichen fachlichen Objekte transformiert werden müssen. Anstatt diese Arbeit jedes Mal neu zu implementieren wird diese Funktionalität in Helfer-Klassen ausgelagert. Die Adapter-Helferklassen sind nach dem Design-Pattern Singleton angelegt, welches sicher stellt, dass zur Laufzeit nur eine Instanz der Klasse existiert.

Da es sich hierbei um eine Aufgabe handelt, die innerhalb der Adapter-Klassen mehrmals benutzt wird, sichert dieses Design die Wiederverwendung und die Wartbarkeit. Allerdings schränkt sich die Wiederverwendbarkeit der Adapter-Helfer dadurch ein, dass JAXB-Objekte jeweils spezifisch für eine Dienst-Schnittstelle generiert werden. Daher ist die Wiederverwendung der Adapter-Klassen zwischen verschiedenen Diensten ausgeschlossen. Obwohl dieselben XSD-Datenstrukturen in gleich aufgebaute JAXB-Objekte generiert werden, erzeugt der von SOPERA mitgelieferte Generator diese jeweils für jedes Projekt neu, so dass diese in einem anderen Namensraum (Package) abgelegt und daher inkompatibel sind. Zudem werden in den Helferklassen mehrere Objekte transformiert. Wenn man diese also in einem anderen Dienst wiederverwenden will, so muss man in diesem eine Teilmenge der Objekte verwenden. Das ist aber unwahrscheinlich. Bei einer größeren Anzahl an Fachklassen und Services könnte es durchaus Sinn machen, für die Objekttransformation eigene Module vorzusehen, wobei die Adapterklassen der Dienste diesen die Umwandlungen delegieren.

Als Beispiel für einen nach dem oben genannten Design aufgebauten Service betrachten wir den Nachrichtendienst. Dieser hat eine überschaubare Funktionalität, ist aber mit einem interessanten Innenleben ausgestattet. Die Serviceanbindung wurde bereits ausgiebig besprochen. Da diese in allen Services dem gleichen Muster entspricht wird diese beim Benachrichtigungsdienst auch umgesetzt.

Gemäß dem Entwurfskonzept befindet sich die Logik in einem separaten Projekt des Moduls. Den Aufbau des Benachrichtigungsmoduls illustriert Abb. 7.22. Das Modul wird über ein Interface genutzt, welches von einer zentralen Klasse implementiert wird. Das Modul an sich realisiert den Versand von Nachrichten, wobei noch nicht festgelegt ist, in welcher Form diese versendet werden. Denkbar

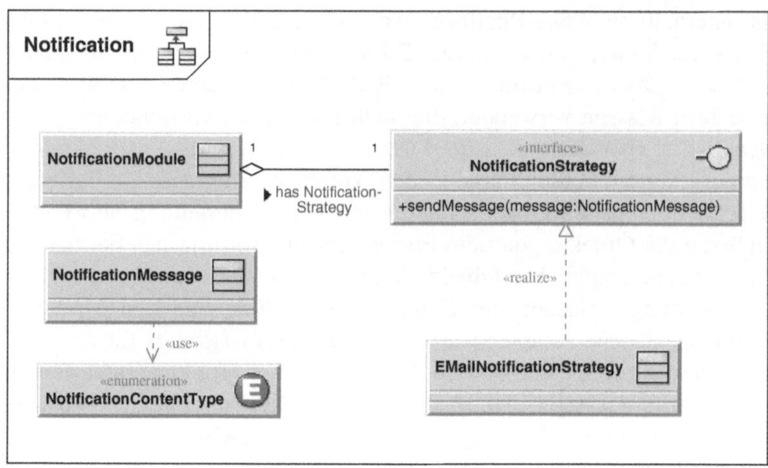

Abb. 7.22 Design des Notification-Services

wäre beispielsweise, dass der Benutzer einen bevorzugten Versandweg vorgeben kann. Des Weiteren werden innerhalb des Moduls eigene nachrichtenspezifische Datentypen definiert die für den Versand benötigt werden.

Innerhalb des Moduls kommt das Strategy-Entwurfsmuster zur Kapselung der verwendeten Benachrichtigungstechnologie zum Einsatz. Dies kann zum Beispiel SMTP für Emails oder SMS für Kurznachrichten sein, die auf das Mobiltelefon des jeweiligen Empfängers versendet werden. Abbildung 7.23 illustriert das

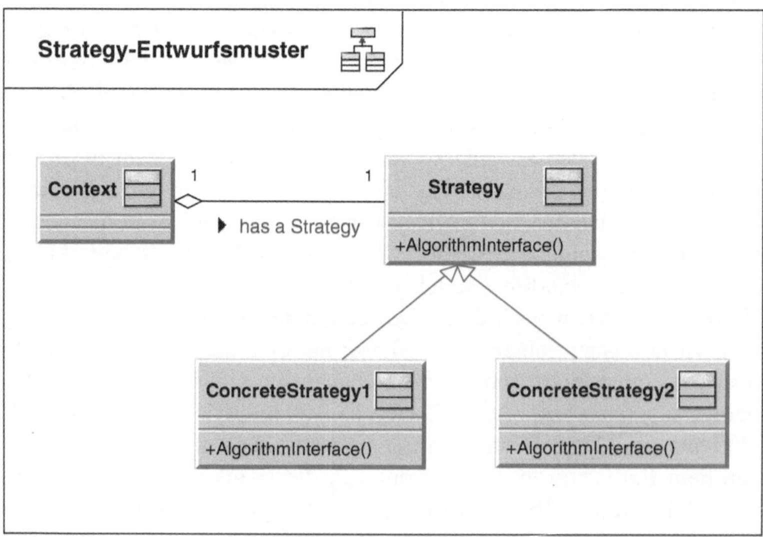

Abb. 7.23 Das Strategy Entwurfsmuster

Strategy Entwurfsmuster. Die Einzelheiten des jeweiligen Nachrichtenversandwegs sind dabei in einer Strategy-Klasse gekapselt. Durch das Strategy-Pattern ist es möglich die generische Funktionalität des Nachrichtenversands, die durch die zentrale Modulklasse definiert wird, mit einer konkreten Technologie umzusetzen. Welche Technologie eingesetzt wird, kann flexibel zur Laufzeit bestimmt werden. Zudem müssen zur Erweiterung des Moduls um weitere Versandwege nur weitere Strategie-Klassen hinzugefügt und die Modulklasse angepasst werden. Will man beispielsweise eine Möglichkeit zum Versand firmeninterner Instant-Messages nutzen, so würde eine Klasse angelegt, die das Interface der `Notification-Strategy` implementiert.

Presentation- Schicht

Nachdem die Datenhaltung und die Services entworfen wurden, fehlt noch das Design der Benutzerschnittstelle. Das Web-Interface dient der Interaktion der Benutzer mit den BPEL-Abläufen. Der Benutzer führt die manuellen Prozessschritte mit dem Web-Interface durch und erhält aus den BPEL-Abläufen versandte Nachrichten, welche ihn per Verweis auf die Web-Oberfläche dirigieren.

Die Entwicklung des Web-Interfaces ist notwendig, da BPEL keine Unterstützung für die Userinteraktion vorsieht. Zwar gibt es mit BPEL4People[1] und WS-HumanTask[2] Ansätze diesen Missstand zu beheben, allerdings befinden sich beide Spezifizierungen noch in der Standardisierung. Für viele Produkte gibt es trotzdem schon eine Möglichkeit Frontends für BPEL-Prozesse innerhalb einer Plattform auf einfache Weise zu erstellen. Je nach eingesetzter Lösung kann dieser Schritt also entfallen.

In der Schicht Presentation («`presentationLayer`») wurden durch das Mapping für jeden Prozess («`process`» im Paket `Maskenflüsse`) aus dem *Innovator for Business Analysts* Komponenten vom Typ «`presentation`» angelegt. Darin wiederum wurden die einzelnen Masken in Form von «`userInterface`» Schnittstellen abgebildet. Abb. 7.24 zeigt die Struktur im Modellbaum.

Wie bereits erwähnt, werden diese Elemente in unserem Beispiel nicht weiter verwendet.

Es wäre an dieser Stelle natürlich möglich die importierten Elemente weiter auszubauen und daraus mit den entsprechenden Generatoren einzelne Bestandteile der Web-Oberfläche zu erzeugen. Darauf haben wir allerdings verzichtet, da wir uns auf die Entwicklung der Dienste der SOA konzentriert haben. In einer späteren Ausgabe könnte die Erzeugung der Oberfläche aber thematisiert werden.

---

[1] http://www.oasis-open.org/committees/bpel4people/charter.php

[2] http://download.boulder.ibm.com/ibmdl/pub/software/dw/specs/ws-bpel4people/WS-HumanTask_v1.pdf

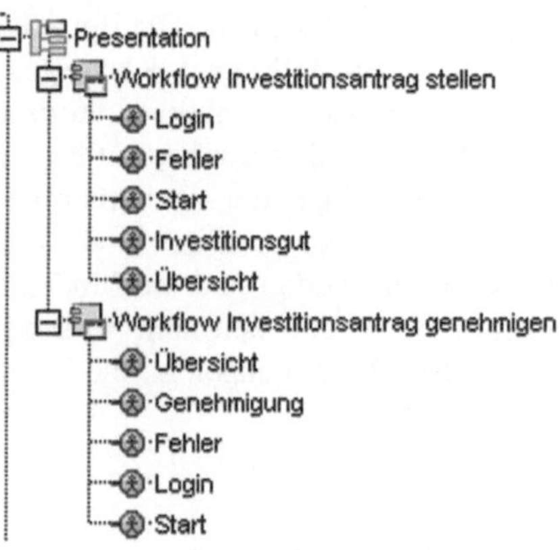

Abb. 7.24 Gemappte Elemente Presentationlayer

Design der technischen Architektur des Webinterfaces

Beim Entwurf der Weboberfläche soll nun dessen Struktur festgelegt werden. Dabei geht es in unserem speziellen Fall in erster Linie darum, die einzelnen Bestandteile der Oberfläche zu verorten. Der Aufbau des Webinterfaces orientiert sich dabei notwendigerweise am Umsetzung eingesetzten Framework.

Als technologische Basis für die Umsetzung der Oberfläche werden für die Beispielanwendung Java-Server-Faces (JSF) eingesetzt, die Teil der Java Enterprise Edition sind. Es kann an dieser Stelle aber prinzipiell jedes Webframework verwendet werden. Die Java-Server-Faces setzen das Model-View-Controller Entwurfsmuster um und es findet dadurch prinzipiell eine Trennung der Darstellung von der Präsentationslogik statt. Die Logik der Webanwendung befindet sich in den sogenannten „Managed Beans" (auch: Backing Beans), welche das *Modell* darstellen.

Das Aussehen der Oberfläche und die Inhalte der Webseiten werden in HTML-ähnlichen XML-Dateien beschrieben. Diese Seiten, die im Prinzip Java-Server-Pages darstellen, bilden die *View*-Komponente des Frameworks. Die JSF-Seiten sind grundsätzlich Vorlagen (Templates), auf denen Steuerelemente referenziert werden. Diese Steuerelemente sind GUI-Komponenten oder Managed Beans. Im Hintergrund wird dabei ein komponentenbasierendes Oberflächen-Design-Modell verwendet, das aus einer Baumstruktur von JSF-Komponenten besteht. Die Inhalte der Website können dabei, ähnlich des Designs herkömmlicher Oberflächen von Desktop-Anwendungen, aus den Steuerelementen aufgebaut werden. Diese Steuerelemente oder Komponenten können selbst entwickelt werden. Es gibt aber bereits eine Vielzahl von vordefinierten Komponenten, die in sogenannten Tag-Libraries gebündelt sind. Ein Beispiel dafür ist ApacheMyFaces, welches auch in der Weboberfläche Anwendung findet. Die Inhalte der Templates werden von einem Faces-Servlet mit den Inhalten oder Ausgaben der Managed Beans gefüllt. Dabei wird jede JSF Seite in ein eigenes Servlet übersetzt.

Das Faces-Servlet bildet den *Controller*-Bestandteil des Frameworks. Es enthält zudem Event-Listener oder Action-Handler, die auf die Benutzereingaben reagieren und das Modell ansprechen.

Auf Grundlage des allgemeinen Aufbaus, den das Java-Server-Faces-Framework vorgibt, wird die Weboberfläche nun entworfen. Die zentrale Design-Entscheidung liegt dabei nicht mehr im Entwurf der Struktur der Webanwendung, die ja durch das Framework bestimmt wird. Vielmehr orientiert sich das Design an den Vorgaben des Fachbereichs. Dieser hat bereits konkrete Vorstellungen für das Aussehen und die Funktionalität geäußert und es gilt nun diese Vorgaben in einer sinnvollen Weise durch JSF-Seiten und Managed Beans abzubilden. Da die Eingabe-Masken und die Abläufe innerhalb des Maskenflusses bereits vorgegeben sind, findet an dieser Stelle kein weiteres Design der Oberflächengestaltung statt. Der Designer muss sich stattdessen lediglich damit befassen, welche Backing Beans die Funktionalität der Oberfläche umsetzen. Zudem könnten spezielle Komponenten für Steuerelemente notwendig sein, die dann auch zu entwerfen sind. Und nicht zuletzt soll die Web-Anwendung im Rahmen einer serviceorientierten Architektur eingesetzt werden. Der Entwurf muss also auch berücksichtigen, wie die verwendeten Dienste angesprochen werden sollen. Welche Services genutzt werden, steht zu diesem Zeitpunkt bereits fest.

Für die Weboberfläche der Beispielanwendung sind dementsprechend Backing Beans für die Kapselung der Darstellungslogik in der SOA-Anwendung vorgesehen. Diese Managed Beans bereiten die Eingaben des Users für die Dienste vor und wandeln die Antwort der Dienste in für Benutzer anzeigbare Elemente um. Ferner generieren und aktivieren sie Fehlermeldungen, wie zum Beispiel das Überschreiten des Budgets. Den Aufbau der Weboberfläche beschreibt Abb. 7.25.

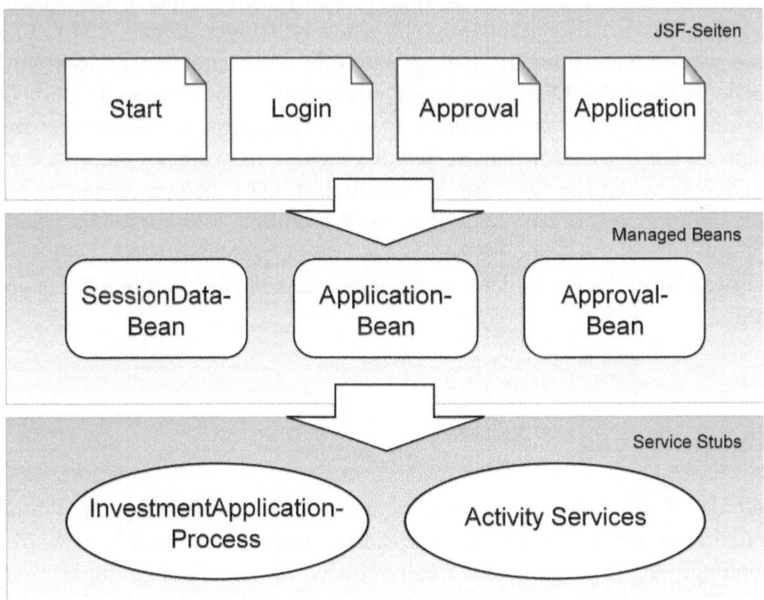

Abb. 7.25 Die Schichten des Webinterfaces

Die Weboberfläche benutzt drei Managed Beans. Die erste Managed Bean (SessionData) speichert Sitzungsdaten, wie den angemeldeten Benutzer oder das Anmeldedatum. Es kapselt die Logik für Authentisierung und Autorisierung und initialisiert die anderen Backing Beans. Gleichzeitig ist es Ausgangspunkt für die anderen Bestandteile und verwaltet gemeinsam genutzte Objekte der Anwendung. Nach der Anmeldung des Users ruft das SessionData-Bean dabei die Startseite auf und kümmert sich um die Navigation zu der anschließend vom Benutzer gewählten Seite.

Die zweite Managed Bean (ApplicationBean) enthält die Präsentationslogik für den Beantragungsvorgang. Sie ruft die notwendigen Daten zur Kostenstelle und den Benutzern über die Dienste der SOA-Anwendung ab und speichert diese temporär. Bei der Einreichung des Antrags wird der Investitionsantragsprozess in Form eines BPEL-Ablaufs aufgerufen, dem der Antrag als Parameter übergeben wird.

Die dritte Managed Bean (ApprovalBean) setzt die Darstellungslogik für die Prüfung und Genehmigung oder Ablehnung des Investitionsantrags um. Sie ruft ebenfalls die notwendigen Daten des Investitionsantrages über Webservices ab und speichert diese temporär. Bei Genehmigung oder Abweisung des Antrags setzt die Backing Bean den jeweiligen Status des Antrags und ruft den in BPEL realisierten Prozess auf, der zu diesem Zeitpunkt auf die Eingaben des Genehmigenden wartet.

Zur Einbindung der anderen Dienste werden ferner Stubs der Webservices eingesetzt. Diese dienen dem Aufruf der Dienste durch die Webanwendung und werden durch geeignete Werkzeuge generiert. Für jeden verwendeten Service wird dabei aus der Servicebeschreibung in WSDL-Form ein Webservice-Stub erzeugt. Dieser wird dann von den Managed Beans zum Aufruf des Services benutzt. Auf diese Weise wird beispielsweise der BPEL-Prozess angesprochen. Ein Nachteil des Generierens der Webservice-Stubs ist, dass diese nur statisch für einen spezifischen Dienst erzeugt werden. Es ist also nicht möglich einen beliebigen Dienst zur Laufzeit in einem Service-Directory nachzuschlagen und diesen zu nutzen. Zudem wird eine spezifische Version des Dienstes eingebunden. Ändert sich etwas an dem Dienst, so kann dieser nicht mehr verwendet werden. Allerdings wurde bereits im Vorfeld, während der Evaluation-Phase, darauf geachtet, dass das Webinterface nur mit den wirklich notwendigen Diensten kommuniziert. Die Abhängigkeiten zu anderen Diensten sind dadurch bereits reduziert. Im Wesentlichen kommuniziert das Webinterface schließlich mit dem in BPEL realisierten Geschäftsprozess. Sollte sich bei diesem etwas Wesentliches ändern, so ist die Anpassung des Webinterfaces ohnehin notwendig.

Zusammenfassung

Innerhalb der Phase Architecture wurden zuerst Informationen aus der Phase Evaluation übernommen, indem ein automatisiertes Mapping durchgeführt wurde. Auf der Grundlage der Ergebnisse der Evaluation wurde die Architektur der Anwendung anschließend weiter ausgearbeitet. Dafür wurden in der jeweiligen Schicht

Komponenten angelegt und mit den Modellinhalten der Phase Evaluation verknüpft. Auch dies wurde durch das Mapping bereits automatisiert erledigt.

Danach wurden die technischen Architekturen der Datenschicht, der Serviceschicht und der Präsentationsschicht weiter verfeinert.

Die Datenhaltungsschicht bestand zunächst aus den importierten Fachklassen. Diese wurden in Beziehung zueinander gesetzt, auf die technisch notwendigen Klassen reduziert und schließlich mit Informationen für die Generierung von Artefakten für ein ORM-Framework versehen.

Die Serviceschicht bestand ursprünglich aus den gemappten Komponenten und deren teilweise ausgearbeiteten Schnittstellen. Deren Zusammenspiel wurde nun in Komponentendiagrammen näher ausgearbeitet. Zudem wurden die Schnittstellen der Services weiter verfeinert, die später generiert werden sollen. Für die mit dem SOPERA-Framework umzusetzenden Dienste wurde das Innenleben näher beschrieben.

Für die Präsentationsschicht gab es zunächst keine importierten Elemente. Es wäre an dieser Stelle aber durchaus möglich gewesen, zum Beispiel aus den Maskenflüssen, Informationen aus der Phase Evaluation zu übernehmen. Die Architektur des Webinterfaces wurde mit Rücksichtnahme auf das verwendete Web-Framework gestaltet.

Damit ist die Grundlage für die Implementierung der Anwendung geschaffen.

Literatur

[GAM02] Gamma E, Helm R, Johnson R, Vlissides J (2002) Design patterns: elements of reusable object-oriented software. Addison-Wesley Longman, Boston, MA

Balzert H (2004) Lehrbuch der Objektmodellierung – Analyse und Entwurf mit der UML 2. Elsevier Spektrum Akademischer Verlag, Heidelberg, Berlin

Kapitel 8
Construction und Deployment: Generierung, Implementierung und Integration

Abb. 8.1 Der verzweifelte Valja schildert sein Problem

In der Gegend um Tilaf trafen Whon und Sean auf der Straße zwischen der großen Steppe Adsurit und Upanishat auf einen hochgewachsenen Mann. Seine Gewänder waren aus feinster Seide und es funkelten Edelsteine an seinen Armbändern. Trotz des offensichtlichen Reichtums hatte der Mann sich aus seinem Wüstenschiff in den Staub der Straße geworfen und rief auf Knien verzweifelt Tagos an: „Oh Herr, Tagos, Du Weisester unter den Weisen! Wieso hast Du mich verflucht, mich, Deinen

G. Rempp et al., *Model Driven SOA*, Xpert.press,
DOI 10.1007/978-3-642-14470-7_8, © Springer-Verlag Berlin Heidelberg 2011

geringsten Diener und Bewunderer Deiner Weisheit? Was hat Deinen Zorn auf mich gezogen?".

Whon trat vorsichtig neben den Verzweifelten und Sean half ihm, das Häufchen Elend wieder aufzurichten. „Wie heißt du, mein Herr und was ist dir widerfahren, dass du so verzweifelt bist und deine Tränen den Sand der Wüste benetzen? Sprich, vielleicht können wir dir unsere bescheidene Hilfe anbieten?".

„Oh Herr, keiner kann mir noch helfen! Ich bin Velja Jakaja und seit Monaten bin ich unterwegs! Aus dem tiefen Südosten bei Ukshur, ihr nennt es das wilde Land, bis nach Hypertron und wieder hierher und niemand der mir helfen konnte! All mein Gold haben sie genommen, aber geholfen haben sie mir letztendlich nicht!". Er besuchte Tilaf um einen Automat zu entwickeln, welcher seinem Land große Potenziale versprach. So war er bereits durch verschiedene Regionen des Landes gezogen, konnte aber keinen Menschen finden, der ihm eine zufriedenstellende Lösung entwickelte. Angefangen bei fehlendem Wissen über notwendige Grundlagen, über die Beherrschung der Fähigkeit, Probleme zu abstrahieren und diese in verständlicher Sprache auszudrücken, bis hin zur Überleitung in eine technische Welt wurde ihm keine Lösung erarbeitet, mit der er frohen Mutes in sein Heimatland zurückreisen konnte.

In Sean fing es an zu kribbeln und als er seinen Meister ansah wusste er, dass auch dieser eine große Möglichkeit erkannte. Whon Wokew erkundigte sich noch über ein paar grobe Details des Vorhabens und schlug dann dem Fremden vor, dass sein Schüler Sean mit dieser Aufgabe beauftragt werden könnte. Er hätte vollstes Vertrauen in seinen Schüler. Sean konnte dieses Problem lösen und er stünde ihm natürlich beratend bei.

Der fremde Herr war damit einverstanden. Er entgegnete, dass er aber sein ganzes Geld an die kläglichen Versuche der Vorgänger ausgegeben hatte und nicht wisse, wie er Sean entlohnen sollte. Das sei kein Problem meinte Whon Wokew. Dies sei für seinen Schüler sozusagen sein Meisterstück und er werde es ihm ohne Gegenleistung anfertigen. „Erfolg hat der, dem es um die Sache geht und nicht nur um das Geld!" waren die weisen Worte des Meisters.

Und so kam es, dass Sean sein Meisterstück in Angriff nahm.

Einleitung

In der Phase Architecture wurden durch Transformationen von Modellinformationen Ergebnisse aus den vorhergehenden Phasen übernommen und konsolidiert. Die übernommenen Elemente wurden an Spezifika der Lösung angepasst und um Informationen für die Generierung erweitert. Dadurch wurde die Planung der Architektur und des Designs der Services, sowie eine Darstellung der Zusammenhänge zwischen den Diensten durchgeführt. Nachdem damit klar ist, welche Komponenten die Dienste mit welcher Technologie realisieren, kann im nächsten Schritt die Erzeugung einer lauffähigen SOA-Anwendung angegangen werden. Dies ist das Ziel der Phase Construction.

Dazu werden aus den Modellinhalten der Phase Architecture Artefakte für die einzelnen Schichten der Anwendung generiert, welche die Bausteine der Komponenten und Services bilden. Nach der Anpassung der Templates, die in Kap. 9 näher beschrieben sind, wird nun mit der Generierung das Herzstück der modellbasierten Entwicklung der SOA Anwendung behandelt. Hier zeigen sich die Auswirkungen der Entscheidungen in den vorherigen Phasen. Es werden dabei unterschiedliche Artefakte für die einzelnen Technologien erzeugt. Die Services werden mit WSDL und XSD Dateien und die Prozesssteuerung mit BPEL Dateien beschrieben, die aus den Modellen verschiedener vorangehender Phasen exportiert werden. Die restlichen Artefakte, z. B. das Datenbank-Backend in Form von EJB, werden aus den Ergebnissen der Phase Architecture generiert.

Die erzeugten Artefakte dienen als Ausgangspunkt für die weitere Entwicklung mit Hilfe der plattformspezifischen Entwicklungsumgebungen. Dafür werden die Artefakte importiert und weiter verfeinert. Der Entwickler nimmt eventuell noch Anpassungen an der Plattform vor, ergänzt die Geschäftslogik, die nicht im Modell enthalten ist und optimiert die Lösungen für einen reibungslosen Betrieb. Es kommt dabei also sowohl generierte als auch manuell erstellte Logik zum Einsatz. An dieser Stelle betrachten wir auf SOPERA basierende Services, die durch Import von WSDL Dateien und Generierung weiterer Artefakte in der von SOPERA gelieferten Entwicklungsumgebung entstehen. Die entwickelten Dienste werden anschließend getestet.

Zu diesem Zeitpunkt stehen die einzelnen Bestandteile der SOA zur Verfügung. Es ist aber noch nicht klar, wo diese später betrieben werden. Die Planung dieser Aspekte erfolgt selbstverständlich modellbasiert, indem im Modell hinterlegt wird, wo die Dienste zur Laufzeit erreichbar sind. Hier liefert die Dokumentation der Systemlandschaft in einem Verteilungsdiagramm eine leicht verständliche Übersicht, welche die Administratoren beim Deployment unterstützt. Für die Inbetriebnahme müssen die Services anschließend registriert und in die Plattform integriert werden. Dies erfolgt mit den Mitteln der jeweiligen Plattform. Danach ist die Anwendung einsatzbereit.

So entsteht im Laufe der Phase Construction aus vielen Bausteinen eine SOA Anwendung, die ihre Leistung für das Unternehmen erbringt. Mit einem Webinterface interagiert der Benutzer mit den Workflows, welche ihrerseits Dienste in Form von Webservices nutzen. Diese greifen dabei auch auf Dienste von Altsystemen zurück. Die genaue Reihenfolge, die in diesem Kapitel verfolgt wird, ergibt sich aus der logischen Gliederung der einzelnen Entwicklungsschritte. In der Praxis wird man davon an einigen Stellen eventuell abweichen ohne damit das prinzipielle Vorgehen zu beeinträchtigen.

Überblick: Vorgehen in der Construction Phase

- Generierung von XSD, WSDL und BPEL Artefakten
- Generierung von EJB und POJO Artefakten

- Import der vorhandenen WSDL, BPEL, XSD, EJB und POJO Artefakten auf der Plattform
- Erzeugung der plattformspezifischen Artefakte
- Erweitern der generierten Artefakte um die Businesslogik
- Integration auf der Plattform
- Erzeugung der Datenbank(en) oder auch Anpassung der Datenbank(en)
- Registrierung der Services
- Deployment der Services

Generierung der Artefakte

Nachdem in den vorausgehenden Kapiteln Schritt für Schritt aus den fachlichen Vorgaben ein technisches Modell der SOA-Anwendung entstanden ist, soll aus diesem Modell nun ein Teil der Implementierung erzeugt werden. In Kap. 9 „Automatisierung“ wird dazu näher behandelt, welche Tools für die Generierung verwendet werden können und wie die Werkzeuge dafür eingerichtet werden müssen. Damit sind die theoretischen Grundlagen gelegt und nun kann die eigentliche Generierung von Artefakten aus den Modellinhalten durchgeführt werden. Mit Artefakten sind in diesem Fall Quellcode-Dateien für die SOA Anwendung gemeint. Das sind im Einzelnen WSDL- und XSD-Dateien, die für die Beschreibung und spätere Entwicklung der Services benötigt werden. Dazu kommen noch BPEL-Dateien zur Orchestrierung der Services, Enterprise Java Beans für das Backend und Java-Dateien (POJOs) für Bestandteile der Dienste.

XML Schema-Definitions

Als erste Artefakte, die für die Entwicklung der Dienste benötigt werden, müssen zunächst die Datenstrukturen der Anwendung definiert werden. Dies erfolgte bereits in der Phase Evaluation anhand des Strukturmodells für Nachrichten und in der Phase Architecture durch das Design-Klassenmodell der Entitäten. Die Datenstrukturen legen fest, welche Daten in welcher Form ausgetauscht werden. Bei Webservices sind dies meistens XML-Dokumente. Aus diesem Grund wird deren Aufbau und Inhalt mit *XML-Schema Definitions (XSD)*[1] beschrieben. Ein Vorteil der XSD ist, dass diese plattformunabhängig sind und damit die Kommunikation zwischen verschiedenen Technologien ermöglicht wird.

Auf Grundlage der XSD können die Datenobjekte festgelegt werden, die von einer Webservice-Schnittstelle verwendet werden. Die Schema-Definitionen sind daher meist Teil der WSDL-Datei. Wir verwenden aus diesem Grund ebenfalls in die WSDL-Datei eingebettete XML-Schemata. Es besteht aber auch die Möglichkeit XSD aus separaten Dateien in die WSDL zu importieren und dort zu

[1] Die Spezifikation ist unter [XSD] auf den Seiten des W3C erhältlich.

verwenden. Ist die XSD Teil der WSDL, so kann dies schnell dazu führen, dass mehrere Versionen parallel existieren. Das wird durch den Import einer zentralen Version vermieden. Die Schemata können im Fall einer getrennten Datei in anderen Projekten zudem besser wiederverwendet werden. Beispielsweise könnten mit den Schema-Definitionen auch XML-Dateien für die Persistierung von Java-Objekten mit JAXB beschrieben werden. Und all dies automatisiert aus den Inhalten des Modells! Diese Vorteile rechtfertigen also den geringen Mehraufwand, der durch die Trennung und den Import der XSD entsteht, für den Einsatz in einer komplexen serviceorientierten Architektur. Der Einfachheit halber haben wir aber darauf verzichtet, die XSD auszulagern, da diese Umstände für unser Beispiel keine Rolle spielen.

Die Struktur der Daten wurde bereits in den Fachklassen und den Komponenten der Phase Evaluation beschrieben. Die Nachrichten, die zwischen Operationen der Services ausgetauscht werden, wurden als Objektstrukturen beschrieben. Aus diesen Strukturen im Modell werden die XSD-Dateien generiert. Im Beispiel benutzen wir die Exportmöglichkeiten des *Innovators* um XSD zu generieren. Dies ergibt sich aus der Überlegung, dass wir die Möglichkeiten des Werkzeugs nutzen wollen um die zusätzliche Arbeit zu vermeiden, die durch die Anpassung eines Generators entsteht. Die erzielte Zeitersparnis erkauft man sich natürlich durch die Bindung an ein spezielles Werkzeug.

Alternativ zu der Exportmöglichkeit des *Innovators* könnten XSD-Strukturen aber auch durch Klassen- oder Komponentendiagramme modelliert werden, die dann auch von anderen Tools verwendet werden können. Die notwendigen Informationen würden in diesem Fall automatisiert durch Transformationen aus den modellierten Klassen- oder Komponenten-Diagrammen der Phase Evaluation übernommen werden und in den jeweiligen Modellen der Phase Architecture um Stereotypen für die Generierung von XSD erweitert werden. Die Transformationen müssen dann natürlich auch erstellt werden. Für die Generierung ist zudem die Verwendung und Anpassung eines Frameworks wie oAW notwendig. Im Einzelfall muss also abgewogen werden, welchen Weg man gehen möchte. Wir finden die Möglichkeiten des Werkzeugs interessant und haben uns auch aufgrund der fehlenden Manpower für die Abkürzung entschieden.

Für den Export der XML-Schemata gibt es im *Innovator* zwei Möglichkeiten. Zum einen können die XSD-Dateien getrennt vom WSDL generiert werden. Sie müssen dann später manuell in der WSDL-Datei referenziert werden. Zum anderen kann die Schema-Beschreibung auch als Teil der WSDL-Datei exportiert werden. An dieser Stelle beschreiben wir den getrennten Export. Der Export als Teil der WSDL wird im nächsten Abschnitt angesprochen.

Bevor XSD generiert werden kann ist es zunächst notwendig, dass das Plug-In des SOA-Assistenten installiert ist. Im Rahmen des Buches wurde dieses bereits zum Import der WSDL verwendet. Der Export des XML-Schemas ist damit sehr einfach möglich. Dazu wird im Modell das Paket des betreffenden XML-Schemas ausgewählt, wie in Abb. 8.2 zu sehen ist.

Abb. 8.2 Selektion eines XML-Schemas im Modellbaum

Als nächstes genügt ein Klick auf „`XSD generieren`“ des XSD-Generators um das XSD zu generieren. Den Assistenten zeigt Abb. 8.3.

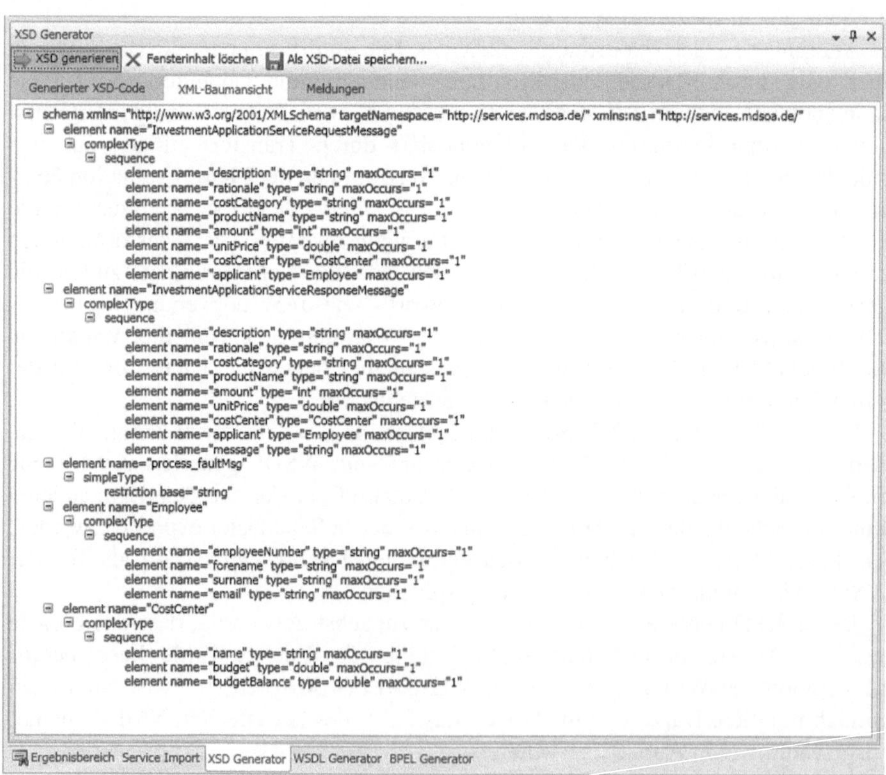

Abb. 8.3 Erzeugtes XSD

Das generierte XSD wird nicht sofort gespeichert. Im Assistenten kann das generierte XML-Schema in einer Text- oder in einer Baum-Ansicht begutachtet werden. Zudem gibt es einen Reiter, in dem Meldungen angezeigt werden, die beim Export geschrieben wurden. Es ist ratsam sich diese anzuschauen, da sie Rückschlüsse über Fehler bei der Modellierung geben. Eventuell muss daher das Modell des Schemas nochmal verändert werden. Stimmt jedoch alles, so kann das generierte XSD über den Button „`Als XSD-Datei speichern...`“ in eine Datei geschrieben werden. Abbildung 8.4 stellt das Ergebnis des Exports dar.

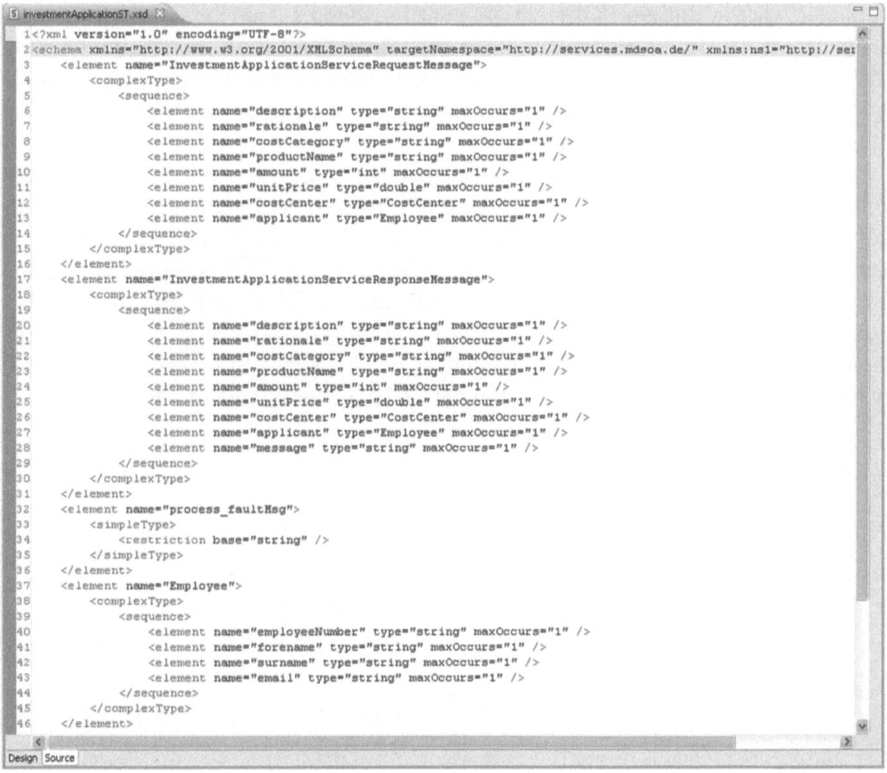

investmentApplicationST.xsd

```
<?xml version="1.0" encoding="UTF-8"?>
<schema xmlns="http://www.w3.org/2001/XMLSchema" targetNamespace="http://services.mdsoa.de/" xmlns:ns1="http://ser
    <element name="InvestmentApplicationServiceRequestMessage">
        <complexType>
            <sequence>
                <element name="description" type="string" maxOccurs="1" />
                <element name="rationale" type="string" maxOccurs="1" />
                <element name="costCategory" type="string" maxOccurs="1" />
                <element name="productName" type="string" maxOccurs="1" />
                <element name="amount" type="int" maxOccurs="1" />
                <element name="unitPrice" type="double" maxOccurs="1" />
                <element name="costCenter" type="CostCenter" maxOccurs="1" />
                <element name="applicant" type="Employee" maxOccurs="1" />
            </sequence>
        </complexType>
    </element>
    <element name="InvestmentApplicationServiceResponseMessage">
        <complexType>
            <sequence>
                <element name="description" type="string" maxOccurs="1" />
                <element name="rationale" type="string" maxOccurs="1" />
                <element name="costCategory" type="string" maxOccurs="1" />
                <element name="productName" type="string" maxOccurs="1" />
                <element name="amount" type="int" maxOccurs="1" />
                <element name="unitPrice" type="double" maxOccurs="1" />
                <element name="costCenter" type="CostCenter" maxOccurs="1" />
                <element name="applicant" type="Employee" maxOccurs="1" />
                <element name="message" type="string" maxOccurs="1" />
            </sequence>
        </complexType>
    </element>
    <element name="process_faultMsg">
        <simpleType>
            <restriction base="string" />
        </simpleType>
    </element>
    <element name="Employee">
        <complexType>
            <sequence>
                <element name="employeeNumber" type="string" maxOccurs="1" />
                <element name="forename" type="string" maxOccurs="1" />
                <element name="surname" type="string" maxOccurs="1" />
                <element name="email" type="string" maxOccurs="1" />
            </sequence>
        </complexType>
    </element>
```

Design Source

Abb. 8.4 Ausschnitt aus einer gespeicherten XSD-Datei

WSDL

Die Beschreibung der Schnittstellen der Webservices erfolgt in Form von WSDL-Dateien. Sie enthalten unter anderem eine Beschreibung der Operationen, Parameter und Rückgabewerte des Interfaces eines Dienstes. Alle diese Informationen wurden bereits in früheren Phasen definiert. Zudem wurden in der Phase Evaluation Definitionen von bereits vorhandenen Diensten in das Modell importiert. Die Informationen werden nun für die Generierung der WSDL-Dateien verwendet. Die erzeugten WSDL-Dateien werden nach dem Contract-First Prinzip als Ausgangspunkt für die Entwicklung der Services verwendet.

An dieser Stelle wird nur der abstrakte Teil der WSDL ohne Bindungsinformationen exportiert. Das heißt, dass alle Informationen zu Adressierung und Transport der Nachrichten nicht in die Datei generiert werden. Der konkrete Teil, also kurz, wo und in welcher Form der Service erreichbar ist, wird beim Deployment, beziehungsweise beim Import in die Plattform festgelegt. Diese Informationen können sich prinzipiell im Laufe des Betriebs schnell ändern, ohne dass sich die eigentliche Schnittstelle des Dienstes ändert. Beispielsweise kann die Verfügbarkeit eines Dienstes durch Hinzufügen eines weiteren Providers und damit durch eine weitere Bindung auf einem anderen Server gezielt erhöht werden. Das Modell des Services verändert sich in diesem Fall nicht, da nur ein weiterer Anbieter desselben Dienstes angelegt wurde. Es bietet sich daher an, solche kurzlebige Informationen nicht mit zu generieren. Die Informationen zur Verteilung sollten aber trotzdem gepflegt werden indem zum Beispiel Deployment-Diagramme aktualisiert werden oder ein Dienst-Verzeichnis gepflegt wird.

Der Export der WSDL-Daten wird, wie bei den XSD, mit den Möglichkeiten des *Innovators* durchgeführt. Auch hier nutzen wir die Funktionalität des Werkzeugs aus denselben Gründen. Die Alternative besteht darin, die Generierung selbst zu entwickeln, was bereits im vorausgehenden Abschnitt zu XSD beschrieben wurde.

Der Export der Schnittstellenbeschreibungen erfolgt, wie bei den XML-Schemas, mit Hilfe des SOA-Assistenten. Das Plug-In muss also vor der WSDL-Generierung installiert sein. Das Vorgehen gleicht dem XSD-Export. Im Modell wird der zu exportierende Service selektiert. Dies veranschaulicht Abb. 8.5.

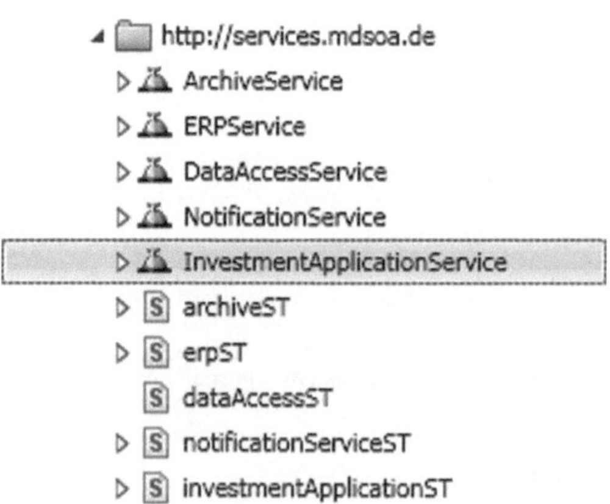

Abb. 8.5 Selektion Service Paket

Nachdem der Service selektiert ist, wird durch einen Klick auf den Button „`WSDL generieren`“ im WSDL-Abschnitt des SOA-Assistenten das WSDL generiert. Das Ergebnis wird nicht sofort gespeichert und kann in Textform oder in einer Baumansicht betrachtet werden. Ein Beispiel der Baumansicht des WSDL-Abschnitts des SOA-Assistenten zeigt Abb. 8.6.

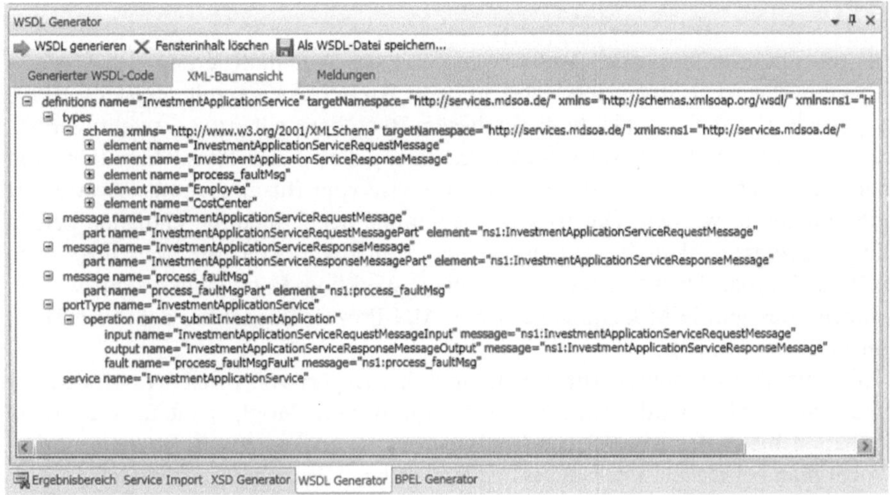

Abb. 8.6 Generierung WSDL-Datei

Die beim Export aufgetretenen Meldungen können in einem weiteren Reiter inspiziert werden. Eventuell müssen Fehler im Modell, die dort durch Fehlermeldungen angezeigt werden, im nächsten Schritt behoben werden. Schließlich kann der generierte Text des WSDL durch den Button „`Als WSDL-Datei speichern`“ in eine Datei geschrieben werden. Einen Ausschnitt aus der exportierten WSDL-Datei zeigt Abb. 8.7.

InvestmentApplicationService.wsdl

```
                <complexType>
                    <sequence>
                        <element name="employeeNumber" type="string" maxOccurs="1" />
                        <element name="forename" type="string" maxOccurs="1" />
                        <element name="surname" type="string" maxOccurs="1" />
                        <element name="email" type="string" maxOccurs="1" />
                    </sequence>
                </complexType>
            </element>
            <element name="CostCenter">
                <complexType>
                    <sequence>
                        <element name="name" type="string" maxOccurs="1" />
                        <element name="budget" type="double" maxOccurs="1" />
                        <element name="budgetBalance" type="double" maxOccurs="1" />
                    </sequence>
                </complexType>
            </element>
        </schema>
    </types>
    <message name="InvestmentApplicationServiceRequestMessage">
        <part name="InvestmentApplicationServiceRequestMessagePart" element="ns1:InvestmentApplicationServiceReque
    </message>
    <message name="InvestmentApplicationServiceResponseMessage">
        <part name="InvestmentApplicationServiceResponseMessagePart" element="ns1:InvestmentApplicationServiceResp
    </message>
    <message name="process_faultMsg">
        <part name="process_faultMsgPart" element="ns1:process_faultMsg" />
    </message>
    <portType name="InvestmentApplicationService">
        <operation name="submitInvestmentApplication">
            <input name="InvestmentApplicationServiceRequestMessageInput" message="ns1:InvestmentApplicationServic
            <output name="InvestmentApplicationServiceResponseMessageOutput" message="ns1:InvestmentApplicationSer
            <fault name="process_faultMsgFault" message="ns1:process_faultMsg" />
        </operation>
    </portType>
    <service name="InvestmentApplicationService" />
</definitions>
```

Design Source

Abb. 8.7 Ausschnitt der exportierten WSDL-Datei

BPEL

Für die Orchestrierung der Webservices und der Automatisierung des Prozess-Workflows wird in einer serviceorientierten Architektur derzeit meistens BPEL eingesetzt. Die BPEL-Abläufe die in diesem Buch beispielhaft vorgestellt wurden, basieren auf den BPMN-Prozess-Diagrammen, die in der Phase Initiation vom Fachbereich erstellt und in der Evaluation-Phase vom Business-Analyst verfeinert und aufbereitet wurden. Die BPMN-Diagramme der Evaluation enthalten bereits die elementaren Abläufe, Aktivitäten und Kollaborationen. Sie sind aber noch nicht ausführbar. Damit die Abläufe in einer Workflow-Engine ausgeführt werden können, müssen die Modellinhalte der BPMN-Prozessdiagramme daher zu BPEL transformiert werden.

Für die Transformation von BPMN und den Export von BPEL verwenden wir erneut die Funktionalität des *Innovator*. Eine weitere Möglichkeit für die Transformation bietet der Einsatz von Tools anderer Produkte, wie z. B. *Intalio BPM*. Wobei man bei diesen Alternativen, anders als beim *Innovator*, als Modellierungsumgebung meist an eine bestimmte Plattform gebunden ist. Leider gibt es derzeit keine vergleichbaren und frei verfügbaren Werkzeuge für die BPMN-BPEL-Transformation für *Eclipse*.

Die Entwicklung einer eigenen Generierung der Transformation von BPMN zu BPEL ist mit großem Aufwand verbunden. Zudem ist es aus theoretischen Gründen auch bei allen aktuellen Ansätzen nicht möglich, BPMN vollständig in BPEL zu überführen, da beide Sprachen unter Verwendung von verschiedenen Paradigmen entstanden sind (BPMN ist eine auf Graphen, BPEL eine auf Bäumen basierende Sprache). Alle gegenwärtig verfügbaren Produkte beschränken sich daher auf die Transformation einer Untermenge beider Sprachen. Daher empfiehlt es sich aufgrund des damit verbundenen Aufwands in der Praxis auf eine eigene Lösung zur Generierung von BPEL zu verzichten und auf die Lösung eines Herstellers zu vertrauen. Eine ausführliche Diskussion der Thematik kann bei Interesse in der Literatur verfolgt werden [WeiDe2008].

Für den Export der Prozesse, die in der Evaluation-Phase modelliert wurden, wird in der Beispielanwendung auf das SOA-Plug-In für den *Innovator for Business Analysts (I4BA)* zurückgegriffen. Der SOA-Assistent enthält unter anderem auch einen Generator, der BPMN-Prozesse in BPEL überführen kann. Die Benutzung des Plug-Ins führt zu einer Arbeitsersparnis, da nicht nur die Entwicklung des Generators entfällt. Es vereinfacht auch den Export und die Fehlersuche, da alles mit einem Tool durchgeführt werden kann.

Um mit dem SOA-Assistenten des *I4BA* BPEL zu exportieren wird ähnlich vorgegangen wie bei der Generierung von XSD oder WSDL. Der erste Schritt besteht darin, im Modellbaum des *Innovators* das BPMN-Diagramm zu öffnen, das die Zusammenarbeit des Prozesses mit den Services beschreibt. Es befindet sich im Modell der Beispielanwendung unter „`Evaluation->Service Kollaborationen`“, wie in Abb. 8.8 veranschaulicht wird.

Das Diagramm enthält den zu exportierenden Prozess und stellt dessen Kollaboration mit anderen Teilnehmern dar. In der Anwendung sind dies andere Dienste.

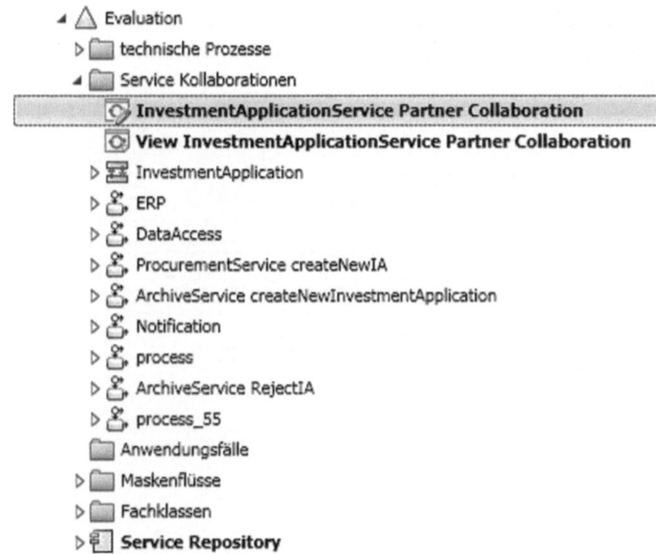

Abb. 8.8 Auswahl des Kollaborationsdiagramms im Modellbaum

Im nächsten Schritt wird der zu exportierende Teilnehmer der Kollaboration ausgewählt. Dazu wird im Diagramm auf den Teilnehmer (Participant) des zu exportierenden Services geklickt. Abbildung 8.9 zeigt den ausgewählten Prozess-Service.

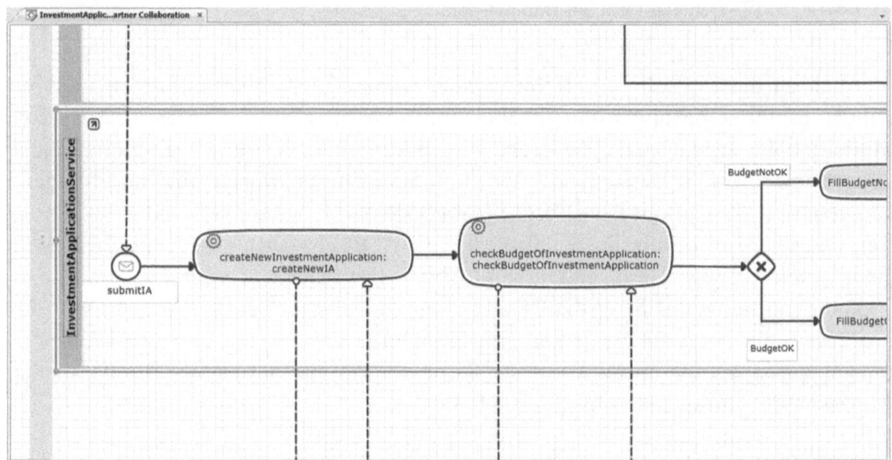

Abb. 8.9 Selektierter Participant „Investment Process"

Nun kann bereits BPEL exportiert werden. Ersichtlich wird dies dadurch, dass die Schaltfläche „`BPEL generieren`" im SOA-Assistenten nicht mehr ausgegraut ist. Der Export wird nun durch den Klick auf die eben genannte

Schaltfläche im BPEL-Generator gestartet. Der erzeugte BPEL-Quellcode kann anschließend mit der Text- oder XML-Baum-Ansicht begutachtet werden. Dies stellt Abb. 8.10 dar.

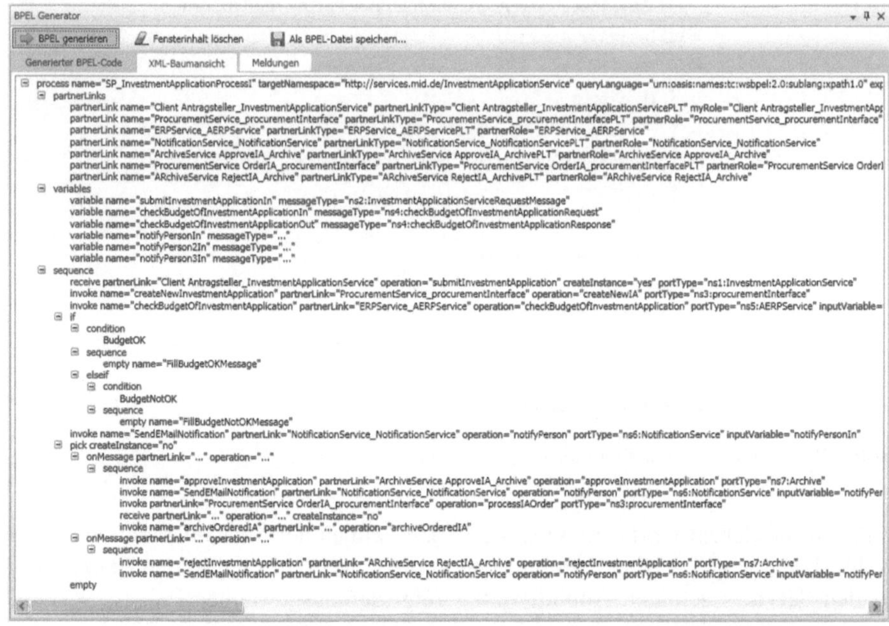

Abb. 8.10 BPEL-Generator mit der Baumansicht

Auch an dieser Stelle empfiehlt es sich wieder die Fehlermeldungen im Meldungen Reiter zu beachten und gegebenenfalls zu korrigieren. Um die verbesserten Modellinhalte erneut zu exportieren, wird durch einen Klick auf die Schaltfläche „`Fensterinhalt löschen`“ der alte Quellcode verworfen und anschließend neu generiert. Entspricht der BPEL-Sourcecode den Erwartungen und ist er fehlerfrei, dann wird er durch die Schaltfläche „`Als BPEL-Datei speichern`“ in einer Datei verewigt. Deren Inhalt zeigt Abb. 8.11 in einem Ausschnitt.

Die exportierten BPEL Abläufe enthalten zunächst nur eine Grundstruktur des Prozesses, die noch an die jeweiligen Feinheiten der Engine und der Webservices angepasst werden muss. An dieser Stelle unternimmt der Entwickler dann auch Anpassungen und weitere Optimierungen.

Enterprise Java Beans und POJOs

Als letzte Artefakte müssen nun noch die Enterprise Java Beans und weitere Java-Klassen (Plain old Java-Objects, kurz POJOs) generiert werden. Die Details dieser Klassen wurden in der Phase Architecture ausgearbeitet. Es sollen zu diesem Zeitpunkt primär zwei Bestandteile der Beispiel-Anwendung erzeugt

InvestmentApplicationService.bpel

```
<process name="SP_InvestmentApplicationProcessI" targetNamespace="http://services.mid.de/InvestmentApplicationService" queryLa
    <partnerLinks>
        <partnerLink name="Client Antragsteller_InvestmentApplicationService" partnerLinkType="Client Antragsteller_Investment
        <partnerLink name="ProcurementService_procurementInterface" partnerLinkType="ProcurementService_procurementInterfacePL
        <partnerLink name="ERPService_AERPService" partnerLinkType="ERPService_AERPServicePLT" partnerRole="ERPService_AERPSer
        <partnerLink name="NotificationService_NotificationService" partnerLinkType="NotificationService_NotificationServicePL
        <partnerLink name="ArchiveService ApproveIA_Archive" partnerLinkType="ArchiveService ApproveIA_ArchivePLT" partnerRole
        <partnerLink name="ProcurementService OrderIA_procurementInterface" partnerLinkType="ProcurementService OrderIA_procur
        <partnerLink name="ARchiveService RejectIA_Archive" partnerLinkType="ARchiveService RejectIA_ArchivePLT" partnerRole="
    </partnerLinks>
    <variables>
        <variable name="submitInvestmentApplicationIn" messageType="ns2:InvestmentApplicationServiceRequestMessage" />
        <variable name="checkBudgetOfInvestmentApplicationIn" messageType="ns4:checkBudgetOfInvestmentApplicationRequest" />
        <variable name="checkBudgetOfInvestmentApplicationOut" messageType="ns4:checkBudgetOfInvestmentApplicationResponse" />
        <variable name="notifyPersonIn" messageType="..." />
        <variable name="notifyPerson2In" messageType="..." />
        <variable name="notifyPerson3In" messageType="..." />
    </variables>
    <sequence>
        <receive partnerLink="Client Antragsteller_InvestmentApplicationService" operation="submitInvestmentApplication" creat
        <invoke name="createNewInvestmentApplication" partnerLink="ProcurementService_procurementInterface" operation="createN
        <invoke name="checkBudgetOfInvestmentApplication" partnerLink="ERPService_AERPService" operation="checkBudgetOfInvestm
        <if>
            <condition>BudgetOK</condition>
            <sequence>
                <empty name="FillBudgetOKMessage" />
            </sequence>
            <elseif>
                <condition>BudgetNotOK</condition>
                <sequence>
                    <empty name="FillBudgetNotOKMessage" />
                </sequence>
            </elseif>
        </if>
        <invoke name="SendEMailNotification" partnerLink="NotificationService_NotificationService" operation="notifyPerson" po
        <pick createInstance="no">
            <onMessage partnerLink="..." operation="...">
                <sequence>
                    <invoke name="approveInvestmentApplication" partnerLink="ArchiveService ApproveIA_Archive" operation="appr
                    <invoke name="SendEMailNotification" partnerLink="NotificationService_NotificationService" operation="noti
                    <invoke partnerLink="ProcurementService OrderIA_procurementInterface" operation="processIAOrder" portType=
                    <receive partnerLink="..." operation="..." createInstance="no" />
                    <invoke name="archiveOrderedIA" partnerLink="..." operation="archiveOrderedIA" />
                </sequence>
            </onMessage>
            <onMessage partnerLink="..." operation="...">
                <sequence>
                    <invoke name="rejectInvestmentApplication" partnerLink="ARchiveService RejectIA Archive" operation="reject
```

Abb. 8.11 Ausschnitt aus der generierten BPEL-Datei

werden. Zum einen sind das die Session-Beans und Entities der Datenhaltungsschicht. Diese bilden eine bereits im Unternehmen bestehende Datenbank ab, auf die mit JPA (alternativ: Hibernate) zugegriffen wird. Zum anderen werden einfache Java-Klassen erzeugt, die Bestandteile der Logik der Services bilden.

Die EJBs werden auf Grundlage der Schnittstelle der jeweiligen Komponente generiert, die allerdings in der Architekturphase noch nicht näher ausgearbeitet wurde, weil sich das Interface des Session-Beans in unserem Fall sehr einfach aus den von ihm verwalteten Entities ergibt. Daher muss dieses Interface nun im ersten Schritt angelegt werden. Dafür nutzen wir aber wiederum die Hilfe eines Generators, der für jedes Entity jeweils vier Methoden in der Schnittstelle des Session-Beans erstellt, für jeden der CRUD-Zugriffe eine (Create, Read, Update, Delete). Diese Vorgehensweise ist im Falle einer kleineren Anzahl von Entities durchaus praktikabel, birgt jedoch bei größeren Projekten das Problem, dass die Schnittstellen dann unübersichtlich werden. Dann sollte man für unterschiedliche Aspekte oder Domänen eigene Interfaces mit getrennten Operationen definieren.

In der Beispielanwendung ist dieser Punkt aber nicht erfüllt und da es sich bei der Datenhaltung in unserem Fall um ein simuliertes Altsystem handelt, ist die Vorgehensweise durchaus gerechtfertigt. Dadurch können zudem die Möglichkeiten zur automatisierten Erzeugung von EJBs demonstriert werden. Und auch die Entities werden nicht von Hand angelegt, sondern mit einem weiteren Generator erzeugt.

Als Generator-Framework wird in diesem Teil der Anwendung *openArchitectureWare* (oAW) verwendet. Damit die Generierung durchgeführt werden kann, sind vorher die entsprechenden Templates für alle zu erzeugenden Artefakt-Typen zu erstellen. Dies wird in Kap. 9 im Rahmen der Automatisierung genauer beschrieben. Das bereits vorher erstellte Generator-Plug-In für den JPA-Export oder für die Erzeugung des Session-Beans muss nun in den *Innovator* eingebunden werden. Das Plug-In enthält jeweils die kompilierten Java-Klassen, die über eine API auf das Modell zugreifen. Um es zu installieren, müssen die Dateien des Plug-Ins in das Verzeichnis `$INODIR$/java` des *Innovators* installiert werden. In der Regel ist dies `C:\Innovator\11.3.2\inodir`, wobei 11.3.2 die Versionsnummer des *Innovator* ist. Für den Export der POJOs muss kein Generator erstellt oder installiert werden, da er bereits zum Lieferumfang des *Innovators* gehört.

Zur Generierung muss der *Innovator* gestartet werden und man muss sich mit entsprechender Rolle am Modell angemeldet haben. Die Erzeugung der Artefakte der Datenhaltungsschicht erfolgt nun in zwei Schritten. Zuerst wird das Interface des Session-Beans erzeugt, welches dadurch im Modell hinzugefügt wird. Aus dem Interface werden danach das Session-Bean, dessen Remote-Interface und die JPA-Entitities generiert.

Um das Interface des EJB zu erstellen, werden diejenigen Klassen im Modellbaum ausgewählt, für die später Java-Quellcode erzeugt werden soll. Abbildung 8.12 zeigt die selektierten Entities. Anzumerken ist dabei, dass nicht alle Klassen exportiert werden, da diese zwar fachlich Sinn machen, sich aber im Rahmen der Architecture Phase herausstellte, dass diese bei der Implementierung aus technischen Gründen nicht notwendig sind. Beispielsweise verwenden wir in der Umsetzung ganz andere Bestelldaten, als jene von der fachlichen Seite, welche ohne Kenntnisse von eProcurement-Systemen geplant wurden.

Nach der Auswahl der Entity-Klassen wird das Interface dadurch generiert, dass der Menüeintrag unter „`Engineering->Aktion ausführen->EJB Interface-Generierung`“ ausgewählt wird. Die Engineeringaktion erstellt dann das Interface der Enterprise Java Bean der Datenhaltungsschicht mit den CRUD-Operationen.

Nachdem das Interface des Session-Beans vorhanden ist, wird nun der Rest in Form von Sourcecode erzeugt. Dazu wird wieder eine weitere Engineeringaktion ausgeführt, indem im Menü der Eintrag „`Engineering->Aktion ausführen->JEE Codegenerierung`“ gewählt wird.

Dadurch erzeugt die Engineering-Aktion das Enterprise-Bean, dessen Remote-Interface und die gesamten Entities, die von dem ausgewählten Interface genutzt werden. Dabei wird das Modell der Entities generiert, die sich im Architecture-Projection-Modell befinden, das mit *Object Excellence* in Kap. 7 angelegt wurde. Es öffnet sich nun ein Dialog mit dem Aufrufparameter für die oAW-Generierung. An dieser Stelle kann der Ausgabepfad für die Java-Klassen gesetzt werden. Standardmäßig werden diese im Verzeichnis „`C:\jee`“ gespeichert. Mit Klick auf „OK“ wird die Generierung angestoßen indem die Java-VM geladen und die Engineering-Aktion des Plug-Ins gestartet wird. In dem sich öffnenden Fenster werden die Meldungen des Plug-Ins ausgegeben. An dieser Stelle treten oft Warnmeldungen aufgrund von Fehlern im Modell auf, die jetzt behoben werden können. Die

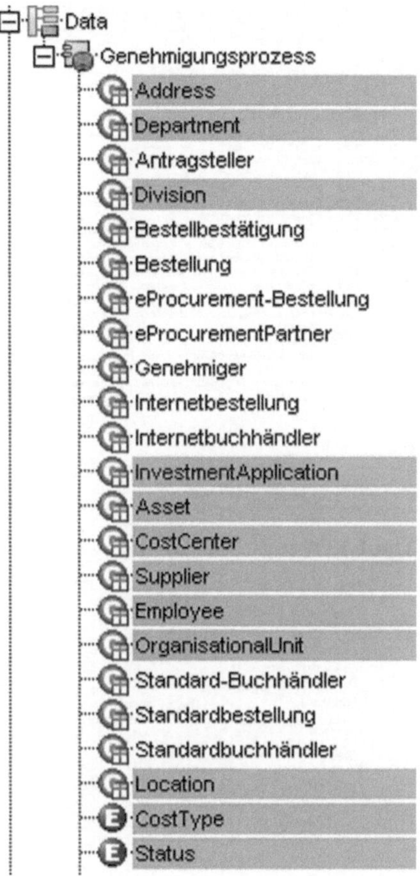

Abb. 8.12 Selektierte Entitiy-Klassen

Generierung muss dann erneut durchgeführt werden. Eine Beispielhafte Ausgabe der Generierung zeigt Abb. 8.13.

Die generierten Klassen befinden sich in dem Verzeichnis „`src`", beziehungsweise auch in dem Verzeichnis „`src-gen`", im vorher angegebenen Pfad. Es handelt sich dabei um normalen Java-Sourcecode, der um geschützte Bereiche ergänzt wurde. Da diese bei einer Neugenerierung nicht überschrieben werden, können hier Imports, Felder und Methoden untergebracht werden, die während der Implementierung hinzukommen. Einen Ausschnitt aus einer erzeugten Entity veranschaulicht Abb. 8.14.

Die Erzeugung der POJOs für die Services läuft nach demselben Schema ab, wie die Generierung der Entities. Mit denselben Methoden, die für die Erzeugung der Enterprise Java Beans benutzt wurden, können prinzipiell auch auf Java basierende Webservices für Dienste erzeugt werden. Dafür müssten dann natürlich Komponenten in den Modellen der Phase Architecture mit anderen Stereotypen versehen und spezielle Generierungsvorlagen für die Webservices erstellt werden. Der Generator erzeugt dann die entsprechenden EJBs oder Java-Klassen mit den JAX-WS

```
0     INFO  WorkflowRunner      - ------------------------------------------------------------------------
16    INFO  WorkflowRunner      - openArchitectureWare 4.3.1, Build 20081211-2100PRD
16    INFO  WorkflowRunner      - (c) 2005-2008 openarchitectureware.org and contributors
16    INFO  WorkflowRunner      - ------------------------------------------------------------------------
16    INFO  WorkflowRunner      - running workflow: workflow.oaw
31    INFO  WorkflowRunner      -
1266 WARN  DirectoryCleaner    - Property 'directories' is deprecated. Use 'directory' instead.
1281 WARN  DirectoryCleaner    - Property 'directories' is deprecated. Use 'directory' instead.
1391 INFO  CompositeComponent - OnlineModelAccess(inosrv)
4594 INFO  CompositeComponent - FileSystemHandler(srcDirHandler): cleaning directory 'C:\jee/src'
4594 INFO  CompositeComponent - FileSystemHandler(srcgenDirHandler): cleaning directory 'C:\jee/src-gen'
4594 INFO  CompositeComponent - Generator(generator): generating 'java::Root::Root FOREACH model.typeSelect(de::mid::inno
6656 INFO  ProtectedRegionResolverImpl - Source scan started ...
6766 INFO  ProtectedRegionResolverImpl - Source scan finished in 0.094s
6766 INFO  ProtectedRegionResolverImpl - Files scanned: 10
6766 INFO  ProtectedRegionResolverImpl - Regions found: 40
71484 INFO  Generator          - Written 10 files to outlet [default](C:\jee/src)
71516 INFO  Generator          - Written 2 files to outlet SRCGEN(C:\jee/src-gen)
71516 INFO  CompositeComponent - Generator(globalGenerator): generating 'java::Root::GlobalClasses FOR model' => C:\jee/s
71859 INFO  Generator          - Written 2 files to outlet [default](C:\jee/src-gen)
71859 INFO  CompositeComponent - Generator(beanGenerator): generating 'java::Root::Bean FOREACH model.typeSelect(de::mid:
72453 INFO  WorkflowRunner     - workflow completed in 71062ms!
```

Abb. 8.13 Ausgabe der JPA-Entity-Generierung

```
//PROTECTED REGION ID(Data/Genehmigungsprozess/InvestmentApplication-Entity) ENABLED START
//@NamedQueries()
//PROTECTED REGION END
@Entity
public class InvestmentApplication
{
//PROTECTED REGION ID(Data/Genehmigungsprozess/InvestmentApplication-StaticInit) ENABLED START

//PROTECTED REGION END

    private Boolean budgetExceeded;

    private String name;


    @ManyToOne(fetch=FetchType.LAZY,optional=false)
    @JoinColumn(nullable = false)
    private CostCenter costcenter;


    @OneToOne(mappedBy="investmentApplication",fetch=FetchType.EAGER,optional=false)
    @JoinColumn(nullable = false)
    private Asset asset;

    private String rationale;

    @Enumerated(value = EnumType.STRING)
    @Column(length = 255, columnDefinition = "CHAR(255)")
    private Status status;

    @ManyToOne(fetch=FetchType.LAZY,optional=false)
    @JoinColumn(nullable = false)
    private Employee applicant;

    @ManyToOne(fetch=FetchType.LAZY,optional=false)
    @JoinColumn(nullable = false)
    private Employee approver;

    public Boolean getBudgetExceeded() {
        return this.budgetExceeded;
    }
    public void setBudgetExceeded(Boolean budgetExceeded) {
        this.budgetExceeded = budgetExceeded;
    }

```

Abb. 8.14 Sourcecode-Ausschnitt eines erzeugten Entites

Annotationen. Der Vorteil dieser Vorgehensweise ist die Unabhängigkeit von einer speziellen Plattform, wie zum Beispiel. SOPERA. Sie kommt allerdings mit dem Nachteil einher, dass die erzeugten Webservices die erweiterte Funktionalität eines Enterprise Service Bus nicht nutzen können.

Systemlandschaft

Ein weiterer Teil der Phase Construction ist die Planung und Dokumentation des Deployments der Bestandteile der SOA-Anwendung. Die einzelnen Teile müssen ja auch irgendwo betrieben werden. Zudem müssen andere Dienste bei der Integration in die Plattform wissen, wo sie die von ihnen genutzten Dienste zur Laufzeit finden können.

Es bietet sich der Übersicht halber an, diese Informationen ebenfalls in Form von Diagrammen im Modell unterzubringen. Das Mittel der Wahl ist hierbei ein Verteilungsdiagramm (Deployment-Diagramm) der UML. In diesem kann die Systemlandschaft inklusive der Deployment-Informationen kompakt und übersichtlich dargestellt werden. Die Veranschaulichung hilft später den Administratoren, die für die Inbetriebnahme zuständig sind. Es empfiehlt sich also für die Vermeidung späterer Fehler, bereits zu diesem Zeitpunkt eine für alle Beteiligten verständliche Darstellung zu verwenden.

Mit einem Verteilungsdiagramm wird ein Modell der physischen Architektur eines Systems dargestellt. Es veranschaulicht, wie sich die Komponenten des Systems auf die Hard- und Softwarebestandteile verteilen. Insbesondere zeigt das Deployment-Diagramm die Struktur und die Beziehungen der Komponenten untereinander. Die Komponenten werden dabei im Jargon der UML durch Artefakte umgesetzt. Beispielsweise wird eine Java Enterprise Anwendung in einem Enterprise-Archive (EAR) gebündelt. Artefakte werden mittels eines Rechtecks dargestellt.

Ein Artefakt kann in einem Knoten installiert werden. Als Knoten dienen entweder Ausführungsumgebungen, wie zum Beispiel ein Application-Server, oder physikalische Geräte. Ein Knoten oder eine Ausführungsumgebung wird im Diagramm durch eine Box symbolisiert. Zwischen den Knoten können Kommunikationspfade dargestellt werden. Das könnte beispielsweise der Zugriff auf eine Session-Bean via RMI sein. Kommunikationsbeziehungen werden durch einen Strich dargestellt.

Das Verteilungsdiagramm der Beispielanwendung zeigt Abb. 8.15. Wir verwenden einen virtuellen Server, der drei Software-Knoten enthält. Der JBoss Application-Server dient in der Anwendung mehreren Zwecken. Auch er ist eine Ausführungsumgebung. Im Enterprise-Container wird die Datenhaltungsschicht betrieben. Diese wird mit einem EAR-Artefakt dargestellt. Zudem beherbergt der Webcontainer die simulierten Dienste externer Partner. Sie werden in WAR-Dateien ausgeliefert. Der JBoss Server enthält des Weiteren mit Apache-ODE eine weitere Ausführungsumgebung für BPEL-Prozesse. Deren Artefakte werden in einem JAR-Archiv ausgeliefert.

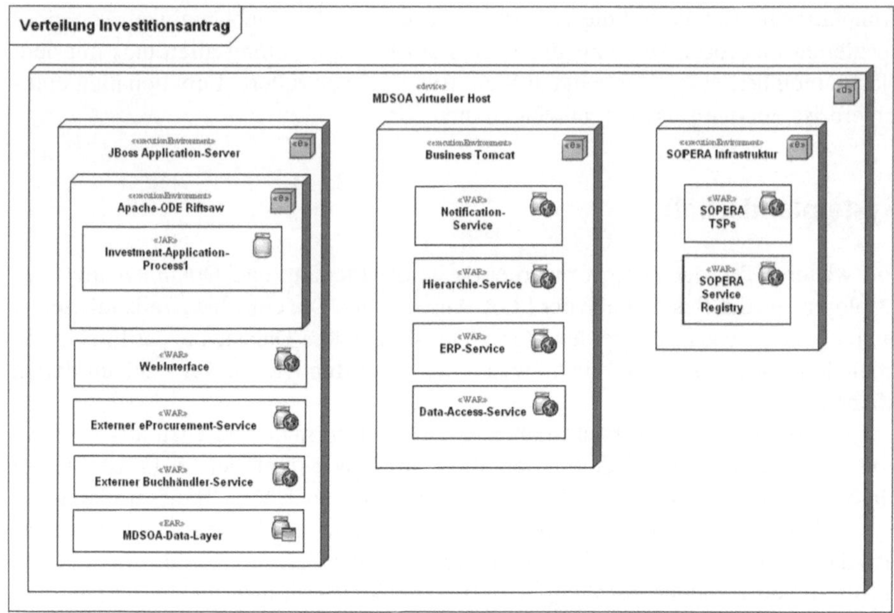

Abb. 8.15 Verteilungsdiagramm der SOA-Anwendung

Die Webservices der Anwendung werden in einem weiteren Webcontainer betrieben. Es handelt sich also um eine Ausführungsumgebung, in diesem Fall um einen Tomcat-Server der um Bibliotheken für die Kommunikation über den SOPERA-Backbone erweitert wurde. Er enthält wiederum die Services, die in Form von Webarchiven (WAR) installiert werden.

Die Infrastruktur von SOPERA wurde im Diagramm vereinfacht dargestellt. Sie ist nur pro forma vorhanden, damit der Administrator, der die Anwendung später installiert, weiß, dass die Infrastruktur vorhanden sein muss.

Zusätzlich zum Verteilungsdiagramm können die Informationen über die Dienste in einem Service-Repository, wie zum Beispiel einem UDDI-Verzeichnis, veröffentlicht werden. Bei gegebener Funktionalität des Verzeichnisses und des Modellierungstools besteht dann auch die Möglichkeit diese Informationen automatisiert in das Modell zu importieren.

Service-Implementierung

Nach Export und Generierung der Bestandteile der Anwendung geht es nun darum das Backend, die Dienste, die Abläufe und die Benutzerschnittstelle zu implementieren. Bis jetzt existieren schon Klassen, Abläufe und Schnittstellenbeschreibungen, die aber noch nicht vollständig sind. Die Dienste müssen noch mit Logik angereichert werden und die BPEL Workflows tatsächlich lauffähig gemacht werden. Dazu werden die aus dem Modell generierten Artefakte in die Projekte importiert und ein weiteres Mal vom Entwickler verfeinert. Jede der

Plattformen weist beim Import ein paar Besonderheiten auf und die Projekte müssen dementsprechend noch an die Plattformen angepasst werden. Sind das Backend, die Dienste und die Prozess-Workflows erstellt, kann die Entwicklung eines webbasierenden User-Interfaces durchgeführt werden, mit dem der Benutzer mit der SOA-Anwendung interagiert. So wird in diesem Abschnitt eine SOA-Anwendung aus den Bestandteilen Dienste, Workflows und Userinterface zusammengesetzt[2].

Datenhaltungs-Schicht

In unserer Beispielanwendung greifen die Dienste auf verschiedene bereits vorhandene Ressourcen zurück. Eine dieser Ressourcen ist eine Datenbank, die über ein Backend angesprochen wird, das mit der Java Enterprise Edition umgesetzt wird. Es wird davon ausgegangen, dass dieses Backend vor der Einführung der serviceorientierten Architektur im Einsatz war und von den Diensten genutzt wird. Dieses Backend wurde bereits vorher modellgetrieben entwickelt. Um es fit für eine SOA zu machen, wurde es neu generiert und um eine Webservice-Schnittstelle erweitert, wodurch die Datenhaltungsschicht gekapselt wird. Die Activity-Dienste greifen über die Webservice-Schnittstelle auf das Session-Bean der Datenhaltungsschicht zu.

Die Datenhaltungsschicht selbst besteht aus zwei Teilen. Zum einen wird die Java Persistence API (JPA) für das Objekt-Relationale Mapping verwendet. In der Realität könnte für dies aber auch eine ältere Technik zum Einsatz kommen. Zum anderen wird der Zugriff auf die Objekte in der Datenbank mit einem Stateless Session-Bean realisiert. Beide Teile werden in einem Enterprise Archiv (EAR) gebündelt und später in einem Application-Server betrieben. Die für die JPA benötigten Entities, welche die eigentlichen Datenobjekte der Anwendung darstellen, wurden bereits in den vorangehenden Phasen der MDSOA definiert und generiert. Diese müssen nun noch in ein vorher angelegtes JPA-Projekt importiert werden.

Dazu werden die generierten Entity-Klassen in das „`src`"-Verzeichnis des JPA-Projekts kopiert. In der verwendeten Implementierung der Entities verzichten wir auf weiterführende Möglichkeiten der Java Persistence API, wie zum Beispiel der Definition der Tabellennamen oder der Festlegung der Art des OR-Mappings. Diese sind in der Praxis zwar gebräuchlich, für unser Beispiel bringen sie jedoch wenig Nutzen, da wir damit keine SOA-spezifischen Aspekte behandeln würden. Außer dem Import der generierten Klassen ist bei den Entities kein weiterer manueller Arbeitsschritt mehr nötig. Es gibt einfach keine Logik, die zu implementieren wäre. An dieser Stelle erkennt man das große Einsparungspotenzial, dass die modellgetriebene Entwicklung gerade im Datenbereich bietet.

Damit die Datenobjekte auch in einer Datenbank gespeichert werden können muss noch eine Persistence-Unit definiert werden. Die Persistence-Unit gibt an, welche Klassen persistiert werden sollen und welcher Provider die Daten speichert. Zudem werden die Eigenschaften des Providers spezifiziert, wie zum Beispiel der verwendete SQL-Dialekt, das Datenbank-Schema oder Authentifizierungsdaten. Die Definition der Persistence-Unit erfolgt in einer XML Datei mit dem Namen

[2] Mehr zur Implementierung von SOA mit Java findet sich in [HEW09].

„Persistence.xml", die sich im META-INF-Verzeichnis des Entity Projekts befindet. In der Datei steht unter anderem auch, welcher Provider das ORM übernimmt. Da wir JBoss einsetzen, wird das objektrelationale Mapping der JPA standardmäßig durch Hibernate übernommen. Abbildung 8.16 zeigt den Inhalt der persistence.xml. Um die Bearbeitung der Persistence-Datei zu vereinfachen, kann auch der graphische Editor in Eclipse verwendet werden, wie Abb. 8.17 dargestellt.

```
persistence.xml
<?xml version="1.0" encoding="UTF-8"?>
<persistence version="2.0"
    xmlns="http://java.sun.com/xml/ns/persistence" xmlns:xsi="http://www.w3.org/2001/XMLSchema-instance"
    xsi:schemaLocation="http://java.sun.com/xml/ns/persistence http://java.sun.com/xml/ns/persistence/persistence_2_0.xsd">
    <persistence-unit name="MDSOA-DataLayer">
        <provider>org.hibernate.ejb.HibernatePersistence</provider>
        <jta-data-source>java:/MySqlDS</jta-data-source>
        <class>de.mdsoa.services.data.entities.Address</class>
        <class>de.mdsoa.services.data.entities.Asset</class>
        <class>de.mdsoa.services.data.entities.CostCenter</class>
        <class>de.mdsoa.services.data.entities.CostResponsibility</class>
        <class>de.mdsoa.services.data.entities.Department</class>
        <class>de.mdsoa.services.data.entities.Division</class>
        <class>de.mdsoa.services.data.entities.Employee</class>
        <class>de.mdsoa.services.data.entities.InvestmentApplication</class>
        <class>de.mdsoa.services.data.entities.Location</class>
        <class>de.mdsoa.services.data.entities.OrganisationalUnit</class>
        <class>de.mdsoa.services.data.entities.Supplier</class>
        <exclude-unlisted-classes>true</exclude-unlisted-classes>
        <!-- Development DS: jta-data-source>java:/DefaultDS</jta-data-source> -->
        <properties>
            <!-- Production properties -->
            <property name="hibernate.hbm2ddl.auto" value="create" />
            <property name="hibernate.dialect" value="org.hibernate.dialect.MySQLDialect" />

            <!-- Development properties: <property name="hibernate.hbm2ddl.auto" value="create-drop"
                /> <property name="hibernate.dialect" value="org.hibernate.dialect.HSQLDialect"/> -->
        </properties>
    </persistence-unit>
</persistence>
Design Source
```

Abb. 8.16 Codeausschnitt persistence.xml

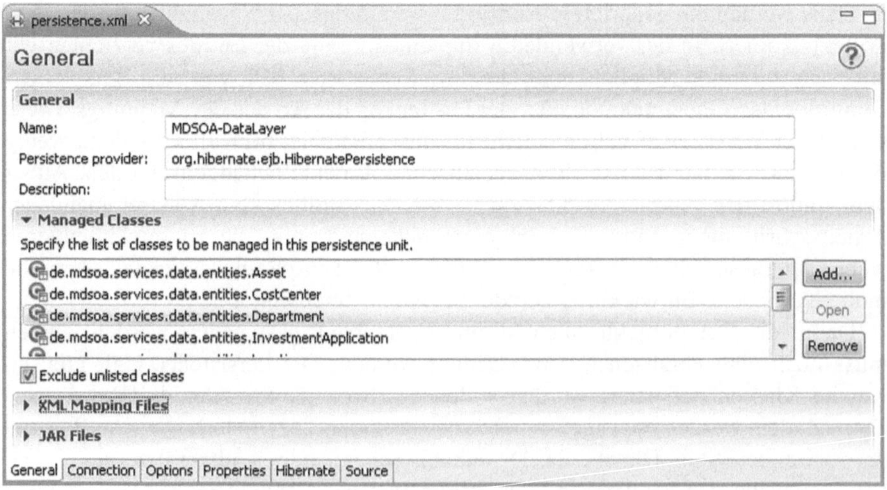

persistence.xml

General

General

Name: MDSOA-DataLayer

Persistence provider: org.hibernate.ejb.HibernatePersistence

Description:

Managed Classes

Specify the list of classes to be managed in this persistence unit.

de.mdsoa.services.data.entities.Asset
de.mdsoa.services.data.entities.CostCenter
de.mdsoa.services.data.entities.Department
de.mdsoa.services.data.entities.InvestmentApplication

Add... Open Remove

Exclude unlisted classes

XML Mapping Files

JAR Files

General | Connection | Options | Properties | Hibernate | Source

Abb. 8.17 Persistence.xml im graphischen Editor

Nach dem Anlegen der Entities wird noch die Funktionalität des Session-Beans benötigt. Auch dieses wurde bereits in der Architecture Phase entworfen. Die dazugehörigen Enterprise Java Beans wurden auch schon generiert und müssen nun in ein separates EJB-Projekt importiert werden. Dazu werden die erzeugten Source-Dateien in das Verzeichnis „`ejbModule`" kopiert.

Im Gegensatz zu den Entities enthalten die Methoden des Session-Beans Geschäftslogik, mit der auf die Datenbank zugegriffen wird. Diese Logik besteht zum Großteil aus Datenbank-Abfragen in der Java Persistence Query Language (JPQL). Sie muss aber nur teilweise von einem Programmierer erstellt werden. Wie in Kap. 9 gezeigt wird, folgen die Abfragen für die CRUD-Operationen (Create, Read, Update und Delete) alle einem generischen Schema. Aus dem Schema lässt sich daher sehr einfach eine Generierungs-Schablone erstellen. In Abb. 8.18 wird ein Ausschnitt aus dem Quellcode einer Methode des EJB mit einer JQPL-Abfrage gezeigt, welche nachträglich entwickelt wurde, sowie eine vom Generator erzeugte generische Methode.

ERPDataAccessBean.java

```
/**
 * Finds all CostCenters
 * @return the cost centers
 * @throws ERPDataException in case of a fault
 */
public Set<CostCenter> findAllCostCenters() throws ERPDataException {
    // prepare query
    Query query = em.createQuery("SELECT c FROM CostCenter c");
    HashSet<CostCenter> costCenters;

    try {
        // retrieve entities
        List result = query.getResultList();

        costCenters = new HashSet<CostCenter>();
        CostCenter costCenter = null;
        // copy result-list to hashset
        if (result.size() > 0) {
            for (Object object : result) {
                costCenter = (CostCenter) object;
                costCenters.add(costCenter);
            }
        }
    } catch (Exception e) {
        throw new ERPDataException("CostCenter don't exist!");
    }

    return costCenters;
}

/**
 * Updates the data of an CostCenter in the database
 * @param CostCenter to update
 * @return the CostCenter
 */
@TransactionAttribute(TransactionAttributeType.REQUIRED)
public CostCenter updateCostCenter(CostCenter costCenter) {
CostCenter updatedEntity = em.merge(costCenter);
    em.flush();

    return updatedEntity;
}
```

Abb. 8.18 Ausschnitt aus der Session-Bean

Zum Schluss sollte die Datenhaltungsschicht noch getestet werden. Auf Details möchten wir hier nicht eingehen. Es genügt zu sagen, dass die üblichen Verfahren im JEE-Umfeld verwendet werden können. In der Beispielanwendung wurden hierfür JUnit-Tests benutzt. Sehr praktisch ist es, wenn man während der Testphase den Default-Provider des JBoss-Application-Servers für die Datenbank einsetzt. Dieser besteht aus einer im Speicher vorgehaltenen HSQL-Datenbank, die beim Neustart der Applikation gelöscht wird. Dadurch kann die Datenbank nach der Fehlerbehebung schnell ohne Altlasten getestet werden. Für den späteren Betrieb wird der Provider durch eine nicht-flüchtige relationale Datenbank ersetzt.

Externe Dienste

Zur Simulation der Verwendung externer Dienste werden im Beispiel des Buches noch zwei Dienste benötigt. Sie sollen den Vorteil einer serviceorientierten Architektur demonstrieren, der durch die Nutzung externer Funktionalität entsteht. Dadurch muss das Unternehmen bereits verfügbare Funktionalität nicht nochmals selbst implementieren und betreiben. In dem Beispielprozess nutzt das Unternehmen die Dienste von Partnern bei der Beschaffung der Güter des Investitionsantrages. Dafür muss noch ein Webservice implementiert werden, der ein elektronisches Beschaffungssystem (E-Procurement) simuliert. Zudem soll eine automatisierte Bestellung von Büchern bereitgestellt werden, die ebenfalls als Webservice umgesetzt wird. Da das Ziel des Buches nicht die Details des E-Business sind, werden diese Dienste nur pro forma implementiert, das heißt ohne Berücksichtigung der Standards und Besonderheiten die in der Realität in diesem Bereich zu erwarten wären. Die Implementierung unter Betracht der geläufigen Standards würde den Rahmen des Buchs sicherlich sprengen und bietet dabei keinerlei Vorteile hinsichtlich des Verständnisses einer SOA.

Für die Umsetzung der Dienste wurde `JAX-WS` (Java API for XML Web Services) gewählt, um ein anderes Framework zu verwenden als bei den internen Services, die auf SOPERA-Basis entwickelt werden. Die Wahl einer anderen API soll die Plattformunabhängigkeit und das Zusammenspiel der Webservice-Implementierungen unterschiedlicher Hersteller einer SOA aufzeigen. Die Dienste wurden als reine Dummy-Dienste ohne nennenswerte Funktionalität umgesetzt. Da die Dienste als extern, und damit für das Unternehmen als gegeben vorausgesetzt werden, gehen wir auf die Details der Implementierung nicht weiter ein. Für Interessierte verweisen wir auf den Quellcode, der auf der Website des Buchs zu finden ist.

SOPERA-Services

Wie in dem Konzept der serviceorientierten Architektur vorgesehen, wird in der Beispielanwendung die Anwendungslogik der zentralen fachlichen Funktionalitäten in den Diensten gekapselt. Im Szenario des Beispiels existiert bereits ein Altsystem in Form eines ERP-Systems, von dem einige Funktionalitäten als Webservice verfügbar gemacht werden sollen. Dafür wird ein Wrapper-Dienst entwickelt. Ein weiterer

Dienst besteht in einem System, mit dem Nachrichten an einen Benutzer verschickt werden. Im Investitionsprozess wird diese Funktionalität beispielsweise dazu genutzt die beteiligten Mitarbeiter über den Status des Antrags zu informieren. Mit dem Hierarchie-Service kommt ein weiterer Dienst hinzu, der eine Geschäftsregel abbildet.

Die Implementierung der Dienste erfolgt mit Hilfe der Vorgaben, die in den vorangehenden Phasen erarbeitet wurden. Zum einen kann der Entwickler auf die Diagramme des Modells zurückgreifen, welche die Dienste spezifizieren. Zum anderen wurden bereits Teile generiert, die nun eingebunden werden. Für die internen, neu zu entwickelnden Dienste wird auf SOPERA als SOA-Plattform zurückgegriffen. Dabei erfolgt die Entwicklung mit einer plattformspezifischen Entwicklungsumgebung, die von SOPERA bereitgestellt und auf der Website heruntergeladen werden kann [SOPERA]. Die Entwicklungsumgebung besteht im Wesentlichen aus Plug-Ins für Eclipse, die den Entwickler bei der Serviceentwicklung unterstützen und einer reduzierten SOPERA-Infrastruktur für Entwicklungszwecke.

Die Plug-Ins und die Infrastruktur sind Teil der sogenannten „Dev-Box“. Darüber hinaus enthält die Dev-Box noch Scripts, Generatoren, Demo Provider/Consumer und Tutorials. Die Eclipse-Plug-Ins sind in Eclipse-Perspektiven gebündelt. Die Development-Perspective enthält zum einen ein Frontend zum Starten und Stoppen der Infrastruktur-Server. Das Frontend zeigt Abb. 8.19.

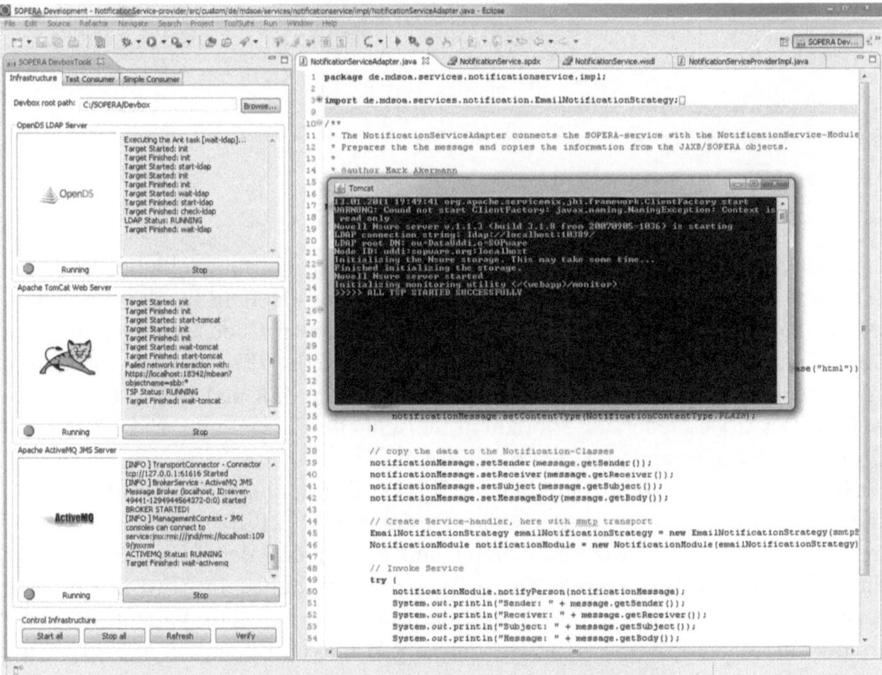

Abb. 8.19 Die SOPERA Dev-Box mit gestarteter Infrastruktur

Zum anderen finden sich in der Perspektive Tools für den Test der Services mittels automatisierter Consumer. Mit der Administration-Perspective können die Einstellungen des Backbones, der Benutzer und der Sicherheit verändert werden. Zudem enthält die Perspektive ein Tool um Einträge in der Service-Registry zu bearbeiten. Der Registry-Editor ist in Abb. 8.20 dargestellt.

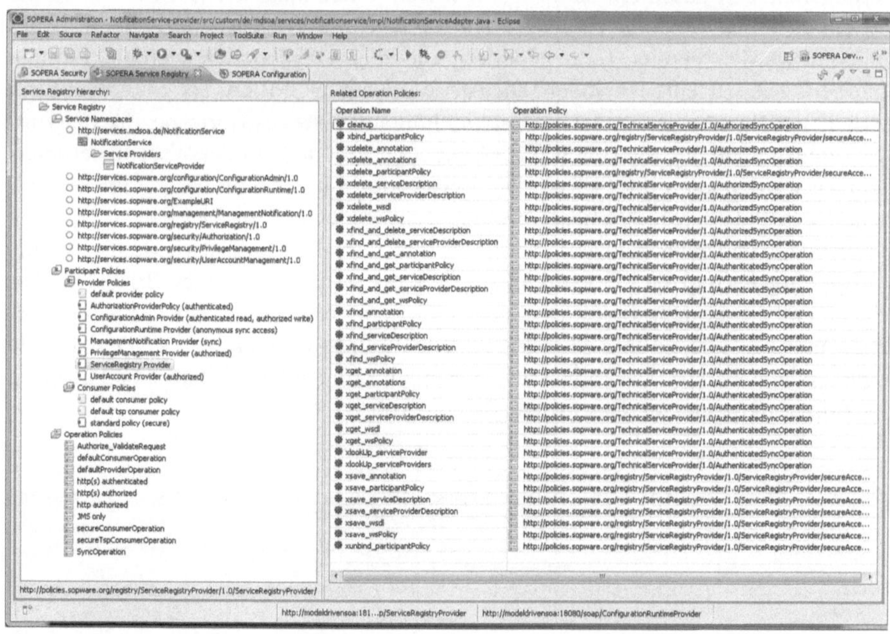

Abb. 8.20 SOPERA Service-Registry

Unabhängig von den Perspektiven enthält zudem das Entwicklungspaket das SOPERA Service Studio. Es handelt sich dabei um ein Plug-In, das aus Editoren für Service-Beschreibungen und Policies und einem Code-Generator besteht. Der Service-Editor gleicht dem WSDL-Editor, der in der JEE-Version von Eclipse mitgeliefert wird. Er wurde um die Unterstützung von SDX und SPDX-Dateien erweitert. Der Code-Generator ermöglicht die schnelle Erzeugung von Diensten auf Grundlage der typisierten PAPI von SOPERA.

SOPERA bietet insbesondere bei der Service-Entwicklung Vorteile, da es unter anderem eine Programmierschnittstelle (Participant-API, PAPI) mitliefert, die alle wesentlichen Teile der Kommunikation und Einbindung der Teilnehmer in den Enterprise Service Bus kapselt. Diese Programmierschnittstelle wird in zweierlei Ausprägungen angeboten: typisiert und untypisiert. Die typisierte Variante der PAPI erlaubt eine schnelle Service-Entwicklung mit Hilfe von Generatoren, bei welcher der Service anhand von Java-Objekten (JAXB) kommuniziert. Die untypisierte PAPI bietet sich für weitergehende Dienste an, in denen der Entwickler direkten Zugriff auf die Funktionen des Enterprise Service Bus benötigt und den Inhalt der XML-basierenden Nachrichten selbst bestimmen möchte. Die Entwicklung der internen Dienste der SOA-Anwendung für das Beispiel erfolgte mit der typisierten PAPI der SOPERA-Plattform. Diese führt den modellgetriebenen Ansatz, der in diesem Buch verfolgt wird, konsequent und elegant weiter. Der typische Ablauf der Entwicklung wird in Abb. 8.21 dargestellt.

Abb. 8.21 Ablauf der typisierten Service-Entwicklung

Bei der Serviceentwicklung verfolgt SOPERA mit der typisierten PAPI einen sogenannten Contract First-Ansatz. Das bedeutet, dass hier die Schnittstellenbeschreibung zuerst erstellt wird und dann daraus ein Dienst generiert wird. Anders herum wird beim Implementation-First-Ansatz (auch: Contract Last) verfahren: Der Service wird implementiert und dann, ausgehend davon, die Schnittstellenbeschreibung erzeugt. Für die Beschreibung der Schnittstelle werden, wie bei Webservices allgemein üblich, WSDL-Dateien verwendet. An dieser Stelle weicht SOPERA etwas ab, denn das Framework nutzt zwar WSDL zur Beschreibung, teilt diese jedoch in zwei Dateien auf. Der abstrakte Teil der WSDL findet sich in sogenannten Service-Description-Dateien (SDX) wieder und der konkrete Teil mit dem Binding in den Service-Provider-Description-Dateien (SPDX).

In den vorausgehenden Abschnitten wurden bereits WSDL-Dateien für die zu implementierenden Dienste generiert. Diese können mit den Tools des Frameworks in ein vorher angelegtes SOPERA-Projekt importiert werden. Sie werden beim Import automatisch in die zwei Formate aufgeteilt. Der Import von WSDL ist im Allgemeinen unproblematisch, so dass bereits ausgearbeitete Schnittstellenbeschreibungen direkt und ohne Änderungen übernommen werden können. Eine wesentliche Einschränkung gibt es dennoch: Die WSDL-Dateien müssen konform zum Basic-Profile 1.0 der WS-I sein. Die Konformität ist jedoch aus Gründen der Interoperabilität der Webservices sowieso grundsätzlich zu empfehlen. Deshalb kann man diesen Aspekt auch als eine Art der Qualitätssicherung betrachten. Sollten die WSDL-Dateien nicht kompatibel sein, dann müssen diese entsprechend der Warnmeldungen noch im Service-Editor von SOPERA angepasst werden. Die folgende Abb. 8.22 zeigt auf der linken Seite im Project Explorer die importierten WSDL, die nun als SDX und SPDX Dateien vorliegen. Auf der rechten Seite ist der Service-Editor dargestellt.

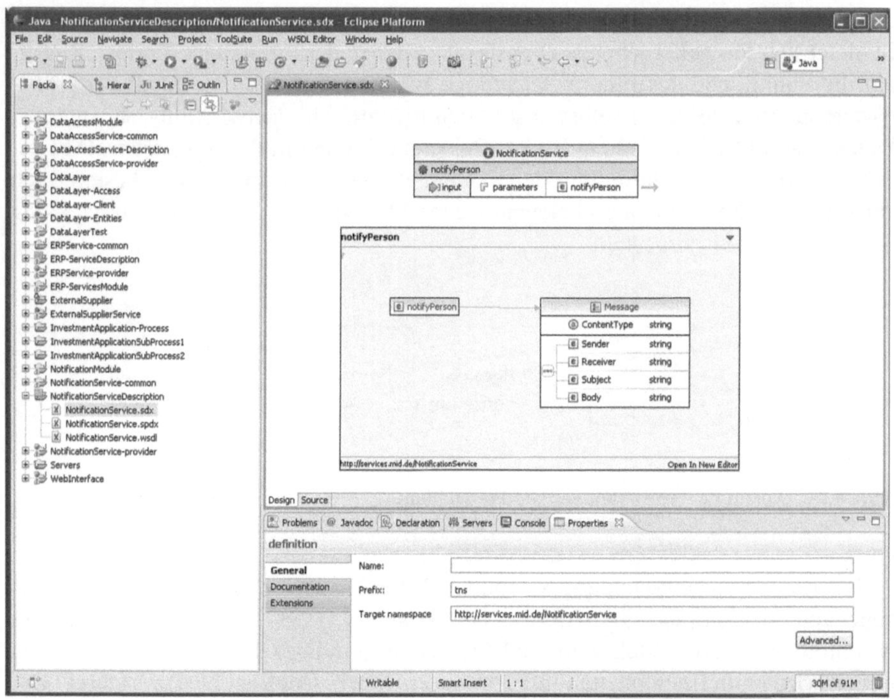

Abb. 8.22 Das Ergebnis des WSDL-Imports

Im nächsten Schritt wird mit Hilfe der Schnittstellenbeschreibungen plattformspezifischer Java-Code für die Dienste erzeugt. Die Entwicklungsumgebung von SOPERA stellt hierfür schon fertige Generatoren bereit, mit denen sich Webservices und Clients für die Java Standard Edition, Java Enterprise Edition und als Servlets für den Betrieb in einem Webcontainer erzeugt werden können. Die Clients, beziehungsweise Services der Java SE, bieten sich für Testzwecke an. Standardmäßig verwendet SOPERA aber die in einem Webcontainer betriebenen Dienste. Die Dienste sind zwar auch als Webservice erreichbar, ihre generierte Funktionalität geht jedoch über reine Webservices hinaus. Mit Hilfe der PAPI werden die Services um Plattformspezifika erweitert und die Anbindung an den SOPERA Service Backbone integriert. Damit ist der Dienst auch über den verteilten ESB erreichbar, der über normale Webservices hinausgehende Kommunikationsmuster erlaubt.

Aus den importierten WSDL der Dienste der Anwendung werden auf diese Weise die entsprechenden Servlets generiert. Dabei erzeugt der Generator von SOPERA mehrere Projekte. Im ersten Projekt (Common) sind die Objekte enthalten, die Dienstnutzer und Dienstanbieter bei Kommunikation über den Enterprise Service Bus benötigen. Dies sind beispielsweise die transferierten Datenobjekte. Das zweite Projekt enthält die spezifische Dienstanbindung des Providers und die Implementierung des Services. Das Projekt enthält außerdem die Klassen, die zum Betrieb in einem Webcontainer notwendig sind. Die generierten Projekte des

Beispiels sind jeweils mit der Endung „Common", beziehungsweise „Provider" benannt worden. Im Folgenden werden wir auf das Common-Projekt nicht mehr eingehen, da die weiteren Arbeiten ausschließlich in dem Projekt des Providers stattfinden. Den Aufbau des generierten Projekts des Dienst-Providers veranschaulicht Abb. 8.23.

Abb. 8.23 Das generierte Projekt für die Service-Implementation

Der Quellcode des Dienstes befindet sich im Verzeichnis „`Src`" des Provider-Projekts. Die Paketstruktur teilt sich hier in zwei Zweige. Zum einen befinden sich die erzeugten Klassen, die für die Anbindung an den ESB (bei SOPERA SSB genannt) benötigt werden, in dem Package „`Generic`". An den dort enthaltenen Klassen werden im Allgemeinen keine manuellen Anpassungen notwendig sein. Zum anderen wird das Paket „`Custom`" angelegt, das zunächst nur eine leere Implementation der Klasse des Dienstes enthält. In dieser existiert für jede Operation eine Methode, die der Entwickler noch mit Funktionalität füllen muss. Zudem wurden noch Methoden zur Initialisierung erzeugt und es gibt einen geschützten Bereich, in dem Code bei einer Neugenerierung nicht überschrieben wird. Daher empfiehlt es sich Ergänzungen möglichst in diesem Bereich unterzubringen.

Umfangreiche Funktionalitäten sollten aber prinzipiell nicht in der Stub-Klasse untergebracht, sondern in anderen Klassen ausgelagert werden. Beispielsweise wurde die gesamte von den Diensten zu leistende Geschäftslogik der SOA-Anwendung als Modul jeweils in einem externen Projekt untergebracht und dann in das Provider-Projekt importiert. Wie sich im Laufe der Entwicklung der SOPERA-Dienste gezeigt hat, führen Änderungen der Definition der Serviceschnittstellen zu einem großen Folgeaufwand. Dadurch sind die Neugenerierung der Dienste und Anpassungen an der Logik der Dienste notwendig. Die Entscheidung, die Dienstlogik in Modulen auszulagern, hilft diesen Aufwand zu verringern, da nur die Aufrufe der Module in die Methoden der Operationen des Dienstes eingefügt werden müssen. Die Geschäftslogik bleibt davon unberührt. Abbildung 8.24 zeigt das Modul Projekt des Benachrichtigungs-Dienstes.

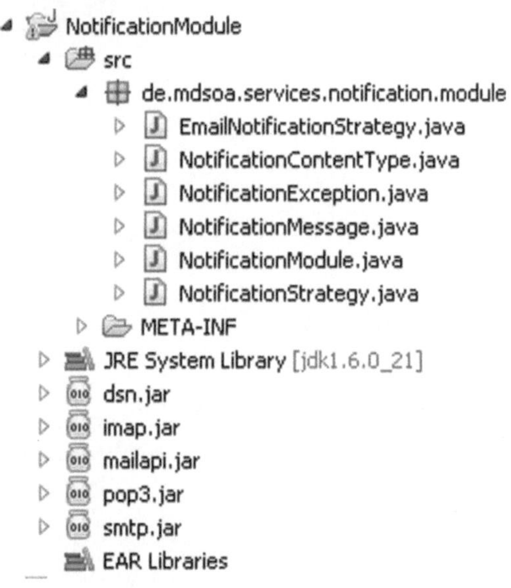

Abb. 8.24 Das Projekt des Notification-Moduls

Die im Vorfeld generierten POJOS enthalten die Rahmenklassen für die Module mit der Geschäftslogik. Diese muss noch vom Entwickler hinzugefügt werden. Hier befinden sich beispielsweise Aufrufe der Datenhaltungsschicht oder Berechnungsvorgänge. Zudem wurden noch Adapter-Klassen angelegt, welche die Umsetzung zwischen den JAXB-Objekten, mit denen der ESB von SOPERA arbeitet, und den Entities der Datenhaltungsschicht übernehmen. In Abb. 8.25 ist ein Ausschnitt aus der Adapter-Klasse des Notification-Services zu sehen.

Die Logik des ERP- und des Datenzugriffsdiensts ist trivial. Sie enthält lediglich Aufrufe der Datenhaltungsschicht und kleinere arithmetische Operationen. Der folgende Codeausschnitt veranschaulicht den Aufruf der Adapterklasse des ERP-Dienstes innerhalb der generierten SOPERA-Dienstklasse. Die Umsetzung des Benachrichtigungsdienstes erfolgt mittels der Java Mail-API. Eine eigens hierfür entwickelte Strategie ermöglicht den Versand der Nachrichten an die Mitarbeiter per SMTP.

Nach der Umsetzung der Dienste müssen diese noch getestet werden. Die Business-Logik in den Modulen kann dabei mit den für Java üblichen Verfahren

NotificationServiceAdapter.java

```java
package de.mid.services.notificationservice.impl;

import de.mid.services.notification.EmailNotificationStrategy;

/**
 * The NotificationServiceAdapter connects the SOPERA-service with the NotificationService-Module.
 * Prepares the the message and copies the information from the JAXB/SOPERA objects.
 *
 * @author Mark Akermann
 *
 */
public class NotificationServiceAdapter {

    /**
     * Sends a notification to a person.
     * @param message
     */
    public void notifyPerson(Message message) {

        NotificationMessage notificationMessage = new NotificationMessage();

        // set content-type
        if(message.getContentType() != null && message.getContentType().equalsIgnoreCase("html")){
            notificationMessage.setContentType(NotificationContentType.HTML);
        }
        else{
            notificationMessage.setContentType(NotificationContentType.PLAIN);
        }

        // copy the data to the Notification-Classes
        notificationMessage.setSender(message.getSender());
        notificationMessage.setReceiver(message.getReceiver());
        notificationMessage.setSubject(message.getSubject());
        notificationMessage.setMessageBody(message.getBody());

        // Create Service-handler, here with smtp transport
        EmailNotificationStrategy emailNotificationStrategy = new EmailNotificationStrategy();
        NotificationModule notificationModule = new NotificationModule(emailNotificationStrategy);

        // Invoke Service
        try {
            notificationModule.notifyPerson(notificationMessage);

        } catch (NotificationException e) {
            e.printStackTrace();
        }
    }
}
```

Abb. 8.25 Code-Ausschnitt der Adapterklasse

getestet werden, wie zum Beispiel JUnit-Tests. Für die Überprüfung der Dienste kommen mehrere Möglichkeiten in Betracht. Für den Test der SOPERA-Services, welche die Funktionalitäten des SSB nutzen, liefert die Entwicklungsumgebung ein Tool mit, mit dem die Funktionalitäten des Dienstes geprüft werden können. Zudem kann ein Client generiert werden, der den Dienst aufruft. In diesem können Tests implementiert werden. Da die Dienste aber auch als Webservice angesprochen werden können, kann man die Funktionalität auch mit den in diesem Bereich üblichen Tools überprüfen. Sehr umfangreich und bekannt ist hier an erster Stelle das Tool SOAP-UI, mit dem die Services direkt angesprochen werden können. Es lassen sich damit aber auch Clients und automatische Tests generieren. Ähnliche Testmöglichkeiten, die allerdings nicht an den Umfang von SOAP-UI heranreichen, bietet der Webservice-Explorer, der mit der JEE Edition von Eclipse mitgeliefert wird. Schön gelöst ist dabei das Ausfüllen der Parameter einer Operation. Ein Beispiel zeigt Abb. 8.26.

Zum Testen kann zudem die Testumgebung für SOPERA, die in der Entwicklungsumgebung eingebunden ist, verwendet werden. Diese liefert eine eigene lokale Infrastruktur mit allen benötigten Servern und dem Service-Backbone. Auf diese

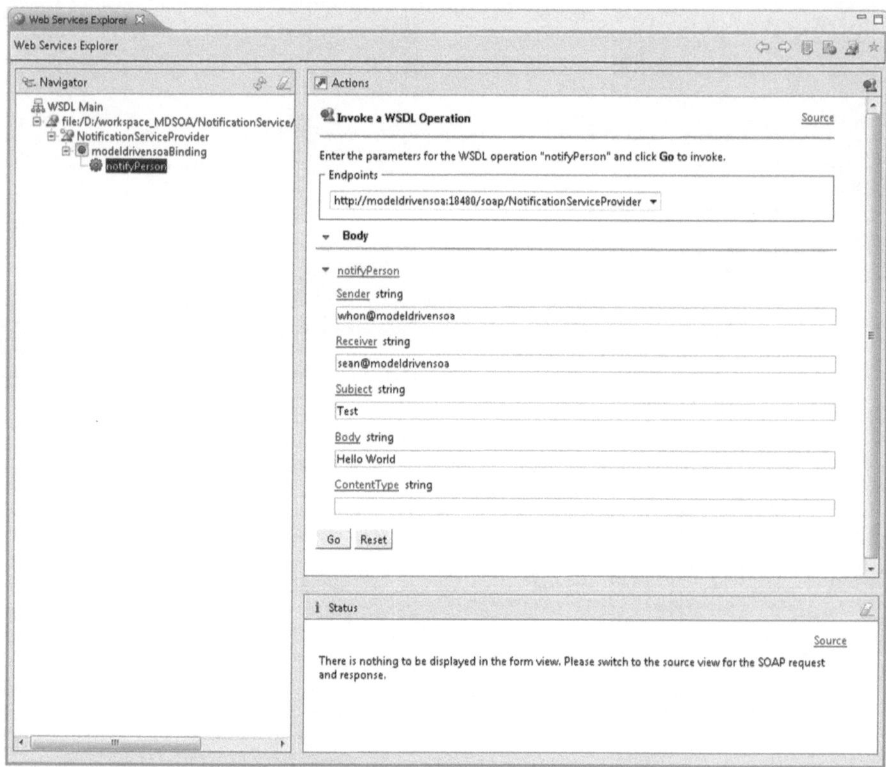

Abb. 8.26 Test mit dem Webservice-Explorer von Eclipse

Weise ist es nicht notwendig während Entwicklung und Test auf eine speziell dafür eingerichtete Serverlandschaft zurückzugreifen.

BPEL-Services

Nach der Umsetzung der Dienste sind die grundsätzlichen Funktionalitäten vorhanden, die für die SOA-Anwendung notwendig sind. Doch für sich stellen die Dienste noch wenig an Geschäftswert dar. Es fehlt noch eine Schicht, die die Leistungen der Dienste verbindet und zu automatisierten Geschäftsabläufen zusammenschnürt. Diese Aufgabe übernehmen die mit BPEL realisierten Services. Die Geschäftsprozesse wurden bereits in der Initiation-Phase entworfen und in der Phase Evaluation in einer Weise aufbereitet, in der sie in BPEL genutzt werden können. Dabei orientierte sich der Entwurf der Abläufe an den fachlichen Vorgaben.

Damit die exportierten BPEL-Abläufe genutzt werden können, müssen noch einige Arbeiten erledigt werden. Zuerst muss ein Projekt für jeden BPEL-Service angelegt werden. Danach werden die exportierten BPEL-Dateien in das Projekt importiert, indem man sie in das Projektverzeichnis kopiert. Die Abläufe sind nun zwar im Projekt vorhanden, ein Client weiß aber noch nicht, wie diese aufgerufen werden. Da BPEL-Dienste gewöhnliche Webservices sind, wird die Schnittstelle des Dienstes mit WSDL beschrieben. Dafür muss eine neue WSDL-Datei angelegt werden. Darauf folgt die Definition der Schnittstelle mit den Methoden, die für jede Receive und eventuell für eine Pick Aktivität benötigt werden. Anschließend erfolgt die Beschreibung der Bindung, welches in diesem Fall die Lokalisation der BPEL-Engine ODE definiert. Wie dies mit dem Eclipse WSDL-Editor umgesetzt wird, zeigt Abb. 8.27.

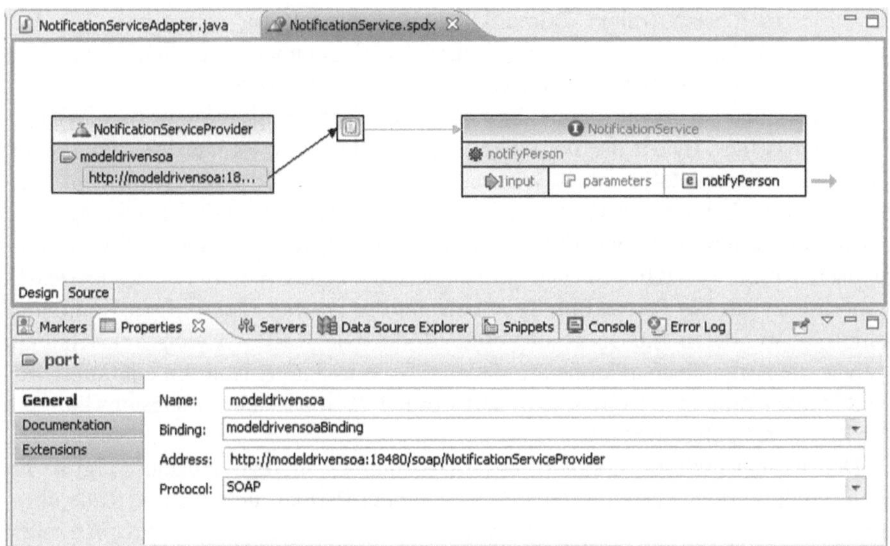

Abb. 8.27 Bearbeitung des Bindings im Service-Editor

Im nächsten Schritt werden die Dienstbeschreibungen der eigenen Schnittstelle und der genutzten Services ebenfalls in Form von WSDL-Dateien importiert. Diese bilden in BPEL die Partnerlinks. Dafür werden die WSDL-Dateien der Partner-Services in das Verzeichnis „`bpelContent`“ des Projekts kopiert. Dies ist notwendig, da die BPEL-Engine Apache ODE derzeit nur WSDL von der Verzeichnisstruktur innerhalb des BPEL-Archivs importieren kann. Das Ergebnis des Imports aller WSDL-Dateien veranschaulicht Abb. 8.28.

Nun ist alles vorhanden, um die Abläufe ablauffähig zu machen. Dazu müssen zuerst die Verbindungen mit anderen Services und Service-Konsumenten definiert werden, die sogenannten Partnerlinks. In der Evaluation-Phase fehlten noch die Details der Partnerlinks, daher sind diese noch nicht in der generierten BPEL-Datei enthalten. Der Generator legt zwar für jede der an einer Kollaboration beteiligten Parteien einen Partnerlink an. Die Verbindung zu den tatsächlichen Services, also das Binding das im WSDL beschrieben wird, ist jedoch nicht erzeugt worden,

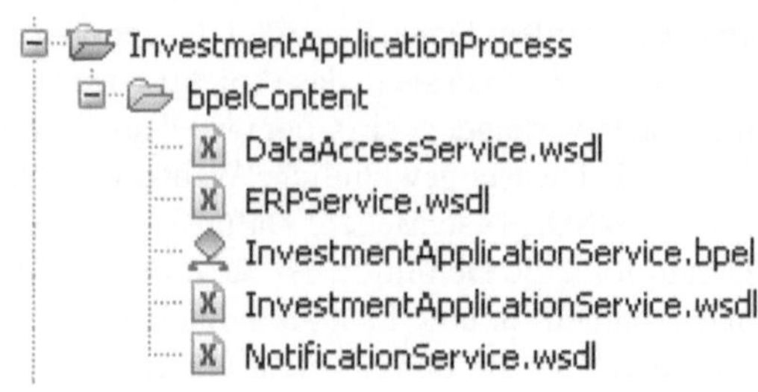

Abb. 8.28 Das BPEL-Projekt mit allen importierten Dateien

da diese zu diesem frühen Zeitpunkt noch nicht bekannt sein muss. Die Beschreibungen der Services werden nun zunächst eingebunden, indem die generierte BPEL-Datei mit dem BPEL-Editor von Eclipse geöffnet wird.

Anschließend wird mit dem Editor für jeden Partnerlink die jeweilige WSDL-Datei importiert. Dazu werden die Eigenschaften des Partnerlinks bearbeitet. Der Editor liefert dafür einen Wizard mit, der für jeden Partnerlink beim Import der WSDL-Datei im Hintergrund jeweils ein Partnerlink-Type angelegt. Die Partnerlink-Types sind eine WSDL-Erweiterung und werden von dem Editor automatisch in einer zusätzlichen Datei gespeichert, die in das WSDL-File des Prozesses importiert wird. Ein Partnerlink-Type benennt die in der gegenseitigen Kommunikation verwendeten Interfaces mit einer Rolle. Die Rolle ist eine Bezeichnung, welche die Aufgabe charakterisiert, die eine Seite in dem Austausch einnimmt. Für beide Seiten kann eine Rolle spezifiziert werden. Es muss aber mindestens nur eine der Rollen festgelegt werden.

Der PartnerlinkType definiert welche Rollen es in dem Austausch gibt. Im Partnerlink wird wiederum festgelegt, welcher der Partner die jeweilige Rolle übernimmt. Wichtig ist dabei, dass bei dem Partnerlink, der den BPEL-Prozess selbst repräsentiert, das Attribut „`myRole`“ mit der im Partnerlink-Type definierten Rolle belegt wird, die die Schnittstelle des Prozesses repräsentiert. Für alle vom Prozess genutzten Services muss die Eigenschaft „`PartnerRole`“ mit der entsprechenden Rolle im Partnerlink-Type des Partners gesetzt werden. Die nun importierten Partnerlinks werden anschließend in allen Receive, Reply, Invoke und Pick Aktivitäten gesetzt, die im generierten Prozess bereits vorhanden sind. Damit ist der Import der WSDL und das Einrichten der Partnerlinks abgeschlossen. In Abb. 8.29 ist zu sehen, wie die Rollen in Eclipse bearbeitet werden.

Damit ist das generierte BPEL importiert und die Verbindungen zu den Partnern sind festgelegt. Im nächsten Schritt können die erzeugten Ablaufschritte des BPEL-Prozesses weiter verfeinert werden. Durch die abstrakte Ebene, auf der sich das Modell der Evaluation Phase befindet, kann es vorkommen, dass die Abläufe in einer generischen Form beschrieben werden. Im Gegensatz dazu kann es nun auf der untersten Ebene Möglichkeiten geben, um die Abläufe aus technischer Sicht zu optimieren. Hier wird der Entwickler mit seiner Fachkompetenz eingreifen. Die fachlichen Vorgaben dürfen dabei natürlich nicht verändert werden. Beispielsweise könnte die Übergabe von komplexen Daten durch Verweise mit einer

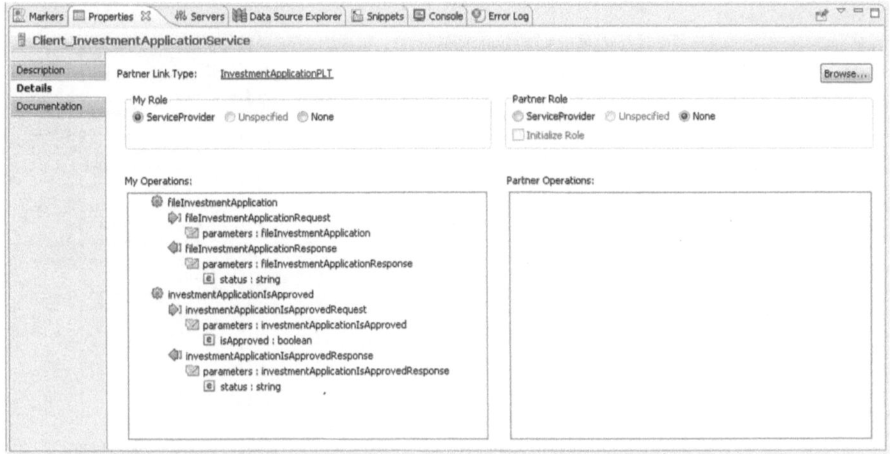

Abb. 8.29 Bearbeitung der Rollen des Partnerlinks in Eclipse

Identifikationsnummer der Objekte in der Datenbank ersetzt werden, um Übertragungen, und damit Latenzzeiten, klein zu halten. Zudem können sich aufgrund der Beschränkungen der Transformationsmöglichkeiten zwischen BPMN und BPEL Fehler einschleichen, die vom Entwickler behoben werden müssen. Die generierten Abläufe enthalten des Weiteren noch keine Details, wie zum Beispiel XPath-Ausdrücke zum Auslesen von Daten aus den Parametern oder Definitionen von logischen Ausdrücken. Diese müssen nun vom Entwickler eingearbeitet werden.

Glücklicherweise hat dieser aber die fachlichen Vorgaben aus den vorangehenden Phasen an der Hand und kann im Zweifelsfall einen Blick ins Modell werfen und auf Grundlage dessen die Fehler beheben. Um die BPEL-Abläufe zu bearbeiten kann der graphische Editor verwendet werden, der als Teil des Eclipse-Plug-Ins „JBoss-Tools" mitgeliefert wird. Mit dem Editor können die Abläufe sowohl graphisch, als auch durch direktes Editieren des BPEL-Quellcodes bearbeitet werden. Die Bearbeitung des Investitionsprozesses mit dem BPEL Editor demonstriert Abb. 8.30. Der Screenshot zeigt die importierte BPEL-Datei direkt nach der Generierung. Wie man erkennen kann, fehlen hier zum Beispiel Variablen-Zuweisungen. Die Grundstruktur, die Variablen und Partnerlinks sind jedoch bereits vorhanden.

Nachdem die Abläufe nun lauffähig gemacht und optimiert wurden, müssen sie noch für die Workflow-Engine erkennbar gemacht werden. In der Beispielumgebung nutzen wir als BPEL-Engine *Apache ODE* (im Container Riftsaw), die für die Ausführung eines Ablaufs einen Deployment-Descriptor benötigt. Dieser muss noch angelegt werden. Dank der Unterstützung der JBoss-Tools ist dies sehr leicht durchzuführen. Es wird dazu der Deployment-Descriptor mit einem Wizard angelegt und mit einem in den JBoss-Tools mitgelieferten Editor bearbeitet. An dieser Stelle müssen nur noch die Bindings für alle Partnerlinks, die der BPEL-Prozess anbietet oder nutzt festgelegt werden. Alle anderen Angaben ermittelt

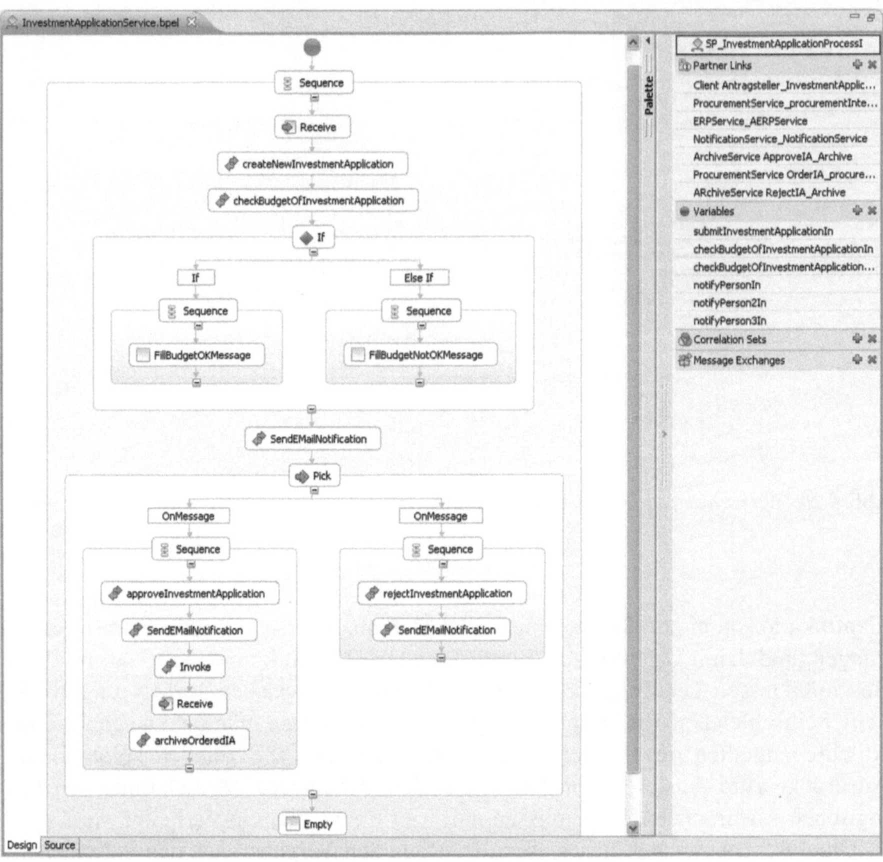

Abb. 8.30 Der Eclipse-BPEL Editor mit dem frisch importierten Prozess

Eclipse automatisch. Das Plug-In bietet die in allen im Projekt-Verzeichnis gefundenen WSDL-Dateien befindlichen Bindings zur Auswahl an. Daraus wird das entsprechende Binding für den Partnerlink gewählt. Die folgende Abb. 8.31 zeigt das Bearbeiten des Deployment-Descriptors mit dem Werkzeug.

Damit sind die wesentlichen Schritte der Entwicklung der BPEL-Dienste abgeschlossen. Zur Überprüfung sollten sie noch getestet und debuggt werden. Prinzipiell können Fehler in BPEL-Diensten durch Remote-Debugging bereinigt werden, sofern die Workflow-Engine dies unterstützt. Im Falle von Apache ODE ist diese Funktionalität zwar vorhanden, es mangelt aber an einem Plug-In für Eclipse, dass dies unterstützt. Deswegen ist es derzeit leider nur möglich die Abläufe von Hand zu testen und währenddessen die Ausgaben der Log-Dateien der Engine mitzulesen. Die Gestaltung der Tests orientiert sich dabei an den fachlichen Prozessvorgaben der früheren Phasen.

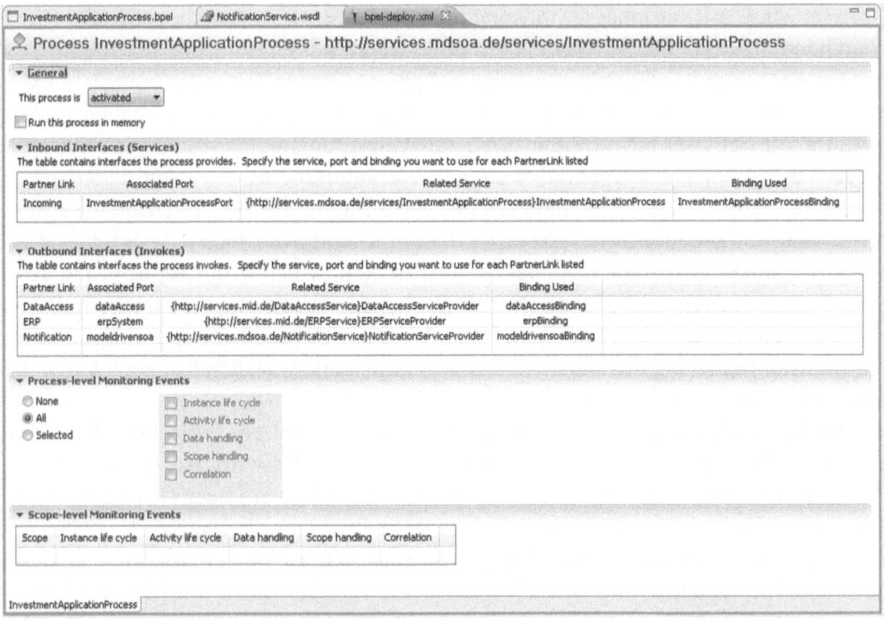

Abb. 8.31 Der graphische Editor für den Apache-ODE Deployment-Descriptor

Webinterface

Auf dem jetzigen Stand existiert die Datenhaltungsschicht, die Dienste setzen die Geschäftslogik um, die fachlichen Prozesse sind mit BPEL automatisiert und ausführbereit. Es fehlt noch die Möglichkeit der Interaktion der Benutzer mit den BPEL-Abläufen. Leider bringt BPEL keinerlei solche Funktionalität mit sich. Mit BPEL4People und WS-HumanTask sind zwar Bestrebungen der OASIS zur Spezifizierung der Benutzerinteraktion mit den Workflows im Gange, bis die Standardisierung abgeschlossen ist, muss aber mit anderen Mitteln eine vergleichbare Funktionalität umgesetzt werden. In manchen SOA-Plattformen gibt es bereits generische Frontends für die Darstellung der Prozesse. Für das Beispiel wird auf diese Möglichkeit verzichtet. Stattdessen wird ein getrennter webbasierender Client zur Anwenderinteraktion entwickelt, der die jeweiligen Prozesse anspricht. Diesen Client kann man auch als User-Interface-Service bezeichnen.

Bevor mit der Entwicklung des Clients begonnen wird, sollten wesentliche Vorgaben für die Gestaltung der Oberfläche in einem Konzeptpapier festgehalten werden. Dieses beschreibt den Aufbau der Oberfläche und die Gestaltung von Menüs. Es wird auch festgehalten, mit welchen Elementen der User mit der Oberfläche interagiert. Ziel ist dabei ein konsistentes Bedienkonzept zu entwickeln, das mit den bereits bestehenden Anwendungen des Unternehmens übereinstimmt. In dem Dokument finden sich dementsprechend Angaben zum Corporate Design wieder, zum Beispiel Vorgaben zur Farbpalette und den Logos des Unternehmens. Ferner sollte bei einem webbasierenden Client auch geklärt sein, mit welchem

Browser und mit welcher Auflösung der Benutzer die Website aufruft. Diese Angaben unterstützen den Entwickler beim Design der Oberfläche.

Das Aussehen des Clients wurde bereits auf der Ebene der Initiation anhand von Mockups skizziert. Die Maskenflüsse der Evaluation liefern die Vorgaben für die Abläufe, die der User bei der Benutzung der Webseiten durchläuft. Für den Beispielprozess meldet sich der User dabei an dem Webinterface an. Er wählt dann aus, ob er einen Antrag stellen oder einen Antrag genehmigen möchte. Der Benutzer führt die weiteren manuellen Prozessschritte dann mit dem Web-Interface durch und erhält aus den BPEL-Abläufen versandte Nachrichten, welche ihn über den Status des Investitionsauftrags informieren. Der genehmigende Vorgesetzte erhält ebenfalls ein E-Mail, welches ihn per Verweis auf die Web-Oberfläche dirigiert, um dort den Investitionsantrag zu begutachten. Auf ein weitergehendes Design-Konzept wurde der Einfachheit halber verzichtet.

Für die Umsetzung der Oberfläche des Beispiels wird ein typischer ThinClient entwickelt, bei dem die Logik auf einem Server ausgeführt wird. Als technologische Basis für die Umsetzung der Oberfläche werden Java Server Faces (JSF) eingesetzt. Java Server Faces ist ein Web-Framework für die Programmierung von Websites mit Java, das Teil der Java Enterprise Edition ist. Da JSF nur eine Spezifikation ist, muss noch eine Implementierung gewählt werden. Für das Beispiel wurde die Implementierung von Apache MyFaces gewählt. Prinzipiell findet bei JSF eine Trennung der Darstellung von der Präsentationslogik statt. Dementsprechend werden das Layout und die Darstellung der Weboberfläche in JSF-Dateien mit HTML-ähnlichen Tags definiert. Für die Entwicklung wird in Eclipse ein Projekt mit der „Dynamic Web Project"-Facette angelegt. Das Projekt enthält dann automatisch einen Ordner namens „Webcontent", in dem die JSF-Dateien angelegt werden. Den Inhalt des Ordners zeigt Abb. 8.32.

Die einzelnen Seiten des Page-Flows werden als Java-Server-Pages-Dokumente angelegt, die anschließend mit den JSF-spezifischen Tags angereichert werden. Für die Bearbeitung der Pages liefert Eclipse ein Plug-In mit. Damit ist es möglich die Seite sowohl visuell als auch textuell zu bearbeiten. Den Editor zeigt Abb. 8.33. Es können Elemente der Seite aus einer Palette ins Dokument gezogen und platziert werden. Damit eine rasche Erstellung des Grundgerüsts der Seiten möglich. Für die Bearbeitung der Details, wie zum Beispiel den Verweisen auf die Backing-Beans, nimmt man am besten den Text-Editor. Natürlich muss man beim Erstellen der Seiten die Design-Vorgaben und die Mockups aus den früheren Phasen beachten. Sind die Pages erstellt und mit Verweisen auf die Logik-Klassen versehen, wird als Letztes noch am Aussehen gefeilt. Dazu wird eine CSS-Datei (Cascading-Style-Sheets) mit den Stilinformationen der Elemente angelegt (siehe Abb. 8.34). Darin lässt sich das Erscheinungsbild, wie bei HTML üblich, feintunen. Die CSS-Datei muss natürlich in jeder Seite noch verlinkt werden.

Die Logik der Webanwendung befindet sich in sogenannten „Managed Beans" (auch: Backing Beans). In der SOA-Anwendung kapseln die Backing Beans die Darstellungslogik und rufen über Webservices Daten für die Webanwendung ab. Die Weboberfläche benutzt drei Managed Beans, die sich als normale Java-Klassen

Abb. 8.32 Inhalt des „Webcontent"-Ordners

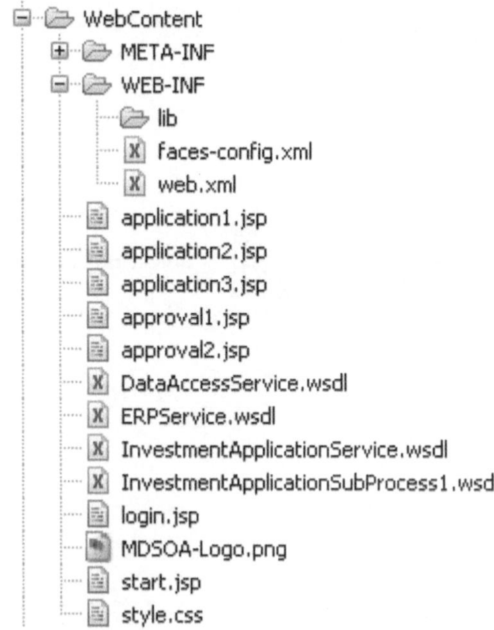

im „`src`"-Ordner des Projekts befinden. Ihre Aufgabe ist unter anderem die Standardprüfung auf leere Mussfelder, die sich mit JSF sehr einfach umsetzen lässt. Für komplexere Prüfungen oder erweiterte Funktionalitäten, wie zum Beispiel der Einhaltung der Hierarchie oder des Budget, könnten weitere Java-Klassen eingesetzt werden, die von den Backing Beans verwendet werden. In einer serviceorientierten Architektur empfiehlt es sich aber solcherlei Funktionalität in einem Dienst zu kapseln, wenn diese mehrfach verwendbar sein soll. Mit der Verwendung der Services findet zugleich eine saubere Trennung zwischen Darstellung, die von der Weboberfläche übernommen wird, und fachlicher Funktionalität statt.

Die Managed-Beans werden als normale Java-Klassen (POJOs) angelegt. Ihre Attribute werden auch als Properties bezeichnet. Eine Besonderheit bei Java-Server-Faces ist, dass von den JSF-Seiten direkt auf Attribute und Methoden der Backing-Bean verwiesen werden kann. Das Framework liest dann den Inhalt der Properties aus und stellt ihn auf der Seite dar. Das funktioniert auch mit Arrays und Listentypen, so dass damit sehr einfach Tabellendarstellungen mit wenig Aufwand dargestellt werden können. Damit der Zugriff auf die Attribute funktioniert, müssen für jedes Property die entsprechenden Getter- und Setter-Methoden erstellt werden. Diese müssen den allgemeinen Vorgaben für Java-Beans folgen und dürfen in der Schreibweise nicht vom Attributnamen abweichen.

Die Methoden eines Backing-Beans dienen allgemein dem Ausführen von Aktionen der Web-Anwendung. Dies können technische Aufgaben, wie Ausnahmebehandlung oder Validierung sein. Die Methoden des Managed-Beans können aber

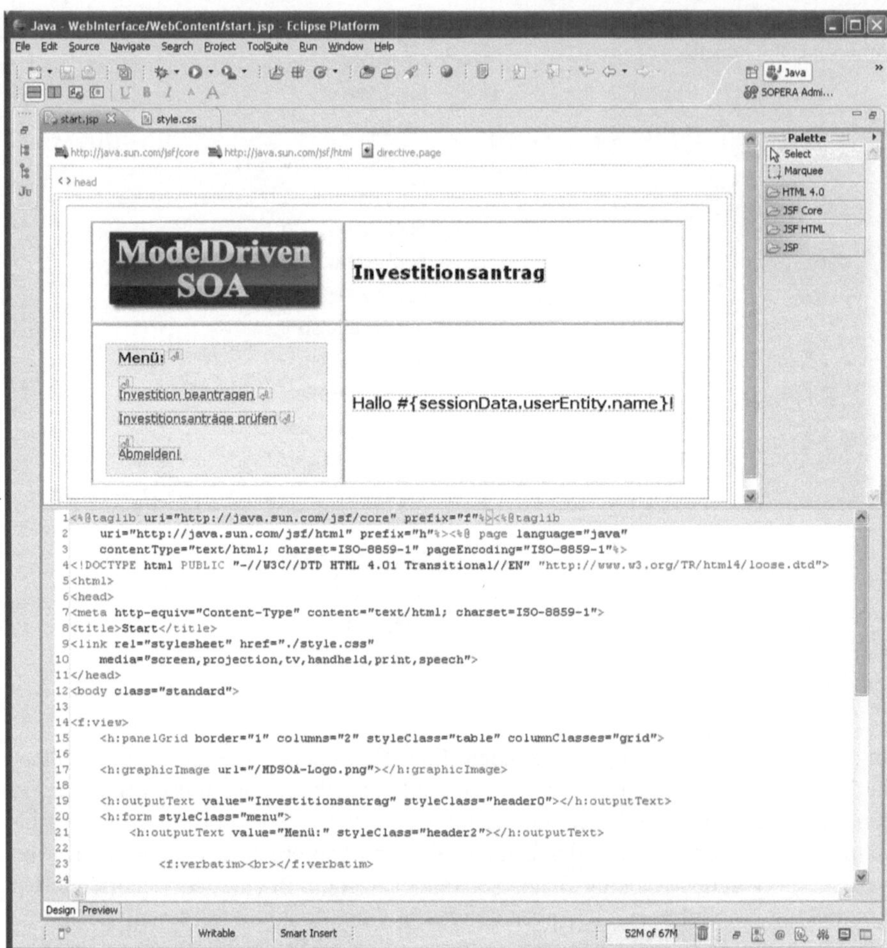

Abb. 8.33 Editieren der JSF-Seiten in Eclipse

auch für fachliche Aufgaben verwendet werden. Hier wird also die Logik der Weboberfläche untergebracht. Eine Besonderheit gibt es in diesem Zusammenhang noch: JSF benutzt Methoden auch zur Seitennavigation. Die jeweilige Methode gibt in diesem Fall einen String mit der Bezeichnung der nächsten Seite zurück. Damit ist es je nach Begebenheit möglich, den Page-Flow dynamisch anzupassen. Die Umsetzung erfolgt komplett in Java. Einen Ausschnitt aus einem Managed-Bean der Beispielanwendung ist in Abb. 8.35 dargestellt.

Zur Einbindung anderer Dienste werden Stubs der Webservices eingesetzt. Diese dienen dem Aufruf der Dienste durch die Webanwendung und werden durch geeignete Werkzeuge generiert. Mit den generierten Klassen werden in der Beispielanwendung die Prozessservices aufgerufen. Die Stub-Klassen für den Zugriff auf die Dienste werden mit „`WSimport`“ aus den zugehörigen WSDL-Dateien

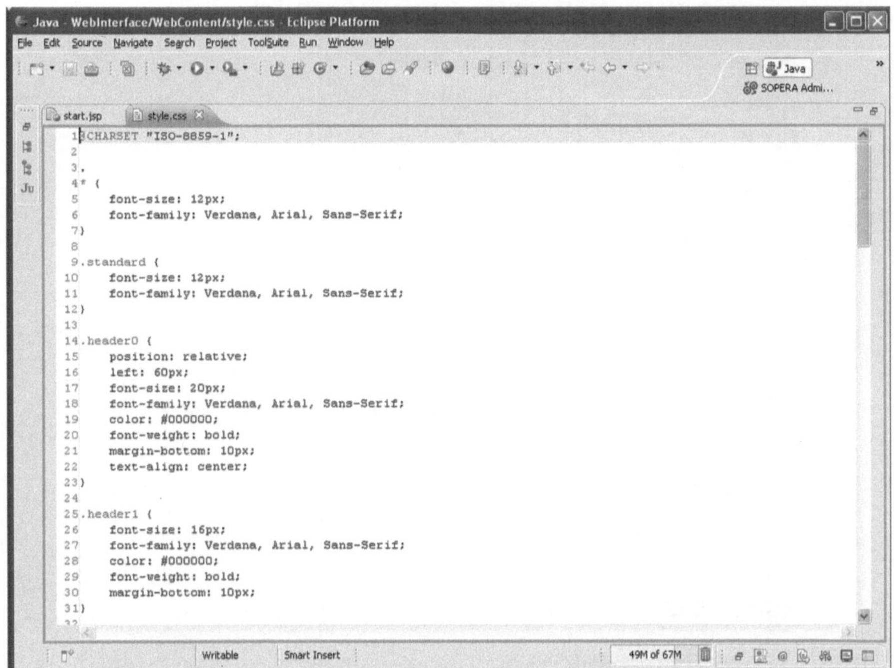

Abb. 8.34 Cascading Style-Sheet der Webanwendung

generiert. `WSimport` ist ein von Sun Microsystems erhältliches Werkzeug, welches anhand der Schnittstellenbeschreibung den Quellcode für den Zugriff auf den Dienst erzeugt. Die Generierung der Stub-Klassen erfolgt für alle vom Webinterface benutzen Dienste. Die erzeugten Klassen werden jeweils in eigenen Packages untergebracht.

Zur Erzeugung eines Stubs wird `WSimport` auf der Konsole aufgerufen. Standardmäßig ist der einzige notwendige Parameter ein URI der WSDL-Datei des zu importierenden Dienstes. Dann erzeugt `WSimport` nur Class-Dateien. Da in der Webanwendung aber die Sourcen benötigt werden, ist dies nicht ausreichend. Mit der Option „`keep`" behält `WSimport` die generierten Quellcode-Dateien. Allerdings schreibt es diese in dasselbe Verzeichnis, wie die Class-Dateien. Man kann aber auch mit weiteren Optionen das Verzeichnis für den Source-Code und die Class-Files angeben. In Abb. 8.36 wird ein beispielhafter Aufruf des Tools gezeigt. Die erzeugten Dateien werden anschließend in das entsprechende Verzeichnis im Eclipse-Projekt kopiert. Dort können sie dann in den Managed Beans verwendet werden, um Webservices aufzurufen. In Abb. 8.37 sieht man das Ergebnis des Imports der Stub-Verzeichnisse.

Die Zusammenhänge zwischen den Managed Beans und den JSF-Seiten werden in einer Konfigurationsdatei (faces-config.xml) definiert. Diese entspricht prinzipiell einem Deployment-Descriptor der Java Enterprise Edition. Sie dient aber auch dazu

SessionData.java

```java

    /**
     * Performs the logout.
     * @return String with the progress
     */
    public String logout() {
        // Set everything to 0
        this.date = null;
        this.userEntity = null;
        this.username = null;

        return "logout";
    }

    /**
     * Initializes a new InvestmentApplication for further use.
     * Also sets up a new application-bean.
     *
     * @return String with the progress
     */
    public String createNewInvestmentApplication() {

        // create new Application
        ObjectFactory objectFactory = new ObjectFactory();
        InvestmentApplicationEntity investmentApplicationEntity = objectFactory.createInvestmentApplicationEntity();
        investmentApplicationEntity.setUser(this.userEntity);
        investmentApplicationEntity.setAsset(objectFactory.createAssetEntity());
        investmentApplicationEntity.setCostResponsibility(objectFactory.createCostResponsibilityEntity());

        // get other managed bean
        FacesContext facesContext = FacesContext.getCurrentInstance();
        Application application = facesContext.getApplication();
        ValueBinding binding = application.createValueBinding("#{applicationBean}");
        ApplicationBean applicationData = (ApplicationBean) binding.getValue(facesContext);

        applicationData.setInvestmentApplicationEntity(investmentApplicationEntity);
        applicationData.setSessionData(this);
        applicationData.initialize();

        return "newApplication";
    }
```

Abb. 8.35 Codeausschnitt Backing-Bean

C:\Windows\system32\cmd.exe

```
C:\mdsoa>mkdir src

C:\mdsoa>mkdir class-files

C:\mdsoa>wsimport InvestmentApplicationProcessService.wsdl -keep -p de.mdsoa.services.processes -d class-
files -s src -verbose
parsing WSDL...


generating code...

de\mdsoa\services\processes\FileInvestmentApplicationResponse.java
de\mdsoa\services\processes\InvestmentApplication.java
de\mdsoa\services\processes\InvestmentApplicationIsApproved.java
de\mdsoa\services\processes\InvestmentApplicationIsApprovedResponse.java
de\mdsoa\services\processes\InvestmentApplicationProcessService.java
de\mdsoa\services\processes\InvestmentApplicationProcessService_Service.java
de\mdsoa\services\processes\ObjectFactory.java
de\mdsoa\services\processes\package-info.java

compiling code...

javac -d C:\mdsoa\class-files -classpath C:\Program Files\Java\jdk1.6.0_21\lib\tools.jar;C:\Program Files
\Java\jdk1.6.0_21\classes -Xbootclasspath/p:C:\Program Files\Java\jdk1.6.0_21\jre\lib\rt.jar;C:\Program F
iles\Java\jdk1.6.0_21\jre\lib\rt.jar C:\mdsoa\src\de\mdsoa\services\processes\FileInvestmentApplicationRe
sponse.java C:\mdsoa\src\de\mdsoa\services\processes\InvestmentApplication.java C:\mdsoa\src\de\mdsoa\ser
vices\processes\InvestmentApplicationIsApproved.java C:\mdsoa\src\de\mdsoa\services\processes\InvestmentA
pplicationIsApprovedResponse.java C:\mdsoa\src\de\mdsoa\services\processes\InvestmentApplicationProcessSe
rvice.java C:\mdsoa\src\de\mdsoa\services\processes\InvestmentApplicationProcessService_Service.java C:\m
dsoa\src\de\mdsoa\services\processes\ObjectFactory.java C:\mdsoa\src\de\mdsoa\services\processes\package-
info.java

C:\mdsoa>_
```

Abb. 8.36 Ausgabe der Codegenerierung von WSimport

Abb. 8.37 Die generierten Service-Stubs

die verschiedenen Elemente der Oberfläche einzubinden. In der Konfigurationsdatei werden die Managed Beans eingetragen, die in der Anwendung genutzt werden. Zudem erfolgt eine Zuweisung eines Namens, der in den JSF-Dateien referenziert wird. Dieser entspricht auch den bereits erwähnten Strings die bei den Methoden der Managed Beans zu Navigationszwecken zurückgegeben werden. Im Beispiel ist „`sessionData`" ein solcher Name. Abbildung 8.38 zeigt eine grafische Ansicht der Datei.

Des Weiteren muss in der Konfigurationsdatei in Form von sogenannten „Navigation-Rules" die Reihenfolge spezifiziert werden, in der die JSF-Masken besucht werden dürfen. Darüber hinaus können noch weitere Komponenten konfiguriert werden, die aber in der Webanwendung nicht verwendet wurden. Die Definition der Navigation-Rules ist mit dem graphischen Editor von Eclipse leicht möglich, wie in Abb. 8.39 ersichtlich ist. Dazu werden aus einer Palette JSF-Dateien ins Diagramm gezogen. Die Dateien werden über die Eigenschaften mit den JSF-Seiten verknüpft. Zwischen den Seiten werden dann Verbindungen eingezeichnet, die den Maskenfluss darstellen. An jeder Verbindung wird der Name der nächsten Seite hinterlegt. An dieser Stelle wird der Zusammenhang mit den Maskenfluss-Diagrammen der BPMN deutlich. Prinzipiell ist es möglich aus

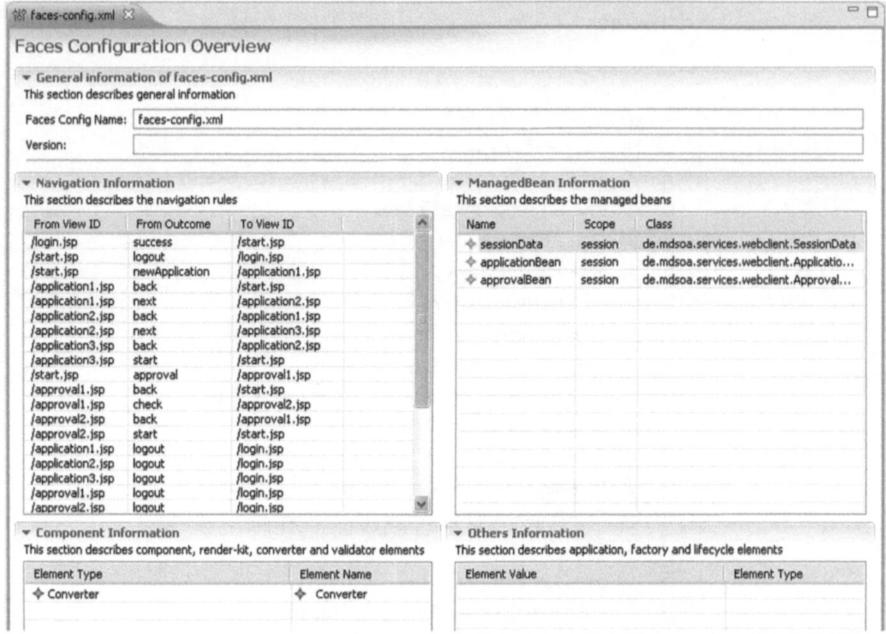

Abb. 8.38 Grafischer Editor der Faces-Config.xml

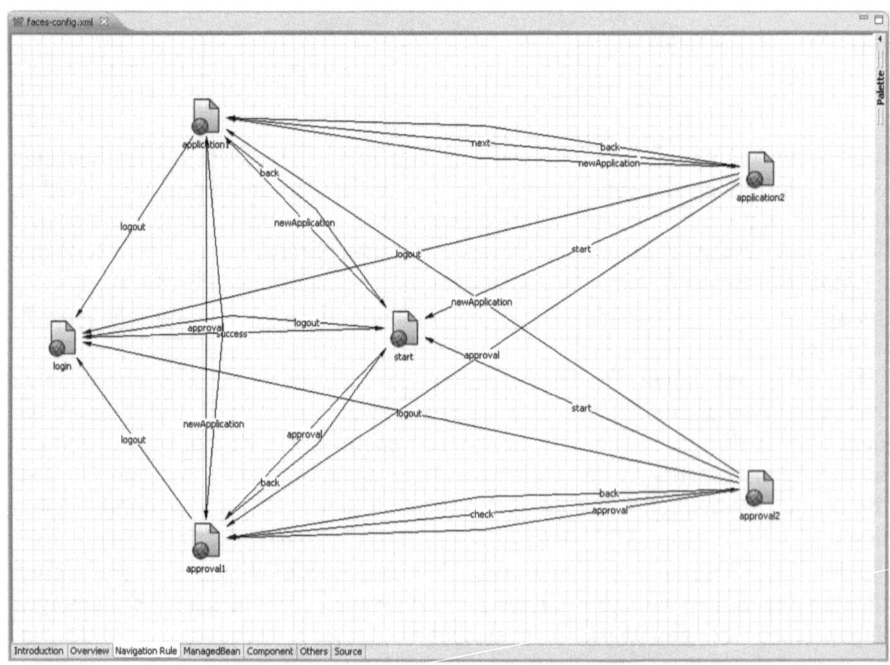

Abb. 8.39 Darstellung der Navigation-Rules in Eclipse

den BPMN-Maskenflüssen Navigation-Rules für die faces-config.xml Datei zu generieren.

Nachdem Design und Programmierung der Weboberfläche abgeschlossen sind, wird die Funktionsfähigkeit überprüft. Ein Test des Frontends kann durch Aufruf der Seiten in einem Browser durchgeführt werden. Dabei wir nur auf das Layout und die graphischen Elemente geachtet. Die Fehlerfreiheit der Backing Beans kann mit in Java üblichen Testverfahren erfolgen, da diese ganz normale Klassen sind. Dies können zum Beispiel wieder JUnit-Tests sein.

Deployment

Schließlich sind nun alle Bestandteile der SOA-Anwendung vorhanden, getestet und einsatzbereit. Im nächten Schritt müssen die einzelnen Bestandteile in der jeweiligen Plattform installiert werden. Die Verteilungsdiagramme helfen den Operatoren bei ihrer Arbeit. Nun kann die SOA-Anwendung in Betrieb genommen werden. Auf die Installation der Serverumgebung und der Infrastruktur wird nicht weiter eingegangen, da diese als vorhanden vorausgesetzt wird. Wer das Beispiel nachvollziehen möchte, kann dazu auf das auf der Website des Buches verfügbare Image für Virtualbox zurückgreifen [MDSOA]. Es enthält die gesamte Beispiel-Infrastruktur inklusive aller Server und aller deployten Artefakte.

Datenhaltungsschicht

Für die Datenhaltung der Anwendung ist ein Szenario vorgesehen, dass von einer bereits bestehenden Datenbank ausgeht. Diese wird von der Datenhaltungsschicht simuliert. Als Datenbank-Management-System wird ein MySQL Server eingesetzt, der die Daten speichert. Die Anwendung greift nicht direkt auf die Datenbank zurück, sondern verwendet dafür ein Objekt-relationales Mapping, das mit der Java-Persistence-API umgesetzt wird. Als JPA-Provider dient bei dem Application-Server JBoss Hibernate. Das ORM wurde bereits in einem vorangehenden Abschnitt festgelegt. Damit JPA auch eine Datenquelle vorfindet, muss diese noch im Application-Server eingerichtet werden. Dazu muss der MySQL-Server mit der Datenbank und den Authentifizierungsdaten für die Datenbank der Anwendung vorhanden sein. Die Einrichtung der Datenquelle erfolgt beim JBoss Application-Server mit einer XML-Datei, die im „Deploy“-Verzeichnis der verwendeten Konfiguration liegt. In diesem Fall ist dies „`$JBOSS_HOME/server/default/deploy`“. Abbildung 8.40 illustriert den Inhalt dieser Datei. Alternativ lassen sich die Eigenschaften der Data-Source auch an der Oberfläche der JBoss-Administration-Console verwalten. Dies ist jedoch nur dann möglich, wenn bereits eine Data-Source mittels einer XML-Datei angelegt wurde. Die Verwaltung der Eigenschaften einer Datenquelle mit der Weboberfläche von JBoss ist in Abb. 8.41 dargestellt. Den Status der Datasources kann man ebenfalls in der Administrationskonsole von JBoss nachverfolgen, wie in Abb. 8.42 zu sehen ist.

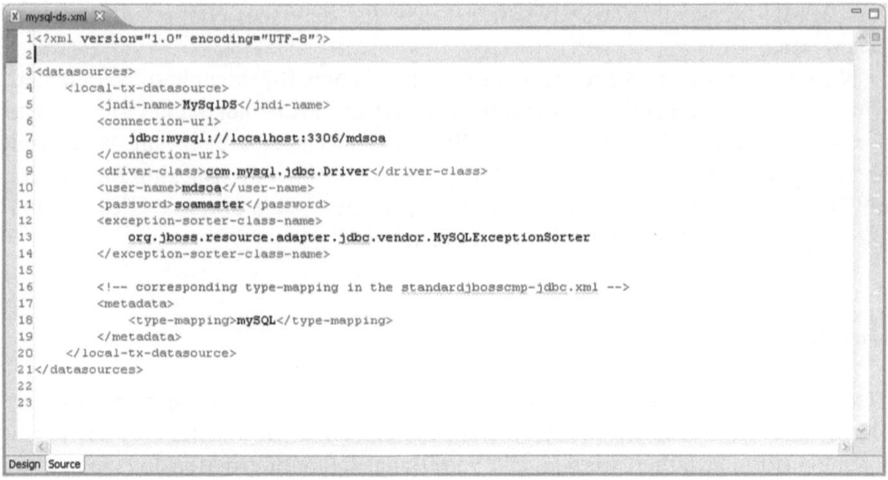

```xml
<?xml version="1.0" encoding="UTF-8"?>

<datasources>
    <local-tx-datasource>
        <jndi-name>MySqlDS</jndi-name>
        <connection-url>
            jdbc:mysql://localhost:3306/mdsoa
        </connection-url>
        <driver-class>com.mysql.jdbc.Driver</driver-class>
        <user-name>mdsoa</user-name>
        <password>soamaster</password>
        <exception-sorter-class-name>
            org.jboss.resource.adapter.jdbc.vendor.MySQLExceptionSorter
        </exception-sorter-class-name>

        <!-- corresponding type-mapping in the standardjbosscmp-jdbc.xml -->
        <metadata>
            <type-mapping>mySQL</type-mapping>
        </metadata>
    </local-tx-datasource>
</datasources>
```

Abb. 8.40 Codeausschnitt mysql-ds.xml

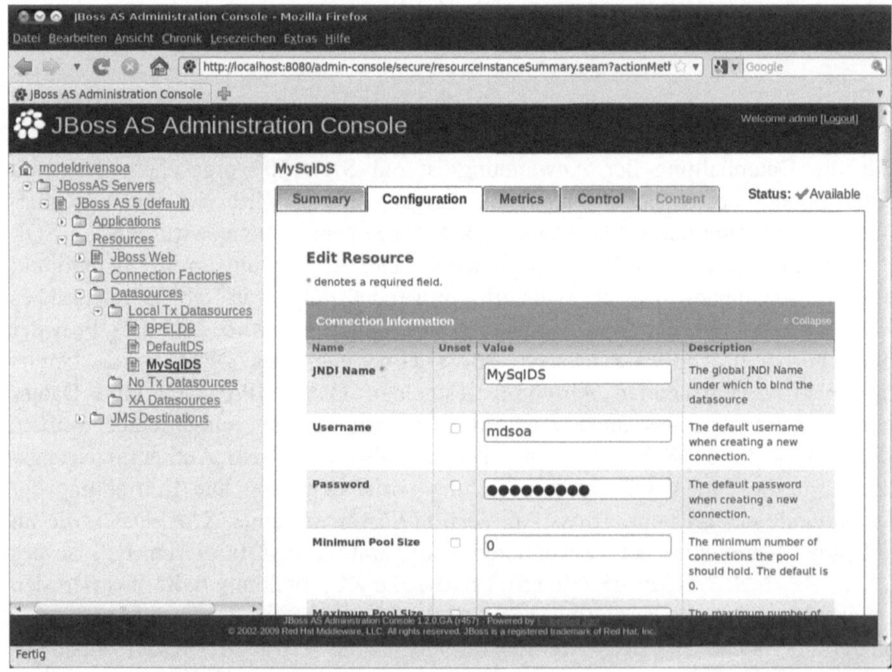

Abb. 8.41 Datasource Einstellungen in der Administration Console

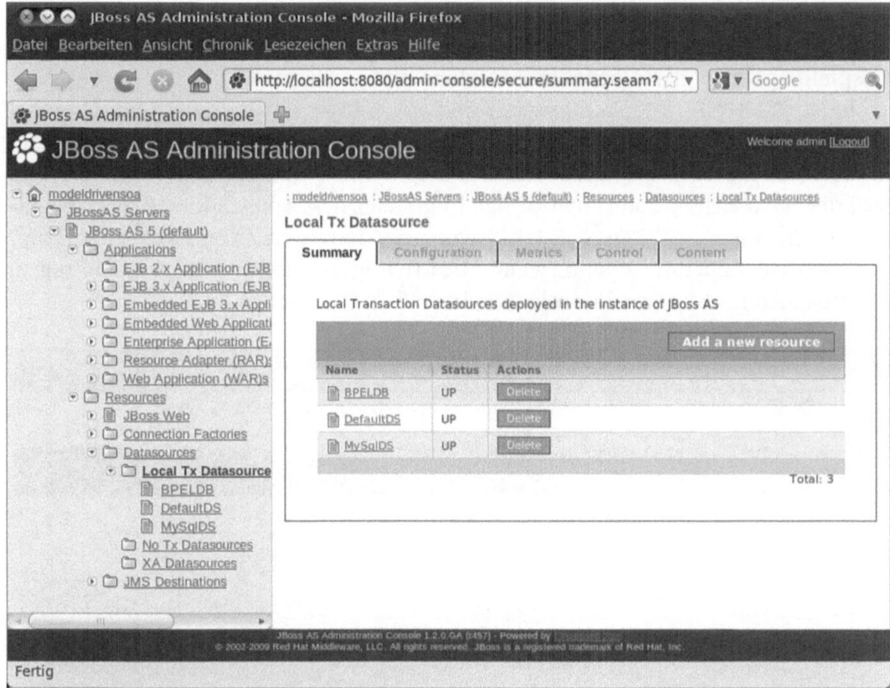

Abb. 8.42 Status der deployten Datasources

Damit ist die Grundlage für die Inbetriebnahme der Datenhaltungsschicht gegeben. Nun folgt der Export der zugehörigen Projekte. Diese werden, da sie gewöhnliche EJB-Projekte sind, in einem Enterprise-Archive (EAR) deployed. Damit dieses exportiert werden kann, muss in Eclipse ein EAR-Projekt angelegt werden. In dieses werden die zwei Teilprojekte, die Session-Beans und die Entities, eingebunden. Das EAR kann dann durch die Eclipse-Export-Funktion erzeugt werden. Den Inhalt des Archiv-Projekts zeigt Abb. 8.43.

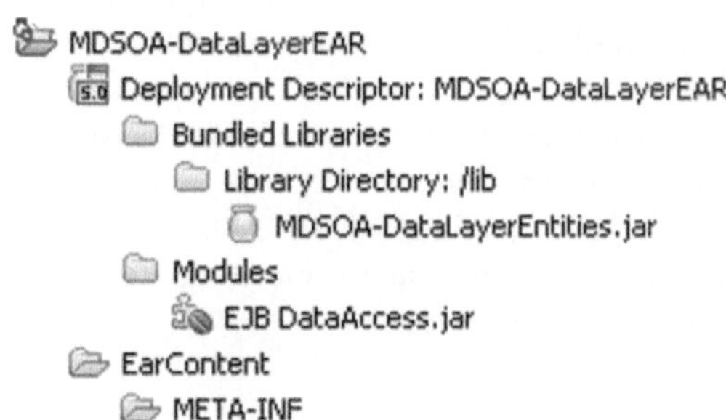

Abb. 8.43 Inhalt des EAR der Datenhaltung

Nachdem das Enterprise-Archiv exportiert wurde, muss es noch auf den Application-Server (AS) deployed werden. Beim JBoss-AS erfolgt dies in der Beispielumgebung der Virtuellen-Maschine indem das EAR-Archiv in das Verzeichnis „`$JBOSS_HOME/server/default/deploy`" kopiert wird, wobei wir die Default-Konfiguration verwenden. Findet der JBoss-AS eine neue Datei im Verzeichnis, so wird diese via Hot-Deployment automatisch installiert und gestartet. Den Erfolg kann man in der Log-Datei des Application-Servers begutachten, die unter „`$JBOSS_HOME/server/default/log/server.log`" zu finden ist. Zudem erscheint, wenn alles richtig gemacht wurde, ein Eintrag in der JBoss-Administration-Console, wie in Abb. 8.44 zu sehen ist.

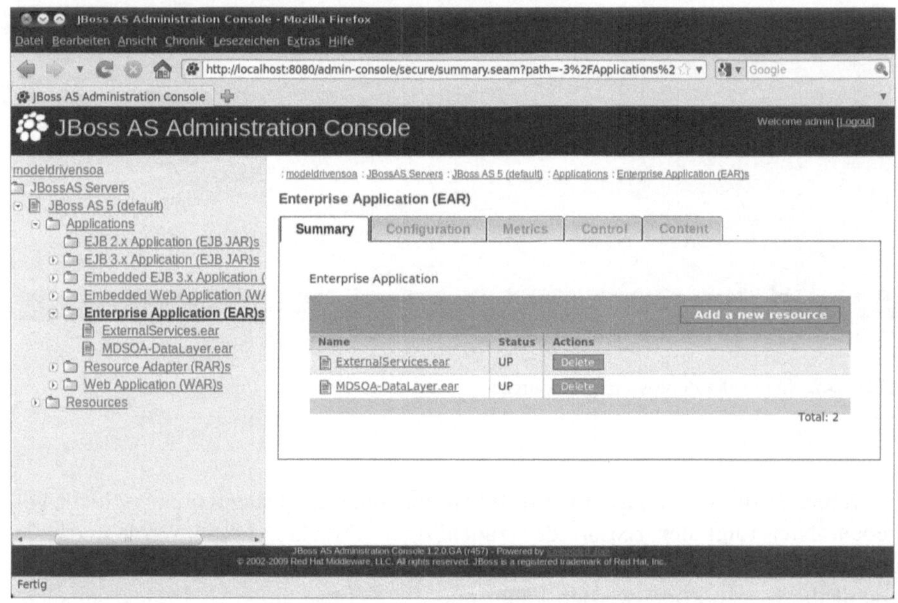

Abb. 8.44 Status der deployten Anwendungen

Damit ist die Datenhaltung bereit für die Benutzung. An dieser Stelle sollten aber noch einige Tests durchgeführt werden. Zum einen sollten Test-Daten in der Datenbank gespeichert werden, damit die Funktionsfähigkeit der Datenhaltung geprüft werden kann. Zum anderen sollten die einzelnen Methoden des Session-Beans auf Fehler getestet werden. Für das Einfügen der Test-Daten wurde ein JUnit-Test geschrieben, der zugleich die Korrektheit des Session-Beans überprüft. Für die Demo-Anwendung mag dies genügen. Den Webservice kann man durch Verwendung eines Webservice Clients wie SOAP-UI testen. Als schnellen Test, ob der Webservice erreichbar ist, bietet sich auch der Abruf der WSDL des Dienstes an. Dies zeigt Abb. 8.45.

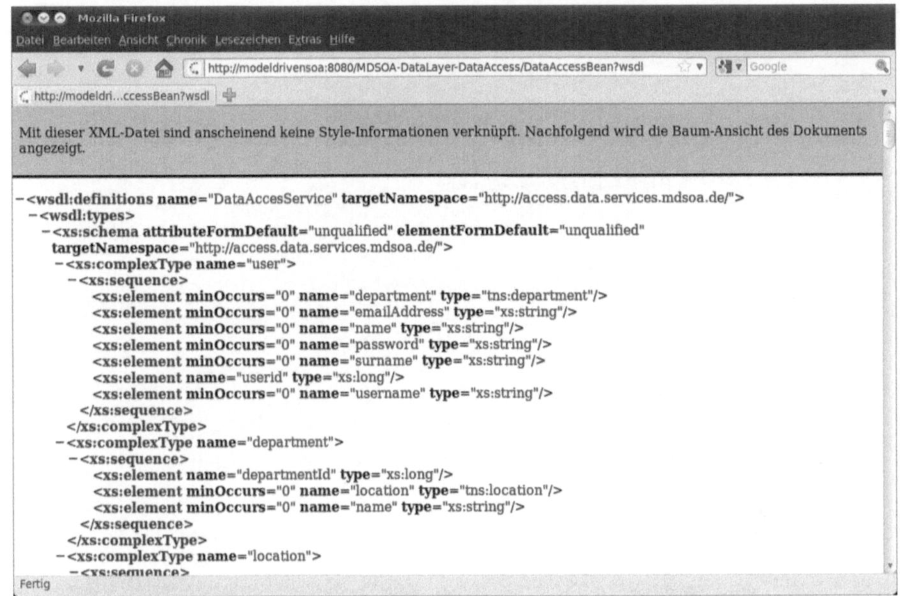

Abb. 8.45 Anzeige der WSDL des Services

Externe JAX-WS Services

Mit der Datenhaltung wurde der Grundstein der Anwendung gelegt. Nun können die darauf aufbauenden Dienste in Betrieb genommen werden. Den Anfang machen die externen Dienste. Diese benötigen die Datenbank nicht zwingend und hätten bereits vorher deployed werden können. Die externen Dienste werden in dem Webcontainer des JBoss Application Server betrieben und simulieren die Partnerservices der Anwendung. Um die Services im Webcontainer zu installieren, müssen diese in einem Enterprise Archive (EAR) exportiert werden. Alternativ könnten die Services auch getrennt als WAR-Datei exportiert werden. Dies erfolgt mit der Export-Funktion von Eclipse. Zuvor muss ein EAR-Projekt angelegt werden, in welchem die beiden externen Services gebündelt werden. Der Export erfolgt dann über das EAR-File. Das exportierte Archiv wird ebenfalls in das Deploy-Verzeichnis (in diesem Fall `$JBOSS_HOME/server/default/deploy`) des JBoss-AS kopiert und damit automatisch vom Application Server erkannt und installiert. Den Erfolg oder Misserfolg des Deployments kann wiederum in der Logdatei des Application Servers und in der JBoss-AS-Administration-Console beobachtet werden. In letzterer erscheint beim Erfolg ein neuer Eintrag unter „`Applications->Embedded Web Application`“, da die Web-Anwendungen in einem Enterprise Archive deployed wurden. Den Erfolg des Deployments zeigen Abb. 8.46 und 8.47.

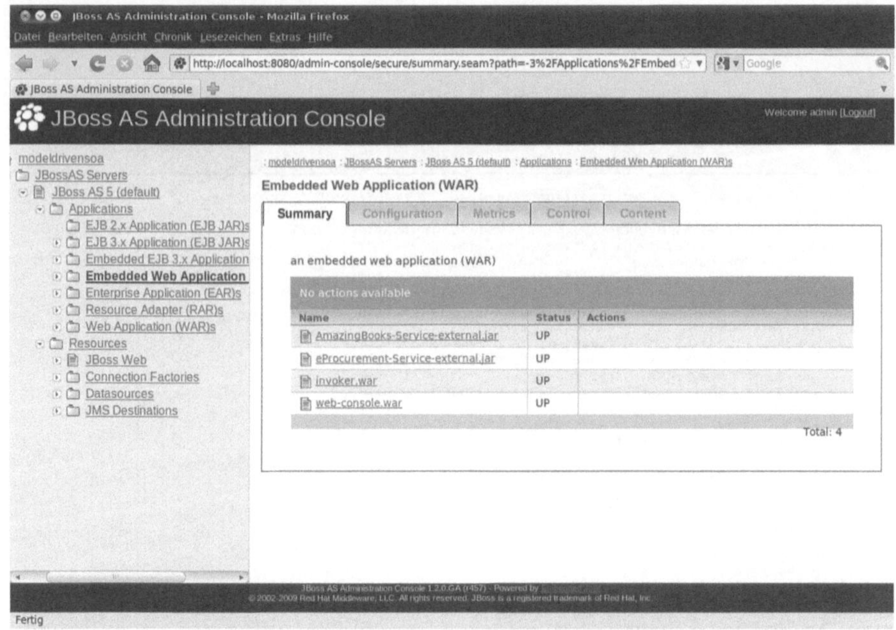

Abb. 8.46 Externe Services sind „up“

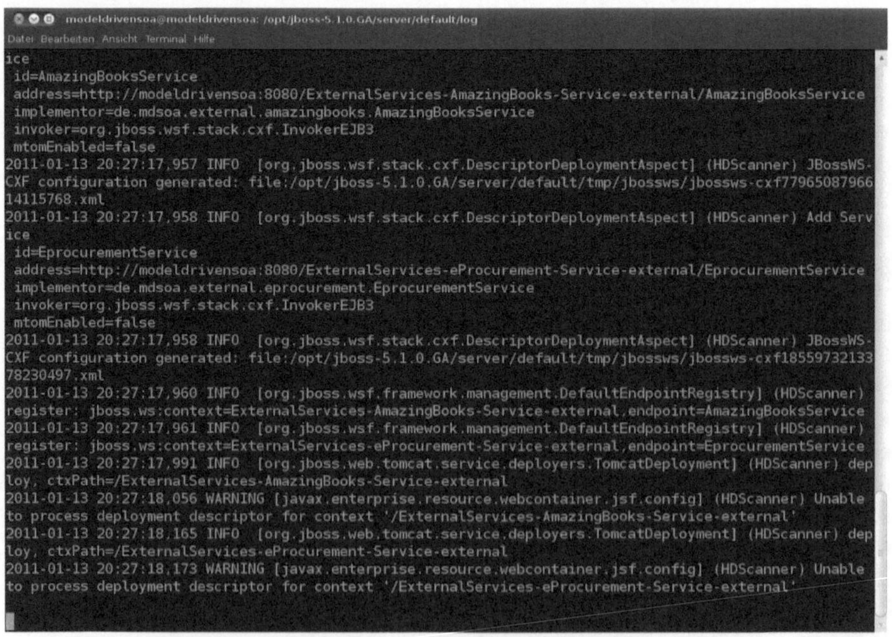

Abb. 8.47 Erfolgreiches Deployment im Log des Applicationservers

Die Webservices können, wie bereits beschrieben, mit SOAP-UI oder Eclipse Webservice-Explorer getestet werden. Zudem sollten für beide Dienste die WSDL-Dateien über eine URL erreichbar sein. In Abb. 8.48 ist der Abruf der WSDL des Amazing-Books-Services im Webbrowser abgebildet.

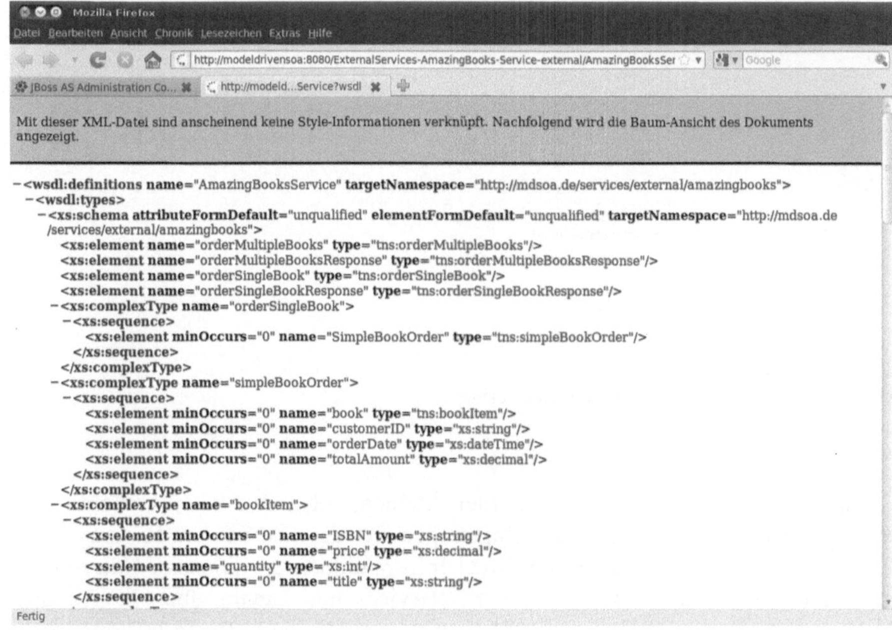

Abb. 8.48 Abrufen der WSDL des deployten Services

SOPERA-Services

Nach den externen Services folgt nun das Deployment der internen Dienste. Diese werden innerhalb der SOPERA-Plattform betrieben. Die entsprechende Server-Infrastruktur sollte bereits installiert sein. Das Deployment der SOPERA-Dienste wird exemplarisch anhand des Notification-Services beschrieben. Die anderen Dienste werden analog deployed.

Als erstes muss das Binding des Services angepasst werden. Während des Designs und der Entwicklung wurde noch nicht spezifiziert, von wo aus der Service erreichbar sein wird. Während des Deployments steht diese Information jetzt fest. Daher wird diese im konkreten Teil des WSDL nun angegeben. Da sich diese bei SOPERA in einer separaten Service-Provider-Description-Datei befindet, wird diese mit dem Service-Editor bearbeitet. Abbildung 8.49 zeigt die Bearbeitung des Bindings.

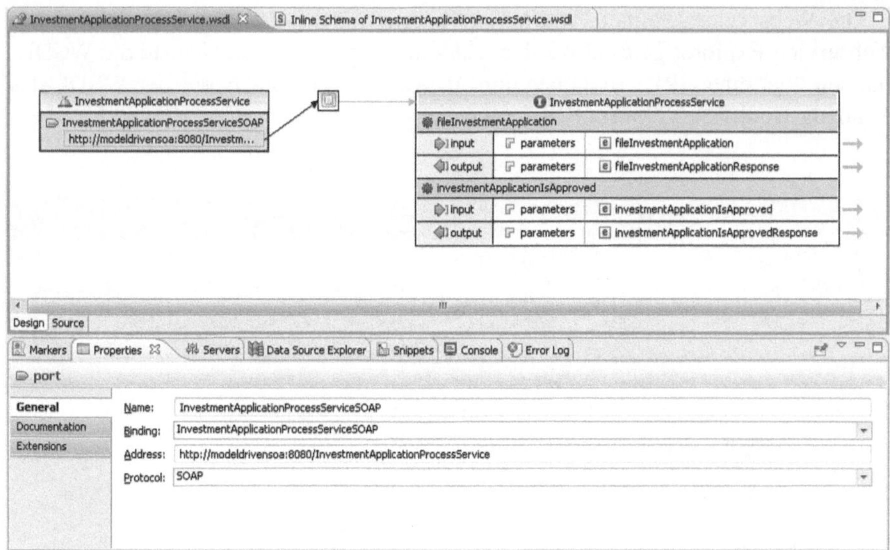

Abb. 8.49 Bearbeitung des Bindings des Services

Damit die Services betrieben werden können, müssen diese als nächstes in der Service-Registry der Plattform eingetragen werden. Die Service-Registry dient in erster Linie zur Verwaltung von Meta-Informationen der Dienste. Unter anderem werden darin die Schnittstellen der Services und Details über die Art und Weise gespeichert, wie der Service verwendet werden kann. Diese Informationen können später von einem Entwickler oder einem potenziellen Consumer-Service nachgeschlagen werden. Die Registry trägt durch diese Dokumentation zur Wiederverwendung bei, da bereits vorhandene Funktionalität darin verzeichnet wird. Darüberhinaus ist sie Mittel der SOA-Governance, da in der Registry ebenfalls Service-Policies veröffentlicht werden können. Durch die Versionierung der Dienste lassen sich die verschiedenen Ausbaustufen von der Entwicklung an über den gesamten Lebenszyklus trennen. Auf die erweiterten Aspekte der SOPERA-Registry soll an dieser Stelle nicht weiter eingegangen werden.

Die wichtigste Funktion der Registry ist die Möglichkeit Services dynamisch nachzuschlagen und einzubinden. Wird ein dort publizierter Service nachgeschlagen, so erhält der Anfragende die Angaben des Binding und kann den Service dann direkt kontaktieren.

Bei SOPERA hat die Registry darüberhinaus eine weitere Funktion. Ein Service meldet sich nämlich beim Start beim Backbone an, wodurch er in der Registry als aktiv markiert wird. Existiert andererseits in der Registry kein Eintrag für den Dienst, so wird der Dienst nicht gestartet. Damit spiegelt die Registry den aktuellen Stand und Status der Dienste wider.

Analog zur Unterteilung der WSDL in einen abstrakten und einen konkreten Teil, unterscheidet die Registry zwischen einer Beschreibung des Services und einer Beschreibung des Service-Providers. Dementsprechend müssen beim Eintragen zwei Schritte unternommen werden, um einen Service zu registrieren. Zuerst wird die abstrakte Servicebeschreibung registriert, indem die Datei mit der Endung .sdx aus dem SOPERA-Projekt mit der Service-Beschreibung exportiert wird. In dem Projekt `NotificationService` ist dies beispielsweise die Datei `NotificationService.sdx`. Der Export erfolgt durch ein in Eclipse integriertes Plug-In, welches über die Export-Funktion erreichbar ist. Dasselbe Vorgehen unternimmt man für den konkreten Teil der Service-Provider-Description, die in einer Datei mit der Endung .spdx gespeichert wurde. Im Fall des Benachrichtigungs-Dienstes ist dies die Datei `NotificationService.spdx`. Das Ergebnis der Registrierung zeigt Abb. 8.50.

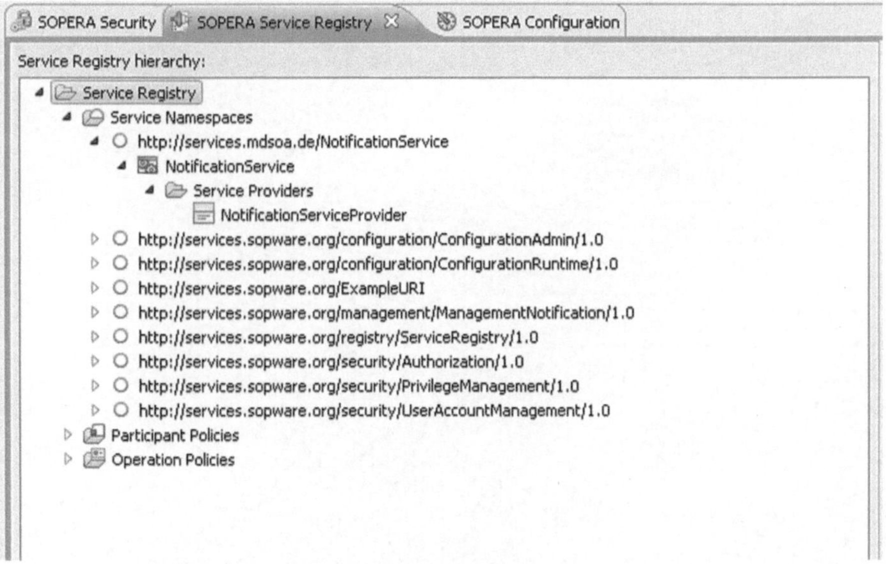

Abb. 8.50 Service-Eintrag in der SOPERA-Registry

Nachdem der Service in der Registry eingetragen ist, kann dieser in einem Webcontainer deployed und gestartet werden. Dafür ist allerdings ein um die Backbone-Anbindung mittels der PAPI erweiterter Webserver notwendig. Dieser ist bei SOPERA Teil der Infrastruktur und wird mit einem angepassten Apache Tomcat Servlet Container umgesetzt. Der Webcontainer wird dabei als „Biz-Tomcat“ bezeichnet, da er die Geschäftslogik in Form von Diensten betreibt. Man ist dabei nicht auf einen Server beschränkt, sondern kann auch mehrere Business-Tomcats betreiben.

Bevor der Service in dem Servlet Container installiert werden kann, muss das Projekt in einer WAR-Datei exportiert werden. Dazu muss zunächst sichergestellt werden, dass die referenzierten Projekte ebenfalls in dem Archiv mit eingepackt werden. In den Beispielprojekten betrifft dies vor allem die Module mit der Business-Logik. Den Export in ein Webarchiv erleichtert Eclipse indem es eine Export-Option anbietet, die dieses automatisiert vornimmt.

Das exportierte Web-File wird für das Deployment in das entsprechende Verzeichnis des Tomcat-Servers kopiert. Dort wird es automatisch erkannt und per Hot-Deployment automatisch gestartet. In der Installation des Servers in der auf der Website zum Buch erhältlichen Demo-Anwendung lautet der Deployment-Pfad „`/opt/SOPera/tomcat_biz/webaps`“. Der Erfolg oder Misserfolg des Deployments wird in der Log-Datei des Tomcat-Servers angezeigt. In Abb. 8.51 ist die Initialisierung des Notification-Services dargestellt.

```
modeldrivensoa@modeldrivensoa: /opt/SOPera/tomcat_biz/logs
Datei Bearbeiten Ansicht Terminal Hilfe
INFO: Add token to Signature: ID = uuid-8b2dfb2a-a50b-46cf-9482-68f6dca671ec
Jan 7, 2011 12:58:58 PM org.sopware.signing.impl.SignatureProcessor loadKeyStoreByPreferredMethod
INFO: Loading key store by preferred method.
Jan 7, 2011 12:58:58 PM org.sopware.binding.soaphttp.HttpProviderProcessor process
INFO: ******** Duration of outgoing request message in Binding Component: 17 milliseconds ********
Jan 7, 2011 12:58:58 PM org.sopware.binding.soaphttp.HttpProviderProcessor process
INFO: ******** Duration of remote communication: 198 milliseconds ********
Jan 7, 2011 12:58:58 PM org.sopware.common.binding.SOAPMessageSigningHandler verifyMessage
INFO: The verification of the body payload and SAML token association *did* not take the place.
Jan 7, 2011 12:58:58 PM org.sopware.binding.soaphttp.HttpProviderProcessor process
INFO: ******** Duration of incoming response message in Binding Component: 2 milliseconds ********
Jan 7, 2011 12:58:58 PM org.sbb.core.components.srproxy.SrProxy
INFO: <Agreed consumerPolicy="http://types.sopware.org/qos/ParticipantPolicy/1.1/StandardTspConsumer" p
g/qos/ParticipantPolicy/1.1/DefaultProviderPolicy" service="{http://services.mdsoa.de/NotificationServi
r="{http://services.mdsoa.de/NotificationService}NotificationServiceProvider" validSince="2011-01-07T11
8:58Z" xmlns="http://types.sopware.org/qos/AgreedPolicy/2.0" xmlns:soptemp="http://types.sopware.org/qo
 <Operation name="notifyPerson">
  <wsp:Policy xmlns:wsp="http://www.w3.org/2006/07/ws-policy">
   <wsp:ExactlyOne>
    <wsp:All>
     <sopa:HttpTransport xmlns:sopa="http://types.sopware.org/qos/SOPAssertions/1.1"/>
    </wsp:All>
   </wsp:ExactlyOne>
  </wsp:Policy>
 </Operation>
</Agreed>

Jan 7, 2011 12:58:58 PM org.apache.servicemix.jbi.framework.support.WSDL1Processor process
INFO: Endpoint ServiceEndpoint[service={http://services.mdsoa.de/NotificationService}NotificationServic
 a service description, but no matching endpoint found in [JBI]
+++++++++++++++++++++++++
Starting Provider
Jan 7, 2011 12:58:58 PM de.mdsoa.services.notificationservice.impl.NotificationServiceProviderServlet i
```

Abb. 8.51 Erfolgreiches Deployment des Services im Log des Tomcats

Der Service ist nun registriert und in Betrieb, nun sollte noch getestet werden, ob er auch erreichbar ist und funktioniert. Da SOPERA-Dienste im Grunde erweiterte Webservices sind, können diese auch mit denselben Mitteln getestet werden, wie Standard-Webservices. Dazu kann beispielsweise SOAP-UI verwendet werden, um den Service aufzurufen. Den Test des Benachrichtigungs-Dienstes mit SOAP-UI zeigt Abb. 8.52.

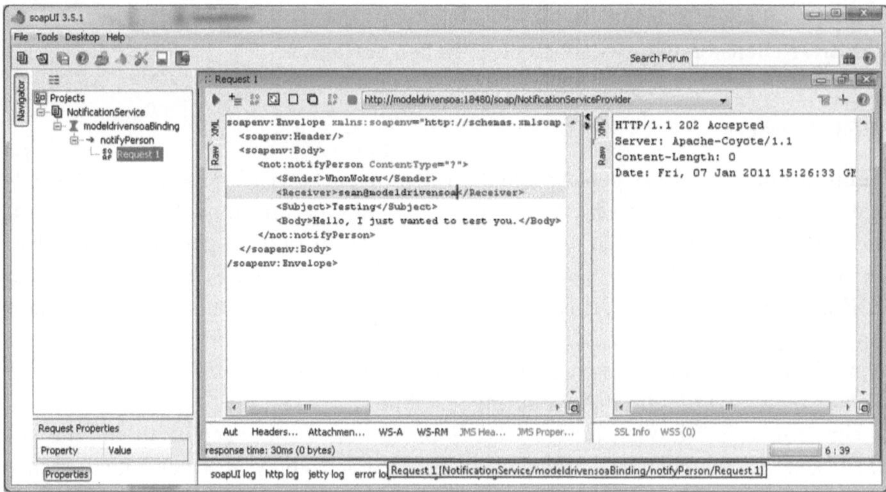

Abb. 8.52 Test des Services mit Soap-UI

Der Notification Service sollte nach dem Aufruf des Dienstes ein E-Mail an den Empfänger versenden. Dafür wurde vorher schon ein Test-Account angelegt, der nun abgefragt wird. Da der Dienst läuft und richtig funktioniert, trifft das E-Mail nach kurzer Zeit ein. Abbildung 8.53 zeigt das Test-Email. Damit sind

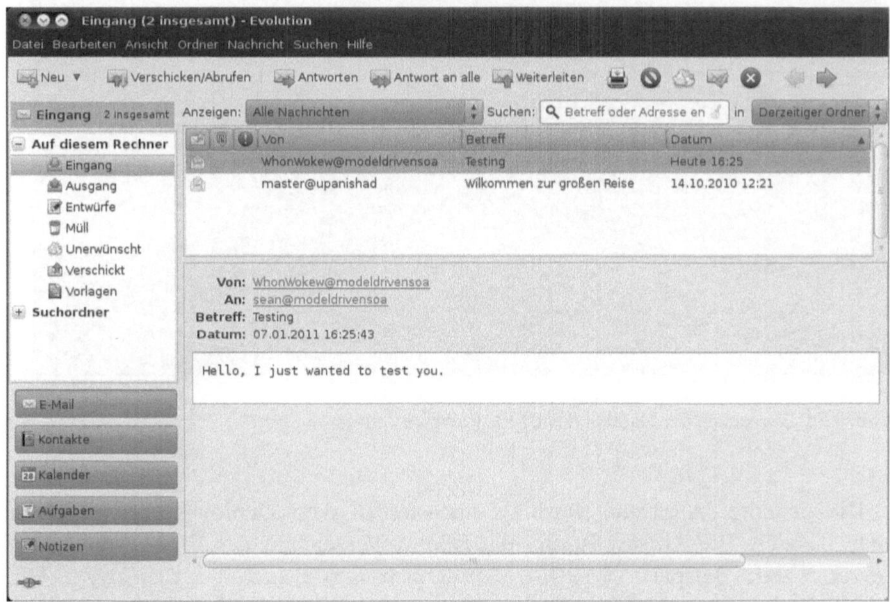

Abb. 8.53 Die E-Mail wurde erfolgreich empfangen

alle wesentlichen Schritte der Inbetriebnahme abgeschlossen. Mit den weiteren SOPERA-Diensten wird wie oben beschrieben verfahren.

BPEL-Services

Durch die in den vorherigen Abschnitten deployten Dienste steht nun die Grundlage der SOA-Anwendung zur Verfügung. Damit daraus ein sinnvoller Ablauf wird, müssen noch die mit BPEL modellierten Prozesse in Betrieb genommen werden. Die Workflows werden im beschriebenen Szenario von der BPEL-Engine Apache ODE ausgeführt. Für den JBoss-AS gibt es eine von JBoss bereitgestellte Version von ODE (Project Riftsaw), die auf den Application-Server optimiert ist. Da diese sehr einfach zu installieren ist und bequeme Möglichkeiten zum Management der Dienste bietet, wurde diese Ausführung gewählt.

Um einen BPEL-Workflow in ODE ausführen zu können, müssen die im BPEL-Entwicklungsprojekt enthaltenen Dateien lediglich in einem Java-Archiv untergebracht werden. Diese dürfen in der Jar-Datei nicht in einem Verzeichnis untergebracht sein, sondern müssen im Wurzelverzeichnis liegen. Zum Export werden die BPEL-Datei, die WSDL-Datei und der ODE Deployment-Descriptor durch die Exportfunktionalität von Eclipse in einem JAR-File abgelegt. Alternativ kann man dazu auch auf der Konsole das mit der JVM mitgelieferte Program `jar` benutzen, wie in der folgenden Abb. 8.54 dargestellt.

```
C:\Windows\system32\cmd.exe

d:\workspace_MDSOA\InvestmentApplicationProcessService\bpelContent>jar cvf InvestmentApplicationProc
ess.jar *
Manifest wurde hinzugef³gt.
Hinzuf³gen von: bpel-deploy.xml (ein = 1180) (aus = 380) (komprimiert 67 %)
Hinzuf³gen von: DataAccessService.wsdl (ein = 21983) (aus = 2149) (komprimiert 90 %)
Hinzuf³gen von: ERPService.wsdl (ein = 9196) (aus = 1380) (komprimiert 84 %)
Hinzuf³gen von: InvestmentApplicationProcess.bpel (ein = 5242) (aus = 1212) (komprimiert 76 %)
Hinzuf³gen von: InvestmentApplicationProcess.bpelex (ein = 2316) (aus = 386) (komprimiert 83 %)
Hinzuf³gen von: InvestmentApplicationProcessArtifacts.wsdl (ein = 5531) (aus = 1203) (komprimiert 78
 %)
Hinzuf³gen von: InvestmentApplicationProcessService.wsdl (ein = 4057) (aus = 764) (komprimiert 81 %)

Hinzuf³gen von: NotificationService.wsdl (ein = 2472) (aus = 683) (komprimiert 72 %)

d:\workspace_MDSOA\InvestmentApplicationProcessService\bpelContent>
```

Abb. 8.54 Verpacken der Dateien des BPEL Prozesses mit jar

Die erstellte JAR-Datei wird als nächstes in dem Deploy-Verzeichnis von ODE platziert. Bei Riftsaw ist dies das Deploy-Verzeichnis des JBoss-Application Servers, zum Beispiel „`$JBOSS_HOME/server/default/deploy`“. Die Initialisierung des Ablaufs erfolgt wieder automatisch durch Hot-Deployment. Ob der Prozess wirklich in Betrieb genommen wurde, kann auf zweierlei

Weisen geprüft werden. Zum einen liefert ein Blick in die Log-Datei von ODE die benötigten Informationen. Bei Riftsaw findet sich die Log-Datei unter „`$JBOSS_HOME/server/default/log/server.log`“, welches auch die Log-Datei des JBoss-Servers ist. Zum anderen gibt es sowohl bei der Standardausführung von ODE, wie auch bei JBoss Riftsaw ein graphisches Interface, mit dem der Prozessstatus nachverfolgt werden kann. Das bei Riftsaw mitgelieferte User-Interface stellt Abb. 8.55 dar.

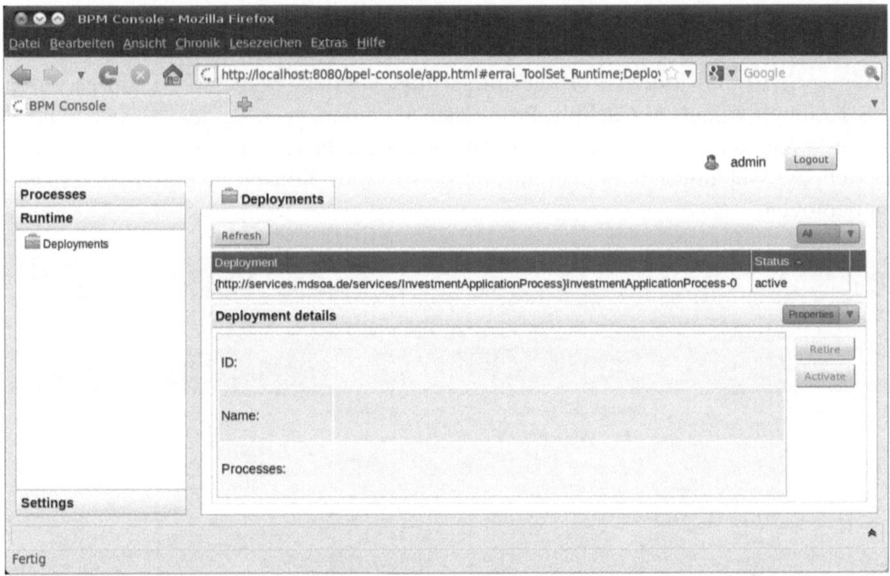

Abb. 8.55 Das Riftsaw Userinterface

Zum Schluss wird der deployte Prozess noch auf seine Funktionsfähigkeit geprüft. Für einen kurzen Test bietet sich wieder SOAP-UI an, da ein BPEL-Prozess prinzipiell einen speziellen Webservice darstellt. Die Ereignisse während des Aufrufs und des Ablaufs des Prozesses können ebenfalls wieder in der Log-Datei von Apache ODE nachverfolgt werden. Je nach Einstellung sind dabei sehr ausführliche Ausgaben möglich, die sich auch während des Debuggens nutzen lassen. Leider ist der Output von Riftsaw nur sehr beschränkt, so dass sich an dem Punkt nur allgemeine Informationen über den Aufruf im Log finden lassen.

Webinterface

Mittlerweile sind fast alle Bestandteile der SOA-Anwendung in Betrieb, nun folgt zum Schluss das Userinterface, damit der Benutzer mit den automatisierten Geschäftsprozessen interagieren kann.

Die Oberfläche ist eine gewöhnliche Webanwendung, die in einem Webcontainer deployed wird. In der Beispielanwendung wird hierfür der JBoss Applicationserver verwendet. Für das Deployment ist es notwendig die Weboberfläche in einem Web-Archiv (WAR) zu bündeln. Dazu wird die Export-Funktion von Eclipse benutzt.

Die WAR-Datei wird zum Deployment in das Verzeichnis des Webcontainers kopiert. Das betreffende Verzeichnis ist bei JBoss `$JBOSS-HOME/server/default/deploy`. Der Servlet-Container erkennt die Datei in der Regel automatisch und startet die enthaltene Anwendung. Der Verlauf der Inbetriebnahme kann in der Log-Datei des Application-Servers nachverfolgt werden. Bei JBoss ist dies `$JBOSS-HOME/server/default/log/server.log`. Alternativ kann der Status des Deployments, wie in Abb. 8.56 dargestellt, auch bequem in der JBoss-AS-Administration-Console mitverfolgt werden. Manchmal kann es durch das Hotdeployment zu Caching-Problemen kommen, so dass der JBoss-AS noch ältere Versionen einer neu deployten Anwendung anbietet. In diesem Fall empfiehlt es sich, die Webanwendung über die Administrations-Konsole zu entfernen und neu zu deployen.

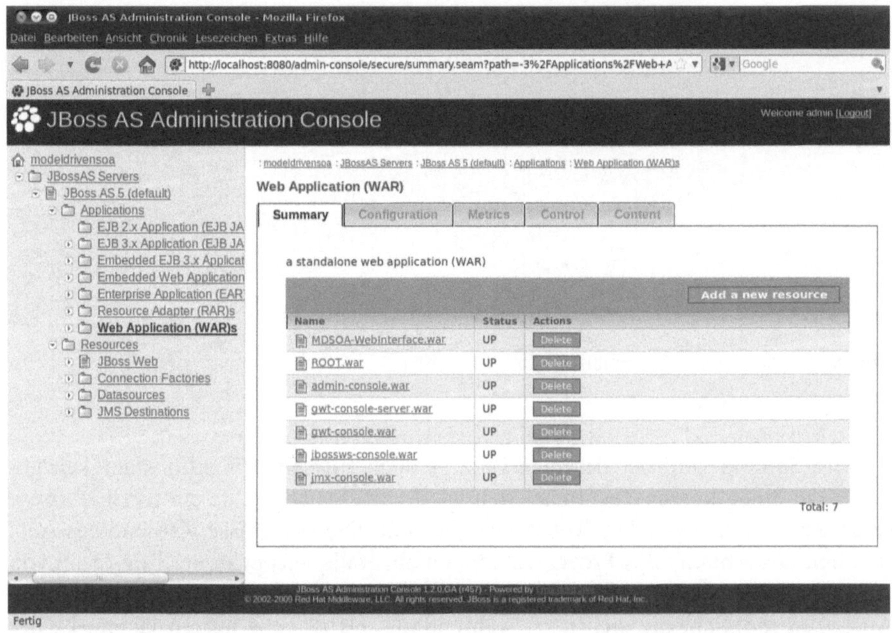

Abb. 8.56 Status des Deployments des Webinterfaces

Zum Testen der Webanwendung, und damit auch der gesamten SOA-Anwendung, wird zuletzt die Webpage der Anwendung aufgerufen. Die URL dafür lautet im Beispiel `http://localhost:8080/MDSOA-WebInterface/faces/login.jsp`. Nun wird jede Seite Schritt für Schritt überprüft. Der folgende Abschnitt (Abb. 8.57 - Abb. 8.64) zeigt den Verlauf eines Beispielsvorganges des Investitionsantrags.

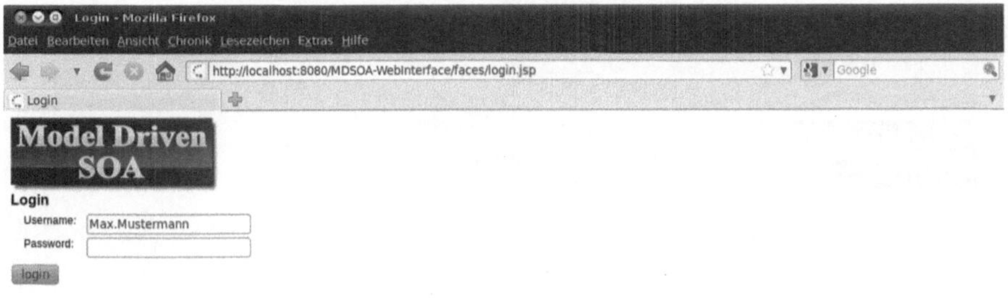

Abb. 8.57 Anmeldung am Webinterface

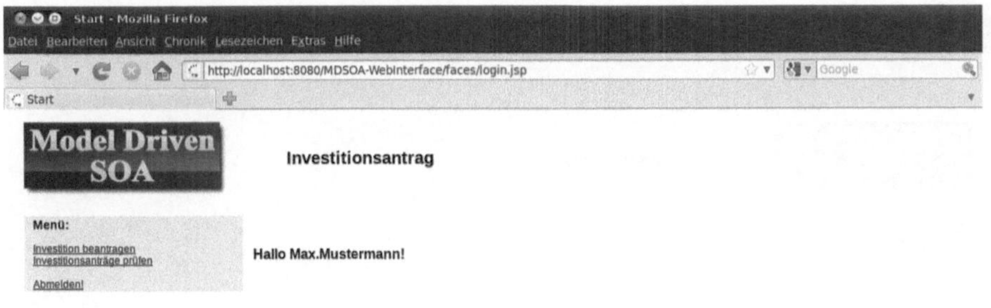

Abb. 8.58 Startseite

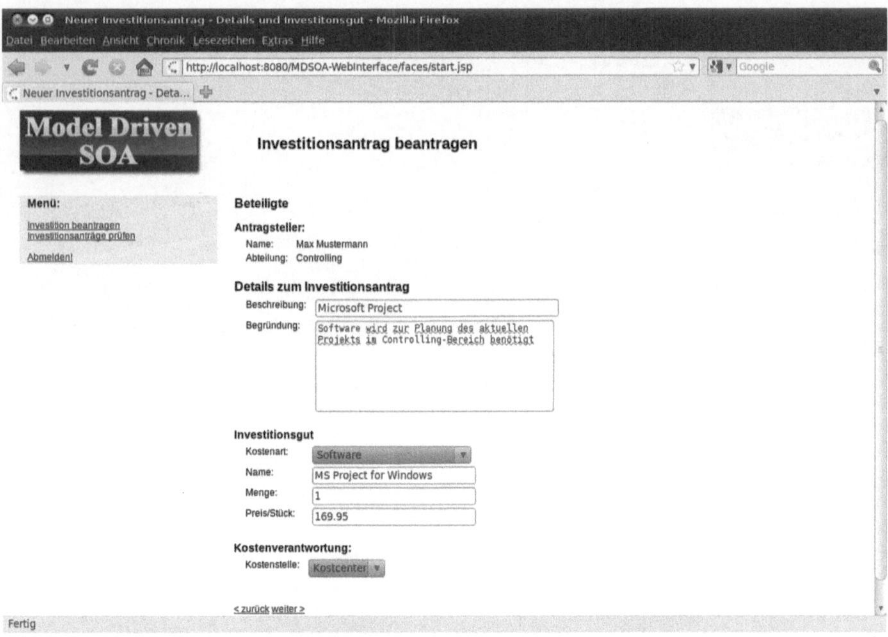

Abb. 8.59 Ausfüllen des Investitionsantrags

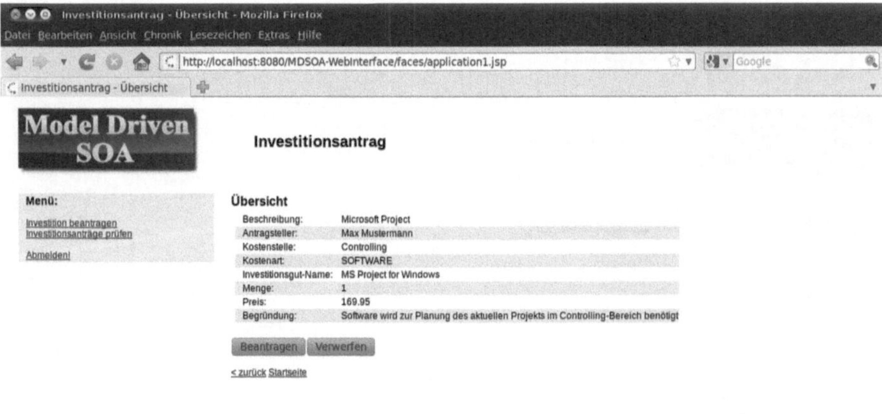

Abb. 8.60 Überprüfung der Angaben und Abschicken

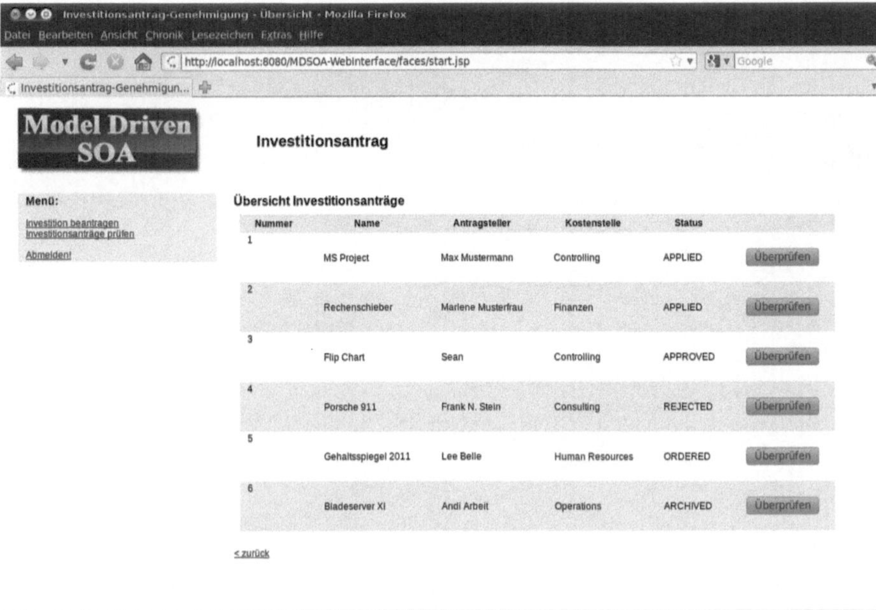

Abb. 8.61 Überblick aller Anträge des Genehmigenden

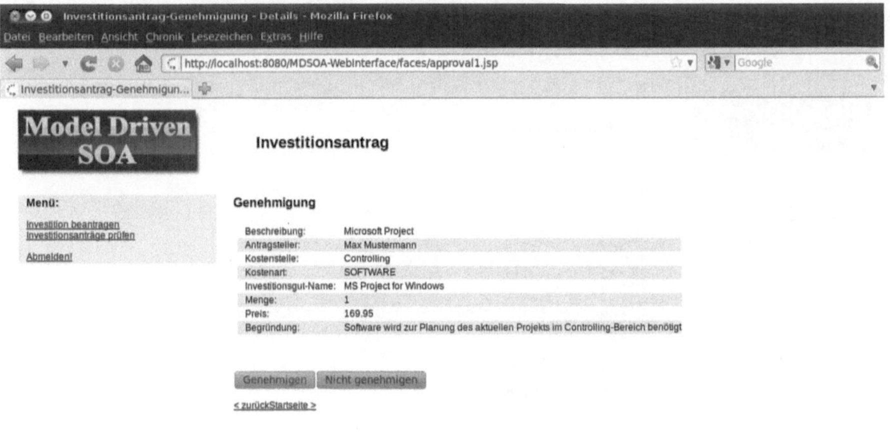

Abb. 8.62 Ansicht des Antrags zur Genehmigung

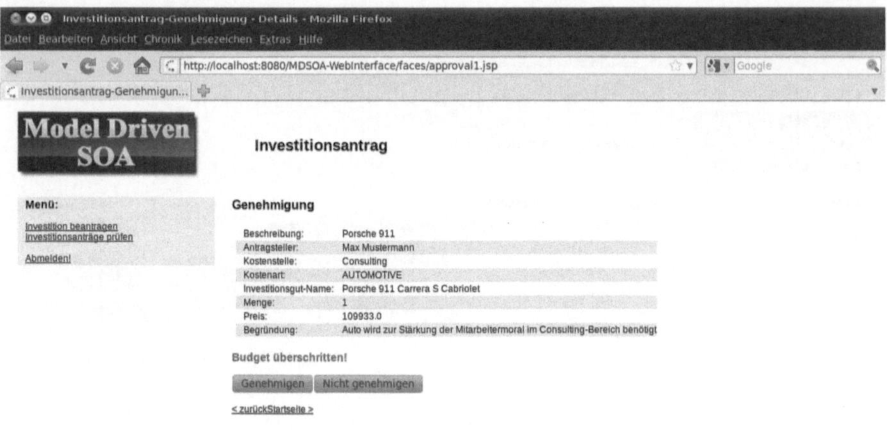

Abb. 8.63 Die gleiche Ansicht, aber diesmal ist das Budget überschritten

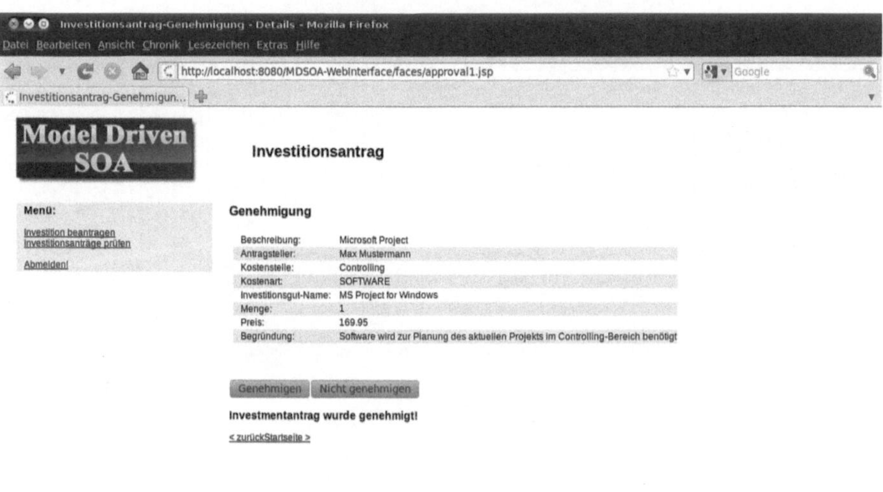

Abb. 8.64 Positive Rückmeldung

Zusammenfassung

Im Verlauf der Phase System Construction wurde die SOA-Anwendung des Beispiels Schritt für Schritt implementiert und in Betrieb genommen. Zuerst wurden aus den im Modell vorhandenen Informationen durch Generatoren Artefakte in Form von XSD-, WSDL-, BPEL und Java-Dateien erzeugt. Für die Datenhaltungsschicht wurden dabei Session-Beans und Entities generiert.

Darauffolgend wurde das spätere Deployment geplant und die zukünftige Systemlandschaft in einem Verteilungsdiagramm modelliert. Die Deployment-Informationen sind dadurch im Modell für spätere Referenz hinterlegt.

Dann erfolgte die Implementierung der Services. Dabei wurden die generierten Bestandteile in die Projekte importiert, an die Plattform angepasst und durch den Entwickler weiter ausgearbeitet. Die dadurch entstandenen Services und die Datenhaltung wurden durch BPEL-Workflows orchestriert, die von den Geschäftsprozessen der Initiation Phase abgeleitet wurden. Das Webinterface wurde komplett neu entwickelt, ohne dabei auf modellgestützte Verfahren zurückzugreifen.

Jede Komponente der SOA-Anwendung wurde getestet und anschließend deployed. Dafür wurden die Services in der Registry eingetragen. Die SOA-Anwendung ist am Ende der Phase lauffähig, für die Anwender erreichbar und erbringt den geschäftlichen Mehrwert.

Literatur

[HEW09] Hewitt E (2009) Java SOA Cookbook. O'Reilly, Köln

Links

[WeiDe2008] BPMN-Transformation
Weidlich M, Decker G, Großkopf A, Weske A (2008) http://bpt.hpi.uni-potsdam.de/pub/Public/MatthiasWeidlich/bpel2bpmn.pdf

[MDSOA] Modeldriven SOA
http://www.mdsoa.de

[SOPERA] SOPERA Entwicklungsumgebung, http://www.sopera.de/

[XSD] Spezifikation XML Schema
http://www.w3.org/XML/Schema (06.02.2011)

Kapitel 9
Automatisierung

Abb. 9.1 Sean und Whon im Wirtshaus

Der Automat für Velja Jakaja war so gut wie fertiggestellt und Sean hatte von Whon Wokew auf seiner Reise des Wissens sehr viel über die Macht der Methodik gelernt. Und nun fragte sich Sean schon, was denn als Nächstes kommen würde. Gab es noch mehr, von dem er nichts wusste? Er hatte es verstanden eine Anwendung nach den Regeln eines wahren Meisters zu konzipieren - nein besser noch, er konnte seinen Meister dabei konstruktiv unterstützen. Sie waren in den Grenzgebieten des wilden Landes unterwegs gewesen um mehr über Ukshur zu erfahren. Sie befanden sich auf dem Rückweg und da es bereits dämmerte, beschlossen sie in einem Gasthaus zu übernachten.

Als Sie gemeinsam ihr Abendessen am gemütlichen Feuer der Gaststube einnahmen, meinte Whon Wokew: „Sean, ich habe Dir einen Weg durch viele Irrungen und Wirrungen gezeigt und Du bist weit gekommen. Deine Fähigkeit Dinge ganz neu

G. Rempp et al., *Model Driven SOA*, Xpert.press,
DOI 10.1007/978-3-642-14470-7_9, © Springer-Verlag Berlin Heidelberg 2011

zu betrachten, hat auch mir die Augen für neue Wege geöffnet. Denn, man darf sich nicht auf die ausgetretenen Pfade verlassen! Es ist wichtig, immer wieder die verschiedenen Ansätze, die einem auf der Reise begegnen, zu untersuchen um daraus den besten Weg zu finden. Es gibt nicht die einzig richtige Wahrheit und man sollte sich nie für immer und ewig auf eine Lehre festlegen." Der Meister rieb seine Füße. „Es ist aber auch wichtig, dass Du weißt, wie weit Du einen Weg gehen kannst und auf welcher Wegstrecke man sich lieber unterstützen lässt." Der Meister rief den Herrn des Hauses zu sich. Er fragte ihn, ob dieser Ihnen nicht zwei seiner Maulesel verkaufen könnte, was dieser bejahte.

Und so erstand Whon Wokew zwei Maultiere. Der eine horchte auf den Namen Faber. Der andere auf Rotundo. Der Wirt erklärte den beiden, dass Fabers Name daher kam, dass er ein regelrechtes Arbeitstier ist, der umfangreiche Arbeiten erledigen. Versorgt man Faber mit den richtigen Anweisungen, kann er den Großteil der Routinearbeiten übernehmen. Einzige Voraussetzung sind klare Vorgaben. Hat man ihm einmal gezeigt, wie er mit einem Problem umzugehen hat, findet er sein Ziel schneller, als die meisten Menschen dazu im Stande wären.

Rotundo hat die Fähigkeit zu kontrollieren, ob Faber seine Aufgaben nach den vordefinierten Mustern erledigt hat. Er weiß, wie das Ergebnis auszusehen hat! Ist dies der Fall, so hat man mit Rotundo keinerlei Scherereien. Gibt es jedoch Unstimmigkeiten, so kann er sehr unangenehm werden und man sollte diese schnellstens beseitigen.

Dazu hatte der Wirt auch ein schönes Beispiel. Faber schöpfte am Brunnen Wasser für ihn und er hatte schnell gelernt, wie er die Pumpe zu bedienen hatte. Rotundo hingegen achtet darauf, das der Trog wirklich voll war und Faber nicht vorher aufhörte oder ihn zum überlaufen brachte. Gemeinsam sind sie ein starkes Team.

Am nächsten Morgen belud Sean Faber und Whon nahm auf Rotundo Platz. Und so machten sie sich gemeinsam auf den Heimweg.

Modelltransformationen

Modelltransformationen sind ein zentraler Bestandteil in der modellgetriebenen Softwareentwicklung. Sie sind Hilfsmittel um immer wiederkehrende Aufgaben automatisiert durchzuführen, für die eine manuelle Durchführung mühsam ist. In diesem Kapitel werden wir auf drei unterschiedliche Arten der Modelltransformationen eingehen. Jede Transformation unterstützt dabei unser Vorgehen. Zuerst wird beschrieben, wie die Transformation des Modells aus der Phase Evaluation nach Projection vollzogen wird. Sind die Elemente abgebildet, so wird das Modell modifiziert. Diese Modifikation bildet die zweite Modelltransformation. Zum Abschluss wird aus dem Modell Code generiert. Die Generierung stellt die dritte Art von Modelltransformation dar.

Um die Durchgängigkeit kurz zu erläutern: Wir transformieren in unserem Beispiel eine Fachklasse in eine Designklasse. Diese Designklasse wird mit Methoden angereichert und daraus letztendlich Java-Quellcode generiert.

Unterschieden wird zwischen M2M-Transformationen (Modell-zu-Modell Transformationen), Modellmodifikationen (In-Place-Transformationen) und M2T-Transformationen (Modell-zu-Text Transformationen). Während bei In-Place-Transformationen das Ziel- und das Ausgangsmodell dasselbe sind, wird bei einer M2M-Transformation ein Quell- und ein Zielmodell verwendet. Bei M2T -Transformationen handelt es sich um Code-Generatoren.

Weiter wird bei Transformationen zwischen endogenen und exogenen Transformationen unterschieden. Bei endogenen Transformationen ist die abstrakte Syntax der Modellierungssprache jeweils gleich (z. B. UML -> UML). Exogene Transformationen bedienen sich mindestens zweier unterschiedlicher Metamodelle (z. B. BPMN -> UML).

Des Weiteren können Transformationen uni- oder bidirektionalen Charakter haben. Eine bidirektionale Transformation entspräche einer Änderung von Quelle und Ziel. Ein mögliches Beispiel wäre hier etwa im Rahmen einer Codegenerierung den bereits bestehenden Code zu analysieren und im Modell entsprechende Änderungen vorzunehmen um die unterschiedlichen Stände konsistent zu halten.

In unserem Beispiel werden alle drei Arten von Transformationen (rein unidirektional) unter Zuhilfenahme verschiedener Technologien angewendet.

Mit dem M2MSDK des Innovators wird zuerst eine Übernahme von Modellinformationen (M2M) von *Innovator for Business Analysts* nach *Innovator Object eXcellence* angestoßen. Im Rahmen der Verfeinerung und Anreicherung des technischen Modells werden Engineering-Aktionen eingesetzt, die das Modell automatisiert modifizieren (In-Place). Dies geschieht unter Zuhilfenahme der Innovator API. Mit oAW-Generatoren wird letztendlich eine Codegenerierung angestoßen (M2T-Generierung).

Mit dem M2MSDK, welches mit dem *Innovator* ausgeliefert wird, können komfortabel Modelltransformationen erstellt werden. Mit einer Anwendung zur Konfiguration der Ablaufsteuerung und der Modelltransformation werden zunächst die Transformationen erstellt, welche dann mit einer weiteren Anwendung zur Ausführung gebracht werden können.

Gesteuert werden die Aktionen durch eine zentrale XML-Datei, welche die Informationen zur durchzuführenden Transformation, des Workflows, sowie die Pfade für das temporäre Verzeichnis und des zu verwendenden Logfiles beinhaltet.

Im Folgenden wird nicht die komplette Umsetzung der Transformation beschrieben, da sich diese in ihrer Grundfunktion nur geringfügig unterscheiden. Es wird stattdessen auf einzelne Schritte eingegangen, um die grundsätzliche Funktionsweise des M2MSDKs zu erläutern.

Das initiale Mapping, wie am Anfang des Kap. 7 Architecture Projection erwähnt, bildet Fachklassen, Entitäten und deren Attribute bzw. Enum-Literale in das Paket `dataLayer` ab. Weiter werden auch fachliche Primitivtypen abgebildet. Die Quellstruktur ist wie folgt:

```
Fachklassenpaket
   Modulpaket
         Enumerationen
               Enumerationliterale
         Fachklassen
               Fachklassenattribute
Basisklassenpaket
    Primitive Datentypen
```

Für eine weitere Verwendung der Maskenflüsse zu einem späteren Zeitpunkt werden auch diese in die Schicht `presentationLayer` abgebildet.

```
Maskenflusspaket
    Prozesse
         Masktasks
```

Die verschiedenen Servicetypen mit ihren Operationen und deren Ein- bzw. Ausgabeparametern werden in die Schicht `serviceLayer` abgebildet.

```
Übergeordnetes Servicepaket
    Servicepakete
    Process-, Activity- und DataServices
          Serviceoperationen
                Aus- und eingehende Nachrichten
```

Die Nachrichten und Fehler der Operationen werden ebenfalls in den `serviceLayer` abgebildet.

```
Nachrichtenpakete
          Nachrichten
    Fehlerpakete
          Fehler
```

Die Ablaufsteuerung

Die Ablaufsteuerung einer Modelltransformation beinhaltet Prozessschritte und bietet die Möglichkeit Dialoge während der Transformation anzuzeigen. Sie stellt die grobe Konfiguration der Modelltransformation dar und stellt Konfigurationsmöglichkeiten zur Verfügung um den generellen Ablauf der Transformation zu steuern. Die einzelnen Schritte werden sequenziell abgearbeitet.

In der in Abb. 9.2 dargestellten Ablaufsteuerung wird durch das Setzen der Quell-URI angegeben, an welchem Modellelement (und damit implizit aus welchem Modell die URI stammt) die Transformation aufgehängt wird. Dadurch ist eine eindeutige Identifizierung gegeben. Dies geschieht für das Zielmodell, beziehungsweise den Zielcontainer durch das Setzen der Ziel-URI. Diese URI erhält man durch das ermitteln der Modellreferenz über `Strg + W` auf einem selektierten Modellelement in *Innovator Object eXcellence* oder *Innovator for Business Analysts*. Mit `Strg + V` wird diese Modellreferenz in die Ablaufsteuerung eingefügt.

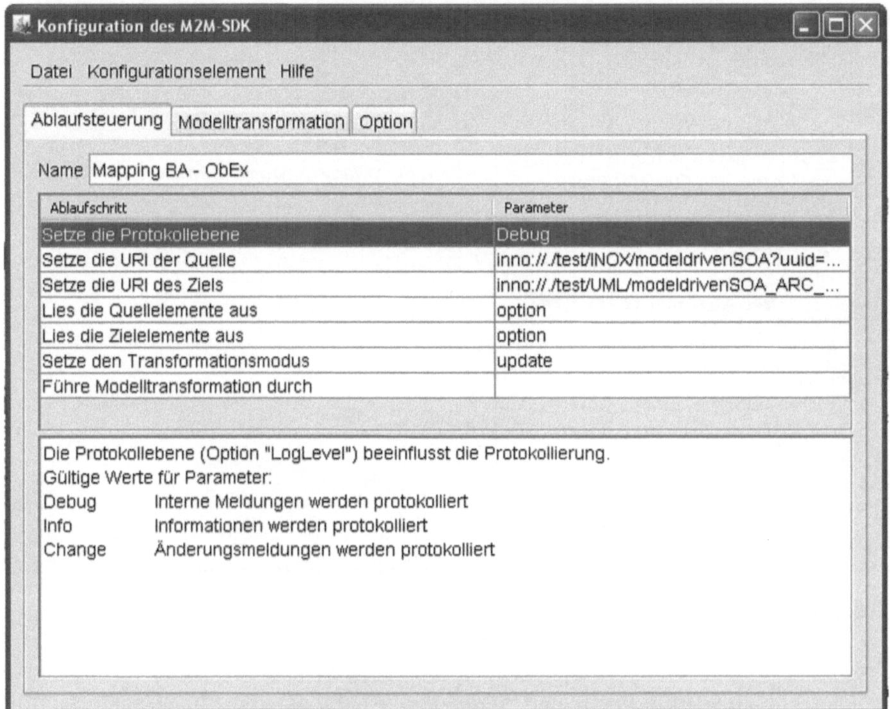

Abb. 9.2 Die Ablaufsteuerung der Modelltransformation

In unserem Fall wurde in *Innovator Object eXcellence* das Evaluation-Paket selektiert. In *Innovator for Business Analysts* wurde zuvor die Projection-Ebene selektiert. Die folgenden Ablaufschritte lesen die Quell- bzw. Zielelemente durch den Parameter `option` aus. Es können an dieser Stelle auch mehrere Quell- und Zielelemente aus der Zwischenablage oder einer XML-Datei ausgelesen werden.

Der letzte Schritt startet die Modelltransformation.

Die Modelltransformation

Nachdem die generelle Konfiguration der Transformation konfiguriert wurde, kann nun die Konfiguration der einzelnen Transformationsschritte vorgenommen werden. Im ersten Schritt der Transformation wird das Quell- bzw. Zielelement identifiziert. Dies erfolgt entweder über eine Überprüfung des Stereotyps oder anhand des Namens des Modellelements. Wie in Abb. 9.2 dargestellt. Wenn eine Modellreferenz an eine Stelle (per paste) eingefügt wurde, in welcher der Stereotyp überprüft wird, so erkennt das M2MSDK dies und wandelt den Ausdruck entsprechend um. Selbiges gilt beim Anlegen von Modellelementen für die Anlegeschablonen.

In diesem Schritt werden weder ein Modellelement, noch eine persistente Verbindung angelegt. Dieser Transformationsschritt dient dazu das Quell- und das

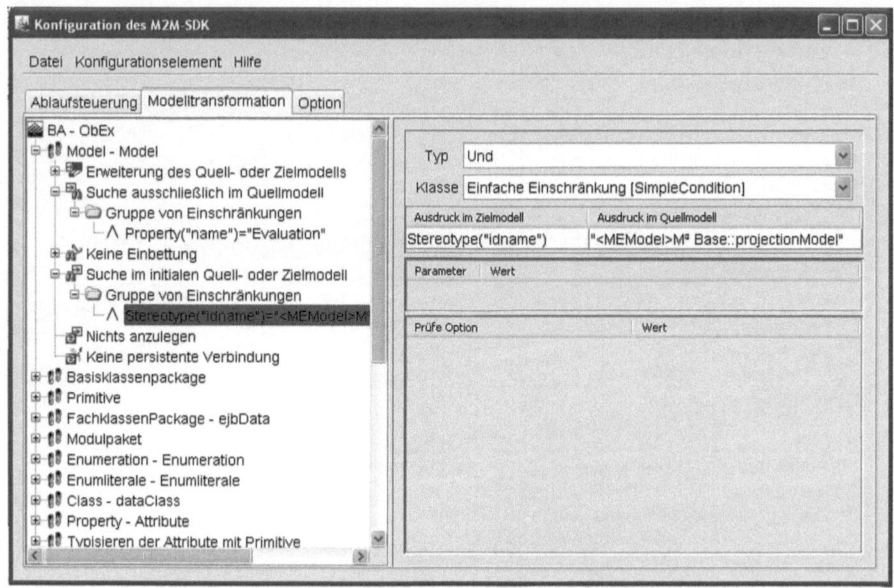

Abb. 9.3 Modelltransformation Wurzelknoten

Zielelement zu identifizieren und bildet den Anker an dem die Transformation aufgehängt ist (Abb. 9.3). Alle nachfolgenden Schritte sind an diesem aufgehängt.

Bei der Transformation werden alle Ablaufschritte zweimal durchlaufen. Im ersten Durchlauf wird die komplette Selektionserweiterung (das Auslesen aller abzubildenden Quellelemente) durchgeführt. Der darauffolgende Schritt bildet diese Elemente im Zielmodell ab. So ist es möglich, nach der Erweiterung des Quellmodells, einen Dialog zu öffnen, der die abzubildenden Elemente anzeigt. Dies lässt sich in der oben erwähnten Ablaufsteuerung konfigurieren.

In einem weiteren Schritt bilden wir nun das Fachklassenpaket ab. Die Fachklassen werden wir in der Datenhaltungsschicht abbilden, in welcher sie dann für eine weitere technische Verfeinerung zur Verfügung stehen. Dies ist in Kap. 7 Architecture Projection bereits beschrieben worden. Dazu wird zuallererst eine Erweiterung der Quellelemente durchgeführt. Ausgehend von der Standardeinbettung (dem Anker) werden die Elemente auf ihren Stereotyp gefiltert. Dies ist in unserem Fall nur das Evaluation-Paket. Von diesem Paket aus werden alle Kindobjekte aufgesammelt. Diese werden dann nach Stereotyp und Name gefiltert und in der aktiven Auswahl gespeichert (Abb. 9.4).

In dem Schritt „Suche ausschließlich im Quellmodell" (Abb. 9.3) wird genau dieses Element selektiert. In der Zielsuche wird ein Element nach Stereotyp gesucht. Das Zielmodell in *Innovator* ist so konfiguriert, dass unterhalb der Ebene Projection nur ein Element vom Stereotyp «`data`» existieren darf.

Wird nun während der Abarbeitung des Transformationsschritts kein Zielelement gefunden, so wird mit dem Schritt „Lege Modellelement an" das entsprechende Element mit dem Namen „Data" angelegt.

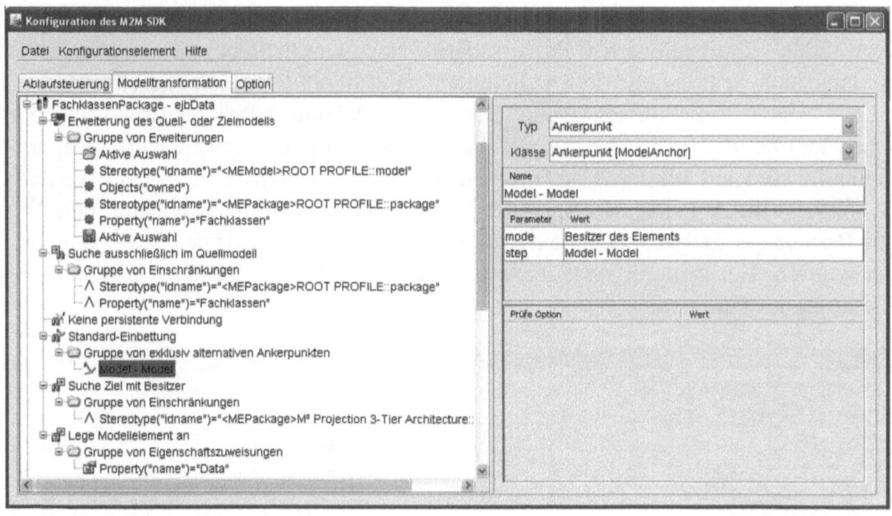

Abb. 9.4 Modelltransformation Fachklassenpaket

Um Attribute von Klassen zu typisieren, wird ein weiterer Schritt benötigt. Erst werden alle Elemente im Quellmodell auf den entsprechenden Stereotyp eingeschränkt. Der Transformationsschritt wird an den Schritt angehängt in welchem die Attribute gemappt wurden. Nun wird dieser Ankerpunkt als Ziel genommen (Abb. 9.5). Die Basisdatentypen aus dem fachlichen Modell wurden bereits abgebildet. In dem Transformationsschritt des Typisierens bezieht man sich nun auf diesen Schritt, indem man aus diesem per „`MappendElement(„<StepID>“)`“ die entsprechenden Elemente ausliest und als Typ des Attributs setzt (Abb. 9.5). Die IDs der Transformationsschritte werden in einem Tooltip angezeigt, wenn sie über diesen die Maus bewegen.

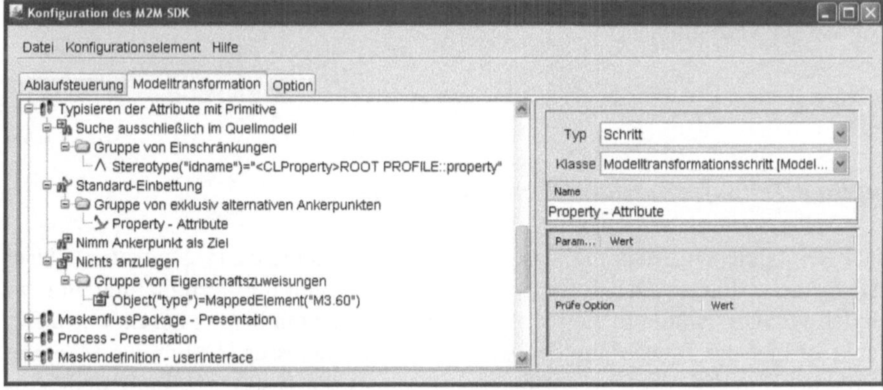

Abb. 9.5 Typisieren von Attributen

Um die Ein- bzw. Ausgabeparameter zu typisieren und ihre Richtung zu setzen verwenden wir einen eigenen Prozessschritt. Nachdem die Operationen abgebildet sind und sich diese noch in der Quellelementauswahl befinden, selektieren wir diese.

Als Anker sollte im Parameter `mode` das Element selbst gewählt sein. Wir schränken bei der Zielsuche nur auf die Ausgabeparameter ein (die Eingabeparameter müssen auf diese Weise in einem gesonderten Schritt verarbeitet werden) (Abb. 9.6). Im Ablaufschritt des Anlegens der Parameter setzen wir nun den Typ des Parameters und verweisen auf den Step in welchem die Typen zuvor abgebildet wurden. Ein weiterer Ablaufschritt dieses Transformationssteps setzt nun die Richtung des Parameters.

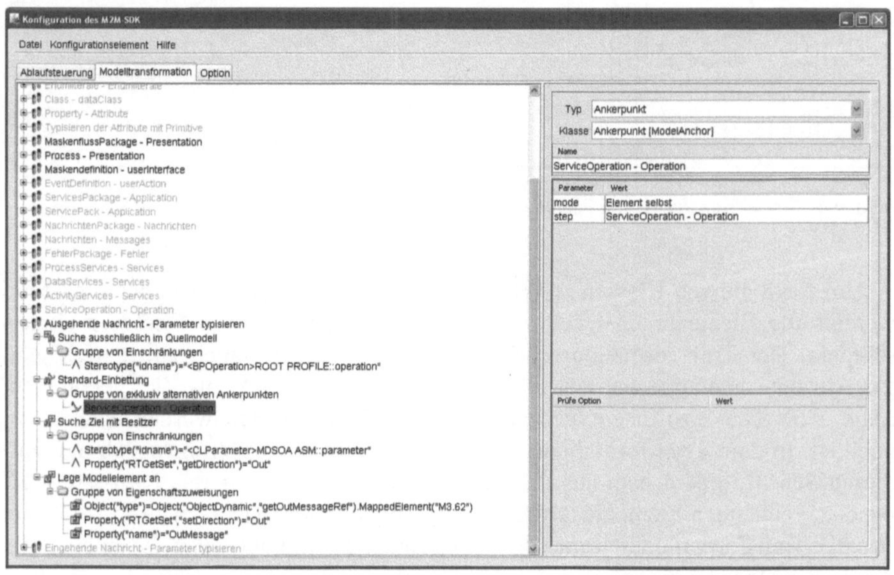

Abb. 9.6 Richtung der Ein- und Ausgabeparameter setzen

Für weitere Informationen zum M2MSDK steht eine Onlinehilfe unter folgender Adresse zur Verfügung:

`http://help.innovator.de/innovator/11.3.2/M2MSDK/</`

Inplace Transformation (Innovator API)

Nach erfolgreichem Mapping sind nun die Modellelemente in *Innovator Object eXcellence* verfügbar. Der Softwarearchitekt nimmt nun die Verfeinerung an dem Modell vor. Dies wurde in Kap. 7 Architecture Projection bereits beschrieben. Ein Punkt ist hier die Typisierung der Attribute der Fachklassen. Durch das Mapping wurde der Typ der Attribute auf fachliche Datentypen gesetzt. Um ein sinnvolles Ergebnis der darauffolgenden Codegenerierung zu erzielen, müssen diese Attribute nun mit technischen Typen typisiert werden. Da dies jedoch mit erheblichem

Modellierungsaufwand verbunden ist wird eine Automatisierung unter Zuhilfenahme der Innovator API entwickelt.

Die Innovator API bietet die Möglichkeit über Engineeringaktionen oder Addons auf das Repository lesend und schreibend zuzugreifen. Es besteht die Möglichkeit diese in C# oder mit Java zu entwickeln und in `Innovator for Business Analysts` oder `Innovator Object eXcellence` zu integrieren. Beispielhaft wird nun erläutert, wie die Engineeringaktion zum Typisieren der Attribute in `Innovator Object eXcellence` integriert und mit Eclipse in Form von Java-Code entwickelt wird.

Konfigurieren einer Engineeringaktion

Um eine Engineeringaktion in *Innovator* verfügbar zu machen, muss diese im Konfigurationseditor von Innovator zuvor konfiguriert werden. Über `Wechseln/Konfigruation` gelangen sie in den Konfigurationseditor von `Innovator Object eXcellence`.

Es wird empfohlen für die Engineeringaktion ein neues „Sprachneutrales Profil" anzulegen. Dies wird erreicht indem sie in der Menüleiste `Konfiguration/Neues Profil/Sprachneutral` auswählen.

Selektieren sie nun im Profilbaum das neu erstellte Profil und benennen sie es in „`Hilfsaktionen`" um. Wählen sie nun `Ansicht/Aktionen` und anschließend `Erstellen/Aktionssequenz/Java-Programmsequenz`. Benennen sie nun diese Aktionssequenz in „`ParameterTypisierer`" um. Im Detailfenster der Sequenz wurde automatisch eine Engineeringaktion erstellt. Öffnen sie diese mit einem Doppelklick und benennen sie diese in „`ParameterTypisierer`" um.

Konfigurieren sie nun die Aktion wie in folgender Darstellung 9.7 gezeigt:

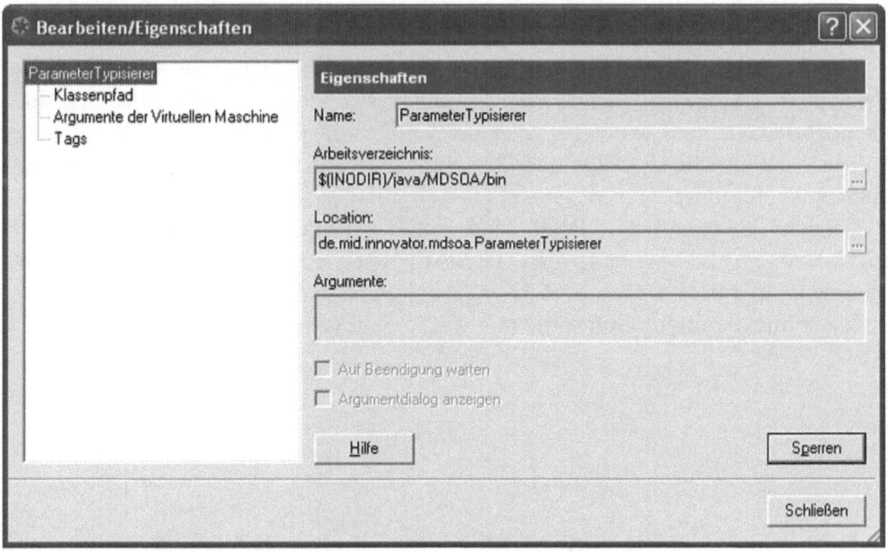

Abb. 9.7 Konfiguration Enigneeringaktion „ParameterTypisierer"

Im Klassenpfad legen sie bitte einen neuen Eintrag wie folgt an:

`$(inodir)/java/MDSOA/bin/MDSOATools.jar`

Die Aktion ist damit erstellt. Jetzt muss sie noch in den Menüs von *Innovator Object eXcellence* verfügbar gemacht werden. Betätigen sie dazu `Ansicht/Menüs`. Wechseln sie im Profilbaum auf ihr neu erstelltes Profil und begeben sie sich nach `Innovator-spezifisch/UML2-Modell`. Schalten sie im Detailbereich in der Combobox `Menü` auf `Aktionssequenz`. Nun können sie die Aktionssequenz `ParameterTypisierer` per Drag & Drop den Menüs zuordnen.

Als finaler Schritt muss jetzt das Profil importiert werden. Schließen sie den Konfigurationseditor und selektieren sie das Systemmodell. Wechseln sie auf die Eigenschaften dieses Modells und wählen sie `Importierte Profile`. Hier können sie nun das Profil `Hilfsaktionen` aktivieren.

Nun ist die Engineeringaktion über `Engineering/Aktion ausführen/ParameterTypisierer` aufrufbar.

Entwickeln einer Engineeringaktion

Bitte beachten sie, dass neue Innovator-Versionen immer mit API-Änderungen einher gehen können. sie müssen gegebenenfalls ihre Aktionen bei einer Migration auf eine neue Version anpassen.

Für die Erstellung der verschiedenen Engineeringaktionen haben wir die IDE Eclipse gewählt. Selbstverständlich ist die Wahl, welche Entwicklungsumgebung sie einsetzen möchten, Ihnen überlassen. Wir haben Eclipse gewählt, da die IDE aus unserer Sicht eine komfortable Einbindung von oAW-Templates bietet und wir für die Entwicklung der reinen Java-Aktionen keine zweite Umgebung beschreiben wollten.

Um eine Engineeringaktion in Java für *Innovator* zu entwickeln, erstellen sie in Eclipse über `File/New/Java Projekt` ein neues Java-Projekt. In diesem Projekt sollte der src-Ordner automatisch erzeugt werden. Legen sie darin ein neues Paket über `File/New/Package` an und verwenden sie dafür einen entsprechenden Paketnamen wie z. B. `de.mid.innovator.mdsoa`. In diesem Paket legen sie nun ihre erste Klasse über `File/New/Class` an, unter Verwendung des Names `ParameterTypisierer`.

Binden sie, über einen Rechtsklick auf das Projekt und weiter über `Java Build Path/Libraries`, die Java-API `inojapi.jar`, welche sich standardmäßig in `$(INODIR)\inodir\java\lib\ext` befindet, ein.

Ihre Projektkonfiguration sollte nun wie folgt aussehen (Abb. 9.8):

Abb. 9.8 Eclipse Projektkonfiguration Engineeringaktion

Legen sie nun über `File/New/File` eine Datei mit dem Namen `build.xml` an, welche ein Ant-Script zur Erstellung des Kompilats repräsentieren soll. Wechseln sie nun über `Window/Show/View/Ant` in die Ant-Ansicht von Eclipse. Auf der rechten Bildschirmseite erscheint nun ein leeres Fenster mit dem Titel „Ant". Per Rechtsklick können sie nun ein Buildfile hinzufügen. Wählen sie hier ihr erstelltes `build.xml`-File aus.

Die Ant-Datei sollte folgendes beinhalten

```
<project name="MDSOATools" basedir="." default="clean-build">
    <property name="src.dir"     value="src"/>
    <property name="classes.dir" value="classes"/>
    <property name="lib.dir"     value="lib" />
    <property name="inojava.dir"
            value="c:/Innovator/11.3.2/inodir/java"/>
    <property name="debug"      value="false" />

    <path id="classpath">
      <pathelement
      location="${inojava.dir}/lib/ext/inojapi.jar"/>
    </path>

    <target name="copyToInnovator">
      <copy todir="${inojava.dir}/MDSOA/bin">
            <fileset dir=".">
            <include name="${ant.project.name}.jar"/>
            </fileset></copy>
    </target>

    <target name="clean">
      <delete dir="${classes.dir}"/>
      <delete dir="${jar.dir}/de" />
    </target>

    <target name="compile">
      <mkdir dir="${classes.dir}"/>
      <javac srcdir="${src.dir}"
            destdir="${classes.dir}"
            classpathref="classpath"
```

```
            debug="${debug}" />
    </target>

    <target name="jar" depends="compile">
      <copy todir="${classes.dir}">
          <fileset dir="${src.dir}"
            excludes="**/*.java"/>
      </copy>

      <jar destfile="${ant.project.name}.jar"
            basedir="${classes.dir}">
            <manifest>
                <attribute name="Main-Class"
                  value="empty"/>
                </manifest></jar>
    </target>

    <target name="clean-build"
      depends="clean, jar, copyToInnovator"/>
</project>
```

Nachdem die Projektkonfiguration vollständig ist, können sie die Klasse `ParameterTypisierer` weiter ausformulieren.

Ihre Klasse sollte die Klasse `InnovatorApplicationDefault` erweitern und das Interface `InnovatorApplication` implementieren.

```
public class ParameterTypisierer extends InnovatorApplication
Default implements InnovatorApplication
```

Die Main-Methode sollte eine neue default Innovator Application erzeugen:

```
public static void main(String[] args)
      throws Exception{
      InnovatorApplicationDefault.
      create(ParameterTypisierer.class,
      argumentscfg, args);
}
```

Überschreiben sie die Funktionen `Usage()` und `run()` wie folgt:

```
@Override
public String Usage() {
      return "ParameterTypisierer-Aktion";
}
@Override
public void run() throws InoNlsException {}
```

Nun ist die Basis für die Entwicklung einer Engineeringaktion gelegt. Die run Methode wird beim Aufruf der Aktion angesprungen. An dieser Stelle werden über *`ctx`*`.getSelection()` die in *Innovator* selektieren Elemente in eine Liste zurückgegeben.

Angenommen es wurde in *Innovator* kein Element selektiert, so stellen wir uns eine eigene Selektion aller Klassen vom Typ «`entity`» zusammen. Dies erfolgt über die Auswahl des Pakets „Genehmigungsprozess“:

```
ctx.getModel().getADModel().
getOwnedMemberTransitiveByPattern
(CLComponent.class, "Genehmigungsprozess",
K_CONTROL_OPTION.ExactReturnType);
```

und dem anschließenden Aufsammeln aller Klassen unterhalb dieses Pakets:

```
comp.getOwnedElementTransitiveDown(CLClass.class,
K_CONTROL_OPTION.ExactReturnType);
```

Aus einer Konfigurationsdatei wird ausgelesen, welche fachlichen Typen auf welche technischen Typen umgesetzt werden sollen. Dies wird durch eine Funktion bewerkstelligt und speichert die Ergebnisse in einer TypeMap:

```
Map<String, String> typeMap = readConfigFile();
```

Eine weitere Funktion iteriert über die Attribute der übergebenen Klasse und prüft, ob der Urtyp der Attribute in der TypeMap vorhanden ist. Ist dies der Fall, so wird das Attribut mit dem neuen technischen Typ typisiert.

```
private void retype(CLClass c) throws InoNetException,
SrvErrorException, Exception {
    for (CLProperty p :
    c.getOwnedElement(CLProperty.class,
    K_CONTASGN.Default)){
         if (p.getType() == null)
              continue;
         String urtyp = p.getType().getName();
         if (typeMap.containsKey(urtyp)){
         String newType = (String)
                typeMap.get(urtyp);
         MMStereotype s1 =
         getMMSterotype("Object eXcellence",
         "Primitivtyp", "primitive");
         List<CLPrimitiveType> ps =
         ctx.getModel().getADModel().getOwnedElement
         TransitiveDownOfProfiles(CLPrimitiveType.class, s1,
         K_CONTROL_OPTION.ExactReturnType);

         for (CLPrimitiveType primi : ps){
                String pN = primi.getName();
                      if (pN.equals(newType)){
                      System.out.println("Setze
                      Typ an Klasse " +
                      c.getName() + " an Attribut " +
                      p.getName() + "
```

```
                        von " + urtyp + " auf " +
                        newType + "!");
                        c.lock();
                        p.setType(primi);
                        c.unlock();
                        }
                }
        }
    }
}
```

Der Methodenanreicherer stellt eine weitere Engineeringaktion in unserem Vorgehen dar. Durch diese Aktion wird dem Data-Layer eine Facade hinzugefügt, welche den Zugriff auf die Entities ermöglicht. Für jede selektierte Entity werden die jeweiligen CRUD-Methoden dieser Schnittstelle hinzugefügt.

Um Modellelemente zu erstellen bietet die Innovator API statische Methoden von Hilfsklassen an, die das Erstellen erleichtern.

Um beispielsweise die Operationen der Facade hinzuzufügen, wird an der entsprechenden Hilfsklasse die create-Methode aufgerufen. Ihr wird der Servercontext übergeben, der Stereotyp der zu erstellenden Operation, sowie das Interface, welchem die Operation hinzugefügt werden soll.

```
CLOperation o = CLOperationHelper.create
    (ctx.getSrvContext(), opStereoType, interface);
```

Nachdem die Operation erstellt wurde, können der Name, die Sichtbarkeit oder andere Eigenschaften, welche die API ermöglicht, gesetzt werden.

```
o.setName(name + clazz.getName() );
o.setVisibility(K_VISIBILITY.Public);
```

Um nun zu den Operationen noch die entsprechenden Parameter hinzuzufügen, erzeugen wir mit der API, ähnlich wie bei den Operationen mit der entsprechenden Hilfsklasse, einen Parameter. Als Besitzer geben wir die zuvor erstellte Operation an.

```
CLParameter paRet = CLParameterHelper.create
    (ctx.getSrvContext(), paraStereoType, o);
```

Im Anschluss setzten wir den Namen, sowie die Richtung des Parameters wie folgt:

```
paRet.setName("return"  +clazz.getName());
paRet.setDirection(K_PARAM_DIRKIND.Return);
paRet.setType(clazz);
```

Wenn sie die Engineeringaktion debuggen möchten, schalten sie in dem angelegten Ant-Datei das Property `debug` auf `true`. Legen sie nun im Verzeichnis `$(INODIR)\inoexe` eine Datei mit dem Namen `inojvm.ini` an.

Machen sie darin folgende Angaben, wobei die Angabe der JRE bei Ihnen abweichen kann:

```
[JRE]
JRE Home=C:\Programme\Java\jdk1.6.0_11/jre

[Default]
Flag=-Xdebug
Flag=-Xnoagent
Flag=-Xrunjdwp:transport=dt_socket,address=8787,server=y,
suspend=y
Flag=-verbose
```

Konfigurieren sie nun Eclipse wie folgt:
Legen sie über `Run/Debug Configuration` eine neue Debugkonfiguration vom Typ `Remote` an. Als Projekt sollte der `ParameterTypisierer` ausgewählt sein. Als Port geben sie bitte `8787` an.

Starten sie nun die Engineeringaktion aus *Innovator*, so wartet die Applikation auf den Start aus Eclipse. Starten sie nun die neu angelegte Debugkonfiguration und aus Eclipse werden Haltepunkte angesprungen.

Beachten sie: Nun wartet jede in Java entwickelte und aus *Innovator* heraus gestartete Engineeringaktion nach ihrem Start auf den Start aus der IDE. Zum Abschalten des Debuggings benennen sie einfach die `inojvm.ini` um.

Für weitere Informationen zur Innovator API steht eine Onlinehilfe unter folgender Adresse zur Verfügung:

`http://help.innovator.de/innovator/11.3.2/InnovatorAPI/`

M2T Transformationen (OAW-Generatoren)

Als Teil des Innovators wird eine Java Codegenerierung standardmäßig ausgeliefert. Für die Generierung der Entities und ihrer JPA-Annotations reicht die bestehende Lösung aus.

Für die Generierung der SessionBean, sowie des Remoteinterfaces muss die bestehende Generierung jedoch erweitert werden.

Generierung SessionBean

Das Session-Bean kapselt die Persistenzlösung und stellt diese anderen Komponenten zur Verfügung. Es besteht im Wesentlichen aus Methoden, die den Zugriff auf die Datenbank ermöglichen. Um einen kontrollierten Zugriff auf die Elemente zu sichern wird an dieser Stelle auf eine direkte Anreicherung von Webservice Annotations verzichtet. Dieser Zugriff sollte über eine gesonderte Webservice-Kapselung geschehen, welche dann die verschiedenen CRUD-Methoden der einzelnen Beans delegiert. Der grundsätzliche Aufbau des Beans ist wie folgt:

```
/**
 * The ERPDataAccessBean implements the JPA-Logic for
 * accessing the database.
 * It also allows remote access to the database.
 *
 *
 */
@Stateless
public class ERPDataAccessBean implements Serializable,
ERPDataAccessRemote {
       @PersistenceContext(unitName = "ERP-Data")
       private EntityManager em;
      // add, find, update, delete Methoden
}
```

Der Entitymanager wird vom Persistence-Context bereitgestellt und per Dependency-Injection während der Initialisierung des Beans vom JEE-Container gesetzt.

Für jedes Entity sind vier Methoden notwendig, mit denen die Entities bearbeitet werden können:

- addEntity
- findEntity
- updateEntity
- deleteEntity

Beinahe alle dieser Methoden sind schematisch gleich aufgebaut. Es bietet sich daher an, diese automatisch generieren zu lassen. Daneben existieren noch weitere Methoden, die zur Umsetzung einiger fachlicher Aufgaben benutzt werden.

Add Methoden

Jedes Entity wird von einer benutzenden Komponente erzeugt und muss im Laufe der Zeit in der Datenbank persistiert werden. Dazu dient die jeweilige Add-Methode. Jede Add-Methode eines Entities ist im Prinzip gleich aufgebaut. Der folgende Code-Ausschnitt zeigt den Aufbau der Methode, wobei `<Entity>` (oder respektive die mit einem Kleinbuchstaben beginnende Variable `<entity>`) durch den Klassennamen des Entities ersetzt werden muss:

```
/**
 * Adds an <Entity> to the database.
 * @param <Entity>to add
 * @return the <Entity>
 * @throws ERPDataException in case of a fault
 */
@TransactionAttribute(TransactionAttributeType.
REQUIRED)
```

```
public <Entity> add<Entity>(<Entity> <entity>) throws
ERPDataException {
    // check if entity already exists
    if (em.find(<Entity>.class, <entity>.
    get<Entity>Id()) != null) {
         throw new ERPDataException("<Entity>
         already exists!");
    }
   <Entity return<Entity> = em.merge(<entity>);
   em.flush();
   return return<Entity>;
}
```

Find Methoden

Nachdem ein Entity persistiert wurde, besteht der Bedarf, dieses irgendwann wieder aus der Datenbank zu laden. Dazu werden die Find-Methoden verwendet. Mit ihnen ist es möglich ein Entity mit Hilfe des Primärschlüssels (ID) zu finden. Auch diese Methoden sind schematisch gleich aufgebaut:

```
/**
 * Finds an <Entity> by its ID
 *
 * @param <entity>ID to find
 * @return the <Entity>
 * @throws ERPDataException
 *             in case of a fault
 */
public <Entity> find<Entity>ByID(long <entity>ID)
throws ERPDataException {
      try {
            // find entity
            <Entity> <entity> = em.find(<Entity>.class
            <entity>ID);
            if (<entity> == null) {
                throw new ERPDataException("<Entity>
                doesn't exist!");
            }
           return <entity>;
     } catch (IllegalArgumentException e) {
              throw new ERPDataException("<Entity>
              doesn't exist!", e);
     }
}
```

Update-Methoden

Die Entities werden im Programmablauf verändert. Da die Objekte von der Datenbank gelöst verwendet werden (detached), sind diese unabhängig. Die veränderten Entities müssen also mit den persistierten Objekten abgeglichen werden. Die Update-Methoden setzen diese Funktionalität um. Sie folgen wiederum demselben Schema:

```
/**
 * Updates the data of an <Entity> in the database
 * @param <Entity> to update
 * @return the <Entity>
 */
@TransactionAttribute(TransactionAttributeType.
REQUIRED)
public <Entity> update<Entity> (<Entity> <entity>) {
    <Entity> updatedEntity = em.merge(<entity>);
    em.flush();
    return updatedEntity;
}
```

Delete-Methoden

Das Löschen von Entities muss das Session-Bean ebenfalls ermöglichen. Die dazu zu erstellenden Delete-Methoden folgen ebenfalls demselben Muster:

```
/**
 * Deletes an <Entity> from the database
 * @param <entity>ID to delete
 * @throws ERPDataException in case of a fault
 */
@TransactionAttribute(TransactionAttributeType.
REQUIRED)
public void delete<Entity>(long <entity>ID) throws
ERPDataException {
    // retrieve entity
    <Entity> <entity> = em.find(<Entity>.class,
    <entity>ID);
    // entity must exist
    if (<entity> == null) {
    throw new ERPDataException("<Entity>
    doesn't exist!");
  }
    // delete
```

```
    em.remove(<entity>);
    em.flush();
  }
}
```

Der grundsätzliche Aufbau der oAW-Schablonen ist bei der Generierung immer ähnlich. Die in Guillemonts eingeschlossenen Ausdrücke werden vom oAW-Framework ausgewertet. An dieser Stelle werden dann oAW-Statements ausgewertet. Es können aber auch über eine Java-Brücke in Java implementierte Funktionen aufgerufen werden. Text, der nicht in Guillemonts eingeschlossen ist, wird direkt in die Ausgabedatei geschrieben.

Ein Schablonenbestandteil zur Generierung der erwähnten add-Methode lautet wie folgt:

```
public «entity.getEntityName()»
add«entity.getEntityName()»(«entity.getEntityName()»
«entity.getEntityFirstLowerName()») throws ERPDataException
{ ...
```

Die Funktionen, die innerhalb der Guillemonts aufgerufen werden sind in der bereits erwähnten Java-Brücke, welche durch ein Extend-Datei dargestellt wird, enthalten. Diese leiten die Anfrage an die Java-Implementierung weiter.

```
String getEntityName(Object o):
    JAVA de.mdsoa.ino.util.OawHelper.getEntityName
    (java.lang.Object)
;
```

Der zurückgelieferte String wird direkt in die Ausgabedatei (die generierte Quellcodedatei) geschrieben.

Die vollständige Generierung der add-Methode kann wie folgt realisiert

```
/**
 * Adds an «entity.getEntityName()» to the database.
 * @param «entity.getEntityName()» to add
 * @return the «entity.getEntityName()»
 * @throws ERPDataException in case of a fault
 */
@TransactionAttribute(TransactionAttributeType.REQUIRED)
public «entity.getEntityName()» add«entity.getEntityName()»
(«entity.getEntityName()» «entity.getEntityFirstLowerName()»)
throws ERPDataException {

        // check if entity already exists

        if (em.find(«entity.getEntityName()».class,
«entity.getEntityFirstLowerName()».get«entity.getEntityName(
)»Id()) != null) {
```

```
            throw new ERPDataException
("«entity.getEntityName()» already exists!");
       }
       «entity.getEntityName()» return«entity.
       getEntityName()» =
em.merge(«entity.getEntityFirstLowerName()»);
        em.flush();
        return return«entity.getEntityName()»;
}
```

Remote-Interface

Damit das Session-Bean auch von einer entfernten Virtual-Machine über Remote Method Invokation (RMI) erreichbar ist, muss noch ein Remote Interface generiert werden. Es enthält alle Methoden des Session-Beans, auf die von außen zugegriffen werden soll. Das Interface ist nach folgendem Schema aufgebaut:

```
package <package>;
import java.util.Set;
import javax.ejb.Remote;
import javax.ejb.TransactionAttribute;
import javax.ejb.TransactionAttributeType;
import <package>.<Entity>;
// ...
// Weitere Imports für weitere Entities
/**
* Remote interface of the data-layer access.
*
*/
@Remote
public interface ERPDataAccessRemote {
/**
 * Adds an <Entity> to the database.
 * @param <Entity>to add
 * @return the <Entity>
 * @throws ERPDataException in case of a fault
 */
public <Entity> add<Entity>(<Entity> <entity>) throws
ERPDataException;
      ...
// Weitere Methoden des Session-Beans
}
```

Der Aufbau der Schablonen zur Generierung des Remoteinterfaces sind bis auf wenige Abweichungen im Aufbau wie die der zuvor beschriebenen Sessionbean. Aus diesem Grund wird an dieser Stelle nicht tiefer darauf eingegangen.

Weitere fachliche Methoden

Mit den oben geschilderten Methoden ist der Großteil der Funktionalität des Session-Beans bereits abgedeckt. Es fehlen noch weitere Methoden, die für die Abfrage von Entities aufgrund fachlicher Gegebenheiten notwendig sind. Diese Methoden können meist nicht generiert werden, da sie auf die Eigenheiten des Datenmodells zugeschnitten sein müssen. Da sie aber nur einen kleinen Teil des Quellcodes ausmachen, stellt dies keine große Herausforderung dar. Viele dieser Methoden werden während der Implementierung in der Construction-Phase angelegt und sollten dann auch im Modell nachgepflegt werden.

Diese Methoden entsprechen den Methoden, die im Interface des Data-Access-Service enthalten sind.

Der Prüfmanager des Innovators

Arbeiten viele Modellierer gemeinsam an einem Repository oder wächst die Anzahl der Modellelemente auf ein unüberschaubares Maß an, so ist man an dem Punkt angelangt, an dem man sich Gedanken um die Qualität der Modellierung machen muss. Durch die Modellkonfiguration lässt sich ein hoher Grad an Konsistenz in der Modellierung gewährleisten. Die vorgegebenen Regeln lassen sich aber meist nicht komplett damit abdecken. Aus diesem Grund ist es von Nöten, das Einhalten von Modellierungsrichtlinien durch Modellprüfungen sicherzustellen.

Ein automatisiertes Verifizieren von Modellen lässt sich komfortabel mit dem Prüfmanager bewerkstelligen. Ein Methodenhandbuch bildet die Vorgabe für einen Entwickler, der die Prüfungen implementiert. Es können aber auch bekannte Modellierungsfehler verwendet werden um Prüfungen zu entwickeln. Diese Prüfungen können dann den Modellierern während des Modellierungsprozesses an die Hand gegeben werden. Aber auch ein fortwährender Qualitätssicherungsprozess lässt sich durch diese Automatisierung unterstützen.

Die Oberfläche des Prüfmanagers

Der Prüfmanager kann in *Innovator Object eXcellence* über die Aktion *Engineering/Aktion ausführen/Prüfmanager* gestartet werden. In Innovator for Business Analysts erreichen sie diesen über `Addins/Kommandos/Prüfmanager`. Es öffnet sich die folgende Oberfläche wie in Abb. 9.9 dargestellt.

Wird der Prüfmanager gestartet, so wird analysiert für welche der selektierten Elemente Prüfungen für den Prüfmanager registriert wurden. Diese Elemente landen

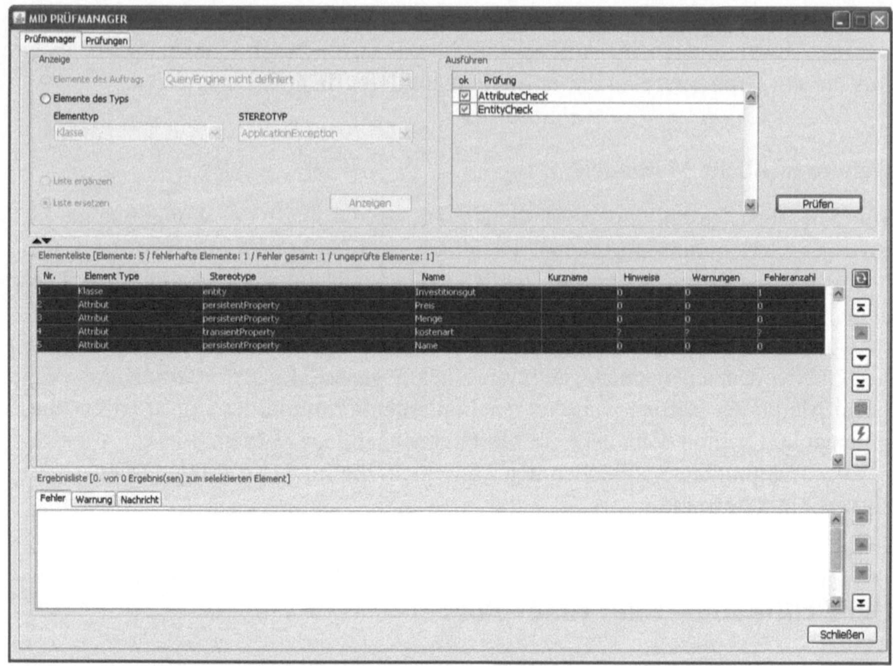

Abb. 9.9 Die Oberfläche des Prüfmanagers

dann in der Elementliste des Prüfmanagers. Die, auf dem Element durchzuführenden Prüfungen, sind im Bereich Ausführen selektiert. Befinden sich nun Modellelemente verschiedenen Typs in der Elementliste und wechseln sie mit der Selektion dieser durch, so wird auch jeweils die Liste der auszuführenden Prüfungen aktualisiert. Innerhalb des Prüfmanagers können sie die Liste der zu prüfenden Elemente erweitern oder ersetzen. Dies geschieht in dem Bereich Anzeigen wie in Abb. 9.9 dargestellt.

Die Prüfungen können sie nun mit dem Button Prüfen starten. Dadurch wird die Elementliste aktualisiert und je Element die aufgetretenen Fehler, Warnungen und Hinweise jeweils aufsummiert und in einer Spalte dargestellt.

Selektieren sie nun ein Element in der Elementliste, so können sie die detaillierten Meldungstexte in der Ergebnisliste einsehen und durch diese navigieren. Dabei sind die drei Kategorien Fehler, Hinweis und Meldung jeweils in ein eigenes Tab untergliedert.

Mit den Navigationsbuttons rechts neben der Elementliste können sie durch diese navigieren, die Prüfungen über Refresh zurücksetzen oder aber Elemente aus der Liste entfernen.

Auch ist es möglich ein in der Elementliste selektiertes Element im Modellbrowser direkt anzuspringen. Dadurch ist es möglich das Element abzuändern und die Prüfungen wiederholt auszuführen.

Die Konfiguration des Prüfmanagers

Über Wechseln/Konfiguration erreichen sie die Konfiguration von *Innovator Object eXcellence*. In *Innovator for Business Analysts* erreichen sie die Konfiguration über die Innovatorschaltfläche/Konfigurieren. Selektieren sie hier in der oberen Menüleiste Ansicht/Aktionen (den kleinen Zirkel). Im Profilbaum selektieren sie das Profil MDSOA ASM und darin den Eintrag Prüfmanager. Nun können sie die Konfiguration der Engineering-Aktion im rechten Detailfenster per Doppelklick öffnen. Das Ergebnis zeigt Abb. 9.10.

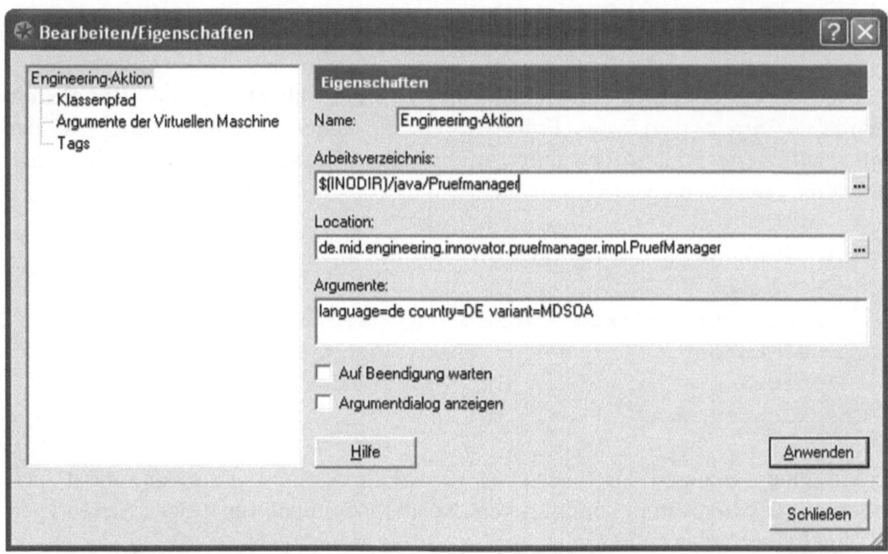

Abb. 9.10 Die Konfiguration des Prüfmanagers

Der Dialog beinhaltet alle Konfigurationseinstellungen seitens *Innovator* für den Prüfmanager.

Das Arbeitsverzeichnis ist standardmäßig auf $(INODIR)/java/Pruefmanager gesetzt. Unter Location ist der voll qualifizierte Pfad des Prüfmanagers angegeben.

Das Argument language legt die Sprache fest, in welcher die Oberfläche des Prüfmanagers gestartet werden soll. Das Argument country legt die Ländereinstellung des Prüfmanagers fest. Möchten sie den Prüfmanager in einer anderen Sprache starten, so legen sie in dem Verzeichnis $(INODIR)/java/ Pruefmanager/conf eine Datei nach dem Namensmuster Pruefmanager_[LANGUAGE]_[COUNTRY].properties an (Pruefmanager_en_US.properties für Englisch der Vereinigten Staaten). In dieser Datei können sie die entsprechenden übersetzen Texte der Oberfläche eintragen.

Durch die Angabe des Arguments variant lässt sich der Prüfmanager für verschiedene Kunden konfigurieren. So muss im Verzeichnis $(INODIR)/

java/Pruefmanager/conf eine Datei dem Muster Pruefmanager_ [LANGUAGE]_[COUNTRY]_[VARIANT].properties existieren. Darin ist beschrieben, welche XML-Dateien in dieser Konfiguration heranzuziehen sind.

```
#####################################################
# Deutschland-deutsche Einstellungen für MDSOA
# language=de country=DE customer=MDSOA
#####################################################

#####################################################
# Check settings
#####################################################
check.configuration.files = Checks-MDSOA.xml
```

Die darin angegebenen XML-Dateien sind ebenfalls im Verzeichnis Pruefmanager\conf des Prüfmanagers zu finden. Darin enthalten ist der voll qualifizierte Pfad zu den durchzuführenden Checks. Diese lassen sich darin aktivieren oder auch deaktivieren.

```
<?xml version="1.0" encoding="ISO-8859-1"?>
<CheckConfig>
   <Check active="true">de.mid.engineering.innovator.
   pruefmanager.check.custom.mdsoa.EntityCheck
   </Check>
</CheckConfig>
```

Mit einer weiteren Datei namens CheckCustomConfig.xml lässt sich außerhalb des Innovators konfigurieren, welche Prüfungen für welche Stereotypen durchgeführt werden sollen.

In unserem konkreten Fall überprüfen wir mit der Routine EntityCheck die Klassen vom Stereotyp «entity» in *Innovator Object eXcellence*, sowie die Fachklassen vom Stereotyp «class» in *Innovator for Business Analysts*.

```
//[Prüfung], [Profil], [Superklasse], [Stereotyp]
EntityCheck, MDSOA ASM, Klasse, entity
AttributeCheck, MDSOA ASM, Attribut,
 persistentProperty
EntityCheck, ROOT PROFILE, Klasse, class
```

Eigene Prüfungen schreiben

Möchten sie nun eigene Prüfungen für den Prüfmanager entwickeln, so bildet das Eclipse-Projekt MDSOA-Checks bereits eine Vorlage dafür. Das exemplarische Vorgehen wird an diesem Projekt geschildert.

Möchten sie allerdings Prüfungen in einem eigenen Java-Archiv implementieren, so müssen sie die Konfiguration im Innovator für den Prüfmanager erweitern.

Begeben sie sich in die Konfiguration des Prüfmanagers wie im vorherigen Teilkapitel beschrieben. Ändern sie die Argumente wie den `variant` ab. Erweitern sie den Klassenpfad der Aktion und nehmen sie darin ihr Java-Archiv auf. Wie in Abb. 9.11 dargestellt.

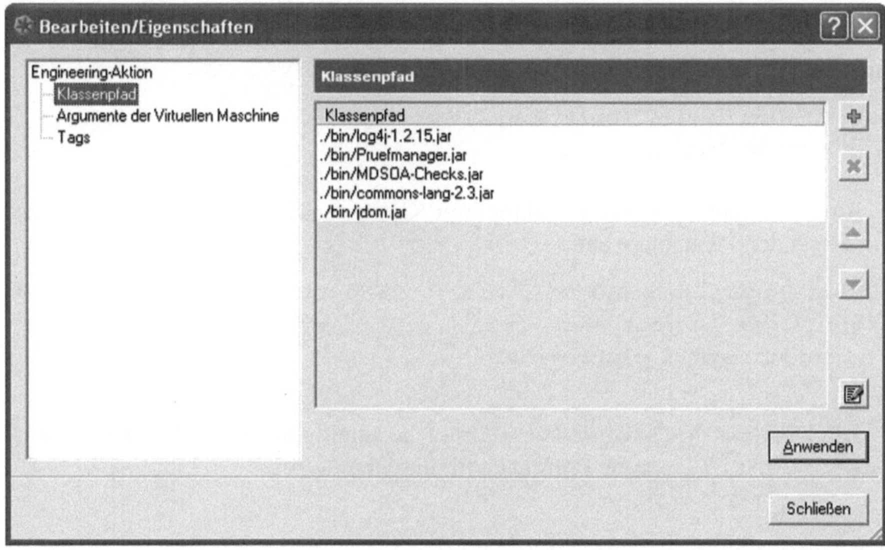

Abb. 9.11 Die Konfiguration des Klassenpfads des Prüfmanagers

Danach sollten sie die Dateien `Pruefmanager_[LANGUAGE]_[COUNTRY]_[VARIANT].properties` im Conf-Verzeichnis des Prüfmanagers um eine entsprechende XML-Datei erweitern. Legen sie danach diese Datei an und geben sie die voll qualifizierten Namen ihrer Prüfklassen darin an und passen sie die Datei `ChecksCustomConfig.txt` ebenfalls wie im vorherigen Teilkapitel beschrieben an.

Um eine eigene Prüfung zu schreiben importieren sie zuerst folgende Klassen:

```
import java.io.IOException;
import de.mid.innovator.srv2api.icw2meta.ADModel;
import de.mid.innovator.srv2api.icw2class.CLClass;
import de.mid.engineering.innovator.pruefmanager.
    IFConfigProvider;
import de.mid.engineering.innovator.pruefmanager.
    check.AbstractModelCheck;
import de.mid.engineering.innovator.pruefmanager.
    check.ModelCheckResult;
```

```
import de.mid.engineering.innovator.pruefmanager.
    view.IFModelCheckResult;
import de.mid.engineering.innovator.pruefmanager.
    view.IFModelCheckTestee;
```

Erweitern sie dann ihre Prüfklasse um die Klasse `AbstractModelCheck`.

```
public class EntityCheck extends AbstractModelCheck
```

Implementieren sie darin die Funktion `getDisplayName()`, welche den anzuzeigenden Namen der Prüfung zurückgibt.

```
public String getDisplayName() {
    return DISPLAY_NAME;
}
```

Rufen sie dann in dem Konstruktor ihrer Klasse den Konstruktor der Superklasse mit folgenden Parametern auf:

```
public EntityCheck(ADModel model, IFConfigProvider
cfgProvider) throws Exception {
    super(model, cfgProvider);
}
```

Die Funktion `getStereoTypeIDs()` ermittelt nun aus der Datei `checks-CustomConfig.txt` die Prüfungen für die Stereotypen.

```
@Override
public String[][] getStereotypeIDs() {
     String [][] res =null;
     try  {
           res = CustomConfig Parser.readCheck("EntityCheck");
           } catch (IOException e) {
                 e.printStackTrace();
           }
        if (stereotypeIDs == null) {
            stereotypeIDs = res;
        }
        return stereotypeIDs;
}
```

Nun können sie ihre eigentliche Prüffunktion implementieren.

```
protected void performCheck(IFModelCheckTestee
      testee) throws Exception {
      IFModelCheckResult result = null;
      CLClass cls=(CLClass)testee.getNamedElement();
      result=new ModelCheckResult(true,
      ModelCheckResult.classifier.fault, "Fehler 1" +
      cls.getName(), DISPLAY_NAME);
```

```
        testee.addResult(result);
        //Erstellt einen Fehler
        result=new ModelCheckResult(true, "Fehler 1" +
        cls.getName(), DISPLAY_NAME);
        testee.addResult(result);
        //Erstellt auch einen Fehler
        result=new ModelCheckResult(true,
        ModelCheckResult.classifier.warning, "Warning" +
        cls.getName(), DISPLAY_NAME);
        testee.addResult(result);
        //Erstellt eine Warnung
        result=new ModelCheckResult(true,
        ModelCheckResult.classifier.message, "Hinweis2" +
        cls.getName(), DISPLAY_NAME);
        testee.addResult(result);
        //Erstellt einen Hinweis
}
```

Im Eclipse-Projekt der Prüfroutinen wird in unserem konkreten Fall in der Klasse `EntityCheck.java` geprüft, ob die zu prüfenden Klassen eine gefüllte Beschreibung (F3-Text) hat.

Dies geschieht wie folgt:

```
List<MMTextValue> txt = cls.getOwnedTextValueByPattern
(MMTextValue.class, "Beschreibung",
K_CONTROL_OPTION.ExactReturnType);
if (txt.isEmpty()){
        result=new ModelCheckResult(true, ModelCheckResult.
        classifier.fault, "Beschreibung
        (F3-Text) der Klasse: " + cls.getName() +
        " nicht angegeben.", DISPLAY_NAME);
        testee.addResult(result);
}
```

Die Erweiterung des Prüfmanagers

In einigen Fällen ist es sinnvoll vor einem Prüflauf die Selektionsmenge automatisiert zu erweitern. Möchten sie zum Beispiel alle Attribute einer Klasse mit prüfen, die Ergebnisse des Prüflaufs aber nicht direkt an der selektierten Klasse ausgeben, so schalten sie einfach eine entsprechende Engineering-Aktion dem Prüfmanager vor.

In dem Beispiel ist es eventuell die Modellierung an Entites anzustoßen, aber alle Attribute gesondert zu prüfen und für jedes Attribut Prüfmeldungen auszugeben.

Die entsprechende Konfiguration der Prüfmanagererweiterung sieht wie folgt aus (Abb. 9.12):

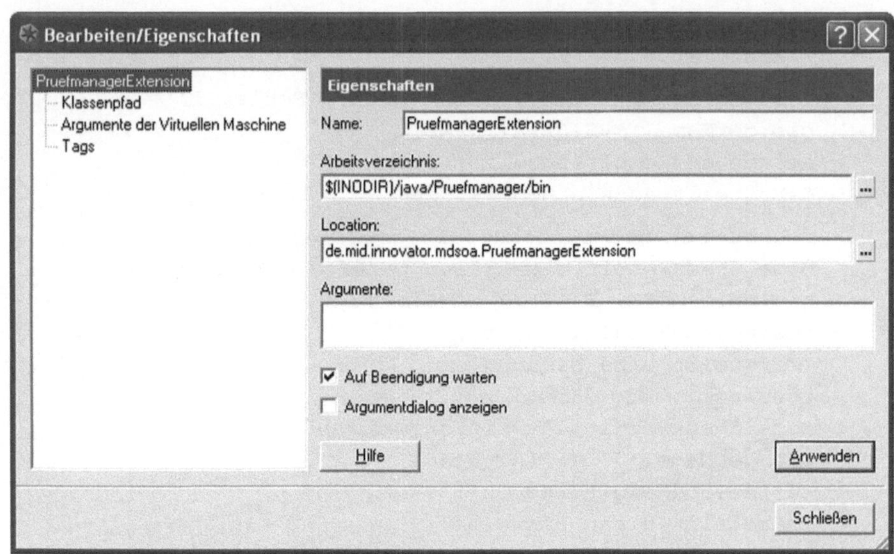

Abb. 9.12 Die Konfiguration der Erweiterung des Prüfmanagers

Als Klassenpfad ist der Pfad zu der entsprechenden Aktion eingetragen:

```
C:\Innovator\11.3.2\inodir\java\Pruefmanager\bin\
PruefmanagerExtension.jar
```

Folgendes Listing gibt den Inhalt der Aktion wieder:

```
package de.mid.innovator.mdsoa;
import ...
public class PruefmanagerExtension extends
InnovatorApplicationDefault implements InnovatorApplication{
      private static PropertyCfg[] argumentscfg=null;
      public static void main(String[] args) throws Exception{
            InnovatorApplicationDefault.create
            (PruefmanagerExtension.class,
      argumentscfg, args);
      }

      @Override
      public String Usage() {
            return "SelectionExpander-Aktion";
      }

      @Override
      public void run() throws InoNlsException {
            if (InoClientContext.hasContext()){
```

```
                InoClientContext ctx = InoClientContext.
                getInstance();
                List<ELElement> elements =
                ctx.getSelection();
                ArrayList<ELElement> al =
                new ArrayList();
                for (ELElement e : elements){
                      al.add(e);
                      extend(al, e);
                }
                ctx.setReplySelection(al);
          }
    }
    private void extend(ArrayList<ELElement> al, ELElement
    e) throws InoNetException, SrvErrorException {
          MMStereotypeAble mms = (MMStereotypeAble)e;
          if (mms.getStereotypeName().
                equals("entity")){
                CLClass c = (CLClass)mms;
                for (CLProperty p : c.
                getOwnedElement(CLProperty.class,
                K_CONTASGN.Default)){
                      al.add(p);
                }
          }
    }}
```

Im Eclipse-Projekt unserer Prüfroutinen haben wir eine weitere Prüfung (`AttributeCheck.java`) für die Attribute erstellt. Darin prüfen wir, ob alle Attribute typisiert wurden.

```
CLProperty cls=(CLProperty)testee.getNamedElement();
   if (cls.getType()==null){
   result=new ModelCheckResult(true,
   ModelCheckResult.classifier.fault, "Attribut: " +
   cls.getName() + " nicht typisiert.",
   DISPLAY_NAME);
   testee.addResult(result);
}
```

Damit haben wir ihnen die Grundlagen für die Automatisierung eines modellgetriebenen Vorgehens aufgezeigt. Fassen sie Mut und erforschen sie die vielfältigen Möglichkeiten, die sich ihnen damit auftun. Entwickeln sie eigene Ideen! Mit dem direkten Zugriff auf die API und dem M2M-SDK haben sie mächtige Werkzeuge an der Hand. Oft kommen die besten Ideen erst mit dem Tun.

Kapitel 10
Dokumentation

Abb. 10.1 Sean prüft eine Dokumentation

„Weiser und geschätzter Whon Wokew, ich danke euch und dir, geehrter Sean, für Eure Hilfe." Der Kaufmann Jakaja verbeugte sich tief im Türrahmen zu Whons Unterkunft Er richtet sich auf, blickte aber weiter zu Boden und knetete sich nervös die Hände.

Whon hob die Augenbrauen und blickte mit einem Schulterzucken zu Sean und wieder zurück zu Jakaja, der nicht zu sprechen wagte.

„Werter Valja, was bedrückt dich denn noch? Sprecht frei heraus!".

„Nun, ich habe euch schon so viel zu verdanken, aber seht: Keiner wird verstehen können was ihr für uns getan habt. Gewiss, ihr habt die Probleme gelöst, aber mein Volk ist misstrauisch. Zu viele haben dort schon viel versprochen und zu oft wurden wir betrogen. Könntet ihr mir vielleicht ein Schriftstück mitgeben?" Er breitete seine Arme aus und sprudelte weiter „Jeder kann dann nachlesen und verstehen, wie groß eure Weisheit hier in Upanishat ist! Alle werden dazulernen und ihr mehrt die Weisheit unter unserem Volk! Unser ewiger Dank wäre euch gewiss!".

Dann knetete er wieder die Hände und sein Blick wanderte besorgt und scheu zwischen Whon und Sean hin und her.

G. Rempp et al., *Model Driven SOA*, Xpert.press,
DOI 10.1007/978-3-642-14470-7_10,

Whon sah lächelnd zu Sean und nickte ihm zu. „Guter Freund," sprach Sean, „ihr sollt nicht ohne ein Buch in die Heimat ziehen. Ein Buch, das allen beweist, wie erfolgreich ihr wart. Ein Buch, das die Lehre von Upanishat weit ins wilde Land trägt! Kommt mit!"

Sean legte den Arm um Valjas Schulter und führte ihn in die Bibliothek von Updanishat.

Dokumentation ist notwendig

Dokumentation! Für manche ist das Wort alleine schon eine Drohung. Das geht sogar soweit, dass einzelne ernsthaft äußern, Dokumentation an sich wäre nicht notwendig.

Wir sind anderer Meinung. Es gibt durchaus die Notwendigkeit zur Dokumentation. Dokumentation ist manchmal sogar gesetzlich gefordert und Dokumentation erleichtert die Kommunikation!

Das Gute am modellgetriebenen Ansatz: Modelle sind Teil der Dokumentation!

Wenn nun noch die Elemente im Modell, wie bei unserem Ansatz, mit Texten, Dateien, Bildern, etc. hinterlegt wurden, dann lässt sich ein großer Teil der Dokumentationsarbeit durch Generatoren erledigen. Kein lästiges von Hand nachpflegen in veralteten Dokumenten. Sind das nicht wirkliche Vorteile?

Wie sonst sollte zum Beispiel die Architektur eines Systems kommuniziert werden oder wie sollen Stakeholder und Fachexperten urteilen über modellierte Geschäftsprozesse und Anforderungen, wenn sie „nur" Diagramme sehen, aber keinen Text?[1] Nicht alle Beteiligten in einem Projekt fühlen sich in einem Modellierungswerkzeug zu Hause. Und das müssen sie auch nicht. Textverarbeitung und HTML ist nützliche Werkzeuge um Modelle zu dokumentieren, vor allem, wenn sich dies automatisieren lässt.

Dazu kommt noch, dass Software für sich im Allgemeinen nicht die Erfordernisse der vollständigen Dokumentation eines Systems erfüllt. Im Gegensatz zu Computern ist für Menschen der Source-Code nicht automatisch die Verständlichste Form zur Beschreibung von Software. Die oft genannte Prämisse „der Code ist die Dokumentation" ist eher Zeichen eines unsystematischen Entwicklungsvorgehens. Denn der Source-Code allein beschreibt selbst im besten Fall nur einzelne Teile eines Systems. Selbst bei ausführlicher Kommentierung fehlt der Zusammenhang des Gesamtsystems im Code, weil nur einzelne Aspekte der Implementierung betrachtet werden. Die Sicht des Entwicklers ist an dieser Stelle bildlich gesprochen zu weit „herein gezoomt". In der Praxis ist der Code jedoch meist wenig kommentiert und daher oft nur für Eingeweihte komplett verständlich. Da Software jedoch

[1] Das umgekehrt gilt ebenfalls: Nur Text ist ebenso wenig zielführend.

im Verlauf des Lebenszykluses in der Regel durch mehrere Gruppen von Personen entwickelt oder gewartet wird, ist es essenziell, dass das Wissen der ursprünglichen Entwickler effizient weitergegeben wird. Dafür ist weitere Dokumentation notwendig.

Dementsprechend gibt es für unterschiedliche Zielgruppen auch verschiedene Arten von Dokumentation. Und jeder dieser Arten muss hinsichtlich der Beschreibung andere Voraussetzungen erfüllen. Eine Enduser-Dokumentation muss das Innenleben des Softwaresystems nicht beschreiben, wohl aber dessen Benutzung. Auch in Testdokumenten sollte die innere Funktion des Systems keine Rolle spielen. Die Tatsache, dass es verschiedene Anforderungen für verschiedene Arten der Dokumentation gibt, erleichtert die Anfertigung der Dokumentation nicht. Erschwerend kommt hinzu, dass zum Beispiel eine Enduser-Dokumentation nicht notwendigerweise am besten durch einen technisch orientierten Entwickler geschrieben wird. Allerdings erleichtert die modellbasierte Entwicklung die Erstellung der Dokumentation.

Auch für die spätere Wiederverwendung von Komponenten oder Services ist eine entsprechend gute Dokumentation wichtig. Speziell im SOA-Umfeld sollen Dienste ja auch von anderen Entwicklern oder sogar weniger technisch versierten Personen verwendbar sein. Dafür ist die Beschreibung der Funktionalität in einer verständlichen Weise wichtig. Fehlt diese, so ist ein Service oder eine Komponente nutzlos, da seine eigentliche Wertschöpfung nicht ausreichend dokumentiert ist. In einer SOA wird daher die Dokumentation des Dienstes in irgendeiner Form auch im Service-Verzeichnis oder Repository enthalten sein.

Für den Aufbau guter Dokumentation gelten ähnliche Prinzipien, wie für die Struktur von Software. Gute Dokumentation sollte in sich geschlossen sein und alle Kenntnisse enthalten, die für das Verständnis der Prozesse, des Systems oder der Komponente erforderlich sind. Sie sollte zudem leicht anpassbar und erweiterbar sein. Darauf muss bereits bei der Festlegung der Gliederung der Dokumente geachtet werden. Eine konsistente Struktur erleichtert zusätzlich den Zugang zu den Informationen wenn es mehrere Dokumente für die einzelnen Teile gibt.

Für Architekten und Entwickler ist es zum Beispiel optimal, wenn für jede Komponente oder jeden Service eine eigene Dokumentation existiert. Wie bereits angesprochen fördert dies die Wiederverwendbarkeit. Im Laufe der Fortentwicklung der Software-Entwicklung hat sich die enge Verzahnung von Implementierung und Dokumentation als hilfreich herausgestellt. Heutzutage ist es üblich die Dokumentation als Teil oder als Erweiterung einer Komponente zu sehen. Dies äußert sich mitunter in den Ansätzen des Literate Programmings, welches die Integration von Code und Dokumentation zum Ziel hat. Java-Entwicklern ist dieser Ansatz in Form von Java-Doc hinlänglich bekannt. Für die traditionelle Software-Entwicklung ist dieser Ansatz sehr gut geeignet. Jedoch ist er im SOA-Umfeld nicht ausreichend, da es bislang keine Verbindung zwischen der Dokumentation im Code und der Dokumentation in Verzeichnissen gibt.

Die Dokumentation eines Services oder einer Komponente sollte alle notwendigen Informationen enthalten, die zum Verständnis der Funktion benötigt werden. Das beinhaltet auch Informationen, die bei der Wartung oder Weiterentwicklung des Services relevant sind. Das Innenleben des Dienstes ist nicht zwingend zu dokumentieren, wenn der Service nur genutzt wird.

Eine vollständige Systemdokumentation enthält ferner eine Beschreibung der Abhängigkeiten des Systems und seiner Umgebung. Im günstigsten Fall ist dies bereits im Modell des Systems vorhanden. Aber auch die anderen zu dokumentierenden Aspekte sind bereits Teil eines Modells. Es liegt daher nahe diese Beschreibung in der Dokumentation wiederzuverwenden. Im einfachsten Fall erfolgt dies durch Verwendung von Modell-Elementen, wie beispielsweise der Diagramme, innerhalb der Dokumentation. Diese erhält man durch die Graphik-Export-Funktionalitäten der verwendeten Modellierungssoftware.

Dieser simple Ansatz lässt sich relativ schnell umsetzen, birgt jedoch einige Nachteile. Der größte Nachteil besteht darin, dass die Dokumentation bei jeder Veränderung des Systems in Handarbeit auf dem neusten Stand gehalten werden muss. In diesem Fall müssen die von Hand erstellten Dokumente manuell abgeglichen werden. Zudem ist der Zeitverbrauch der Dokumentenerstellung nicht zu unterschätzen. Das Pflegen der Dokumentation ist damit sehr mühsam, was mitunter ein Grund für mangelnde Dokumentationsbereitschaft ist. Aber es gibt einen Ausweg: Die vollautomatisierte Generierung von Dokumentation.

Die automatisierte Erzeugung der Dokumentation ermöglicht eine vergleichbare Steigerung der Produktivität bei der Erstellung der Systemdokumentation, wie sie bereits bei der Generierung von Source-Code in der modellgetriebenen Entwicklung bekannt ist. Da die Modelle in diesem Zusammenhang bereits das System in einem Umfang beschreiben, der es Entwicklern ermöglichen sollte das System umzusetzen, existiert im Idealfall bereits alle notwendige Information. Die Automatisierung erspart jedoch den manuellen Export der Informationen und das Anlegen der Dokumente.

Natürlich wird aus der exportierten Modellinformation dabei nicht automatisch eine gute Dokumentation. Vielmehr muss schon im Vorfeld darauf geachtet werden, dass die Modell-Elemente sinnvoll benannt, strukturiert und mit guten Spezifikationstexten versehen sind. Dann ist die Qualität der erzeugten Dokumentation aber auch sehr gut. Ein Beispiel für eine aus dem Modell erzeugte Dokumentation halten sie übrigens gerade eben in ihren Händen. Denn das Kap. 3, das die Modellierungsmethodik beschreibt, entstand weitgehend durch eine Modellierung und der automatischen Generierung der Dokumentation! Wie das zu bewerkstelligen ist, beschreibt der folgende Abschnitt.[2]

Automatisierte Erzeugung von Dokumentation mit dem Innovator for Business Analysts

Der *Innovator* bietet neben den Generatoren für Source-Code auch die Möglichkeit Dokumentationen aus einem Modell anzufertigen Damit ist es also möglich, einen Teil oder sogar alle Modellinhalte automatisiert in Dokumente zu schreiben,

[2] „Weiter Information zum Thema Dokumentation von Softwareprojekten finden sie unter [SAM]."

die entweder als Ausgangsbasis oder im Idealfall komplett zur Dokumentation aller im Modell hinterlegen Informationen dienen. Die erzeugte Dokumentation entspricht einem Schnappschuss des Modelles eines bestimmten Zeitpunkts. Dabei werden Spezifikationstexte der Elemente, Diagramme, Graphiken und verschiedene weitere Informationen verwendet, die das Ausgangsmaterial des Dokuments bilden.

Die spätere Struktur des Dokuments wird dabei in einer Dokumentations-Konfiguration beschrieben.[3] Diese dient als Vorlage der Dokumentation indem es Gliederung und Layout der zu erzeugenden Dokumentations-Artefakte beschreibt. Die Inhalte des Dokuments sind darin allerdings nicht enthalten, da diese ja später aus den Modell-Elementen stammt. In der Dokumentationsvorlage können unter anderem Titelseiten, Kopf- und Fußzeilen, sowie Kapitel festgelegt werden. Ergänzend können bereits Textblöcke und Daten für die Dokumentation in dem Dokumentations-Repository untergebracht werden, die später Teil der Dokumente werden.

Die Vorlage bietet umfangreiche Möglichkeiten zur Beschreibung der späteren Dokumente. Sie bietet auch durch entsprechende Konfiguration die Möglichkeit den Schwerpunkt und den Detaillierungsgrad der Dokumentation zu steuern. Dadurch können durch verschiedene Vorlagen Dokumentationen für unterschiedliche Zielgruppen erzeugt werden.

Ein Dokumentations-Repository ist in das Konfigurationstool, in dem sie zum Beispiel auch neue Stereotypen anlegen und verwalten. Wie die Details einer Dokumentations-Konfiguration aussehen, beschreiben die folgenden Abschnitte. Der *Innovator* enthält im Lieferumfang bereits Dokumentations-Konfigurationen, welche in den meisten Fällen für den ersten Wurf einer Dokumentationserzeugung ausreichen. Es ist also nicht nötig diese jedes Mal von Grund auf neu anzulegen. Stattdessen kann man die bereits mitgelieferte Vorlage entsprechend seinen Anforderungen anpassen.

Die eigentliche Erzeugung erfolgt über einen Zwischenschritt, bei dem die Modellinformationen in sogenannten Informationsdateien gesammelt werden. Aus diesen Dateien werden im zweiten Schritt die eigentlichen Ausgabeformate erzeugt. Der *Innovator* unterstützt als Ausgabeformate derzeit:

- Microsoft Word Dokumente
- XML-Dateien
- Postscript-Dateien
- ASCII-Textdateien

Über weitere, im Standardumfang enthaltene Transformationen, können zudem RTF- und HTML-Dateien generiert werden. Für die Umwandlung von XML-Dokumenten kann ein XSLT-Prozessor benutzt werden.

Nach der Generierung kann das Ergebnis des Weiteren in einem Vorschaufenster angezeigt und beurteilt werden. Dies ist sehr praktisch, da zur Überprüfung der Vorlage und der generierten Dokumentation das Starten externer Programme nicht mehr erforderlich ist. Man spart dadurch also etwas Zeit.

[3] Auch „Doku-Konfiguration" genannt.

Für die erzeugten Graphiken, die in den Dokumenten eingebunden werden, stehen ebenfalls eine Reihe von Ausgabeformaten zur Verfügung:

- PNG (Portable Network Graphics)
- SVG (Scalable Vector Graphics)
- EPS (Encapsulated PostScript)
- EMF (Enhanced Metafile)

Die Wahl des Graphikformats ist dabei bei Verwendung von MS-Word, XML und ASCII Dateien uneingeschränkt. In Verbindung mit dem Ausgabeformat Postscript können nur EPS-Dateien erzeugt werden.

Die Generierung der Dokumentation erfolgt in vier Arbeitsschritten:

1. Erstellung oder Wiederverwendung der Dokumentations-Konfiguration
2. Festlegung des Ausgabeformats und –Verzeichnisses der Dokumentation
3. Auswahl der zu dokumentierenden Modell-Elemente im Modellbrowser
4. Erzeugung der Dokumentation

Auf die Durchführung der obengenannten Schritte wird im Folgenden näher eingegangen.

Der Konfigurationseditor

Um eine Dokumentation-Konfiguration individuell anzupassen oder eine ganz neue anzulegen, starten sie den Konfigurationseditor.[4] Sie melden sich dabei als Modelladministrator an.

Ansicht Dokumentationsstrukturen

In der Menüleiste der Konfiguration sehen sie verschiedenen Icons. Die meisten davon beziehen sich auf die Erstellung und Verwaltung von Profilen, Stereotypen, Schablonen, Menüs, etc. Um die Dokumentationsstrukturen zu konfigurieren wählen sie `Ansicht/Dokumentationsstruktur`, wie in Abb. 10.2 gezeigt.

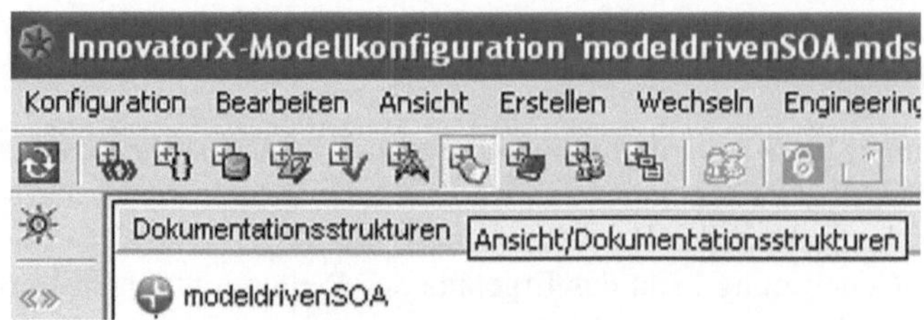

Abb. 10.2 Ansicht Dokumentationsstrukturen auswählen

[4]In diesem Kapitel führen wir durch die Konfiguration, wie sie für die Generierung von Kapitel 3 erstellt wurde. Die weiteren Details finden sie in den entsprechenden Handbüchern.

Anlegen einer neuen Dokumentationsstruktur

Unsere Dokumentation soll eine vorgegebene Struktur erhalten, also in Kapitel und Unterkapitel eingeteilt sein. Diese Struktur nennt sich `Dokumentationsstruktur`. Wie in Abb. 10.3 dargestellt, können sie unter dem Profil `MID Beispiel-Dokuvorlagen` unter `Dokumentationsstruktur` eine neue Struktur anlegen. Natürlich können sie dazu auch zunächst ein ganz eigenes Profil anlegen. Das macht vor allem dann Sinn, wenn sie dieses Profil als Vorlage für weitere Projekte speichern wollen.

Die neue Struktur legt man mit `Erstellen/Dokumentationsstruktur` oder über das Symbol an. Über die Eigenschaften kann dann ein Name vergeben werden, wie hier im Beispiel „`Worddokumentation MDSOA`".

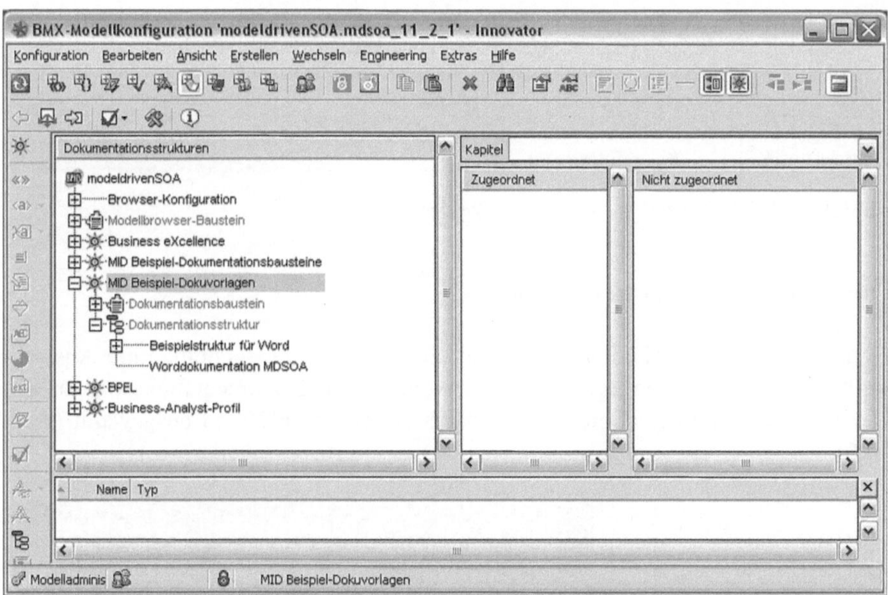

Abb. 10.3 Anlegen einer neuen Dokumentationsstruktur

Inhalte der Dokumentationsstruktur

Einer Dokumentationsstruktur können Standardkapitel und Dokumentationsbausteine zugewiesen werden. Dokumentationsbausteine sind ein zusammengehöriger Block, der sich aus Standardkapiteln zusammensetzt. Bausteine können auch individuell erstellt werden.

Einer selektierten Dokumentationsstruktur, in Abb. 10.4 „`Worddokumentation MDSOA`", können per Drag&Drop die gewünschten Inhalte hinzugefügt werden.

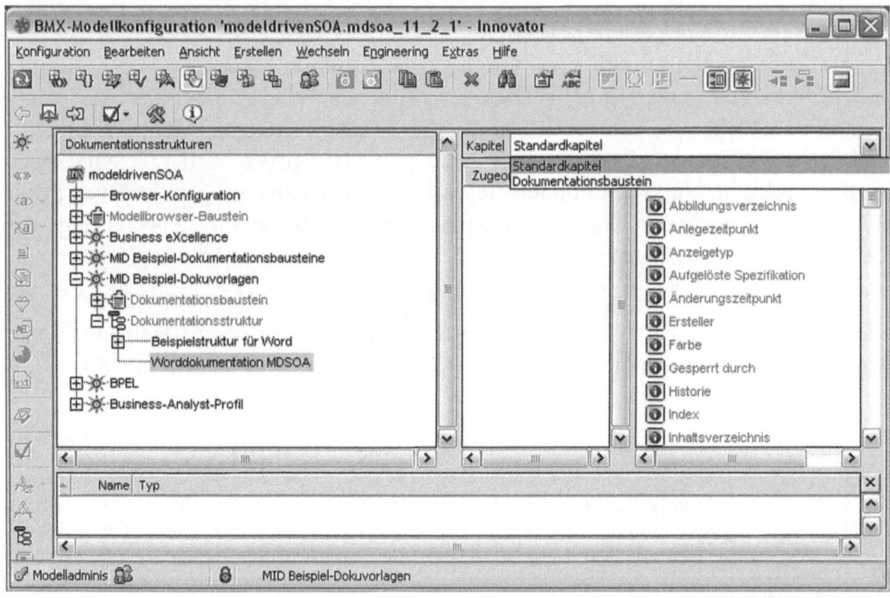

Abb. 10.4 Standardkapitel und Dokumentationsbausteine

Die Ansicht „Dokumentation"

Unter der Ansicht Dokumentation wird eine „`Auswahl`" erstellt. Eine Auswahl stellt unter anderem den Bezug vom Menüeintrag zur Dokumentationsstruktur her. Die Ansicht Dokumentation wird über das entsprechende Icon ausgewählt (Abb. 10.5).

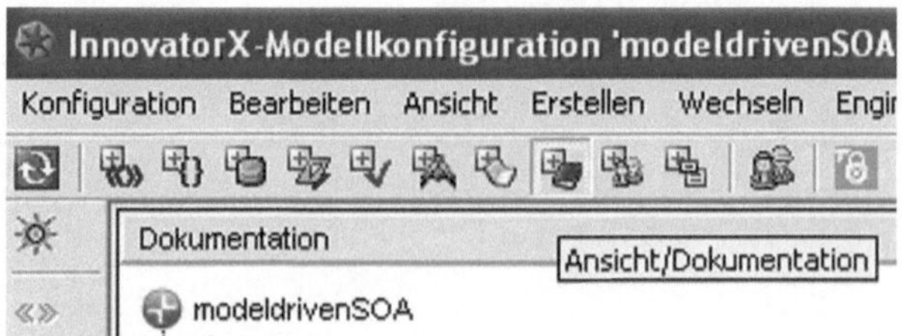

Abb. 10.5 Auswahl der Ansicht `Dokumentation`

Anlegen einer neuen Auswahl

Eine neue Auswahl erzeugen sie mit `Erstellen/Dokumentationsmerkmal/Auswahl` oder über das entsprechende Icon im Dropdown Menü (Abb. 10.6).

Dabei weisen sie die entsprechende Dokumentationsstruktur zu (Abb. 10.7) und bearbeiten gegebenenfalls weitere Eigenschaften der Auswahl, wie zum Beispiel die Kopfzeile (Abb. 10.8), der sie bereits vorhande Einträge schon zuweisen können (Abb. 10.9).

Abb. 10.6 Erzeugen einer Auswahl

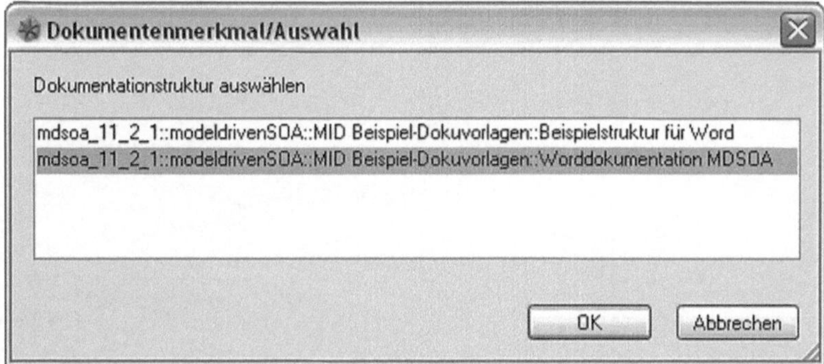

Abb. 10.7 Zuweisen der Dokumentationsstruktur

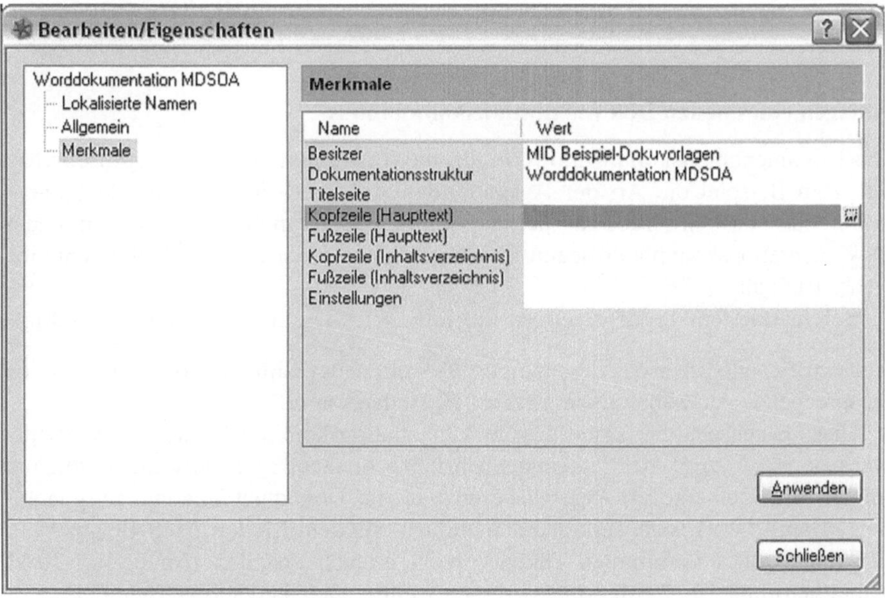

Abb. 10.8 Eigenschaften einer Auswahl

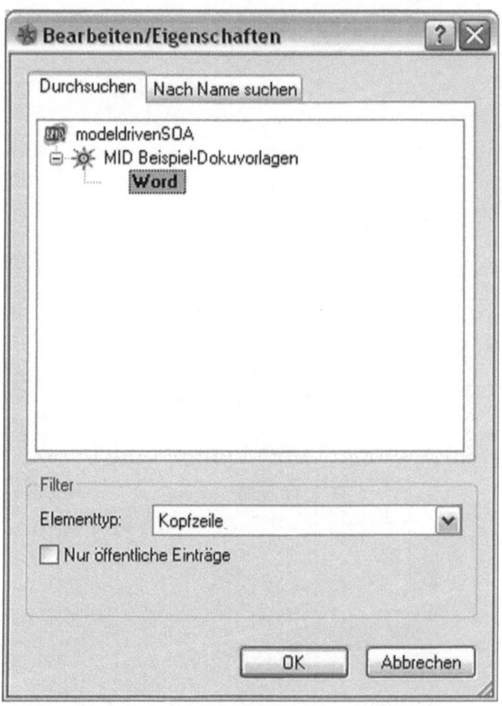

Abb. 10.9 zugewiesene Kopfzeile

Analog können auch die anderen Merkmale gesetzt werden, sowie eigene Einträge erstellt, beziehungsweise vorhandene bearbeitet werden.

Anlegen eines neuen Dokumentationskommandos

Das Dokumentationskommando verbindet die Auswahl mit weiteren Eigenschaften, wie zum Beispiel die Art der Ausgabe, den Ablageort der erstellten Dokumentation oder das Grafikformat der exportierten Diagrammgraphiken. Ein neues Dokumentationskommando legen sie ebenfalls unter der Ansicht Dokumentation (Abb. 10.5) an.

Bei markiertem Profil erzeugen sie mit `Erstellen/Dokumentationskommando` oder über das das Symbol ein neues Kommando und weisen die entsprechende Auswahl zu, wie in Abb. 10.10 dargestellt.

Über Eigenschaften kann das Dokumentationskommando weiter bearbeitet werden. Stand April 2011 werden noch keine Suchabfragen verwendet, sondern immer alle Elemente im Ergebnisbereich in die Dokumentation mit aufgenommen. Damit lassen sich Teildokumentationen aus dem Modell, zum Beispiel nur der Inhalt eines bestimmten Paketes, recht einfach erstellen. Abbildung 10.11 (Optionen) und 10.12 (Merkmale) zeigen weitere Details der Eigenschaften eines Dokumentationskommandos.

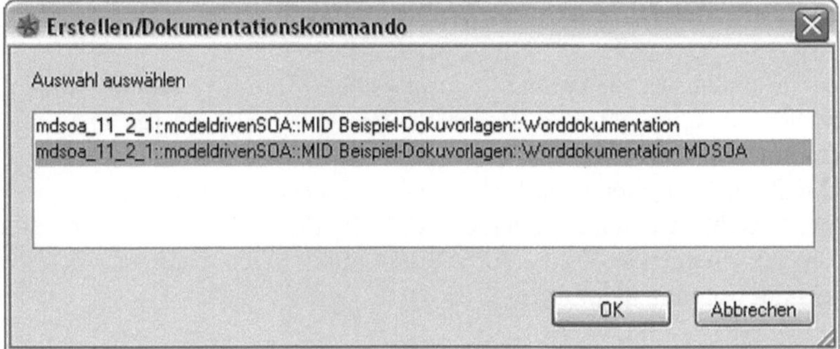

Abb. 10.10 Erstellen eines Dokumentationskommandos

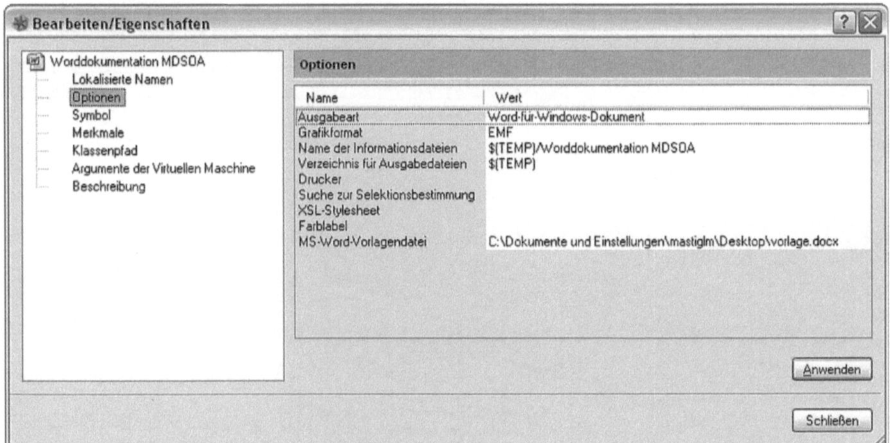

Abb. 10.11 Optionen des Dokumentationskommandos

Bearbeiten/Eigenschaften

Worddokumentation MDSOA
Lokalisierte Namen
Optionen
Symbol
Merkmale
Klassenpfad
Argumente der Virtuellen Maschine
Beschreibung

Merkmale

Name	Wert
Nachbearbeitungskommando	
Nachbearbeitungsargumente	
Java-Kommando	
Unterdrücken aller leeren Kapitel	☐
Kapitelüberschriften in Spiegelstrichlisten wandeln	Dynamisch
Ergebnisdatei öffnen	Immer
Kleinstes gemeinsames Paket als Wurzel verwenden	☐
Keine Modellverifikation	☐
Dokumentationsauswahl	Worddokumentation MDSOA
Besitzer	MID Beispiel-Dokuvorlagen

Anwenden
Schließen

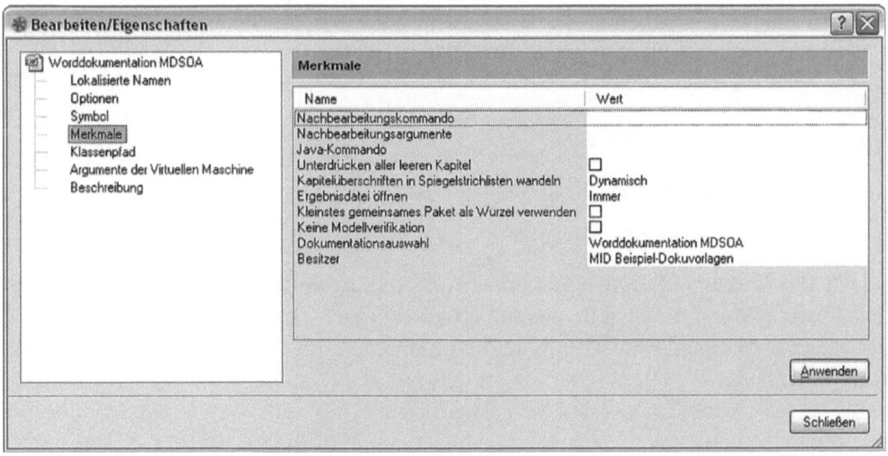

Abb. 10.12 Merkmale des Dokumentationskommandos

Die Ansicht „Ausführungsrechte“

Für jedes Element das im *Innovator for Business Analysts* erzeugt werden kann, können die Ausführungsrechte festgelegt werden. So auch für die Dokumentationskommandos. Unterschiedliche Arten der Dokumentation können so für unterschiedliche Zielgruppen und Anwender freigeschaltet werden.

Unter Ansicht Ausführungsrechte (Abb. 10.13) markieren sie im aktuellen Profil die entsprechende Rolle (Abb. 10.14) und fügen dann das neu erstellte Dokumentationskommando hinzu.

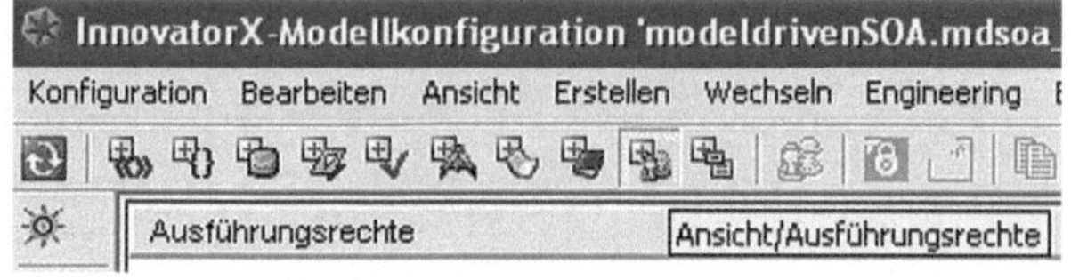

Abb. 10.13 Ansicht Ausführungsrechte auswählen

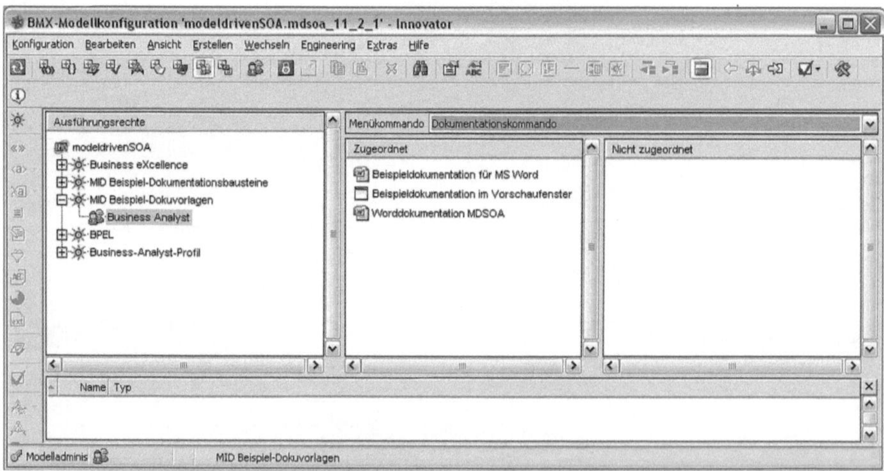

Abb. 10.14 Zuweisen des Dokumentationskommandos

Für das Dokumentationskommando muss nichts weiter, wie sonst üblich, unter der Ansicht Menü eingestellt werden. Nach Vergabe der Ausführungsrechte wird das neue Dokumentationskommando automatisch ins Menü übernommen, wie Abb. 10.15 zeigt.

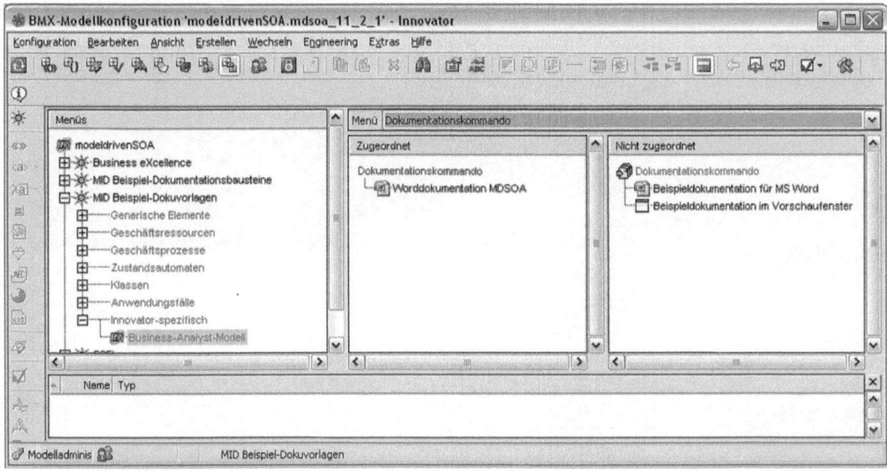

Abb. 10.15 Ansicht Menü

Generierung der Dokumentation

Um nun eine Dokumentation aus dem Modell zu generieren, legen sie alle Elemente die in der Dokumentation erscheinen sollen in den Ergebnisbereich. Am einfachsten geschieht dies über das Kontextmenü und dem Kommando *„Inhalt rekursiv hinzufügen"*. Abbildung 10.16 zeigt dies für das Teilmodell „`MDSOA Methodik`".

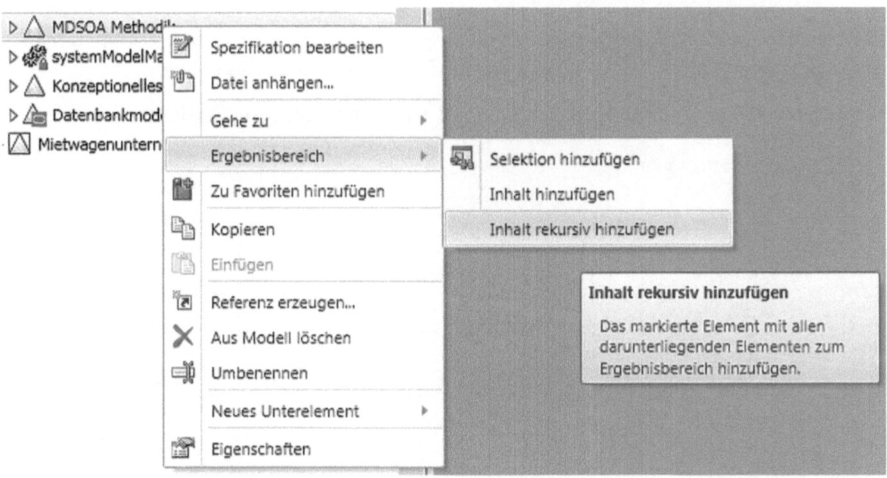

Abb. 10.16 Ergebnisbereich befüllen

Um nun die Dokumentationsgenerierung zu starten, wählen sie `Modell/Dokumentation/Worddokumentation MDSOA`. Oder wählen den Weg über die Ribbonbar, wie in Abb. 10.17 gezeigt.

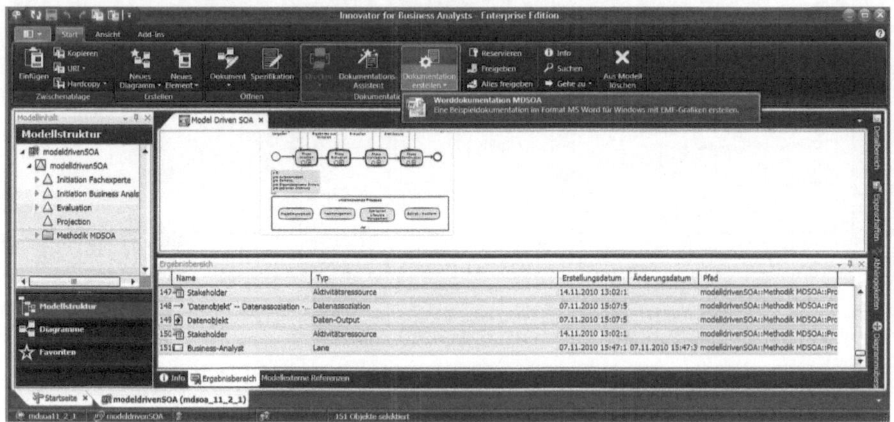

Abb. 10.17 Starten der Dokumentation

Generiert wird damit eine Dokumentation, welche

- die im Modellbrowser selektierten beziehungsweise durch die Suchabfrage bestimmten Elemente behandelt
- in ihrer Detailtiefe der gewählten Dokumentationsstruktur entspricht

InoX-Modell modeldrivenSOA

Meist werden Ziele und Randbedingungen in diversen Konzeptpapieren aufgenommen. Und auch hier kommen meist Textverarbeitung oder Tabellenkalkulation zum Zuge.

Aus Zielen und Randbedingungen werden meist auch Anforderungen abgeleitet.

1.3 Phase Evaluation

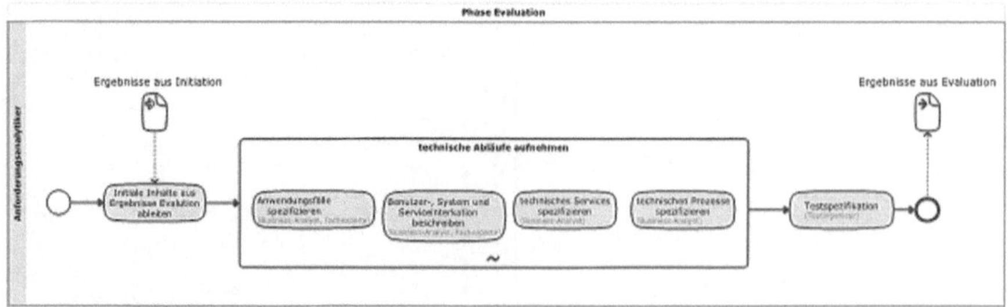

Abbildung 3: BPMN-Diagramm 'Phase Evaluation'

1.3.1 Prozesse

Abb. 10.18 Auszug aus der erzeugten Dokumentation

- die Bausteine der Dokumentation enthält, die sie in der gewählten Auswahl kombiniert haben
- in dem von ihnen bestimmten Ausgabeformat generiert wird
- die Dateien in dem Ausgabeverzeichnis ablegt sind, das sie festgelegt haben

Abbildung 10.18 zeigt einen Ausschnitt der mit dieser Konfiguration erzeugten Dokumentation.

Literatur

[SAM] Sametinger J (1997) Software engineering with reusable components. Springer, Berlin

Kapitel 11
Ausblick und Fazit

Abb. 11.1 Sean blickt ein letztes Mal zurück

Sean hatte mit den Meistern in Upanishat viel gelernt. Er war in die geheimen Künste des systematischen und methodischen Vorgehens eingeweiht worden. Er hatte die Rede-Duelle der Meister und ihrer Schüler amüsiert beobachtet und hatte mit Whon Wokew seinen persönlichen und geduldigen Meister gefunden.

Whon hatte ihn gelehrt, immer die Augen offen zu halten, den Blick über den Tellerrand zu wagen und der Welt neugierig und offen entgegenzutreten. Bewährtes zwar zu bewahren und nur behutsam zu ändern, aber nie einem Dogma zu verfallen und damit zu verknöchern, zu vertrocknen und zu verstauben.

An vielen Projekten durfte er mitarbeiten. Fasziniert hat er den Architekten zugeschaut, ihre Erfolge gefeiert und deren Misserfolge mit ihnen betrauert (bei so manchem Humpen!).

„Sean, es ist nun die Zeit gekommen, wo du für dich selbst die Geheimnisse ergründen musst. Was du nun vor dir hast, kannst du nur selbst erfahren." Wokew hatte ihn umarmt und offen in die Augen geschaut. „Geh nun, und finde Deinen eigenen Weg! Zeig der Welt, dass die Besten aus dem Hochland der roten Ebene

G. Rempp et al., *Model Driven SOA*, Xpert.press,
DOI 10.1007/978-3-642-14470-7_11, © Springer-Verlag Berlin Heidelberg 2011

kommen! Enttäusche mich nicht und siehe, wir sind immer bei Dir!", sagte er und legte ihm eine Kette mit dem Siegel von Upanishat um, das in überall als Meister auszeichnete.

Traurig und freudig zugleich hatte er sein Bündel geschnürt. Er wusste das dieser Tag kommen würde, aber trotzdem schien im die Zeit zu kurz gewesen zu sein. Er hatte doch noch so viel zu lernen! Wie konnte er schon hinausziehen in die Welt! „Du hast all das Wissen in Dir. Vertraue auf Dich, Du wirst die Antworten finden, sie sind schon in Dir! Geh nun!" Wokew war herzlich, aber nicht umzustimmen.

Sean begab sich auf den Weg. Vor den Toren der Stadt drehte er sich noch mal um und betrachtete Upanishat und das Anwesen von Wokew am Hügel. Wie schön, lehrreich und aufregend war die Zeit gewesen.

Sean hob die Hand zum Abschied, drehte sich um und zog nach Südosten – er war auf dem Weg nach Ukshur, auf dem Weg, ins wilde Land.

Ausblick – weitere Möglichkeiten

Es gab und gibt viele Ideen innerhalb des Autorenteams, die sich leider nicht in der geplanten Zeit verwirklichen ließen. In diesem letzten Kapitel möchten wir in die Zukunft schauen und einen Ausblick darauf geben, was in der nächsten Auflage zusätzlich enthalten sein könnte. Wir sind auch gespannt auf ihre Ideen und Anregungen, wehrte Leser. Schrieben sie uns und besuchen sie uns auf http://www.mdsoa.de.

Ausführbares BPMN

Gern hätten wir Ihnen schon „ausführbares" BPMN gezeigt. Da die Verabschiedung des BPMN 2.0 Standards „erst" in Januar 2011 erfolgte, hat es leider nicht mehr gereicht das Thema ausführlich zu bearbeiten.[1]

Innovator for Business Analysts bietet in der aktuellen Version 11.3 (März 2011) schon einen Generator für BPMN-XML, der entsprechende Dateien erzeugt. In der Version, die ihnen nach Veröffentlichung des Buches zum Download zur Verfügung steht können sie auch diesen Generator nutzen und ausprobieren. Wir werden ein entsprechendes Beispiel in das Modell aufnehmen.

Neben Activiti,[2] welches das im BPMN 2.0 Standard definierte Format nicht 100% unterstützt, ist uns, den Autoren, für den Enterprise-Bereich noch die Oracle BPM-Suite[3] als Ausführungsumgebung für BPMN bekannt. Beide bringen BPMN Engines mit. Oracle unterstützt aber auch BPEL als ausführbares Format. Activity hat die generierten XMLs für seine Engine etwas angepasst.

[1] In einer eventuellen weiteren Auflage werden wir das Thema dann ausführlicher behandeln.

[2] http://www.activiti.org/ (25.03.2011)

[3] http://blogs.oracle.com/bpm/2010/04/bpm_suite_11gr1_released.html (25.03.2011)

Das zeigt umso mehr, dass der modellgetriebene Weg weiterhin der richtige ist. Generatoren können für eine Plattform angepasst werden, ohne dass die Modelle geändert werden müssen. Unser Ansatz ist es zunächst den plattformunabhängigen Weg zu gehen, damit man grundsätzlich die Möglichkeit hat unterschiedliche Plattformen zu bedienen.

Aus unserer täglichen Praxis kennen wir durchaus Mischformen der Verwendung:

- Der Einsatz von BPEL und WS-Standards auf etablierten unternehmensweiten Plattformen. Hier wurde viel Geld investiert, deshalb werden auch diese Plattformen nicht von heute auf morgen abgeschaltet werden und noch längere Zeit Verwendung finden. Es finden sich hier teilweise proprietäre Modellierungssprachen, die nicht ohne weiteres und auf Knopfdruck nach BPMN portiert werden können.
- Die Hersteller werden über die Zeit auch BPMN-XML oder entsprechende Plattformen zu Ausführung bereitstellen. Wer schon in BPMN modelliert, hat den Vorteil einer „sanften“ Migration ohne „alles auf einmal“ migrieren zu müssen. Die Erfahrung lehrt, dass auch diese neuen Plattformen ihre Kinderkrankheiten haben werden. schrittweise Migration ist also ein kluges und verantwortungsvolles Vorgehen.
- BPMN und BPEL Ausführungsumgebungen werden nebeneinander bestehen. Das ist gelebter Investitionsschutz. Mit der BPMN und den entsprechenden Generatoren ist man weiter auf der sicheren Seite und zunächst unabhängig von einem Hersteller.
- Es gibt in den Unternehmen viele Services die auf WS-Standards basieren oder von Drittanbietern, wie zum Beispiel ERP-Systemherstellern, ausgeliefert werden und einfach genutzt werden können. Auch hier wird es einige Zeit dauern, bis der „Umbau“ erfolgt ist.
- Nicht vergessen werden darf REST. REST hat ebenfalls eine weite Verbreitung und kann mit WS-basierten Services genauso wie mit BPMN-XML basierten Services kombiniert werden.

Der Trend geht unserer Meinung nach ganz klar in Richtung BPMN. Es gibt einfach viele Vorteile und wir glauben, die BPMN wird sich durchsetzen. Nichtsdestotrotz ist es ein Vorteil BPEL/WSDL und BPMN-XML „sprechen“ zu können. Der Wechsel wird Schritt für Schritt erfolgen und die „First-Movers“ werden, wie immer, ihre Erfahrung machen und hoffentlich ihre Erfolge und Misserfolge der Welt mitteilen damit wir alle davon lernen können.

Direkte Anbindung an ein Service-Repository

Neben der Generierung von WSDL-Dateien ist eine weitere Option die direkte Anbindung an ein Service-Repository. Da auch hier die Hersteller eigene Wege gehen, bedeutet das eine Integration mit der Plattform des Herstellers.

Innovator bietet durch die sehr mächtige API für .NET und JAVA und damit auch der Entwicklung von eigenen Plug-Ins die Möglichkeit einer direkten Anbindung.

Aus einem Service-Repository können damit Services direkt ins Modell importiert werden, ja es ist sogar eine Verbindung zwischen Service im Modell und Service im Repository und damit eine bi-direktionale Synchronisation machbar. Damit könnten im Modell weitere Meta-Daten eines Repositories direkt angezeigt werden oder Versionsinformationen ausgetauscht werden. Im Modell könnte die Suche im Repository angestoßen werden, um danach gefundene und verwendbare Services einzubinden.

Letztendlich ist das nur von der „Offenheit" der Hersteller abhängig. Also inwieweit ein direkter schreibender und lesender Zugriff auf das Repository von außen erlaubt wird. Das ist in unseren Augen ein wichtiges Auswahlkriterium!

Und wenn wir schon dabei sind: Es stehen noch weitere Möglichkeiten offen. Man denke zum Beispiel an den direkten Abruf von Laufzeitinformationen aus einem Monitoring-System. Sie könnten sich zum Beispiel im Modell direkt die Nutzungshäufigkeit anzeigen lassen oder den Durchsatz eines Services, seine Verfügbarkeit und vieles mehr.

Oder wie wär's mit der Einbindung ihres Ticket-Systems oder der Integration ihrer ITIL-Prozesse?

Eine offene API, die einem Entwickler alle Möglichkeiten offenhält, ist ein starkes Argument. Damit kann ein Werkzeug auch in beliebige „Werkzeugstraßen" eingebunden werden und der Automatisierung steht Tür und Tor offen. Hoffen wir, dass auch weitere Hersteller diesen Weg gehen.

Generierung von Oberflächen

Bei der Entwicklung der Web-Oberfläche haben wir einen klassischen Ansatz verfolgt und die Oberfläche aus den Vorgaben des Modells größtenteils von Hand entwickelt. Damit konnte das Potential zur effizienten Entwicklung nicht genutzt werden, das bereits in den Modellen enthalten ist. Denn prinzipiell existiert ja bereits ein Vielfaches dessen, das auch für die Generierung genutzt werden könnte:

- Es gibt bereits Vorgaben für das Aussehen (Styleguides)
- Maskenflüsse beschreiben welche Eingabemasken es gibt und welche Maskenfelder durch welche Oberflächenelemente umgesetzt werden
- Im Maskenflussdiagramm ist zudem die Aufrufreihenfolge spezifiziert, woraus sich zum Beispiel die Navigation-Rules der Java-Server Faces generieren lassen
- Die Kollaborationen beschreiben welche Services genutzt werden. Man könnte die Erzeugung der Service-Stubs an dieser Stelle auch noch automatisch einbinden
- In der Architecture Phase können die Backing-Beans näher ausgearbeitet und generiert werden

Aus den Modellinhalten könnte man also unter Verwendung entsprechender Generatoren ein Grundgerüst der Webanwendung generieren, das weiter ausgeschmückt werden kann.

Generierung von ausführbaren Regel-Services

Für die Beispielanwendung haben wir nur von einem sehr simplen Regel-Service Gebrauch gemacht: dem Hierarchie-Service. Dieser ermittelt die für den Investitionsantrag zuständige Person. Umgesetzt wurde der Dienst in einer von Hand entwickelten Java-Klasse, so dass auch hier nichts generiert wurde. Die Informationen, die für die Erzeugung von Regeln notwendig sind, existieren noch nicht im Modell. Die Regeln könnten aber zum Beispiel in einem Zustandsdiagramm modelliert werden, welches die Verzweigungen bei verschiedenen Fällen der Regeln beschreibt. Aus den State-Charts können die jeweiligen Java-Klassen der Regelservices generiert werden.

Alternativ könnte die Regel auch in einer Entscheidungstabelle (Abb. 11.2) hinterlegt werden und mit dem Service im Modell verknüpft werden. OpenRules[4] erlaubt zum Beispiel den Import von Entscheidungstabellen für die Erstellung entsprechender Regeln.

	R 1	R 2
Bedingungen		
ist Sekräterin	j	n
ist Student	n	j
Aktionen		
Mehrfachbuchung	j	n

Abb. 11.2 einfache Entscheidungstabelle

Direkte Anbindung an Regel-Maschinen (Rule-Engines)

Prinzipiell könnte man bei der Erzeugung der Regel-Services noch einen Schritt weiter gehen und gleich Regeln generieren, die direkt von einer Rule-Engine, wie zum Beispiel Drools oder OpenRules, ausführbar sind. Die Rule-Engines unterscheiden sich dabei natürlich im Format, in dem die Regeln formuliert werden müssen. Neben dem oben genannten Beispiel, Regeln in Form einer Excel-Tabelle zu definieren, verwenden andere Rule-Engines eine eigene domänenspezifische Sprache. Der Generator für die Regeln muss dementsprechend für eine spezielle Rule-Engine entwickelt werden. Einige Rule-Engines erlauben es, die Regeln über eine Schnittstelle oder per Skript zu deployen. Das könnte der Generator dann gleich übernehmen. Bei manchen Rule-Engines kann eine Regel zudem als Service veröffentlicht werden.

[4] http://openrules.com/ (23.03.2011)

REST-based WebServices

REST-basierte Webservices haben in den vergangenen Jahren zunehmend an Popularität gewonnen und haben durchaus ihre Berechtigung. Traditionell werden Webservice-basierte Anwendungen in einer SOA aber mit SOAP umgesetzt, so dass heutzutage jeder Anbieter diesen Standard unterstützt. Deswegen haben wir uns entschlossen für das Beispiel ebenfalls SOAP zu verwenden. Prinzipiell ist das Vorgehen der Methodik natürlich auch mit REST-basierten Diensten möglich. Um eine mit REST umgesetzte SOA zu entwickeln müssen auch nur wenige Änderungen am Modell vorgenommen werden. Das Modell der Schnittstellenbeschreibung und die Modellierung der Nachrichten bleibt dabei gleich. Aber es sollte bei der Definition der Operationen darauf geachtet werden, dass diese dem REST-Schema entsprechen. Zudem müssen die WSDL-Generatoren angepasst werden. Und auch die Generatoren für die Services selbst müssen angepasst werden, sofern diese nicht von der Plattform zur Verfügung gestellt werden.

Andere SOA-Plattformen

Für die Entwicklung der SOA-Anwendung fiel unsere Wahl auf SOPERA weil diese Plattform bereits gute Generatoren mitliefert und eine rasche Umsetzung der Services ermöglicht. Es sind aber auch andere SOA-Plattformen denkbar, denn die beschriebene Methodik ist nicht an eine bestimmte Technologie gebunden. Im Bereich der Plattformen gibt es viele spannende Lösungen, die uns alle gereizt hätten. Dabei musste aber beachtet werden, dass wir auf der das Buch begleitenden Website ein lauffähiges Image einer kompletten SOA-Umgebung mitsamt unserer Beispielanwendung anbieten wollten. Deswegen konnten wir kommerzielle Lösungen nicht berücksichtigen. An Alternativen zu SOPERA mangelt es im Open-Source-Bereich aber nicht. Mögliche Kandidaten wären hier zum Beispiel Mule ESB, die JBoss Enterprise SOA Plattform oder OpenESB. Es ist aber auch nicht ausgeschlossen, dass bei einer entsprechenden Zusammenarbeit und dem Wunsch der Leser eine kommerzielle Lösung für die SOA-Plattform gewählt wird. Und gerade an diesem Punkt zeigt sich wieder die Flexibilität, die der modellbasierte Ansatz bietet. Denn wir können die Anwendung gerade dadurch sehr einfach auf eine andere Plattform migrieren.

Fazit

Wir hoffen, wir konnten ihnen einen Einblick in die Möglichkeiten der modellgetriebenen Entwicklung von SOA Anwendungen geben. Dabei haben sie eine Methodik für die modellgetriebene Entwicklung einer SOA kennengelernt. Natürlich können die geschilderten Methoden auch außerhalb von SOA Anwendung finden.

Zudem haben sie anhand eines durchgängigen Beispiels mitverfolgen können, wie die Methodik auf verschiedenen Ebenen angewendet werden kann. Angefangen bei der fachlichen Sicht wurde das System immer weiter technisch verfeinert bis es zur Umsetzung auf einer konkreten Plattform kam. Dabei wurden tiefere Einblicke in die Spezifika der einzelnen Phasen für sie möglich.

Sie haben außerdem einen Einblick in die Entwicklung von Modelltransformationen und Generatoren erhalten. Auch dieses Wissen können sie ebenfalls nicht nur für die Entwicklung von SOA Anwendungen einsetzen.

Und schließlich konnten sie in einer kurzen Betrachtung sehen, welche Möglichkeiten es für die Generierung von Dokumentation gibt.

Es ist klar, das ein modellgetriebenes Vorgehen, wenn es wirklich konsequent umgesetzt und angewendet wird, Geschwindigkeitsgewinn, erhöhte Qualität, bessere Kommunikation und somit Agilität in der Softwareentwicklung ermöglicht. Betriebswirtschaftlich konsequent hat der, welcher sich die Techniken aneignet und einsetzt, ganz klar einen Vorteil gegenüber seinen Mitbewerbern. Die Anfangsinvestition zahlt sich schnell, spätestens ab dem zweiten Projekt aus.

Für uns ist die modellgetriebene Softwareentwicklung die Zukunft. Mit MDSOA haben wir gezeigt, dass die Zukunft schon heute machbar ist.

Wir wünschen Ihnen alles Gute und viel Erfolg bei der Umsetzung ihres modellgetriebenen Vorgehens!

Kapitel 12
Anhang

SOPERA Service-Entwicklung Schritt für Schritt

In diesem Abschnitt wird die Entwicklung eines mit SOPERA umgesetzten Webservice auf Grundlage eines aus dem *Innovator* exportieren WSDL beschrieben.

Um ein neues SOPERA-Projekt anzulegen führen sie einen Rechts-Klick auf den Projekt-Explorer (links) aus und wählen `Neu->Projekt`, wie in Abb. 12.1 zusehen ist.

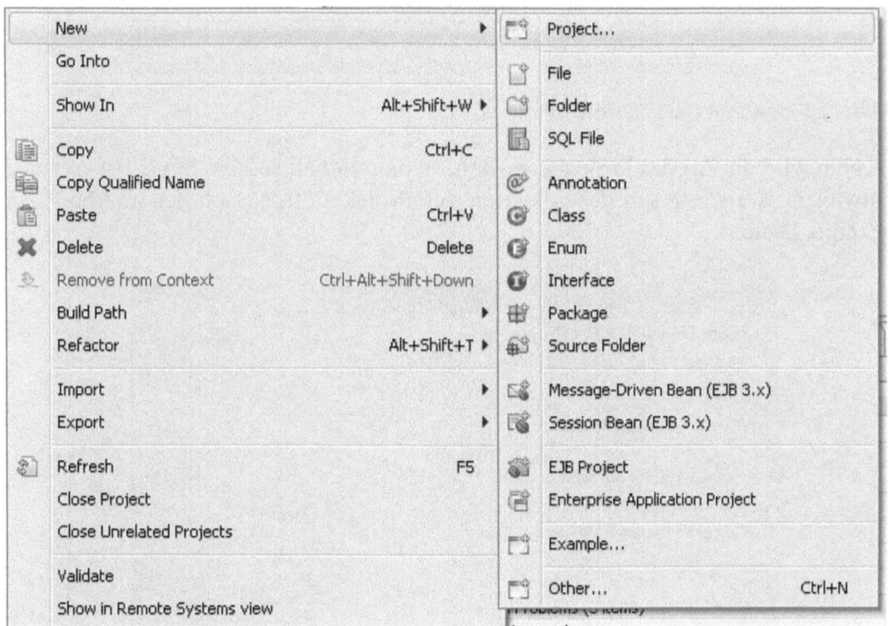

Abb. 12.1 Anlegen eines Projekts

DOI 10.1007/978-3-642-14470-7_12,

Es erscheint folgendes Menü (Abb. 12.2):

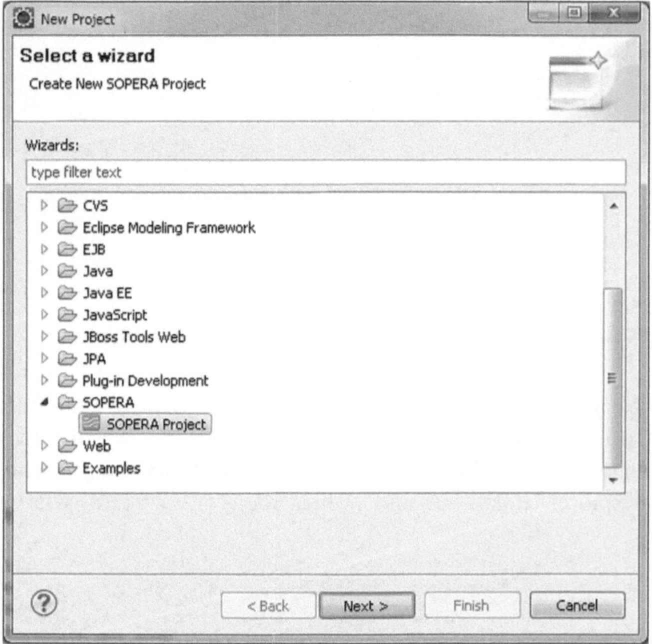

Abb. 12.2 Auswahl eines SOPERA-Projekts

Nun wird die Art des Projekts gewählt. In diesem Fall soll ein SOPERA-Service entwickelt werden. Nach der Selektion des Projekts öffnet sich der in Abb. 12.3 gezeigte Dialog:.

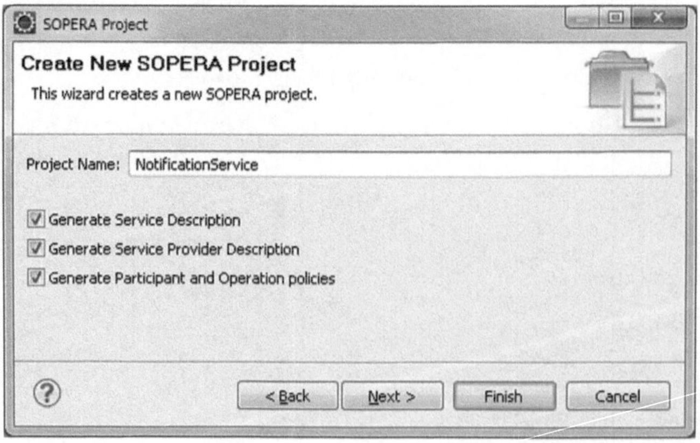

Abb. 12.3 Spezifikation des Projektnamens

An dieser Stelle wird der Projektname angegeben. Im diesem Fall wird der Notification-Service entwickelt. Eclipse legt nun ein Projekt an. Als nächstes wird die WSDL-Datei importiert. Dies erfolgt wieder durch Rechts-Klick auf den Projekt-Explorer. Im erscheinenden Menü wird „`Import`" ausgewählt (Abb. 12.4).

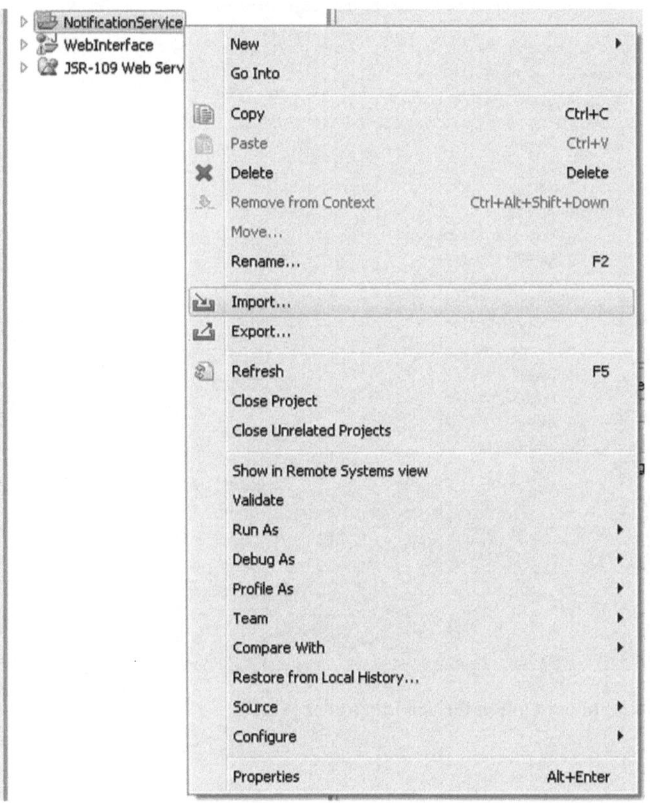

Abb. 12.4 Auswahl der Import-Option

Es erscheint ein Dialog zur Auswahl des zu importieren Artefakts. Im Ordner SOPERA selektieren sie nun, wie in Abb. 12.5, „`WSDL-File`“

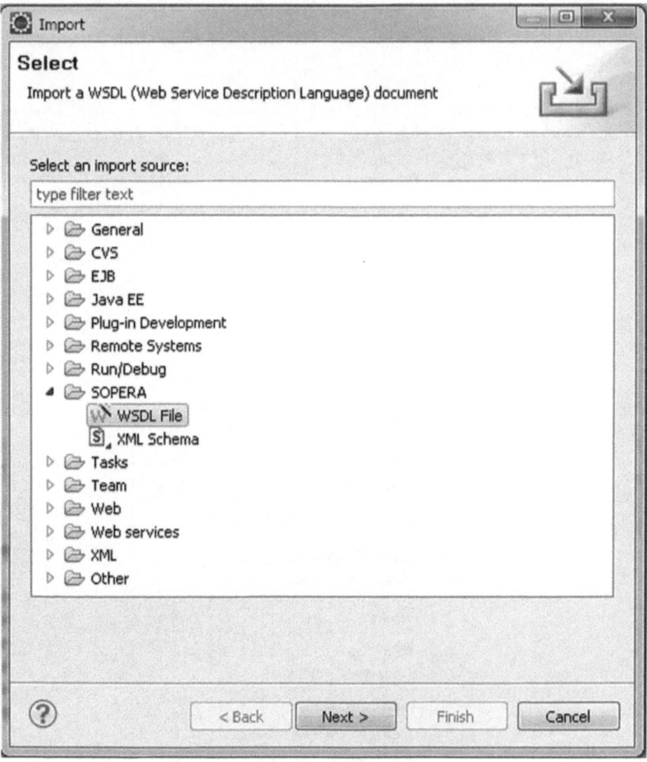

Abb. 12.5 Auswahl der Option für den Import der WSDL

Der nun erscheinende Wizard gibt Ihnen Gelegenheit die WSDL-Datei auszuwählen und einige Angaben zu korrigieren (Abb. 12.6).

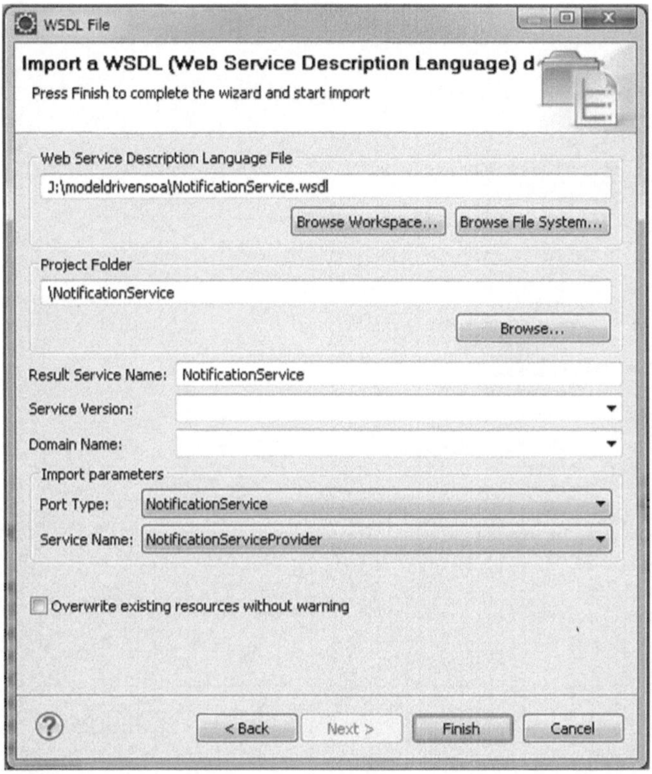

Abb. 12.6 Importoptionen des WSDL

Um eine XSD-Datei zu importieren verfahren sie wie beim WSDL-Import. Der einzige abweichende Punkt ist die Auswahl des Artefakts. An dieser Stelle wählen sie „`XML-Schema`“, wie in Abb. 12.7 dargestellt.

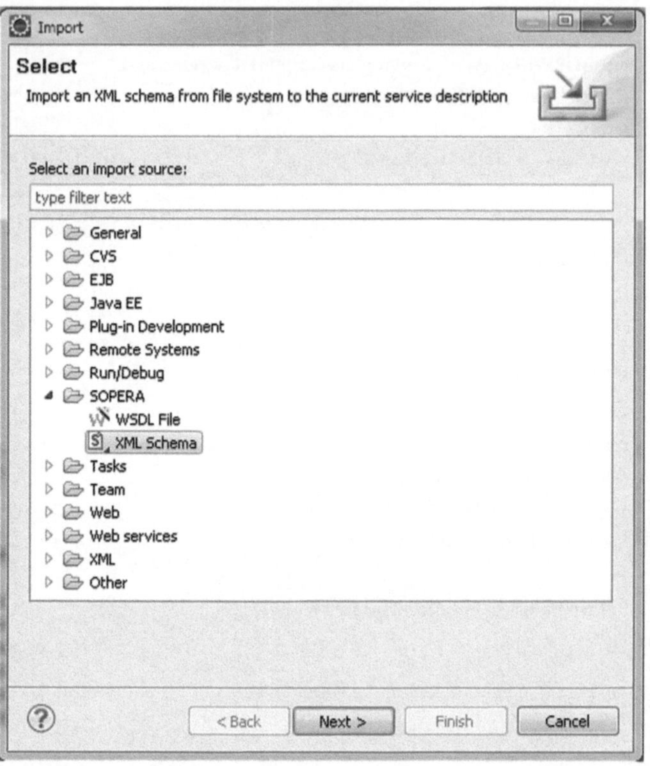

Abb. 12.7 Importoption für XML-Schema

Damit ist die WSDL-Datei importiert und es werden zwei SOPERA Dateien mit der Service-Description angelegt, die in Abb. 12.8 veranschaulicht sind.

Abb. 12.8 Die importierte WSDL und die generierten SOPERA-Dateien

Nach dem Import der Service-Beschreibung soll daraus als nächstes ein lauffähiger SOPERA-Service generiert werden. Dazu liefert die SOPERA-Entwicklungsumgebung Plug-Ins mit. Um den Service zu generieren wird die Beschreibungsdatei mit der Endung .sdx durch einen Rechtsklick gewählt. Es erscheint folgender Dialog (Abb. 12.9):

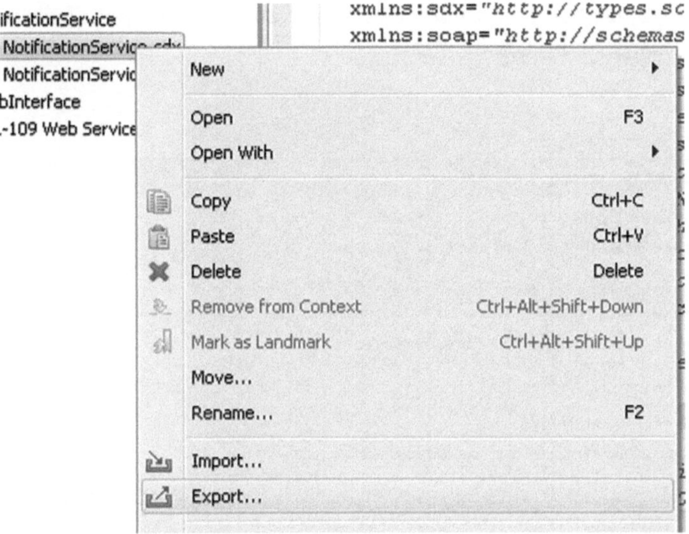

Abb. 12.9 Auswahl der Export Option

Nach der Auswahl der Option „Export" erscheint (Abb. 12.10):

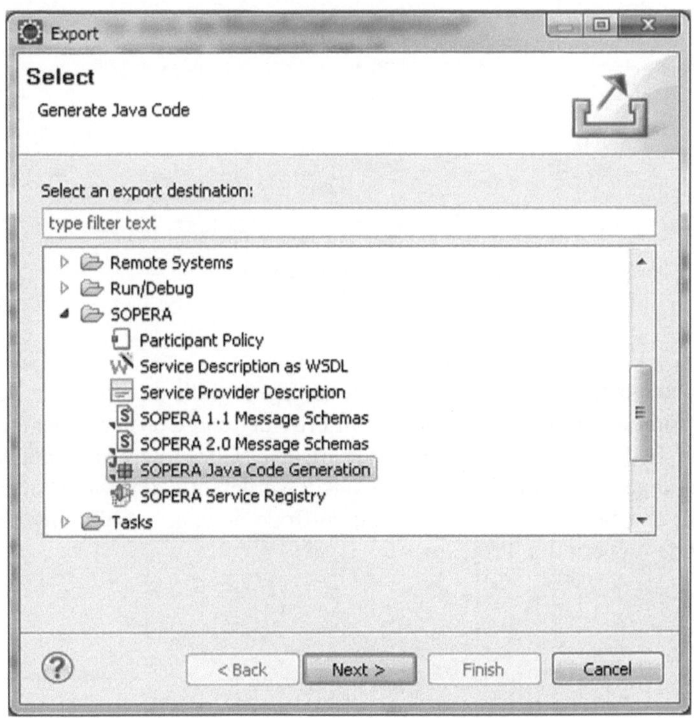

Abb. 12.10 Selektion der Code-Generierung

Es wird „SOPERA Java Code Generation“ ausgewählt, worauf hin sich der in Abb. 12.11 dargestellte Dialog öffnet.

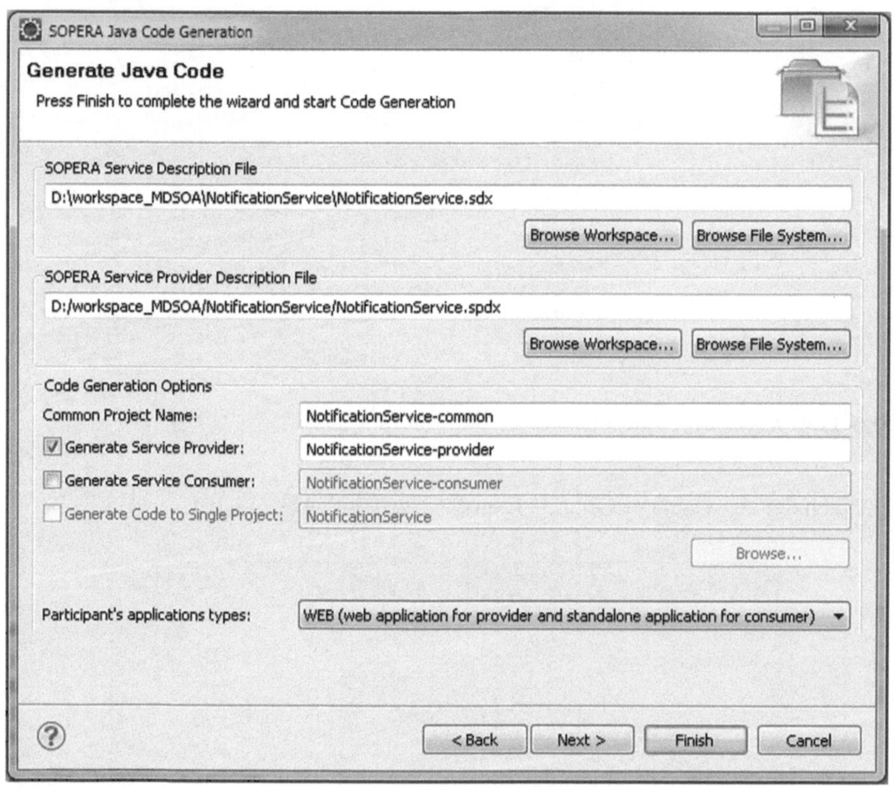

Abb. 12.11 Generierungs-Optionen eines SOPERA-Services

Sie können jetzt den Name der Projekte angegeben, die generiert werden sollen. Dabei wird immer ein Projekt mit den vom Provider und Consumer benutzen Klassen erzeugt. In diesem Fall ist die Generierung eines Consumers nicht notwendig, so dass dieser abgewählt wird. Durch das Plug-In werden nun die zwei Projekte anlegt und der für den Service notwendige Source-Code erzeugt. Abbildung 12.12 zeigt den Inhalt des generierten Projektes.

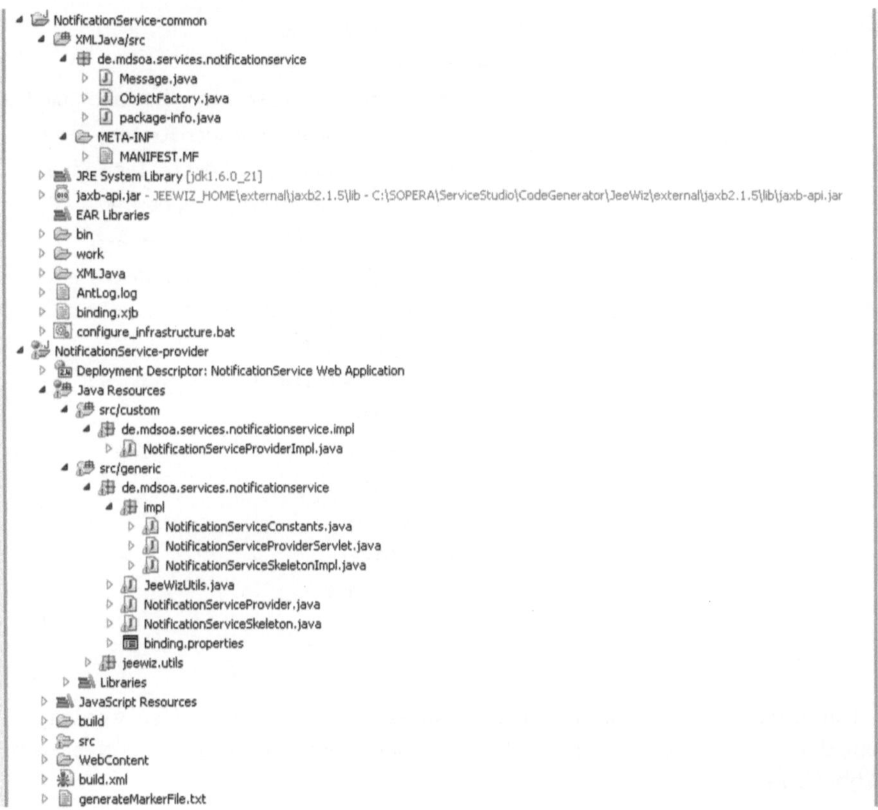

Abb. 12.12 Inhalt des generierten Projekts

Die Datei NotificationServiceProviderImpl.java enthält den Einstiegspunkt für die Logik des Services. Sie enthält für jede der Operationen des Dienstes eine Methode, die entsprechend den Anforderungen erweitert werden muss. Nach der in der Architecture-Projection Phase erläuterten Weise, wird die Logik der Dienste im Beispiel in Modulen ausgelagert. Den Inhalt des Projekts zeigt die folgende Abb. 12.13.

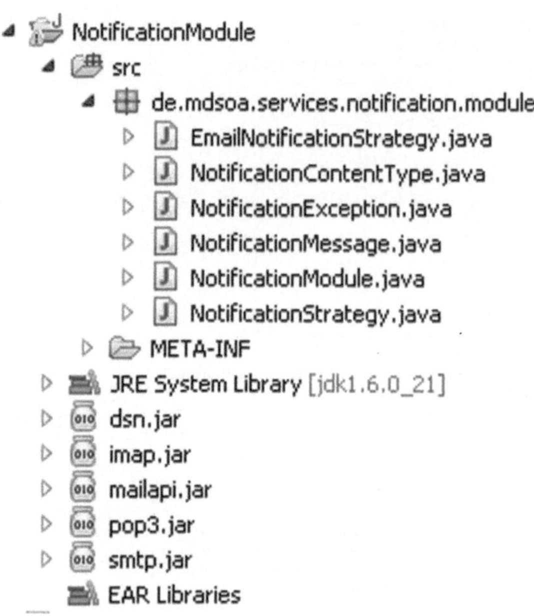

Abb. 12.13 Dateien des Notification-Moduls

Damit das Modul verfügbar ist, muss dessen Projekt eingebunden werden, indem durch einen Rechts-Klick auf das Projekt folgender Dialog geöffnet wird (Abb. 12.14):

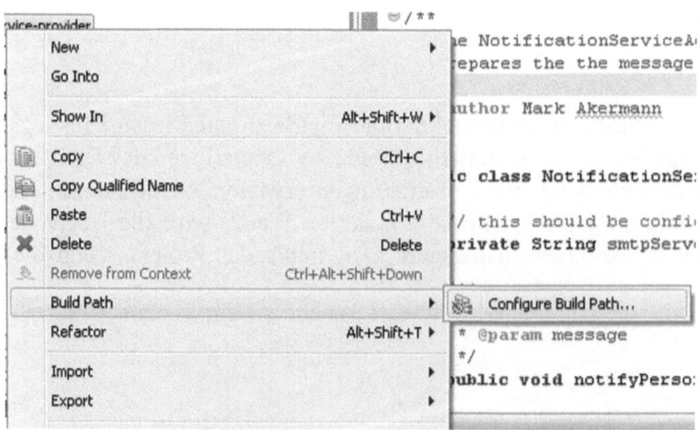

Abb. 12.14 Konfiguration des Build-Paths

Nach Auswahl des „`Projects`“ Reiters und der Option „`Configure Build Path`“ erscheint das folgende Fenster, das in Abb. 12.15 gezeigt wird.

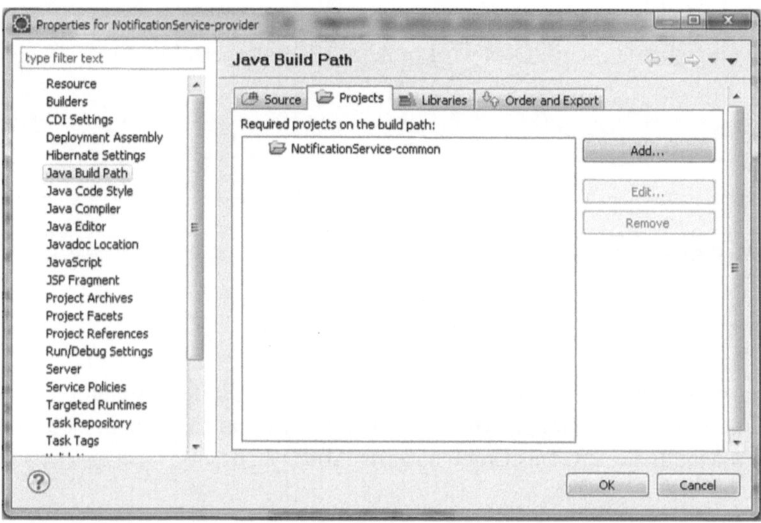

Abb. 12.15 Projekte, die zum Build-Path hinzugefügt werden

Durch einen Klick auf „`Add`" wird der Dialog zum Hinzufügen von Projekten geöffnet (Abb. 12.16):

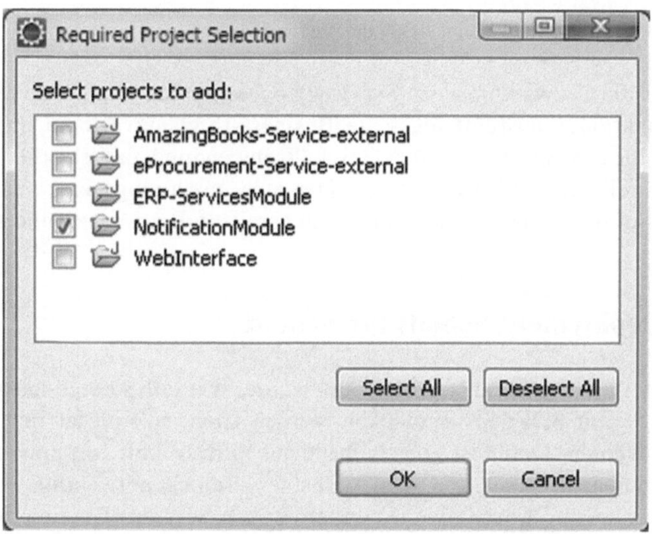

Abb. 12.16 Hinzufügen des Moduls

Nun wählen sie das einzubindende Projekt aus. In diesem Fall handelt es sich um „`NotificationModule`". Damit ist das Modul im Build-Path des Services eingebunden und kann durch dessen Klassen genutzt werden. Das Modul wird durch eine Adapter-Klasse mit dem Service verbunden, die zuerst in einem geschützten Bereich eingebunden wird. Dies wird in Abb. 12.17 dargestellt.

```
/*************************************************************************************************
**
**  Additional Code
**
**  Put extra (unmodeled) fields and methods after this comment
**
*************************************************************************************************/
private NotificationServiceAdapter serviceAdapter = new NotificationServiceAdapter();
}
```

Abb. 12.17 Einbinden des Adapters in den geschützten Bereich

Daraufhin verbinden sie die Methode des Services mit dem Adapter. Dieser enthält dafür eine gleichnamige Methode, welche die Datentypen umsetzt und die Logik im Modul aufruft. Das Ergebnis zeigt Abb. 12.18.

```
/* uid: SoperaUID_notifyPerson */
/**
 * Execute a request to oneway operation notifyPerson.
 *
 * @param notifyPersonRequest the request
 * @throws ParticipantException on technical error
 */
public void notifyPerson( final JAXBElement<Message> notifyPersonRequest ) throws ParticipantException {
    Message message = notifyPersonRequest.getValue();
    this.serviceAdapter.notifyPerson(message);
}
```

Abb. 12.18 Aufruf des Adapters innerhalb der Service-Klasse

Somit ist die Entwicklung des Services abgeschlossen. Damit der Service die Geschäftsfunktionen ausführt muss die Business-Logik im Modul implementiert werden. Da dies spezifisch für jeden Geschäftsanwendungsfall ist, soll es nicht Teil dieser Beschreibung sein. Auch der Adapter muss noch umgesetzt werden, sofern noch nicht geschehen. Der Service kann nun bereits in Betrieb genommen werden.

Service-Deployment Schritt für Schritt

Nachdem im Vorausgehenden geschildert wurde, wie ein Service ausgehend von einem WSDL mit SOPERA entwickelt werden kann, soll dieser nun in Betrieb genommen werden. Dafür ist eine vorhandene Infrastruktur mit einem SOPERA Service-Backbone und einem SOPERA-Business-Tomcat notwendig.

Das Deployment erfolgt in vier Schritten. Zuerst wird das Binding des Services angepasst. Danach wird der Dienst in der Service-Registry eingetragen. Dann wird das Projekt in ein War-Archiv exportiert, welches anschließend auf dem Server installiert wird.

Das Binding bearbeiten sie, indem sie nach dem Öffnen der SPDX-Datei im jeweiligen SOPERA-Projekt auf das Element im Diagramm geklickt wird. In der nachfolgenden Abbildung ist dies der blaue, nach rechts zeigende Pfeil im

Kasten „`NotificationServiceProvider`" (links oben). Er ist auch mit „`modeldrivensoa`" beschriftet, wie in Abb. 12.19 zu sehen ist.

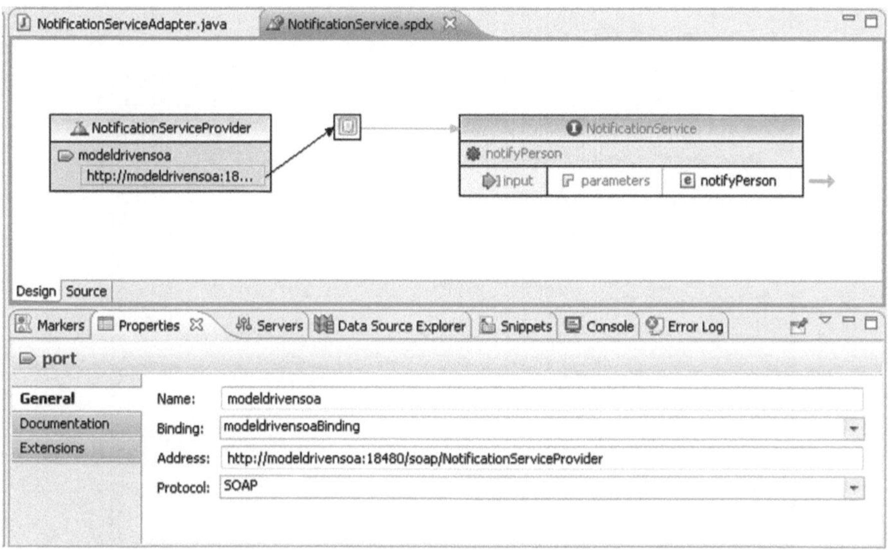

Abb. 12.19 Editieren des Service-Bindings

Das Binding kann nun genauer angegeben werden. Interessant ist vor allem die Adresse. Im Beispiel lautet sie „http://modeldrivensoa:18480/soap/NotificationServiceProvider".

Die Veröffentlichung des Services in der Registry erfolgt durch einen Rechts-Klick auf die Datei mit der Service-Beschreibung (mit der Endung .sdx) und die Auswahl der Option „Export". Das erscheinende Menü unterscheidet sich leicht von dem zuvor Gezeigten (Abb. 12.20):

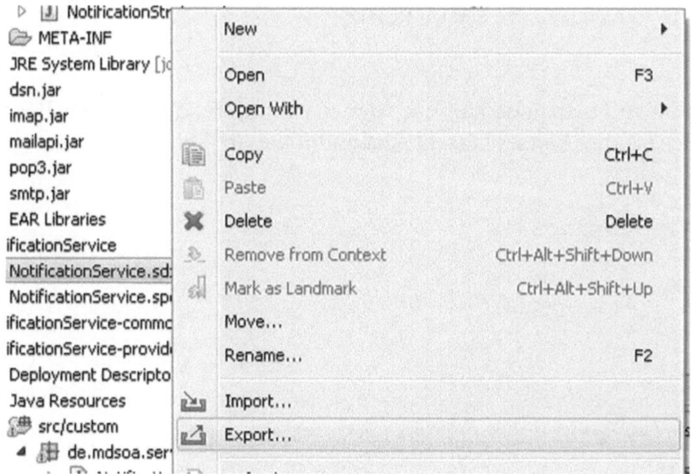

Abb. 12.20 Auswahl der Export-Option

Danach erscheint der Dialog mit den Export-Möglichkeiten. An dieser Stelle selektieren sie im SOPERA-Ordner die Option „SOPERA Service Registry“, wie in Abb. 12.21.

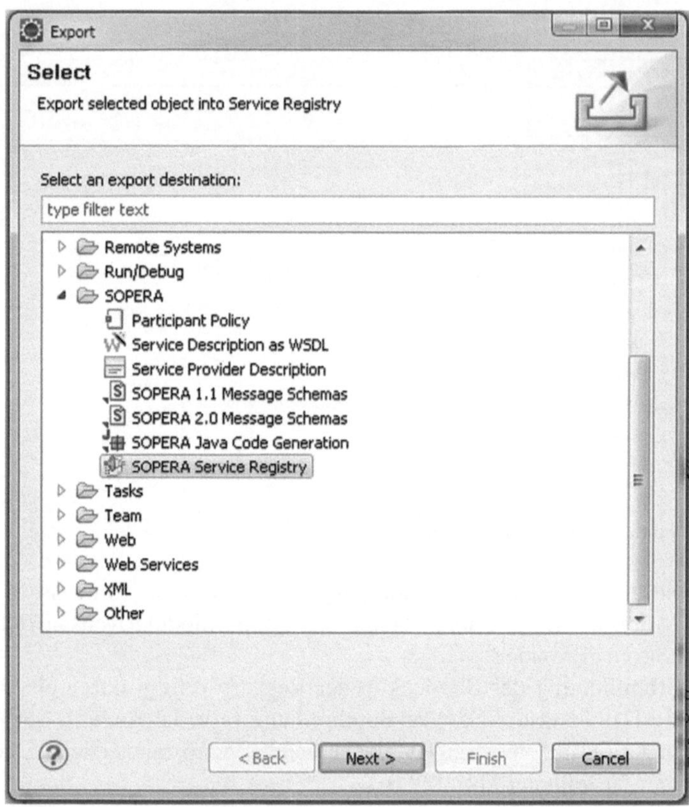

Abb. 12.21 Exportoption für die Service-Registry

Daraufhin wird man nochmals nach der zu exportierenden Service-Beschreibung gefragt. Dies ist aber bereits korrekt ausgefüllt, wie in Abb. 12.22 dargestellt ist.

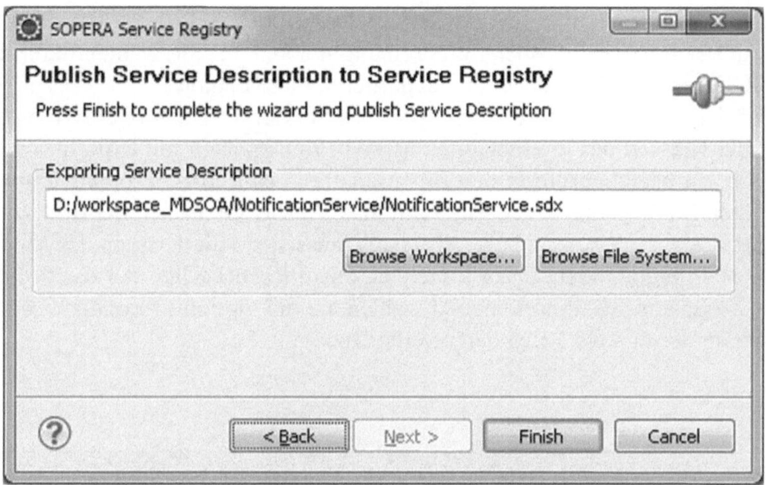

Abb. 12.22 Auswahl der zu exportierenden Servicebeschreibung

Sofern noch kein Service exportiert wurde und man noch nie mit der Registry gearbeitet hat, erscheint nun ein Authentifizierungs-Dialog. Der Administrator-Account lautet Standardmäßig „`SOPAdministrator`" mit dem Passwort „`secret`". Abbildung 12.23 zeigt den entsprechenden Dialog.

Abb. 12.23 Authentifizierungs-Dialog der Service-Registry

Zum Abschluss erscheint ein Fenster, welches den erfolgreichen Export bekannt gibt (Abb. 12.24).

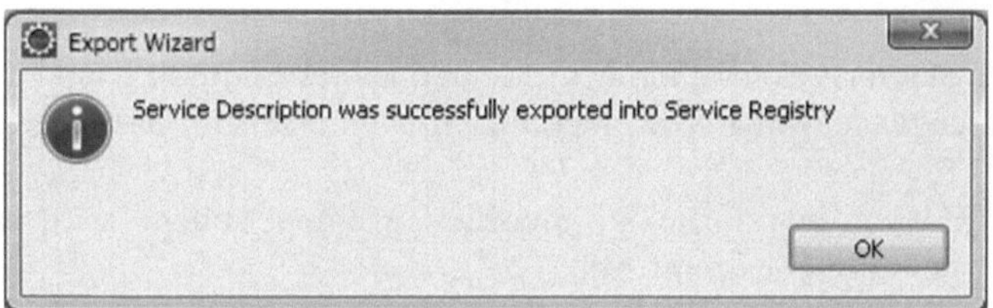

Abb. 12.24 Abschlussmeldung, alles OK

Dieselben Schritte, wie für die Service-Description sind auch für die SPDX-Datei mit der Service-Provider Beschreibung notwendig. Sie wählen dafür anstatt der SPX-Datei die SPDX-Datei und exportieren diese analog.

Im nächsten Schritt erfolgt der Export des Service-Projects in ein Web-Archiv. Damit alle Klassen des referenzierten Modul-Projekts auch mit exportiert werden, sind noch ein paar Schritte in den Eigenschaften des Eclipse-Projekts notwendig. Wie später im Test zu sehen ist, führt das Auslassen dieser Schritte zu einer `ClassNotFoundException`. Als erstes müssen sie die Klassen des Moduls in dem WAR-File einbinden. Dazu führen sie einen Rechts-Klick auf das Projekt im Projekt-Navigator aus. Anschließend wählen sie die Option „`Properties`" aus. Es erscheint der in Abb. 12.25 dargestellte Dialog.

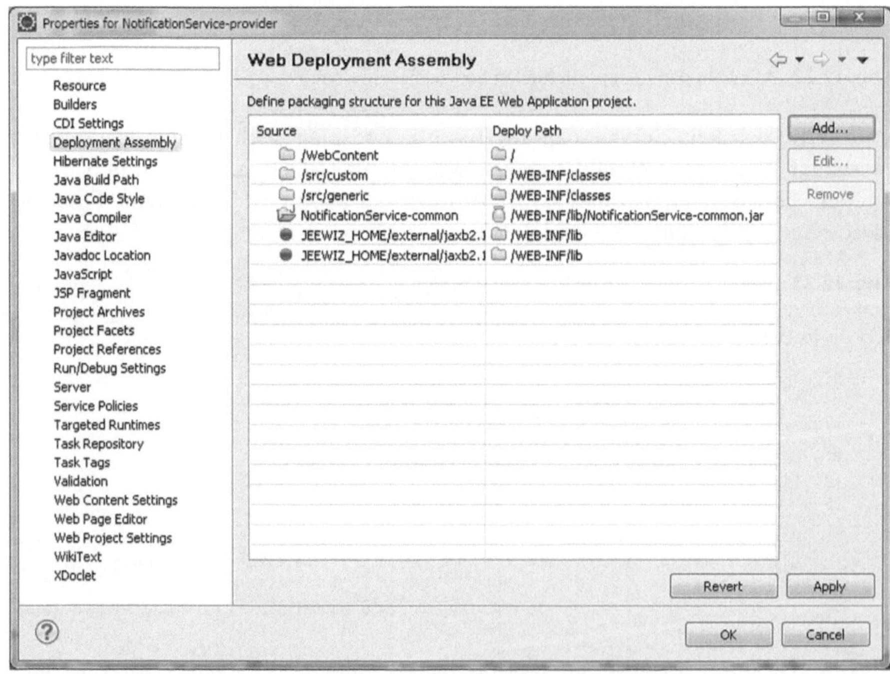

Abb. 12.25 Dialog zum Hinzufügen der Modul-Klassen

An dieser Stelle ist es möglich Projekte und Libraries durch Klicken auf „`Add`" in das zu erzeugende Webarchiv einzubinden. Nun erscheint das folgende Fenster (Abb. 12.26).

Da die Klassen des Projekts importiert werden sollen, wird die Option „`Project`" gewählt. Dies zeigt Abb. 12.27.

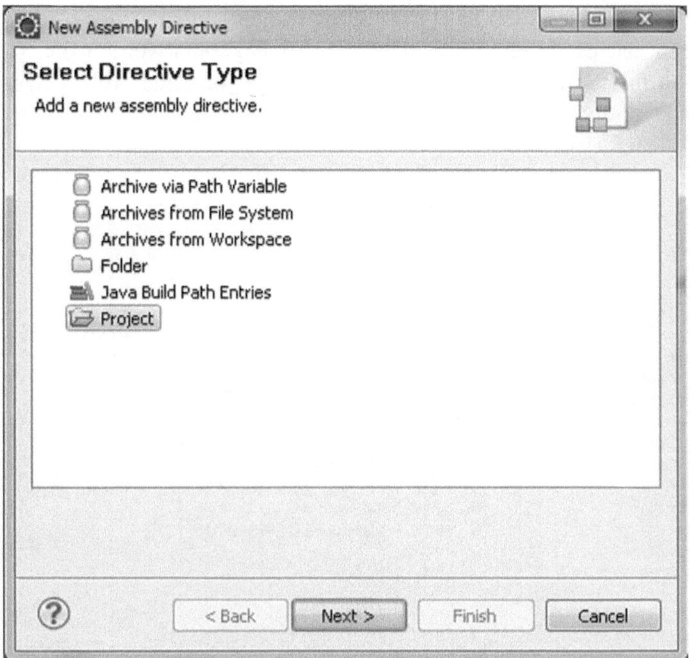

Abb. 12.26 Selektion der einzubindenden Ressourcen

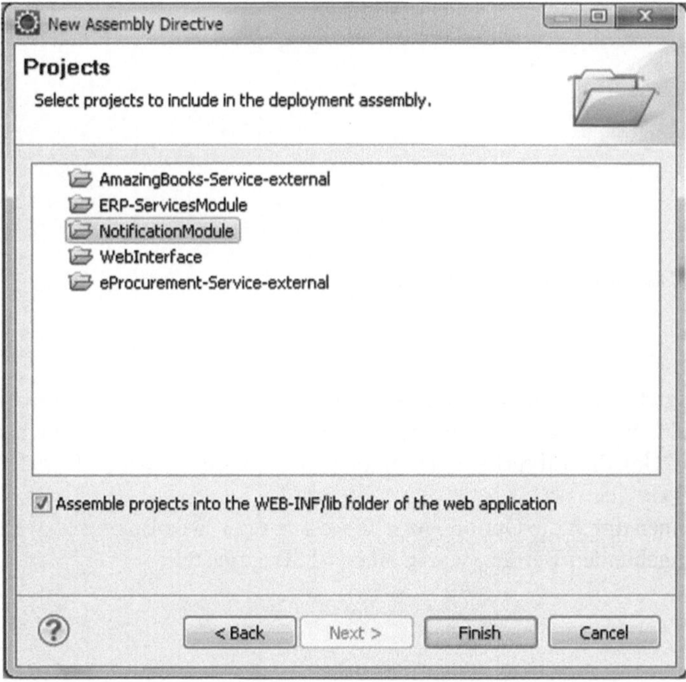

Abb. 12.27 Auswahl des zu importierenden Projekts

Im nächsten Fenster kann das gewünschte Projekt angegeben werden. In diesem Fall lautet es „`NotificationModule`". Als Ergebnis werden die Klassen des Projekts nun mit in der WAR-Datei verpackt. Die folgende Abb. 12.28 zeigt die verpackten Dateien:

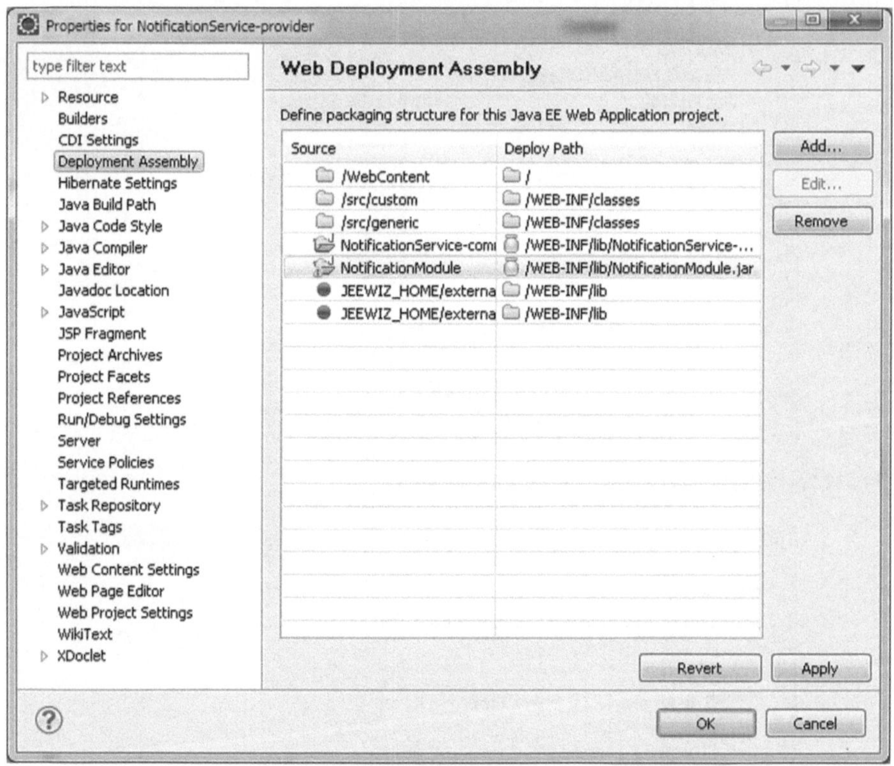

Abb. 12.28 Die eingebundenen Projekte und Dateien

Leider reichen die Klassen nicht aus, denn der Service verwendet noch weitere Bibliotheken. Wie in der Abbildung ersichtlich ist, werden diese noch nicht mit eingepackt. Um die Libraries einzubinden klicken sie wieder auf „`Add`", wie in Abb. 12.29 zu sehen ist.

Nun können durch die Option „`Archives from Workspace`" weitere Java-Archive eingebunden werden, wie in Abb. 12.30 dargestellt.

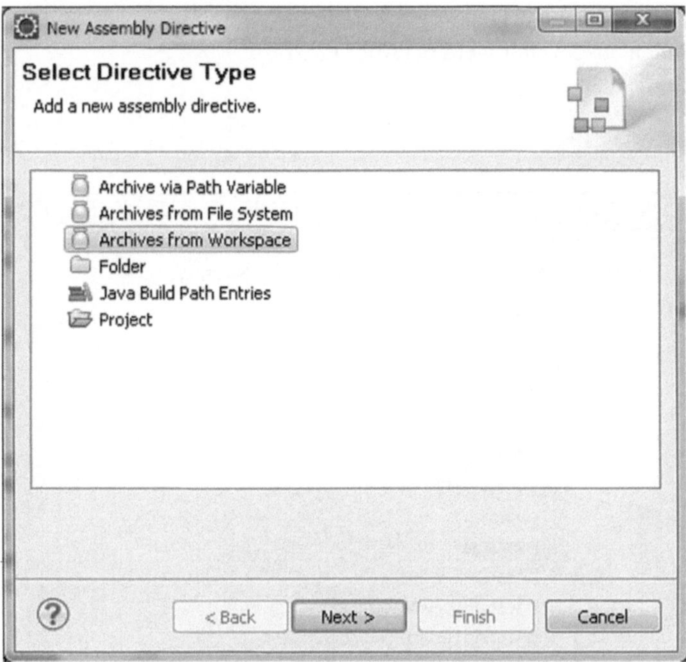

Abb. 12.29 Hinzufügen einzelner Dateien

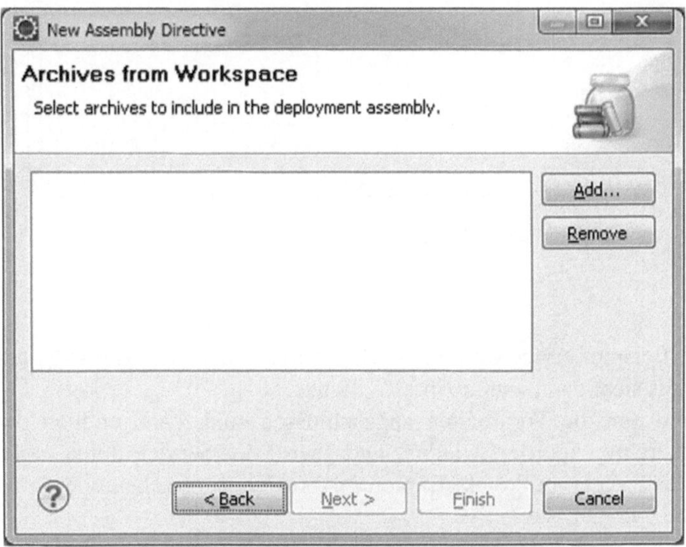

Abb. 12.30 Der erscheinende Dialog zum Hinzufügen von Archiven

In dem erscheinenden Dialog können durch Klick auf „`Add`“ die zu importierenden Dateien ausgewählt werden (Abb. 12.31).

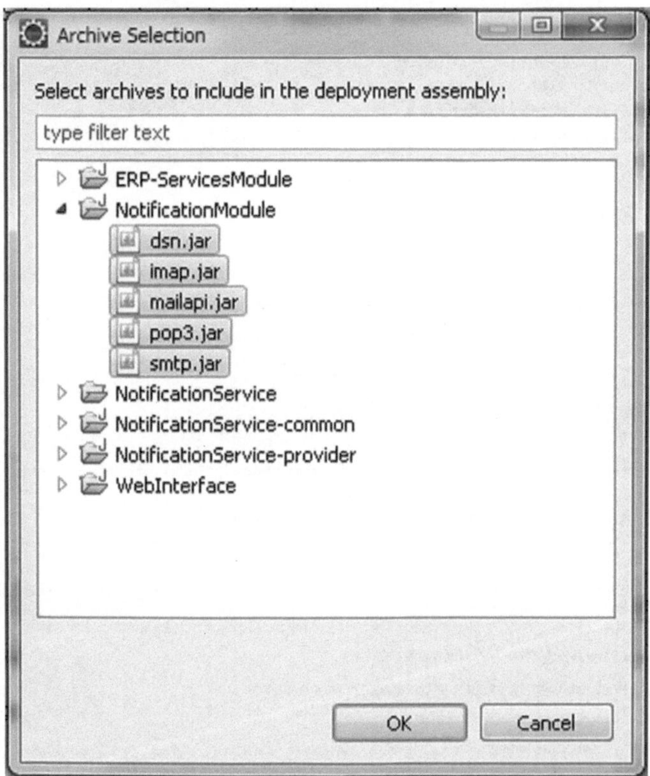

Abb. 12.31 Auswahl der hinzuzufügenden Libraries

Für den Beispielservice werden die Bibliotheken der Java-Mail-API ausgewählt. Das Ergebnis sieht dann wie in Abb. 12.32 aus.

Nachdem nun die Vorarbeiten abgeschlossen sind, kann endlich der Service in ein Webarchiv exportiert werden. Dazu wird der Service durch einen Rechtsklick auf das Projekt im Projekt-Explorer exportiert. Es erscheint der in Abb. 12.33 angezeigte Dialog.

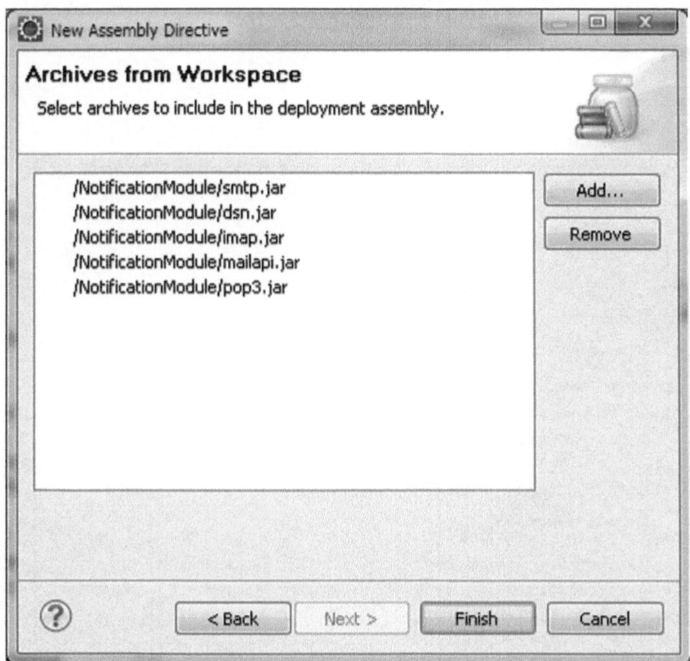

Abb. 12.32 Die hinzugefügten Bibliotheken

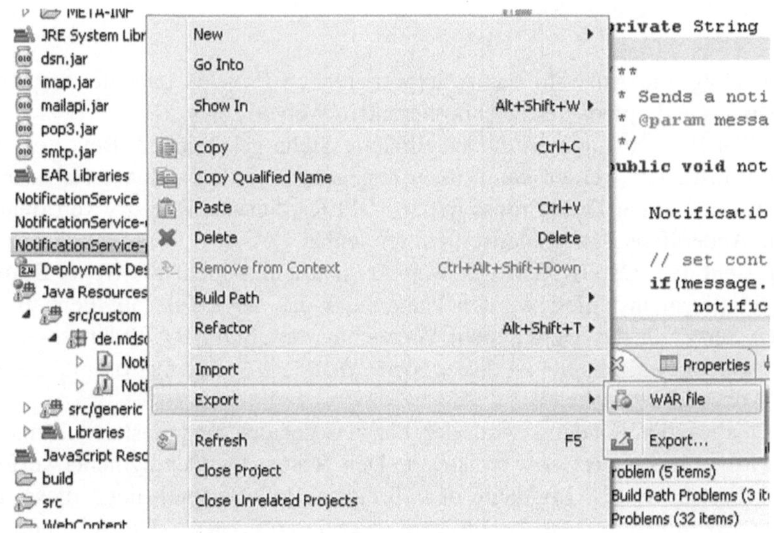

Abb. 12.33 Auswahloption für den Export eines Webarchivs

Nach Auswahl der Option „`Export`“ erscheint das folgende Fenster (Abb. 12.34)

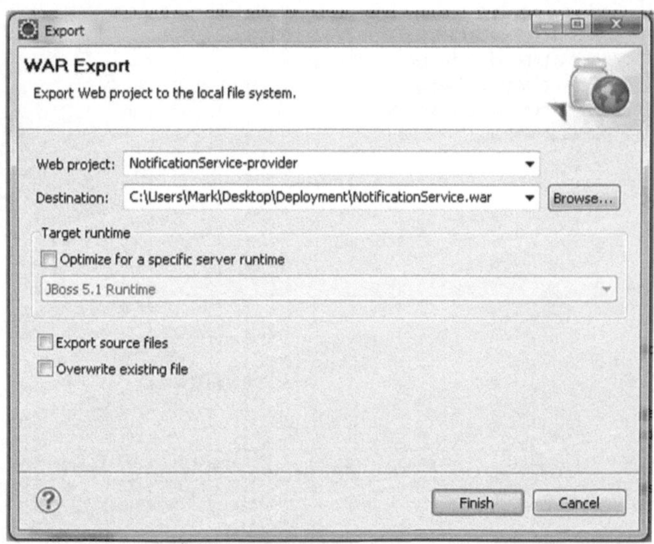

Abb. 12.34 Auswahl des zu exportierenden Projekts

Nun erfolgt die Auswahl des zu exportierenden Projekts und die Angabe des Dateinamens und –pfads des zu exportierenden Web-Archivs.

Das War-File wird nun an die spezifizierte Stelle geschrieben. Bevor es in der Plattform installiert werden kann, muss angegeben werden sich wo sich der Service befindet und der Dienst muss in der SOPERA-Service Registry veröffentlicht werden. Andernfalls ist der Dienst nicht erreichbar.

Nun steht dem Deployment des Web-Archivs nichts mehr im Wege. Damit es in der Plattform installiert werden kann muss das WAR-File auf dem entsprechenden Server in das Deployment-Verzeichnis des SOPERA-Business-Tomcats kopiert werden. Im Beispiel ist dies „`/opt/SOPera/tomcat_biz/webaps`“, wie in Abb. 12.35 zu sehen ist.

Läuft alles richtig, dann wird der Service geladen und gestartet. Anschließend wird er in der Registry registriert. Den Status des Deployments verfolgen sie am besten in der Logdatei des Tomcats. Im Beispiel liegt diese unter „`/opt/SOPera/tomcat_biz/logs/catalina.out`“. Die folgende Abb. 12.36 zeigt eine beispielhafte Ausgabe.

Damit ist das Deployment abgeschlossen. Der Service kann nun getestet werden.

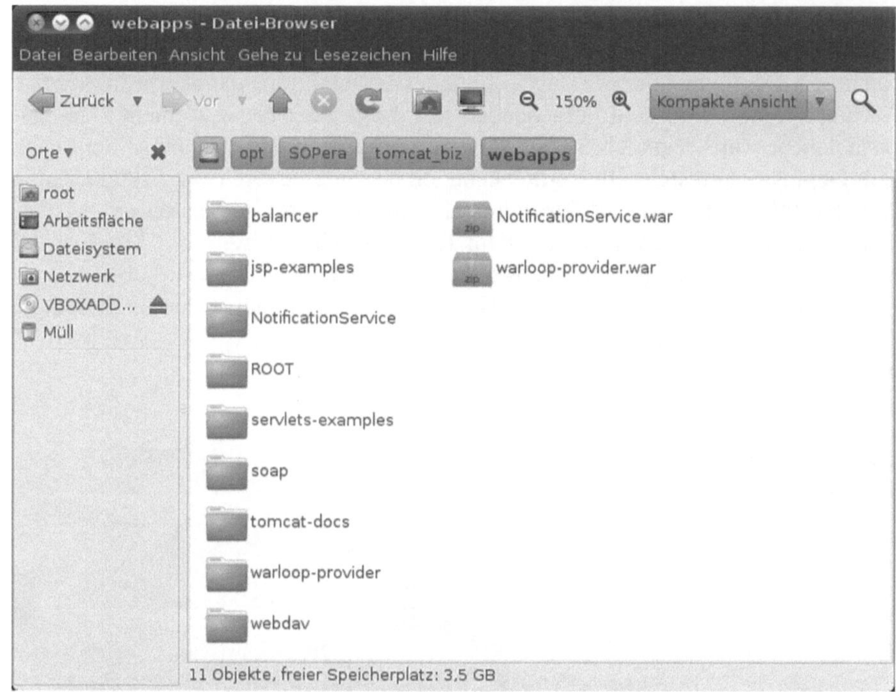

Abb. 12.35 Inhalt des Webapps-Verzeichnisses des JBoss

```
modeldrivensoa@modeldrivensoa: /opt/SOPera/tomcat_biz/logs
Datei Bearbeiten Ansicht Terminal Hilfe
INFO: Add token to Signature: ID = uuid-8b2dfb2a-a50b-46cf-9482-68f6dca671ec
Jan 7, 2011 12:58:58 PM org.sopware.signing.impl.SignatureProcessor loadKeyStoreByPreferredMethod
INFO: Loading key store by preferred method.
Jan 7, 2011 12:58:58 PM org.sopware.binding.soaphttp.HttpProviderProcessor process
INFO: ******** Duration of outgoing request message in Binding Component: 17 milliseconds ********
Jan 7, 2011 12:58:58 PM org.sopware.binding.soaphttp.HttpProviderProcessor process
INFO: ******** Duration of remote communication: 198 milliseconds ********
Jan 7, 2011 12:58:58 PM org.sopware.common.binding.SOAPMessageSigningHandler verifyMessage
INFO: The verification of the body payload and SAML token association *did* not take the place.
Jan 7, 2011 12:58:58 PM org.sopware.binding.soaphttp.HttpProviderProcessor process
INFO: ******** Duration of incoming response message in Binding Component: 2 milliseconds ********
Jan 7, 2011 12:58:58 PM org.sbb.core.components.srproxy.SrProxy
INFO: <Agreed consumerPolicy="http://types.sopware.org/qos/ParticipantPolicy/1.1/StandardTspConsumer" p
g/qos/ParticipantPolicy/1.1/DefaultProviderPolicy" service="{http://services.mdsoa.de/NotificationServi
r="{http://services.mdsoa.de/NotificationService}NotificationServiceProvider" validSince="2011-01-07T11
8:58Z" xmlns="http://types.sopware.org/qos/AgreedPolicy/2.0" xmlns:soptemp="http://types.sopware.org/qo
 <Operation name="notifyPerson">
  <wsp:Policy xmlns:wsp="http://www.w3.org/2006/07/ws-policy">
   <wsp:ExactlyOne>
    <wsp:All>
     <sopa:HttpTransport xmlns:sopa="http://types.sopware.org/qos/SOPAssertions/1.1"/>
    </wsp:All>
   </wsp:ExactlyOne>
  </wsp:Policy>
 </Operation>
</Agreed>

Jan 7, 2011 12:58:58 PM org.apache.servicemix.jbi.framework.support.WSDL1Processor process
INFO: Endpoint ServiceEndpoint[service={http://services.mdsoa.de/NotificationService}NotificationServic
 a service description, but no matching endpoint found in [JBI]
+++++++++++++++++++++++++
Starting Provider
Jan 7, 2011 12:58:58 PM de.mdsoa.services.notificationservice.impl.NotificationServiceProviderServlet i
```

Abb. 12.36 Logausgabe nach dem erfolgreichen Deployment des Services

Service-Test Schritt für Schritt

Nach dem Deployment des Services sollte dessen Funktionalität überprüft werden. An dieser Stelle wird kein tiefgehender Test dargestellt, der mit einem Unit-Test vergleichbar wäre. Vielmehr soll gezeigt werden, wie mit einfachen Mitteln nach dem Deployment festgestellt werden kann, ob der Service erreichbar ist und seinen Zweck erfüllt. Diese Art von Test würde also ein Administrator ausführen.

Der Test der Services erfolgt mit dem Tool Soap-UI von Eviware.[1] Mit Soap-UI lassen sich auch umfangreiche Webservice-Tests erzeugen. Dies wird aber im Folgenden nicht beschrieben. Um einen Webservice zu testen müssen sie für diesen ein Projekt anlegen. Dies erfolgt durch einen Rechts-Klick auf das Feld „`Projects`“ im Navigator links, wie in Abb. 12.37 gezeigt wird.

Abb. 12.37 Anlegen eines neuen SOAP-UI Projekts

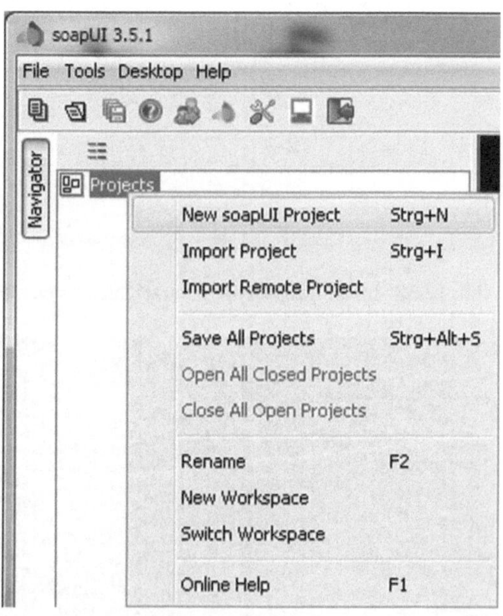

In dem erscheinenden Menü wählen sie die Option „`New soapUI Project`“ aus, wodurch sich das in Abb. 12.38 dargestellte Fenster öffnet.

[1] http://www.soapui.org/

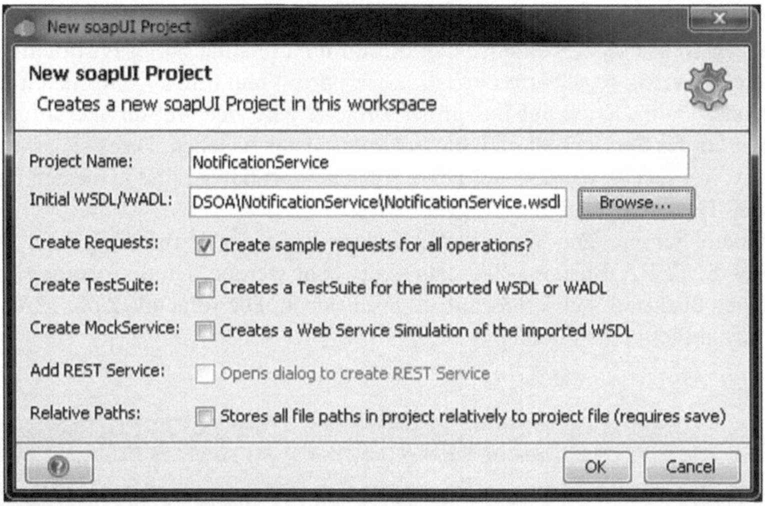

New soapUI Project

New soapUI Project
Creates a new soapUI Project in this workspace

Project Name: NotificationService
Initial WSDL/WADL: DSOA\NotificationService\NotificationService.wsdl Browse...
Create Requests: Create sample requests for all operations?
Create TestSuite: Creates a TestSuite for the imported WSDL or WADL
Create MockService: Creates a Web Service Simulation of the imported WSDL
Add REST Service: Opens dialog to create REST Service
Relative Paths: Stores all file paths in project relatively to project file (requires save)
OK Cancel

Abb. 12.38 Auswahl der WSDL-Datei

An dieser Stelle kann der Projekt-Name und die zu importierende WSDL-Datei angegeben werden. Man sieht auch Optionen um weitere Testsuites zu generieren, was aber für den weiteren Verlauf nicht benötigt wird.

Nachdem das Projekt angelegt ist und das WSDL importiert wurde, kann der Webservice aufgerufen werden. Sie gelangen durch Doppelklick auf den automatisch angelegten SOAP-Request „`Request1`" an eine Eingabemaske in der sie die Parameter für den Aufruf des Dienstes ausfüllen können. Abbildung 12.39 zeigt einen exemplarischen Aufruf des Dienstes.

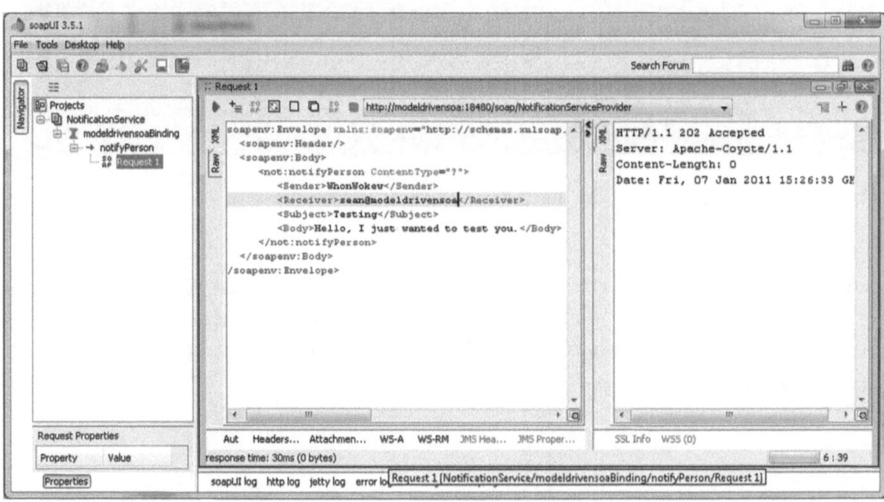

Abb. 12.39 Aufruf des Notification-Dienstes mit SOAP-UI

Der im Beispiel verwendete Service versendet Benachrichtigungen in Form von Emails per Webservice-Frontend. Um diese Funktionalität zu testen füllen sie die Parameter „`Sender`“, „`Receiver`“, „`Subject`“ und „`Body`“ im linken Unterfenster aus. Durch Klick auf das grüne Dreieck wird der Webservice aufgerufen. Die Antwort des Services ist im rechten Unterfenster zu sehen. Da es sich um einen One-Way Webservice handelt, der keine Rückantwort liefert, sind in diesem Fall nur die HTTP-Header zu sehen.

Auf dem Server kann derweil das andere Ende der Verbindung in der Log-Datei des SOPERA-Business-Tomcats überwacht werden. Hierhin werden Status-Meldungen über den Webserviceaufruf geschrieben. Die folgende Abb. 12.40 zeigt einen dort aufgetretenen Fehler.

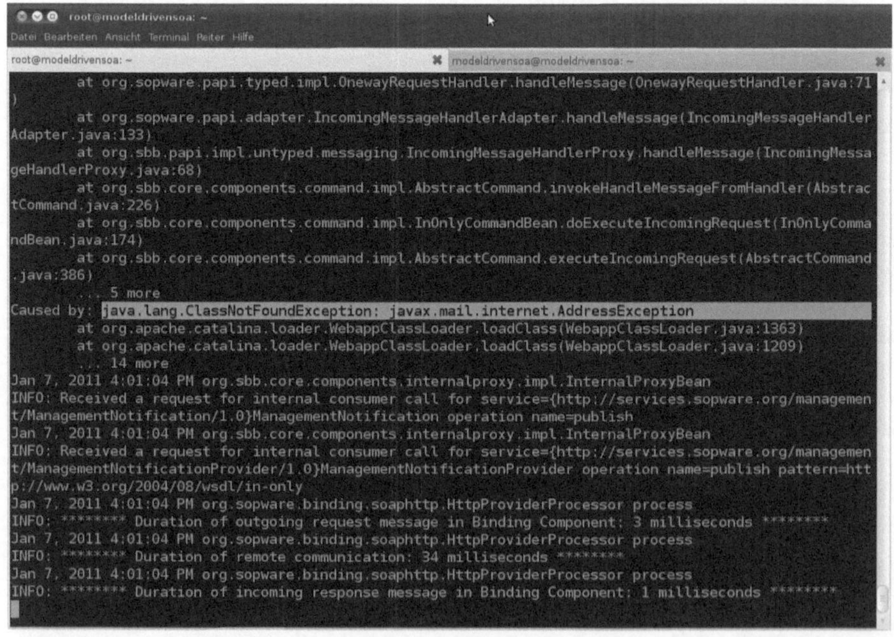

Abb. 12.40 Fehler im Service, der durch den Test verursacht wurde

Anscheinend wurde hier beim Deployment etwas vergessen. Der Service muss also nochmal zurück an die Entwickler. Nachdem eine neue Version installiert wurde sieht das Ergebnis des Webservice-Aufrufs schon besser aus, wie in Abb. 12.41 zu sehen ist.

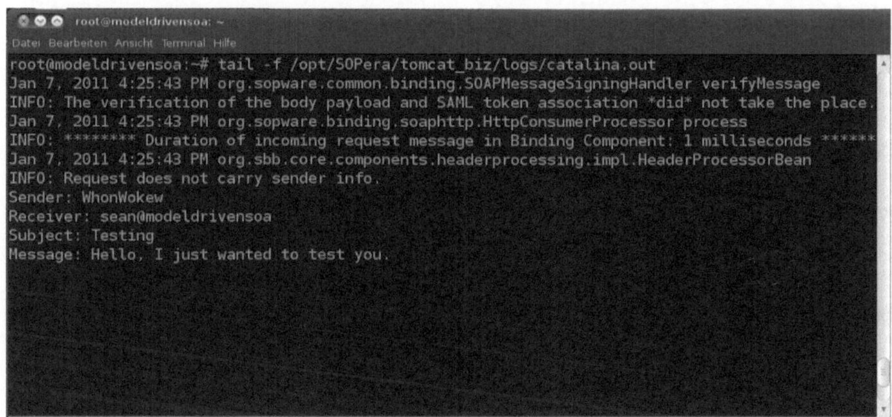

Abb. 12.41 Logausgaben zeigen den positiven Ausgang des Aufrufs

Nun bleibt nur noch zu prüfen, ob die Email tatsächlich bei ihrem Empfänger angekommen ist. Ein Blick in den Mail-Client offenbart den Erfolg, wie die folgende Abb. 12.42 zeigt.

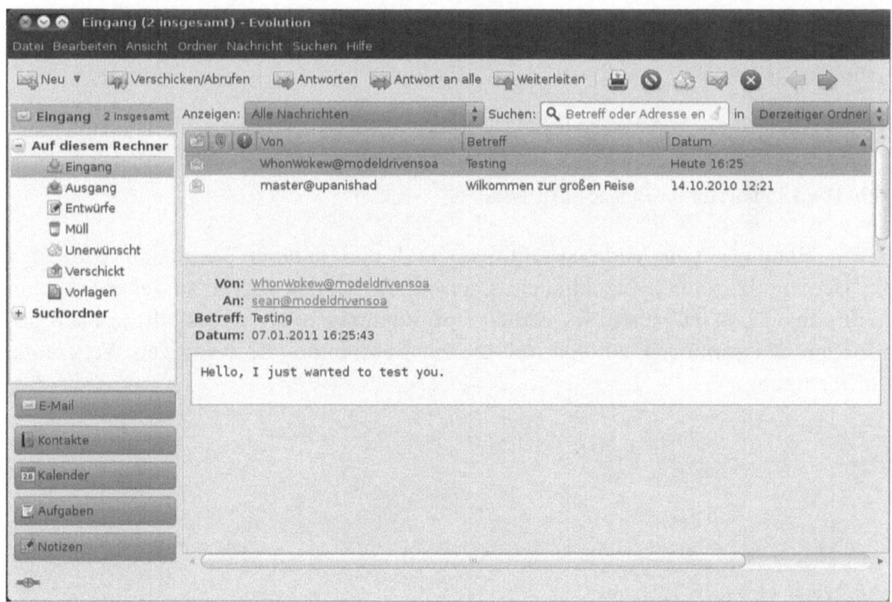

Abb. 12.42 Das empfangene Email

Damit ist der Test abgeschlossen und der Webservice kann nun verwendet werden.

Innovator for Business Analysts

Das im Buch dargestellte Beispiel einer modellgetriebenen Vorgehensweise nutzt für die Modellierung den MID *Innovator for Business Analyst*. Hier im Anhang möchten wir etwas näher auf die Oberfläche eingehen.

Grundsätzlich können alle Fenster frei in der Oberfläche bewegt und verteilt werden und an verschiedenen Stellen verankert werden. Abbildung 12.43 zeigt die Oberfläche mit geöffneten Prozessdiagrammen.

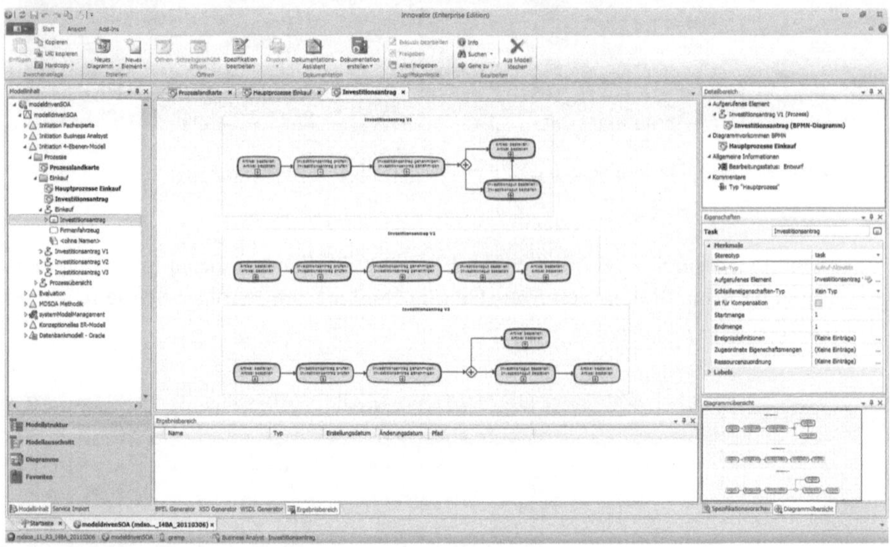

Abb. 12.43 Innovator for Business Analysts

Für Benutzer von Microsoft Office 2007 und neuerer Versionen wird sich die Bedienung schnell erschließen. Ganz oben ist das Menü zu sehen. Wie in Abbildung 12.44 zu sehen. Es verhält sich kontextsensitiv und stellt, je nach geöffnetem Diagrammtyp, automatisch die zur Bearbeitung notwendigen Werkzeuge zur Verfügung.

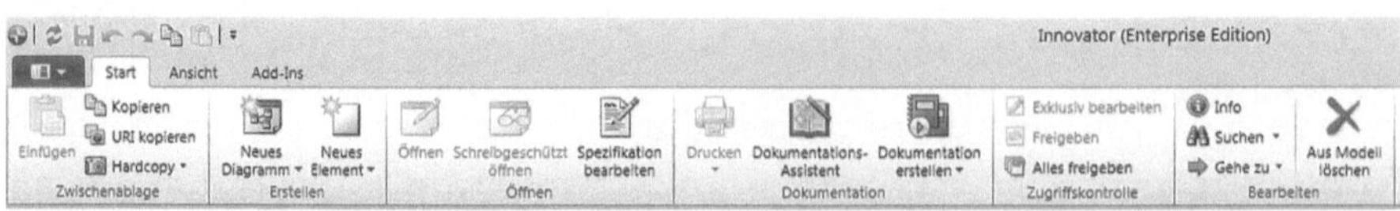

Abb. 12.44 Menü und Ribbonbar

Die Elemente eines Diagramms können per Drag&Drop in ein Diagramm gezogen werden. Attribute von Klassen oder Entitäten können aber auch bequemer und schneller in einer Tabelle erfasst werden. Abbildung 12.45 zeigt das Menü bei geöffneten BPMN 2 Diagramm und Auswahl eines Elemente.

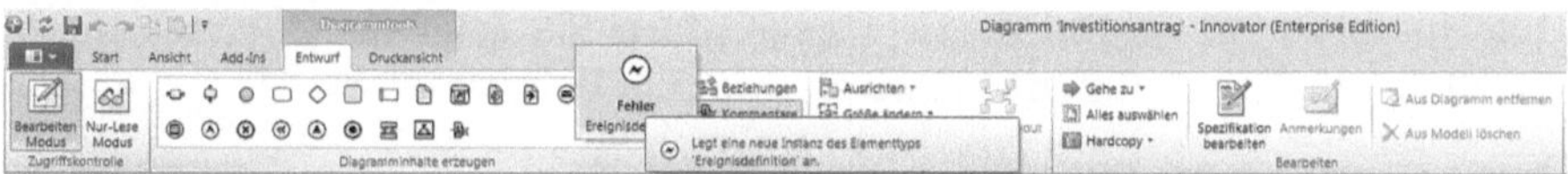

Abb. 12.45 Kontextsensitves Menü; Elemente des BPMN 2 Diagramms

Links wird die Modellstruktur angezeigt. Im Baum kann frei navigiert werden und es können, je nach Konfiguration, beliebige Pakete in beliebiger Verschachtelungstiefe angelegt werden. Mit der rechten Maustaste lassen sich die Inhalte bequem nach Datum, Änderungsdatum, Ersteller, etc. sortieren. Außerdem erleichtern voreingestellte Filter, wie „`Diagramme`“ die Navigation. Unter „`Diagramme`“ werden im Baum nur Diagramme nach Diagrammtyp sortiert aufgelistet.

„`Favoriten`“ ermöglicht die Ablage von beliebigen Modellinhalten per Drag&Drop. Abbildung 12.46 zeigt von links nach rechts „`Modellstruktur`“, „`Diagramme`“ und „`Favoriten`“.

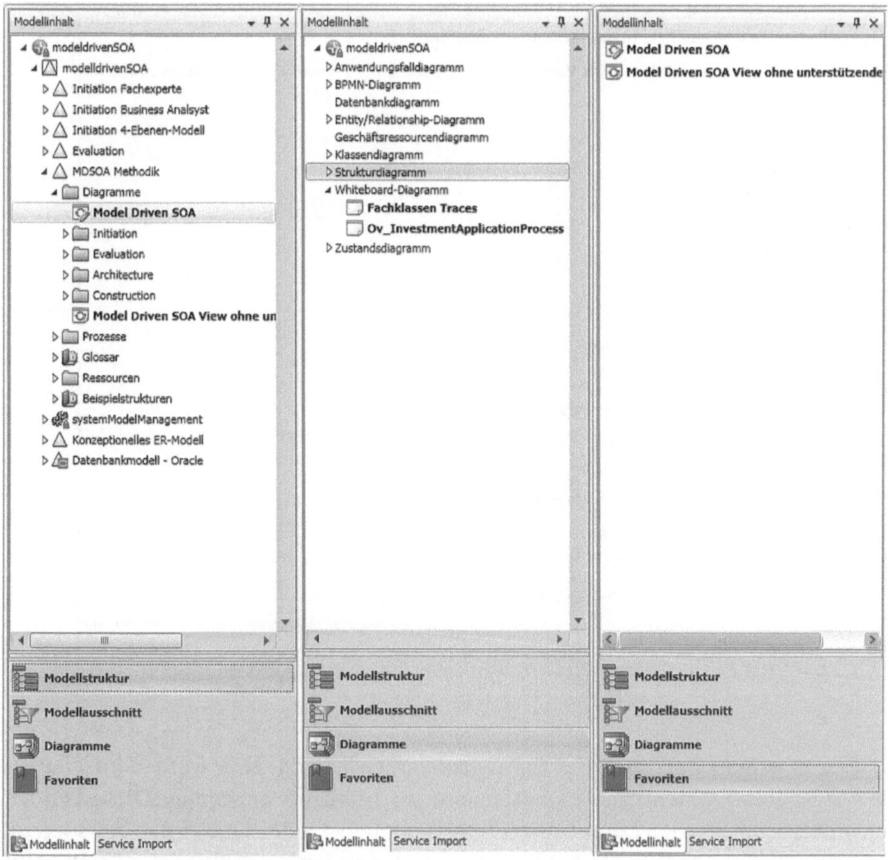

Abb. 12.46 Sichten auf den Modellbaum

Rechts oben ist die Detailansicht angeordnet. Sie zeigt für jedes selektierte Modellelement weitere Informationen an, wie zum Beispiel

- Vorkommen des Elements in weiteren Diagrammen
- weitere Elemente, mit denen das Element verbunden ist
- ein- und ausgehende Daten
- aufgerufene Elemente
- Labels, wie zum Beispiel der Bearbeitungsstatus

Abbildung 12.47 zeigt den Detailbereich für einen selektierten Task in einem Prozessdiagramm.

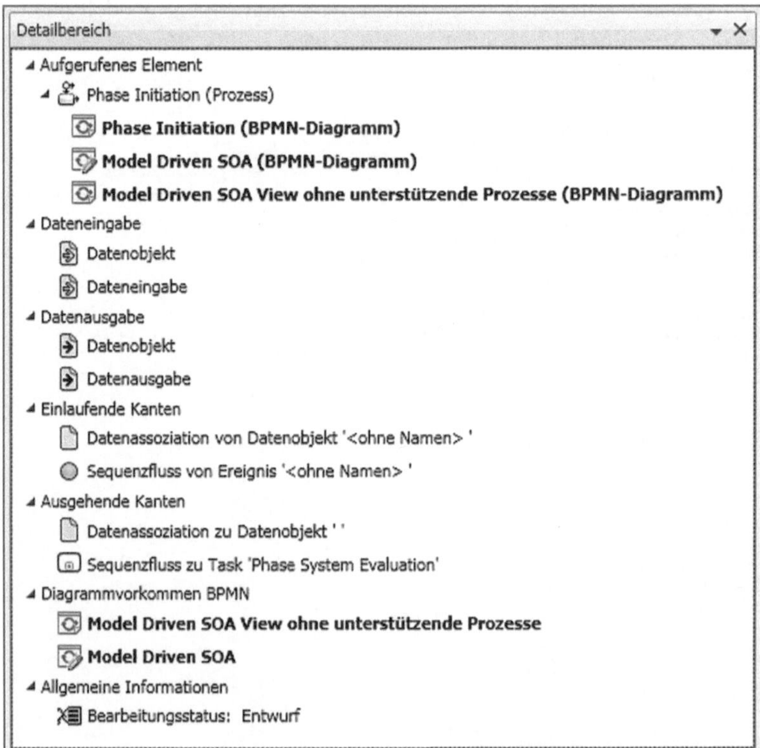

Abb. 12.47 Der Detailbereich. Selektiert wurde ein Task in einem Prozess

Rechts in der Mitte erscheint der Eigenschaften-Dialog. Hier werden im Kontext des gewählten Elements die Eigenschaften des Elements angezeigt. Diese können auch bearbeitet werden, zum Beispiel um einem Task oder einer Lane Ressourcen zuzuordnen (was aber auch per Drag&Drop funktioniert). Abbildung 12.48 zeigt die Eigenschaften eines Tasks.

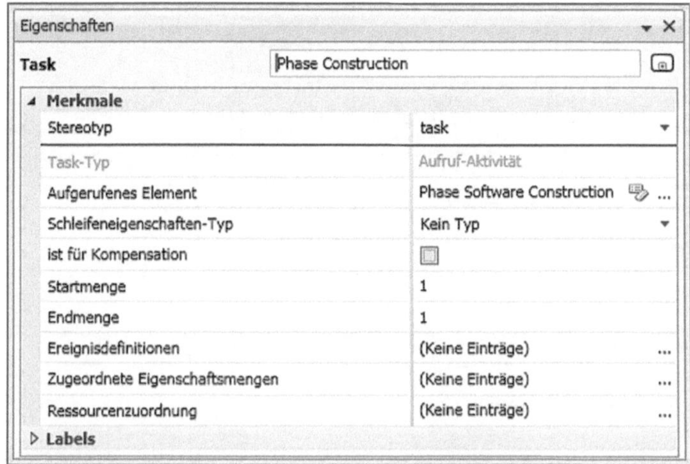

Abb. 12.48 Die Eigenschaften

Rechts unten kann zwischen Diagrammübersicht und Spezifikationsvorschau umgeschaltet werden.

In der Diagrammübersicht kann ein beliebiger Ausschnitt des geöffneten Diagramms mit der Maus markiert werden. Der Ausschnitt wird dann entsprechend vergrößert im Diagramm angezeigt („gezoomt"). Ein Klick verschiebt den gewählten Ausschnitt im Diagramm und hält die gewählte Größe bei. Abbildung 12.49 zeigt den in der Diagrammübersicht gewählten Ausschnitt und seine Darstellung im geöffneten Prozessdiagramm.

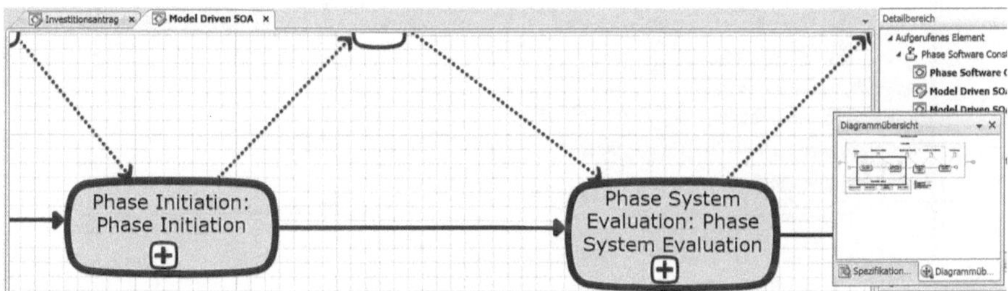

Abb. 12.49 Gewählter Diagrammausschnitt in der Diagrammübersicht

Die Spezifikationsübersicht erlaubt den schnellen Überblick über die für ein Element schon erfassten Texte, ohne das man mit der F3-Taste dazu den Spezifikationstext-Editor öffnen müsste. Abbildung 12.50 zeigt dies für zwei Reiter des gewählten Tasks.

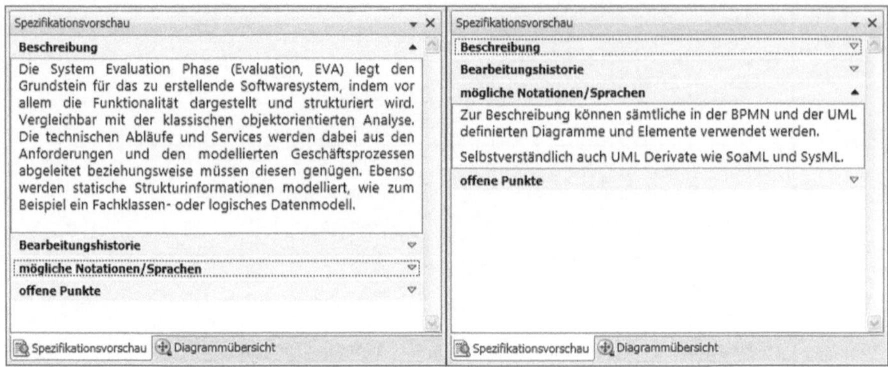

Abb. 12.50 Spezifikationsvorschau

Ganz unten liegt der „`Ergebnisbereich`". Man kann sich den Ergebnisbereich als einen „Topf" für beliebige Elemente vorstellen. In ihm werden die Ergebnisse einer Suche abgelegt. Er kann per Drag&Drop und über die rechte Maustaste im Kontextmenü gefüllt werden, zum Beispiel über „`Inhalt rekursiv hinzufügen`" (Abb. 12.51).

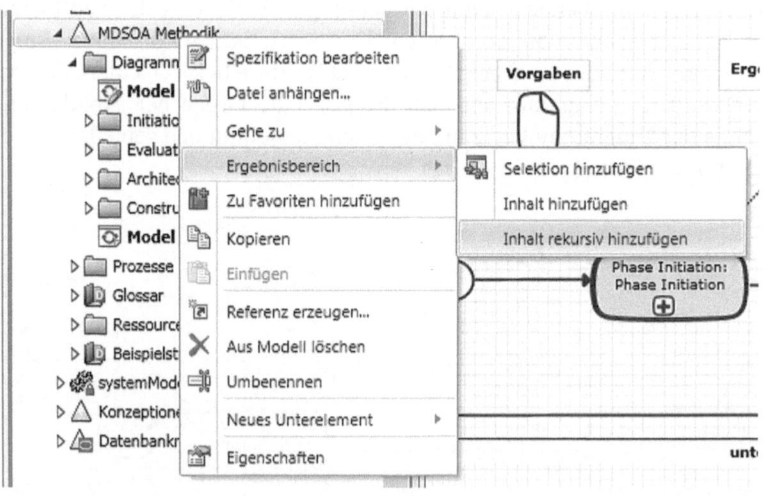

Abb. 12.51 Befüllen des Ergebnisbereichs aus dem Kontextmenü

Die Inhalte im Ergebnisbereich lassen sich weiter Bearbeiten. Zum Beispiel als eine Auswahl von Elementen, welche bei der automatischen Erzeugung einer Dokumentation als Inhalt verwendet werden sollen. Abbildung 12.52 zeigt einen über „`Inhalt rekursiv hinzufügen`" befüllten Ergebnisbereich, sortiert nach Elementtyp.

Ergebnisbereich

	Name	Typ	Erstellungsdatum	Änderungsdatum	Pfad
202	Anwendungsfälle spezifizieren	Task	04.01.2011 13:44:03	09.01.2011 13:59:03	modelldrivenSOA::MDSOA Methodik::Prozesse::Evaluation::Phase System Evaluation::technische Abläufe aufnehmen
172	Ziele und Randbedingungen aufne...	Task	04.01.2011 13:44:03	04.01.2011 14:59:24	modelldrivenSOA::MDSOA Methodik::Prozesse::Initiation::Phase Initiation::Fachlichkeit aufnehmen
171	fachliche Anforderungen aufnehmen	Task	04.01.2011 13:44:03	04.01.2011 15:00:14	modelldrivenSOA::MDSOA Methodik::Prozesse::Initiation::Phase Initiation::Fachlichkeit aufnehmen
179	funktionale Anforderungen aufneh...	Task	04.01.2011 13:44:03		modelldrivenSOA::MDSOA Methodik::Prozesse::Initiation::fachliche Anforderungen aufnehmen::Anforderungen spezifizieren
203	technisches Services spezifizieren	Task	04.01.2011 13:44:03	08.02.2011 18:44:59	modelldrivenSOA::MDSOA Methodik::Prozesse::Evaluation::Phase System Evaluation::technische Abläufe aufnehmen
170	Geschäftsprozesse aufnehmen	Task	04.01.2011 13:44:03		modelldrivenSOA::MDSOA Methodik::Prozesse::Initiation::Phase Initiation::Fachlichkeit aufnehmen
83	Projektmanagement	Task	04.01.2011 13:44:03		modelldrivenSOA::MDSOA Methodik::Prozesse::Model Driven SOA (MDSOA)::unterstützende Prozesse
204	technischen Prozesse spezifizieren	Task	04.01.2011 13:44:03	09.01.2011 14:04:40	modelldrivenSOA::MDSOA Methodik::Prozesse::Evaluation::Phase System Evaluation::technische Abläufe aufnehmen
205	Benutzer-, System- und Serviceint...	Task	04.01.2011 13:44:03	16.01.2011 15:57:26	modelldrivenSOA::MDSOA Methodik::Prozesse::Evaluation::Phase System Evaluation::technische Abläufe aufnehmen
189	Prozesse aufnehmen	Task	04.01.2011 13:44:03	04.01.2011 15:03:55	modelldrivenSOA::MDSOA Methodik::Prozesse::Initiation::Geschäftsprozesse aufnehmen::fachliche Prozesse und Organisationsstruktur aufnehmen
190	Prozessbeteiligte identifizieren	Task	04.01.2011 13:44:03	04.01.2011 15:03:20	modelldrivenSOA::MDSOA Methodik::Prozesse::Initiation::Geschäftsprozesse aufnehmen::fachliche Prozesse und Organisationsstruktur aufnehmen
191	Interaktion beschreiben	Task	04.01.2011 13:44:03	04.01.2011 15:04:12	modelldrivenSOA::MDSOA Methodik::Prozesse::Initiation::Geschäftsprozesse aufnehmen::fachliche Prozesse und Organisationsstruktur aufnehmen
183	Stakeholder erfassen	Task	04.01.2011 13:44:03		modelldrivenSOA::MDSOA Methodik::Prozesse::Initiation::fachliche Anforderungen aufnehmen::Anforderungen spezifizieren
187	Organisationsstruktur aufnehmen	Task	04.01.2011 13:44:03	04.01.2011 15:02:49	modelldrivenSOA::MDSOA Methodik::Prozesse::Initiation::Geschäftsprozesse aufnehmen::fachliche Prozesse und Organisationsstruktur aufnehmen
188	Prozesse identifizieren	Task	04.01.2011 13:44:03	04.01.2011 15:03:05	modelldrivenSOA::MDSOA Methodik::Prozesse::Initiation::Geschäftsprozesse aufnehmen::fachliche Prozesse und Organisationsstruktur aufnehmen
182	Anforderungen priorisieren	Task	04.01.2011 13:44:03		modelldrivenSOA::MDSOA Methodik::Prozesse::Initiation::fachliche Anforderungen aufnehmen::Anforderungen spezifizieren
196	fachliche Servicenachrichten spezif...	Task	04.01.2011 13:44:03	09.01.2011 13:53:36	modelldrivenSOA::MDSOA Methodik::Prozesse::Initiation::fachliche Services definieren::fachliche Service definieren
181	nicht funktionale Anforderungen a...	Task	04.01.2011 13:44:03		modelldrivenSOA::MDSOA Methodik::Prozesse::Initiation::fachliche Anforderungen aufnehmen::Anforderungen spezifizieren
185	Ressourcen identifizieren	Task	04.01.2011 13:44:03	04.01.2011 15:03:38	modelldrivenSOA::MDSOA Methodik::Prozesse::Initiation::Geschäftsprozesse aufnehmen::fachliche Prozesse und Organisationsstruktur aufnehmen
193	fachliche Service Domänen identifi...	Task	04.01.2011 13:44:03	04.01.2011 15:04:43	modelldrivenSOA::MDSOA Methodik::Prozesse::Initiation::fachliche Services definieren::fachliche Service definieren
194	fachliche Services identifizieren	Task	04.01.2011 13:44:03	04.01.2011 15:06:16	modelldrivenSOA::MDSOA Methodik::Prozesse::Initiation::fachliche Services definieren::fachliche Service definieren

BPEL Generator XSD Generator WSDL Generator Ergebnisbereich

Abb. 12.52 Befüllter Ergebnisbereich nach „`Typ`“ des Elements sortiert

Navigation

Da im *Innovator* alle Elemente miteinander verknüpft werden können, möchten wir kurz auf die Navigation innerhalb des Modells eingehen.[2]

Die erste Art der Navigation kann über die oben genannte Modellstruktur mit Hilfe der Filter „`Favoriten`“ oder „`Diagramme`“ erfolgen. Das reicht oft aus, vor allem, wenn man sich in einem bekannten Umfeld des Modells aufhält.

Innovator for Business Analysts unterstützt die Navigation noch über die „`Gehe zu`“ Funktionalität. Diese kann entweder per rechter Maustaste im Kontextmenü aufgerufen werden (Abb. 12.53) oder direkt im Menü (Abb. 12.54).

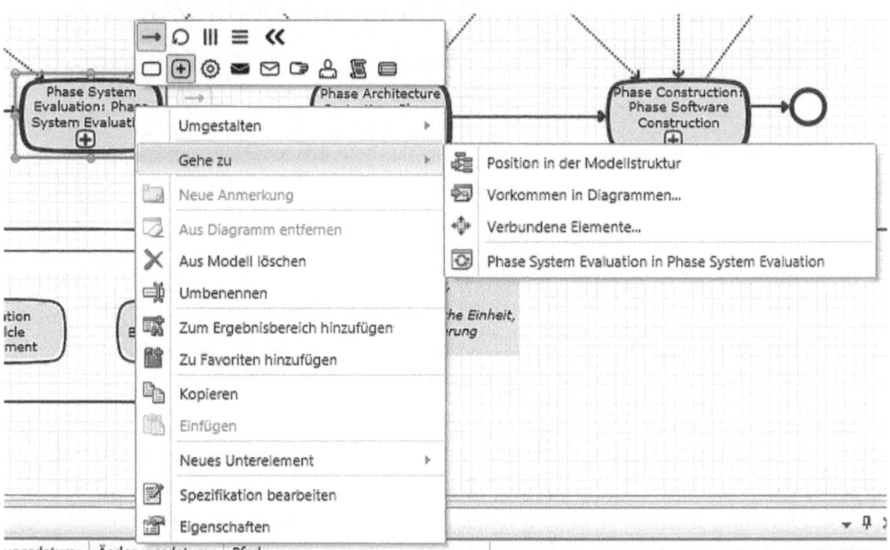

Abb. 12.53 „`Gehe zu`“ im Kontextmenü

[2]Die Navigation funktioniert auch modellübergreifend, da auch Traces auf modellexterne Referenzen angelegt werden können!

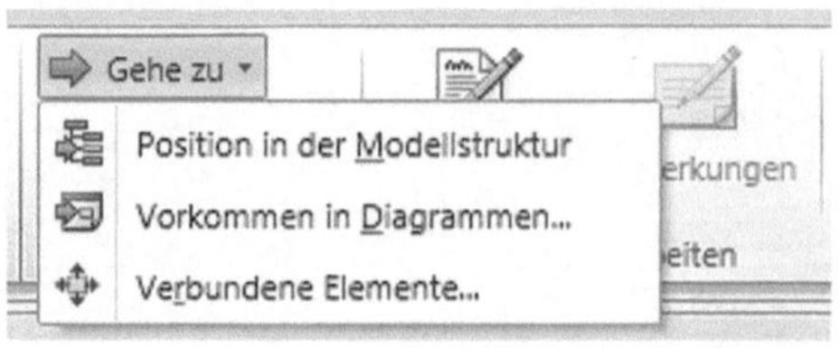

Abb. 12.54 „`Gehe zu`" Menü

Mit „`Position in der Modellstruktur`" springt Innovator in der „Modellstruktur" direkt auf das gewählte Element. Von dort aus kann dann zum Beispiel über den „`Detailbereich`" weiter navigiert werden.

„`Vorkommen in Diagrammen`" zeigt in einem Dialog alle Diagramme an, in welchen das selektierte Element verwendet wird. Abbildung 12.55 zeigt dies für ein gewähltes Datenobjekt. Mit einem Doppelklick auf das Angezeigte Diagramm wird dieses geöffnet und dort direkt das selektierte Element ebenfalls selektiert.

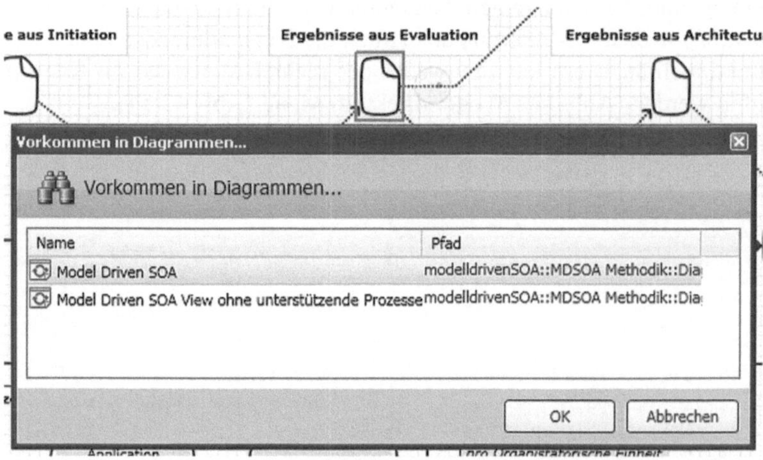

Abb. 12.55 „`Vorkommen in Diagrammen`" bei selektiertem Datenobjekt

„`Verbundene Elemente`" zeigt alle mit dem selektierten Element direkt verbundenen Elemente. Im in Abb. 12.56 dargestellten Beispiel sind dies nicht nur die Diagramme für das gewählte Datenobjekt, sondern die dafür auch hinterlegte Objektstruktur. Ein Doppelklick öffnet entweder das verbundene Diagramm und selektiert dort wiederum das gewählte Element oder springt direkt in den Modellbaum, wie „`Position in der Modellstruktur`".

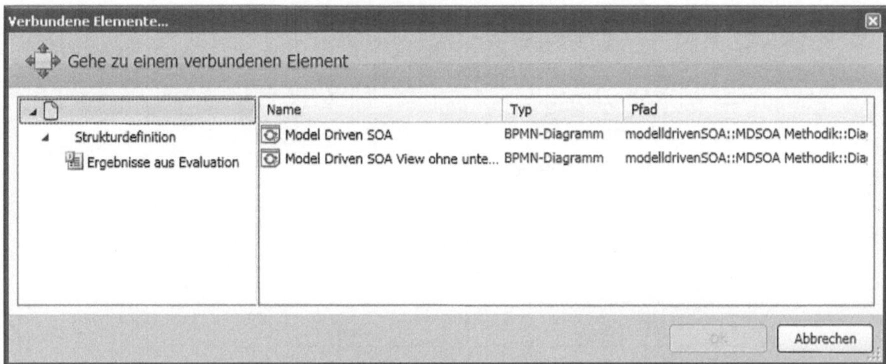

Abb. 12.56 „`Gehe zu einem verbundenen Element`" bei selektiertem Datenobjekt

Abbildung von technischen Services im Modell

Technische Services liegen natürlicherweise mit im Fokus von „Modell Driven SOA". Damit aus den Elementen im Modell entsprechende Artefakte generiert werden können, wurden eigene Stereotypen und Eigenschaften definiert und der Standardumfang der Konfiguration von *Innovator for Business Analysts* erweitert.

ServicePakete und Namensraum

Jeder Service wird unter einem Paket angelegt. Der Name des Paktes bestimmt den Namensraum des Services und der darunter modellierten Objektstrukturen. Ein ServicePaket ist ein eigener Stereotyp «`service`». Damit ist es von den Generatoren unterscheidbar von „normalen" Paketen. Einem «`service`» ist auch ein eigenes Symbol zugeordnet, welches im Modellbaum angezeigt wird. Bei der Generierung wird für jeden ein darüberliegendes Paket gesucht, welches dann für den Namensraum genutzt wird.

Über Labels können weitere Informationen wie „`WSDL-Definitions Name`", „`xmlns`" und „`Import`" erfasst werden. Abbildung 12.57 zeigt den Ausschnitt im Modellbaum und die Eigenschaften und Labels des gewählten «`service`».

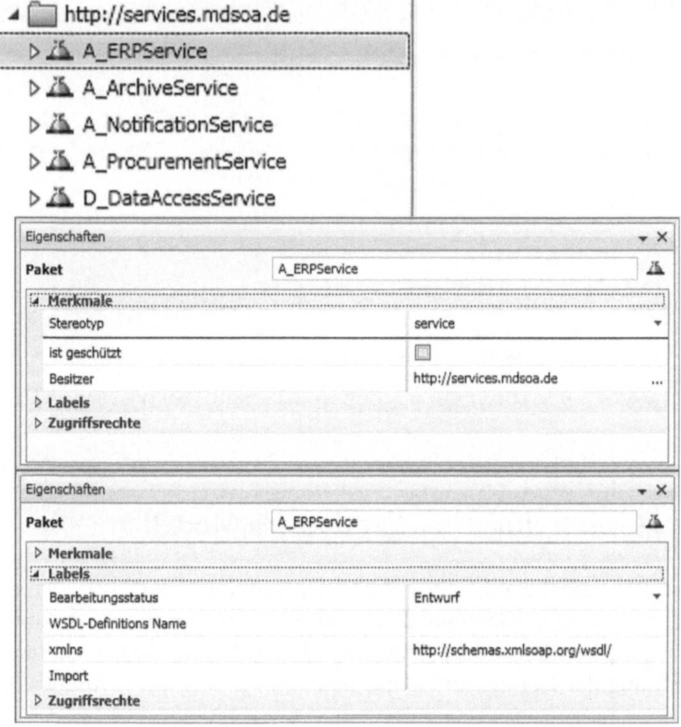

Abb. 12.57 Eigenschaften und Labels des «`service`»

ServiceInterface und Operationen

Unter einem «`service`» können Serviceinterfaces angelegt werden. Dabei werden die vier Typen «`ProzessService`», «`AktivitaetsService`», «`RegelService`» und «`DatenService`» unterschieden und mit eigenen Symbolen belegt. Abbildung 12.58 zeigt solch einen Aktivitätsservice.

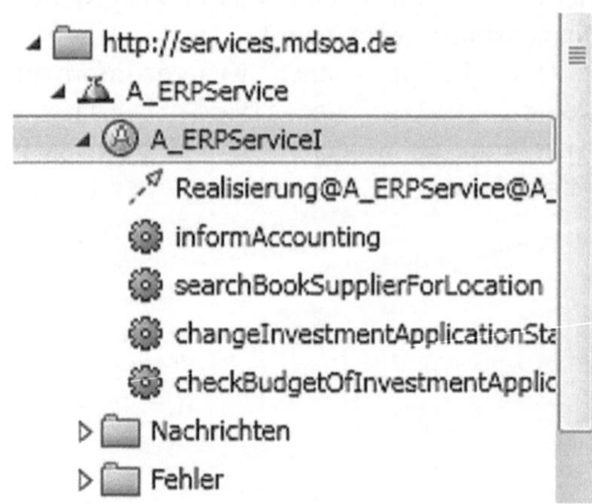

Abb. 12.58 Serviceinterface mit „Aktivity"-Symbol, Trace auf Serviceinterface in INI und Operationen

Jedem Serviceinterface können Operationen zugeordnet werden und jede der Operationen hat Parameter, die mit den Request-, Response und Fault-Nachrichten befüllt werden kann. Abbildung 12.59 zeigt die Eigenschaften und Labels eines Serviceinterfaces. Dabei kann im Tooltip („ERPService") erkannt werden, welchem Beteiligten das Interface in einer oder mehrerer Servicekollaborationen zugeordnet wurde.

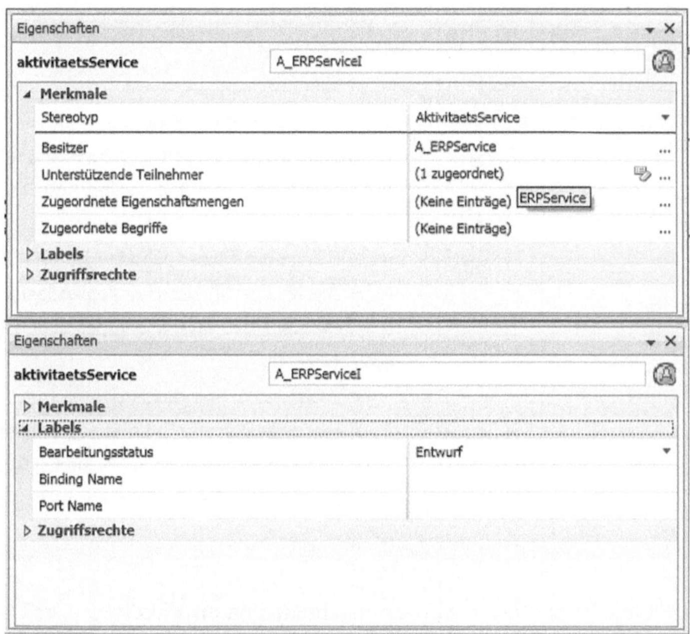

Abb. 12.59 Eigenschaften und Labels eines Serviceinterfaces

Nachrichten und Fehler

Nachrichten und Fehler werden in eigenen Paketen abgelegt. Dies ist für die Generierung der Services nicht relevant und dient allein nur der Übersichtlichkeit. Jeder «service» hält so „sein" Paket für „seine" Nachrichten und Fehler. Da den Nachrichten eine Strukturinformation zugeordnet werden, werden tatsächlich nicht die Nachrichten und Fehler wiederverwendet, sondern die entsprechenden Strukturen. Abbildung 12.60 zeigt die einem Serviceinterface, beziehungsweise seinen Operationen zugeordneten Nachrichten und Fehler in der Modellstruktur.

Strukturen von Nachrichten

Jeder Nachricht und jedem Fehler wird eine Objektstruktur zugeordnet, die an weiteren Operationen in weiteren Serviceinterfaces zuordenbar ist. Für jede Nachricht und jedem Fehler muss eine Objektstruktur modelliert und hinterlegt

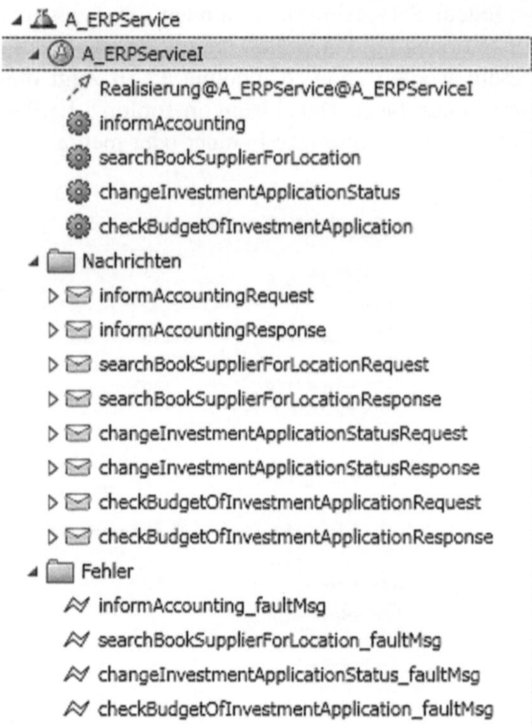

Abb. 12.60 Nachrichten und Fehler

werden. Die Objektstrukturen werden in einem eignen Pakettyp «`xmlSchema`» (Abb. 12.61) abgelegt. Der XSD-Generator beachtet diesen Typ und die darunterliegenen Strukturinformationen und baut daraus die entsprechenden Datenstrukturen in XSD-Dateien.

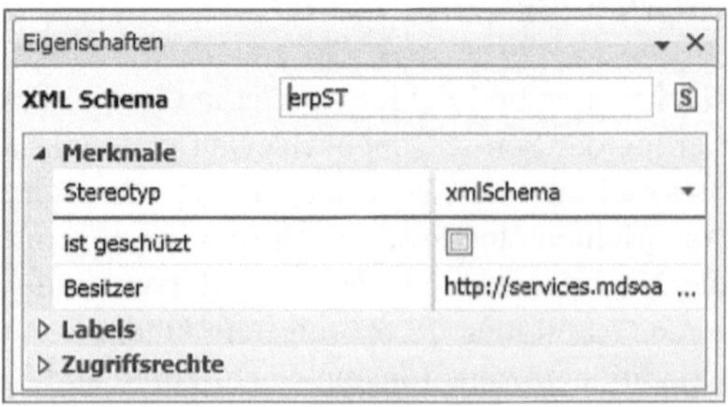

Abb. 12.61 Eigenschaften des «`xmlSchema`»

Unter dem Schema kann auch ein Strukturdiagramm abgelegt werden. Abbildung 12.62 zeigt die Modellstruktur mit aufgeklapptem Schema und zugehörigem Diagramm.

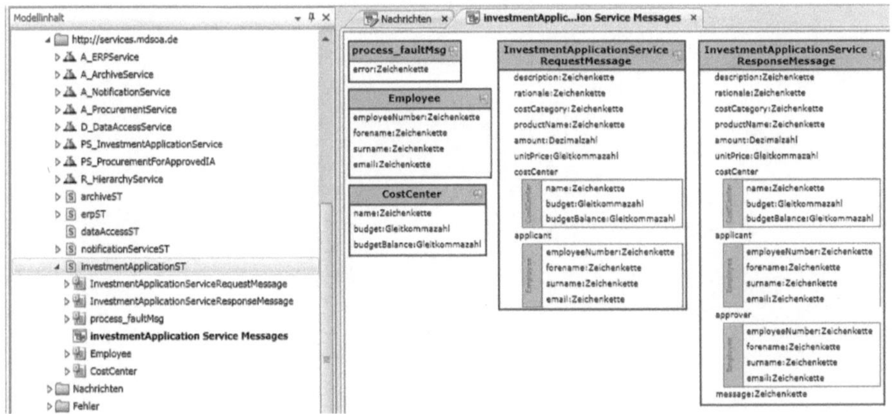

Abb. 12.62 Schema mit Objektstrukturen und Strukturdiagramm

Damit wären alle notwendigen Informationen im Modell hinterlegt:

- Service (Servicepaket)
- Serviceinterface
- Operation
- Nachricht
- Fehler
- Schema

All dies zusammen wird bei der Generierung zur Erzeugung von WSDL- und XSD-Artefakten von den dafür zuständigen Generatoren genutzt.

Excel-Vorlage zur Prozesserfassung

Ein Beispiel für die in Kapitel 5 erwähnte Excel-Vorlage zur Prozesserfassung zeigt ihnen Abb. 12.63.

	A	B	C	D	E	F	G	H
1			Aktivität		Ressourcen (optional)		Datenobjekte (optional)	
2	#	Name	Vorgänger	Beschreibung	Org.-Einheit/Rolle	Applikation	eingehend	ausgehend
3	1	Vorlage auswählen	---		Sachbearbeiter	KMS	---	Briefvorlage
4	2	Brief formulieren	1		Sachbearbeiter	KMS	Kundendaten, Briefvorlage	Begrüßungsschreiben
5	3	Brief unterschreiben	2		Sachbearbeiter	---	Begrüßungsschreiben	Begrüßungsschreiben
6	4	Begrüßungsgutschein beilegen	2		Sachbearbeiter	---	Begrüßungsschreiben	Begrüßungsschreiben
7								
8								
9								
10								
11								
12								
13								
14								
15								
16								

Abb. 12.63 Excel-Vorlage zur Prozesserfassung

Sachverzeichnis

G. Rempp et al., *Model Driven SOA*, Xpert.press,
DOI 10.1007/978-3-642-14470-7,

Die Autoren

Gerhard Rempp

Nach dem Studium 1994 war Gerhard Rempp in verschiedenen Rollen vom Entwickler (C, C++, Java, etc.), Teamleiter, Entwicklungsleiter, Produkt-Manager, Unit-Manager tätig. Derzeit ist er Project Manager mit Verantwortung für einen Standort und ein Team von Consultants.

Seine beruflichen Schwerpunkte sind die Einführung der Plattform Innovator und der Modellierungsmethodik M^3. Dazu gehört auch die Leitung von Projekten und Teams. Das Spektrum seiner Tätigkeiten erstreckt sich von der Aufnahme und Optimierung von Geschäftsprozessen bis zur Entwicklung von Vorgehensweisen für die modellgetriebene Softwareentwicklung über alle Phasen. Dabei tritt er auch als Trainer für UML 2, GPM und Methoden auf. Die Betreuung von Diplomanden und Praktikanten gehört ebenfalls zu seinem Aufgabenspektrum.

Mark Akermann

Mark Akermann war nach einer Ausbildung zum IT-Fachinformatiker in der Fachrichtung Systemintegration seit 2002 als Systemspezialist im Bereich IT-Sicherheit bei einem international agierenden Telekommunikationsunternehmen tätig. 2006 nahm er sein Informatikstudium an der Hochschule für Technik Stuttgart auf, welches er 2010 mit einem Bachelor abschloss. In Anerkennung seiner Leistungen im Rahmen des Studiums wurde Mark Akermann mit einem Preis des Vereins der Hochschule ausgezeichnet. Im Jahre 2009 wurde ihm aufgrund seiner Studienleistungen die Teilnahme am Nationalen IT-Gipfel des Bundesministeriums für Wirtschaft und Technologie ermöglicht. Seit 2010 absolviert er ein Masterstudium im internationalen Studiengang „Software Technology" an der Hochschule für Technik Stuttgart.

Martin Löffler

Nach seinem Studium der Softwaretechnik und Medieninformatik 2006 war Martin Löffler als Entwickler und Berater bei großen Unternehmen verschiedener Branchen tätig.

Martin Löffler ist seit 2009 als Berater für die MID GmbH tätig. Schwerpunkt seiner Arbeit ist die modellgetriebene Softwareentwicklung. Er unterstützt beratend Kunden in der Erstellung von Softwaresystemen und befasst sich dabei tiefergehend mit den Aspekten der Automatisierung des Entwicklungsprozesses. Als Sprecher verschiedener Konferenzen gibt Martin Löffler seine in der Praxis gewonnenen Erfahrungen an Interessierte weiter.

Jens Lehmann

Zu den Aufgabenfeldern von Jens Lehmann zählen die Beratung und Betreuung von Projekten bezüglich Vorgehensweise und Methodik. Dabei liegen seine Schwerpunkte bei der Erfassung, Analyse und Optimierung von Geschäftsprozessen und der Anforderungsanalyse. Daneben ist Jens Lehmann auch als Trainer für Geschäftsprozessmodellierung tätig.

Martin Starzmann

Geboren im Jänner 1978 als letztes Kind zweier Eltern.

Nach erfolgreichem Abschluss des Kindergartens Aufnahme in die Schulgemeinschaft, dort herausragender Leistungsträger bei Neuentwicklung von Bodde- und Abtrefferlesregeln im Pausenbereich.

Weiterbildung im gymnasialen Rahmen, bewaffnet mit Stift und Papier und kreativer Hausarbeit.

Betriebliche technische Ausbildung und anschließende Hochschulreife. Sprühdosen, Tätowiermaschinen, Filzschreiber und Liebe zu vermeintlichem Unsinn sind die treuen Weggefährten, das Leben ein Comicstrip, mitunter mattschwarz doch immer auf der Suche nach den Farben, die sich der Beschreibung sträuben.

Situationskomik in Ein- bis Zweibildern, Karikaturen der alltäglichen Verblödung, Leinwandarbeiten in Öl, Acryl, Sprühlack blieben zumeist unveröffentlicht und fielen einem irren Traum zum Opfer.

Die wenigen hunderte verbliebenen Bildnisse und Skizzen dieses Zeichnerlebens entpuppen sich als Schätze und erst im fortgeschrittenen Alter Ü30 des Urhebers beginnen sie sich zu einem Bild zu fügen, das sich derzeit in wahnwitzigen Geschichten und Illustrationen vereint.

Dem Autodidaktischen Treue haltend, jüngst Einstieg in digitale Bildgestaltung.

Tätig als Tätowierer, grafischer Gestalter, Autor und Illustrator von Kinder-, Kurz- und Langprosa, Textbildner, Trommler, Maler, militanter Pazifist, Lüstling, Sonnenanbeter, Kinderärschewischer und Tellerrandwanderer.

Ausgeheilte chronische Menschenscheu verschuf Zahl an Pseudonymen.